도서출판 윤성사 245

미래를 위한 **재정관리**
Public Financial Management for the Future

제1판 제1쇄 2024년 7월 22일

지 은 이	이정희
펴 낸 이	정재훈
꾸 민 이	(주)디자인뜰

펴 낸 곳	도서출판 윤성사
주 소	서울특별시 용산구 효창원로 64길 10 백오빌딩 지하 1층
전 화	대표번호_02)313-3814 / 영업부_02)313-3813 / 팩스_02)313-3812
전 자 우 편	yspublish@daum.net
등 록	2017. 1. 23

ISBN 979-11-93058-48-0 (93350)
값 36,000원

ⓒ 이정희, 2024

지은이와의 협의에 따라 인지를 생략합니다.

이 책의 전부 또는 일부 내용을 재사용하려면 반드시 사전에 저작권자와
도서출판 윤성사의 동의를 받아야 합니다.

잘못 만들어진 책은 구입하신 서점에서 교환 가능합니다.

> 이 저서는 2021년도 서울시립대학교 교내학술연구비에 의하여 지원되었음.

미래를 위한
재정관리

Public Financial Management for the Future

이정희

머리말

 현재 우리나라에는 훌륭한 연구자들이 출간한 다수의 재무행정론과 재정관리론 저서들이 존재한다. 이런 상황에서 또 다른 재정관리 저서가 필요할까라는 자문을 하게 된다. 그렇다는 결론에 다다르게 되었다. 다양한 제도와 정책 속에 숨겨져 있는 의미와 이익을 분명하게 드러내고 있지 못하고, 특히 대한민국 미래세대의 이익을 훼손하는 제도나 주장이 논박되지 못하고 있는 점을 발견하게 되었기 때문이다.

 『미래를 위한 재정관리』라는 제목은 이러한 관점에서 만들어 보았다. 바람직한 한국이라는 나라의 미래에 도달하기 위해서는 어떤 형태의 재정관리가 이루어져야 하는가, 어떤 재정제도의 개선이 이루어져야 하는가에 대하여 나름의 생각을 제시해 보고자 노력하였다.

 현재 대한민국은 성장의 한계에 도달한 것으로 보인다. 『자살하는 대한민국』, 『피크 코리아』, 『침몰하는 대한민국호』 등 자극적인 제목을 단 책들이 서점의 서가를 차지하고 있다.

 재정이라고 하는 공유재산에 대해서도 공론의 장에는 '눈먼 돈을 어떻게 우리의 이익을 위하여 빼돌릴까', '국가라고 하는 기제를 동원하여 어떻게 하면 저 사람들의 돈을 빼앗을 수 있을 것인가'라는 생각만 하는 사람들로 가득 차 있는 것 같다.

 공동체의 미래에 대하여 고민하고, 당면하고 있는 미래세대의 결혼과 출산 파업, 경제 체제의 저성장 경쟁력 약화, 국제사회 보편 규범과 기후 위기 공동 대응 등에 대하여 진지하게 고민하고 연대하여 책임을 함께 분담하고 나누겠다는 성숙한 시민들은 찾기 어렵다. 재정정책에서도 이익과 소비와 갈등만 있고, 가치와 투자와 협력은 없는 것 같다.

미래를 위한 **재정관리**
Public Financial Management for the Future

이런 상황에서 무엇인가 변화가 필요하다고 하겠다. 저자는 국가의 근간이 되는 재정 시스템의 합리화와 미래세대 이익의 옹호를 통하여 뭐라도 하여야겠다는 생각을 하게 되었다.

창대한 꿈에 비하여 부족한 결과물이지만 동도제현들께서 질정하여 주시리라 믿는다. 시작은 미약하지만 끝은 그래도 뭐라도 될 수 있도록 노력해 나갈 것을 약속드린다. 어려운 환경 속에서 행정학에 대하여 애정을 갖고 출판을 도와주고 계신 정재훈 대표님과 편집자분들께 감사드린다.

2024년 5월
이 정 희

목 차

머리말_ 8

제1장　재정관리의 기초_ 25

제1절 개관 · 25
    1. 재정의 의의_ 25
    2. 재정이 추구하여야 하는 가치_ 26
    3. 재정의 기능_ 30

제2절 재정의 구조, 범위, 규모 · 33
    1. 재정의 구조_ 33
    2. 재정의 범위_ 34
    3. 재정의 규모_ 37

제3절 재정정책 · 41
    1. 개관_ 41
    2. 재정정책별 이슈_ 44

제4절 우리나라 재정의 과거와 현재 · 52
    1. 재정 체제의 변화_ 52
    2. 시기별 재정정책의 변화 양상_ 56

제2장　재정관리 프레임워크_ 59

제1절 재정관리 프레임워크 · 59
    1. 개관_ 59
    2. 재정관리 제도와 도구_ 60
    3. 재정관리 프레임워크와 제도의 개혁_ 62
    4. 우리나라의 재정관리 프레임워크_ 63

제2절 재정 거버넌스 · 65
    1. 개관_ 65
    2. 주요 구조적 요인_ 67
    3. 우리나라의 재정 거버넌스_ 72

제3절 재정관리 법제 · 73
    1. 헌법_ 73
    2. 「국가재정법」_ 74
    3. 재정관리 관련 법률들_ 76
    4. 국회의 재정활동에 관한 법률_ 77
    5. 문제점과 개선 방안_ 77

제4절 재정관리의 주요 행위자 · 78
    1. 대통령실 및 총리실_ 78
    2. 중앙예산기구_ 79
    3. 기타 재정관리기관_ 82
    4. 의회_ 84
    5. 예산지원조직_ 85

제5절 재정관리에 관한 이론적 접근 · 86
    1. 개관_ 86
    2. 재정의 지속적 팽창에 관한 이론_ 87
    3. 재정의 성격과 배분에 관한 이론적 논의_ 89
    4. 재정의 배분제도에 관한 이론적 논의_ 92
    5. 재정의 효과에 관한 이론적 논의_ 94

제3장 재정 전망_ 95

제1절 개관 · 95
    1. 의의_ 95

목 차

    2. 미래 예측의 방법_ 96
    3. 재정 전망의 종류_ 98

제2절 경제 및 세입 전망 · 99
    1. 개관_ 99
    2. 현황_ 100
    3. 제도_ 101
    4. 문제점과 개선 방안_ 103

제3절 법안비용 추계와 재정 소요 점검 · · · · · · · · · · · · · · 106
    1. 개관_ 106
    2. 제도_ 107
    3. 거버넌스와 절차_ 110
    4. 문제점과 개선 방안_ 110

제4절 선거공약비용 추계 · 112
    1. 개관_ 112
    2. 제도_ 113
    3. 도입 방안_ 114

제5절 재정 소요 점검(scorekeeping) · · · · · · · · · · · · · · · · 115
    1. 개관_ 115
    2. 제도_ 117
    3. 도입 방안_ 118

제6절 장기재정 전망 · 120
    1. 개관_ 120
    2. 제도_ 121
    3. 거버넌스_ 125
    4. 문제점과 개선 방안_ 126

제4장 중기재정계획_ 129

제1절 개관 · 129
　1. 의의_ 129
　2. 필요성_ 131
제2절 유형별 주요 내용과 형식 · · · · · · · · · · · · · · · 132
　1. 유형별 주요 내용_ 132
　2. 형식_ 134
제3절 국가재정운용계획 · · · · · · · · · · · · · · · · · · · 136
　1. 개관_ 136
　2. 주요 내용_ 137
　3. 거버넌스_ 139
　4. 절차_ 139
　5. 문제점과 개선 방안_ 141

제5장 예산 I: 개관 및 구성 요소_ 145

제1절 개관 · 145
　1. 의의_ 145
　2. 공공예산의 특성_ 147
　3. 기능_ 148
제2절 예결산의 체제 · 152
　1. 일반회계_ 152
　2. 특별회계_ 152
　3. 기금_ 153
　4. 예산 외 기금_ 158
　5. 문제점과 개선 방안_ 159

제3절 예산의 종류 · **161**
    1. 구체성에 따른 구분: 총괄예산과 명세예산_ 161
    2. 수정 및 보완 여부에 따른 구분: 본예산, 수정예산, 예산수정안 및
       추가경정예산_ 161
    3. 본예산이 성립하지 못할 시 대응 방법에 따른 구분: 잠정예산, 가예산
       및 준예산_ 167

제4절 예산의 분류 · **169**
    1. 개관_ 169
    2. 세출예산 분류 유형_ 170
    3. 우리나라의 세출예산 분류 제도_ 173

제6장　예산 II: 제도_ 181

제1절 예산의 원칙 · **181**
    1. 의의와 전통적 예산 원칙_ 181
    2. 예산환경의 변화와 현대적 예산 원칙_ 184
    3. 나쁜 예산의 유형과 예산 원칙_ 185
    4. 「국가재정법」상 예산 원칙_ 187

제2절 예산 형식, 예산법률주의, 구성 · **189**
    1. 예산 형식과 예산법률주의_ 189
    2. 예산의 구성_ 196
    3. 예산 과목_ 202

제3절 예산제도 · **207**
    1. 품목별 예산_ 207
    2. 성과주의 예산_ 209
    3. 하향적 예산제도_ 213
    4. 성인지 예산제도_ 217

5. 발생주의 예산제도_ 222

제7장 예산 III: 예산 편성과 심의_ 225

제1절 개관 · 225
1. 기본 개념들_ 225
2. 개념적 틀의 요소_ 226

제2절 예산 편성 · 231
1. 개관_ 231
2. 구조_ 232
3. 제도와 절차_ 235
4. 예산정치_ 240
5. 지향과 행태_ 242
6. 문제점과 개선 방안_ 243

제3절 예산 심의 · 248
1. 개관_ 248
2. 구조_ 249
3. 제도와 절차_ 253
4. 예산정치_ 259
5. 지향과 행태_ 260
6. 문제점과 개선 방안_ 261

제8장 예결산 IV: 예산 집행과 결산_ 266

제1절 예산 집행 · 266
1. 개관_ 266

목차

    2. 재정통제제도_ 267
    3. 신축성 유지제도_ 269
    4. 절차_ 275
    5. 문제점과 개선 방안_ 276
제2절 결산 I: 결산 편성과 검사 ·· 280
    1. 개관_ 280
    2. 결산보고서의 구성과 주요 내용_ 281
    3. 절차_ 284
    4. 문제점과 개선 방안_ 287
제3절 결산 II: 결산 심의와 승인 ·· 288
    1. 개관_ 288
    2. 주요 제도_ 289
    3. 절차_ 290
    4. 결산 출납정리 중 세계잉여금 처리_ 291
    5. 문제점과 개선 방안_ 293

제9장　사업관리_ 295

제1절 개관 ·· 295
    1. 의의_ 295
    2. 우리나라의 사업성과관리제도_ 296
제2절 성과목표관리제도 ·· 298
    1. 개관_ 298
    2. 성과목표 시스템 설정_ 298
    3. 논리모형 개발_ 300
    4. 성과계획서 작성 및 성과목표관리_ 302
제3절 예비타당성조사제도 ··· 303

    1. 개관_ 303
    2. 주요 제도적 요소_ 304
    3. 문제점과 개선 방안_ 308

제4절 타당성조사 및 총사업비관리제도 · · · · · · · · · · · · · · · · · · · 311
    1. 타당성조사 등_ 311
    2. 총사업비관리제도_ 313

제5절 재정사업평가와 핵심 재정사업 관리제도 · · · · · · · · · · 316
    1. 재정사업 자율평가_ 316
    2. 재정사업 심층평가_ 319
    3. 핵심 재정사업 성과관리제도_ 321

제10장 지출관리_ 323

제1절 개관 · 323
    1. 의의_ 323
    2. 자산 및 서비스 취득 지출_ 324
    3. 이전지출_ 325
    4. 금융자산 취득 지출_ 327

제2절 조달 및 구매행정 · 328
    1. 개관_ 328
    2. 주요 제도_ 330
    3. 절차_ 331
    4. 문제점과 개선 방안_ 332

제3절 민간투자사업 · 334
    1. 개관_ 334
    2. 연혁 및 현황_ 335
    3. 주요 제도_ 336

4. 절차_ 338
5. 문제점과 개선 방안_ 339

제4절 민간위탁 · 341
1. 개관_ 341
2. 문제점과 개선 방안_ 342

제5절 보조금 · 343
1. 개관_ 343
2. 주요 제도_ 344
3. 문제점과 개선 방안_ 345

제6절 교부금 · 347
1. 개관_ 347
2. 주요 제도_ 348
3. 문제점과 개선 방안_ 349

제7절 출연금 · 351
1. 개관_ 351
2. 문제점과 개선 방안_ 352

제8절 융자금 · 354
1. 개관_ 354
2. 문제점과 개선 방안_ 354

제9절 출자금 · 355
1. 개관_ 355
2. 주요 제도_ 356
3. 문제점과 개선 방안_ 357

제11장　세입관리_ 359

제1절 개관 · **359**
　　1. 의의_ 359
　　2. 현황_ 360

제2절 조세이론 · **364**
　　1. 개관_ 364
　　2. 세금의 효과_ 366
　　3. 개인소득세_ 369
　　4. 법인세_ 372
　　5. 부가가치세_ 374
　　6. 재산세와 종합부동산세_ 375
　　7. 죄악세 및 기타 목적세_ 376
　　8. 조세 개혁의 방향_ 376

제3절 조세지출 · **378**
　　1. 개관_ 378
　　2. 제도_ 379
　　3. 문제점과 개선 방안_ 381

제4절 부담금 · **386**
　　1. 개관_ 386
　　2. 제도_ 387
　　3. 문제점과 개선 방안_ 388

제5절 세무행정 · **390**
　　1. 개관_ 390
　　2. 개선 방안_ 390

제12장 자산관리_ 393

제1절 개관 · 393
    1. 의의_ 393
    2. 현황_ 394
제2절 현금관리 · 396
    1. 개관_ 396
    2. 주요 제도_ 399
    3. 절차_ 401
    4. 문제점과 개선 방안_ 402
제3절 연기금관리 · 404
    1. 개관_ 404
    2. 주요 제도_ 406
    3. 문제점과 개선 방안_ 408
제4절 토지와 건물관리 · 411
    1. 개관_ 411
    2. 현황_ 413
    3. 주요 제도_ 413
    4. 거버넌스_ 418
    5. 절차_ 419
    6. 문제점과 개선 방안_ 421
제5절 채권관리 · 426
    1. 개관_ 426
    2. 주요 제도_ 428
    3. 거버넌스_ 429
    4. 절차_ 429
    5. 문제점과 개선 방안_ 431

제13장 부채관리_ 434

제1절 개관 · 434
1. 의의_ 434
2. 국가채무 및 부채의 종류_ 436
3. 재정 위험과 부채_ 440

제2절 국가채무 및 부채 지표 · 443
1. 「국가재정법」상 국가채무(D1)_ 443
2. 일반정부 국가채무(D2)_ 446
3. 공공 부문 채무(D3)_ 451
4. 정부회계상 국가부채 지표_ 454

제3절 국가채무 및 부채의 효과 · 458
1. 재정수입과 지출의 불일치 회피_ 458
2. 재정 여력 소진_ 458
3. 재정 위험 증가_ 459
4. 현재세대와 미래세대 간 불평등 증가_ 460
5. 이자 부담 증가_ 461
6. 미래세대의 양극화 강화_ 462
7. 자본시장 구축 및 경제 성장 저해 효과_ 462
8. 이 책의 입장_ 463

제4절 국가채무 및 부채의 관리 · 464
1. 개별 채무 재무 위험 관리_ 464
2. 총량관리_ 468
3. 국채시장의 확대_ 471

제5절 공기업부채, 우발부채, 잠재부채관리 · · · · · · · · · · · 475
1. 공기업부채관리_ 475
2. 우발부채관리_ 479
3. 잠재부채관리_ 481

목 차

제14장 정부회계와 재정정보관리_ 486

제1절 개관 · 486
    1. 의의_ 486
    2. 유형_ 488

제2절 정부회계의 원칙, 과정, 장단점 · 491
    1. 정부회계의 원칙_ 491
    2. 정부회계의 기본 원리 및 방법_ 492
    3. 정부회계 과정_ 494
    4. 회계검사 및 감사_ 495
    5. 장단점_ 496

제3절 정부회계정보관리 · 499
    1. 재무제표_ 499
    2. 재정지표_ 504
    3. 문제점과 개선 방안_ 507

제4절 재정정보관리 · 509
    1. 개관_ 509
    2. 종류와 공개 방식_ 511
    3. 바람직한 재정정보의 속성_ 513
    4. 문제점과 개선 방안_ 517

제5절 재정정보관리 및 공개시스템 · 520
    1. 재정정보관리시스템_ 520
    2. 재정정보공개시스템_ 525

제15장 재정준칙_ 534

제1절 개관 · 534

1. 의의_ 534
   2. 배경과 연혁_ 535
   3. 우리나라의 현황_ 536
제2절 재정준칙의 유형 · 538
   1. 규범성에 따른 분류_ 538
   2. 집행 주체에 따른 분류_ 538
   3. 목표재정 변수에 따른 분류_ 539
   4. 특수준칙_ 541
제3절 국가별 재정준칙 시스템 · 543
   1. 스웨덴_ 543
   2. 미국_ 544
   3. 독일_ 545
   4. 비교 및 시사점_ 547
제4절 찬반론과 도입 방안 · 547
   1. 찬반론_ 547
   2. 도입 방안_ 551

제16장 재정 개혁의 방향_ 553

   1. 미래 한국의 모습 구상_ 553
   2. 재정전략의 방향_ 555
   3. 재정 거버넌스 개선 방안_ 559

참고 문헌_ 563

찾아보기_ 565

미래를 위한 재정관리

Public Financial Management
for the Future

Public Financial Management
for the Future

제1장

재정관리의 기초

미래를 위한 재정관리
Public Financial Management for the Future

제1절 개관

1 재정의 의의

재정(財政)은 정부가 가진 재무자원(public finance)을 의미하는 경우, 재무자원의 관리(fiscal administration)를 의미하는 경우, 재무자원을 활용한 공공정책을 의미하는 경우가 있다.

첫 번째 의미로 사용될 경우 정부가 확보하고 조달할 수 있는 모든 재무자원이 재정에 해당하며, 예산이 주로 현금 수입과 지출을 중심으로 하는 데 반하여, 이외의 다른 형태의 재무자원을 포괄하는 개념이라는 특징이 있다.[1]

두 번째 의미는 이러한 재무자원에 대한 관리를 의미하며, 재정관리의 준말이라고

---

1) 재무행정 저서들 중 재정과 예산을 혼동하고 역할이나 기능에 대해서도 혼란이 있는 경우가 많다. 예산은 재정 중 현금 수입과 지출에만 해당된다는 점, 연간 계획이어서 1년이라는 시간적 한계가 있다는 점, 추상적 의미에서 관리와 기능이 아닌 재정관리의 구체적인 도구이자 제도라는 점에서 재정과 다르다.

할 수 있다. 재무적 자원은 유량(流量, flow)과 저량(貯量, stock)의 양태와 다양한 형태를 갖고 있으며, 이에 대한 합리적인 관리를 위해서는 다양한 제도와 수단이 필요하다.

세 번째 의미로 사용할 경우 재정이 정책(政策)임을 강조한 것으로 재무자원에 대한 정책적 의사결정의 내용, 과정, 효과를 포괄적으로 의미한다. 재정정책이란 여러 가지 정책 목표를 달성하고자 재정활동이 국민경제에 미치는 효과를 고려하면서 재정 규모, 재정수지, 재정의 구성을 의도적으로 조절하는 정책을 말한다.

이 책에서는 개념적 혼란을 줄이기 위하여 재무자원의 의미로는 재정, 이에 대한 관리라는 의미로는 재정관리, 재정에 대한 정치적 의사결정의 의미로는 재정정책이라는 용어를 사용하고자 한다. 재무적 자원의 양태와 이의 관리를 위한 도구에 대한 개관을 제2장에서, 재정정책에 대한 개관을 제1장 제3절에서 설명한다.

2 재정이 추구하여야 하는 가치

1) 재정이 보유하여야 하는 가치

(1) 민주성과 투명성

재정활동은 시민의 재산권을 침해하는 재무자원의 획득에서 시작하는 것으로 이에 대한 시민의 동의와 민주적인 통제가 필수적이다. 세입과 세출 모든 부문에서 민주적 통제와 이를 위한 투명성의 확보는 재정이 보유하여야 하는 가장 기본적인 가치이다.

민주성을 구현하기 위하여 대의민주주의에 따라 재정활동과 조세 부과는 의회의 의결에 따라 결정되고 집행되어야 한다. 또한 가능한 범위에서 직접민주주의에 따라 시민의 적극적인 참여가 보장되어야 한다. 또한 재정활동에 대하여 투명하게 공개되고 언론과 시민단체에 의하여 적극적으로 모니터링되어야 한다. 재정정보가 자의적이고 임의적으로 공개되는 것으로는 부족하며, 타당성과 신뢰성이 있는 정보가 필요한 시기에 용이한 방법으로 쉽게 접근하고 이해할 수 있는 방식으로 공개되어야 한다.[2]

---

2) 「국가재정법」은 제7조에서 예산, 기금, 결산, 국채, 차입금, 국유재산의 현재액 및 통합재정수지 그 밖에 대통

(2) 집단 간 타협과 합의

예산과 재정 의사결정은 본질적으로 정치적인 성격을 지니고 사회집단의 다양한 이해관계를 반영하는 집단 간 타협과 조정의 산물이라 할 수 있다. 재정을 어떻게 사용할 것인가에 대한 정치적 의사결정에는 사회 내 다양한 집단들의 복잡한 이해관계가 작용한다. 다양한 요구 중에 어떤 우선순위 기준을 설정하여 어떤 정책과 프로그램을 펼 것인가에 대한 결정을 하는 다양한 방식이 가능할 것인데 이 중 집단 간 타협과 합의를 통한 방식이 바람직하다.

의사결정이 갈등과 대결 속에서 권위적인 일방적 결정이 이루어질 때 사회적인 협력과 연대, 공동체 의식은 현저하게 약화될 것이다. 다만, 집단 간 타협과 합의에 따른 정치적 의사결정 과정은 합리성과 효율성과 괴리가 있을 수밖에 없으며, 정치적 논리와 효율성을 어떻게 조화시킬 것인가의 문제가 제기된다.

(3) 합리성과 효율성

재정은 재무적 자원의 관리와 활용의 문제로 합리적인 재원의 동원, 배분, 관리가 이루어지도록 공적인 재무적 자원에 대하여 합리적 의사결정을 하여야 한다. 또한 정책 목적에 맞는 방식으로 재원을 배분하여 최대한 효율적으로 사용하여야 한다.

합리성이라는 것은 정책의 목표와 수단의 설정에서 논리적인 조건과 결과에 부합하며, 사회구성원의 이성적인 선호에서 크게 벗어나지 않는 자원관리라는 의미이며, 효율성이라는 것은 자원의 제약하에서 주어진 목표를 최소의 비용으로 달성하는 것을 의미한다. 효율성은 배분적 효율성(allocative efficiency)과 기술적 효율성(technical efficiency)으로 구분할 수 있는데, 여기서 말하는 효율성은 최소의 비용으로 최대의 효과를 거두는 기술적·운용적 효율성을 의미한다.

(4) 합법성과 책임성

재정관리는 국민의 재산에 대한 관리로 법치주의의 원칙에 따라 법률에 의하여 관

령령이 정하는 국가와 지방자치단체의 재정에 관한 중요한 사항을 매년 1회 이상 정보통신매체, 인쇄물 등 적당한 방법으로 알기 쉽고 투명하게 공표하여야 한다고 규정한다.

리하여야 한다. 정치적 영향력과 권력의 자의적인 개입을 막고 헌법과 법률, 위임법령과 행정규칙 등 법규범에 따라 재정관리를 하여야 하며, 효과적인 정책이 있더라도 법률적 근거가 없거나 법률을 어기는 방식으로 추진하여서는 안 된다. 재정관리에서는 법제도의 한계를 넘어서면 법적 책임을 져야 한다.[3] 합법성은 책임성과 밀접하게 연관되어 있는데, 책임성이란 당초 설정된 목표를 달성하지 못한 경우 그 원인을 규명하여 책임 있는 자에게 귀책사유가 있다면 그에 상응한 정치적·법률적 불이익을 부과하는 것이다. 우리나라의 재정관리에서 「국가재정법」 등 법규를 어기는 경우도 처벌 규정이 없어 실질적인 법적 책임성을 확보하지 못하는 문제가 있다.

(5) 건전성과 지속가능성

원래 건전성은 재정 운용을 신체에 비유한 것으로 전반적인 경제 운영이 건전하다는 의미이다.[4] 건전성을 해치는 가장 중요한 요소는 재정적자나 국가채무라고 할 수 있다. 재정적자나 국가채무가 과다하여 추가적인 재정의 확보를 위한 능력이 부족한 상태가 되면 정부의 거시경제관리 능력이 약화되며, 외부 충격에 대하여 거시경제의 안정적인 성장이 어려워진다. 이러한 경우 환율 불안, 자본 이탈 등 추가적인 경제환경이 악화되어 거시경제가 어려워질 수 있다. 재정건전성은 이러한 상황 발생을 막고 재정이 거시경제의 마지막 보루로서의 역할을 수행할 수 있도록 재정 여력을 충분히 확보하고 거시경제를 안정적으로 운영하는 상황을 의미한다.

지속가능성이라는 것은 채무에 따른 이자비용이 부담 가능한 수준으로 관리되어 재정수입으로 국가 운영이 가능하며 상환 불능에 빠지지 않아야 한다는 의미이다. 건전

---

3) 공공 부문에서의 책임성 확보는 규칙과 절차만 준수와 관련된 법적 책임성과 함께 시민들의 의사를 반영하여야 한다는 정치적 책임성, 공공 부문에서 결과를 중시하는 관리적 책임성도 확보하여야 한다. 이러한 책임성 중에서 법적 책임성은 가장 기초가 되는 책임성으로 재정민주주의의 근간을 이루는 가장 중요한 가치라고 할 수 있다.

4) 예산 과정이 추구하는 세 가지 주요 목표는 총량적 재정규율(aggregate fiscal discipline), 전략적 자원 배분(strategic resource allocation), 운영의 효율성(operational efficiency)으로 요약할 수 있다. 총량적 재정규율은 거시경제의 운용을 감안하여 균형예산 원칙을 준수하는 것이고, 전략적 자원 배분은 정부의 전략적 목표와 비전에 따라 개별 사업에 자원을 배분하는 것이며, 운영의 효율성은 투입물로부터 얻는 산출물 또는 성과를 극대화하는 것이다.

성에 비하여 다소 느슨한 개념으로 재정적자나 국가채무의 한도를 넘어서서는 안 된다는 의미이다.

건전성과 지속가능성을 유지하려면 총량적 재정규율(aggregate fiscal discipline)을 통하여 재정적자의 증가를 억제하면서 국가채무의 누적을 일정 수준 이하로 통제하여야 한다.

(6) 「국가재정법」 규정

「국가재정법」 제1조는 국가의 예산, 기금, 결산, 성과관리 및 국가채무 등 재정에 관한 사항을 정함으로써 효율적이고 성과 지향적이며 투명한 재정 운용과 건전재정의 기틀을 확립하는 것을 목적으로 한다고 규정하여 효율성, 효과성 및 성과지향성, 투명성, 건전성을 명시적으로 천명하고 있다.

2) 재정이 시장과 사회에 구현하여야 하는 가치

(1) 효율성

머스그레이브(Richard Musgrave)는 재정이 구현하여야 하는 가치로서 효율성과 형평성 제고, 경제 성장 및 안정화를 제시하였다. 이 중 효율성은 주로 사회 내에서 영역별 배분이 효율적이어야 한다는 배분적 효율성(allocative efficiency)을 의미한다. 재정 배분에서 국가적 우선순위를 설정하여 경제와 사회의 분야별로 우선순위가 높은 부문에 집중적으로 투자하여야 하며, 다수의 사업의 효과성을 검토하여 가장 효과성이 높은 사업을 확대하여 사회적 후생을 극대화하여야 한다. 경제환경이 빠르게 변화하므로 정부의 역할을 강화하여야 할 분야에 대하여 재정지출을 늘리는 전략이 필요하다.

(2) 형평성

형평성(equity)은 사회 내의 구성원들이 누리는 복리의 수준이 크게 차이가 나지 않아야 한다는 가치로서, 처지가 같은 사람을 동등하게 취급하여야 한다는 수평적 형평성(horizontal equity)과 사회적 약자에게 더 많은 혜택을 주어야 한다는 수직적 형평성(vertical equity)의 의미가 있다. 재정정책은 재정의 배분을 통하여 국가 수준에서 집단

간의 형평성을 제고하여야 한다. 정치 과정을 통하여 확인되는 형평성에 대한 집단적 선호를 반영하여 재정을 배분하여야 한다.

(3) 안정과 성장

경제는 지속적으로 변화하며 이런 과정에서 불안정이 발생할 수 있고 저성장으로 정체될 경우 여러 가지 사회 및 경제 문제가 발생할 수 있다. 경제가 내재적으로 갖고 있는 불안정, 저성장, 저발전 등의 현상에 대하여 정부는 안정과 지속 가능한 성장과 발전을 구현하여야 한다. 경제와 사회는 안정적이고 지속적으로 발전 및 변화해 나가야 성숙한 민주국가로 성장할 수 있기 때문이다.

(4) 사회적 연대성

사회적 연대성(social solidarity)은 함께 사는 공동체로서의 사회가 상호 부조와 연대 의식으로 서로 돕고 나누면서 살아야 한다는 가치이다. 사회 내의 모든 구성원이 서로의 복지를 상호 부조하고 사회적 약자의 경우도 최소 한도의 복지를 누리면서 살 수 있도록 상호 의존과 책임을 다하는 공동체의식을 의미한다. 주로 사회정책과 복지정책을 뒷받침하는 예산의 근본적인 가치이자 지향적이다.

3 재정의 기능

1) 자원 배분 기능

재정이 추구하여야 하는 가치로부터 자연스럽게 재정의 기능이 도출된다. 머스그레이브(Musgrave, 1959)는 자원 배분 기능, 소득 재분배 기능, 경제안정화 기능을 제시하였고, 이를 좀 더 구체화하면 경제 성장 기능, 위기 대응 기능을 별도로 구분할 수 있다.

자원 배분 기능이란 재정정책이 한 국가에서 재화와 용역을 얼마만큼 생산하고 소비할 것인가에 대한 영향을 주는 기능을 말한다. 시장에서 어떤 이유로 효율적인 자원 배분이 이루어지지 않은 경우, 예를 들어 사회적으로 필요한데도 시장기구를 통하여 공급될 수 없는 공공재와 공공서비스의 경우 정부가 재정정책을 통하여 자원의 배분이 좀 더 효율적으로 이루어질 수 있도록 하는 기능이다. 미시적인 시장에서 시장이 효율적으로 작동하는 데 실패하고 정부가 자원 배분 기능을 수행하여 효율성을 달성하는 기능이다.

2) 소득재분배 기능

소득재분배 기능이란 시장에서 소득 분배 상태가 바람직하지 않은 경우 정부가 재정을 활용하여 분배 상태를 조정하여 불평등을 완화하는 기능을 의미한다. 시장 경쟁의 결과로 불가피하게 나타나는 소득 격차에 대하여 적정한 분배 상태에 대한 가치 판단에 근거하여 정부가 재무자원을 재분배함으로써 사회적으로 바람직한 상태를 달성하며, 사회서비스나 공적 부조를 통하여 사회적 약자의 복리를 향상시키는 기능이다. 소득세에 누진율을 적용함으로써 고소득자에게는 무겁고 저소득자에게는 가벼운 조세를 부과하거나, 저소득층에 대한 이전지출로 계층간 소득을 재분배하는 활동을 예로 들 수 있다. 연금제도, 건강보험제도 등 사회보험제도, 기초생활보장, 보금자리주택 지원 등 복지정책을 통하여 사회적 취약계층을 지원한다.

3) 경제안정화 기능

경제안정화 기능이란 거시경제의 고용과 생산에서 발생하는 과도한 경기 변동에 대하여 정부의 재정을 통하여 안정적인 성장을 구현하는 기능을 의미한다. 총수요가 부족하여 경기 침체와 실업이 우려되면 세수를 줄여 민간 수요를 살리거나 직접 정부지출을 늘려 부족한 총수요를 메우고, 총수요가 과다하여 인플레이션이 우려될 때에는 세수를 늘리거나 정부지출을 줄여 총수요를 억제하는 방식으로 과도한 경기 변동을 완화하는 케인스적 거시경제정책을 의미하는 경우가 많다.

다만, 재정이 거시경제에 미치는 국민소득을 조절하는 효과를 재정의 승수 효과라고 하며 이에 근거한 기능인데, 재정 승수가 경제가 고도화되면서 뚜렷하게 약화되었으며, 이에 따라 정부의 직접적인 개입에 의한 경제안정화는 쉽게 가능하지 않다는 점은 고려하여야 한다.

4) 경제 발전 및 성장 기능

경제 발전 및 성장 기능은 정부가 재정을 통하여 경제와 산업 전반에 직간접적으로 개입함으로써 지속적인 발전과 성장을 이끌어 내는 기능을 말한다.

국가는 재정을 통하여 생산력 증대의 기반이 되는 사회간접자본(SOC)을 건설하거나 연구개발(R&D) 투자를 하기도 한다. 재정을 통하여 유망한 경제 부문 및 산업을 발전시키고 사양산업은 정리하며 산업구조 및 경제구조를 고도화하는 역할도 수행한다.

정부는 재정지출을 통하여 각종 산업정책을 펼쳐 해당 산업을 활성화할 수 있다. 조세 감면 조치를 통하여 기업의 투자 의욕을 고취하고 재정투융자정책을 통하여 자금을 공급하여 기업의 투자를 활성화시키기도 한다. 각종 조세 혜택을 부여하여 저축의 증대를 유도하고 이것이 투자로 이어지도록 투자우대정책으로써 지원한다.

정부는 자본 형성(capital formation)뿐 아니라 노동 공급을 확대하거나 노동시장을 개편하는 인센티브를 주는 정책을 펼 수도 있다. 현재 우리나라와 같이 저출산 문제가 심각한 상황에서 생산가능인구의 확대를 위하여 다양한 정책을 펴야 한다. 노동시장의 변화를 유도하고자 각종 직업교육 훈련 프로그램을 제공하거나 정부가 취업을 알선하고, 나아가 필요한 경우 공공 부문의 채용 규모를 늘려 직접 고용할 수도 있다.

5) 경제 위기 대응 기능

재정은 경제의 최후 안전판이라는 말이 있듯이 경제 위기 시 위기 극복을 위하여 적극적인 역할을 수행하게 된다. 경제 위기에 따라 발생한 총수요의 급감에 대하여 확장재정을 통하여 총수요를 확대할 수 있다. 흔히 발생하는 금융 부문의 대규모 신용 경색에 대하여 공적 자금을 통하거나 신용 제공을 통하여 해결할 수도 있다.

어떤 상황에서건 대규모의 공적 자금, 재정 투입이 필요하다. 따라서 언제 발생할지 예측하기 어려운 경제 위기에 대응하려면 상시적인 재정건전성 관리를 통하여 재정의 대응 여력을 확보해 두는 것이 중요하다.

우리나라의 경우 국제통화기금(IMF) 외환 위기 시에도 역대 최대 규모의 추경예산을 편성하고 대규모 공적 자금을 투입할 수 있었으며, 이는 당시 우리나라의 국가채무 수준이 낮았기 때문에 가능한 일이었다. 2008년 글로벌 금융 위기 극복도 지속적으로 균형재정 기조의 신중한 재정정책으로 재정 여력을 유지해 왔기에 가능할 수 있었다.

제2절 재정의 구조, 범위, 규모

1 재정의 구조

1) 재정의 체계

정부는 법률적으로 행정부에 한정하여 범위를 설정할 수 있지만 정부의 역할을 수행하는 다수의 공공조직이 존재하며 정부의 실질적인 영향력이 있으므로 이를 포함하여야 국가 내에서의 재정의 역할과 기능에 대한 이해를 할 수 있을 것이다. 이런 관점에서 법률상 행정부와 공공기관을 포괄하는 개념으로서의 정부를 일반정부라고 한다.

일반정부에서 행정부는 중앙정부와 지방정부로 구분하고, 지방정부는 지방자치단체와 교육자치단체인 교육청으로 구성된다. 공공기관은 비영리공공기관을 포함하며 공기업은 포함하지 않는다.

2) 재정의 구분

(1) 주체에 따른 구분

재정은 운용 주체에 따라 중앙정부 재정과 지방정부 재정으로 구분한다. 중앙정부 재정은 중앙정부를 단위로 이루어지는 재정활동을 의미하며, 지방정부 재정은 지방자치에 기초한 자치단체의 재정활동과 교육자치에 기초한 지방 교육재정을 포괄한다.

(2) 수단에 따른 구분

재정은 운용 수단에 따라 예산과 기금으로 구성되며, 예산은 일반회계와 특별회계를 포함한다. 실질적 의미의 예산은 형식적 의미의 예산과 기금을 합한 것으로 국가의 재정 수요와 이를 충당하는 재원을 추정하여 작성한 특정 회계연도의 세입·세출에 대한 예정적 계산서를 말한다. 형식적 의미의 예산은 행정부가 일정한 형식에 따라 편성하고 국회의 심의·의결을 거쳐 확정된 한 회계연도의 국가재정 계획을 말한다. 국회가 심의·의결하는 예산은 이러한 형식적 의미의 예산을 말한다.

(3) 재정활동 성격에 따른 구분

재정활동은 본질적으로 정부의 수입과 지출활동이다. 예산과 기금 등 모든 재정 운용 수단은 수입과 지출로 구성된다. 특히 「국가재정법」에서는 예산(일반회계 및 특별회계)의 수입은 세입, 지출은 세출로 규정함으로써 기금의 수입·지출 활동과 구분하고 있다.

2 재정의 범위

1) 의의

정부는 다양한 조직, 공공기관, 공기업 등이 경제활동을 하므로 어느 정도까지의 경제활동을 재정이라고 볼 것인지를 판단하여 재정의 범위를 확정할 필요가 있다. 재정의 범위 확정을 통하여 정부의 규모와 영향력을 파악하고, 정부의 기능과 역할에 대한 재설계를 위할 때 고려할 수 있으며, 재정준칙과 같은 재정 수단을 적용할 범위를 판단하는 데도 반영할 수 있다.[5]

---

5) 재정의 범위와 규모에 대한 판단은 재정정책의 적극성, 공공 부문의 확대, 국가채무의 기채 등의 의사결정에

우리나라의 경우 재정 규모나 범위를 기준으로 볼 때 작은 정부에 속한다는 주장이 많은데 재정의 범위나 규모를 제대로 살펴보면 그렇지 않다. 정부의 영향력이 지나치게 크고 정부의 범위가 넓다고 보이는데, 이에 따라 민간 부문의 건전한 성장이 억압받고 있다고 판단된다. 이러한 논의를 건설적으로 진행하기 위해서는 재정의 범위에 대한 좀 더 구체적이고 타당성 있는 기준에 근거한 검토가 요구된다고 본다.

2) 국제 기준

(1) IMF의 GFS 1986

정부의 포괄 범위는 정부 기능을 수행하는 기관으로 중앙정부, 지방정부, 비영리공공기관을 제시한다. 정부 기능을 수행하는 비영리공공기관에 해당하는지 판단하는 구체적인 기준은 제시하지 않았다.

(2) IMF의 GFS 2001

GFS 2001은 독립적으로 경제활동을 수행하는 제도 단위 및 시장성 기준을 중심으로 정부 범위를 파악한다. 정부의 범위에 대하여 다음과 같은 기준에 따라 분류한다.

1단계는 독립적인 제도 단위 여부로, 1차적으로 정부로부터 독립적인 제도 단위인지 여부를 판단하여 독립적인 제도 단위가 아닌 경우에는 일반정부로 분류한다.

2단계는 시장성 기준으로, 시장의 수요와 공급을 반영하는 경제적으로 의미 있는 가격(economically significant price)으로 시장 산출물을 생산하는지 여부를 기준으로 한다. 예컨대 EU의 ESA 1995와 UN의 SNA 2008에서 제시된 원가 대비 매출액 비용(원가보상률)의 50% 초과 여부가 기준이다.

3단계는 특수 기준 적용으로, 그 밖에 시장성 기준 충족 여부와 상관없이 무조건 정부 범위에 포함시켜야 하는 기관으로 사회보장기구(국민건강보험 등), 구조조정기구(구조조정기금, 예금보험기금채권상환기금, 부실채권정리기금 등), 정부와 독립적으로 운영되지 않는 직역연금(공무원연금, 군인연금), 정부가 유일한 고객이거나 연구개발(R&D)을 수행

도 중요한 참고 자료가 될 것이다.

하는 공공기관(근로복지공단, 출연연구기관 등)이 있다.

〈표 1-1〉 재정통계편람별 차이점

구분	GFS 1986	GFS 2001
단위의 포괄 범위	기능적 기초 위에서 정의, 정부 기능을 수행하는 모든 단위의 재정 관련 거래를 포함하되, 재정정책과 무관한 거래는 제외(금융활동 제외)	제도 단위를 기초로 정의, 다른 단위의 준재정활동은 제외, 일반정부 부문 단위가 수행하는 모든 활동을 포함(금융활동도 포함)
경제적 거래의 기록 기준	현금주의	발생주의
사건의 포괄 범위	현금의 흐름만 기록	자산·부채·수입·비용에 영향을 주는 모든 경제적 사건 기록

3) 우리나라의 기준

현재 우리나라는 중앙정부 통합재정수지 및 관리재정수지 작성 시에는 현금주의 기준인 GFS 1986을 적용하고, 일반정부 재정수지는 GFS 2001을 기초로 산출하고 있다.

일반정부 범위에 속하는지 판단하는 기준으로 다음 4단계 기준을 적용하였다. 1단계는 정부로부터 독립적인 제도 단위인지 여부로 판단한다. 2단계는 특수 기준에 해당하는지 여부로 판단한다. 국민연금공단, 국민건강보험공단과 같은 사회보장기구, 예금보험공사, 한국자산관리공사와 같은 구조조정기구는 일반정부로 분류한다. 3단계는 일반정부에 포함되지 않은 나머지 공공기관 중 최근 3개년 평균 원가보상률이 50% 이하이면 일반정부, 50%를 초과하면 4단계인 정부 판매 비율을 적용하여 최근 3개년간 평균 정부 판매 비율이 80% 이상이면 일반정부, 80% 미만이면 공기업으로 분류한다.[6]

GFS 2001에 근거하여 작성된 일반정부의 포괄 범위는 중앙정부의 일반회계(1개), 특별회계(20개), 기금(67개), 비영리공공기관(222개)과 지방정부의 일반회계(243개), 특

---

6) 이는 제도적 기준, 시장성 기준까지 적용한 것이며 정부가 실질적인 영향을 미치는지 여부를 따지는 지배력 기준은 적용하지 않은 것이다.

별회계(2,042개), 기금(2,468개), 비영리공공기관(95개)이다.

<표 1-2> 우리나라 일반정부 포괄 범위

구분		GFS 1986	GFS 2001
중앙	회계	일반회계 1개, 기타 특별회계 15개, 기업특별회계 5개	좌동
	기금	사업성 기금 58개	금융성·외평기금 9개 추가
	비영리공공기관	제외	222개 기관 추가
지방	회계	일반회계 243개, 기타 특별회계 1,771개, 지방교육비특별회계 17개, 직영공기업특별회계 254개	좌동(2,042개)
	기금	제외	2,468개 기금
	비영리공공기관	제외	95개 기관

3 재정의 규모

1) 중앙정부의 재정 규모

(1) 세입을 중심으로 본 규모

중앙정부의 총수입은 일반회계의 총계, 특별회계의 총계, 기금(금융성 기금과 계정성 기금 중 외국환평형기금 제외)의 총계를 모두 더한 뒤, 회계 간 내부거래수입, 기금 간 내부거래수입, 회계와 기금 간 내부거래수입, 각 회계와 기금의 보전수입[7] 을 차감한 값이다.

총수입 = 일반회계수입 + 특별회계수입 + 기금수입 − 내부거래수입 − 보전거래수입

---

7) 보전수입은 어느 회계나 기금 입장에서 자체수입이나 내부거래수입으로 조달하지 못하여 민간으로부터 빌리거나(국채 발행 또는 차입) 남는 돈을 민간에 빌려 주었다가 회수(여유자금 회수)하는 경우를 의미한다. 이는 정부의 수입과 지출의 차(재정수지)를 보전해 주는 역할을 하는 것으로 실질적인 정부수입으로 보기 힘들기 때문에 총수입 산출 시 제외된다.

내부거래수입은 어느 회계나 기금이 다른 회계나 기금으로부터 넘겨받은 수입으로, 차입이나 예수와 같이 빌리는 경우와 전입과 같이 무상으로 얻는 경우가 있다. 일반회계, 특별회계, 기금 수입을 단순 합계하는 경우 정부 내부거래를 중복 계상하여 실제 수입을 과다 계상하게 되므로 총수입 산출 시에는 내부거래를 제외하게 된다. 이렇게 산출한 수입 규모는 일반회계의 자체수입, 특별회계의 자체수입, 기금의 자체수입을 모두 더한 값과 같다.

(2) 세출을 중심으로 본 규모

① 예산총계 및 순계

예산총계는 일반회계의 총계와 특별회계의 총계를 합한 것이다. 예산총계는 일반회계와 특별회계 간 내부거래지출과 특별회계 상호 간 내부거래지출을 포함한다.

> 예산총계 = 일반회계와 특별회계의 일반지출 + 내부거래지출 + 보전지출[8]

예산순계는 예산총계에서 회계 간의 내부거래를 제외한 것을 예산순계라고 한다. 예산 규모를 정확하게 파악하려고 중복 금액을 공제한 것이다.

② 총지출

총지출은 일반회계의 총계, 특별회계의 총계, 기금의 총계를 모두 더한 뒤 회계 간 내부거래지출, 기금 간 내부거래지출, 회계와 기금 간 내부거래지출, 각 회계와 기금의 보전지출을 차감한 것이다. 이렇게 계산한 값은 일반회계의 일반지출, 특별회계의 일반지출, 기금의 일반지출을 모두 더한 값과 같다. 총지출은 예산과 기금을 모두 합

---

8) 일반지출이란 국민경제에 직접 영향을 미치는 경상지출, 자본지출, 융자지출, 이전지출을 의미하며, 내부거래지출은 한 회계나 기금이 다른 회계나 기금으로 넘겨 주는 지출을 의미한다. 보전지출이란 한 회계나 기금이 민간에서 차입한 자금을 상환하거나, 일반지출이나 내부거래지출로 사용하고 남은 자금을 금융기관에 예치하는 것을 가리킨다.

치면서 정부의 실질적인 재정활동을 파악하기 위하여 정부의 금융성 활동을 수행하는 신용보증 등의 금융성 기금과 외국환평형기금은 포함하지 않는다. IMF의 1986년 「재정통계편람(Government Finance Statistics Manual)」에서도 재정의 범위에서 이런 기금을 제외하고 있다. 우리나라는 예산안 작성 시에는 총지출을, 결산 시에는 일반정부 통합재정지출 규모로 산정하고 있다.

> 총지출 = 총계(일반회계 + 특별회계 + 기금) − 내부거래지출 − 보전지출

③ 중앙정부 통합재정지출

통합재정은 정부 부문의 실질적인 재정활동을 파악하고 이를 국제적으로 비교하고자 IMF의 「재정통계편람」에 따라 작성하는 재정 통계이다.

중앙정부의 통합재정 규모와 총지출은 예산과 기금을 모두 합친 관점에서의 재정 규모라는 점에서는 유사하지만 융자의 포괄 범위에서는 차이가 있다. 통합재정 규모는 기업특별회계의 영업지출에서 영업수익을 차감한 값을 지출에 계상하는 반면, 총지출은 기업특별회계 영업지출 전체를 지출에 계상한다. 통합재정 규모에서는 국민경제에 직접 영향을 미치는 순융자만을 지출에 계상하고 있으나, 우리나라는 융자사업의 규모가 상대적으로 크기 때문에 순융자만을 계상하면 재정의 모습을 정확히 반영할 수가 없으므로 예산이나 국가재정운용계획을 수립할 때 총지출 통계를 사용하고 있다. 통합재정수입에서 통합재정지출을 차감한 값과 총수입에서 총지출을 차감한 값은 항상 같다.

> 통합재정수입 − 통합재정지출(순융자=융자지출−융자회수) =
> 총수입(융자회수) − 총지출(융자지출) = 통합재정수지

2) 일반정부의 재정 규모

(1) 세입을 중심으로 본 규모

① 일반정부 총수입
중앙정부재정과 지방교육재정을 포함한 지방정부재정을 모두 포괄하는 정부 전체의 통합재정수입을 말한다.

② 조세부담률
조세부담률은 국민들이 중앙정부와 지방자치단체에 납부하는 국세 및 지방세를 합산하여 경상 GDP로 나눈 것을 말한다. 2020년 기준 우리나라의 조세부담률은 20.0%로 2013년 이후 지속적으로 상승하고 있다. 국제적으로는 미국, 일본과 비슷한 수준이고 OECD 평균인 24% 정도에 비하여 상대적으로 낮은 수준이다.

③ 국민부담률
국민부담률은 국민들이 1년 동안 낸 세금과 국민연금·의료보험료·산재보험료 등 각종 사회보장기여금을 합한 총액이 국내총생산(GDP)에서 차지하는 비중을 말한다. 즉, 국민부담률은 조세부담률과 사회보장부담률을 합한 것이다. 조세부담률은 정부수입 중 조세만을 대상으로 측정하고 있으나 준조세라고 표현되는, 조세와 유사한 성격의 강제성, 비대가성, 비상환성을 갖는 다양한 국민들의 부담을 고려하지 못하는 문제가 있다.

사회보장기여금은 준조세 성격의 4대 공적연금(국민연금·공무원연금·군인연금·사학연금)과 고용보험, 산업재해보상보험, 건강보험(노인장기요양보험 포함)의 기여금을 의미한다. 우리나라의 국민부담률은 2020년 기준 27.9%로, 보험료율 인상 등에 따라 최근 증가하는 추세이다. 우리나라는 OECD 국가 중 가장 낮은 수준으로 미국과 비슷하며, OECD 평균과 5% 이상 차이가 난다. 유럽 국가들은 40%를 상회하며 이들 국가와 15% 정도 차이가 난다.

(2) 세출을 중심으로 본 규모

우리나라는 결산 시에 일반정부 통합재정에 근거하여 총지출을 산출한다. 한국통합재정수지라는 문서에 보고되는 내용을 보면, 우리나라 일반정부의 규모는 GDP 대비 35% 정도 되며 지속적으로 증가하고 있다.

〈표 1-3〉 총수입·총지출 및 통합재정수입·지출 비교

구분	총수입·총지출	통합재정수입·지출
도입 시기	2015년 국가재정운용계획 수립 시	1979년 IMF 권고
목적	재정 규모에 대한 국민의 이해 제고	정부 부문이 민간 부문에 미치는 영향 분석
활용	국가재정운용계획 수립, 예산 편성 규모 집계 등	월별 수지공표, IMF 제출 등
차이점	• 융자: 회수 및 지출을 각각 총수입·총지출에 계상 • 기업특별회계: 총계 기준의 영업수입·지출을 각각 총수입·총지출에 계상 ※ 통합재정수지 = 총수입 - 총지출 = (일반수입+융자회수+기업특별회계 영업수입) - (일반지출+융자지출+기업특별회계 영업지출)	• 융자: 순융자(지출-회수)를 산출한 후 통합재정수입에서 차감 • 기업특별회계: 영업수지(영업수입-지출)을 산출한 후 흑자인 경우 통합재정수입에, 적자인 경우 통합재정지출에 계상 ※ 통합재정수지 = 통합재정수입 - 통합재정지출 = (일반수입+기업특별회계 영업흑자) - (일반지출+순융자+기업특별회계 영업적자)

자료: 기획재정부, 「2022 한국통합재정수지」를 바탕으로 작성.

제3절 재정정책

1 개관

1) 의의

재정정책이란 정책 목표를 달성하고자 재정활동이 국민경제에 미치는 효과를 고려하면서 재정 규모, 재정수지, 재정의 구성, 국가채무 수준을 의도적으로 조절하는 정

책을 말한다. 재정정책은 경기를 안정시키거나 부양하기 위한 목적으로 단기적인 시계(時界)에서 정부의 재정지출을 변화시키는 정책을 의미하거나 중장기적 시계에서 조세, 세출, 공재관리 등의 정책을 의미한다.9

정부가 동원할 수 있는 재무자원은 결국 국가경제의 생산액에서 일부 동원하는 조세수입과 향후 얻을 수 있는 조세수입을 차입하는 재정적자와 국채로 구성된다. 이는 당연히 무한정의 자원이 아니고 상한이 존재한다. 정부가 확보할 수 있는 재무자원의 총체를 재정 여력(fiscal space)이라고 할 때, 재정정책은 이러한 재정 여력을 현재세대와 미래세대 간, 한 세대에서 어느 부문과 계층 간에 어떻게 배분할 것인가에 대한 의사결정이라고 할 수 있다. 한 마디로 재정정책이란 재정 여력을 어떻게 배분할 것인가에 대한 의사결정이다.

단기적인 재정정책은 케인스(John M. Keynes) 경제학 이후에는 정부지출의 거시안정화 정책을 의미하며, 재정이 경제에 대하여 균형화 인자(balancing factor)임이 인정되어 왔다. 이 경우 주로 예산과 정부지출을 활용하는데, 이는 행정부의 의사결정에 드는 시간이 짧고 효과도 비교적 빠르게 나타나기 때문이다. 예산 범위에서 집행을 조절하는 경우 1년 이내에 효과가 날 것이며, 예산을 활용하여 1년 정도의 시계로 재정배분을 변경하는 경우도 단기적인 효과를 기대할 수 있다.10

재정정책 중 예산을 활용하는 정책을 예산정책이라고 할 수 있으며, 예산정책의 중심은 예산 규모, 예산의 구성, 재정수지에 대한 결정이다. 이를 통하여 거시경제에서 정부가 차지하는 비중이 결정되고 거시경제의 안정과 성장이 크게 영향을 받는다고 할 수 있다. 시장과 사회의 다양한 영역에서 정부가 어떻게 예산을 배분하는가가 경제 사회 변화에 크게 영향을 미칠 것이다.

중장기적인 재정정책은 자산과 채무를 얼마로 정할 것인가의 결정과 제도화에 상당

---

9) 반면, 통화정책은 정부의 직접적인 재정활동과는 별개로, 화폐의 독점적 발행권을 지닌 중앙은행이 경제 내 유통되는 화폐의 양이나 금리에 영향을 미치고, 이를 통하여 경기안정화를 꾀하는 정책을 의미한다. 재정정책과 통화정책은 정책결정·집행의 주체, 구체적인 수단 등에서 차이를 보이나, 총수요를 조절하여 경기 침체나 과열에 따른 부작용을 완화하고자 하는 목적을 공유한다.

10) 정부가 동원할 수 있는 재무자원은 다양한데 이 중 연간 활용할 수 있는 세입과 세출을 활용하고 예산이라는 제도이자 도구를 통하여 의회의 승인을 통하여 하는 경우 예산정책이라고 한다.

한 시간이 걸리는 조세제도에 대한 의사결정을 의미한다. 조세제도는 정부의 세입을 획득하는 방편이자 민간 부문의 구매력 내지는 지출을 조절하며 제도를 설계하고 제도화하는 데 사회적 합의를 위한 상당한 시간이 걸리고, 한번 제도화되면 오랜 기간 유지됨으로써 그에 따른 효과도 상당히 장기적인 성격이 있다. 국채관리의 경우도 국채의 총량에 대한 기준 설정 등이 제도의 성격이 강하여 중장기적 시계에서 설정하여야 하는 특성이 있다. 재정적자의 경우 국채의 발행, 차환, 상환을 활용하여 단기적인 접근도 가능하나 국채의 규모와 수준에 대하여는 중장기적인 복지지출의 전망, 경제성장 경로 등을 고려하여 설정하여야 지속 가능한 경제 발전이 가능하다.

2) 유형

재정정책은 자유재량적 안정정책과 자동안정화정책의 유형이 있다. 자유재량적 안정정책이란 정부가 세입과 지출을 재량의 범위 안에서 신축적으로 결정하여 경제의 총수요를 적극적으로 조절하는 재정정책을 말한다. 자본주의의 주기적 경기 변동에 대응하기 위하여 경기침체기에 수입을 줄이고 재정지출을 확대하며, 경기확대기에 수입을 확대하고 재정지출을 줄여 총수요를 조절하는 신축적인 대응을 말한다.

자동안정화정책이란 정부의 세입과 지출의 제도가 추가적인 정부의 개입이 없어도 자연스럽게 총수요의 변동을 완화하는 형태의 제도의 효과로서의 정책을 의미한다. 정부의 세입 중 경기 변동에 비례하는 누진세제나 의무지출 중 복지지출 등 경기 변동에 따라 세입이나 지출이 자동적으로 변화되는 제도가 자동안정장치(built-in stabilizer)로서 경기 역행적 효과를 내게 된다.[11]

---

11) 소득이 늘어나면 납부 세액이 누진적으로 증가하도록 설계된 누진세제도, 경기 상승으로 소득이 증가하면 높은 세율을 적용하여 정부의 조세수입이 증가되고 따라서 재정흑자가 발생하여 총수요를 감축시키는 효과, 고용 보험의 경우도 경기가 호황일 때는 실업자가 줄어드는 만큼 실업수당 지급액도 줄어 총수요가 감소되는 반면, 불황에서는 실업자가 많아져 실업수당 지급액도 커지기 때문에 총수요를 진작하는 데 도움이 된다.

2 재정정책별 이슈

1) 감세정책(총공급확대정책)

세입제도는 국민의 재산권을 침해하는 성격이 있으므로 국민과 납세자들의 대표자인 의회의 승인을 받아야 한다는 조세법률주의 대원칙이 적용된다. 여기서 조세법률의 큰 틀에서 시행령이나 시행규칙을 통하여 구체적인 내용이 결정되기 때문에 행정부의 재량의 범위도 적지 않다. 이런 점에서 세입제도의 큰 틀의 변화는 사회적 합의와 의회의 승인과 관련하여 상당히 오랜 시간이 들어 장기적인 재정정책으로 보아야 하지만, 일정 정도의 감세나 증세는 단기적인 행정부의 재량적 결정도 가능하다고 하겠다.

감세정책이 재정적자와 지출증대정책에 비하여 유리한 점은 지출 확대의 경우 세입과 정치적 의사결정에 의한 비효율적 배분과 행정비용을 고려할 때 좀 더 직접적이고 효율적인 지원이 될 수 있다는 점이다. 예를 들어 100이 세수입이라고 할 때 정치적 및 행정적 과정에서 누수되는 비용 때문에 실제 지출되는 액수는 70에 그친다. 반면 100의 세수입을 삭감하게 되면 100만큼의 지원이 직접적으로 발생하게 된다.

감세정책의 문제점은 대체로 감세정책의 혜택을 받는 대상은 세금을 많이 납부하는 계층이고, 이런 점에서 혜택이 사회적으로 부유층에 집중된다는 점이다. 감세정책의 지원으로 인하여 경제활동이 활성화되고, 이러한 경제활동이 경제 내에서 부가가치를 충분히 발생시키며, 이러한 경제적 가치의 증가가 경제 내에 확산될 경우 또는 경제적 외부성이 커서 그 혜택이 사회 전체에 퍼진다고 볼 수 있는 경우 이러한 단점을 최소화할 수 있을 것이다. 이런 점에서 기업활동, 연구개발, 교육훈련 등에 대한 감세정책은 바람직한 것으로 평가하여야 할 것이다.

2) 재정적자를 통한 지출 확대(총수요관리정책)

재정적자를 통한 지출 확대는 전형적인 케인시안(Keynesian) 정부 개입으로 정부가 단기적인 재정사업의 확대를 통하여 거시경제의 안정화를 추구하는 하는 방식이다.

단기적인 경제 개입을 통한 재정정책이 의도한 효과를 내기 위해서는 다양한 조건이 만족되어야 한다. 먼저, 경기 역행적(countercyclical)인 개입으로 경기확장기에는 긴축적으로 재정사업 규모를 줄이고, 경기수축기에는 확장적으로 재정사업의 규모를 확대하여야 한다. 둘째, 재정정책의 확대 스케줄이 명확하고 투명하여 경제 주체가 예견하고 신뢰할 수 있어야 한다. 경제에 불필요한 불확실성을 일으키지 않고 경제 주체들이 의사결정에 쉽게 반영할 수 있어야 한다. 셋째, 재정정책의 파급 효과가 크고 승수 효과가 커야 한다.[12] 정부의 재정사업이 파급 효과가 큰 사업이어서 재정지출 대비 경제 효과가 커야 한다.

경제 시스템이 고도화된 현재 우리나라의 상황에서 이러한 조건을 만족시키는 것은 어렵다고 보아야 할 것이다. 재정정책은 내외부 시차를 동반하고 시장이 훨씬 빠르게 대응하고 예측하기 때문에 시장의 변화에 대응하여 경기에 맞는 정부 대응이 나오기 어렵다. 재정정책이 정치적인 의사결정에 따라 이루어지기 때문에 투명하고 예견 가능한 방식으로 추진하기도 어렵다. 거시경제가 고도화됨에 따라 재정사업, 토목사업에 따라서 승수 효과가 높기 어렵다.[13] 정부재정사업에 따라서 민간 부문의 투자와 소비를 구축(驅逐, crowding-out)할 우려도 있다.

요약하면, 우리나라의 경제 수준에서 정보의 불완전성과 정부관료제의 비효율성 때문에 민간 경제 부문을 정부가 통제하는 것은 불가능에 가깝다. 민주주의라는 정치제도적 제약으로 인하여 비효율적이고 포퓰리즘적인 재정사업이 채택되기 쉽다. 이러한 이유로 정부 개입이 오히려 자원 배분의 효율성을 떨어뜨리는 정부실패(government failure)를 가져올 수 있다.

---

12) 일정한 경제 순환의 과정에서 어떤 부문에 새롭게 투자를 하면 유효 수요가 증가하고 파급 효과가 잇따라 처음 투자 증가분 이상으로 소득이 증가하는데 이 비율을 승수라고 한다.
13) 재정 승수가 전반적으로 낮아지고 있다. 재정 승수를 지출 항목별로 구분하여 그 효과를 보면 자본 투자가 높고, 경상이전지출은 낮은 것으로 나타난다. 정부지출 승수가 2000년대 들어서 뚜렷하게 약화되었으며 이전지출의 경우는 더 낮다.

3) 재정수지 의사결정

(1) 의의

재정수지는 해당 연도의 재정수입에서 재정지출을 차감한 수치로서, 해당 연도 재정활동의 건전성을 파악할 수 있는 지표가 된다. 재정지출이 재정수입보다 더 크게 나타나 재정수지 적자가 발생하면 차입이나 국채 발행, 자산 매각 등을 통한 보전이 필요하게 되므로 국가채무의 증가 또는 국가자산의 감소로 이어지게 된다.[14]

재정적자의 지표로는 통합재정수지와 관리재정수지의 두 가지 지표가 있다. 통합재정수지는 재정의 총수입에서 총지출을 차감한 것으로 우리나라의 경우 일반회계·특별회계 기금을 모두 포괄하여 산출하는 수지이다. 전체 수입과 지출에서 회계·기금 간 내부 거래 및 차입·채무상환 등 보전거래는 제외하여 실질적 의미의 수입·지출을 구한 후 이의 차이를 측정하는 것이다.[15] 통합재정수지는 정부 부문의 전체 규모 파악에 유용하고, 재정이 실물 부문에 미치는 영향 및 효과 파악에 사용한다.

관리대상수지는 통합재정수지에서 사회보장성기금(국민연금, 사학연금, 산재보험, 고용보험) 수지를 제외한 것이다. 우리나라의 예산에 사회보장성기금이 포함되어 있는데, 사회보장성기금의 성장 경로를 고려할 때 우리나라는 제도 초기 단계여서 기금수입이 더 크므로 적립금이 쌓이고 있는 단계이다. 지금 흑자로 누적되고 있는 적립금은 향후 수급자가 늘어날 때 소진될 것이고 현재의 흑자분을 다른 용도로 사용할 수도 없으므로 일반적인 재정활동과 사회보장성기금의 재정을 구분하여 집계하는 것이 재정의 건전성 상태로 좀 더 정확하게 측정할 수 있게 된다.[16]

---

14) 이론적으로 반대의 상황으로 재정수입이 재정지출보다 더 크게 나타나 재정수지 흑자가 발생하면 국채 상환이나 예치금 등에 사용하게 되므로 국가채무가 감소하거나 국가자산이 증가하게 된다. 우리나라의 경우 재정수지가 흑자인 경우는 없다.

15) 「국가재정법」은 정부로 하여금 국가재정운용계획에 통합재정수지에 대한 전망·근거 및 관리계획을 포함하도록 하고(제7조 제2항 제6호), 매년 1회 이상 공표하도록 하고 있으며(제9조 제1항), 「국가회계법」은 국가결산보고서의 세입세출 결산에 통합재정수지표를 첨부하도록 하고 있다(제15조의2 제3항 제1호).

16) 국민연금을 비롯한 사회보장성기금은 장기적으로 상당한 재정문제를 낳을 것으로 예상되지만 현재는 통합재정수지의 흑자를 증가시키는 요인으로 작용하고 있는데, 이는 아직 연금 수급자가 본격적으로 발생하지 않고 있기 때문이다.

우리나라의 재정적자 수준에 대하여 국제 비교가 가능한 통합재정수지를 사용하여 재정적자 수준이 낮고, 재정건전성이 양호하므로 재정적자 폭을 더 늘려 적극적인 확대재정으로 경제에 개입하고 불평등 해소를 위한 복지지출을 늘려야 한다는 주장이 있다.

이런 주장은 심각한 문제를 안고 있다. 일단 통합재정수지를 국제 비교하면 우리나라가 GDP 대비 3% 정도로 낮은 편에 속하는 점은 맞다. 그러나 이를 재정건전성이 양호하다는 근거로 사용하는 것은 부적절하다.

첫째, 통합재정수지는 국제기구가 자료 취합의 편의성에 따라 수집한 값이며, 한 국가의 재정건전성을 제대로 반영한 값이 아니다. 국제 비교는 대강의 추세만 보여 주는 것으로 구체적인 건전성에 대하여는 종합적인 판단이 필요하다.

둘째, 우리나라는 관리재정수지를 활용하여야 하며, 이는 연금제도가 도입 및 안정기에 해당하기 때문에 현재 발생하는 흑자분을 포함한 통합재정수지는 재정건전성 파악에 적절하지 못하기 때문이다.

셋째, 관리재정수지가 타당한 또 다른 이유는 선진국의 경우 예산 체계가 단순하고 수입이 상호 전입이 쉬운 반면 우리나라는 기금과 예산 간 전용이 원칙적으로 불가능한 칸막이식 구조이기 때문에 한 부문의 재정지출이 필요하여도 다른 부문의 흑자를 사용할 수가 없기 때문에 건전성 여부는 기금별 구분해서 파악하여야 하기 때문이다.

넷째, 우리나라의 관리재정수지는 선진국의 경우와 달리 항시 일정 정도의 재정적자를 기록하고 있고 재정흑자를 달성하여 흑자분으로 채무 상환을 이룬 경험 자체가 없다. 재정 체제와 이를 둘러싼 정치행정 체제가 국민들을 설득하여 허리띠를 졸라매고 채무 상환을 해 온 경험도 없고 이를 추진할 정치력이나 리더십이 부재하며 모든 이해관계자가 재정을 자신의 이익에 맞게 선점하여 써버리려는 태도를 갖고 있다. 이 자체가 재정건전성에 대한 위협이기도 하거니와 재정건전성에 대한 보루(堡壘)가 약한 상황에서 현재보다 더 심각한 재정적자를 허용하게 되면 걷잡을 수 없는 정도로 쉽게 건전성이 무너지게 될 것을 예상할 수 있다.

이런 점들을 고려할 때 낮은 재정수지를 근거로 재정적자 확대를 통한 재정지출 증가는 매우 신중하여야 한다고 본다.

4) 재정 규모 의사결정

　예산의 증가율과 세입 및 지출예산의 총규모를 결정하는 것을 말한다. 예산의 증가율이 경제성장률에 비하여 클 경우 정부 부문이 커지고 거시경제에서 정부가 차지하는 비중이 커진다. 정부 부문이 커질수록 공공재와 공공서비스의 범위와 규모가 커질 것이고 복지지출의 규모도 클 것이나, 정치적 및 행정적 의사결정이 국가 전체에서 차지하는 중요성이 커지게 되어 민간의 효율성과 창의성이 약화될 가능성이 커진다.

　국가별로 국가의 정치 이념과 체제, 정부의 기능과 공공서비스의 범위에 대한 사회적 합의의 내용이 다르므로 일률적으로 어떤 규모가 바람직하다고 할 수는 없다. 다만 선진국의 일반적인 경향을 보면 서구 유럽 국가들의 총지출 규모는 GDP의 40%에서 50% 내외인 것을 볼 수 있다.

　국가별 비교를 하면 선진국일수록 조세수입과 지출 규모가 커지는 패턴을 볼 수 있다. 이는 조세 체제가 제도화되고 정립되는 데 긴 역사와 노력이 요구되기 때문으로 보인다. 경제성장률이 지속적으로 높아야 이에 기반하여 재정수입을 확보할 수 있기 때문에 높은 수준의 경제성장률을 유지하여야 정부 규모를 확대할 수 있는데 후진국들은 이런 조건을 만족시키지 못한다. 성장률이 낮아도 채무를 활용할 수 있으나 국가 신용이 낮은 후진국의 경우 가용할 수 있는 채무의 실질적 한도가 낮고 재정 여력이 충분치 않기 때문에 일정 정도 성장하기까지 정부의 비중이 낮은 패턴이 나타난다.

　우리나라의 일반정부 총지출 규모는 경제협력개발기구(OECD) 국가 중 낮은 수준에 머물고 있다. 이런 점에서 우리나라는 다른 나라에 비하여 상대적으로 작은 규모를 유지하고 있고 재정 규모를 확대하여야 한다는 주장이 많다.

　이러한 설명은 선진국과 우리나라를 일차원적으로 단순 비교한 것으로 논리적 오류라고 할 수 있다. 첫째, 우리나라와 같이 단기간에 개발도상국에서 선진국 초입에 위치한 경우와 오랜 기간 높은 성장률과 안정된 재정 체제를 유지해 온 국가들과 단순 비교해서는 안 된다. 우리나라는 민간의 생산력이 확고하게 자리 잡지 못한 상황에서 이제 겨우 국민소득 3만 달러를 달성한 국가로서 경제가 감당할 수 있는 담세력이 낮은 상황이고 그 수준에 비추어 볼 때 재정 규모가 작은 편이라고 단언할 수 없다.

　둘째, 재정의 규모를 따질 때 정부와 공공기관까지 고려한 재정만이 아니라 우리나라의 특성상 공기업 부문을 모두 포함하면 정부의 규모는 매우 큰 상황을 간과하고 있다. 선진국의 경우 정부공기업의 비중이 매우 낮은 반면 우리나라는 개발도상국의 특성상 의회의 통제를 회피하면서 공적 지출을 하는 공기업 부문이 매우 비대하다. 정부의 영향력이 매우 크며 실질적인 정부임에도 불구하고 법형식상 정부 부문에서 제외되어 있을 뿐이다. 이 부분을 제외한 후 정부 부문이 작다고 재정을 확대하여야 한다고 하는 것은 잘못된 전제에 따른 논리적 오류이다.

셋째, 재정 규모는 정부의 권력에 대한 하나의 대표 지표이므로 실제 정부 권력의 비대화 여부는 재정과 다른 정책 수단을 종합하여 살펴보아야 한다. 우리나라의 국가 구성에서 근본적인 문제는 정부 부문의 비대화와 과잉 권력이라고 할 수 있으며, 정부의 권력은 재정뿐 아니라 규제 등 다른 정책 수단으로 확립되어 있는 상황이다. 재정 규모가 작아 보여도 실제 정부의 권력을 반영할 경우 정부 부문의 권력이 매우 큰 상황이므로 여기에 재정의 확대까지 이루어진다면 정부 부문의 비대화는 더 심해져서 매우 심각한 문제를 일으키게 될 것이다.

넷째, 선진국의 경우 고령화가 진행되어 어느 정도 안정화된 단계로서 관련된 복지지출이 정부지출의 상당 부분을 차지하고 있다. 우리나라의 경우 다수의 무분별한 복지제도의 도입으로 인하여 현재 복지 수급 대상자들이 늘어나고 있으며 향후 초고령화에 따라 급격한 복지지출이 예상된다. 선진국은 고령화에 따른 복지지출을 반영한 값이고 우리나라의 경우 이 부분이 고려되지 않은 수치로 단순 비교는 불가능하다. 우리나라는 현재 복지제도에 의하여 아무 추가적인 조치를 하지 않아도 향후 정부 부문이 급격하게 확대될 것으로 예상된다. 이런 점을 고려하여 복지제도의 성숙 단계를 반영할 때 우리나라의 현재 정부 부문의 규모는 큰 편이고, 고령화가 진행되고 복지지출이 확대될 시기에는 매우 커질 것으로 예상된다.

이런 점을 고려할 때 현재 대한민국의 정부 부문은 선진국의 역사적인 경로에 비하여 매우 큰 편이고 오히려 축소해 나가야 지속 가능한 발전과 성장이 가능하다고 할 수 있다. 복지제도의 효율화를 추진하면서 위기에 탄력적으로 대응할 수 있는 재정의 건전성을 유지하는 것이 매우 중요하다.

5) 분야별 배분 의사결정

예산의 분야별 배분을 적절하고 미래 지향적으로 할 때 경제와 사회가 발전할 수 있을 것이다. 바람직한 자원 배분은 국가별 경제 발전 단계나 정치적 이념 등에 따라 다양한 모습을 보이게 될 것이고, 사회적으로 합의를 이루는 것이 중요할 것이다. 우리나라는 2000년대 이후 경제 개발 분야에서 사회복지 분야로 예산 배분의 비중이 크게 달라지는 경로를 거쳐 왔다.

최근에 들어서도 경제 분야와 그와 연관된 분야의 지출 비중을 줄이고 복지지출을 확대하여야 한다는 주장이 제기되고 있다. 경제, 지역 개발, SOC 지출, R&D 지출 등 경제와 산업에 대한 지출을 줄이고 보건 등을 포괄하는 넓은 의미의 복지지출을 확대하여야 한다는 주장이다. 선진국의 경우 복지지출이 차지하는 비중이 훨씬 높으며, 경제 수준에 따라 경제와 산업에 대한 보조보다는 국민의 삶의 질과 복지를 위한 지출이 선진국 수준으로 높아져야 한다는 주장을 한다.

이는 상당히 단편적이고 착각에 근거한 잘못된 주장이다.

첫째, 예산은 연간의 지출을 의미하는 것으로 유량(flow)의 개념이나 경제의 지속 가능한 성장을 위한 기초적인 조건을 이루는 사회간접자본(SOC), 과학기술 등은 축적이 되는 저량(stock)의 개념이다. 우리나라는 가장 후진적인 국가 상태에서 급속도로 경제 발전을 이루었지만 이에 따라 SOC나 과학기술에 투자한 총량과 그에 따른 결과물은 오랜 기간 많은 투자를 지속적으로 해 온 선진국과 비교할 만한 수준이 되지 못한다. 이런 점에서 SOC나 연구개발(R&D)에 대한 투자는 상당 기간 지속되어야 생산력과 과학기술의 축적이 이루어지고 지속 가능한 성장 동력을 확보할 수 있을 것이다.

둘째, 선진국은 고령화가 이미 성숙한 상황인 반면 우리나라의 경우 현재 빠르게 진행되고 있는 상황이다. 이런 상황에서 복지지출의 규모나 비중을 단순 비교하면 잘못된 평가와 정책적 제안을 할 수밖에 없다. 우리나라의 현재 수준의 복지제도와 지출 수준은 인구구조의 변화에 따라 자연스럽게 변화하여 선진국의 수준으로 수렴하게 될 것을 쉽게 예측할 수 있다. 성급한 복지제도와 지출의 확대는 고령화가 완성된 시기에 과도한 복지지출 수준을 갖게 함으로써 지속 가능한 성장을 하기 어렵게 하는 문제가 발생할 수 있다.

셋째, 복지지출의 무조건적인 확대는 우리나라가 당면하고 있는 여러 가지 과제에 대한 숙고 없이 낭비적인 잘못된 배분이 이루어질 수 있다고 본다. 현재 저출산 인구 소멸, 지역 소멸, 기후 변화, 디지털 대전환 등 우리나라가 당면하고 있는 과제들은 새로운 사회 구성을 위한 대규모의 투자가 요구된다고 할 것이다. 또한 과학기술과 획기적인 경제 체제의 대전환을 위한 재정의 대규모 투자가 요구된다. 이러한 국가적 차원의 재정 수요를 고려하지 않은 채 복지지상주의를 펼치는 것은 국가 발전에 큰 저해가 될 것이다.

6) 국가채무 의사결정

국가채무는 부채의 일종으로 정부가 상환 의무를 지는 채무를 말하며, 재정적자의 자연스러운 결과이다. 국가채무를 GDP 대비 어느 정도의 수준보다 낮게 유지할 것인가의 논의가 활발하다. 국제 비교에 따르면, 우리나라의 국가채무 수준이 낮고 이를 충분히 높이는 수준까지 문제가 없으며, 국채를 활용한 재원을 적극적인 재정정책에 활용하여야 한다는 주장이 있다.

우리나라는 예산이 증가하는 동시에 국가채무도 급속히 늘어나고 있다. 급속히 증가하는 세출에 비하여 세입원의 확대는 쉽게 이루어지지 못하여 세출과 세입의 괴리가 커지고 지속되면서 국가채무가 확대되어 온 것이다.

이에 대하여 제13장에서 자세히 논의하기로 하며 선진국의 표준적인 기준이 GDP 대비 60% 수준이라는 점과 국제 무역망을 장악하고 있는 영국과 같이 재정 확대를 지지해 온 노동당이 집권한 블레어(Tony Blair) 정부의 경우도 GDP 대비 40%를 기준으로 관리해 왔다는 점만 지적하고자 한다.

제4절 우리나라 재정의 과거와 현재

1. 재정 체제의 변화

1) 발전국가 성립과 개발도상 시기

1960년대 제3공화국의 성립에 따라 경제기획원이라는 경제개발정책 총괄기구가 설치되고 「예산회계법」이 법제화되어 경제발전계획에 따라 목표에 도달하는 데 필요한 예산 및 회계를 지원하는 법제도 기반을 마련하였다.

1962년 제1차 경제개발 5개년계획을 시작으로 우리나라는 모든 가용 재원을 활용하여 경제 개발에 본격적으로 착수하였다. 수입대체 산업을 육성하고 수출 주도형 공업화를 추진하던 이 시기에 재정 운용은 당연히 이를 뒷받침하는 것을 목표로 하였다. 따라서 재정은 경제 개발에 집중 투입되었는데, 특히 사회간접자본(Social Overhead Capital: SOC)과 산업 분야에 대한 자본적 지출인 재정투융자를 중점적으로 확대하였다.[17]

법제도는 예산과 관련하여 기금제도가 법제화되어 국가재정수입 확보에 활용되기 시작하였다. 당시 기금은 국회의 통제를 받지 않는 행정부의 재량적인 재원으로서 발전국가의 재량적인 재정정책의 기반이 되었다. 1966년에는 국세청이 발족하여 세무 행정력을 강화함으로써 세수가 급증하는 모습이 나타난다.

2) 경제안정화 시기

우리나라는 1960년대에서 1970년대까지 고성장을 달성하였지만, 1970년대 말 제1, 2차 석유 파동과 중동 건설 붐, 중화학 공업에 대한 집중 투자 등으로 인플레이션이 지속되고 경상수지가 악화되는 등 구조적인 문제가 드러나기 시작하였다.

---

17) 재정 규모에서 재정투융자가 차지하는 비중은 제1차 계획 기간(1962~1966년)에 연평균 23.1%, 제2차 계획 기간(1967~1971년)에 연평균 29.6%, 제3차 계획 기간(1972~1976년)에 32.6%, 제4차 계획 기간(1977~1981년)에 33.8%로 점차 증가하였다. 재정이 국내총고정자본 형성에 절대적으로 이바지하였다.

이에 따라 1980년대부터 물가 안정과 국제수지 개선을 위한 경제안정화 정책을 채택하기 시작하였다. 재정 운용 방식도 경제안정화를 뒷받침하기 위하여 건전재정의 원칙을 중시하여 재정을 보수적으로 운영하기 시작하였다.

1984년에는 예산 동결이라는 파격적인 조치를 취하였다. 이를 통하여 국민총생산(GNP)에서 차지하는 총재정 규모를 축소함으로써 국가 경제에서 재정이 차지하는 비중을 줄여나갔다. 1980년대 통합재정 규모는 1980년 8조 4천여억 원에서 1987년 18조 6천여억 원으로 재정 규모는 8년간 약 2.2배 늘어났으나 GDP 대비 비중은 21.6%에서 15.8%로 낮아졌다. GDP 대비 통합재정수지도 1980년 −3.1%에서 1987년 0.2% 흑자로 전환되었다. 조세부담률은 1980년 17.1%에서 1987년 16.1%로 낮아졌고, GDP 대비 국가채무 비중은 19.3%에서 16.0%로 개선되었다.

안정적으로 재정을 운용한 결과 1970~1982년 사이에 −2에서 −5%에 달하던 통합재정수지 적자가 점차 개선되기 시작하여 1987~1988년에는 통합재정수지가 작성된 이후 처음으로 흑자를 기록하였다. 특히 1970년대부터 추진한 조세 개혁으로 총세입에서 조세수입이 차지하는 비중이 81.8%까지 늘면서 이후에도 안정적인 재정 운용을 할 수 있게 되었다.

3) 체제 전환 및 민주화 시기

1987년 민주화와 제6공화국의 출범에 따라 우리나라는 권위주의적인 개발 체제가 경제사회의 요구에 대응하는 체제로 경제정책과 재정정책에서 변화가 커졌다. 경제성장과 더불어 삶의 질을 높이고자 하는 사회적 요구도 점점 커지고 있었다. 이에 노태우 정부는 교육, 주택, 보건, 의료에 투입할 사회개발비를 점차 늘려갔다. 경제 분야 투자가 줄고, 복지지출은 급증하였다.

1990년대 개방화에 따라서 세계무역기구(WTO) 체제가 형성되자 정부의 직접적인 산업 개입이 불가능해지고 간접적인 지원이 주요 재정정책의 수단이 되었다. 1993년 우루과이라운드가 타결되고 농어촌특별세를 신설하여 농어촌구조개선기금을 조성하는 등 산업 전환에 대한 투자를 확대하였다.

4) 외환 위기 대응과 개혁 시기

1997년 차입 경영으로 기업의 부실이 드러나고, 금융시장이 개방화되는 과정에서 단기 외채가 급증하였으며, 한국 경제에 대한 신뢰가 손상되어 단기채 차환이 거부되면서 일시적인 외환 부족이 발생하였다. 정부는 IMF 구제금융을 신청하고 구제금융의 조건을 수용하여 금융, 기업, 노동, 공공 부문에 대한 대대적인 구조조정을 시도하였다. 금융 부문의 부실을 해소하기 위하여 공적 자금을 투입하고 빅딜로 일컬어지는 기업 구조조정을 추진하였다. 김대중 정부에 들어서 국민기초생활보장제도를 도입하고, 국민연금 수혜 대상을 전 국민으로 확대하는 등 복지 분야가 크게 확대되었고, 경제 분야에 대한 지출은 점차 축소해 나갔다.

5) 신자유주의 및 신공공관리론 개혁 시기

2000년대 들어서면서 우리나라는 저출산과 고령화로 생산가능인구의 증가율이 감소하기 시작하였고 성장잠재력이 떨어졌으며 고용이 어려워졌다. 재정 운용 체계와 역할도 자연히 바뀌어야 하였으며, 복지재정이 급속히 증가하면서 2003년에는 분야별 재원 배분의 중점이 경제에서 복지로 전환되었다.

이런 변화에 대응하고자 노무현 정부는 5년 단위의 국가재정운용계획을 작성하고 성과주의예산제도와 총액배분 자율편성제도를 시행하는 등 재정 운용 방식을 선진화하려고 노력해 왔다. 2007년에 「국가재정법」을 제정하여 이런 재정 운용 시스템을 제도화하였다.

6) 금융 위기 대응 및 점진적 체제 전환 시기

2008년 하반기에 발생한 글로벌 금융 위기 속에서 우리나라는 적극적 재정정책과 신속한 재정 조기 집행을 추진하여 경기 회복을 하였다. 그 과정에서 불가피하게 재정지출을 대폭 확대하였기 때문에 재정건전성이 악화되었다. 이명박 정부의 경제정책은 크게 확장재정정책, 고환율 유지, 저이자율 유지로 정리할 수 있다. 확장 재정으로 총수요를 유지하면서 고환율과 저이자율로 민간의 투자활동도 유도하였다. 어느 정도 경제 위기 상황이 지난 후 민간 부문의 경제 회복을 뒷받침하면서도 재정적자의 폭을 축소하여 재정수지 적자를 축소함으로써 중기적 시계(時界)에서 재정건전성이 안정적 수준에서 관리될 수 있도록 하였다. 이후 박근혜 정부에서는 공무원연금 개혁, R&D 투자 확대 등 재정보수주의에 입각한 재정정책을 추진하였다.

7) 진보적 경제 체제 실험 시기

문재인 정부 출범 이후 재정정책의 방향과 역할에 대한 큰 변화가 이루어진다. 소득 양극화를 해소하고 사회안전망을 확대하기 위하여 사회복지 지출을 증가시킴과 동시에 소득주도성장 등 시장 개입과 재정적자와 채무 확대를 통한 복지지출의 확대를 꾀하였다. 복지 분야 지출은 연평균 6.7% 이상 증가하였다. 예비타당성 면제제도를 활용하여 대규모 지역사업을 편성하였고, 추가경정예산을 반복적으로 편성하였으며, 재정적자를 의도적으로 늘리면서 총수요 확대정책을 펼쳤다. 코로나 팬데믹을 맞아서 대규모 추가경정예산을 편성하였고, 대부분의 선진국에서 찾아보기 어려운 현금지급 정책을 펼쳐 국가부채 수준이 상당히 높은 수준에 달하게 되었다. 이러한 총수요의 확대와 유동성의 증가는 부동산 자산에 대한 신뢰가 높아서 자산 포트폴리오에서 부동산이 매우 높은 비중을 차지하는 우리나라에서 소비 진작보다는 부동산 자산시장으로 유동성이 흘러 들어가는 효과를 낳았다.

8) 재정보수주의 시기

윤석열 정부는 재정건전성과 감세정책을 동시에 추구하는 것으로 이해된다. 재정적자와 채무 증가를 통제함과 동시에 세입구조를 개선하여 세 부담을 줄이는 정책을 펼치고 있다. 예산편성액에 비하여 세수입이 적은 상황에서 예산 중 일부 사업을 지출하지 않는 방식으로 대응하고 있다. 또한 자산시장을 중심으로 감세정책을 폄으로써 자금의 흐름을 안정화시키고 금융시장으로 유입되도록 하는 정책을 펴고 있는 것으로 보인다.

대규모의 감세정책을 펴게 되면 세수입이 줄어들 수밖에 없고 지출을 줄이지 않으면 재정적자가 발생할 수밖에 없으며, 이는 재정건전성을 악화시킬 것이다. 다만 재정 지출 자체를 줄이고 있고 일부 불합리한 조세 체계를 개선하는 방식으로 접근할 경우 두 가지 방향이 항상 모순되는 것은 아니다. 전반적인 재정 규모 자체가 줄어드는 현상으로 이해되는데, 경제에서 정부가 불필요하게 개입하는 지출 프로그램을 축소하는 전형적인 재정보수주의의 접근이라고 이해된다.[18]

2 시기별 재정정책의 변화 양상

1) 재정 규모의 변화

전반적으로 우리나라는 거시경제 전체에서 정부가 차지하는 비중이 크게 확대되고 있다. 우리나라의 조세부담률 추이를 보면 1990년 16.6%, 1995년 19.1%, 2000년 18.7%, 2015년 18.47%, 2020년 20.2%으로 조세 부담 규모는 커지나 전체 경제 규모에서 차지하는 비중은 비슷한 수준을 유지하고 있다.

반면 사회보장기여금을 보함한 국민부담률은 빠르게 증가하고 있다. 1990년 18.6%에서 2020년 28.0로 30년 동안 10%포인트 가까이 늘었으며, 2020년 사회보장기여금 부담률이 7.8%로 매우 확대되었다. 사회보장기여금이 빠르게 확대되어 국민부담률이 증가한 것으로 보인다.

일반정부 총지출도 빠르게 증가하고 있다. 1995년 20.8%, 2000년 23.9%, 2005년 28.1%으로 증가하였으며, 2010년대 이 수준에서 유지되다가 2018년 31.2%, 2019년 34%, 2020년 38.5%, 2021년 37.9%, 2020년 37.3%로 빠르게 증가하였다.

---

18) 세입을 줄임으로써 정부 규모를 줄인다는 아이디어는 "괴물을 굶겨라(starve the beast)"라는 재정보수주의자들의 구호에서 잘 표현되고 있다. 미국 연방정부의 재정정책 역사에서 레이건 정부에서 사용된 정치적 구호이다.

2) 재정 배분의 변화

1980년대까지 통합재정에서 국방 분야가 차지하는 비중이 컸고 경제 분야에 배분되는 비중이 크다. 1990년대 국민연금, 2000년대 국민기초생활보호제도 등 복지제도가 확대됨에 따라 복지 분야가 증가하여 예산 배분의 30% 이상으로 확대되었다. 보건복지 부문에 대한 비중은 낮은 반면, 경제·국방·교육 등의 부문에 대한 지출 비중은 높은 구조적 특성이 있으며, 2000년대 이후 복지 부문의 비중이 확대되고 다른 부문은 축소되는 패턴을 보인다.

3) 재정수지의 변화

통합재정수지는 1993년 흑자를 기록한 후 안정세를 유지하였으나 1997년 IMF 외환위기를 극복하고자 적극적 재정정책을 펼치면서 적자재정으로 전환되었다.[19] 이후 연금 등의 수입으로 통합재정수지는 흑자 또는 균형적으로 안정적이나 이 수입은 향후 연금 지급에 사용되어야 하고 채무 상환에 사용될 수 없기 때문에 재정 성과로 보기 어렵고 재정건전성과 연관시키기도 어렵다. 2019년부터 확장재정정책으로 인하여 적자로 전환되었다.

관리재정수지는 지속적인 적자를 기록하고 있고 재정적자의 크기만큼 채무 증가로 이어진다. 2000년대까지 양입제출(量入制出)에 따른 균형재정 원칙이 유지되었으나 이후 지속적으로 적자가 발생하고, 이에 따라 채무가 증가하고 있으며, 이러한 패턴은 향후 지속될 것으로 보인다. 다만 적자의 폭에 따라 채무가 증가하게 되는데 채무의 규모는 늘어나지만 GDP 대비 채무의 비중은 적정한 수준에서 통제되는 모습을 보인다.

---

19) 2000년 이후에는 경제 회복으로 세입이 증가하고 국민연금 등 사회보장성기금의 흑자가 증가하면서 지속적으로 안정된 추세를 보였다. 2009년 세계적인 금융 위기를 극복하고자 선제적으로 적극적 재정정책을 펼치면서 통합재정수지가 일시적으로 악화되기는 하였으나 다른 선진국들과 비교해 보면 상당히 안정적인 수준이다.

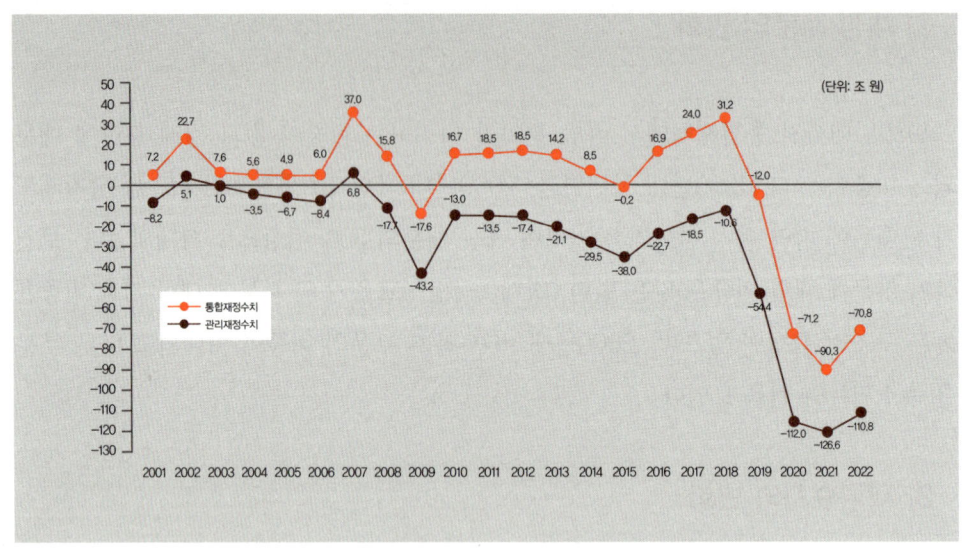

주: 2020년까지는 결산 기준, 2021년 이후 예산(추경) 기준.
자료: 열린재정.

[그림 1-1] 재정수지 추이

4) 국가채무의 변화

우리나라는 국가채무가 10% 이하의 수준이었다가 1997년 IMF 외환 위기를 극복하는 과정에서 공적 자금 공급을 위하여 대규모의 국채 발행으로 국가채무가 증가하게 되었다. 이후 사회복지제도 확대에 따라 재정수지가 악화되어 국가채무가 점진적으로 증가하여 2010년대 GDP 대비 40% 정도에 다다르게 되었다. 이후 진보정부가 들어선 이후 GDP 대비 50%에 가까워졌다.

재정관리 프레임워크

미래를 위한 재정관리
Public Financial Management for the Future

제1절 재정관리 프레임워크

1 개관

앞서 정의하였듯 재정관리는 정부가 활용할 수 있는 재무자원에 대한 관리를 의미한다. 정부와 정부의 역할을 하는 공공기관이 조직의 목적을 달성하기 위하여 필요한 재무자원을 조달, 배분하고 이를 관리 운용하는 활동이다. 여기서 재무자원은 유량으로서의 자원과 저량으로서의 자원으로 구분할 수 있으며, 현금을 비롯하여 여러 가지 자산 및 부채 등 다양한 형태를 띤다. 재정관리의 중요성은 재무자원의 중요성을 고려하면 자명하다고 하겠다. 재무자원이 없으면 어떤 조직의 활동도 가능하지 않을 것이며 조직의 목적을 달성할 수 없을 것이다. 조직이 원활히 작동하기 위해서는 전략, 인적 자원, 지식자원 등 다른 자원도 필수적이나 무엇보다 재무자원의 원활한 공급과 관리가 뒷받침되어야 할 것이다. 이런 점에서 재무자원의 합리적이고 미래 지향적인 사용을 위한 관리활동은 모든 조직에 필수적인 기능이라고 할 수 있다.

바람직한 재정관리가 이루어지기 위하여 먼저 어떤 기능이 요구되는가를 보면 재무적 자원에 대한 측정과 기록, 연간 계획하의 통제와 관리, 중장기 전망과 계획이라는 기능을 수행하여야 한다고 할 수 있다. 이러한 기능을 수행하는 재정 통계와 관리도구를 연계하고, 합리적인 재정 통계에 기반하여 관리계획을 수립하며, 시행 이후 환류되는 시스템을 구축하여야 한다. 이러한 기능들을 구현하는 관리도구 및 제도의 시스템을 재정관리 프레임워크라고 한다.

〈표 2-1〉 재정관리 프레임워크와 기능

	과거	현재와 미래(1년 단위)	중장기 미래
기능	측정, 기록	통제, 관리, 계획	추계, 전망, 계획

2 재정관리 제도와 도구

각국은 법체제나 정치 과정의 특색에 따라 상이한 재정관리 프레임워크를 갖고 있지만 공통적으로 통계 산출, 계획, 관리의 기능이 면밀히 연계된 제도적 틀을 가져야 장기적인 시계(時界)에서 바람직하고 합리적인 재정관리가 가능하다. 바람직한 재정관리를 위해서는 〈표 2-2〉와 같이 국가가 보유한 유량과 저량에 대하여 이러한 기능을

〈표 2-2〉 재정관리 프레임워크와 주요 재정관리 도구

	과거	현재와 미래(1년 단위)	중장기 미래
유량 (수입, 지출 등)	재정 통계 생산 (수입, 지출 등 유량 통계) 정부회계 수행(재정운용표)	수입 및 지출 전망 수입 및 지출계획 세수관리 지출관리 사업관리 재정준칙	중장기재정 전망 (중기기준선 전망 및 지출 전망), 중장기재정계획
저량 (자산, 부채 등)	재정 통계 생산 (자산, 부채 등 저량 통계) 정부회계 수행(재정상태표)	자산가치 평가 및 전망 단기재무관리(유동자산, 유동부채관리) ALM(Asset Liability Management) 재정준칙	중장기재무 전망 (고정자산 및 부채 전망), 중장기재무계획

수행하는 제도가 작동하고 긴밀하게 연계되고 환류되는 시스템을 구축하여야 한다.

이를 살펴보면 먼저 합리적인 재정 통계, 회계정보를 생산할 필요가 있다. 타당성 높은 재정 통계를 생산하여야 현재 재정 상태와 운영 성과에 대한 객관적인 평가가 가능하고 향후 재정관리의 방향을 바르게 설정할 수 있다.

재정 전망은 재정 통계와 회계정보에 근거하여 수행되는 재정관리 프레임워크의 기본이 되는 기능이다. 재정 전망이란 경제 성장률, 세입과 세출에 관한 단기 예측(projection)과 사회 변화와 재정 수요에 대한 변화에 대한 중장기적 예측(forecast) 등 재정과 관련된 다양한 변수의 미래 예측치를 합리적으로 도출하는 것으로 이에 기반하여 중기재정계획과 예산이 편성된다.

중기재정계획제도는 중장기 국가발전계획에 의한 정책 우선순위에 따라 향후 수년간의 정부 수입과 지출에 대한 개괄적인 계획을 수립하는 제도이며, 예산은 1년 단위의 연간 정부의 수입과 기출계획이다. 최근 하향적 또는 총액배분자율편성예산제도가 강화되면서 중기재정계획이 기본 방향을 결정하고 이에 기반하여 예산이 편성되는 형태로 전환되고 있다.[1]

예산은 국가 운용의 청사진이자 공적 자금의 배분계획이며 재정에 대한 핵심 관리 도구이다. 예산이 소관 부서의 대규모 프로그램에 대한 대강의 공적 자금의 배분 작업이라고 할 때 개별 사업의 재정관리는 사업성과관리제도를 통하여 수행한다.

사업성과관리제도는 사업분석을 통하여 사업 목표와 수단을 효율적으로 연계하고 사업에 투입되는 재정의 효율성을 강화하는 관리 방식이다. 사업부처는 미션을 달성하기 위한 중장기적 전략 목표와 세부적인 성과 목표를 설정하고 달성 정도를 측정할 수 있는 성과지표를 개발하여 사업을 평가하고 그 결과를 사업예산 편성에 반영한다.

중기재정계획, 예산, 사업성과관리제도라는 주요 재정관리제도 외에 지출관리, 세입관리, 자산관리, 부채관리 활동이 있다.

더불어 재정준칙이라는 총량적 재정 의사결정에 대하여 직접적으로 제한하는 제도가 있다. 재정준칙은 만성적 재정적자와 누적된 국가채무로 인하여 재정 위기가 우려

---

1) 중기재정계획이 제시한 중장기적인 국가발전계획과 정부의 수입지출 전망에 따라 재정의 건전성을 유지하는 범위 내에서 국가 우선순위에 따라 재원을 배분하고 구체적인 사업 내용은 집행부처들이 전문성을 토대로 예산을 편성하는 방식이다.

되는 상황에서 재정건전성을 유지하기 위하여 예산 총액, 재정적자, 채무 수준 등에 대한 강력한 통제를 하는 역할을 한다.

3 재정관리 프레임워크와 제도의 개혁

재정관리 프레임워크는 1990년대 신공공관리론에 기반한 재정관리 개혁의 결과라고 할 수 있다. 1980년대 이후 선진국에서 경제성장률의 둔화, 복지지출의 급증, 고령화 저성장, 승수 효과의 반감에 따른 케인시안(Keynesian) 거시경제정책의 효과의 반감 현상이 나타났다. 이러한 결과로 재정적자의 확대와 국가채무의 누적이라는 재정위기가 나타나기 시작하였고, 재무자원의 활용과 관리를 위하여 재정관리 시스템과 제도 개혁의 노력이 전반적으로 일어났다.

공통된 특징으로 예산 중심의 재정관리에서 재정관리 프레임워크로 재정 기능과 관리제도가 분화하고 다변화된 것이다. 동시에 측정, 통제, 관리, 계획의 기능이 개별적으로 전문화되고 연계가 강화되었다. 재정관리의 시계가 단기에서 중기적 시계로 확대되어 중기재정계획 체계가 강화되었다. 중기재정계획제도를 도입하여 재정건전화라는 목표하에 중기적 시계에서 총수입, 총지출, 적자, 국가채무 등 총량 수준을 제시하고 다년간의 계획에 따라 재무자원을 관리하며 중기적 목표에 따라 배분하도록 하였다. 또한 현금에 대한 예산에 의한 통제에서 국유재산 등 현금 이외의 다양한 재무자원, 부채의 관리제도가 발전하였다.

예산제도 안에 녹아 있던 계획 기능과 사업관리 기능이 분화되어 중기재정계획에 기반한 예산과 사업성과관리제도로 구체화되었다. 예산 자체도 하향적 예산편성제도 도입에 따라 부처의 자율성과 책임성이 강화되었다.[2] 중앙예산기구가 각 부처의 지출수준에 대해서는 통제를 하지만 세부 사항에 대해서는 각 부처에 자율성을 부여한다.

아울러 사업관리에서 성과관리제도를 도입하였다. 사업성과관리제도는 결과중심사

---

2) 총액 수준에서의 지출 상한을 전략적으로 결정한 후 이를 부처 간 지출 액수로 배분하면, 부처는 주어진 지출 한도 내에서 예산을 자율적으로 편성하는 제도를 말한다.

업관리제도로 사업예산의 담당부서의 재량권과 자율성의 폭은 확대하되 사업예산 운용의 결과에 대하여 책임을 강화하는 것이다. 예산 편성에서 집권화된 우선순위의 설정, 사업예산에 대한 분권화, 사업 성과에 대한 책임 및 인센티브 부여가 특징이다.

재정적자 확대와 재정 위기에 대하여 기존의 예산관리 체제가 제대로 기능하지 못하였다는 반성 때문에 예산의 투명성을 강화하여야 한다는 사회적 요구가 커졌고, 국민들이 직접 재정관리를 감시하는 제도를 도입하였다. 재정정보의 공개, 의회에 대한 성실한 보고, 언론과 비정부조직 역할 확대 현상이 나타났고, 국민이 직접 모니터링하는 재정준칙과 정부로부터 독립된 재정전문기구, 국민들에 의한 참여적 재정관리제도가 확대되었다.

전반적으로 최근 선진국의 경우 재정계획과 관리의 중심축이 배분적 효율성을 달성하기 위한 제도적 장치에서 총량적 재정규율의 규범으로 이동하였다. 이에 따라 재정관리 프레임워크 내의 재정규율의 제도적 장치로서 재정준칙을 도입하였다.

4 우리나라의 재정관리 프레임워크

〈표 2-3〉 우리나라의 재정관리 프레임워크

	과거	미래(1년 단위)	중장기 미래
경제적 유량	재정 통계: 현금주의 결산 정부회계: 발생주의 재정운용표	예산(수입 및 지출계획): 상향적 세수 예측: 부정확 재정준칙: 없음	재정운용계획: 국회 심의 의결 없음 세수 전망, 기준선 전망, 재정소요 추계: 부정확
경제적 저량	재정 통계: 현금주의 자산, 현금주의 채무, 발생주의 부채 정부회계: 발생주의 재정상태표	단기 재무관리: 유동자산, 유동부채관리 재정준칙(채무 제한): 없음	장기 재무관리: 국유재산관리계획, 국가채무관리계획, 국가보증채무관리계획 국가부채관리계획: 부재

우리나라의 현황을 정리하면 〈표 2-3〉과 같다. 개별 관리도구와 제도는 어느 정도 형식은 갖추고 있다고 할 수 있다. 그러나 재정관리 프레임워크가 종합적이고 체계적으로 유량과 저량의 재무자원을 투명하고 책임성 있게 관리하고 있는가라고 질문해

볼 때 여러 가지 한계를 가지고 있다고 판단된다.

첫째, 개별 제도들이 부분적으로만 도입되거나, 도입된 경우도 시간적으로 오래되지 못하였고 시행착오가 진행되고 있으며 여러 가지 결함을 내포하고 있는 상황이다. 이러한 이유로 재정관리 제도들이 미성숙한 상황이라고 평가된다. 각 관리제도가 어떤 문제를 갖고 있는지 한 장(章)씩 할애하여 검토한다.

둘째, 제도들이 운영 주체나 활동이 독립적이지 못하여 관리활동 결과가 타당성과 신뢰성을 확보하지 못하고 있다. 재정 전망, 중기재정계획, 예산 등 거의 모든 기능을 기획재정부에서 수행하고 있으며, 외부적인 검증이나 독립적인 평가가 이루어지지 못하고 있다. 이에 따라 기획재정부의 이익과 판단에 따라 관리활동이 좌지우지되고, 관리제도는 형식적인 제도에 머물고 있다고 할 정도로 제대로 기능을 하지 못하고 있다.

셋째, 가장 큰 문제는 재정관리 프레임워크에 따라 개별 제도들은 나름대로 제도화되어 가고 있으나 제도들 간의 정합성과 연계성이 없어서 전체적으로 작동하지 않고 있다는 것이다. 선진국의 재정관리 프레임워크는 [그림 2-1]과 같이 제도들 간 상호 연결과 지지가 이루어져 종합적이고 체계적인 재정관리가 가능해진다. 반면 우리나라는 개별 제도가 잘 작동하지 못할 뿐 아니라 각 제도가 다른 제도를 지지해 주고 보조

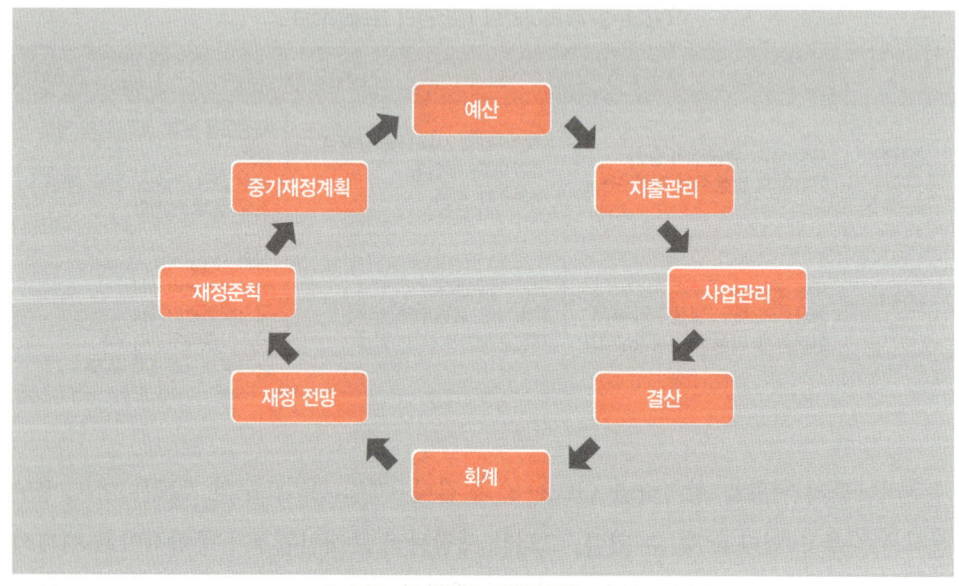

[그림 2-1] 재정관리제도들의 연계

해 주는 역할을 수행하지 못하고 있다.

예를 들어 중기재정계획의 내용이 예산에 제대로 반영되지 못하고 있고, 사업관리와 결산의 내용이 다음 연도의 중기재정계획과 예산 편성에 거의 반영되지 않고 있다. 관리제도의 관리활동의 결과물이 다른 관리제도의 근거나 기준으로 반영되지 않고 있어 실질적으로 제도들이 무의미한 상황인 것이다.

이러한 문제의식에 따라 우리나라의 재정관리의 개선 방향을 고민해 보아야 할 시점이라는 생각이 든다. 먼저 재정관리제도들을 하나씩 검토한 이후 결론 부분에서 전체 제도 간의 연계와 개선 방향에 대하여 제시하여 보고자 한다.

제2절 재정 거버넌스

1 개관

1) 의의

재정 거버넌스란 예산 결정 과정을 포괄하며 재정정책에 영향을 미치는 기구, 기능 및 행위자들을 포괄한 좀 더 넓은 범위의 통치구조인 거버넌스(governance)를 의미한다. 재정 거버넌스에는 재정 및 예산정책의 방향성을 제시하는 중기재정계획, 대통령 및 총리의 국정철학 및 어젠다(agenda)를 반영하는 국정과제 의제 설정과 관리 기제, 중장기 재정계획과 이에 영향을 미치는 정치행정기구 및 의사결정권자, 중기재정계획과 예산을 실행하는 조직기구들, 정치행정 외부의 이해관계자들과의 관계가 주요 구성 요소로 포함된다.

예산 거버넌스는 재정 거버넌스보다 협의의 개념으로 재정정책의 결정 과정에서 예산 의사결정에 초점을 맞추어 예산 의사결정에서 실질적인 권한과 책임의 배분에 관련된 구조를 의미한다. 대부분의 나라에서는 재정정책의 결정, 예산의 편성과 집행은 행정부가, 심의 의결은 국회가 맡고 있다. 이때 예산의 실질적인 결정이 어느 의사결정자에 귀속되는가, 예산안의 편성과 심의 과정에서 예산 결정의 책임과 권한의 중심이 어디에 주어져 있느냐에 따라 예산 거버넌스의 유형을 구분할 수 있으며, 일반적으로 내각 우위형, 입법부 우위형, 행정부 중심형으로 구분할 수 있다.

재정 및 예산 거버넌스는 재정정책과 예산 의사결정을 둘러싼 구조적인 조건으로서 의사결정의 과정과 결과의 특성을 야기하는 환경적 요인으로 작동한다. 어떤 재정 및 예산 거버넌스를 갖고 있느냐에 따라서 재정정책과 예산을 둘러싼 환경이 전혀 다르게 되고, 이를 두고 벌이는 자원 배분 게임의 특성과 결과가 매우 다르게 된다. 이런 점에서 재정관리 시스템의 구조와 이 안에서 벌어지는 의사결정의 과정과 결과를 이해하려면 재정 및 예산 거버넌스에 대한 이해가 필수적이다.

여기서 재정 및 예산 거버넌스에 대한 검토에서 법제도의 내용보다 실질적인 의사결정 권한과 책임의 배분이 중요하다는 점을 지적할 필요가 있다. 흔히 재정법과 예산관계법의 내용은 자세히 소개되고 있으나 재정 및 예산 거버넌스라는 관점에서 실질적인 재정 권한 배분에 관한 내용이 분석되고 소개되지 못하고 있는 것을 볼 수 있다. 이렇게 접근할 경우 형식적인 권한과 별개로 의회와 행정부 등 의사결정권자들이 가지는 실질적인 재정 권한에 대하여 오해할 수 있고, 재정정책 및 예산과 관련된 정치적 상호 작용을 간과하여 제대로 된 설명과 예측을 하지 못하게 되는 상황이 발생할 수 있다.

2) 유형

재정 거버넌스는 집단 간 관계를 중심으로 집중화된 네트워크, 분권화된 네트워크, 분산화된 네트워크로 구분할 수 있다. 집중화된 네트워크는 대통령실 및 총리실 우위형, 관료제 우위론으로 구분할 수 있다. 일반적으로 정치적 민주주의가 확고히 뿌리내리지 못한 국가에서 예산안 편성이 정부 주도로 이루어지며 의회의 심의 의결은 실질적 의미가 약하다. 의회의 실질적인 수정은 없고 정책 비판과 정부 비판의 기회로 활용한다. 대통령제 국가에서는 제왕적 대통령제로서 의회의 권한이 약하고, 의원내각제 정치구조하에서도 총리의 권한이 상대적으로 강한 상황이다. 대통령과 총리의 권한이 강한 경우 내각이 제출한 예산안에 대하여 의회가 수정이나 거부를 하기 어렵다.[3] 관료제 우위형은 중앙예산기관이 강한 영향을 갖는 경우로 민주화 이후 정당 체제가 성숙하지 못한 상황에서 중앙예산기관이 전문성을 바탕으로 재정 의사결정을 주도하는 것이다. 대통령실의 간섭이나 의회의 예산 심의는 형식적인 절차에 그친다.

 분권화된 네트워크는 대통령실, 중앙예산기관, 의회 간 적정한 수준의 분권과 견제가 존재하는 상황이다. 대통령실, 중앙예산기관, 의회라는 중심점과 클러스터 간의 지식의 교류와 견제가 중요하다. 입법부 우위형으로 권력 분립에 기초한 대통령제하에서 입법부가 국민의 이익을 대변하기 위하여 실질적인 예산법률 입법권, 예산안 편성권을 행사한다.

 분산화된 네트워크는 전통적인 재정 의사결정자뿐 아니라 상시적으로 다양한 의사결정자들이 활발하게 정보와 지식을 교류하고 다양한 경로로 교환한다. 분산화된 재정 거버넌스는 전통적 행위자들뿐 아니라 사업부서, 이익집단, 이해관계자집단, 시민단체, 전문가집단 등이 실질적인 교류를 한다. 각 집단이 고유한 지식과 정보를 창출하므로 교류를 통하여 더 나은 지식과 정보를 산출할 수 있으며, 집단지성에 기반한 재정 의사결정이 이루어질 수 있다.

2 주요 구조적 요인

1) 정부의 구성: 대통령제와 의원내각제와 수정대통령제

 재정 거버넌스는 국가 권력을 어떻게 구체화하고 정부를 어떻게 구성하는가라는 국가의 통치구조에 영향을 받는다. 통치구조는 정치적 권한 배분을 의미하는데, 정치적 권한에서 재정정책과 예산과 관련된 의사결정 권한이 중요한 핵심적인 내용이기 때문이다. 민주주의 국가의 통치구조는 흔히 대통령제, 의원내각제, 수정대통령제로 구분

---

3) 정상적인 의원내각제에서도 의회가 예산안을 거부하는 경우 이는 내각에 대한 불신임의 표시로 이해되고 의회 해산과 총선거로 이어지므로 이를 최대한 피하는 경향이 있다. 의회는 결산위원회나 회계감사를 통하여 사후통제에 집중적으로 권한을 행사한다.

하는데, 이러한 통치구조의 차이에 따라 재정정책과 예산 의사결정의 큰 틀인 거버넌스가 구성된다.

　대통령중심제에서는 비교적 엄격한 삼권분립이 지켜지기 때문에 대통령실과 행정부에서 편성한 예산안이 입법부의 심의 과정에서 엄격하게 검토된다. 행정부와 의회가 중첩적으로 예산 의사결정 권한을 행사하기 때문에 예산 변동이 쉽게 일어나기 어렵다.

　의원내각제에서는 크게 웨스터민스터모형과 합의제모형으로 크게 구분할 수 있다. 공통적인 특성으로 의회의 다수당과 내각 간 연계성이 높기 때문에 예산안 심의는 대통령중심제에서보다 덜 엄격하다. 의회의 입장이 내각에서 예산안을 편성할 때 반영되었을 가능성이 크기 때문이다. 웨스트민스터모형에서는 정부의 예산안이 국회의 심의 과정에서 큰 수정을 하는 일은 거의 없으며, 당정의 협의에 따라 권한이 통합되어 있어 의사결정이 빠르게 이루어진다. 영국의 웨스터민스터모형에서는 소선구제하에서 양당제로 정치구조가 형성되며 다수당이 재정 의사결정 권한을 주도한다. 유럽 국가들의 합의제모형에서는 비례대표제하에서 다수당 간의 협약에 따라 내각이 구성되며, 예산 편성과 심의가 의회에서 소수당을 비롯한 다양한 정치적 이해관계자들이 참여하여 합의하는 과정으로 진행된다.[4]

　수정대통령제는 대통령제의 특성과 의원내각제의 특성이 혼합된 재정 및 예산 거버넌스를 갖는다. 수정대통령제에서는 구체적으로 재정 의사결정 권한이 어떻게 배분되어 있는가에 따라 재정 거버넌스의 특성이 형성된다. 대통령제와 내각책임제의 특성이 중첩되어 대통령과 행정부가 정치적 권한이 강하고 의회는 행정부와 동등한 수준에서 견제를 하는 메커니즘이 작동하지 않는 경우가 많다.[5] 이 경우 집권성이 강화되고 의원내각제에 비하여 좀 더 집권화된 네트워크의 특성이 강하게 나타난다.

---

4) 정당 간의 관계가 대립적이고 분권적인 경우 예산 의사결정이 빠르게 이루어지기 어렵다. 반면에 정당들이 협조적이고 정부 형성을 위하여 연합정권을 만들어 내야 하는 관계인 경우 협조적이고 일사불란한 예산 의사결정이 이루어질 수 있다.

5) 대통령제와 의원내각제의 특성이 중첩되어 대통령과 행정부가 예산을 편성하여 제출하고 의회는 엄격한 예산 심의를 하는 메커니즘이 작동하지 않는 경우가 많다.

2) 행정부와 입법부의 예결산 권한 배분

동일한 통치구조에서도 역사적 및 제도적 이유로 행정부와 입법부에 배분된 재정정책과 예산 의사결정 권한이 다를 수 있을 것이다. 의회가 예산안을 무제한적으로 수정할 수 있는가, 예산총액 외에 일부 사업예산만을 수정할 수 있는가, 예산안을 증액할 수 없는 상황에서 감액만 할 수 있는가, 예산안을 수정할 수 없고 승인하거나 거부할 수만 있는가에 따라 재정 권한의 배분의 특성이 생긴다.

행정부와 입법부의 예산 권한 배분에서 특히 의회의 예산 심의 시 증액편성권이 존재하느냐 여부가 예산 거버넌스에 큰 차이를 가져온다.[6] 행정부와 입법부의 예산 권한 중 행정부 예산안에 대한 입법부의 증액 권한의 존재 여부에 따라 행정부와 입법부 사이의 협상력이 결정적으로 달라지고, 행정부가 예산 변동을 신속하게 성사시킬 수 있는가가 달라지며, 최종적으로 한 국가의 예산 변동 패턴에서 차이가 발생하기 때문이다.

영국, 캐나다, 한국은 의회가 행정부 예산안에 대하여 삭감만 할 수 있다. 증액이나 세입 경감, 신규 사업 도입은 불가능하다. 예산안에 대하여 삭감권만 있으며 정부의 동의 없이는 증액을 하거나 새 비목을 설치할 수 없다. 우리나라도 헌법 57조의 규정에 따라 국회는 정부의 동의 없이 정부가 제출한 지출예산 각항의 금액을 증가하거나 새 비목을 설치할 수 없다. 프랑스는 정부 제출안에 대하여 분야, 부문 간 예산의 재배분만 가능하고, 지출을 증액하거나 세입을 삭감할 수는 없다. 대통령제와 의원내각제의 특성이 중첩되어 대통령과 행정부가 예산을 편성하여 제출하고 의회는 행정부와 동등한 수준에서 견제를 하는 메커니즘이 작동하지 않는 경우가 많다. 이 경우 집권성이 강화되고 의원내각제에 비하여 좀 더 집권화된 네트워크의 특성이 강하게 나타난다.

미국이나 일본의 경우 삭감권뿐 아니라 새 비목의 설치나 증액도 자유로이 할 수 있다. 미국의 의회는 대통령의 예산을 바탕으로 새 비목을 설치하고 증액한다. 일본은 예산안의 제출권을 내각에만 부여하고 있으나 의회가 증액수정권을 지닌다고 해석하고 있다.

---

6) 정부가 제출한 총지출 규모를 국회가 증가시키는 경우 정부 동의를 얻도록 하는 방식으로 정부의 증액동의권 범위를 축소한 유형, 국회가 지출 총량, 재정수지, 국가채무 등 재정건전성 유지에 필요한 사항을 사전에 의결하고 그 범위 내에서 예산 심사가 이루어지도록 규율하는 유형이 있다.

3) 입법부 구성: 단원제와 양원제 여부

의회의 위원회 간 관계, 의회가 단원제인가 양원제인가 여부 등 의회 내의 권한의 특성이 재정 거버넌스의 분권성 또는 집권성 여부에 영향을 미친다.

양원제 국가에서 양원의 의결이 일치하지 않을 경우 보통 하원의 의사가 우선되고 빠르게 갈등이 해결된다. 이 경우 사실상 단원제와 유사한 상황이 된다. 다만 미 연방 정부와 같이 예산법률 입법 과정에서 상하 양원이 동등한 권한을 지니고 상원에서 예산법률 심의 진행을 중단시킬 수 있는 경우 사실상 두 의회가 존재하는 셈이 되고 의사결정의 거부점이 생긴 것으로 볼 수 있다. 의회 내에 입법을 방해할 수 있는 거부점이 많아져 예산안 입법 권한이 분권화되고 분산화된다고 할 수 있다.

4) 입법부 내 위원회의 권한

의회 내에서 위원회가 어떻게 구성되고 역할이 무엇인가에 따라 예산 심의 권한과 행태가 다르게 나타날 수 있다. 의회에는 보통 예산을 총괄하는 예산위원회와 개별 분야별 예산안을 심의하고 의결하는 위원회가 있다. 이 두 위원회가 상호 협조적 관계인지 대립적 관계인지, 두 위원회의 실질적인 권한인 균형적이고 대립적인지, 불균형적으로 예산위원회에 부여되고 있는지 등의 관계에 따라서 재정 거버넌스의 특징이 결정된다.

예산위원회가 있는 경우 예산 관련 전문위원회가 예산을 전체적인 차원에서 검토하고 심의하며 개별 위원회가 사업 중심의 예산 심의가 이루어지는 것이 보통이다. 예산위원회의 예산 의사결정 권한이 강할 경우 예산 심의에서 조정과 일관성 확보, 예산 규율의 유지가 가능하다. 예산위원회의 권한이 약할 경우 상임위원회가 자신들의 소관인 경제사회 영역에 대한 이해관계에만 집중하고 의사결정할 수 있어 분권화된 의사결정이 이루어지게 된다.[7]

---

[7] 의회의 권한이 강하여 행정부가 제출한 예산안을 의회가 수정할 수 있는 권한을 갖고 있고 개별 위원회가 자신들의 이해관계에만 집중해서 예산을 편성할 경우 개별 위원회가 예산이라는 공유자원을 나눠 먹는 공유지의 비극(tragedy of commons) 문제가 나타날 수 있다.

5) 정당 체제의 특징

정당 체제의 특징도 재정 거버넌스에 중요한 영향을 미칠 수 있다. 정당이 행정부나 의회의 구성에 영향을 미치기 때문에 예산 과정에서도 실질적인 의사결정자로서 역할을 수행하는 경우가 많다. 정당 체제가 양당제인가 다당제인가 여부, 정당의 집권성과 규율이 강한가 약한가 여부에 따라 예산 과정에서 의사결정자들의 권한 배분이 달라진다.[8]

양당제의 경우 의회의 역할이 약화되고 행정부와 정당 간의 협의에 따라 의사결정이 집권적으로 이루어지는 경향이 있다. 집권당이 의회에서 다수 의석을 차지하고 있기 때문에 행정부가 제출한 예산안을 수정할 이유가 없고 소수당의 입장이 반영되기 어려우며 의회의 역할이 제한적으로 나타난다.

다당제인 경우 의회의 역할이 강화되고 의회 내 조직의 권한이 강화된다.[9] 의회에 진출한 소수정당의 권한이 강해지고 행정부는 소수정당의 연합체와 협상하게 된다.

정당 규율이 강할 경우 정당지도부의 권한이 강해지고 권한을 갖는 행위자의 수가 줄어드는 반면 정당 규율이 약할 경우 개별 의원들의 역할이 커지고 행위자의 수가 늘어난다고 할 수 있다.

6) 예산 불성립 시의 예산집행제도

예산 불성립 시의 예산 집행 방식이 행정부와 입법부 사이의 권한에 큰 차이를 주고, 이에 따라 재정 거버넌스를 결정하는 중요한 요인이라고 할 수 있다. 예산 불성립 시에 미국의 경우 양원의 공동 결의에 따라 정부기관이 전년도 잠정예산을 답습하는 것을 허용하고 있으나 우리나라의 경우 전년도에 준하여 지출할 수 있는 준예산제도가 있다. 하지만 실질적인 법적 체제가 완비되어 있지 않기 때문에 실질적으로 준예산

---

8) 선거제도의 특성에 따라 정당 체제가 결정될 것이다.

9) 어느 한 정당이 의석의 절대 다수를 점하지 못하고 소수당이 연립정부를 구성하는 경우에는 예산 과정에서 의회의 역할이 커질 수 있다.

을 편성하기는 어렵고 의회는 회계연도 전에 반드시 예산을 확정하여야 하는 제약이 따른다. 이런 경우 의회는 행정부의 예산안을 적극적으로 개정하기 어렵게 된다. 행정부 입장에서도 의회가 실질적으로 데드라인 전에는 협상에서 굴복할 수밖에 없다는 사실을 알기 때문에 의회가 받아들이기 어려운 예산안의 경우도 버티기로 대응하고 있다. 이처럼 예산 불성립 시에 어떤 제도를 허용하느냐에 따라서 행정부와 입법부 간의 예산 관련 권한이 크게 차이가 있고, 이에 따라 재정 의사결정 권한의 집권성, 예산 의사결정의 패턴이 달라지게 된다.

3 우리나라의 재정 거버넌스

우리나라의 재정 거버넌스는 한 마디로 과잉집중화된 네트워크라고 할 수 있다. 대통령실 우위형이라기보다는 관료제 우위형이라고 할 수 있다. 관료제 우위형은 우리나라가 민주화 이후 정당 체제가 성숙하지 못하였고 대통령실, 소위 청와대정부의 전문성이 충분히 확보되지 못한 상태에서 나타난 현상으로 보인다. 대통령실이 국정과제를 중심으로 일부 예산과 사업을 관리하지만 예산 총량에 대한 중장기적 계획, 예산의 기능별 배분 등 대부분의 재정 의사결정은 중앙예산기관이 전문성을 바탕으로 주도한다.

대통령실에 직접 소속된 예산전문기관이 없고, 체계적으로 재정 의사결정을 하는 조직이 없으며, 기획재정부를 매개로 재정정책에 방향성만 지휘하는 데 그친다. 국회에서 예산위원회가 예산 조정에 대한 권한이 없고 조정 권한도 약한 상태에서 국회의 전문성도 부족하고 예산 의사결정에 대한 책임성도 거의 없다. 행정부가 제출한 예산안에 대한 국회의 예산 심의는 형식적인 절차에 그친다. 국회의 권한은 정치적으로 의미가 큰 일부 상징적인 사업 외에는 예산 심의 의결의 실질적 의미는 거의 없다고 할 수 있다.

이런 점을 종합할 때 우리나라의 재정 거버넌스는 과잉집중화된 재정 거버넌스(overcentralized fiscal governance)라고 보아야 할 것이다. 이러한 재정 거버넌스의 구조적 요인은 수정대통령제, 국회의 예산 수정에 대한 행정부의 동의 제도, 단원제, 분산화된 국회, 집권화된 양당제, 예산 불성립을 허용하지 않는 예산제도에 의하여 지지되고 있다고 할 수 있다.

제3절 재정관리 법제

1 헌법

우리나라 재정 과정 관련 법률의 체계는 헌법하에 국가재정에 대한 일반법으로서 「국가재정법」이 있으며, 재정관리에 관한 법률과 국회 등 기관들의 재정관리활동과 관련된 법률들로 구성되어 있다.

헌법은 국가의 재정 기능에 대한 원칙으로 재정민주주의를 선언하고, 조세법률주의, 예산 의결 원칙 등을 규정하고 있다.

〈표 2-4〉 대한민국 헌법의 재정 관련 조항

조문		내용
제54조	① 국회는 국가의 예산안을 심의·확정한다. ② 정부는 회계연도마다 예산안을 편성하여 회계연도 개시 90일 전까지 국회에 제출하고, 국회는 회계연도 개시 30일 전까지 이를 의결하여야 한다.	예산안 편성 및 제출·심의·의결
제54조	③ 새로운 회계연도가 개시할 때까지 예산안이 의결되지 못한 때에는 정부는 국회에서 예산안이 의결할 때까지 다음의 목적을 위한 경비는 전년도 예산에 준하여 집행할 수 있다. 1. 헌법이나 법률에 의하여 설치된 기관 또는 시설의 유지·운영 2. 법률상 지출의무의 이해 3. 이미 예산으로 승인된 사업의 계속	준예산
제55조	① 한 회계연도를 넘어 계속하여 지출할 필요가 있을 때에는 정부는 연한을 정하여 계속비로서 국회의 의결을 얻어야 한다.	계속비
제55조	② 예비비는 총액으로 국회의 의결을 얻어야 한다. 예비비의 지출은 차기 국회의 승인을 얻어야 한다.	예비비
제56조	정부는 예산에 변경을 가할 필요가 있을 때에는 추가경정예산안을 편성하여 국회에 제출할 수 있다.	추가경정예산안

제57조	국회는 정부의 동의 없이 정부가 제출한 지출예산 각항의 금액을 증가하거나 새 비목을 설치할 수 없다.	국회의 예산 증액 및 새비목 설치 제한
제58조	국채를 모집하거나 예산외에 국가의 부담이 될 계약을 체결하려 할 때에는 정부는 미리 국회의 의결을 얻어야 한다.	국회의 국채 모집 동의 의결권
제59조	조세의 종목과 세율은 법률로 정한다.	조세법률주의
제99조	감사원은 세입·세출의 결산을 매년 검사하여 대통령과 차년도 국회에 그 결과를 보고하여야 한다.	감사원의 세입·세출 결산 검사

2 「국가재정법」

1) 개관

「국가재정법」은 국가재정의 기본법으로 재정 운용의 일반 원칙, 4대 재정 개혁 과제인 중기재정운용계획, 총액배분자율편성제도, 성과관리제도, 디지털예산회계시스템 도입에 관한 내용이 법제화되어 있으며, 내용적으로 재정건전성, 성과주의, 투명성을 강조하고 있다.

전체 구조는 제1장은 재정 운영의 일반 원칙, 제2장은 예산의 편성·집행, 제3장은 결산의 원칙·절차, 제4장은 기금관리·운용의 원칙과 기금의 편성·집행, 제4장의2는 재정사업 성과관리의 원칙·절차, 제5장은 재정건전화를 실현하기 위한 방안, 제6장은 재정 집행 관리, 제7장은 벌칙으로 구성되어 있다.

2) 주요 내용

(1) 재정건전성 확보

우리나라 「국가재정법」의 가장 큰 특징은 재정건전성에 대하여 강조하고 있다는 점이다.10 「국가재정법」은 재정관리 기능과 구분한 별도의 제5장에 재정건전화라는 장

---

10) 주요 선진국의 재정관리기본법들은 재정의 책임성을 가장 중요한 원칙으로 설정한 경우가 많으며, 재정건

을 두어 재정건전성을 강조하고 있다. 재정건전화 원칙을 천명하고 있으며(제16조, 제86조), 이를 위하여 국세 감면 제한 등 다양한 제도를 법제화하고 있다.[11]

(2) 성과 중심의 재정 운영

중앙관서의 장은 예산요구서를 제출할 때 성과계획서와 전년도 예산의 성과보고서를 제출하여야 하며, 기금관리 주체도 기금운용계획안을 제출할 때에 성과계획서와 전년도 기금의 성과보고서를 제출하도록 하였다. 중앙예산기관인 기획재정부는 성과계획서와 성과보고서 등을 토대로 재정사업에 대한 평가를 실시하고 그 결과를 재정운용에 반영할 수 있도록 하였다.

(3) 투명성과 시민 참여 강화

정부는 재정에 관한 중요한 사항을 매년 1회 이상 정보통신매체, 인쇄물 등 적당한 방법으로 알기 쉽고 투명하게 공표하여야 한다고 규정하여 재정정보 공개 내용과 범위를 확대하였다. 예산 편성 단계에서 각 중앙관서의 장에게 통보한 예산편성지침을 국회 예결위에 보고하도록 하여 예산 관련 정보 공개의 폭을 넓혔다.

국민감시제도를 도입하여 국가 예산 또는 기금을 집행하는 자, 재정 지원을 받는 자, 정부기관과 계약 그 밖의 거래를 하는 자가 법령을 위반함으로써 국가에 손해를 가하였을 때에는 국민 누구든지 집행에 책임 있는 각 부처 장관 등에 시정을 요구할 수 있도록 하였다.

전성을 우선적인 가치로 천명한 경우는 드물다.

11) 정부는 건전 재정을 유지하고 국가채권을 효율적으로 관리하며 국가채무를 적정 수준으로 유지하도록 노력하여야 한다고 강조한다. 이 밖에도 재정 부담을 수반하는 법령의 제개정 시 재정 소요 추계(제87조), 국세 감면의 제한(제88조), 추가경정예산안 편성의 제한(제89조), 세계잉여금 일정 비율의 공적 자금, 국채, 차입금 상환 의무화(제90조), 국가채무관리계획 수립(제91조), 국가보증채무 부담의 사전 국회 동의(제92조) 등이 관련 조항이다.

3 재정관리 관련 법률들

1) 수입관리

국세기본법, 국세징수법, 소득세법 등 개별세법, 부담금관리기본법 등

2) 지출관리

국가를 당사자로 하는 계약에 관한 법률, 지방자치단체를 당사자로 하는 계약에 관한 법률, 보조금 관리에 관한 법률, 사회기반시설에 대한 민간투자법을 비롯하여 다양한 지출관리에 관한 법률 등

3) 예산 및 기금관리

국가재정법, 국회법 외에 감사원법, 기금관리기본법, 각종 기금법 등

4) 재정 추계 및 전망

국민연금법, 공무원연금법, 군인연금법, 사립학교직원연금법, 국민건강보험법, 노인장기요양보험법, 산업재해보상보험법 등

5) 정부회계

국가회계법, 국가회계법 시행령, 국가회계기준에 관한 규칙, 사업별회계처리준칙 등

6) 자산관리

국유재산법, 국가채권관리법, 국고금관리법, 물품관리법 등

7) 부채관리

국채법, 공공자금관리기금법, 공적자금상환기금법 등

4 국회의 재정활동에 관한 법률

1) 「국회법」

「국회법」은 예산과 결산의 심의 절차에 대하여 규정하고 있다. 예결산 심의 절차는 일반 법안의 심의 절차를 준용하나 제84조 등에서 추가적으로 관련 절차를 규정한다. 예산결산위원회규정, 기금운용계획안과 기금 결산의 심의와 확정 규정, 의안에 대한 비용 추계 자료 제출, 조세특례평가 자료의 제출, 임대형 민자사업 한도액안의 회부 등 관련 자료에 대한 규정 등이 있다.

2) 「국회선진화법」

과거 국회는 정부가 제출한 예산안을 정치적인 이유로 법정 기한에 처리하지 않고 예산안 일방 처리 시 물리적 폭력을 쓰는 관행이 있어 왔다. 「국회선진화법」은 여야가 합의하지 않아도 정부가 제출한 예산안 원안이 12월 1일 본회의에 자동으로 부의되도록 하였고, 세입·세출을 결정하는 세법을 예산부수법안으로 지정하여 본회의에 자동 부의되도록 하였다. 이로써 예산안을 둘러싼 정치적 갈등은 완화되었고, 예산안 부의를 지렛대로 자신의 의사를 반영하고자 하는 정당의 협상력이 약화되었다.

5 문제점과 개선 방안

우리나라의 재정법 체계의 문제는 크게 두 가지 측면이 있다.

첫째, 헌법과 재정법이 내용과 형식이 불일치하여 규범성이 높지 않은 내용을 헌법에 규정하거나 규범성이 큰 내용이 일반법이나 시행령에 규정되어 있는 경우가 많다. 헌법에 예산과 관련된 기술적인 내용이 규정되어 있고 규정의 내용이 지나치게 기술적이고 형식적인 내용인 경우가 많다. 헌법의 위상에 맞지 않게 지나치게 기술적인 내용이 규정되어 있고 예산 과정의 현실과 맞지 않아 빈번하게 위배되는 경우가 많다. 헌법에 규정된 내용이 실질적인 규범성이 없어서 사실상 사문화된 경우가 빈번하다. 이런 현상은 헌법의 구성이 잘못된 것이 근본 문제라고 생각된다. 반면, 재정건전성과 같은 중요한 가치가 헌법에 규정되어 있지 못하다. 독일과 같은 경우 재정건전성과 재정준칙이 헌법에 규정되어 있는 것과 대비된다.

둘째, 헌법과 재정법 체계에서 법규가 존중되지 못하고 규범성이 없다는 문제가 있다. 대표적인 예로 대부분의 추가경정예산의 경우 「국가재정법」의 요건에 맞지 않는다. 재정법 위반이 이루어졌을 때 이에 대한 책임을 물을 수 있는 법률적 제도가 미비하고 정치적 책임도 묻지 않는 상황이다.

이런 점을 개선하기 위하여 전반적인 재정법 체계의 재구조화가 필요하다. 헌법의 내용,「국가재정법」과 일반법, 시행규칙 등에 대하여 내용과 법 형식의 일치를 위하여 전반적인 제개정이 필요하다. 동시에 재정법 체계에 대한 규범성, 강제력을 대폭 강화하여야 한다. 법규 위반 시 처벌받도록 하는 규정과 제도를 구비할 필요가 있다.

제4절 재정관리의 주요 행위자

1 대통령실 및 총리실

대통령과 총리는 선거를 통하여 정치 권력과 행정권을 확보한 정치집단의 수장으로서 자신의 정치적 비전을 구현하기 위하여 대통령실과 총리실을 통하여 재정정책에 개입하게 된다. 첫째, 자신들의 정치적 비전을 구현하고자 재정정책의 방향성, 예산 총량, 예산 배분에 대하여 의사결정하고 이를 중앙예산기관의 협조하에 추진한다. 둘째, 대통령실과 총리실은 관심이 있고 정치적 이해관계가 큰 일부 사업예산에 대해서도 개입하게 된다. 선거 과정에서 표명되고 채택된 핵심적인 추진 과제를 흔히 대통령과 총리의 국정과제라고 하는데, 이러한 국정과제를 구현하기 위하여 재정 배분을 하게 된다. 셋째, 대통령실과 총리실은 필요에 따라 재정제도, 재정관리 시스템의 개혁과 재설계 등의 작업을 하는 경우도 많다.

우리나라의 경우 대통령실의 경제수석비서관이 주로 재정정책을 총괄하며 문재인 정부와 같이 대통령비서실에 재정정책을 담당하는 별도의 재정기획관을 설치하는 경우도 있다. 대통령비서실은 대통령의 의지가 예산에 반영되도록 기획재정부 장관과 협력하여 재정정책을 모니터링하고 체크한다. 재정정책에 대한 대통령실의 지향성과 기획재정부의 지향성이 다른 진보정부에서 대통령실의 역할이 더욱 부각되는 경향이 있다.

2 중앙예산기구

1) 의의

중앙예산기구는 행정부 소속으로 예산의 편성, 집행, 결산을 책임지는 역할을 담당하는 기구를 말한다. 대통령실과 총리실의 지침을 통하여 감독을 받는 동시에 자율성을 갖고 관료제적 합리성을 추구하며 부처 업무를 통제, 조정하는 역할을 수행하는 이중적인 역할을 한다.

중앙예산기구는 전문성을 요하기 때문에 행정관료제 기구로 제도화되어 관료제적 합리성을 기초로 의사결정하는 경향이 있다. 행정부의 예산안 편성은 대통령실의 지시에 따라 중앙예산기구를 통하여 이루어지고 예산안의 편성으로 예산의 큰 틀이 결정된다. 중앙예산기관은 총량적 의사결정과 배분적 의사결정에서 대통령실과 총리실의 요구를 반영하되 국가 전체의 관점에서 재정건전성을 중시하는 성격을 보인다.[12]

---

12) 이런 점에서 항시 재정건전성이나 재정규율을 중시하는 입장에 서는 것은 아니다.

사업 단위의 의사결정에서 중앙예산기관은 예산 전체에 대한 책임을 져야 하기 때문에 재정 전체에 대한 통제와 관리에 초점을 맞추며, 개별 부처의 요구에 대하여 주로 절약자로서의 역할을 수행하면서 삭감 지향적인 태도를 취하는 경향이 있다. 국회 예산안 심의 과정에서도 중앙예산기관은 절약자로서 상임위의 예산 요구에 대하여 통제 지향적인 태도를 취한다. 예결위의 종합심사 단계에서는 정부를 대표하여 각 부처 예산액의 증액이나 신규 반영에 대하여 동의 여부를 표명하고 무분별한 예산액의 증가를 방지하는 역할을 수행한다.

2) 주요 기능

중앙예산기관의 일차적인 기능이자 책임은 예산 배분의 우선순위 설정, 예산의 편성과 조정, 예산 집행의 관리 등 예산활동(budgeting)이 될 것이다. 이를 위하여 중앙예산기관은 대통령실과 총리실을 보좌하여 정부 예산을 편성하고, 행정부를 대표하여 예산을 입법부에 설명하며, 입법부의 예산안 수정 요구에 대하여 공식적인 협상 파트너로 활동한다. 보통 예산과 긴밀한 관계가 있는 결산 과정에서 결산서를 작성하고 제출하는 과정을 총괄하는 역할도 수행한다.

재정관리 기능이 집권화되어 있는 국가들의 경우 중앙예산기관이 예결산 이외의 중요 재정관리 기능도 수행하는 경우가 많다. 예를 들어 예산 기능과 밀접한 관련이 있는 경제 전망 기능, 예산 수요를 추계하여 재정계획을 수립하는 기능, 사업성과 관리 기능까지 수행하는 경우도 많다.

재정 기능이 과잉집권화되어 있는 개도국 발전국가들의 경우 여기에서 더 나아가 재정제도나 행정제도 개혁 기능까지 중앙예산기관이 담당하는 경우가 많다. 중앙예산기관은 예산배분권을 기반으로 개별 부처의 변화에 대한 저항을 효과적으로 통제할 수 있다. 이런 점에서, 관료 체제 내에서 재정제도와 행정제도 전반의 개혁을 추진할 수 있는 가장 적합한 조직이라고 할 수 있다. 우리나라의 경우도 몇 차례 급진적인 제도 개혁을 추진할 때 중앙예산기관이 주도한 경험이 있다.

3) 유형과 연혁

(1) 유형

행정수반 소속형은 행정수반의 정책 수립 및 행정관리 기능을 강화할 목적으로 행정수반의 참모조직 형태로 운영되는 유형이다. 대체로 대통령제 국가에서는 행정수반 소속형을 띤다. 미국 연방정부의 관리예산처는 대통령 직속기관으로 대통령의 재정관리 기능을 보좌한다.

재무부 소속형은 예산 업무를 수입지출 업무와 연계시키는 데 중점을 두는 유형이다. 중앙예산기관과 세입 및 국고를 관리하는 기관을 통합하는 형태로 주로 의원내각제 국가가 채택하는 형태이다.

국가기획기관 소속형은 기획과 예산을 일치시키기 위하여 국가기획기관에 중앙예산기관을 소속시키는 유형으로 정부 주도적 경제 개발을 추진하는 발전국가가 채택하는 형태이다.

(2) 연혁

① 경제기획원 예산국(1961~1994년)

1961년 7월 「정부조직법」 개정으로 경제기획원이 신설되면서 예산국이 경제기획원으로 이관되었다. 이는 기획과 예산을 연계하여 경제개발계획에 예산을 효율적으로 운용하기 위해서였다. 이후 1979년 예산국의 기능과 위상을 키우고자 예산실로 승격하였다.

② 재정경제원 예산실(1994~1998년)

1994년 12월 경제기획원과 재무부를 재정경제원으로 통합하면서 예산실은 재정경제원 소속이 되었다. 이는 국가 재정정책과 예산 기능의 연계성을 강화하고 정책 조정 기능을 제고하기 위한 것으로 볼 수 있다.

③ 기획예산위원회와 예산청(1998~1999년)

1998년 국민의 정부에서 실시한 정부조직 개편에 따라 재정경제원을 재정경제부로 축소 개편하고 기획과 예산을 분리하여 대통령 직속기관인 기획예산위원회와 재정경제부 외청인 예산청으로 이관하였다. 이에 따라 기획예산위원회는 예산편성지침 작성, 국가정책 기획 조정, 재정 개혁과 행정 개혁을 담당하고, 예산청은 예산의 편성 집행 관리를 담당하게 되었다.

④ 기획예산처 예산실(1999~2008년)

기획예산위원회와 예산청으로 분리한 지 2년 만에 예산 기능의 이원화에 따른 비효율을 개선하고자 기획과 예산 기능을 통합한 국무총리 소속의 기획예산처를 설립하고 그 아래에 예산실을 설치하였다. 2005년에는 예산과 기금틀 통합 운영하고자 예산실을 재정운용실로 개편하였다.

⑤ 기획재정부 예산실(2008년~)

2008년 정부조직 개편으로 기획예산처와 재정경제부를 통합한 경제정책 총괄부서로 기획재정부를 설립하였다. 이에 따라 기획재정부 예산실로 중앙예산 기능이 이관되었다. 현재 기획재정부는 예산실 외에 세제실, 경제정책국, 국고국, 재정정책국, 공공정책국, 국제금융국, 대외정책국, 무역협정국, 복권위원회가 있어 국가재정운용계획, 대규모사업에 대한 예비타당성조사까지 포함하여 주요 재정관리와 정책 기능을 수행한다.[13]

3 기타 재정관리기관

1) 재산 및 채무관리기관

국유재산 관리기관은 기획재정부의 국고국으로 국고금, 국유재산, 국가계약, 국가

---

13) 기획재정부는 경제정책국이나 정책조정국을 통하여 넓은 의미의 기획 업무를 수행하고 있다. 현재 기획재정부는 과거 경제기획원과 재무부를 통합한 것과 같은 방대한 기구이나 금융감독 업무만 금융감독위원회로 이관하였다.

채권, 국가채무에 관한 정책의 수립과 관리를 총괄한다.

2) 수입지출총괄기관

수입지출총괄기관은 정부의 수입과 지출을 총괄하는 기관으로 현재 기획재정부의 세제실과 재정관리국 세제실은 조세정책 및 제도의 기획 입안 및 총괄 조정사무를 관장한다.

3) 중앙은행

중앙은행은 재정정책과 관련하여 정부의 은행으로서 정부의 모든 국고금의 출납 업무를 대행한다. 한국은행은 국고금의 공적 예수기관이다(한국은행법 제71조). 정부의 수입은 한국은행 본점의 정부예금 계정으로 집중되고 여기서 정부예산지출이 인출 지급된다. 한국은행은 정부 각 부처의 예금 계정을 취급할 뿐만 아니라 국채의 인수와 상환 및 이자 지급 등의 업무도 대행한다.

4) 사업부처와 지방자치단체

각 부처도 재정 절차에서 중요한 역할을 수행한다. 소관 수입의 징수와 수납, 지출에 대한 사무를 관리한다. 각 부처는 예산요구서를 기획재정부 장관에게 제출하고 국회 소관 상임위원회에 출석하여 소관 예산안의 증액 삭감 등에 대한 의견을 개진하며 예산 집행 과정에서 예산배정요구서, 결산 과정에서 결산보고서를 제출하는 역할을 한다.

사업부처와 지방자치단체는 주로 소비자로서의 역할을 수행하면서 증액 지향적, 사업 지향적 행태를 보인다. 예산을 최대로 확보하여 많은 사업을 수행하는 것이 추구된다. 예산이 커질수록 조직의 생존가능성이 커지고 자기 부처의 권력이 확대된다.

4 의회

1) 상임위원회

상임위원회는 국회의 예산안 심의 과정에서 예비심사를 수행한다. 상임위원회는 기본적으로 이익집단과 정부부처와 결탁하여 예산을 증액하는 경향을 보인다. 우리나라는 상임위원회의 예비심사 결과 감액 심사 결과만이 예산결산위원회의 종합심사를 구속하고, 증액 심사 결과는 구속력이 없다.

2) 예산위원회

의회는 세입과 지출계획인 예산안을 심의하며 예산안 심의를 통하여 정부가 제출한 예산안에 국민의 의사를 반영하고 납세자들에게 부과될 조세 부담의 크기를 정한다. 의회는 구성의 원리상 본회의에서 전체의 의사가 결정되나 실질적으로는 예산위원회가 예산 관련 의사결정을 하게 된다.

예산위원회의 권한은 국가별로 상당히 다르고 실질적인 권한이 미약하다고 평가하는 경우도 많다. 일반적으로 예산위원회는 예산안 심의 단계에서 균형 지향적 또는 삭감 지향적인 입장에서 조정자로서의 역할을 하고, 상임위원회는 이익집단과 협력하여 증액 지향적인 태도를 취하는 것으로 평가된다.

우리나라의 경우 예산결산위원회는 예산 의사결정의 권한이 적고, 구성원의 안정성이 낮아서 전문성이 높지 못하다. 예결위 자체보다 예결위의 소위원회나 소소위원회가 실질적인 예산 의사결정을 내리는 것으로 평가된다. 소위원회나 소소위원회는 모두 증액 지향적인 모습을 보이고, 기재부는 국회의 요구에 대하여 일부를 수용하고 자신이 대리하고 있는 대통령실의 국정과제를 관철시키는 협상을 벌인다.

5 예산지원조직

1) 의의

예산지원조직이란 행정부와 의회에 소속된 전문지원조직으로 예산안 분석, 경제 전망, 비용 추계 등을 통하여 예산 편성과 예산 심의 과정에서 행위자들의 의사결정을 지원하는 기관을 말한다. 예산 관련 정보에 대한 행정부의 독점을 완화하여 의회가 행정부와 동등한 위치에서 예산을 심의할 수 있도록 한다. 일반적으로 예산지원기관도 전문가집단으로 삭감 지향적인 태도를 갖는 것으로 평가된다.

2) 유형

예산지원기관은 대통령실 소속 유형, 행정부 소속 유형, 의회 소속 유형이 있다.[14] 대통령실 소속기관은 대통령 예산안을 의회에 제출한 후 의회와 협상하는 과정에서 정부예산 프로그램의 설계 과정에서 대통령의 견해를 구체화하고 반영하는 작업을 총괄 수행한다. 대표적인 사례는 미 연방정부의 관리예산처(OMB)로 예산관리의 감독과 통제 업무를 수행한다.[15]

의회 소속기관은 의회 전체에 소속되어 의장을 보좌하는 기구나 예산위원회에 소속되어 예산위원회의 결의안을 지원하는 기구 등을 말한다. 대표적인 사례는 미 연방정부의 의회예산처(CBO)이다.[16]

---

14) 내각제의 경우 의회와 총리실과 행정부가 분리되기보다 통합되어 있고 총리실 자체의 의사결정과 행정부의 의사결정이 구분되지 않기 때문에 별도의 예산지원기관은 찾기 어렵다.

15) 대통령이 예산을 준비하고 집행을 감독하는 일을 전문적으로 지원하는 기관이다. 대통령 직속기관으로 500여 명의 정무직과 경력직 공무원으로 구성되며 각 행정기관들이 제출한 예산요구서를 검토하여 대통령 예산안을 마련하는 업무를 수행한다. 1921년 「예산회계법」에 따라 예산국에서 시작한 후 1970년에 현재의 구조로 확대 개편되었다.

16) 의회의 예산 과정을 보조하는 기관이다. 1974년 「의회 예산 및 지출통제법」에 따라 설립되었으며 객관적이고 중립적인 분석 기능을 수행한다. 경제, 재정, 예산에 관한 향후 10년간의 보고서를 매년 예산위원회에 제출한다. 예산을 편성 심의할 때 내부적인 기준으로 쓰인다. 의회에 제출된 대통령 예산안의 세입 세출 재정수지 등을 자체 가정에 따라 재추계하며 대통령 예산안의 경제적 효과를 분석한다. 거시예산 업무에 주력한

3) 현황

우리나라는 행정부 소속의 한국개발연구원, 조세재정연구원, 재정정보원 등 다수의 지원기구가 있다. 대통령실 소속의 공식기구는 없지만 행정부의 지원조직이 대통령실의 요구에 따라 상시 동원되고 있다고 할 수 있다.

의회의 지원조직에는 국회 예산정책처, 위원회 수석전문위원실, 의원이 소속된 교섭단체 전문위원이 있다. 국회 예산정책처는 국회의장 소속으로 국가의 예산 결산, 기금 및 재정 운용과 관련된 사항을 연구, 분석, 평가하고 의정활동을 지원한다. 우리나라는 여당 소속 교섭단체가 정부 각 부처의 공무원을 파견받아 예산 과정에서 지원하도록 하고 있다. 예산 과정에서는 수석전문위원회에서 각종 검토보고서를 작성하여 예산 의사결정을 돕는다.

제5절 재정관리에 관한 이론적 접근

1 개관

재정과 관련된 현상을 설명하는 이론은 많을 것이나 재정관리라는 관점에서 숙지하고 있어야 할 이론적 논의를 제시하고자 한다. 재정이라는 사회적 현상을 하나의 설명변수이자 피설명변수로 상정할 때 첫째, 재정이 어떻게 결정되는가, 특히 근대 국가의 형성 이래 지속적으로 팽창해 온 재정의 규모는 어떤 원인의 결과인가라는 이론적 논

다. 세입세출 규모를 전망하거나 경제 효과를 분석하는 일처럼 객관적이고 분석적인 정보 제공 기능만을 담당하고 단순한 경제적 분석의 영역을 넘어서는 부분이라 할 수 있는 개별 사업에 대한 증액 삭감 판단이나 사업의 우선순위 판단 및 정책 권고 등은 수행하지 않는다. CBO가 분석한 경제지표와 재정지표는 OMB의 예측치보다 신뢰도가 높다. 의회의 예산 심의에 정치 중립적인 객관적 사실에 관한 준거로써 활용되고 있다. 법안비용 추계 업무도 담당한다.

의, 둘째, 그런 원인으로 형성된 재정은 어떤 것이며, 어떻게 배분되는가라는 이론적 논의, 셋째, 재정의 배분과 관련된 다양한 제도들의 성격과 관계에 관한 이론적 논의, 넷째, 배분되고 지출된 재정이 경제와 사회에 어떤 영향을 미칠 것인가에 대한 이론적 논의로 구분할 수 있다.

2 재정의 지속적 팽창에 관한 이론

1) 바그너의 법칙

바그너의 법칙(Wagner's law)이란 독일의 경제학자 바그너(Adolf H. G. Wagner)가 제시한 것으로 경제 성장과 도시화로 인하여 행정 수요가 증가함에 따라 정부 재정지출이 지속적으로 팽창하며 정부 예산이 경제 전체에서 차지하는 비중도 지속적으로 증가한다는 법칙을 말한다. 정부지출의 증가율이 경제성장률보다 클 때 이런 현상이 지속적으로 나타날 것이다. 역사적으로 볼 때 서구 선진국들이 주권국가(sovereign state)를 형성한 이래 경제에서 정부재정이 차지하는 비중이 지속적으로 증가하는 패턴이 나타난 점을 발견하여 요약한 명제이다. 어떤 이유에서 이런 현상이 나타나는지에 대해서는 다양한 의견이 제시되고 있다.

2) 전쟁·재난의 영향과 대체 효과

근대 주권국가는 1648년 베스트팔렌조약 체제에 따라 형성된다. 근대국가가 정치적 공동체 내에서 주요한 기능을 하는 주체로 역할을 점차 확대해 나가는 모습을 보인다. 이때 국가의 사회적 역할이 급격하게 확대되는 사건들로서 전쟁과 경제공황과 같은 중대한 사회적 위기가 있다. 이러한 위기를 대처하고 극복하는 과정에서 국가의 역할이 요구되고 사회적으로 수용되면서 정부의 세입과 세출이 대폭 증가되는 패턴이 나타난다.

피콕(Alan T. Peacock)과 와이즈만(Jack Wiseman)은 전쟁과 경제공황과 같은 비상시에 증가된 정부 재정지출이 위기가 끝난 후에도 단속 효과(ratchet effect)가 발생하여 계속 유지된다고 보았으며, 국가가 기존의 자율적 사회와 시장을 대체하는 '대체 효과 (displacement effect)'가 작용한다고 보았다. 전쟁 등으로 한번 증가된 세수는 전쟁이 종식된 후에도 신규 사업에 대체적으로 사용됨으로써 전쟁 전의 모습으로 되돌아가지 않는다는 것이다.

3) 보몰 효과

정부 서비스는 노동집약적 성격이 강하고 시장 부문에 비하여 상대적으로 노동생산성이 낮다. 정부의 서비스는 사회적 수요가 지속적으로 존재하는데 경제에서 일정 수준의 공공서비스 수준을 유지하기 위해서는 노동의 한계생산성이 체감하므로 노동의 투입량이 매우 커져야 한다. 전과 같은 수준의 공공서비스를 유지하기 위하여 주요 생산 요소인 노동의 투입량을 늘려야 하며, 이를 위하여 세금과 지출이 증가하여야 한다.

4) 리바이어던이론

역사적으로 보면 근대 국가는 사회에서 물리력과 과세권을 독점적으로 행사할 수 있는 권력을 획득하였고, 그러한 권력을 좀 더 확대해 가는 것을 볼 수 있다. 독점적인 권력이 형성되고 확대되는 과정에서 정부재정의 팽창도 자연스럽게 이루어진다는 이론이다. 국가와 정부는 능동적이고 적극적인 권력과 이익 추구 행위자로 사회 내의 자원을 동원하여 자신의 권력을 확대해 나간다는 관점이다. 이러한 시각은 정치경제적인 수요에 따라 정부 기능이 확대된다고 보는 관점과 관료제의 이익을 중심으로 설명하는 관점과 대비된다.

5) 재정환상론

납세자인 국민들은 정부가 사회적인 문제에 대하여 가지고 있는 해결 능력과 비용에 대하여 잘못된 착각이자 환상을 갖고 있으며, 이들의 요구에 따라 정부가 사회적으로 적정한 수준에 비하여 커지고 확대되는 현상이 나타난다고 보는 이론이다. 국민들은 정부의 역량과 사업 내용에 대하여 과대평가하고 있다. 전지전능한 국가를 상정하고 있으며, 정부가 제공하는 편익만 보고 이를 발생시키기 위하여 지불하여야 하는 비용은 간과한다. 근시안적인 관점에서 정부의 역량을 과대평가하고 비용을 고려하지 않기 때문에 모든 문제에 정부의 개입을 요구하게 되고, 이러한 사회적 수요에 따라 정부재정은 지속적으로 확대하게 된다.

6) 구조결정론

정부재정의 규모는 국가의 능동적인 판단에 따라 결정되기보다는 정치적 과정을 통하여 사회경제적 요구에 반응하는 것에 불과하다. 사회와 경제의 구조가 고도화됨에 따라 정부의 역할에 대한 수요가 늘어나게 된다. 특히 사회복지제도의 필요성과 요구가 커지게 되고, 이를 반영하여 국가의 역할과 재정을 확대하게 된다. 선진화된 국가일수록 사회복지 지출도 늘어나야 한다는 정치적 압력이 강해져 사회복지 지출은 급속히 불어나게 된다. 정치경제 구조의 변화, 특히 고령화와 저성장 구조 속에서 복지지출 등이 급증하고 이는 정부재정의 확대를 의미한다. 이러한 사회복지 지출의 경우에는 민주주의 정체(政體)에서 한번 규모가 늘어나면 다시 예전 수준으로 줄이기는 무척 어렵다는 특성이 있다. 복지지출의 수혜를 보는 유권자의 수가 늘어남에 따라 더욱 증가하는 현상이 나타난다.

3 재정의 성격과 배분에 관한 이론적 논의

1) 공유지의 비극이론

예산에 대해서는 누구나 접근할 수 있는 공유자원으로서의 성격이 크다는 전제하에 이에 따른 문제를 어떻게 해결할 수 있을 것인가에 대한 논의가 있다. 공유지의 비극(tragedy of the commons)은 목초지, 어장과 같은 공동 소유 자산을 둘러싸고 구성원들이 개인 이익의 극대화만 추구할 경우 공유자원이 고갈되어 개인이 이용할 수 없게 되는 바람직하지 않은 현상을 초래하는 것을 말한다. 공유지 또는 공유자원은 다수의 사람이 이용하면서도 특정인의 사용을 배제하기 어렵고, 한 사람이 사용함에 따라 다른 사용자들이 사용할 수 없는 보통의 재화나 서비스와 유사한 재화나 서비스를 말한다.[17] 공유지의 대표적인 예는 목초지, 수렵장, 어장, 국립공원을 들 수 있다.

공유지와 공유자원에 의하여 발생하는 과다 소비의 문제에 대하여 사회적으로 바람직한 사용을 유도하는 제도적 장치를 수립하는 해결책과 공유자원의 특성인 배제불가능성을 없애 사적재로서 전환하는 해결책을 제안하여 왔다.[18]

예산은 여러 부서가 선점하여 사용할 수 있는 공적 자금으로 공유지의 특성이 있다. 예산이 공유자원(common-pool resources)에 해당하면 이에 따라 사회적으로 적정한 수준보다 과대 사용함으로써 이에 대한 통제가 없으면 쉽게 고갈된다는 공유지의 비극의 문제가 벌어질 수 있다.[19]

예산이 공유자원에 해당한다면 공유지와 공유자원의 비극을 해결할 수 있는 두 가지 방안도 적용해 볼 수 있다.

첫째, 바람직한 사용을 유도하는 집권적 제도적 장치의 수립하는 해결책을 고안할 수 있다. 하향적 예산제도에서 예산에 대하여 누구나 접근하여 선점 사용할 수 있는 상황을 막고 집권화된 체제에서 어떤 주체가 공유자원을 일정한 기준에 따라서 배분하여 바람직한 배분이 일어나도록 하는 것이다.

둘째, 공유자원의 특성인 배제불가능성을 없애 사적재로서 전환할 수도 있을 것이

---

17) 비배제성과 비경합성이 강한 공공재와는 구별되는 개념이다.
18) 공유자원의 경우 사용(appropriation)과 공급(provision)의 문제가 동시에 존재하며, 이 두 가지 과정에서 사회적으로 바람직한 규모의 사용과 공급이 이루어지도록 만드는 제도를 구상하는 방식으로 논의가 진행되고 있다.
19) 예산을 공유자원으로 개념화한 작업은 웨인가스트 외(Weingast et al., 1981)의 초기 작업 이래 폰 하겐과 하덴(von Hagen & Harden, 1995), 할러베르크와 폰 하겐(Hallerberg & von Hagen, 1999), 벨라스코(Velasco, 1999, 2000)에 의하여 확산되었다. 이 논의에 따르면, 공유자원을 소수의 집단의 이익을 위하여 과대 사용하고 이에 대하여 유권자들의 몰이해와 무관심에 따른 환상이 존재할 때 예산이 사회적으로 바람직한 규모에 비하여 규모가 큰 예산 규모가 발생할 수 있다(Borcherding, 1977). 선진국들이 겪고 있는 재정적자의 누적 현상이 공유자원의 과다 사용으로 인한 적자 편향(deficit bias)의 결과로 이해할 수 있으며, 공유자원인 예산을 선제적으로 자원을 확보할 수 있는 이해관계자의 권력이 강한 분야의 예산이 지나치게 커지는 지출 구성 편향(expenditure composition bias)이 발생할 수 있고(Kopits & Symansky, 1998), 정치적 영향력이 큰 의원의 지역의 예산이 지나치게 커지는 지역개발 지출(pork-barrel spending)이 발생할 수 있다.

다. 페이고(paygo)제도나 지출총량 제한이라는 재정준칙이 이러한 역할을 할 수 있다. 페이고제도는 새로운 의무지출 수반 프로그램을 도입하기 위해서는 기존의 의무지출 수반 프로그램을 폐지하여야 한다는 것을 기본 내용으로 하며, 이는 프로그램 간 제로섬 게임(zero-sum game)이 되어 자연스레 새로운 프로그램 도입을 통한 의무지출 총액의 확대를 막는다. 기존의 프로그램에 대하여 부처의 기득권을 인정한 것으로 그만큼의 재산권(property right)을 인정한 것으로 이해할 수 있다. 새로운 프로그램을 제안하는 부처는 기존의 부처의 양보를 얻어 내야 하는데 이는 기존의 부처에 공적 자금에 대한 재산권을 인정해 준 것으로 볼 수 있다. 결국 공유자원을 사적재로 전환함으로써 정치적 시장에서 교환이 발생할 수 있게 된다.

2) 이익집단이론

예산 배분에 대하여 이익집단 간의 경쟁에 의하여 가장 많은 시민의 지지를 받는 이익집단에 사업 예산이 배분된다는 설명이다. 1960년대 이익집단이론이 제시된 초기에는 이러한 이익집단의 활동과 결과를 긍정적으로 이해하였다. 이익집단은 공익을 실현하여야 할 정부기관을 설득하고 시민들, 이해관계자들의 이익에 봉사하는 집단이다. 이익집단 간의 경쟁이 활발하고 공정한 조건 속에서 이루어지고 이익집단으로 많은 시민을 동원한 경우 강해진 이익집단의 의사가 시민들의 의사이므로 이런 결과는 사회적으로 바람직한 것으로 간주된다.

그러나 점차 이익집단의 활동과 결과를 사회적으로 바람직하지 않은 상황으로 이해하는 견해도 등장하였다. 이익집단은 목표, 이익을 달성하기 위하여 정부를 이용하려고 하기 때문에 편익은 소수에게 집중되는 반면 비용은 불특정 다수가 부담하는 '고객정치(client politics)'나 '지대 추구(rent seeking)' 상황에서 문제가 심각할 수 있다.

3) 포크배럴이론

이익집단 또는 지역정치인들 간의 연합과 협약에 따라 정부재정을 자신들의 이익에 맞게 선점하게 되면 사회 전체적으로 볼 때 불필요한 지역사업이 채택되는 현상이 나타난다. 이러한 연합과 협약의 정치활동을 구유통정치(pork barrel politics)라고 한다. 지역구를 기반으로 하는 정치인들이 자기 지역구에 혜택이 집중되는 사업에 더 많은 예산을 배정받도록 노력한다. 지역토목사업의 경우 지역건설업 부흥, 일자리 창출 등에 따라 정치적 지지가 늘어날 수 있어 자신들의 정치적 이익에 부합하기 때문이다. 사회적인 관점에서 비용 대비 효과가 적은 사업도 지역정치인의 정치적 이익 때문에 진행되는 경우이다. 재정 배분 과정이 불투명하고 언론과 시민의 감시가 적을수록 이런 재정 배분 현상이 일어날 가능성이 커진다.

정치인들이 구유통정치를 하는 과정에서 재정 배분을 받으려고 비슷한 입장에 있는 지역구정치인들과 협력하여 사업을 선정받는 정치적 활동을 한다. 다른 지역구 정치인과 거래하여 상호 지지해 주게 되면 지역구 사업에 예산이 배분될 가능성이 더 커진다.

4 재정의 배분제도에 관한 이론적 논의

1) 제도주의이론

재정을 배분하는 여러 가지 제도에 대한 이해가 요구된다. 재정제도의 특성에 간접적으로 관련이 있는 제도주의이론으로는 새로운 제도를 도입할 때 다른 제도와의 정합성(institutional complementarity), 제도화(institutionalization), 제도적 공고화(institutional consolidation) 등의 개념들이 있다.

제도의 정합성이란 하나의 제도가 주어진 목적을 잘 달성하도록 기능하는 것과 함께 비슷한 활동을 하는 다른 제도와 긴밀하게 연계되어 상호 모순을 발생시키지 않고 개별 제도의 효과성을 높이는 경우를 말한다. 재정관리 도구와 제도들이 다수 존재하므로 하나의 새로운 제도를 도입하거나 업그레이드할 때 다른 제도에 미치는 영향, 다른 제도와의 정합성을 확인하여야 할 필요가 있다.

제도화란 제도의 구성 요소들이 양적으로나 질적으로 보강되어 어떤 한 제도가 초기의 불완전하고 미숙한 상태에서 완전하고 성숙한 상태로 전환되는 과정을 의미한다. 새로운 제도를 도입하는 국가의 경우 새로운 제도의 공식적 및 비공식적 제도적 요소들이 구비되어 가면서 제도가 정상화되는 과정을 확인하게 된다.

제도적 공고화는 제도가 하나의 체제로서 기능을 수행하고 제도가 없는 상황으로 되돌아가지 않을 정도로 안정화되는 것을 말한다. 제도의 도입이 비가역적인 변화를 일으켜서 제도가 사라지는 상황이 더 이상 발생하지 않을 것이라고 기대되는 상황을 말한다.

2) 시스템이론

시스템이란 필요한 기능을 실현하기 위하여 관련 요소를 어떤 법칙에 따라 조합한 집합체이다. 시스템 또는 체제란 상호 작용하고 있는 요소들 또는 하위 시스템의 복합체라고 할 수 있으며, 하위 시스템들이 상호 연결되어 있어 상위 시스템을 이룬다고 할 수 있다. 여기서 시스템은 목표, 환경, 자원, 하위 시스템 또는 구성 요소라는 구조적 요인과 투입, 가공, 산출이라는 과정적인 요인으로 파악할 수 있다.

재정관리와 관련된 정치적 및 정책적 의사결정 체제는 시스템으로 이해할 수 있다. 시스템이론을 정치 현상에 적용한 학자는 이스턴(David Eston)인데 재정 의사결정의 경우도 정치 시스템으로 볼 수 있다.

예산 편성은 정부를 둘러싸고 있는 환경으로부터 제기되는 요구와 가용자원의 제약 하에 내부적인 행정 절차와 과정을 거쳐 정부예산의 지출 규모, 분야별 재원 배분, 예산사업에 대한 투자 규모와 우선순위 등을 결정하게 된다. 또 예산은 환경과 상호 교호 작용을 통하여 결정되는 면도 있다. 이런 점을 볼 때 예산 과정은 전형적인 시스템이라고 볼 수 있다.

재정관리활동을 하나의 하위 시스템으로 보고 전체 재정관리 시스템을 구성한다고 개념화할 수도 있다. 하위 시스템들 간의 상호 작용에 의하여 재정관리 시스템이 도출되므로 시스템의 연계를 중시하여야 하며, 하위 시스템을 따로 떼어서 생각해서는 안 된다.

재정관리제도는 시스템적인 요소가 있어서 투입, 전환, 산출, 환류 등의 기능을 통하여 환경과 지속적인 관계를 유지하기도 한다. 환경으로부터 요구와 지지의 형태로 투입을 받으면 시스템 내부의 전환 과정을 거쳐 결과물이 나타난다. 이런 식으로 예산이나 사업 등을 이해하는 것이 시사점을 많이 주기 때문에 재정관리 체제로 설정하는 것이 이론적으로 가능하다.

5 재정의 효과에 관한 이론적 논의

1) 케인시언이론

잘 알려져 있다시피 케인시언(Keynesian) 경제학에서 확대재정정책을 통하여 민간의 소득이 증가하고 그에 따라 다른 분야의 소득도 증가하여 연쇄적인 변화에 따라 이러한 경제적인 총효과를 승수 효과라고 하고, 어떤 조건에서 이러한 승수 효과가 커질 수 있는지에 대한 논의가 진행되고 있다. 일반적으로 경제 체제가 단순한 산업으로 이루어져 있는 상황에서 정부의 공공투자사업은 그 효과가 경제 전반에 미치므로 소득 증가의 규모가 크고 이에 따라 승수 효과가 높다고 할 수 있다. 반면에 투자적 지출이 아니라 소비적 지출로서 현금이나 현물을 소비자에게 지급하는 형태의 정부지출은 승수 효과가 매우 적은 것으로 평가된다.

2) 합리적 기대이론

합리적 기대이론에 따르면, 재정정책은 경제 주체의 기대하에 있을 때는 별다른 효과를 낳을 수 없다. 경제 주체는 정부의 개입 효과를 이미 고려하면서 자신의 행동을 변화시키기 때문에 기대하지 못한 정부의 개입이 아닌 이상 정부지출 확대는 이미 적응하여 별다른 효과를 낳지 못한다. 정부의 재정이나 금융정책에 대하여 시장은 기대를 형성하여 이미 시장의 가격이나 거래활동에 선반영하는 것을 볼 수 있다. 민간 부문의 정보 획득 역량이 높고 경제 체제가 복잡성이 높을 경우 정부의 단순한 확대정책은 매우 투박한 조치로서 경제 주체들의 행동에 변화를 야기할 수 없다. 이런 상황에서 확대재정정책은 국가채무만 늘릴 뿐 경제활성화에 도움이 되지 못한다.

재정 전망

미래를 위한 재정관리
Public Financial Management for the Future

제1절 개관

1 의의

재정 전망이란 재정과 관련된 다양한 변수의 미래 예측치를 합리적으로 도출하는 것으로 경제성장률, 세입과 세출에 관한 단기 예측(projection)과 사회 변화와 재정 수요에 대한 변화에 대한 중장기 예측(forecast)을 포괄하여 의미한다. 미래에 대한 예측방법은 크게 현재 주어진 정보를 활용하여 미래의 기대치를 과학적으로 도출하는 방법과 전문가적 지식과 식견에 합의와 직관에 의한 방법으로 분류할 수 있다.

재정 전망은 단기와 중장기의 재정활동을 설계하는 데 기초가 되는 지식이다. 1년 단위의 지출인 예산을 제대로 편성하려면 세입세출 전망에 대한 정보가 있어야 하며, 재정 전망이 정확하여야 이에 근거하여 합리적인 지출계획인 예산을 수립할 수 있으며, 경기에 제대로 대응하는 재정정책을 계획할 수 있다.

중장기적인 재정의 지출을 계획하기 위해서도 중장기 시계(時界)의 경제환경 변화의 재정환경에 대한 전망이 요구된다. 장기적인 국가 발전의 방향을 제안하고 합리적인 안을 도출하기 위해서도 합리적인 장기재정 전망이 필요하다.

2 미래 예측의 방법

1) 질적 및 정성적 방법

질적인 예측 방법은 전문가의 판단과 질적 정보에 의존한 비계량적 방법으로 미래의 상황을 예측하는 방법이다.[1] 과거 및 현재의 정보와 지식을 바탕으로 하여 예측자의 주관적 판단을 활용한 예측 방법이다. 여러 가지 형태가 있으나 공통적으로 전문가의 직관력과 주관적 예측에 기초한 판단에 기초한다. 전문가 패널들이 작성한 설문조사나 인터뷰를 자료로 하여 미래에 대한 예측을 산출한다.

대표적인 방법으로는 델파이 기법(Delphi techniques), 전문가 판단모형(Judgement Aided Models: JAM), 시나리오 설정법(Senario Writing Methods) 등이 있다. 연방준비위원회(Federal Reserve)나 금융통화위원회에서의 기준 금리 결정 방식, 미국 지방정부들의 합의적 세수 추계(consensus forecasting)가 대표적인 사례이다.

2) 추세분석, 시계열분석, 회귀분석

추세분석은 변수의 과거 행태를 조사하여 이 변수를 바탕으로 미래를 예측하는 것이다. 이 모형은 전적으로 과거의 궤적을 활용하여 미래를 전망하는 기법이다. 안정적인 경제모델에서는 이와 같이 과거의 실적에 기초에 미래를 추정하는 방식이 정확성이 높을 가능성이 있다. 추세분석은 과거의 추세치가 앞으로도 계속된다는 가정하에 연장선을 그어서 미래 시점에 어떤 값이 나타나는가를 구하는 방법이다. 인과관계

---

1) 전문가의 감(best guess, rule of thumb), 경험, 지혜, 과거의 성공 사례 등을 모았을 때 가장 정확한 전망이 가능하다고 본다.

를 토대로 한 인과모형을 구성하기 어려울 경우 주로 시계열에 따른 추세분석 기법을 사용하게 된다. 추세 연장(trend extapolation)에 의한 시계열분석(time-series analysis) 기법은 통계학에서 많이 개발 활용되고 있다.

회귀분석 방법은 추계 대상을 잘 설명할 수 있는 설명변수를 찾아 인과모형을 설계하고, 이에 따라 세수 실적의 원인이 되는 설명변수 파라미터의 변화에 따라 전망을 하게 된다. 예측 대상과 관련한 변수들 간의 관계에 대한 이론이 정립되어 있는 경우 회귀분석 방법을 활용한다.

3) 계량경제모형 분석

계량경제모형 분석은 복잡한 경제를 단순화한 경제모형을 설정하고 모형 내의 상수와 파라미터를 데이터를 통하여 인구나 경제 성장 등을 추계하는 것을 말한다. 경제모형을 활용하여 경제의 성과에 영향을 미치는 다양한 변수를 투입하여 최종적인 경제성과와 재정 상태에 대한 예측을 한다.[2]

계량경제모형은 경제모형이 전제되고 경제 내의 변수들 간의 복잡한 인과관계가 설정되어 있다는 특징이 있다. 인과모형은 예측하려는 대상과 관련한 경제이론들에 근거하여 구성된다. 경제이론 중에 거시경제의 운용을 설명하는 데 적합한 이론을 선택하여 모형을 설정하고 과거 및 현재의 자료를 대입하여 변수들 간의 관계에 관한 예측함수를 구할 수 있다. 이런 작업에 인과분석에 의한 계량적인 기법들이 활용된다.

계량경제모형이 얼마나 타당한가에 따라 예측치의 타당성이 결정되는데, 합리적인 계량경제모형을 구성하는 작업이 쉽지 않다는 문제점이 있다.

4) 시뮬레이션 방법

시뮬레이션 또는 모의실험 방식은 매우 복잡한 경제구조를 모두 모형화하는 작업이

---

2) 연산일반균형모형(Computable General Equilibrium Model)에 입각해 다양한 거시경제 변수를 투입한 다수의 연립방정식 모형을 구축하여 이에 입각해 전망을 하는 방식이다.

너무 어려운 작업이므로 경제모형 전체를 추정하기보다 중 일부 변수들 간의 관계에 초점을 맞추어 한 변수의 변화가 다른 변수에 어떤 영향을 미칠 것인가를 찾아내는 작업을 하는 것을 말한다. 예를 들어 소득 원자료나 재정 패널 데이터를 활용하여 공제제도나 세율 변화가 세수입에 어떤 변화를 야기하는가를 추계하는 방식이다.

〈표 3-1〉 미래 예측의 방법 비교

	질적 및 정성적 방법	추세분석, 시계열분석, 회귀분석	계량경제모형 분석	시뮬레이션 방법
일반적 내용	전문가의 판단, 질적 정보	양적 모델, 양적 자료	경제구조모형, 양적 자료	일부 변수를 중심으로 한 모의실험
구체적 방법론	사례연구, 인터뷰와 설문	계량분석	계량분석	시나리오 분석, 계량분석
가정	미래는 과거와 현재와 다름	미래는 과거의 연속	구조적 요인이 미래를 결정	주요 구조적 요인이 미래를 결정
적용 사례	합의적 세입 전망, 기준 금리 결정	세수 추계	세수 추계	은행 스트레스 점검, 재정 위기 점검

3 재정 전망의 종류

1) 시계에 따른 구분

재정을 제대로 관리하기 위해서는 미래를 예측하고 전망하는 다양한 활동이 요구된다. 이를 시계별(時界別)로 구분하면 먼저 1년 후의 계획인 예산을 편성하기 위한 단기 전망으로 경제 및 세입 전망이 있으며, 제도화되었을 때 발생할 재정적 부담에 대한 중기 전망으로 법안비용 추계, 선거공약비용 추계, 재정 소요 전망이 있다. 재정과 관련된 제도 중 몇 개의 세대에 걸쳐서 상호 부조하는 장기적인 제도들이 있고, 이들 제도의 영향과 성과에 대한 장기적인 전망으로 장기재정 전망이 있다.

단기 전망의 경우 경제 내에 현행 제도가 일정하다는 가정하에 세워진다. 반면 중장기 전망은 정부가 새로운 제도를 도입하거나 변화시키는 경우를 일정 정도 반영하여 추계할 수도 있다.

2) 대상 단위에 따른 구분: 미시적 사업 대비 거시적 예산

재정 전망은 전망의 대상에 따라 미시적 사업, 개별 법률에 대한 전망과 총량적 예산, 의무지출과 같은 범주의 총량에 대한 전망으로 구분할 수 있다. 전자의 경우 법안비용 추계, 선거공약비용 추계가 예이고, 후자의 경우 재정 소요 전망, 장기재정 전망이 대표적인 사례이다.

〈표 3-2〉 재정 전망의 대분류

대상 단위 \ 시계	단기	중기	장기
법률 및 사업 단위	사업분석	선거공약비용 추계	법안비용 추계 재정 소요 전망
예산 및 의무지출 등 총량 단위	세입 전망 재정 소요 전망	재정 소요 전망	장기 재정 전망

제2절 경제 및 세입 전망

1 개관

1) 의의

경제 전망이란 세계 경제환경과 국내 경제 상황을 고려하여 예산 연도와 그 이후 경제성장률, 물가, 환율 등을 전망하는 활동을 말한다. 세입 전망 또는 세입 추계란 경제나 국민소득의 변동 등을 고려하여 내년도 회계연도 동안에 정부가 재원으로 쓸 수 있는 수입을 예측하는 활동을 의미한다. 세입 전망은 경제 전망을 토대로 이루어진다.

경제 전망과 세입 전망 모두 연간에 해당하는 단기 전망 이외에 중기 전망을 수행할 수는 있으나 중장기로는 불확실성이 커서 큰 의미는 없다. 반면 연간 계획인 예산의 편성과 집행을 하는 데는 매우 중요한 정보이다.[3]

2) 중요성

세입 실적은 예산 집행의 제약 조건이 되기 때문에 정확하고 타당한 세입 전망은 계획적인 재정지출의 전제 조건이라고 할 수 있다. 예산 편성 시 세입 이상 지출액인 재정적자의 결정의 기초가 된다. 정부는 지출을 결정할 때 세입 수준과 재정적자의 수준의 제약을 받기 때문에 세입 전망을 어떻게 하느냐가 재정정책에 중요한 결정 요인으로 작용한다. 또한 세입은 세입 원천에 따라 정부의 수입이 발생하는 시기가 다르기 마련인데, 이를 고려하여야 예산 집행 중의 자금 운용계획을 제대로 세울 수 있다. 이런 점에서 정확한 세입 전망을 통하여 세입 원천별 정확한 수입 규모와 수입 발생 시기를 파악하는 것도 중요하다.

2 현황

1) 세수 과소 추계와 세수잉여금 발생

세입을 너무 낮게 예측하여 예측한 세입보다 실제 세입이 많게 되면 잉여 재원이 발생하게 되어 불필요한 추가적인 지출을 하게 된다. 남은 돈에 대하여 엄격한 심사 없이 정치적 용도로 계획 없이 지출이 이루어질 가능성이 높으며 사업의 효율성이 떨어지게 된다. 과거 우리나라는 세수 과소 추계에 따른 세수잉여금이 대규모로 발생하여 무계획적인 지출이 지속되는 문제가 장기간 발생하였다.

---

3) 중기 재정 전망에서 지출에 관한 추계는 중기재정계획 및 국가재정운용계획으로 구체화되며, 이는 별도의 장으로 구분하여 검토하기로 한다.

2) 세수 과다 추계와 적자재정 발생

반대로 세입 예측을 과다하게 할 경우 예산과 중기재정계획에서 정부지출 수준이 확대되며, 예측한 세입보다 실제 세입이 적어 재정적자와 국가채무를 발생시킬 수밖에 없다. 이 경우 지출이 예정된 사업의 지출을 삭감하거나 추가경정예산을 통하여 국채를 발행하여야 한다. 계획에 근거한 지출이 되지 못하고 즉흥적으로 지출을 삭감하여야 하므로 예산 통제의 의미를 약화시키고 사업 운용 효율성을 낮추게 된다.

우리나라는 최근 들어 경제성장률을 과다 추계하고 세입도 과다 추계하는 경향이 있다. 낙관적인 성장률 전망치에 따른 낙관적인 수입 전망으로 예산계획에서 벗어난 재정 운용은 바람직하지 않다.

3 제도

1) 경제 전망

경제 전망은 국제통화기금(IMF), 경제협력개발기구(OECD) 등 국제기구, 정부 및 국책연구기관, 국회 및 예산정책처에서 이루어진다. 세계 경제 전망과 한국 경제에 큰 영향을 미치는 미국, 중국, 일본, 유럽, 개도국 등 개별국들에 관한 전망을 함께 고려하여 예측하는 것으로 알려져 있다. 구체적인 방법론은 각 기관 고유의 영업 기밀에 해당하기 때문에 알려져 있지 않으나 계량경제모형과 회귀분석을 기반으로 전문가들의 질적 예측 방식을 통하여 이루어지는 것으로 보인다. 정부는 경제 성장률 전망에 대한 신뢰성을 확보하고자 민간 경제전문가들의 다양한 의견을 폭넓게 수렴한다.

2) 세입 전망

(1) 증가율 추정 방법

단순한 선형 관계를 가정하고 변수의 증감을 통하여 세입이나 세출을 추정하는 방식이다. 진도비분석과 같이 전년도 대비 징수 실적을 감안하여 올해의 세수 전망을 시도하는 단순한 추계 방식이다.

(2) 세원별 회귀방정식 방법과 계량경제모형 방법

행정부와 국회 예산정책처 등 재정정보를 제대로 분석할 경우 회귀분석 방법과 거시계량경제모형을 혼합하여 활용한다. 소득세와 법인세의 경우 종합소득, 근로소득, 이자소득, 배당소득, 연금소득, 기타 소득 등으로 세원의 특성별로 구분하여 추정한다. 소득에 영향을 미치는 경상 국내총생산(GDP) 이외에도 명목임금, 취업자 수, 주택매매, 개인 예금, 금리, 환율 등을 설명변수로 구성한 회귀방정식을 활용한다.

부가가치세, 소비세의 경우 거시경제에서 소비의 비중을 바탕으로 추계하며, 재산세는 토지의 공시지가 변동률을 바탕으로 추계한다.

3) 거버넌스

우리나라의 경제 전망은 국제기구, 정부와 국책연구기관, 국회와 예산정책처, 민간 경제연구소들이 각자 독립적으로 수행한다. 중기재정계획과 예산에 반영하는 행정부와 국회의 경제 전망은 두 기관의 공식적인 전망이 되는데, 전반적으로 행정부의 전망이 약간 낙관적인 값으로 보고되나 큰 차이는 없는 패턴이 보인다.[4]

경제 전망은 세입 전망의 기초가 되어 총수입 등을 결정한다. 행정부와 국회는 각기 세입 전망을 발표하는데 여기서도 큰 차이는 없는 것으로 나타난다.

재원 배분을 수행하는 예산당국은 지출액을 늘리고 적자국채 발행을 줄이려는 성향이 있어 낙관적인 재정 전망을 선호하나 세입에 책임이 있는 부서는 용이한 목표 달성을 위하여 경제와 세입 전망에 보수적인 전망치를 선호하는 경향이 있다. 캐나다와 같은 일부 선진국의 세수 과다 추계의 오류를 줄이기 위하여 의도적으로 신중하고 보수적인 세입 전망을 제도화한 국가도 있다. 우리나라의 경우 기획재정부 내에서 재정 전

---

4) 미국 연방정부의 경우 경제 전망과 세입 전망에서 행정부의 관리예산처(OMB)와 의회의 의회예산처(CBO)의 전망에 체계적인 큰 차이가 있는 것으로 보고되는데 비하여 우리나라의 경우 차이가 크지 않는 패턴을 보인다.

망을 하는 부서와 세입 전망하는 부서이 조직 내에서 조정되어 견해 차이가 드러나는 일은 찾기 어렵다. 다만 행정부가 다소 낙관적인 재정 전망으로 하고 국회가 보수적인 전망을 하는 경향이 나타나는데 그 차이는 근소한 것으로 보고된다.

4 문제점과 개선 방안

1) 문제점

경제 전망 및 세입 전망과 관련된 가장 중요한 이슈는 전망의 오류라고 하겠다. 세입 전망의 경우 예산계획과 괴리가 생겨 계획적인 지출이 이루어지지 못하고 과다 추계한 경우 일부 재정사업을 의도적으로 불용시키거나 재정적자폭이 늘어나고, 과소 추계한 경우 잉여금이 발생하게 되며, 당해 연도 재정지출을 못하고 차년도에 낭비적인 지출의 재원으로 사용하게 된다. 최근의 상황은 행정부의 낙관적인 경제 전망 거시경제 지표를 과대 평가하여 실제 세수 실적이 적은 상황이 나타나고 있다.

여기서 세수 오류 자체가 문제라고 할 수는 없다. 경제 및 세입 전망은 일기예보와 같아서 현재 가지고 있는 정보를 최대한 활용하여 미래를 예측하는 것으로 전망이 맞지 않을 확률은 내재적으로 존재하는 것이기 때문이다. 문제는 추계하는 방법이나 데이터를 활용할 때 의도적으로 정보를 왜곡하여 행정부의 예산 편성에 자의적으로 활용하는 것이다. 우리나라에 이런 현상이 존재하는가 하는 점은 좀 더 면밀한 검토가 필요하다.

우리나라에 세입 전망이 현실과 맞지 않는 현상은 우리나라의 세입구조는 추계가 비교적 쉬운 소득세 위주로 되어 있지 않고 경제 변수와 연계가 적은 자산에 대한 세금이 차지하는 비중이 크기 때문이다. 부동산과 같은 자산의 경우 가치의 변동이 크고, 거래의 양에서도 변동이 크며, 이에 연동된 세입액도 변동이 클 수밖에 없다. 그 결과로 세입의 전망이 시장 상황의 변동을 정확하게 반영하기는 어렵다고 할 수 있다.

우리나라에 행정부와 국회에서 독립적으로 경제 전망과 세입 전망이 이루어지는데 전망치가 크게 차이가 나지 않는 점을 고려할 때 행정부가 의도적으로 세입 전망치를 왜곡하고 있다고 주장하는 것은 현실에 맞지 않다고 할 수 있다.

이런 점을 고려할 때 우리나라의 세입 전망에서 체계적이고 의도적인 오류가 존재하는 것은 아니라고 볼 수 있다. 다만 세수 오류의 존재 자체는 없애기 어렵더라도 관련 데이터나 추계 방법을 좀 더 정교하게 만들어 세수 오류의 폭은 부분적으로 축소할 수 있을 것이다.

'400조→340조' 세수 전망 무려 60조 펑크…3년 연속 '수십 조 오차'
(https://www.hani.co.kr/arti/economy/economy_general/1107877.html)

박종오 기자

기재부 세수 오차 제도 개선 필요

올해 세수 펑크(세수 결손) 규모가 역대 최대인 50조~60조 원에 이를 것으로 예상되며 정부의 세수 추계 오류 등 부실 재정 운용을 둘러싼 논란이 확산하고 있다. 대규모 추계 오류가 정부의 자의적인 지출 삭감과 경기 대응 약화 등을 초래할 가능성도 큰 만큼 제도 개선이 필요하다는 지적도 적지 않다. (중략)
이처럼 세수 오차가 커지자 근본적인 제도 개선이 필요하다는 지적도 나온다. 세수 전망 오류가 정책 신뢰를 떨어뜨리고 재정 운용의 효율성과 투명성도 악화시키기 때문이다. 예를 들어 올해처럼 역대급 세수 펑크가 발생하면 재정 당국은 임의로 지출을 줄여 경기 둔화를 부추기거나 세무 조사를 강화하는 등 재정을 자의적으로 운용할 유인이 커진다. 앞서 박근혜 정부는 대규모 세수 결손이 발생한 2013~2014년 당시 기존에 편성된 예산을 집행하지 않거나 이듬해로 넘기는 이월·불용액을 예년보다 10조 원 이상 많은 연간 25조 원 규모로 대폭 확대한 바 있다. 이 기간 세무조사 건수도 연 1만 7천 건 이상으로 2015~2021년 평균(연 1만 6천 건)보다 늘어났다. 세무 당국 관계자는 "세무조사를 하는 직원 입장에서도 세수 결손이 생기면 정부에 도움이 돼야겠다는 생각이 드는 게 사실"이라고 귀띔했다.
국회예산정책처가 지난달 펴낸 '세수 오차의 원인과 개선 과제' 보고서를 보면, 세수 실적 대비 세수 전망치의 차이를 뜻하는 '세수 오차율'은 2020년 -2.3%에서 2021년 17.8%, 지난해 13.3%로 커졌다. (중략)
보고서는 이런 현상이 나타나는 원인으로 정부 세수 추계의 기준이 되는 경제 성장률과

> 세수 증가율 사이의 관련성이 약해지고, 경기 상황 등에 따라 변동폭이 큰 법인세·소득세·자산 관련 세수의 비중이 커진 점을 꼽았다. 고소득층과 대기업 등 특정 계층으로의 세수 쏠림이 심한 것도 세수 예측을 어렵게 하는 요소로 작용한다고 보고서는 지적했다.
> (하략)

2) 개선 방안

행정부가 확장 재정을 추구할 경우 낙관적인 경제 전망과 세입 전망을 통하여 예산의 규모를 늘릴 유인이 존재한다. 왜곡되지 않는 거시경제 예측이 이루어질 수 있도록 하려는 노력이 필요하다.

개선 방안으로 첫째, 선진국의 경우와 같은 독립적 재정기구(independent fiscal institutions)의 설립이다. 최근 유럽연합(EU)에서는 회원국에게 독립적 재정기구를 설립하여 거시경제 예측을 직접 담당하거나 검증하도록 요구하고 있다. 특히 영국에서는 2010년 예산책임청(Office for Budget Responsibility)을 설립하여 독립적이고 중립적인 위치에서 거시경제 예측 기능을 수행하도록 하고 있다. 우리나라도 거시경제 전망을 전담하는 독립적인 부처 또는 별도의 기구를 두는 것이 바람직하다.

둘째, 경제 전망과 세입 전망에 제도적으로 특정한 절차를 밟는 것이 필요하다. 미국 연방정부의 경우 경제 전망과 재정 전망에 대하여 행정부 내에서 관리예산처(OMB), 재무부, 대통령경제자문회의의 합의에 따라 전망치를 결정하도록 한다. 우리나라의 경우 국책연구기관, 기획재정부, 국민경제자문회의와 같은 기관들 간의 공식적인 합의 절차가 필요할 것으로 보인다.

셋째, 중기 경제 및 재정 전망에 대한 시나리오 분석을 통하여 낙관적인 경우, 중립적인 경우, 비관적인 경우를 모두 공식화하는 사례가 있다. 경제 전망에서 시나리오별 대안을 모두 제시하고 세입에 대하여 신중한 선택을 하는 과정과 결과를 국회, 언론, 시민에 투명하게 공개하는 방식을 택할 필요가 있다.

제3절 법안비용 추계와 재정 소요 점검

1 개관

　법안비용 추계는 재정 부담을 초래하는 법령을 제·개정할 때 당해 법령 안의 시행에 따라 추가적으로 발생할 것으로 예상되는 재정 소요비용을 추정하는 제도이다. 재정 소요 점검은 법안비용 추계를 모아서 국회 본회의에서 가결된 법률 전체가 시행될 경우 예상되는 향후 5년간의 재정 변화를 추계하는 제도를 말한다. 재정 변화란 기준선과 비교하여 제·개정된 법률의 시행에 따라 추가로 발생하는 수입 또는 지출의 증감을 의미한다.

　법안비용 추계와 재정 소요 점검은 신설 법률에 따라 발생하는 추가적인 재정 부담을 추계하여 입법 과정에 제공함으로써 법률안 입법과 관련된 의사결정이 제대로 이루어지도록 하는 기능을 한다. 법령을 입안하는 단계부터 국가가 부담하여야 할 재정 소요에 대하여 고려하도록 함으로써 법률과 예산의 연계를 강화하고 재정건전성을 유지하는 데 기여할 수 있다. 재정 소요 점검은 한 회기에서 가결된 법률에 따른 수입과 지출의 증감을 추계하므로 국회의 회기별 입법활동과 재정 의사결정에 대하여 평가하는 근거 자료가 된다.

　비용 추계 제도의 중요성에 비하여 전체 법률안 중 실제 비용 추계가 첨부되는 법률안의 비중은 높지 못하다. 예외로 규정되거나 제대로 된 추계 없이 형식만 갖춘 경우도 많다. 다만 비용추계서의 첨부 실적 자체는 증가하는 추세를 보이고 있다.

　재정 소요 점검은 국회 예산정책처에서 2017년 이후 매년 실시하고 있다. 2017년부터 2020년까지 가결 법률 중 재정 수반 법률의 비중은 30% 내외 수준인 것으로 나타난다.

2 제도

1) 법안 유형별 추계 방식

재정 수반 법률안은 그 내용 및 성격에 따라 조직법안, 사업법안, 보상법안, 보장법안의 네 가지 유형에 따라 비용 추계 접근 방식에서 차이가 있다.

조직법안은 정부 업무를 담당하고 있는 공식적 조직의 신설 또는 확대를 규정하는 법률안으로서 조직의 신설 또는 확대에 따라서 인건비, 경상경비, 기본사업비 등 조직의 경상적 운영을 위하여 일정 비용을 추계한다.

사업법안은 공공 목적의 달성을 위하여 필요한 활동을 정부가 직접 하거나, 지방자치단체나 민간 부문에 위탁하여 수행하거나, 민간의 특정 활동에 대하여 공공성을 인정하여 그 소요비용을 지원하도록 규정하는 법안을 말한다. 사업 규모에 대하여 재량적인 성격이 강하여 추계가 어려우나 적정한 수준의 사업 규모를 추계하고, 이를 위하여 필요한 총업무량을 추정하며, 이에 단위원가를 적용하여 총사업비를 도출한다. 연간 집행률과 물가상승률을 반영하여 연간 지출 수준을 구하는 방식을 취한다.

보상법안은 개인이 당한 재산적·신체적·정신적 손해 또는 손실을 국가 또는 공공단체가 보상하는 것으로 그 내용은 크게 손실 보상에 관한 것과 손해 배상에 관한 것으로 나뉜다. 보상법안에 대한 비용 추계는 법률안에서 정하는 보상단가에 대상 인원수를 곱하여 추계한다.

사회보장적 지출 법안으로 보장법안은 질병, 노령, 빈곤과 같은 다양한 사회적 위험에 노출된 사회적 약자를 보호하기 위하여 일정 자격 조건을 갖춘 이들에게 공적 자금을 지원하는 법안을 말한다. 해마다 얼마 정도의 지출 소요가 발생할 것인가는 자격 조건에 해당하는 인구 증감에 대한 추계가 중요하다. 사회통계학적 거시 변수가 지출단가 및 대상 인원의 변동에 어떻게 영향을 미치는지를 파악하여 향후 연도별 지출액의 변화를 추계한다.

2) 기준선 전망

　기준선 전망이란 현행법에 기초하여 예산 권한, 의무지출과 재량지출, 수입, 그리고 재정수지를 전망한 것이다. 법과 제도가 그대로 유지되는 반면 경제사회적 변수 등 지출에 영향을 미치는 조건은 변한다는 가정하에 예상되는 수입과 지출을 추정하는 것이다.

　기준선 전망의 값은 먼저 현재 제도 상태에서 장래의 재정적자, 국가채무 등 재정 상태를 파악할 수 있게 하며, 현재의 정책과 법제도에서 변화가 있을 경우 그 변화의 효과를 측정하는 중립적인 기준 역할을 한다.

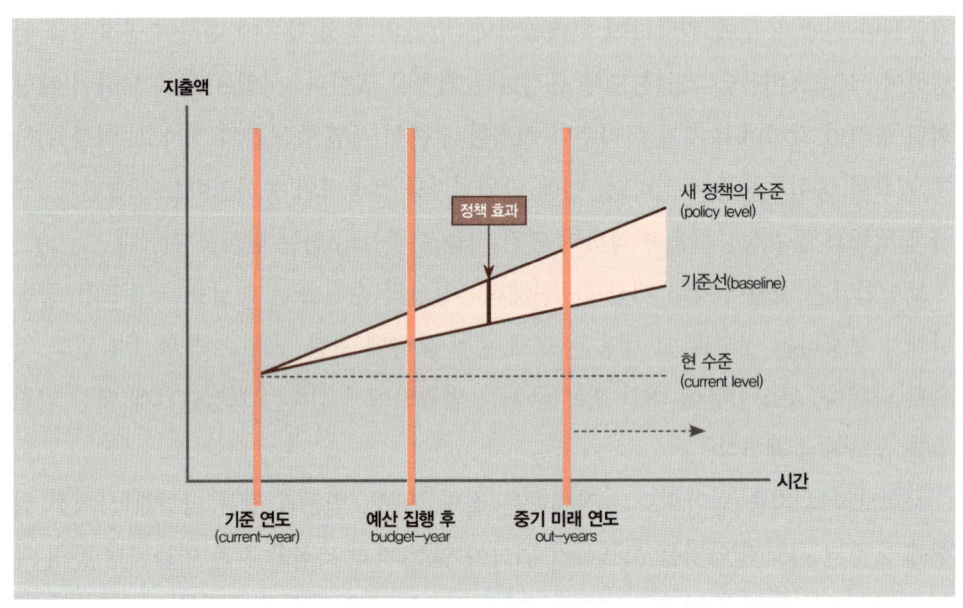

[그림 3-1] 기준선과 정책 변경으로 인한 정책 효과

3) 추계 기법의 종류

(1) 전문가 의견조사

　전문가 의견조사는 계량적 방법을 사용하기에 충분한 정보와 자료가 없을 때나, 자

료 수집에 시간과 비용상의 제약이 있을 때 사용하는 방법으로 관련 분야 전문가의 주관적 의견을 반영하여 예측하는 기법이다. 집중집단 인터뷰(Focused Group Interview) 접근법은 전문가 집단의 공청회나 회의를 통하여 예측치에 관한 합의에 도달하는 방법이다. 델파이 기법(Delphi techniques)은 토론 참여자들의 익명성이 보장된 가운데 질문지에 대하여 응답하도록 하고, 그 결과를 통계 처리하여 종합된 의견을 다시 질문지의 형태로 참여자들에게 전달하여 재점검하는 방식으로 이러한 과정을 반복하면 합의된 의견이 도출된다.

(2) 사업당사자 문의

재량적 사업지출과 관련된 경우 법률의 집행과 관련된 자들(집행 주체 공무원, 집행 대상자 등)에게 직접 업무량이나 지원 단가 등을 문의하여 그들의 주관적인 예측치를 활용하는 방법이다. 현실적으로 소요비용은 집행 주체가 어떻게 집행할 것인가에 달려 있는 경우가 많으므로 사업담당자에게 사업 범위에 대하여 사업량 및 소요비용을 문의하는 것이다.

(3) 시계열분석

시계열분석(time series analysis)은 시계열 자료에 나타난 과거로부터 현재까지 관찰된 일정 추세를 미래에 연장시켜 변화량 및 변화율 등을 예측하는 기법이다. 독립변수가 너무 많아서 인과모형을 개발하기 어려운 경우 과거의 경향이 지속된다는 가정하에 시계열적인 변화가 지속될 것으로 보고 이에 근거하여 예측하는 것이다.

(4) 계량모형 분석

독립변수와 종속변수의 관계를 모형으로 구성하고 모형에 기초하여 종속변수인 지출 수준을 추계하는 방법이다. 둘 이상의 변수 간 인과관계에 기초하여 하나의 변수 값의 변화가 다른 하나의 변수 값의 변화에 어떠한 영향을 초래하는지를 추정하는 기법이다.

3 거버넌스와 절차

행정부가 제안하는 법안의 비용추계서 작성 주체는 정부이다. 정부는 소관 부처와 기획재정부 간의 협의 과정을 통하여 비용추계서를 체계적으로 작성할 수 있다. 정부가 예산상 또는 기금상의 조치를 수반하여 비용 추계가 필요한 법률안을 제출하는 경우에는 그 법안의 시행에 수반될 것으로 예상되는 비용에 관한 추계서와 이에 상응하는 재원 조달 방안에 관한 자료를 의안에 첨부하여야 한다. 정부는 국회와 같이 법안비용추계서 작성을 전문적으로 수행하는 기관이 없어, 대부분의 경우 법안을 담당하는 부처에서 비용추계서를 직접 작성하여 법안에 첨부하고 있다.

의원이 발의하거나 국회의 위원회가 제안하는 재정 수반 법안은 법안을 발의하기 전에 발의하려는 법안에 대한 비용 추계를 국회 예산정책처에 요구하고, 예산정책처는 법안비용추계서로 회답하며, 의원 또는 위원회는 회답받은 비용추계서 또는 비용 추계 미첨부 사유서를 첨부하여 법안을 발의하여야 한다.

4 문제점과 개선 방안

1) 문제점

법안비용 추계제도가 과연 실질적으로 운영되고 있는가에 대하여 평가해 볼 때 부정적인 평가를 할 수밖에 없다. 일단 우리나라의 전체 법률안 중에서 예외규정에 따라 제대로 된 법안비용 추계가 되지 않는 경우가 매우 많다. 법안이 구체적인 내용을 담지 않고 위임입법을 예정하고 있을 경우 비용 추계가 불가능하다는 이유로 미첨부 사유서로 대체하는 비율이 매우 높다. 또한 법률안은 입법 과정에서 빈번하게 수정되거나 대안이 논의되는데, 이에 대하여 비용 추계가 생략되는 경우가 많다.

첫째, 비용 추계의 내용에 대한 제3자에 의한 검증이나 평가가 이루어지지 않아 타당성과 신뢰성에 대하여 확신하기 어렵다는 문제도 있다. 예산정책처의 비용 추계가 제도적으로 독립성을 충분히 확보하고 있다고 보기에 미흡한 점도 많다.

둘째, 법안비용 추계가 다른 제도와 연계되어 제대로 활용하고 있지 못하다는 문제도 크다. 법안의 비용이 얼마라고 한들 실제 입법에 대한 의사결정을 하는 데 기능을 하지 못한다면 의원이나 위원회가 크게 신경 쓰지 않을 것이다. 이에 대비하여 미국 연방정부의 법안비용 추계는 페이고(paygo)제도나 지출제한제도와 연계되어 새로운 법안을 도입할 때 그만큼의 비용 삭감을 하지 않을 경우 입법을 할 수가 없다. 어떤 법률안이 어느 정도의 추가적인 비용을 유발하는가 하는 평가에 따라 실제 입법이 가능한가 가능하지 않은가를 결정하는 것이다. 반면 페이고제도나 지출제한제도가 구비되어 있지 않는 우리나라와 같은 상황에서는 법안비용 추계가 거의 의미가 없는 것이다. 입법 과정에서 법안비용 때문에 입법이 어려워지거나 하는 제도가 없기 때문에 비용 추계를 고려하지도 않고 있다. 사실 그 값을 엄밀하게 추계할 이유도 없고 정확하리라 기대하지도 않으며 참고 자료로서 큰 의미도 찾기 어렵다. 이런 이유로 언론이나 미디어, 시민단체들도 사실 법안비용 추계 값에 관심을 갖지 않는게 현실이다.

2) 개선 방안

입법 과정에서 법안비용 추계가 상임위원회에서 활용될 수 있도록 검토 자료까지 위원회에 제공할 필요가 있다. 법안에 대하여 국회의 전문위원이 검토보고서를 작성하는데 이에 상세하게 적시되도록 할 필요가 있다.

또한 비용 추계에 대한 검증이나 사후평가 강화를 통하여 타당성과 신뢰성을 높일 필요가 있다. 법률 입법 후 비용 추계와 실제 집행 내역을 비교하는 사후평가를 할 수 있을 것이다.

법률안 수정안이나 대안까지 비용 추계의 범위를 확대하고, 특히 법률에 따라 지방자치단체의 부담이 발생할 때 이에 대한 추계도 할 필요가 있다.[5]

다만 이러한 개선은 단편적이고 부분적인 것이다. 근본적으로 법안비용 추계의 결과가 실질적으로 입법 과정에서 활용되고 입법가능성 여부를 결정짓는 중요 요소로

---

5) 재정사업 중 국가와 지방이 일정 비율을 분담하는 사업의 경우 법안 심사 시 지방재정에 미치는 영향을 고려할 필요가 있다. 미국 연방정부의 경우 비재정지원위임개혁법(unfunded mandated reform act)을 마련하여 재정이 수반되는 법률이 지방재정에 미치는 영향에 대한 평가를 하고 있다.

제도화되어야 한다. 그래야 제대로 된 엄밀한 추계 작업이 이루어지고, 그에 근거하여 입법 의사결정이 이루어지며, 심의 과정에서 활용될 것이다.

제4절 선거공약비용 추계

1 개관

1) 의의

선거공약비용 추계제도는 일정 금액이 넘는 비용이 드는 선거공약에 대하여 제3의 전문기관이 비용 추계를 하여 언론과 국민에게 알리는 제도를 말한다. 국민들이 공약 비용 추계 자료를 근거로 정당과 후보자에 대한 정확한 판단을 통하여 투표할 수 있도록 도와주는 제도이다. 선거 시 비용은 고려하지 않고 선심성의 공약이 남발되는 경향이 있으므로 공약의 혜택뿐 아니라 비용까지 정확히 유권자들에게 전달하여 바람직한 선거와 투표가 이루어지도록 하는 취지이다.

2) 연혁

우리나라는 정당과 정치인들의 무책임한 선심성 공약에 대한 통제의 필요성이 크다. 과거 이명박 정부 시기에 기획재정부가 선거공약에 대한 비용 추계를 추진하였으나 행정부가 여당의 편을 들 수 있다는 선거관리위원회의 지적으로 제도화가 무산되었다.

현재 「공직선거법」 개정안이 논의 중인데 주요 내용은 대통령 선거, 국회의원 선거에서 공약에 대한 비용 추계를 산정·지원할 수 있는 기구를 국회 예산정책처에 두고, 후보자를 추천한 정당은 재정 규모가 30억 원 이상으로 추정되는 공약에 대하여 비용 추계를 요청할 수 있도록 하며, 정당이 공약을 발표할 때는 공약 발표일 후 30일까지 의무적으로 비용 추계액도 함께 발표하도록 하는 내용을 담고 있다.

2 제도

1) 독립재정기구형

네덜란드의 중앙기획국(Central Planning Board: CPB)은 1972년부터 선거공약에 대한 경제분석을 시작하였으며, 당시 주요 정당의 5대 정책인 임금·가격정책, 소득재분배, 고용, 경제 성장, 지역계획 등에 대한 분석 결과를 발표하였다.

의원내각제 국가로서 선거가 끝난 직후부터 연정 구성을 위하여 공약에 기반한 정책들 간의 타협을 시도하게 되는데, 이때 중앙기획국의 분석 내용이 연정의 정책 패키지를 구성하는 기초 자료가 된다.

호주의 경우 의회 소속의 의회예산처(Parliamentary Budget Office: PBO)가 선거공약 비용 추계를 실시한다. 공약 중 예산에 직접적으로 미치는 효과에 한정되어 거시경제에 미치는 영향 전반을 검토하지는 않는다. 여당과 야당 모두 의회예산처에 선거공약 비용 추계를 요청할 수 있으며, 이를 발표하여 국민들에게 선거공약을 지키는 데 얼마나 많은 돈이 소요되는지를 알린다.

2) 정당주도형

영국과 같은 경우 보수당, 노동당 등 주요 정당은 주요 선거 때마다 구체적인 정책 목표와 실행 계획, 방식을 담은 공약집을 발간하며 선거 공약에 예산과 추진 일정 등 구체적인 내용을 담는 '매니페스토(Manifesto)'를 발표한다. 정당들은 집권할 경우 5년 동안 추진할 주요 정책들의 실행 기간과 단계별 목표 등을 공개한다. 매니페스토에 대하여 언론과 외부 싱크탱크(think tank)들이 평가하고 검증하는 역할을 맡는다.

3) 언론 및 시민단체주도형

다수의 국가에는 선거정책과 공약에 대하여 독립재정위원회, 의회, 정당에 의하여 공식적으로 분석 및 평가하지 않고 언론이 주도하여 시민단체, 대학연구소, 민간연구소 등이 공동으로 평가하는 형태이다.

선진국의 경우 비영리기관으로서 정책연구소가 다양한 분야에서 전문성을 갖고 활동하고 있으며, 언론계의 자율성과 독립성이 확립된 상황에서 중립적이고 전문적인 공약에 대한 분석이 가능한 것으로 이해된다.

3 도입 방안

1) 문제점

선거공약비용 추계 필요성에 대해서는 언론에서나 시민들에게서나 충분히 인정되고 있다고 보인다. 우리나라의 정치 현실에서 보면 수준 낮은 정당의 포퓰리즘적인 정책에 대하여 어떤 방식으로든 제한을 가하여야 한다는 공감대는 형성되어 있다고 할 수 있다.

다만 지금 이 작업은 전문적인 분석을 뒷받침할 수 있는 조직적·제도적·인적 자원이 확보되어 있는 조직에서 수행하여야 할 것이다. 독립적이고 자율성이 있는 제3의 기관이 수행하여야 사회적인 신뢰를 받고 공약의 질을 제고하는 데 기여할 수 있을 것이다.

2) 도입 방안

앞서 살펴본 세 가지 유형의 공약비용 추계 방식은 각기 장단점이 있고 우리나라의 정치행정의 현실을 고려할 때 정치적 실현가능성이라는 측면에서 차이가 있는 것으로 보인다. 의회의 기구를 통한 공약비용 추계 방식은 기구의 정치적 독립성과 자율성이 중요할 것이다. 미국 연방정부나 호주의 경우 의회예산처의 장이 임기가 매우 길고 정치적·제도적으로 독립성이 충분히 보장되어 그 활동의 결과에 대하여 여야 모두 존중하는 정치적 환경이 구비되어 있다. 이런 제도적 환경이 보장되어야 고려해 볼 수 있을 것이다.

정당이 스스로 매니페스토를 통하여 공약 추계 내용을 공개하는 정치 수준에 도달하는 것은 요원한 일일 것이다. 언론기관이나 민간연구소가 공약비용 추계를 진행하는 방식도 우리나라의 경우 규모가 있는 정파적이지 않은 비영리 연구기관(non-partisan nonprofit research institute)이 존재하지 않는다는 점을 고려할 때 기대하기 어려운 방식이라는 생각이 든다. 기존의 전통적인 레거시(legacy) 언론(신문, 잡지, 방송매체인 TV와 라디오)의 수준도 높지 않으며 잡다하고 정파적인 황색언론이 이러한 작업을 수행하기는 역부족일 것이다.

이러한 점을 고려할 때 가장 현실적인 제도화 방안은 독립적인 재정기구를 수립하고, 기관장의 장기간의 임기 보장, 연구활동에 대한 학문적 자율성과 독립성을 보장하며, 재정정책과 정당의 선거공약에 대하여 객관적이고 독립적인 비용 추계를 수행하도록 하는 방안이지 않나 생각한다.

제5절 재정 소요 점검(scorekeeping)

1 개관

1) 의의

재정 소요 점검제도(scorekeeping)는 미국 연방정부의 재정관리 도구로서 현행 제도 하에서 의무지출과 재량지출 두 범주의 총량에 대하여 예상되는 향후 재정 소요와 새로운 입법에 따라 예상되는 추가적인 재정 소요를 더하여 향후 5~10년간의 총재정 소요를 추계하는 작업을 의미한다.

　의무지출은 한번 제도화되면 법이나 정책에 의하여 당해 연도에만 영향을 미치는 것이 아니라 향후 제도가 존속하는 중장기간 지속적으로 재정적 영향을 미친다. 이런 이유로 새로운 의무지출 프로그램을 도입하는 법안이 제안될 경우 향후 장기간 재정 부담이 어떻게 변화할 것인가를 파악하고, 이에 근거하여 새로운 의무지출의 도입 여부를 결정하는 것이 바람직하다.

　이런 필요에서 재정 소요 점검이 도입되었으며, 새로운 법안에 따른 재정 부담의 변화를 추계하여 보고하는 역할을 수행한다. 여기서 재정 소요 점검은 의무지출에 대하여 미래에 추가적인 지출이 발생할 때 기존의 예산을 삭감하여야 하는 페이고제도, 재정지출에 대하여는 총지출 상한을 넘어서는 경우 다른 재량지출을 삭감하여야 하는 지출제한제도와 함께 작동한다는 점이 중요하다. 단순한 추계가 아니고 추계에 의하여 실질적인 예산 개편이 이루어지기 때문에 재정 소요 점검의 결과가 매우 중요한 의미를 갖게 된다.

　한편 의무지출과 재량지출을 모두 대상으로 하지만 재량지출은 행정부의 재량의 범위가 크므로 미래의 지출의 폭이 변화할 가능성이 크기 때문에 재정 소요 점검의 의미가 의무지출에 비해서는 약하다고 할 수 있다. 이런 점에서 재정 소요 점검제도는 실제로 주로 의무지출에 대한 관리도구로 활용되고 있다고 할 수 있다.

2) 연혁

　재정 소요 점검제도가 자체는 1974년 「의회예산법」에 따라 도입되었다. 실질적으로 재정 소요 점검이 중요한 의의를 갖게 된 것은 1980년대 초에 의회의 예산 편성 및 의결 과정이 하향식 심의제도로 전환되고 예산위원회가 새로운 의무지출과 재량지출을 통제하기 시작하면서부터이다. 예산위원회의 예산결의안을 통하여 의무지출과 재량지출의 총량을 제한하면서 새로운 제도 도입이 이를 준수하는가 하는 것을 점검하는 제도로서 재정 소요 점검제도가 강화되었다. 새로운 프로그램의 도입으로 의무지출 총량, 재량지출 총량에 추가적인 지출 부담이 생겼는가에 대한 판단이 필요한데, 이러한 판단을 하는 기준으로서 재정 소요 점검이 활용되기 시작하였다.

2 제도

1) 기준선 전망과 미래 재정 소요 점검

앞서 살펴보았듯이 기준선이란 이미 성립된 법에 기초하여 예산 권한, 지출, 수입 그리고 해당 연도의 재정수지를 기준으로 한 해당 연도와 다음 연도에 대한 전망치를 의미한다. 재정 소요 전망에서 기준선은 현행 의무지출 전체를 단위로 하여 정책 변화가 없는 중립적인 상태에서 향후 10년 기간의 재정 상태를 보여 주는 것을 말한다. 인구구조 변화와 경제 상황을 고려하여 장기간에 걸친 전체 의무지출의 총량을 추계한다.

새로운 프로그램의 도입에 대하여 대통령실 소속의 관리예산처와 의회의 의회예산처는 각각 기준선 전망을 기준으로 하여 추가적인 재정의 소요가 있는지를 분석하게 된다. 페이고제도와 지출제한제도에 의하여 향후 10년간에 기준선 전망에 초과되는 재정 소요가 있을 경우 새로운 프로그램은 도입될 수 없다.

2) 지출 한도와 페이고제도와 연간 총량 제한

재정 소요 점검은 연간 예산에서 의무지출과 재량지출의 총량을 넘어서는가라는 관점에서도 수행된다. 새로운 프로그램으로 예산결의안에 따라 정해진 한 해의 의무지출과 재량지출의 재원 한도를 초과하는지 여부를 점검하는 것이다. 재량지출 관련 신규 프로그램은 기존의 재량지출에 대한 매년 지출 한도(spending cap)를 넘어서면 안 되고 다른 프로그램의 수정을 통하여 지출을 삭감하여 기준선 전망에 따른 재정 소요를 준수하여야 한다.

페이고제도에 의하여 의무지출의 변화나 세입의 변화를 주는 법률안에 대해서는 추가분만큼 다른 분야 지출을 삭감하거나, 새로운 수입을 확보하여야만 법률안이 통과될 수 있다.

재정 소요 점검의 결과 상임위원회의 법안에 대한 심사 결과가 사전에 할당된 한도를 위배하였을 경우 본회의에서 의사 진행상 이의 제기를 할 수 있다. 이 경우 의장의 결정으로 심사 종료되거나 수정안을 내거나 3/5의 찬성이 있으면 이의 제기를 무력화하고 의안 심사를 진행할 수 있다.[6]

3) 동태적 재정 소요 점검 문제

재정 소요 점검은 기본적으로 새로운 법안의 도입에 의한 재정 소요의 변화를 검토하는 것으로 정책 변화에 따른 재정 변화라는 1단계에 해당하는 정태분석이다. 실제 경제에서는 정책 변화에 따라 재정의 변화가 일어나고, 이에 영향을 받은 경제와 사회의 변화가 뒤따르며, 이에 따라 다시 재정의 변화가 일어나게 된다. 정부정책 변화의 실질적인 재정적 및 경제적인 효과를 파악하기 위해서는 이러한 연속적인 변화까지 고려하여야 하며, 이런 의미에서 모든 상호 작용을 고려한 동태적 재정 소요 점검(dynamic scorekeeping)이 필요하다는 주장이 있다.

그러나 이론적인 차원에서 이러한 주장이 타당하겠지만 동태적 분석이 효과를 과장하거나 왜곡하기 쉽다는 문제점이 있고, 실제 정부정책의 효과를 제대로 신뢰성과 타당성 있는 방식으로 파악하기는 매우 어렵기 때문에 미국의 관리예산처(OMB)나 의회예산처(CBO)에서 공식적인 분석은 정태분석에 근거하고 있다.

3 도입 방안

1) 유용성

재정 소요 점검은 신규 제·개정 법률들의 재정비용을 파악함으로써 미래의 소요비용 전체를 전망할 수 있기 때문에 현행 제도하에서도 활용 가치가 있고, 국회의 거시예산 심의에 도움을 줄 수 있으므로 우리나라에도 도입하면 예산 편성 과정에서 예산

---

6) 상원 100명 중 60명의 지지를 얻어내는 것으로 양당 체제에서 실질적으로 현실화되기 매우 어렵고 대부분의 경우 법안이 폐기된다.

총량을 통제하는 데 활용할 수 있는 좋은 참고 자료가 될 수 있을 것이라고 제안하는 경우가 있다. 이런 설명은 상당히 순진한 주장이라고 생각된다.

일단 제대로 된 기준선 전망과 신규 프로그램에 의한 재정 소요의 점검은 매우 복잡하고 제대로 된 추계를 하기 위해서는 상당히 많은 인력과 비용을 투입하여야 가능한 작업이다. 재정지출 프로그램은 조건과 환경의 변화에 따라 가변적이고 변동성이 높으며, 합리적인 추계를 위해서는 대규모의 데이터와 이론적 모델을 구성하여야 하기 때문이다.

미국 연방정부에서 재정 소요 점검이 제대로 이루어지고 제도적 기능을 수행하는 이유는 당연히 이에 따른 추계의 결과가 새로운 법안의 입법 여부를 결정하는 중요한 기준으로 역할을 하기 때문이다. 재정 소요 점검의 테스트를 통과하지 못하면 실질적으로 새로운 프로그램을 도입할 수 없기 때문에 최대한 엄밀하고 과학적으로 점검을 진행하고 있다.

페이고제도나 지출제한제도가 없는 상황에서 재정 소요 점검을 수행해 본들 그 추계치가 입법 과정에서 아무런 의미도 없게 된다면 제대로 된 재정 소요 점검을 수행할 이유가 없을 것이며, 재정 소요 점검을 수행하기 위하여 대규모의 인력과 비용을 투입할 이유를 찾을 수 없을 것이다. 이런 상황에서 제도가 도입된다면 그야말로 형식적인 제도에 머물 수밖에 없을 것이다.

2) 도입 방안

재정 소요 점검은 국회의 예산안 심의가 예산 총량에 대한 통제를 제대로 수행하는 과정에서 필요한 정확한 정보를 제공하는 것을 제도의 요체로 삼고 있다. 따라서 국회가 재정 권한의 실질화를 통하여 거시적·총량적 관점에서의 예산안 심의를 수행할 때 그 의의를 찾을 수 있다.

재정기준선 전망제도 자체는 행정부에 소속된 국책연구기관이나 예산정책처에서 진행할 수 있으므로 기본적인 제도적 토대는 갖추고 있다고 할 수 있다. 그러나 앞서 설명하였듯 국회의 재정 통제를 위한 페이고제도와 지출제한제도가 작동하지 않는 상황에서는 독자적인 의의를 찾기 어려울 것이며 제대로 작동하지도 않을 것이다.

예산 총량에 대한 국회의 통제를 위해서는 현재 국가재정운용계획이나 예산 총량에 관한 별도의 거시적 예산안을 6~7월에 국회에 제출하고, 예산안 심의에 앞서 재정 운용의 기본 방향 목표, 중장기 재정 전망, 분야별 재원 배분 방향 재정 총량의 적정성, 재정수지 및 국가채무 등에 대하여 국회가 심의 의결하는 사전예산제도를 도입한 후 이에 대한 합리적인 추계 자료로써 재정 소요 점검이 기능하도록 하여야 제도적 취지에 맞게 작동할 수 있을 것이다.[7]

제6절 장기재정 전망

1 개관

장기재정 전망이란 30년에서 50년 정도의 장기적인 시계(時界)를 가지고 국가재정의 전반을 전망하는 활동을 말한다. 경제성장률, 인구성장률 등의 추계를 바탕으로 재정 총량, 국가채무, 연금재정 등을 추계한다. 장기재정 전망은 장기적인 미래의 환경 변화를 고려하여 재정 전망을 하는 것으로 국가가 미래를 준비하기 위하여 필요한 기능이다.

우리나라는 최근 저출산, 고령화, 저성장이라는 새로운 국면으로 진입하고 공적 연금 등 기존의 장기적인 시계의 제도들을 재설계하여야 하는 상황에서 제대로 된 재정 전망을 통하여 세출 구조조정, 세원 확충, 제도 개혁 등을 하여야 하는 상황이다. 급속도로 빠른 경제사회적 환경 변화를 경험하는 우리나라의 경우 중장기적 환경 변화를 전망하고 국가 재정 운용의 방향을 함께 준비하는 작업이 반드시 필요할 것이다. 미국 연방정부의 경우 분석 전망(Analytic Perspective)이라는 명칭으로 장기재정 전망이 발표되고 있다.

---

7) 사전예산제도는 영국·스웨덴 등 대부분의 선진국에서 도입하여 활용하고 있다.

2 제도

1) 국가재정 장기재정 전망

(1) 행정부의 장기재정 전망

우리나라는 최근 「국가재정법」의 개정에 따라 기획재정부가 5년마다 40회계연도 이상의 장기재정 전망을 국가재정운용계획에 첨부하여 국회에 제출하도록 하고 있다. 현재까지 2015년과 2020년 두 차례 장기재정 전망이 수행되어 국회에 제출한 바 있다. 2020년 장기재정 전망부터 8대 사회보험에 대한 장기재정 전망의 내용도 반영하여 전체 국가재정에 대한 장기재정 전망이 제시된다. 장기재정 전망의 신뢰성을 제고하기 위하여 KDI·통계청의 거시전망 지표를 공통 지표로 활용하고, 8개 전문기관의 분야별 전망을 종합하여 추계하였다.

인구와 거시지표에 따라서 현상 유지 시나리오, 정부의 성장률 제고 시나리오, 인구증가율 제고 시나리오로 세 가지 상황을 가정하고 전망을 하였으며, 현상 유지 상황에서 성장률은 0.5%, 국가채무가 65~81% 정도, 성장률 제고 시나리오에서 성장률 3.1%, 국가채무 55~64% 정도로, 인구증가율 제고 시나리오에서 성장률 2.4%, 국가채무 64~79% 정도로 전망하였다.

(2) 국회 예산정책처의 장기재정 전망

국회 예산정책처도 부정기적으로 장기재정 전망을 발표한다. 최근 발표된 2022~2070년의 장기재정 전망에 따르면 인구고령화, 생산가능인구 감소, 성장률 하락 등으로 총수입은 2060년 21.3%로 낮아질 것이며, 총지출은 32.6%로 증가한다. 총지출의 증가는 국민연금과 기초연금과 같은 의무지출에 의하여 주로 견인되며 재정수지는 점차적으로 악화된다. 세수 증가의 기반이 되는 연평균 경상성장률은 총지출의 연평균 증가율보다 낮게 전망되며 통합재정수지는 적자폭이 11.4%까지 확대된다. 재정수지 악화는 국가채무를 누적시켜 국가채무는 2060년 168.9%로 증가된다. 국민연금기금은 2038년에 적자로 전환되고 2053년 기금이 고갈된다. 이는 사실 한국 경제가 감당하기 어려운 비현실적인 수준이며, 세수 기반 확충과 세출구조 개혁을 2030년대 중반까지는 완수하여야 한다.

2) 8대 사회보험 장기재정 전망

(1) 기획재정부의 사회보험 장기재정 전망

사회보험은 국민의 노후 기본생활을 보장하기 위한 국민연금, 공무원연금, 군인연금, 사학연금과 질병, 실업, 산업재해 등 사회적 위험에 대처하기 위한 고용보험, 산재보험, 건강보험, 노인장기요양보험 등 총 여덟 가지 제도를 말한다.[8]

정부의 장기재정 전망에 4대 보험과 건강보험, 노인장기요양보험에 대한 간단한 추세분석이 포함된다. 2020년 장기재정 전망에 따르면, 국민연금은 재정수지 적자 전환이 앞당겨져 2041년경 적립금이 소진될 것으로 보인다. 사학연금은 2029년 적자로 전환되며, 공무원연금과 군인연금은 재정수지 적자가 지속 확대될 것으로 전망된다.

(2) 사회보험별 장기재정 전망

본격적인 8대 사회보험 재정 전망은 개별 법령에 근거하여 추진하고 있다.

4대 공적연금(국민연금, 공무원연금, 군인연금, 사학연금)은 각 소관법에 근거하여 5년마다 재정 계산을 실시하고 있다. 국민연금의 경우 2018년 제4차 재정 계산을 실시하였으며, 수지 적자 시점은 2042년, 기금 소진 시점은 2057년으로 2013년 3차 대비 각각 2년, 3년 당겨진 것으로 나타났다. 특수직역연금의 2020년 재정 계산에 따르면, 사학연금의 재정수지 적자 시점은 2029년, 기금 고갈 시점은 2049년으로 2015년 재정 계산 대비 각각 6년, 2년 당겨진 것으로 나타났다. 공무원연금 및 군인연금의 경우 이미 재정수지 적자를 국고로 보전하고 있으며, 재정수지 적자 규모는 매년 확대되는 것으로 전망되고 있다.

한편 고용보험, 건강보험, 노인장기요양보험 등의 사회보험은 매년 징수되는 수입으로 지출을 충당하는 구조로 인하여 공적연금의 재정계산과 같이 일관된 재정 전망

---

8) 사회보험의 재정 운용 방식이 차이가 있다. 국민연금, 공무원연금, 군인연금, 사학연금, 고용보험, 산재보험은 「국가재정법」에 따른 기금으로 운용되나, 건강보험과 노인장기요양보험은 사업관리기관인 국민건강보험공단 회계로 운영되고 정부재정에는 포함되지 않는다.

<표 3-3> 8대 사회보험 재정 전망제도 및 최근 추계 결과

구분		국민연금	공무원연금	군인연금	사학연금	고용보험	산재보험	건강보험	노인장기요양보험
법적 근거		국민연금법	공무원연금법	군인연금법	사립학교교직원연금법	–	산업재해보상보험법 시행령	국민건강보험법	노인장기요양보험법
실시 현황		-1998년 재정계산 제도 법제화 -4차례 시행 (2003년, 2008년, 2013년, 2018년)	-1995년 재정계산 제도 법제화 -5차례 시행 (2003년, 2005년, 2010년, 2015년, 2020년)	-2006년 재정계산 제도 법제화 -2차례 시행 (2015년, 2020년)	-1995년 재정계산 제도 법제화 -5차례 시행 (2001년, 2006년, 2010년, 2015년, 2020년)	2017년	2014년 이후	2019년	2018년
실시 주기		5년	5년	5년	5년	1년	3년	5년	5년
전망 기간		70년	40년 이상	별도 규정 없음	70년	10년	45년	5년	2022년 전망 결과안 제시
최근 재정 추계 결과	실시 시기	2018년	2020년	2020년	2020년	2020년 (2020~2029년)	2020년 (2020~2065년)	2019년 (2019~2023년)	2018년
	추계 결과	-재정수지 적자 전환 2042년 -적립금 고갈 2057년	재정수지 적자 규모 (GDP 대비 비율): 0.1%(2020년)→0.6%(2060년)	재정수지 적자 규모: 1.8조 원(2020년)→10.1조 원(2060년)	-재정수지 적자 현황 2029년 -적립금 고갈 2049년	2029년 적립금 실업급여 19.0조 원, 고용 안정 6.1조 원	2065년 적립금 636.3조 원	2023년 수지적자 (△0.9조 원) 적립금 11.1조 원	2022년 적립금 고갈

자료: 국회 예산정책처(2022)와 개별 전망보고서 재정리.

제도가 미비한 상황이다. 고용보험의 경우 법에 따라 일정 적립 배율을 준수하도록 규정하고 있지만, 이를 위하여 주기적으로 재정 전망을 실시하도록 규정하고 있지 않다. 다만, 2020년에 실시된 재정 추계(전망 기간: 2020~2029년)에 따르면, 2029년 실업급여 적립금이 19.0조 원, 고용안정 적립금이 6.1조 원으로 전망된다.

산재보험은 「산업재해보상보험법」 제99조 및 시행령 제90조에서 전년도 보험급여의 총액에 상당하는 책임준비금을 적립하도록 하고 있으며, 3년마다 보험료와 보험급여의 총액을 분석하도록 규정하고 있다. 2020년 재정 추계(전망 기간: 2020~2065년)에 따르면, 2065년 산재보험 적립금 규모가 636.3조 원에 이를 것으로 전망된다.

건강보험은 「국민건강보험법」 제3조의2에 따른 국민건강보험종합계획을 수립할 때 '건강보험의 중장기 재정 전망 및 운영'을 포함하도록 규정하고 있다. 보건복지부는 2019년 처음 건강보험재정 전망 결과(전망 기간: 2019~2023년)를 발표하였으며, 2023년 건강보험 재정수지 적자는 △0.9조 원 규모, 적립금은 11.1조 원에 이를 것으로 전망된다.

노인장기요양보험은 「노인장기요양보험법」 제6조에 따라 연도별 장기요양급여 대상 인원 및 재원 조달 계획을 포함한 '장기요양기본계획'을 수립·시행하도록 규정하고 있다. 보건복지부는 2018년 「2018~2022 제2차 장기요양기본계획」을 발표하면서, 2022년 노인장기요양보험의 적립금이 고갈된다는 재정 전망 결과만 제시하였다.

(3) 국회 예산정책처의 8대 사회보험 장기재정 전망

이상의 결과가 행정부의 장기재정 전망이라고 한다면 국회 예산정책처는 별도의 재정 전망을 수행하고 있다. 국회 예산정책처는 2020년 4대 공적연금의 장기 재정 전망(전망 기간: 2020~2090년)을 발표한 바 있다. 이에 따르면, 4대 공적연금의 수입은 불변가격 기준으로 2020년 55.7조 원에서 2090년 104.4조 원으로 연평균 0.9% 증가할 것으로 전망되고, 지출은 불변가격 기준 2020년 55.1조 원에서 2090년 330.9조 원으로 연평균 2.6% 증가할 것으로 전망된다. 수입에 비하여 약 3배 높은 지출의 증가율로 인하여 재정수지는 불변가격 기준으로 2020년 0.6조 원 흑자를 보이고, 2030년과 2040년 사이 적자 전환 후 2090년에 226.7조 원이 되기까지 적자 규모가 확대될 것으로 전망된다.

연금별 전망 결과를 보면, 국민연금의 경우 2038년에 최대 적립금을 보인 뒤 2039년부터 재정수지가 적자로 전환됨에 따라 적립금이 감소하기 시작하여 2055년에는 적립금이 완전히 소진될 것으로 전망된다. 공무원연금은 불변가격 기준으로 2020년 재정수지 적자 2.1조 원에서 점차 적자 규모가 커져 2090년 32.1조 원에 달할 것으로 전망되고, 사학연금은 2032년 최대 적립금을 보인 뒤 2033년부터 재정수지가 적자로 전환됨에 따라 적립금이 감소하기 시작하여 2048년에는 적립금이 소진될 것으로 전망된다. 한편 군인연금은 재정수지 적자가 2020년 1.7조 원에서 2090년 6.7조 원으로 그 규모가 커질 것으로 전망된다.

2021년 국회 예산정책처는 사회보험의 중기 재정 전망(전망 기간: 2021~2030년)을 발표한 바 있다. 사회보험의 전망 결과를 보면, 건강보험은 건강보험요율 상한(8%) 도달(2027년)에 따른 수입 증가분 축소, 보장성 강화 계획에 따른 지출 증가로 매년 적자가 지속되고 2025년에 적립금이 소진될 것으로 전망된다. 노인장기요양보험은 2024년에 적자로 전환되고 2028년에 적립금이 소진될 것으로 전망된다.

고용보험은 2021년 6.1조 원 적자에서 보험료율 인상에 따라 2023년 흑자로 전환되고 2030년에는 4.5조 원 흑자를 기록할 것으로 전망된다. 산재보험은 2021년 0.2조 원 흑자에서 2030년에는 1.3조 원 흑자로 전망 기간 동안 흑자가 지속될 것으로 전망된다.

3 거버넌스

행정부의 「2020~2060 장기재정 전망」은 「국가재정법」에 근거하여 민관합동 장기재정전망협의회를 중심으로 추진한다. 장기재정전망협의회는 기재부 재정관리관이 위원장으로 민간위원과 기재부, 복지부 등 9개 부처 국장 등 29명으로 구성된다.

전망의 신뢰성을 제고하기 위하여 KDI·통계청의 거시 전망 지표를 공통 지표로 활용하고, 8개 전문기관의 분야별 전망을 종합하여 실시한다. 통계청, KDI의 지원을 받으며 보건사회연구원, 조세재정연구원 조세재정전망센터, 국민연금공단, 건강보험공단, 공무원연금공단, 사학연금공단, 근로복지공단, 사회보장위원회가 참여한다.

예산정책처는 추계세제분석실에서 재정 전망을 수행한다. 장기재정 전망 보고서에 부록의 형식으로 항목별 전망 방법을 공개하고 있다.

4 문제점과 개선 방안

1) 문제점

우리나라의 장기재정 전망은 국가재정과 8대 사회보험에 대하여 행정부와 예산정책처가 독립적으로 수행하는 체계를 갖고 있다.

국가재정에 대한 장기재정 전망의 경우 주요 문제점은 첫째, 두 기관이 상이한 방법으로 재정 전망을 하고 있어 재정 전망의 결과가 상이하며, 이에 따른 혼란이 있다는 점이다. 두 기관이 재정 전망의 가정과 방법에 대하여 공개하고 있는데 이에 대하여 이해가능성이 낮다는 문제이다.

둘째, 국가재정에 대한 전망이 낙관적인 가정에 근거하여 수행되는 경향이 있다. 행정부의 경우 이런 경향이 더 강한데, 정부의 개입에 따라 성장률이 높아지는 가정, 인구증가율이 증가하는 가정을 하거나 재정준칙을 도입하여 재정지출 증가 속도가 낮아지는 가정을 하고 있다. 현재 우리나라의 정치경제 시스템의 역량을 고려할 때 과연 이러한 긍정적인 제도 개선 및 개혁안이 현실화될 수 있을 것인가에 대하여 의문이 들며, 그렇다면 낙관적인 가정보다 현실을 냉정하게 있는 그대로 전망하고 그 결과를 국민들에게 보여 주는 것이 나을 것이다.

셋째, 장기재정 전망의 내용이 국민들에게 제대로 전달되지 않고 있다. 행정부의 장기재정 전망은 국가재정운용계획의 첨부 서류로 예산안과 함께 9월 초에 국회에 제출되고 이때 언론과 국민에게 공개된다. 예산정책처는 장기재정 전망을 발간하여 국민들에게 제공하게 된다. 두 경우 모두 언론이나 국민들의 관심을 거의 받지 못하고 있는 상황이다. 국민들에게 접근가능성이 높은 매개체를 통하지 않고 내용도 복잡한 내용이 이해가능성 높은 형태로 가공되지 않은 상태여서 국민과 언론의 관심을 받지 못하고 있는 것으로 보인다.

8대 사회보험의 중장기 재정 전망제도의 경우 주요 문제점은 첫째, 8대 사회보험별로 추계 시기 및 방식, 추계 결과 공개 범위 등이 상이하여 사회보험 전반에 대한 장기재정 전망을 통합적으로 접근하고 분석하기 어려운 한계가 있다.

둘째, 연금 관련 추계는 현재 세대와 미래세대 간의 재정 분담에 관한 전망으로 좀 더 적극적으로 전망되어 사회적 논의를 촉발하여야 한다. 이런 점에서 선진국의 경우에 비하여 우리나라가 5년 주기로 전망을 수행하고 있는 것이 주기가 너무 길다는 문제가 있다.

2) 개선 방안

첫째, 행정부와 예산정책처의 상이한 방법에 대하여 상세한 설명과 가정과 방법의 차이에 대한 비교 내용까지 충분하게 제시하는 등의 방법으로 상이한 재정 전망의 결과에 따른 혼란을 줄여야 한다. 두 기관이 발표를 할 때 상대 기관의 전망 결과와 방법에 대하여 검토하고 차별점에 대하여 핵심적인 내용을 제시하는 방법을 취할 수 있을 것이다.

둘째, 전망에 대한 낙관적인 가정은 최소화할 필요가 있다. 현상 유지가 기본적인 가정이 되고 성장률 제고나 인구증가율 제고 시나리오는 어디까지나 보조적인 시나리오가 되어야 할 것이다. 그리고 오히려 현상보다 악화된 상황에 대한 시나리오도 추가하여야 할 것이다. 재정준칙과 같은 제도적 개선에 따른 재정지출 증가폭의 감소는 현실화 가능성을 고려하여 두 가지 시나리오를 모두 고려하여야 할 것이다.

셋째, 재정투명성을 강화하여 재정 전망 결과를 열린 재정 등을 통하여 국민들에게 직접 제공하는 방식을 개발하여야 한다. 단순하게 가공된 내용을 요약하여 국민들의 스마트폰에 직접 제공하는 방식을 채택하여야 한다. 두 기관이 재정 전망의 가정, 방법, 결과가 이해가능성이 낮으므로 시각화, 동영상 등 다양한 콘텐츠와 매체를 활용하여 투명성과 이해가능성을 높이는 노력이 필요하다.

8대 사회보험과 관련하여 첫째, 8대 사회보험 전체를 통합적으로 검토하여 재정에 미치는 영향을 검토하는 작업을 수행하여야 한다. 8대 사회보험의 재정 계산 기준점을 통일하여 전체 재정에 미치는 영향을 쉽게 이해할 수 있도록 하여야 한다. 분절적으로 이루어지고 있는 사회보험별 재정 전망 체계를 통합하여 전망하여 장기재정 전망이 8대 사회보험 개혁에 실질적으로 활용될 수 있도록 하여야 한다.

둘째, 재정 위험 요인 공개 주기를 현재 5년에 한 번에서 매년 또는 격년으로 단축하고 국민연금 기금 고갈 후 수지적자 문제가 드러날 수 있는 기간을 전망 기간으로 삼아 상세한 내용을 공개할 필요가 있다.

적자 규모 가늠하는 재정 계산, 5년서 2~3년으로 단축 추진
(https://www.hankyung.com/article/2023031485511)

정의진 기자

8대 사회보험, 계산 시기 제각각
올해부터 주기 맞춰 측정하기로
일각 "연금 개혁 사전작업" 분석

정부가 8대 사회보험의 장기적 적자 규모를 추산하는 재정 계산 주기를 기존 5년에서 2~3년으로 단축하는 방안을 추진한다. 사회보험마다 제각각인 재정 계산 시기도 올해부터 통일하기로 했다. 급격한 고령화로 갈수록 악화되는 사회보험의 재정 상태를 더욱 정확하게 파악해 장기적으로 연금 개혁 등에 활용하기 위한 조치다.

기획재정부를 비롯한 정부 관련 부처들은 8대 사회보험의 재정 계산을 2~3년마다 동일한 시기에 수행하기로 최근 합의한 것으로 14일 파악됐다. 8대 사회보험 가운데 가장 규모가 큰 국민연금 재정 추계 작업이 이달 완료되는 만큼 다른 7개 사회보험 역시 올해 재정 계산 작업을 끝내기로 했다.

8대 사회보험은 국가의 장기적 재정건전성에 미치는 영향이 큰데도 지금까지 재정계산 주기가 제각각이었다. 국민·공무원·군인·사학 등 4대 연금은 주기가 5년으로 같지만 수행 연도가 다르고, 산재보험은 3년마다 재정 계산이 이뤄진다. 건강·노인장기요양·고용 등 보험은 재정 계산을 일정 주기로 해야 한다는 규정 자체가 없다. (중략)

기재부 관계자는 "우선 올해부터 인구구조 등의 변수를 동일하게 설정해 재정 계산을 모두 시행하고, 「국가재정법」을 개정해 재정 계산 주기를 2~3년으로 단축·통일할 예정"이라고 말했다.

(하략)

제4장

중기재정계획

미래를 위한 재정관리
Public Financial Management for the Future

제1절 개관

1 의의

중기재정계획(medium-term fiscal plan)이란 3~5년 정도의 중기의 시계(時界)에서 정부의 재정 운용 방향을 바탕으로 재정관리를 하는 다양한 형태의 재정계획을 말한다. 1년이라는 회계연도 단위로 계획하고 의회의 승인을 얻어 확정하는 예산과 달리 중장기 시계에서 수입과 지출에 대한 재정계획을 수립하는 것을 말한다.

중기재정계획은 1990년대 선진국들을 중심으로 재정관리에 중장기 기획 기능을 보완하고 총량적 재정규율을 확보하는 동시에 예산 운용의 효율성과 효과성을 제고하기 위하여 제도화되기 시작하였다. 선진국이 복지국가를 실현하는 과정에서 늘어나는 재정 수요에 대응하고 중장기적 관점에서 건전한 재정 운용을 유도하는 제도이다.[1]

---
1) 과거 개발도상국가들의 경제개발계획이 국가 발전을 위한 자원 배분이라는 측면에서 행정부의 재량권 확보

중기재정계획과 예산은 공통점과 차이점이 있으며 상호 보완적인 관계이다. 예산은 중장기적 시계에서 전략적으로 재원 배분을 하기 어렵다. 예산 편성은 1년 단위 지출계획으로 한 해의 재원관리에 치중하여 국가의 중장기적 계획과 발전전략과 연계하기 어렵다. 단년도의 재정 수요에 대한 즉흥적인 대응이 이어지면 미래에 대한 체계적인 사회적 준비를 하지 못할 위험이 있다. 중장기적인 투자보다는 단기적인 성과가 나타나는 사업이 우선되면 국가의 중장기적 전략적 재원 배분 기능이 취약해지고 경제사회 여건 변화와 미래 수요를 재원 배분에 반영하지 못한다.

반면 예산계획은 목표 기간이 짧아 내용이 구체적이고 집행력이 높으며 사업의 구체성이 높아 이에 대한 의회의 통제 또한 쉽게 수행할 수 있다.

중기재정계획은 목표 기간이 긴 계획으로 내용이 추상적이고 미래 비전으로서의 성격을 가지며, 미래 지향적이고 정부 기능에 대하여 확장 지향적인 성격을 띤다. 현재의 상황에 대한 비판을 토대로 바람직한 방향으로의 변화를 추구한다. 기획은 변화를 이끌어 내기 위한 다양한 프로젝트나 정책 수단을 모색하여 새로운 영역으로 정부 기능 확장을 추구하게 된다.

미래 수요에 체계적으로 대응하는 재정 운용을 위하여 계획에 부합하는 연간 예산을 구성하여야 한다. 중기재정계획은 미래 환경에 대한 예측과 전망을 토대로 하여 바람직한 재정 운용 방향을 제시하고 예산이 이를 구체화하여 현실적인 사업들을 구조화할 때 재정 운용이 미래 지향적이고 효율적으로 이루어질 수 있다. 흔히 중기재정계획과 예산은 공통의 목표를 달성하기 위한 보완재의 성격을 가진다고 서술되는데, 재정계획이 우선되고 예산이 보완적인 기능을 수행하는 것이 좀 더 바람직한 기능 배분이라고 본다.

잘 알려져 있듯이 우리나라는 발전도상기에 예산 당국에서 경제개발계획 5개년계획을 수립하고 예산 배분까지 긴밀하게 수행하였다. 이런 점에서 경제개발계획은 중기재정운용계획의 성격을 가졌었다고 할 수 있다.

경제사회개발계획이 종료된 후 국가 발전이나 재정을 총괄하는 계획은 없다가 「국

를 강조하였다면 중기재정운용계획은 비대해진 공공 부문에 대한 제약이라는 측면에서 총량적 규율과 정부의 재량권의 제약을 강조한다.

가재정법」 제정을 계기로 국가재정운용계획이 제도화되었다.[2] 국가재정운용계획은 매년 당해 회계연도부터 5개 연도 회계연도 이상의 기간에 대한 재정운용계획으로 예산안을 제출할 때 함께 국회에 제출하여야 한다.

2 필요성

첫째, 중기재정계획은 재정 의사결정의 시계(時界)를 중장기로 확대하여 거시경제의 안정화를 유도하는 역할을 한다. 미래 지향적인 국가적 차원의 정책 방향과 중장기 재정 전망을 심도 있게 검토할 수 있고, 중장기적 관점에서 재정수입, 재정지출, 재정수지 및 국가채무 등에 대한 정보를 확보하여 재정 의사결정에 활용할 수 있다.

둘째, 중기재정계획은 주로 재정건전화에 기여하여 왔다. 국가채무, 국민 부담 등 거시재정 운용의 방향을 사전에 제시함으로써 예측 가능하고 안정적인 정책 추진이 가능해졌다. 미래에 재정 위험이 될 수 있는 복지 수요를 중장기적으로 추계함으로써 재정 위협 요인을 사전에 예측할 수 있게 되었고, 바람직한 재정 운용의 방향을 설정하고 이를 계획성 있게 달성하기 위한 중장기적 재정 운용이 가능하게 되었다.

셋째, 중기재정계획은 예산의 전략적 재원 배분을 유도하는 기능을 한다. 재정 의사결정자들이 중장기적인 관점에서 정책 우선순위를 감안한 전략적 계획을 세우고, 이를 바탕으로 예산 배분을 하는 재정 도구라고 할 수 있다. 중기재정계획은 중기간에 가용한 재원의 규모 추정하고, 정책의 우선순위를 설정하여 재정사업이 전략적 우선순위에 맞추도록 도와준다. 이로써 국가 재정운용계획에 포함된 개별 부처의 중장기 계획의 실현가능성이 높아졌다.

넷째, 중기재정계획은 미시적인 프로그램과 사업예산 편성의 합리화에 기여한다. 중기재정운용계획의 재원 배분 방향, 목표, 부처별 지출 한도를 기준으로 삼아 다음해의 예산 및 기금운용계획을 작성하게 된다. 중기재정운용계획의 방향을 바탕으로 구

---

2) 1999년에 1999~2002년을 기간으로 하는 중기재정계획을 수립한 바 있으나 내용의 구체성, 투명성, 구속성 모두 사실상 부재하였기 때문에 큰 의미는 없었다. 2004년 국가재정운용계획으로 5년간(2004~2008)의 청사진을 제시하고 국회에 제출한 것이 시초라고 할 수 있다.

체적으로 프로그램과 사업예산을 편성하게 된다.

다섯째, 중기재정계획은 국가의 분야별 발전계획과 재정의 연계성을 제고하는 역할을 한다. 분야별 계획과 예산은 괴리되기 쉬운데, 계획에 소요되는 재정에 관한 정보를 제공함으로써 각 부처 계획의 충실성을 제고할 수 있다. 중기재정계획은 계획과 예산의 연계성을 높이는 데 이바지할 수 있다. 중기재정계획 작성을 통하여 예산 당국이 각 부처의 분야별 계획과 예산의 연계성을 제고하는 데 매개체가 될 수 있다

여섯째, 중기재정계획은 일종의 국가 발전 방향에 대한 사회적 합의로 이를 수립하는 과정에서 다양한 사회적 주체들이 참여하고 합의하는 과정을 거친다. 이런 과정에서 대통령실은 의회, 사회집단, 시민과 소통하게 되며, 사회적 합의를 이루어 가게 된다. 예를 들어, 중기재정계획의 한 절차인 대통령이 직접 참석하는 국가재정전략회의의 토론은 각 부처 장관들의 중장기적 재정 운용에 대한 공감대 형성과 민주적 참여도 제도적으로 가능하도록 한다.

제2절 유형별 주요 내용과 형식

1 유형별 주요 내용

1) 개관

중기재정계획은 재정계획의 범위와 내용의 구체성에 따라 중기재정관리계획(medium-term fiscal framework: MTFF), 중기예산계획(medium-term budget framework: MTBF), 중기지출계획(medium-term expenditure framework: MTEF)으로 구분할 수 있다.

중기재정관리계획은 재정의 목표와 거시경제 및 재정 예측 및 재정 목표로 구성된다. 주로 GDP 대비 국가채무의 비율이 주요한 재정 목표 변수로 제시된다. 중기예산

<표 4-1> 중기재정계획의 유형과 주요 내용

중기재정계획의 유형			계획의 주된 내용
중기지출계획 (MTEF)	중기예산계획 (MTBF)	중기재정관리계획 (MTFF)	GDP 예측
			인플레이션 예측
			총 재정지출액 예측과 계획
			총 재정수입 예측과 계획
			행정조직별 지출액 예측과 계획
			기능별 지출액 예측과 계획
			원천별 재정수입 예측과 계획
			프로그램별 재정지출 예측과 계획
			성과 예측과 계획

계획은 행정조직별 및 기능별 지출 예측 및 재정수입의 원천별 추계가 제시된 경우를 일컫는다. 중기지출계획은 이상의 추계에 프로그램과 성과평가 체제까지 포함된 계획을 의미한다.

2) 중기재정관리계획

중기재정관리계획은 거시적인 재정 규율 및 안정, 총량적 재정 규율의 제도적 장치로서의 역할을 한다. 만성적 재정적자와 누적된 국가채무로 인하여 재정 위기가 우려되는 상황에서 재정건전성을 유지하기 위하여 예산 총액의 효과적인 통제를 하는 역할을 한다.

3) 중기예산계획

중기예산계획은 전략적 자원 배분 및 배분적 효율성에, 중앙기관과 집행 부처들이 자원 배분 결정에 책임성을 부여하는 범정부적인 전략적 지출계획이다. 중요한 정책

결정이 국가의 정책 우선순위에 따라 전체적으로 균형을 유지할 수 있도록 도와주는 제도적 메커니즘이다.[3] 가능한 자원과 우선순위와 가치의 대응 작업이라고 할 수 있다. 정부의 전략적 우선순위의 변화와 함께 거시경제적 환경의 변화에 대응한 예산 배분이 되도록 한다.

4) 중기지출계획

중기지출계획은 사업 단위에서 계획과 예산사업의 연계 등의 기능을 가진다. 중기지출계획은 기술적 효율성 및 예산 낭비의 방지에 초점을 맞춘다. 중기재정지출 프레임워크는 단년도 예산 편성과 중기적 계획을 연계하여 예산 편성의 합리성을 제고하는 기능을 한다. 기획과 예산과 사업의 연계를 제도화한 것이다.

2 형식

1) 대상 기간

중기재정계획의 기간은 대부분의 경우 3~5년이다. 영국·일본·스웨덴·프랑스와 같은 국가는 3년이며, 독일·오스트리아·뉴질랜드의 경우 4년 단위이다. 우리나라는 5년 단위이다.

2) 법률적 근거

법률에 근거를 두고 있는 국가, 법적 근거는 없이 정책이나 계획의 형태를 띠는 국가, 법적 근거 없이 정당 간의 협약의 형태를 갖는 국가들이 있다.

---

[3] 배분적 효율성은 부문 간 재원 배분을 통한 재정지출의 총체적 효율성을 도모하는 것을 말한다. 이것은 정부의 전략적 목표와 비전에 따라 우선순위를 정하여 자원을 배분하는 전략적 자원 배분을 말한다. 국가재정운용계획은 배분적 효율성을 구현하는 장치로서, 전략적 자원 배분 실행 장치로서의 역할을 한다.

3) 고정성

중기재정계획은 고정성 여부에 따라 고정식 계획(fixed plan)과 연동식 계획(rolling plan)으로 구분한다. 고정식 계획이란 한번 수립된 계획은 일정한 시간 동안 변동하지 않고 유지되고 계획을 종료하면 새로운 계획을 수립하는 계획이며, 특별한 경제적 위기가 존재하지 않는 한 재정 운용의 목표의 변화를 허용하지 않는다. 연동식 계획은 매년 새로운 계획이 세워지는 계획으로 우리나라는 5년의 시계(時界)를 가진 연동식 계획을 채택하고 있다.

고정식 계획은 수정이 쉽지 않으므로 경직적이고 강제력이 강하며 연동식 계획은 반대로 수정이 쉽고 경제사회 환경에 적응력이 크며 강제력은 상대적으로 약하다.

4) 법적 효력

행정부나 의회는 공적 자금을 사용하여 정치적 이익을 얻기를 원하는 인센티브가 강하기 때문에 이를 막는 중기재정계획이 규범성이 있어야 정부가 의회의 계획을 준수하게 될 것이다. 여기서 규범성을 법률에 두는 법적 효력이 있는가의 문제에서 중기재정계획은 입법부의 의결 사항이 아니며 법적 구속력이 없는 경우가 많다.

중기재정계획에 대하여 의회의 심의를 받는 경우와 행정부의 의결만을 받는 경우가 있다. 의회에서 의결하는 경우는 많지 않다. 이 경우 원칙적으로 중기재정계획에 포함되었다고 해서 예산에 반드시 반영하여야 하는 것은 아니다. 그러나 많은 경우 중기재정계획이 규범성이 없다고 할 수는 없다. 중기재정계획에서 제시된 목표와 방향이 회계연도에 수립되는 예산에 반영이 되도록 하는 정치적 및 행정적 규범성이 있기 때문이다.

5) 정치적 및 행정적 효력

중기재정계획을 준수하도록 하는 정치적 및 행정적 효력이 있는 경우가 많다. 중기재정계획을 구현하기 위해서는 의사결정권자에게 중기재정계획의 이행에 대한 강한 인센티브 구조를 마련하여야 한다. 이는 중기재정계획이 준수가 되지 않았을 경우 정치적으로나 행정적으로 불이익을 받게 하여야 한다는 것을 뜻한다.

중기재정계획이 성공적으로 작동하고 있는 국가들의 경우 중기재정계획이 재정준칙과 긴밀하게 연계되어 있어 계획과 준칙을 위배할 경우 책임을 지거나 총리직을 상실하는 등의 정치적 및 행정적인 책임을 지는 제도가 구비되어 있다. 정당 간 협약을 통하여 준수를 비공식적으로 강제하고 위배 시 관행에 따라 총선거를 통하여 정치적 책임을 지게 하는 경우도 있다.

이런 정치적 및 행정적 효력이 없는 경우 중기재정계획은 준수되지 않고 실질적인 의미를 잃게 된다.

제3절 국가재정운용계획

1 개관

국가재정운용계획은 우리나라의 중기재정계획이며, 당해 회계연도부터 5 회계연도 이상의 기간에 대한 거시경제 전망을 바탕으로 예산과 기금을 모두 포괄하여 세입, 세출, 재정수지, 조세부담률, 국가채무 등의 재정운용계획을 수립하여 국회에 회계연도 개시 120일 전까지 제출한다. 단년도 예산 편성의 기본 틀이 되며, 매년 경제·사회적 여건 변화와 연동·보완된다.

기본적인 내용으로 수입지출계획으로서 세입과 세출을 모두 다루고 있으며, 대상 기간은 5년이다. 연동식 계획으로 매년 1년을 추가하고 1년을 삭제하며 작년도의 계획에 당해 연도의 계획이 구속되지 않는다. 법적 효력은 없다.

우리나라의 국가재정운용계획은 선진국의 계획의 본질적 성격인 국가재정의 총규율에 관한 내용, 재정준칙 등을 규정하지 않고 있다는 점에서 재정의 건전성보다 경제사회 발전을 위한 재원배분계획의 성격이 강하다. 열린재정(https://www.

openfiscaldata.go.kr/op/ko/index)이나 국회의안시스템(https://likms.assembly.go.kr/bill/BillSearchSimple.do)에서 확인할 수 있다.

2 주요 내용

1) 형식과 구성

국가재정운용계획의 형식은 특별히 정해진 바는 없으나, 매년 거의 동일한 형식으로 구성된다. 통상 제1부 개요, 제2부 대내외 경제 여건과 재정 운용 여건, 제3부 재정 운용 방향, 제4부 분야별 정책 방향 및 재정투자계획, 제5부 재정관리 시스템 개선 사항 또는 각 행정부의 중점 제도 개선 사항으로 구성된다.

각 연도의 정부의 특별한 관심 분야에 해당하는 주제에 대하여 제5부가 첨부되어 있다. 예를 들어 과거 "재정 혁신 방향", "사람 중심의 경제 구현을 위한 재정혁신"이라는 행정부가 중점을 두는 내용을 포함한 경우가 있었다.

2) 필수 항목[4]

- 재정 운용의 기본 방향과 목표
- 중기 재정 전망 및 근거
- 분야별 재원 배분계획 및 투자 방향
- 재정 규모 증가율 및 그 근거
- 의무지출의 증가율 및 산출 내역[5]
- 재량지출의 증가율에 대한 분야별 전망과 근거 및 관리계획

---

[4] 「국가재정법」 제7조는 정부가 국회에 제출하는 국가재정운용계획에 반드시 포함되어야 하는 사항과 첨부하여야 하는 서류를 규정하고 있다.

[5] 의무지출이란 재정지출 중 법률에 따라 지출의무가 발생하고 법령에 따라 지출 규모가 결정되는 법정지출 및 이자지출을 말하며, 그 구체적인 범위는 대통령령으로 정한다.

- 세입 · 세외수입 · 기금수입 등 재정수입의 증가율 및 그 근거
- 조세부담률 및 국민부담률 전망
- 통합재정수지 전망과 관리계획 6

국가재정운용계획의 필수 항목이자 목차는 이상의 아홉 가지이다. 중기재정 전망에 분야별 배분, 의무지출과 재량지출 등 지출 부문과 세입, 세외수입, 기금수입과 조세부담률, 국민부담률 등 수입 부문을 모두 포함하고 통합재정수지를 대상으로 하고 있다. 각 항목의 추계, 근거, 관리계획이 제시되고 있다. 재정수지에서 관리재정수지가 아니고 통합재정수지인 것이 눈에 띈다.

3) 첨부 서류

- 전년도에 수립한 국가재정운용계획 대비 변동 사항, 변동 요인 및 관리계획 등에 대한 평가분석보고서
- 중장기 기금재정 관리계획
- 국가채무 관리계획
- 중장기 조세정책 운용계획
- 장기재정 전망 결과

이 보고서만큼 중요한 내용이 첨부 서류로 제시되고 있다. 중장기 기금재정 관리계획 대비 변동 사항, 변동 요인 및 관리계획 등에 대한 평가분석과 국가채무 관리계획에 채무의 증감 전망과 근거 및 관리계획 수립도 의무화되었다. 7 장기 재정 전망은 정부가 40회계연도 이상의 기간을 대상으로 5년마다 장기 재정 전망을 실시하여 국가재정운용계획에 첨부한다.

---

6) 일반회계, 특별회계 및 기금을 통합한 재정 통계로서 순(純) 수입에서 순 지출을 뺀 금액을 말한다.
7) 국가보증채무의 부담 및 관리에 관한 국가보증채무관리계획은 별도의 의안으로 제출한다.

3 거버넌스

우리나라의 국가재정운용계획은 기획재정부가 주관하고 한국개발연구원과 한국조세재정연구원에서 검토보고서를 작성하는 지원 기능을 하고 있으며, 국가재정전략회의와 공청회를 통한 의견 수렴이 이루어진다. 국회에 제출한 후 예산정책처에서 검토보고서를 작성하나 국회의 심의 의결은 이루어지지 않는다.

일반적으로 예산을 편성하는 예산 당국과 중기재정계획을 수립하는 기획 당국이 서로 분리된 기관에서 수행하는 경우에 두 기관 사이에 갈등이 일어나기도 한다. 예산 기능이 보수적이고 현실적이라면 계획 기능은 적극적이고 미래 지향적이기 때문에 불가피한 현상이라고 할 수도 있다. 두 기능과 조직 사이에 벌어질 수 있는 갈등을 최소화하기 위하여 대통령실과 총리실의 지휘와 유기적인 조정의 과정이 필요하다. 우리나라의 경우 기획재정부의 예산실에서 예산과 국가재정운용계획을 모두 담당하고 있기 때문에 이러한 문제는 발생하지 않는다.

4 절차

1) 국가재정운용계획 수립지침 통보

기획재정부 장관은 전년도 12월 31일까지 국가재정운용계획 수립지침을 중앙관서의 장에게 통보한다. 수립지침에는 향후 재정 운용 여건, 중기 재정정책 방향 및 재정투자 중점을 비롯하여 사업 반영 원칙, 작성 방법 등을 미리 제시한다.

2) 중기사업계획서 제출

중앙부처의 장은 향후 5년 간의 신규사업과 주요 계속사업에 대한 중기사업계획서를 마련하여 1월 31일까지 기획재정부에 제출한다. 최근 5년간의 재정운용분석, 향후 재정투자계획, 단위사업별 중기지출계획, 프로그램별 설명서, 중기 수입 전망 등을 설명한 내용을 포함한다.

3) 분야별 중기재정계획 논의

2월부터 분야별로 정부, 연구소, 학계 및 민간 전문가로 작업반을 구성하여 상시 운영하면서 주요 재정 이슈에 대한 투자 방향, 제도 개선에 대하여 논의한다. 작업반의 논의 결과 등에 대해서는 분야별 토론회를 개최하여 다양한 의견을 수렴한다.

4) 재정전략회의

기획재정부는 부처의 중기사업계획에 대한 논의 결과를 반영하여 국가재정운용계획 시안을 마련하고, 국무위원이 참석하는 재정전략회의에서 향후 5년간의 재정 규모, 재정 운용 기조, 분야 부문별 운용 방향, 주요 재정 이슈 등을 논의한다.

5) 토론회 개최

공개토론회와 재정전략회의에서 논의된 주요 정책 과제를 바탕으로 예산 편성 과정에서 관계 부처 간 협의를 거치게 된다. 동시에 민관 전문가가 참여하는 총괄 총량 및 분야별 공개토론회를 개최한다.

6) 국가재정운용계획 수립 방향 기재위 보고

이러한 절차를 거치는 중 국가재정운용계획의 수립 방향에 대하여 사전에 국회 기획재정위원회에 보고한다.

7) 국회 제출

다양한 의견 수렴을 하고 거시경제 여건 등을 반영하여 최종적으로 국가재정운용계획을 확정하고 회계연도 120일 전까지 예산안과 함께 국회에 제출한다. 국회는 예산안의 심의 시 국가재정운용계획을 참고 자료로 활용한다.

5 문제점과 개선 방안

1) 문제점

교과서적인 설명에 따르면, 국가재정운용계획의 도입에 따라 총량 목표, 분야별 재원 배분계획, 투자 방향 등이 예산안 편성과 기금운용계획안의 토대로 활용되고, 단년도 예산도 중장기 국가 비전과 정책 우선순위를 반영하는 성격이 강해졌다고 한다. 실제 재정관리의 실무에서 과연 이런 현상이 나타나고 있는가에 대하여 회의적이다. 주요 문제점은 다음과 같다.

첫째, 재정 연구자들은 근본적으로 우리나라 국가재정운용계획의 목적이 불명확하고 선진국의 계획과 차이가 있는 점을 지적한다. 계획이 재정규율과 국가재정건전성 등을 기본 목적으로 분명히 정립하여야 전체 내용이나 서술의 방향성이 명확해질 수 있다고 지적한다.

둘째, 국가재정운용계획의 내용이 타당성이 부족한 것으로 보인다. 계획의 내용이 냉정한 현실 인식과 미래에 대한 평가를 바탕으로 한 타당성 있는 계획이라고 평가하기는 어렵다. 거시경제분석 및 전망 등 경제 예측이 자주 오류를 보이며, 이에 근거한 전망과 계획도 현실에 부합되지 않는 경우가 많다. 국가재정운용계획은 매년 연동계획으로 수정이 자유롭기 때문에 계획을 수립할 때 엄밀하고 타당성 높은 계획을 수립하기보다 수정할 것을 전제로 비현실적이고 타당성이 낮은 계획을 제시하는 경향이 크다.

셋째, 이런 이유로 계획이 내용이 선언적 내용이 제시되는 경우가 많다. 주요 정책 목표를 설정하고, 이러한 목표를 달성하기 위한 정부의 구체적인 지출계획을 제시하기보다는 달성 여부를 판명하기 어려운 추상적인 목표와 계획을 제시하는 경우가 많다.

넷째, 이런 현상이 지속되는 것은 계획의 규범력이 부재하고 재정 의사결정에서 제대로 활용되지 않고 있다는 데서 기인한 것으로 보인다. 계획의 구속력이 없고 매년 여건 변화에 따라 수치를 조정하는 연동식이니 계획의 수립자나 의회나 모두 계획을 심각하게 생각하지 않는다. 정부 스스로 설정해 놓은 목표를 달성하고자 하는 정책 의지를 보이지 않고 있다. 국회에서 논의를 하는 대상이 아니므로 예산 심의 과정에서 거의 활용되지 않는다. 계획과 예산이 연계되지 않고 예산 심의 시 계획을 고려하지 않는다.

다섯째, 관련된 문제로 계획의 투명성과 책임성도 부족하다고 하겠다. 열린재정(https://www.openfiscaldata.go.kr/op/ko/index) 같은 곳에 연도별 계획서를 모아놓은 메뉴가 있으면 좋겠는데 공식적이고 체계적인 공개 시스템이 부재하다. 국회의안시스템(https://likms.assembly.go.kr/bill/BillSearchSimple.do)에서 확인할 수 있으나 언제 없어질지 모르는 메뉴에 머물러 있다.

결론적으로 현재 상황에서 우리나라의 국가재정운용계획은 행정력 소모에 비하여 실질적으로 얻는 이익이 거의 없지 않나 생각된다. 실효성 없는 중기재정계획을 수립하는 일이 매년 반복되고 있고 언론이나 미디어, 시민단체들도 국가재정운용계획에 대하여 거의 관심이 없다. 근본적인 개선이 없다면 이런 작업 자체가 예산 낭비의 형식적인 절차에 불과한 상태로 머물게 될 것으로 생각된다.

2) 개선 방안

첫 번째 지적에 대하여 중기재정운용계획이 재정건전성이라는 가치에 종속될 필요는 없다고 생각한다. 그러나 우리나라의 상황에서 중기재정계획이 경제 발전이나 사회 발전보다는 지속 가능한 성장에 초점을 맞추어야 하는 점은 동의하며 계획의 목적을 백화점식으로 나열할 것이 아니라 뭔가 하나의 방향성을 설정하는 것은 필요할 것으로 생각한다.

둘째, 국가재정운용계획의 타당성과 신뢰성을 제고하기 위하여 중장기 경제 전망에 대한 편향을 막는 제도적 장치를 강화하여 거시경제 전망 및 세입 등 재정 총량에 대한 추정의 정확성을 제고하는 노력이 필요하다. 경제성장률 전망의 신뢰성을 사전과 사후 검증할 수 있도록 모형에 대한 지속적인 개선, 특히 경제 데이터 활용에서 인공지능(AI) 등의 동원을 고려해 볼 수 있을 것이다. 경제성장률, 세입 전망에서 과거 연도의 전망과 실제에 차이나는 이유를 사후적으로라도 분석하여 예측모형의 신뢰성을 높여 나가야 한다.

셋째, 계획의 추상성을 줄이고 구체성을 강화하기 위하여 재정 총량과 재정 배분이 되는 분야별 구체화된 목표치와 목표 달성을 검증할 수 있는 구체적인 성과 기준을 사전에 제시하고, 이의 달성 여부를 이후 연도의 계획이 평가하는 방식을 도입할 필요가 있다. 실질적인 중장기 재정 운용이 국가재정운용계획에 따르도록 할 필요가 있으며, 재정준칙의 이행 상황을 모니터링하고 평가할 수 있도록 재정준칙을 포함한 중기재정계획이 되도록 할 필요가 있다.

넷째, 가장 근본적인 문제로서 규범력 강화의 문제가 있다. 규범성을 강화하되 경제환경의 변화를 반영할 수 있는 신축성도 유지하는 방안을 모색하여야 한다. 연동형 중기재정계획은 제도로서의 의미가 없다. 많은 선진국이 채택하고 있는 방식인 중기로 고정된 확정형 계획을 수립함으로써 책임성을 명확하게 하는 것이 바람직하다. 우리나라의 경우 대통령의 임기간 달성하여야 할 중기재정계획으로서 5년의 기간의 중기간을 대상으로 한 확정형의 계획으로 전환하는 것이다.

다섯째, 대통령의 국정과제와 국정 운영 방향을 중장기 재정정책 목표에 담아 국가재정운용계획에 포함시키고, 이에 대한 정치적 행정적 책임을 분명하게 하기 위하여 민주적 정당성이 있는 대통령실의 주도로 계획을 수립하는 것이 바람직하다. 중앙예산기관은 이러한 국가재정운용계획에 바탕을 두고 예산안을 편성하도록 하는 절차를 제도화하여야 한다.

이렇게 5년에 한 번씩 심도 있는 논의를 거쳐 구체적인 기준을 담은 국가재정운용계획을 수립하면 현재와 같이 매년 재정계획을 수립하기 위하여 불필요하고 무의미한 행정력이 소진되는 현상은 사라지게 될 것이다.

여섯째, 국정 운용의 책임자인 대통령의 의사가 분명히 반영된 국가재정운용계획을 대의제 기구인 국회에서 심의 및 의결함으로써 재정계획의 합리성을 높이고 책임성도 강화할 수 있을 것이다. 국가재정운용계획은 국회의 심의 의결을 받도록 함으로써 정당 간의 협약으로서의 정당성과 규범성을 강화하고 재정정책에서 주요 정당이 협조할 수 있는 매개체로 삼아야 한다.[8] 의회 내의 심의 과정을 통하여 국정과 재정 운용에 대한 사회적인 합의가 이루어지고, 이에 근거하여 예산안을 편성함으로써 좀 더 민주적인 재정 운용이 가능할 것이다.

---

8) 재정계획의 내용에 대하여 집권 초에 여당과 야당이 합의하여 의결하며 향후 구체적인 재정정책을 매년 수립하는 과정에서 협상의 기초가 될 것이므로 불필요한 갈등이 줄어들 수 있을 것이다. 재정계획의 의결은 국민들에게 합의의 내용을 공표하는 것으로 재정정책에서 공동 책임을 인정하고 협력적인 게임으로 여야 관계를 유도할 수도 있을 것이다.

제5장

예산 I: 개관 및 구성 요소

미래를 위한 재정관리
Public Financial Management for the Future

제1절 개관

1 의의

예산(budget)이란 일정한 기간에 걸친 조직의 수입과 지출에 관한 계획으로 의회나 이사회 등 심의의 권한이 있는 주체에 제출되는 문서를 말한다.[1] 예산활동(budgeting)은 예산을 편성하고 활용하는 전주기의 활동을 의미하며, 한국어의 특성상 예산으로 표현되는 경우도 많다.

행정에서 말하는 예산, 즉 공공예산(public budget)은 일년이라는 회계연도의 수입과 지출에 대한 계획서로 국민의 위임을 받은 의회에 제출되어 심의 의결되는 재정관리

---

1) 예산(budget)의 어원은 가방 및 지갑을 의미하는 고어인 bouget에서 비롯되었다고 한다. 명예혁명 후 영국의 재무장관은 가죽가방 속에 예산을 넣고 의회에 나가서 예산에 대한 동의를 얻기 위하여 가죽가방에서 서류를 꺼냈고 이를 가죽가방을 연다(open the budget)라고 표현하였다. 이 표현이 고착화되면서 가죽가방이 예산의 의미로 전환되었다고 한다.

도구이자 공적 문서를 의미한다.

예산의 개념 요소를 살펴보면, 첫째, 예산은 정부의 재정으로 세입과 세출을 모두 다루며 세입예산과 세출예산을 총칭한다. 세입예산은 회계연도에 발생할 금전적 수입을 예상하여 표시한 것이며, 세출예산은 행정 목적 달성을 위하여 필요한 지출의 계획을 표시한 것이다.

둘째, 예산은 1년이라는 회계연도를 기한으로 삼는다. 회계연도는 재정의 운용 기간이자 예산의 단위 기간을 말한다. 1년이라는 회계연도를 설정하는 이유는 국민과 의회 등 이해관계자들이 일정한 단위의 기간을 정하여 주기적으로 예산을 검증하는 것이 재정 통제에 효과적이기 때문이다.

셋째, 예산의 구체적인 형식은 중요하지 않으며 자금계획을 의회나 이사회에 제출하는가 여부가 그 문서를 예산으로 규정하는 데 중요하다. 우리나라에서 법규상 예산과 기금으로 구분하나 기금도 공적 자금으로 의회에 자금계획이 제출된다는 점에서 실질적 의미의 예산에 해당하는 것이다. 과거의 기금은 예산으로 포함되어야 하는 공적 자금이 예산 외로 운용된 비정상적인 상황이고, 현재 기금의 예산화가 이루어졌으며 향후 형식 자체가 통합되어야 하는 상황이다.

예산의 개념 요소로 의회가 행정부에 대하여 재정적 활동을 허용하고 통제하는 재정관리 도구임을 강조할 필요가 있다. 예산이라는 재정관리 도구는 민주주의가 발전하면서 정착하고 제도화한 행정관리 도구이며, 의회의 감시와 통제를 통한 행정부에 대한 공식적인 권한 위임이 예산제도에 내포된 제1의 가치이자 지향점임을 이해할 필요가 있다.

여기서 예산은 보통명사로서 모든 조직에 존재하는 형식이자 제도인데 경영이나 기업조직에 비하여 행정과 공공조직에서는 훨씬 중요한 위상을 가진다는 점을 주목할 필요가 있다. 기업조직의 경우 이익이라는 분명한 목표와 평가 기준이 존재하기 때문에 지출이나 수입의 "계획"이 갖는 의미가 적다. 이익을 창출하기 위한 활동이나 산출물이 결과적으로 얼마만큼의 이익을 창출하였는가가 훨씬 중요한 이슈이기 때문이다. 따라서 이러한 활동과 관련이 큰 회계, 생산관리 등의 재무자원 관리 도구의 중요성이 더 크다.

이에 비하여 행정조직에서는 활동의 최종 산물이 추구하는 목표나 이에 대한 평가 기준이 다수이고 분명하지 않기 때문에 이에 근거하여 활동 과정에 재원을 배분하기 보다는 내부의 권력 관계의 결과로 내부 재무자원을 배분하는 경향이 훨씬 크다. 이에 따라서 예산 편성 과정이 예산 집행에 의한 조직활동의 성과에 따라 재무자원을 배분하는 것이 아니라 편성 과정에서의 행위자들 간의 전략, 상호 작용, 권력 투쟁의 결과에 따라 자원이 주어지게 된다. 예산 과정에서 벌어지는 부처들의 자원 확보 노력, 설득과 협박, 타협과 협작(挾作) 등 다양한 활동에 따라 공적 자금을 배분하게 되고, 이러한 정치적인 과정이 좀 더 민주적이고 합리적으로 이루어질 수 있도록 만들어야 할 필요성이 크며, 이런 점이 예산 과정에 우리가 관심을 갖는 이유이다. 예산이 규모가 국가 내에서 가장 큰 단위의 재무자원이며 국민에 미치는 영향이 큰 점도 우리들에게 예산에 관한 관심을 요구한다.

❷ 공공예산의 특성

첫째, 공공 부문의 경우 다른 분야에 비하여 예산의 중요성이 매우 크다. 정부는 기업과 같이 비교적 이윤 추구라는 분명하고 단순한 목적이 아니라 다양한 사회적 니즈(needs)를 충족하여야 한다. 이에 따라 업무의 성과를 쉽게 측정하기 어렵고 성과평가의 기본 제도인 회계제도가 생산한 정보인 수익, 순자산 등도 성과평가정보로 직접 활용하기 어렵다. 기업의 경우 수익이나 이익 등을 측정하는 회계정보가 차년도 예산 편성 과정에서 의사결정에 직접적으로 활용되어 예산 편성이 다소 기계적이고 예산 편성 시 재량권을 행사하는 범위가 좁다. 반면 정부의 경우 수익이나 이익 등에 기초하여 예산 편성을 결정하는 것이 아니라 의사결정자의 주관적인 판단에 따라 사회적 니즈에 대한 평가와 함께 재정 배분이 이루어지게 된다.

이런 과정에서 정치적 의사결정자들은 자신들의 이익과 주관적 판단을 반영하고자 하는 다양한 활동을 하게 되고 그 결과 다양한 변화가 발생하게 된다. 예산 편성 과정에서 이루어지는 정치적 상호 작용에 따라 대규모의 재정을 배분하게 되므로 예산이 회계나 성과평가 등 다른 관리도구에 비하여 중요성이 커지게 되는 것이다. 이에 비하여 기업 분야에서는 회계나 다른 성과평가에 예산이 종속되는 구조이고, 이에 따라 예산 자체의 중요성은 상대적으로 작다.

둘째, 공공 부문 예산 과정은 참여하는 의사결정집단들이 매우 다양하며 상대적으로 이들에게 권한이 분산된 구조이다. 의사결정자들은 이윤극대화 이외에 권력 확대, 조직 가치의 구현, 사회적 영향력의 확보 등 다양한 동기를 갖고 있으며, 단순화하기 어렵고 행동의 패턴을 예측하기 쉽지 않다.

셋째, 공공 부문의 예산은 매우 경직적이고 엄격한 준수가 요구된다. 예산은 기본적으로 의회나 제3자에 의한 통제를 위한 도구이며 행정부의 재량권을 감시하기 위한 민주주의를 구현하기 위한 도구이다. 행정부의 권력 남용의 가능성을 사전에 제약하기 위한 제도이기 때문에 효율성이나 환경 변화에 대응하여야 한다는 요구 자체를 일정 부분 희생하면서도 재정 통제를 한다는 의도를 내재화한 제도이다. 기업의 경우 이윤 추구가 상위 목표라고 할 수 있고, 이를 위해서는 비교적 신축성 있게 예산과 계획에 따른 재원 배분을 변경할 수 있다. 반면 정부는 예산을 통한 재정 통제와 재정민주주의가 좀 더 높은 상위 가치라고 할 수 있고, 이런 연유로 예산의 중요성과 엄격성이 강조되고 재원배분을 쉽게 변경할 수 없다.

3 기능[2]

1) 정치적 기능

윌다브스키(Aron B. Wildavsky)는 그의 저서 『예산 과정의 정치(The Politics of Budgetary Process)』(1964)에서 예산은 정치적인 것(political thing)이라고 단정하고 있다. 예산이라는 제도는 입법부의 연간 재정의 지출과 수입에 대한 감시를 할 수 있는 수단으로서 정치적 상호 작용과 활동의 장(場)이 되고 행위자의 정치적 활동의 도구가 된다.

---

[2] 예산의 기능을 설명하면서 재정이 경제사회에서 수행하는 자원 배분, 소득재분배, 경제안정화 기능(Musgsrave, 1959)을 인용하는 경우가 많다. 이는 재정과 예산을 혼동한 결과이다. 예산은 재정에 대한 의회의 통제를 위한 계획서이자 관리도구이며 예산을 통하여 재정이 사용되면서 발생하는 결과와 사회적 기능이 재정의 역할과 기능인 것이다.

예산의 정치적 성격은 다면적이다.

첫째, 예산은 정치적 과정을 통하여 정책을 결정하고 형성하는 기능을 하며 정부와 정당이 정책을 실현하기 위한 수단이다.

둘째, 예산은 국민의 대표기관인 의회가 행정부를 정치적으로 통제하는 수단이다. 예산은 의회가 행정부의 재량권의 남용 여부를 감독하고 자신의 의사를 구현한다.

셋째, 예산은 의회가 행정부의 정책 방향을 승인하는 기능을 한다. 특히 의원내각제 국가에서는 예산의 의결이 정권에 대한 신임의 성격이 강하다.[3]

넷째, 예산 과정은 행위자들이 국민의 선호와 요구를 반영하고 다양한 이해관계를 조정하고 타협하는 장을 제공하는 기능을 수행한다. 이해관계자들 간의 갈등 상황에서 타협, 협상, 합의에 이르는 과정을 통하여 국민 가치가 통합되는 현상이 나타난다.

2) 법적 기능

예산은 국가의 재정활동에 대하여 법적인 효력을 부여하는 기능을 수행한다. 예산은 입법부가 행정부에 대하여 재정권을 부여하는 중요한 형식이고, 예산 과정은 입법부가 행정부에 재정권을 부여하는 법적 과정이다.

예산의 성립에 따라 세출예산이 효력을 갖게 된다. 세출예산의 경우 정부는 예산의 각 항의 금액을 초과하는 지출을 할 수 없다는 효력이 생기며, 각 항의 금액은 그 항에서 정한 목적을 위해서만 지출할 수 있다는 제한이 생긴다. 물론 여기서 세출예산의 효력이 각 항의 금액까지는 지출을 허용하는 것을 의미하며, 반드시 그 금액까지 지출하라고 명령하는 것은 아니므로 제한으로서의 의미만 있다.

세입예산의 경우는 세입에 대한 계획을 인정하는 효력만 있다. 세입예산은 세입의 추계에 지나지 않고, 조세 기타의 세입은 법령이 정하는 바에 의하여 징수한다. 따라서 세입예산만큼을 수납하여야 한다는 의무는 발생하지 않는다.

---

3) 예산안에 대한 부결은 곧 정부에 대한 불신임 의결로 간주될 수 있다. 대통령제 국가에서도 행정부의 예산안은 대통령의 예산으로서 이에 대한 대규모 수정은 대통령에 대한 불신을 의미한다.

3) 행정적 기능

쉬크(Allen Schick)는 예산의 행정적 기능으로 통제, 관리, 계획 기능을 제시한 바 있다. 예산의 통제 기능은 의회가 예산을 통하여 국민의 의사를 정부정책에 반영하고, 공적 자금이 계획된 곳에 적절하게 사용되었는지 확인하여 통제하는 기능을 말한다.

관리 기능은 예산을 통하여 사업에 대한 투입과 산출의 관계인 효율성과 성과를 관리하는 기능을 말한다. 예산은 지출활동에 요구되는 성과를 낳는지를 관리하는 도구로, 중앙예산기관 등 관리 책임이 있는 기관은 매년 각 부처의 사업의 효과성과 효율성을 평가하고 책임 확보의 수단으로 활용한다.

계획 기능은 예산이 회계연도의 재정계획이므로 본질적으로 계획적 요소를 지닌다고 할 수 있다. 예산은 향후 일정 기간 동안, 통상적으로 1년 정부가 추진하고자 하는 활동을 화폐 단위로 표시한 것이다. 예산은 목표를 달성하기 위한 세부 계획이자 실행 수단이라고 할 수 있다.

4) 도덕적 및 상징적 기능

예산은 그 결정에 참여하는 사람들의 집단적 선호 또는 가치 체계로서 가치 판단의 결정이 내포되어 있다. 공공예산의 경우 국가적 수준에서 가치 판단에 관한 내용이 내포되어 있다고 할 수 있다. 국가의 예산은 정책을 통하여 어떤 도덕적 가치를 구현할 것인가를 표현하고, 어떤 우선순위를 갖고 있는가를 표현한다. 공공예산 속에 집단적 선호(collective preference), 도덕적 가치(moral value)가 내재되어 있다고 볼 수 있다.

한편 예산은 정부가 어떤 문제와 사업에 관심이 있는가를 표현하는 상징적인 기능을 한다. 어떤 사업에 실질적인 자원 배분을 하기보다 그 사업에 대하여 공동체적인 관심이 주어지고 있다는 상징이 된다. 공동체의 우선순위에 속한다는 상징성이 있기 때문에 예산에 사업으로 포함되는가 여부는 시민들의 초미의 관심을 받는다.

> ### '정원도시 서울' 만든다더니…정작 내년 녹지예산은 삭감
> (2023-12-12 https://www.hankyung.com/article/2023121214221)
>
> 서울시 제공
>
> **지하철역·고가차도 주변
> 정원 조성 관련 예산은 0원
> 전체 규모도 반토막 수준**
>
> 오세훈 서울시장이 추진해 온 '정원도시 서울' 구상에 빨간불이 켜졌다. 관련 예산이 잇달아 삭감되면서 목표를 달성하기가 쉽지 않을 수 있다는 전망이 나온다.
> 12일 서울시 등에 따르면, 정원도시 서울 관련 총예산 규모는 올해 924억 원에서 내년 440억 원으로 반토막이 났다. 정원도시 서울은 오 시장이 지난 5월 발표한 프로젝트다. 흩어져 있는 공원·숲길·녹지를 초록길로 촘촘하게 연결해 5분 거리 안에서 시민이 자연을 즐길 수 있는 도심을 만드는 35개 프로젝트로 구성돼 있다.
>
> **[해설]** 언론에서 흔히 볼 수 있는 설명이다. 실제 사업 성공 가능성과 정책적 우선순위에 대하여 예산 배정 유무로 판단하는 것이다. 이런 점에서 예산의 숫자 자체가 상징성이 크다.

5) 경제적 기능

예산은 재정정책을 구현하고 형성하는 도구이다. 예산이라는 문서에 재정 총량에 대한 결정, 총지출, 총수입 규모, 재정수지, 국가채무 등에 대한 내용이 실린다. 예산으로써 확정된 재정정책은 재정 총량에 대한 결정, 예산 총액, 국가채무, 재정수지 등 재정 배분 및 운용 방향에 대한 결정, 개별 사업의 내용과 수준 결정에 대한 것으로 궁극적으로 거시경제에 영향을 미친다. 사회 내 재원 배분의 우선순위나 분야별 지출 규모를 결정하고, 미시적 차원에서 개별사업의 사업 내용과 수준 결정을 결정하여 경제와 산업에 직접적인 영향을 미친다.

제2절 예결산의 체제

1 일반회계

우리나라의 예산은 형식적으로 예산과 기금으로 구분되어 있다. 예산은 일반회계, 특별회계으로 이루어진다. 실질적 의미의 예산은 형식적 의미의 예산과 기금을 아우르는 연간 지출과 수입의 계획을 말하며, 여기서 형식적 의미의 예산은 헌법과 「국가재정법」에 의하여 편성되는 일반회계와 특별회계의 합을 말한다. 구체적으로 실질적 예산은 일반회계(1개), 특별회계(20개) 및 기금(68개)으로 구성된다. 일반회계는 국방, 치안, 사회복지 등 일반적인 국가활동에 관한 총세입 총세출을 편성한 회계를 말한다. 세입은 원칙적으로 국세수입을 재원으로 하고 세출은 국가의 기본적 지출로 구성된다. 일반회계는 그 전체를 용이하게 파악하기 위하여 모든 세입과 세출을 하나로 통일하여 관리하여야 한다는 예산단일주의가 적용된다. 재정 규모를 기준으로 할 때 총지출에서 일반회계 그리고 아래에서 살펴볼 특별회계와 기금이 차지하는 비중은 일반회계 약 60%, 특별회계 약 10%, 기금 약 30% 정도이다.

2 특별회계

특별회계란 국가의 회계 중 특정한 세입으로서 특정한 세출에 충당하여 일반의 세입세출과 구별되어 경리되는 별도의 재원이자 회계를 말한다(국가재정법 제4조 제3항). 특별회계와 기금은 특정세입과 특정세출이 연계되어 있기 때문에 예산 통일의 원칙의 예외이다. 일반회계는 주로 조세를 수입원으로 삼는 데 비하여 특별회계는 세외수입과 일반회계와 타 회계로부터의 전출금을 주된 세입으로 삼는다.

특별회계는 기업특별회계와 기타 특별회계로 구분한다. 기업특별회계는 총 5개로서 기업 형태로 운영되는 정부사업의 합리적 경영을 위하여 설치된 정부가 특정한 사업을 영위하기 위하여 「정부기업예산법」에 따른 설치하는 회계로 우편사업특별회계·

우체국예금특별회계·양곡관리특별회계·조달특별회계 및 「책임운영기관의 설치·운영에 관한 법률」에 따른 책임운영기관특별회계가 있다. 기타 특별회계(15개)는 그 밖의 목적으로 개별법에 근거하여 설치되는 회계를 말한다.

③ 기금

1) 의의

기금은 국가의 특정한 정책 목적을 시현하기 위하여 예산 원칙의 일반적인 제약에서 벗어나 신축적으로 운용할 수 있도록 특정 사업을 위하여 보유, 운용하는 특정자금을 말한다(국가재정법 제5조). 특정 목적을 위하여 수입과 지출의 연계가 나타난다는 점에서 특별회계와 유사하다. 기금은 조세수입이 아닌 출연금·부담금 등을 주요 재원으로 한다.

기금과 예산의 차이점은 예산은 회계연도 내에 세입이 그해 모두 지출되는 데 반하여, 기금은 조성된 자금을 회계연도 내에 운용하여 남은 자금을 계속 적립해 나간다는 점이다. 기금은 공공서비스에 대한 부담인 경우가 많고, 지출의 내용의 변경이 비교적 자유롭다는 특징이 있다.[4]

기금제도는 1961년에 제정한 「예산회계법」에 따라 도입되었으며, 경제개발기에 정부의 자금으로 적극 활용되었다. 민주화 이후 재정민주주의의 강화에 따라 1991년 「기금관리기본법」을 통하여 관리를 강화하였으며, 2007년 「국가재정법」에 따라 예산과 통합적으로 운용하도록 하고 있다. 과거 기금은 국회의 심의·의결 대상에서 제외되어 있어 예산과는 확연히 구분하였으나 현재는 기금운용계획안 및 기금결산보고서의 형태로 예산과 동일하게 국회의 심의·의결을 거치며 실질적 예산으로 볼 수 있다. 이러한 현상을 기금의 예산화라고 한다.

---

4) 예산은 추가경정예산을 편성하여 국회의 의결을 얻어야 하는 데 비하여 기금은 주요 항목 지출 금액의 20% 이상을 변경할 때에만(금융성 기금의 경우 30%) 국회의 의결을 얻으면 된다.

<표 5-1> 예산과 기금의 비교

구분	예산		기금
	일반회계	특별회계	
설치 사유	국가 고유의 일반적 재정활동	• 특정 사업 운용 • 특정 자금 운용 • 특정 세입을 특정 세출에 충당	특정 목적을 위하여 특정 자금을 운용
운용 형태	공권력에 의한 조세수입과 무상급부 원칙	일반회계와 기금의 운용 행태 혼재	출연금·부담금 등 다양한 재원으로 다양한 목적사업 수행
수입·지출 연계	특정 수입과 지출의 연계 배제	특정 수입과 지출의 연계	특정 수입과 지출의 연계
확정 절차	• 부처의 예산 요구 • 기획재정부의 정부예산안 편성 • 국회의 심의·의결로 확정	좌동	• 기금관리 주체의 기금운용계획안 수립 • 기획재정부 장관과 운용 주체 간의 협의·조정 • 국회의 심의·의결로 확정
집행 절차	• 합법성에 입각하여 엄격히 통제 • 목적 외 사용 금지	좌동	합목적성 차원에서 상대적으로 자율성과 탄력성 보장
계획 변경	• 추경예산 편성 • 이용·전용·이체	좌동	주요 항목 지출 금액의 20% 초과 변경 시 국회 의결 필요 (금융성 기금의 경우 30%)
결산	국회 심의·의결		

2) 유형과 종류

(1) 운용 주체에 따른 분류: 직접관리기금과 간접관리기금

중앙관서장이 관리 주체인 기금을 직접관리기금이라고 하며, 중앙관서의 장이 관리 주체가 아닌 기금이거나 정부가 외부기관에 위탁관리를 하거나 정부산하기관이 관리하도록 하는 기금을 간접관리기금이라고 한다.

(2) 운용 방식에 따른 분류: 소비성 기금·회전기금·적립성 기금

예산과 성격이 유사한 사업을 수행하기 위하여 지출하는 기금을 소비성 기금이라고 한다. 반면 조성된 후 융자 등의 형태로 기금에서 대부되고, 융자금이 차후 회수되는 기금을 회전기금이라고 한다. 사회보험기금과 같이 상당히 장기간 적립되었다가 소요가 발생할 때 지출되기 시작하는 적립성 기금이 있다.

(3) 설치 목적 및 용도에 따른 분류: 사업성 기금 · 사회보험기금 · 금융성 기금 · 계정성 기금

특정한 목적 사업을 수행하는 데 필요한 자금을 관리 · 운영하는 기금을 사업성 기금이라고 하며, 장래의 연금 지출과 보험 지출에 대비하여 기여금과 보험료 등의 자금을 운용하는 기금을 사회보험기금이라고 한다. 국민연금기금, 공무원연금기금, 군인연금기금, 사립학교교직원연금기금, 고용보험기금, 산업재해보상보험및예방기금 등 6개이다.[5]

특정 사업을 직접 수행하는 순수 재정활동이 아니라 특정 사업에 수반하여 보증 · 보험 등을 제공하는 금융활동에 가까운 역할을 하는 기금으로 신용보증기금, 예금보험기금, 예금보험기금채권상환기금 등을 금융성 기금이라고 한다. 특정 자금을 모아 실제 사업을 수행하는 주체에게 전달하는 역할을 하는 기금을 계정성 기금이라고 하며, 공적자금상환기금, 공공자금관리기금, 외국환평형기금, 복권기금, 양곡증권정리기금 등 5개가 있다.

3) 주요 제도

(1) 설치

기금은 국가가 특정한 목적을 위하여 특정한 자금을 신축적으로 운용할 필요가 있을 때에 한하여 법률로써 「국가재정법」의 규정에 따라 기획재정부가 진행하는 신설의 타당성에 대한 심사를 받아야 한다. 정부의 출연금 또는 법률에 따른 민간부담금을 재원으로 하는 기금은 법률에 근거를 두고 설치할 수 있다. 조성 재원은 정부 예산에 의

---

5) 우리나라의 사회보험은 국민의 노후 기본생활을 보장하기 위한 국민연금, 공무원연금, 군인연금, 사학연금과 질병, 실업, 산업재해 등 사회적 위험에 대처하기 위한 고용보험, 산재보험, 건강보험, 노인장기요양보험 등 총 8개가 있다. 이를 8대 사회보험이라고 한다.

거한 정부 출연, 기부금 등에 의한 민간 임의 출연, 개별 법률에 따른 부담금, 외부 차입 등의 형태를 띤다.

사업부처나 재정사업 수혜자는 사업을 탄력적으로 운영하고 재원을 안정적으로 확보하고자 기금을 설치하고 싶어 한다. 이런 까닭에 「국가재정법」(제14조)은 기금 신설에 엄격한 심사 기준과 요건을 규정하고 있다.[6] 특히 재원에 대하여 「국가재정법」 제5조는 정부의 출연금이나 법률에 따른 민간부담금을 재원으로 하는 기금은 「국가재정법」 별표2에 규정한 법률에 의하지 않고서는 설치할 수 없게 하고 있다. 출연금과 부담금 이외로 기금을 설치하는 것은 현실적으로 어렵기 때문에 기금 설치 근거를 개별 기금 설치 법률만이 아니라 「국가재정법」에도 규정한 셈이고, 법률 개정이 필요하도록 한 것이다.

(2) 기금운용심의회와 기금정책심의회

기금관리 주체는 기금의 관리·운용에 관한 중요한 사항을 심의하기 위하여 기금별로 기금운용심의회를 설치하여야 한다(국가재정법 제74조). 기획재정부는 기금 관련 정책과 그 운용 방향 등을 심의하기 위하여 기획재정부 소속하에 기금정책심의회를 설치한다(국가재정법 제75조).

(3) 평가제도

「국가재정법」 제82조는 회계연도마다 전체 기금 중 3분의 1 이상의 기금에 대하여 대통령령으로 정하는 바에 따라 그 운용 실태를 조사·평가하며, 3년마다 전체 재정체계를 고려하여 기금의 존치 여부를 평가하도록 규정하고 있다.

기금운용평가는 사업운영 부문과 자산운용 부문으로 나누어 경영 혁신 노력과 개별 사업의 타당성·성과·효율성을, 자산 운용 부문에서는 운용 시스템의 효율성 및 자

---

6) 「국가재정법」 제14조의 요건은 1. 부담금 등 기금의 재원이 목적사업과 긴밀하게 연계되어 있을 것, 2. 사업의 특성으로 인하여 신축적인 사업 추진이 필요할 것, 3. 중·장기적으로 안정적인 재원 조달과 사업 추진이 가능할 것, 4. 일반회계나 기존의 특별회계·기금보다 새로운 특별회계나 기금으로 사업을 수행하는 것이 더 효과적일 것, 5. 특정한 사업을 운영하거나 특정한 세입으로 특정한 세출에 충당함으로써 일반회계와 구분하여 회계 처리할 필요가 있을 것이다.

금관리의 적정성에 대하여 평가하고 있다. 기금존치평가는 민간 전문가로 기금운용평가단을 구성하여 3년마다 기금의 존치 여부를 평가하도록 규정하고 있다.

(4) 기금 폐지 및 통폐합

기금은 설치 목적을 달성한 경우, 설치 목적의 달성이 불가능하다고 판단되는 경우, 특별회계와 기금 또는 기금 상호 간에 유사하거나 중복되게 설치된 경우, 그 밖에 재정 운용의 효율성 및 투명성을 높이기 위하여 기금을 폐지하거나 통폐합할 수 있다.

4) 운영 절차

(1) 운용계획의 수립과 국회 의결

기금관리 주체는 회계연도마다 기금운용계획안 작성지침에 따라 기금운용계획안을 수립하여 기획재정부 장관에게 제출한다. 기획재정부 장관은 제출된 기금운용계획안에 대하여 관리 주체와 협의한 후 이를 조정하여 기금운용계획안을 마련하여 국무회의의 심의를 거쳐 대통령의 승인을 얻고 국회에 제출하여 의결을 거친다. 이는 예산과 동일한 절차로 기금이 실질적인 의미에서 예산화되었다는 것을 의미한다.

(2) 기금의 변경

기금은 집행 단계에서 예산에 비하여 자율성과 탄력성이 넓게 허용된다. 주요 항목 지출 금액의 20~30%의 범위 안에서는 국회에 제출하지 아니하고 변경하여 집행할 수 있다.[7] 금융성 기금 외의 기금은 주요 항목 지출 금액의 20% 이하, 금융성 기금은 30% 이하에서 변경할 수 있다. 주요 항목 기준의 변경 범위를 초과해 지출하는 경우에는 기획재정부와의 협의, 조정과 국무회의 심의 및 대통령의 승인을 얻은 후 국회에 제출하여 변경한다.

---

7) 기금관리 주체는 다른 법률 규정에 의한 의무적 지출 금액, 여유자금 운용으로 계상된 지출 금액, 수입계획을 초과한 수입과 직접 관련되는 지출 금액에 대해서도 기금운용계획변경안을 국회에 제출하지 아니하고 기금운용계획을 변경할 수 있다.

(3) 기금 결산과 국정감사

기금은 예산과 동일한 절차에 따라 국회의 결산을 받는다. 기금은 예산과 동일하게 국정감사와 회계감사의 대상이기도 하다. 기금관리 주체는 회계연도마다 기금결산보고서를 작성하여 기획재정부 장관에게 제출하고, 기획재정부 장관은 결산보고서를 작성하여 감사원에 제출하며 다음 연도 5월 31일까지 국회에 제출하여야 한다(국가재정법 제73조).

4 예산 외 기금

1) 건강보험 재정 및 노인장기요양보험 재정의 예산 외 운용

8대 사회보험 중 국민연금, 공무원연금, 군인연금, 사학연금, 고용보험, 산재보험은 기금의 형태로 운용되어 예산 편성 및 결산에 대하여 국회의 심의·의결을 받으나 건강보험과 노인장기요양보험은 정부 재정 외인 국민건강보험공단의 회계로 운영됨에 따라 국회의 심의·의결을 받지 않는다.

현 건강보험 재정은 기금 형태의 국가재정이 아닌 보험자인 국민건강보험공단의 건강보험 회계로 운영되고 있으며, 수입은 보험료 수입 및 국고지원금(일반회계 및 국민건강증진기금) 등으로 구성되고, 지출은 보험급여비 및 국민건강보험공단의 관리운영비 등으로 구성된다.[8]

2)「국가재정법」및 개별법상 예산 외 운용

「국가재정법」은 예산총계주의를 기본 원칙으로 규정하되 일부 예외를 허용하고 있다. 수입대체경비, 현물출자, 외국차관의 전대, 차관물자 세입예산 초과분, 전대차관

---

[8] 2021년 건강보험과 노인장기요양보험의 지출 규모가 각각 81.8조 원, 8.7조 원으로 총 90.5조 원이지만, 이 보험들이 재정 외로 운영됨에 따라 전체 지출(90.5조 원)이 정부 총지출에 포함되지 않고, 예상보험료 수입의 20% 등 국가에서 지원하는 재정(2021년 11.5조 원)만 정부 총지출에 포함된다.

원리금 상환액의 세출예산 초과분 등 5개 사항의 경우에는 세입세출예산 외로 운용할 수 있도록 규정하고 있다.[9] 이 밖에 「국고금관리법」 제34조에서는 국고금 통합계정의 자금과 그 운용 수익금을 세입세출예산 외로 운용할 수 있다고 규정하고 있으며, 「정부기업예산법」 제13조에서는 특별회계의 경우 세입세출예산 외에 회전자금을 보유·운용할 수 있도록 규정하고 있다.

5 문제점과 개선 방안

1) 문제점

첫째, 우리나라 예산 체계의 가장 중요한 문제는 예산의 포괄 범위가 충분하지 않다는 데 있다. 건강보험과 같은 예산 외 기금이 대규모로 존재하고 국회의 통제를 받지 않고 있으며, 이에 대하여 국민과 언론이 관심을 갖지 않고 있다는 것은 우리나라의 재정민주주의가 질적으로 수준이 낮다는 것을 보여 준다. "대표 없이 납세 없다(No Taxation without Representation)"라는 재정민주주의의 근본을 정면으로 위배하고 있음에도 불구하고 납세하는 주체도 관심이 없고 건강보험 관련자들은 국회의 통제를 마치 귀찮은 간섭인 양 모독하고 있다.

둘째, 우리나라의 예산 체계는 일반회계, 20개의 특별회계, 다수의 기금으로 사실상 거의 100개의 회계로 나뉘어 분절적으로 운용되고 있는 상황이다. 이런 방식의 예산은 후진국을 포함하여 유례를 찾아보기 어려운 구조이다. 이렇게 예산이 분절화되고 복잡할 경우 재원을 상황이 변함에 따라 재배분하기 어렵고 한번 결정된 예산 배분의 틀이 경직적이고 개선될 수 없다. 각 회계는 칸막이식으로 유지되고 있어서 한 부

---

9) 수입대체경비란 국가가 용역이나 시설을 제공하는 사업을 수행하는 과정에서 실제 수입이 세입예산 규모를 초과하거나 초과할 것으로 예상되는 경우 그 초과 수입에 대해서는 당해 목적사업의 세출예산 규모를 초과하더라도 경비로 직접 지출할 수 있도록 허용하는 제도이다. 대표적인 예가 수출입물품의 통관경비이다. 현물출자는 정부가 보유하고 있는 국유재산의 소유권을 정부출자기관에 출자하면서 지분을 확보하는 경우를 말한다. 차관과 관련된 사항은 현재 정부가 차관을 활용하는 경우는 거의 없으므로 큰 의미는 없다.

문의 지출을 늘리고 다른 회계의 재원을 이전해 오는 작업이 필요하여도 하기 어려운 것이다.

셋째, 예산 체계가 단일하지 않고 복잡하여 투명성과 책임성의 관점에서 문제점이 있다. 복잡한 구조 때문에 국민과 국회에 의한 통제도 매우 어렵다. 불필요하게 복잡한 형식을 만들어서 행정부와 이익집단이 공유재산인 예산을 보이지 않게 나눠 먹고 있는 상황이라고 할 수 있다.

2) 개선 방안

빠른 시일 안에 예산 외로 운용되고 있는 건강보험기금은 예산 내 기금의 형태로 포함하여야 한다. 국민의 재산권을 뺏아가는 어떠한 공권력의 작용도 당연히 국민의 대표인 국회의 통제를 받아야 한다.

중장기적 제도 개선으로 예산 체제의 분절성과 복잡성을 획기적으로 감소시켜야 한다. 특별회계와 기금은 정부재정이 일반회계, 특별회계, 기금으로 구분되어 칸막이 식으로 운용하고 있는 상황에서 통합적으로 운용하는 방식으로 개선할 필요가 있다. 특별회계와 기금의 통폐합, 일반회계로의 편입을 통하여 회계의 수를 선진국의 수준으로 현재의 수준을 절반에서 1/3 이하의 수로 줄일 필요가 있다. 재정 체계의 간소화를 통하여 투명성, 입법부와 국민에 의한 감시를 강화할 수 있을 것이다. 과거 IMF 경제 위기 상황에서 기금 운용에 대한 평가를 실시하고 통폐합을 통한 기금정비사업을 진행한 선례가 있으므로 이를 준용하여 적극적인 통폐합 작업을 추진할 수 있겠다.

물론 이런 방식의 개선이 중앙예산기관과 개별 사업부처 사이에 재정 권한에 영향을 미칠 수 있는 점은 고려하여야 하며, 다른 방식으로 중앙예산기관에 과잉 집중된 권한을 사업부처에 일부 이양하는 작업이 이루어져야 한다. 제도 개선에서 병행적인 접근으로 사업부처의 재정 의사결정의 자율성을 보장하고 자율 편성의 권한을 확대하면서 예산 체제 자체는 복잡성과 분절성을 줄여 나가는 작업을 추진하여야 한다.

제3절　예산의 종류

1 구체성에 따른 구분: 총괄예산과 명세예산

　세입과 지출의 주요 내용을 중심으로 구성된 총괄예산과 지출 프로그램 내의 다양한 단위사업의 내용까지 포함하여 구성된 명세예산으로 구분할 수 있다. 총괄예산은 조직과 조직의 대규모 프로그램 정도까지를 특정하여 예산을 편성하는 것을 말한다. 명세예산은 대규모 프로그램과 함께 구체적인 사업까지 예산에 편성하는 제도이다. 보통 사업예산으로 표현되며 소관, 지출액, 구체적인 용도까지 보고하고 의결하는 예산이다.

2 수정 및 보완 여부에 따른 구분: 본예산, 수정예산, 예산수정안 및 추가경정예산

1) 본예산

　예산 편성 절차와 내용의 차이에 따라 구분할 경우 본예산과 수정예산, 추가경정예산이 있다. 본예산은 정부의 재정활동 전반을 포괄하며 매 회계연도에「국가재정법」절차에 따라 행정부가 편성하고 국회의 정기회 본회의의 심의 의결을 받아 성립하는 예산을 말한다. 회계연도 개시 120일 전까지 국회에 제출한 예산안이 정상적으로 통과된 경우를 말한다.

2) 수정예산

　행정부가 예산을 편성하여 국회에 제출한 이후 국회의 심의 의결 과정에서 사회경제의 변화에 의하여 본예산안에 변경이 필요할 경우 이미 제출된 예산안을 수정하여 다시 제출한 예산을 말한다. 수정예산안이 제출되면 기존에 제출된 예산안은 자동으로 철회되며 「국가재정법」 제34조에 규정된 첨부 서류 중 일부를 생략할 수 있다.

현재 수정예산은 제출할 수 있는 요건이 지나치게 광범위하여 행정부의 재량권이 너무 넓다는 문제가 있다. 또한 수정예산 제출 시기에 대한 제한 규정도 없어 이론적으로는 국회의 심의가 완료된 상황에서도 제출할 수 있다. 이로써 국회의 예산안 심의 활동을 무력화할 수 있고, 늦게 제출할수록 심의 기간을 단축시키는 문제도 있다.

수정예산안 제출 요건을 최소한 추가경정예산에 대한 요건 수준으로 「국가재정법」상 구체화할 필요가 있다. 수정예산안 제출 시기에 대한 제한을 통하여 국회의 심의활동을 보장하기 위하여 최소한의 심의 기간은 보장할 필요가 있다.

좀 더 근본적으로 예산 통제를 위하여 가급적 수정예산이 아닌 추가경정예산을 활용하도록 하는 안을 고려해 볼 필요가 있다. 우리나라는 행정부의 재량이 매우 크고 추가경정예산도 사실상 국회 심의가 거의 이루어지지 않고 행정부가 빠르게 상황에 대응할 수 있으므로 추가경정예산만으로도 충분하다고 본다.

3) 예산수정안

예산수정안은 정부가 제출한 본예산안이 국회의 심의 과정을 거치면서 수정이 되어 발의 또는 제출된 것을 의미한다. 예산수정안은 예산결산특별위원회에서 심사 후 수정 의결한 위원회수정안과, 의원 50명 이상의 동의를 얻어 본회의에 직접 제출되는 본회의수정안이 있다. 앞에서 말한 수정예산안은 정부가 예산안을 다시 제출한 예산안이며, 예산수정안은 국회에서 예산 심의 과정에서 기존 예산안을 수정한 예산안이다.

예산수정안은 2014년 「국회선진화법」에 따라 자동부의제가 적용되어 적극적으로 활용되기 시작하였다. 예결위에서 기한 내에 예산안 심의를 못하는 경우 행정부의 원안이 본회의에 회부되기 시작하였다. 이후에는 여야가 합의한 내용을 예산안에 반영하기 위하여 본회의에서 원안을 수정할 필요가 생겼다. 이런 이유로 예산수정안이 빈번하게 활용되고 있다.

한편 특이한 사례는 2022년도 예산수정안이다. 원래 예산 수정에서 행정부 제출 원안에서 일부 사업의 예산을 확대하기 위해서는 정부의 동의를 얻어야 하기 때문에 예산 증액을 위하여 예결위가 기재부와 상호 협의하여야 한다. 국회에서 예산 증액 요청은 예결위가 정부에 요청함으로써 이루어지기 때문이다.

2022년 당시 여당은 예결위에서 야당의 반대를 피하기 위하여 임의적인 협의기구를 구성하고 정부에 예산 증액을 요청하였으며, 기획재정부는 국회의 공식기구이자 절차인 예결위 심의, 요청, 통보 등의 과정을 거치지 않고 임의로 예산을 증액 동의하였다. 이는 재정관리 절차를 위배한 것으로 판단되며, 당시 야당은 기획재정부 장관을 탄핵소추하였으나 다수당인 여당이 힘으로 무산시켰다. 예결위를 거치지 않은 경우 국회가 행정부에 증액을 요청할 수 없으며, 이런 점에서 예산의 삭감만 가능하다로 보아야 한다.

예산수정안은 상임위, 예결위의 심사를 회피할 수 있다는 문제점이 있다. 본회의에서 50인이 예산수정안을 발의하는 경우는 상임위, 예결위의 심사 자체가 무력화된다. 개별 부처의 예산에 대하여 상임위에서 심사를 하는데, 이에 대하여 본회의에서 반영하지 않아도 되므로 실질적으로 예결위와 상임위의 심사가 무력화되는 것이다. 이런 점에서 본회의에서 임의로 수정예산안을 발의하는 방식은 폐지하는 것이 바람직하다.

4) 추가경정예산

(1) 의의

추가경정예산이란 본예산 성립 후에 생긴 사유로 인하여 본예산의 추가나 변경이 필요하여 본예산을 수정한 예산을 말한다.[10] 예산은 확정 시와 실제 집행 시기 사이에 예산안 심의 당시 예측할 수 없었던 사유가 발생하였을 때 이미 성립된 예산에 변경을 가하는 경우를 말한다. 수정예산안은 정부가 국회에 제출한 예산안을 국회가 심의하는 도중에 변경하기 위한 예산안이고, 추가경정예산안은 국회가 심의·확정한 예산에 변경을 가하기 위하여 정부가 국회에 제출하는 예산안이다.

정부는 추가경정예산을 편성하여 국회에 제출하며, 이때 본예산의 사항이나 금액을

---

10) 추가예산은 비목을 신설하거나 기존 비목의 금액을 추가 또는 증액하는 것이며, 경정예산은 이미 정해진 예산의 범위 내에서 금액에만 한정하지 않고 예산총칙 등도 수정할 수 있다. 특히 경정예산은 금액의 감소, 예산 목적의 변경, 명시이월비의 변경 등이 모두 가능하지만, 예산 총액 규모는 증가될 수 없다.

추가하거나 수정하므로 본예산과 추가경정예산이 통합되어 하나의 예산이 된다.[11] 추가경정예산의 경우도 수정예산안과 같이 「국가재정법」 제34조의 첨부 서류의 일부를 생략할 수 있다(국가재정법 제36조).

(2) 연혁과 현황

정부 수립 이후 2013년까지 총 93회에 걸쳐서 추가경정예산안이 연례적으로 편성되어 왔다. 예측 능력이 부족하여 보수적인 세입 전망에 따라 세계잉여금이 발생하였고, 이를 추경으로 소진한 경우가 많았다. 세계잉여금을 국가채무 상환 등에 사용하지 않고 추경예산의 재원으로 활용하며 재정건전성 측면에서 문제가 된다.

2007년 「국가재정법」의 규정으로 추경 요건이 강화된 후 추경 편성이 줄어드는 패턴이 보인다. 추경은 천재지변이나 국가 위기 상황 등 불가피한 경우에 한정적으로 편성하여야 하지만 사전에 예측할 수 있는 경우에도 편성하거나 단기적인 경기부양책으로 활용하는 경우도 많다. 2015년부터 2021년까지 매년 추가경정예산안을 편성하였으며, 2020년에는 처음으로 총 4회의 추가경정예산안이 제출되었다.

(3) 요건

① 세입 부족 및 세출사업 감축 폐지의 경우

세입예산은 수입의 예측치이므로 세입이 부족하다고 세입예산을 다시 편성할 필요가 없다. 세출예산을 집행할 수 있는 세입이 확보되지 않은 문제에 대해서는 세출예산은 집행할 수 있는 재무자원의 최대치를 국회가 허용한 것으로 반드시 그만큼 집행하여야 한다는 의무가 있는 것은 아니므로 예산 당국의 판단에 따라 일부 사업을 집행하지 않으면 된다.

동일한 이유로 확정된 세출사업의 경우 지출 규모를 축소하거나 사업 자체를 폐기하는 경우 세출예산을 불용 처리하면 되고 추가예산을 편성할 필요는 없다.

---

11) 어떤 연도의 예산 총액을 알려면 본예산 외에 추가경정예산을 총계하여 보아야 한다.

② 세출사업 신규 및 증액 추진의 경우

추가경정예산은 "본예산이 성립된 이후 생긴 경제 상황 등의 변화"로 본예산 확정 시라는 시간적 요건이 있다. 내용상 요건으로 「국가재정법」은 추가경정예산안을 편성할 수 있는 경우를 ① 전쟁이나 대규모 재해가 발생한 경우, ② 경기 침체·대량실업·남북 관계의 변화·경제 협력과 같은 대내·외 여건에 중대한 변화가 발생하였거나 발생할 우려가 있는 경우, ③ 법령에 따라 국가가 지급하여야 하는 지출이 발생하거나 증가하는 경우로 한정하고 있다. 추경 편성을 엄격하게 규정하는 것은 반복적인 추경이 국가재정의 건전성을 저해하기 때문이다.

(4) 편성 재원

추경예산 편성을 위한 재원은 세계잉여금, 한국은행 잉여금, 국채 발행을 통한 차입이다. 세계잉여금은 전년도에 사용하고 남은 잉여재원을 말한다.[12]

글로벌 금융 위기로 경기가 악화된 2009년 이후에는 주로 대규모 국채 발행으로 추경 재원을 조달하였다. 현재 「국가재정법」상 세계잉여금은 국가채무 상환에 우선적으로 사용한 후 남은 경우 추경에 활용할 수 있다.

(5) 절차

추가경정예산안의 편성 절차는 기본적으로 본예산안과 동일하다. 예산편성지침의 작성 등 일부 절차가 생략되며, 국회에 제출하는 예산안의 첨부 서류 일부를 생략할 수 있다.[13]

(6) 문제점

첫째, 추가경정예산과 관련하여 무엇보다 중요한 문제는 최근 들어 요건에 맞지 않는 추경이 남발되고 있다는 것이다. 노무현 정부는 「국가재정법」 제정을 통하여 추가

---

12) 한국은행 잉여금은 2004년에서 2007년까지 한국은행 적자로 인하여 정부에 납입액이 없어 추경 재원으로 활용되지 못하였다.

13) 추가경정예산안 편성에서 「국가재정법」에 명시된 예산안 편성에 필요한 모든 첨부 서류를 작성하여 제출할 경우 제출 시기가 지연되어 예산 배정과 집행의 적시성이 낮아질 수 있기 때문이다.

경정예산의 편성 사유를 매우 제한적으로 규정해 놓았는데 이를 정치집단이 무시하는 행태를 보이고 있다. 총선 등 선거를 앞두고 추가경정예산을 통하여 재정을 이익집단들에 배분하고 있다.

둘째, 추가경정예산의 실질적인 경제적 효과가 크지 않다는 문제가 있다. 국채 발행에 따른 재정건전성 훼손의 문제는 큰데 확장재정의 거시경제적 효과는 미비한 것으로 나타난다. 거시경제 효과가 나타난다고 해도 재정지출이 발생할 때까지 시간이 소요되어 재정이 경기 호황 시 오히려 총수요를 증가시키는 경기 동향적 효과를 내고 있는 것으로 보인다. 이 경우 재정의 경기 안정 및 조절 기능에 역행하여 경기불안정성을 높이는 결과가 벌어지게 된다.[14]

셋째, 거시적 수준의 문제뿐 아니라 미시적 수준에서 효율성이 부족한 사업을 추진하는 경우가 많다. 추가경정예산은 부처에서 효율성이 낮고 우선순위가 낮은 사업이 기획재정부의 갑작스러운 요구에 따라 제출되는 경우가 많아 본예산에 비하여 부실하게 편성되는 경향이 있다. 국회에서는 심의가 지극히 형식적이고 사실상 거의 이루어지지 않는 현실이다. 편성 기간이나 심의 기간이 짧아 심사가 충실히 이루어지기 어렵고 비효율적인 사업이 선정된다.

넷째, 행정부와 의회 사이의 관계에서 행정부의 재량권이 비대화되는 현상이 나타난다. 추가경정예산의 세출사업에 대하여 국회의 심사가 형식적이고 관대하기 때문에 재정 당국이 예산의 내용을 사실상 결정하게 된다. 행정부는 추가경정예산을 활용하여 보통의 경우 진행하기 어려운 사업을 수행할 수 있고, 이런 점에서 행정부의 재량권을 확대하는 경향이 있다.

(7) 개선 방안

추가경정예산과 연관된 다양한 문제가 있는 상황에서도 추경 완화론을 주장하는 논자들이 있다. 확대재정을 추구한 행정부에서 요건에 맞지 않은 추경을 추진할 때 헌법과 「국가재정법」 자체를 개정하여야 한다는 주장까지 나오곤 하였다.

---

14) 세계잉여금과 조세수입 증가는 재정이 자동안정화장치로서 수요 축소로 총수요 과잉 확대를 완화하는 장치이므로 이를 지출하면 자동안정화가 이루어지지 못하게 된다.

흔히 원용되는 근거는 선진국의 경우 추가경정예산이 제약이 없고 자유롭다는 것이다. 사실 추가경정예산의 편성 사유에 대하여 특별한 조건을 요구하는 나라는 많지 않다.[15] 그러나 이러한 주장은 추경에 대한 전반적인 구조를 보지 않고 단편적인 측면만을 강조한 것이다.

다른 선진국의 경우는 행정부와 의회 사이의 관계에서 의회의 우위가 분명하고, 집권당과 반대당 간의 협의와 협약이 작동하며, 동시에 의회에 대한 국민과 유권자의 통제제도도 확립되어 있다. 이미 의회의 우위가 분명하고 국민의 의사에 기반하여 추경을 추진하기 때문에 예산 과정에서 다시 의회의 강한 통제가 필요하지 않은 것이다. 우리나라의 경우는 대통령실과 행정부의 자의적인 추경 추진이 빈번하고 추경에 비효율성이 내재되어 있기 때문에 이를 분명한 요건과 절차를 통하여 통제하는 취지의 제도를 노무현 정부에서 도입한 것이다. 향후 추경에 대한 강화된 통제가 반드시 필요하다.

❸ 본예산이 성립하지 못할 시 대응 방법에 따른 구분: 잠정예산, 가예산 및 준예산

1) 잠정예산

다음 회계연도까지 본예산이 국회에서 의결되지 못하여 본예산이 성립하지 않은 경우, 행정부가 국가의 기능을 유지하기 위하여 지출활동을 어떻게 할 것인가의 문제가 생긴다. 잠정예산은 예산이 확정되지 않았을 때 잠정적으로 예산을 편성하여 의회에 제출하고 의회가 사전 의결을 해 주면 사용할 수 있게 되는 예산이다. 사용 기간이 정해져 있지 않다는 특징이 있다.

---

15) 영국의 경우 추가경정예산의 편성을 규제하는 별도의 법적 규정 없이 통상적으로 1년에 2회의 추가경정예산이 편성되고 있으며, 미국은 추가예산을 가장 빈번히 활용하는 나라로서 매년 3~4회의 추가예산을 불규칙적으로 편성하고 있다. 일본의 경우 법률 또는 계약상 국가의 의무에 속하는 경비의 부족을 보충하는 경우로 한정하여 구체적으로 규정하고 있다.

2) 가예산

회계연도까지 예산이 확정되지 못하였을 때 1개월 이내의 예산을 사용할 수 있게 국회가 별도로 의결한 예산이다. 우리나라는 1946년부터 1960년까지 가예산제도를 활용하였다.

3) 준예산

준예산은 예산이 확정되지 못하였을 때 예산안이 국회에서 의결될 때까지 전년도에 준하여 지출하도록 하는 예산제도로 현재 우리나라가 채택하고 있다. 준예산은 ① 헌법이나 법률에 의하여 설치된 기관 또는 시설의 유지·운영, ② 법률상 지출 의무의 이행, ③ 이미 예산으로 승인된 사업의 계속에 해당하는 경비에 한하여 전년도 예산에 준하여 집행할 수 있다(헌법 제54조 제3항). 우리나라는 현재까지 중앙정부가 준예산을 실제 집행한 사례는 없다.

〈표 5-2〉 잠정예산, 가예산, 준예산의 특징

분류	사용 기간의 제한	국회 의결	채택 국가	우리나라에서의 적용 여부
잠정예산	제한 없음	필요	미국, 영국, 캐나다, 일본	채택한 일이 없음
가예산	1개월 제한	필요	프랑스	1946~1960년에 채택
준예산	제한 없음	불필요	독일	현재(1960년 이래) 채택하고 있으나 중앙정부에서 사용한 경우 없음

4) 문제점과 개선 방안

첫째, 준예산제도하에서는 예외적인 상황이긴 하지만 의회에 의결 없이 행정부가 임의로 예산을 집행할 수 있다. 이는 재정민주주의 원칙에 근본적으로 위배되는 것이며, 다른 제도적 대응이 가능할 경우 가급적 피하는 것이 좋을 것으로 생각된다.

둘째, 현재 우리나라는 준예산제도에 대하여 헌법에만 규정되어 있고 일반법이 없는 상태로 구체적인 내용이 없어서 제도적 불확실성이 크다. 규정의 내용을 구체적으로 예산 비목과 분류에 어떻게 적용하고 어떤 항목의 예산은 집행 가능하고 다른 항목의 경우 불가능한가에 대한 예측 가능한 구체적인 지침이 없기 때문에 실제 준예산 집행이 필요하여도 행정부가 질서 있게 예산을 집행할 수 없는 상황이다. 이러한 이유로 준예산을 집행하기 어렵고 사실상 활용할 수 없는 상황이다.

셋째, 준예산을 실제로 집행하기 어렵기 때문에 행정부와 입법부 사이에서 행정부가 예산을 두고 벌이는 협상에서 유리한 위치를 갖게 만든다. 준예산이 불가능하기 때문에 12월 31일 이전에는 예산안을 통과시켜야 하며 말일이 다가올수록 입법부가 자신의 요구를 고수하여 행정부에 압박을 가하기 어렵다. 행정부는 이 사실을 알기 때문에 점차 더 강하게 압박하게 된다.

현실적인 개선 방안은 준예산제도에 대한 법적 및 제도적 불확실성을 제거하고 질서 있게 만드는 것이라고 하겠다. 이를 통하여 준예산이 원활하게 집행될 수 있으며, 12월 31일이라는 시한 때문에 생기는 제약이 없어지면 입법부의 협상력을 강화할 수 있을 것이다. 장기적으로는 재정민주주의에 충실하려면 개헌을 통하여 준예산제도는 가예산제도나 잠정예산제도로 전환하는 것이 필요하다고 본다.

제4절 예산의 분류

1 개관

1) 의의

예산의 분류란 예산의 세입과 세출의 내용을 일정한 기준에 따라 체계적으로 배열하는 것을 의미한다. 예산 과정을 효율적이고 체계적으로 수행할 수 있도록 일정한 기준에 따라 예산을 구분하고 유형화하는 것이라고 할 수 있다. 예산에 관한 분류에 따라 이로부터 도출되는 정보가 누가 어떤 목적으로 필요로 하는가에 따라 다양한 형태로 생산 가능하다. 따라서 예산정보의 용도와 목적에 가장 적합한 예산 분류를 개발할 필요가 있다. 일반적으로 예산 분류는 예산 과목 체계에 반영되어 공식적 예산서의 형식을 이루게 된다.

예산을 분류하는 주된 목적은 정책결정자에게 정책결정과 사업계획의 수립에 필요한 정보를 제공하고 각 기관별 예산 집행의 가이드라인을 제공하며 회계 책임을 명확히 하고 분석에 도움을 주는 데 있다. ① 재정정책 담당자가 재정정책 및 사업 계획의 수립을 위하여, ② 의회가 예산 심의를 하기 위하여, ③ 예산 집행기관이 예산 집행을 하기 위하여, ④ 일반 국민이 정부활동을 이해하기 위하여 활용된다.

2) 원칙

예산의 분류 체계가 갖추어야 할 원칙으로는 ① 포괄성의 원칙, ② 단일성의 원칙, ③ 내적 일관성의 원칙이 제시되고 있다. 포괄성의 원칙은 모든 정부기관이 포함되며, 이를 통합적으로 볼 수 있어야 한다는 것이다. 단일성의 원칙은 모든 정부기관의 모든 수입과 지출이 포함되어야 함을 의미한다. 내적 일관성의 원칙은 예산 편성 및 집행, 그리고 과거와 현재의 분류 기준이 통일되어야 한다는 것을 의미한다.

❷ 세출예산 분류 유형

1) 품목별 분류

품목별 분류는 예산을 지출 대상(품목)별로 분류하는 방법으로 예산액을 지출 대상별로 한계를 명확히 정하여 배정함으로써 관료의 권한과 재량을 제한하고 회계 책임을 명확히 할 수 있는 통제 지향적 분류 방법이다. 품목별 예산제도는 투입 측면에만 초점을 맞추어 편성되므로 정부가 투입을 통하여 달성하고자 하는 사업과 지출에 따른 성과나 효과에 대해서는 파악하기 어려운 단점을 갖고 있다. 우리나라에서는 성질별 분류라고 부르고 있다. 우리나라 예산 과목은 장-관-항-목으로 체계화되어 있는데 이 중 목이 품목별 분류에 해당한다.

2) 조직별 분류

예산을 편성하고 집행하는 정부의 조직 단위에 따라 분류하는 방법이다. 정부조직 단위는 독립적인 예산의 편성 및 집행 단위이다. 우리나라에서는 소관별 분류(classification by agency)라고 부르고 있다. 조직별 분류는 예산 분류의 가장 기본적인 방법이다. 세입예산 및 세출예산 모두 조직별로 분류되며, 또한 조직별 분류는 기능별 분류 및 품목별 분류와 함께 병용되기도 한다.

3) 기능별 분류

기능별 분류는 정부의 기능 및 활동 영역별로 예산 배분 현황을 보여 주는 예산정보이다. 정부의 광범위한 기능을 기준으로 지출을 계산한 것이며, 정책의 우선순위를 보여 주는 정보라고 볼 수 있다. 예산정책의 수립을 용이하게 하며 입법부의 예산 심의를 돕는 데 주목적이 있다. 세출예산에만 해당하며 '시민을 위한 분류(citizen's classification)'라고 불리기도 한다.

예를 들어 중앙재정은 ① 방위비, ② 교육비, ③ 사회개발, ④ 경제개발, ⑤ 일반행정, ⑥ 지방재정, ⑦ 채무상환 및 기타 등으로 구분할 수 있으며, 지방재정은 ① 일반행정, ② 사회개발, ③ 경제개발, ④ 민방위비, ⑤ 지원 및 기타 경비 등으로 구분할 수 있다. 대기능은 다시 세부 기능으로 재분류되고 있다.

기능별 분류를 위하여 사업의 내용에 부합하는 기능에 대응시키는 작업을 하여야 한다. 예를 들어 제대군인을 위한 병원을 건립하는 사업의 경우 보건 기능에 해당할지 국방 기능에 해당할지에 대하여 판단을 하여야 한다. 일관성 있는 기준으로 체계적인 분류를 하는 것이 중요하고, 다중적인 기능을 수행하는 사업의 경우 가장 중요한 기능으로 판단하는 것이 바람직하며, 신뢰성과 제3자에 의한 검증을 위하여 기준과 판단

근거에 관한 기록을 남기는 것도 필요하다.

4) 프로그램별 분류

프로그램별 분류는 정부의 기능과 각 부처의 사업계획에 따라서 분류된 프로그램 체제에 따라 예산을 구분하는 것이다. 프로그램 하위에 세분류로서 활동별 분류를 설정할 수 있다. 프로그램을 세분하여 활동으로 범주화하고, 이에 속하는 사업과 예산을 구분하여 총액과 프로그램 구조를 구별하여 분류하는 것이다.

5) 주제별 분류

주제별 분류는 일자리예산, 저출산예산, 문화예산 등 특정 사회적 목적과 이슈를 중심으로 그러한 목적 달성을 위한 정부의 기능과 사업에 투입된 예산을 구분하여 총액을 추계하는 것이다. 사회적인 관심이 큰 이슈와 관련된 정부의 대응 노력의 정도를 가늠하는 용도로 활용된다.

6) 경제 성질별 분류

예산이 국민경제에 미치는 영향을 분석·평가하기 위하여 예산을 거시경제적 성격에 따라 분류하는 방법이다. 정부예산이 국민경제에서 차지하는 비중이 매우 큰 만큼 재정정책의 수립과 집행에 필요한 정보를 제공할 필요가 있다.

전형적인 분류 방식은 예산을 경상 계정과 자본 계정으로 분류하는 것이다. 또 다른 분류 방식은 예산을 국민소득 계정(national account)과 연계하여 분류하는 방식이다. 즉, 국민소득(Y)을 구성하는 소비(C), 투자(I), 저축(S)으로 구분하여 예산을 분류하는 방식이다. 이것은 국민경제의 총체적 순환 과정에서의 재정의 역할을 분석하고자 하는 예산정보이다. 예산이 국민소득의 기본적 요인에 미치는 영향을 파악하는 데 도움을 주는 분류 방법이다. 개개의 경비가 아니라 재정의 전체적인 경제적 작용을 파악하고자 하는 방법이다.

7) 재량권에 따른 분류

(1) 경직성 경비와 비경직성 경비

경직성 경비(uncontrollable spending)는 법률상 또는 정책상의 지출로 결정되어 있는 까닭에 법률의 개정이나 기본 정책의 수정 없이는 삭감할 수 없는 경비를 말하며, 비경직성 경비란 경직성 경비를 제외한 행정부의 특성에 따라 쓰임새가 달라지는 재량적 지출 항목을 말한다.

(2) 의무지출과 재량지출

의무지출(mandatory expenditure)은 재정지출 중 법률에 따라 지출 의무가 발생하고 법령에 따라 지출 규모가 결정되는 법정지출 및 이자지출을 말한다.[16] 법률에서 지출 의무를 규정하고 있고, 지출 근거 및 지출 요건이 근거 법령에 규정되어 있어 지출 규모를 결정할 때 재량이 개입될 여지가 없는 지출을 말한다. 재량지출(discretionary expenditure)은 재정지출에서 의무지출을 제외한 지출 정치적 환경이나 경제적 환경 또는 사회적 환경에 따라 금액의 증감 행태가 비교적 자유로운 지출을 말한다.

3 우리나라의 세출예산 분류 제도[17]

1) 품목별 분류

중앙정부의 재정지출은 일곱 개의 성질로 구분되며, 성질별 재정지출이라고 표현하

---

16) 의무지출은 중장기 예측이 가능하므로 중장기 재정건전성에 미치는 영향이 크고 별도로 심의 분석하여야 할 필요가 있다. 의무지출을 구성하는 항목들의 지출 특성에 대한 분석을 통하여 중장기 재정건전성 관리를 하여야 한다.

17) 우리나라의 예산 분류는 「국가재정법」 제21조에 규정된 원칙에 따라 이루어지고 있다. 예산 분류 방식은 세입예산과 세출예산에 따라 다르고, 하나의 분류 방식도 나라와 시기에 따라서 다르다. 현재 우리나라의 예산 분류는 기능별, 조직별, 품목별, 경제 성질별 분류 등이 이용된다(국가재정법 제21조).

고 있다. 기획재정부는 이에 따라 세출 과목을 100목(인건비), 200목(물건비), 300목(이전지출), 400목(자산 취득 및 운용), 500목(상환 지출), 600목(전출금 등) 및 700목(예비비 및 기타) 으로 나누고 있다. 각 항목별로 더 구체적인 세부 항목으로 분류하며, 이는 아래의 표와 같다.[18]

〈표 5-3〉 성질별 세출 내역

(단위: 억 원, %)

지출목		2021 예산 (A)	2022 예산 (B)	증감 B-A	증감 (B-A)/A
인건비 (100)		443,710	457,624	13,914	3.1
	인건비(110)	443,710	457,624	13,914	3.1
물건비 (200)		326,416	340,685	14,269	4.4
	운영비(210)	264,775	277,853	13,078	4.9
	여비(220)	6,966	6,872	△94	△1.3
	특수활동비(230)	2,384	2,396	12	0.5
	업무추진비(240)	1,919	1,889	△30	△1.6
	직무수행경비(250)	10,324	10,538	214	2.1
	연구용역비(260)	32,588	32,825	237	0.7
	안보비(270)	7,460	8,312	852	11.4
이전지출 (300)		4,189,625	4,305,657	116,032	2.8
	보전금(310)	229,273	288,592	59,319	25.9
	민간 이전(320)	1,367,606	1,303,878	△63,728	△4.7
	자치단체 이전(330)	2,083,295	2,159,431	76,136	3.7
	해외 이전(340)	20,799	20,575	△224	△1.1
	일반출연금(350)	233,718	253,824	20,106	8.6
	연구개발출연금(360)	254,934	279,357	24,423	9.6

---

18) 여기서 재정지출을 성질별로 분류하면 총지출 산출 시 제외되는 내부거래(전출금 등) 및 보전거래(상환 지출 등)가 포함된다.

		5,041,780	4,750,001	△291,779	△5.8
자산 취득 및 운용 (400)	건설보상비(410)	15,867	23,624	7,757	48.9
	건설비(420)	152,672	162,521	9,849	6.5
	유형자산(430)	164,672	155,133	△9,539	△5.8
	무형자산(440)	1,755	2,063	308	17.5
	융자금(450)	525,662	470,195	△55,467	△10.6
	출자금 등(460)	112,265	103,491	△8,774	△7.8
	예치금 및 유가증권 매입(470)	2,235,189	2,251,077	15,888	0.7
	예탁금(480)	1,833,195	1,581,309	△251,886	△13.7
	지분취득비(490)	503	588	85	16.9
상환 지출 (500)		2,213,948	2,126,331	△87,617	△4.0
	상환 지출(510)	2,213,948	2,126,331	△87,617	△4.0
전출금 등 (600)		806,496	898,278	91,782	11.4
	전출금 등(610)	806,496	898,278	91,782	11.4
예비비 및 기타 (700)		151,584	101,826	△49,758	△32.8
	예비비 및 기타(710)	151,584	101,826	△49,758	△32.8
합계		13,173,559	12,980,402	△193,157	△1.5

자료: 열린재정.

2) 조직별 분류

중앙정부는 여러 조직으로 기능과 역할이 구분되며,「국가재정법」상 독립기관 및 중앙관서인 18개의 부, 6개의 처, 18개의 청 등 60개의 소관으로 구분된다. 소관별로 예산을 분류하면 예산의 규모는 보건복지부가 98.0조 원(15.7%)으로 가장 높은 비중을 차지하며, 교육부(89.6조 원, 14.4%), 행정안전부(70.7조 원, 11.3%), 국토교통부(60.9조 원, 9.8%), 국방부(39.7조 원, 6.4%) 순이다. 복지지출과 교육교부금이 매우 크기 때문이다.

3) 기능별 분류

(1) 12대 분야별 재원 배분 현황

12대 분야별 분류는 예산과 국가재정운용계획상 ① 보건·복지·용, ② 교육, ③ 문화·체육·관광, ④ R&D, ⑤ 산업·중소기업·에너지, ⑥ SOC, ⑦ 농림·수산·식품, ⑧ 환경, ⑨ 국방, ⑩ 외교·통일, ⑪ 공공질서·안전, ⑫ 일반·지방행정 분야별 재원 배분 방향을 설명하기 위한 분류이다. 이는 UN의 세출예산 분류 체계(COFOG), IMF의「정부재정 통계편람(Government Finance Statistics Manual: GFS)」등 기준을 변용한 분류이다.

12대 분야별 분류는 국제 비교가 가능하다는 장점이 있으나 12대 분야의 경우 일부 분야(R&D, 국방)의 집계가 별도로 이루어짐에 따라 분야별 지출액 합계가 총지출과 일치하지 않아 분류 체계가 포괄성과 배타성의 문제가 있다.

12대 분야별 재정 현황을 보면, 보건·복지·고용 분야가 가장 큰 규모이며, 일반·지방행정 분야, 교육 분야, 국방 분야도 비중이 크다.[19] 보건복지고용 부문의 연평균 증가율이 높고, SOC는 감소하는 모습을 보이고 있다.

(2) 16대 분야별 재원 배분 현황

16대 분야별 분류는 모든 예산사업에 ① 일반지방행정, ② 공공질서 및 안전, ③ 통일외교, ④ 국방, ⑤ 교육, ⑥ 문화와 관광, ⑦ 환경, ⑧ 사회복지, ⑨ 보건, ⑩ 농림수산, ⑪ 산업·중소기업 및 에너지, ⑫ 교통 및 물류, ⑬ 통신, ⑭ 국토 및 지역개발, ⑮ 과학기술, ⑯ 예비비라는 16개의 분야별 분류 코드를 부여하여 코드별로 예산을 집계하는 것이다. 누락되는 사업이 없으므로 포괄성이 있으며 사업별로 특정 코드가 하나만 부여되기 때문에 배제성이 있게 되고 총합은 총지출 금액과 일치하게 된다. 현재

---

19) 복지교육 부문과 지방정부 지원이 중앙정부 지출의 62%를 넘어서는 것을 볼 수 있는데 교육 부문은 지방교육재정교부금, 일반지방재정 부문은 지방교부금이 포함되기 때문이다. 이는 중앙정부의 재량권의 범위에 속하지 않는 것으로 중앙정부의 권한이나 영향력을 고려할 때 빼야 하는 부분이다. 그런 상황에서 중앙정부의 지출 중 가장 많은 비중을 차지하는 부문은 국방 부문과 사회복지 부문으로 볼 수 있다. 국방비의 상대적 비중을 낮아졌지만 총액은 계속 증가 중이며, 사회복지 부문의 비중이 계속 증대하고 있다.

⑦ 환경, ⑧ 사회복지, ⑨ 보건, ⑪ 산업중소기업 및 에너지 분야의 비중이 큰 것으로 나온다.

〈표 5-4〉 재원 배분 분류 체계 비교

12대 분야		16대 분야	
도입 배경	예산 분류에 대한 국민의 이해 증진	프로그램 예산제도 도입에 따른 예산 체계 개편 (장·관·항→분야·부문)	
특징(장점)	국제 기준을 참고하여 만든 체계로서 국가 간 비교 용이	실제 예산 편성 체계(프로그램 예산제도)와 일치하여 산출 작업 용이	
연번	분야	연번	[코드번호] 분야
1	보건·복지·고용	1	[080] 사회복지
		2	[090] 보건
2	교육	3	[050] 교육
3	문화·체육·관광	4	[060] 문화 및 관광
4	산업·중소기업·에너지	5	[150] 과학기술
5	R&D(별도 통계)*	6	[110] 산업·중소기업 및 에너지
6	SOC	7	[120] 교통 및 물류
		8	[140] 국토 및 지역개발
7	농림·수산·식품	9	[100] 농림수산
8	환경	10	[070] 환경
9	국방(일반회계 총계)**	11	[040] 국방
10	외교·통일	12	[030] 통일·외교
11	공공질서·안전	13	[020] 공공질서 및 안전
12	일반·지방행정	14	[010] 일반·지방행정
		15	[130] 동산
		16	[160] 예비비

주: * 과학기술 분야 외에, 여타 분야 중 R&D 관련 사업예산을 중복 계상.
** 국방 분야 중 국방부, 방위사업청 소관(병무청 제외) 일반회계 총계.
자료: 국회예산정책처(2022).

4) 프로그램별 분류

우리나라 예산은 형식상 프로그램 예산제도를 도입하여 조직별 분류를 한 후 각 부처마다 프로그램, 사업이라는 예산 체계를 가지고 있다. 현재 각 조직마다 10개 정도의 프로그램이 있으며, 총 프로그램은 770여 개 존재하고, 각 프로그램마다 단위사업이 포함되며, 3,200여 개 단위사업이 있다.

5) 주제별 분류

정부와 언론은 빈번하게 일자리예산, 저출산예산, 문화예산 등을 발표한다. 정부는 사회적 문제에 대하여 적극적으로 대응하였다는 점을 강조하기 위하여 과대 추계하는 경향이 있으며 어떤 방법론으로 주제별 예산을 집계하는지는 제대로 공개되지 않는 경우가 많다. 예를 들어 24년 저출산예산의 경우 15.4조로 발표되었는데 어떤 사업이 저출산예산에 해당하는지에 대한 합리적인 기준과 방법론은 알려지지 않았다. 과거의 예를 보면 그다지 저출산 대응과 관련이 없는 사업의 경우도 간접적으로 연관이 있다는 이유로 저출산예산에 포함되는 경우가 많았다.

'저출생 대응' 280조가 헛돈? "과포장…8년 전부터 정체"
한국재정학회, '초저출산 극복 재원 전략' 토론회
(2023-10-10 https://www.hani.co.kr/arti/economy/economy_general/1111560.html)

조계완 기자

지난 16년 동안(2006~2021년) 280조 원이라는 막대한 예산을 투입했는데도 합계출산율이 매년 하락해 "헛돈을 썼다"는 비판을 받아온 저출산 대응 예산은 사실은 과도하게 부풀려져 있으며, 오히려 다른 선진국에 비하면 우리나라의 직접적인 저출산 대응 투자 규모는 부족했다는 평가가 나왔다.(중략)
10일 한국재정학회 주최로 여의도 FKI타워 콘퍼런스센터에서 열린 '초저출산 극복을 위한 적극적 재원 확대 전략 모색' 토론회에서 발제자로 나선 홍석철 저출산·고령사회위원회 상임위원은 "저출산·고령사회기본계획을 첫 시행한 2006년(2조 1천억 원)부터 매년 저출산 예산이 증액 편성됐고, 2015년 이후 저출산 대응 예산이 이전보다 3배가량 급증했다"며 "그러나 저출산 예산 사업 항목 중에서 주거 지원 예산(정부 자체사업 예산의 70% 이상을 차지)을 제외하면 출산·양육·돌봄과 일-육아 병행 지원 등 실질적인 저출산 대응 예산 규모는 2015년부터 정체되고 있다"고 말했다. 주거 지원 예산으로 인해 저출산 대응 예산이 2배가량 과도하게 부풀려져 있다는 얘기다.

홍 위원은 또 막대한 지출에도 불구하고 저출산 대응 효과가 없는 상황이 아니라며, "오히려 실효적인 저출산 정책 투자를 과감하고 적극적으로 확대해야 한다"고 말했다. 2019년 기준으로 저출산 예산과 직접 밀접하게 관련되는 '가족 지출'(아동수당·육아휴직급여·보육서비스 지출 등) 규모가 국내총생산에서 차지하는 비중을 보면 한국이 1.37%로, 경제협력개발기구(OECD) 회원국 평균(2.12%)보다 낮다.

토론자로 나선 우석진 명지대 교수(경제학)도 "교육급여·공공주택(주거 지원)·반값등록금까지도 저출산 대응 예산에 포함되고 있는데, 이런 분류 집계의 문제에서 비롯되는 '과장된 저출산 예산'이 문제를 키우고 있다"며, "우리 사회가 저출산 대응에 정확하게 과녁을 조준해 얼마나 투자하고 있는지조차 제대로 파악하지 못하는 상황"이라고 말했다. 그는 시설·보육 같은 서비스 지원 이외에 아동수당 같은 현금성 지원을 강화해 온 방향이 효과 측면에서 맞는지 재검토해 볼 필요가 있다며 "양육가구에 대한 세제 지원을 확대해야 한다"고 말했다.

토론회에서는 "'그동안 수백조 원을 쏟아붓고도 소용없었고 헛돈을 썼다'는 여론은 잘못된 통념"이라는 분석이 참석자들 사이에 계속 이어졌다. 정재훈 서울여대 교수(사회복지학과)는 "2020년 기준으로 우리나라 사회복지 지출 규모(302조 원) 대비 저출산 예산(40조 원)은 13.3%로, 한국은 경제협력개발기구(OECD) 회원국 중에 국내총생산 대비 공공사회복지 지출 비율에서 하위권에 계속 머물고 있다"며 "'저출산 대응에 돈을 쏟아부었다'는 표현은 과대 포장됐으며, 사실은 저출산 대응에 적극적으로 돈을 쏟아붓지 않아 온 우리 사회의 실체와 현실을 왜곡하는 말"이라고 말했다.

(하략)

6) 경제 성질별 분류

경제 성질별 분류는 공식적으로 집계되거나 발표되지는 않으며, 학자들이 학술적인 목적으로 기능별 분류를 활용하여 임의로 집계하는 현황이다.

7) 재량권에 따른 분류

(1) 경직성 경비와 비경직성 경비

우리나라는 과거 경직성 경비와 비경직성 경비를 구분하여 활용하였다. 경직성 경비의 비목에 방위비, 교부금, 인건비 등을 포함시켜 왔으며, 국채이자를 포함시키다가 2001년부터 제외하였다. 과거에는 인건비의 비중이 컸으나 2001년부터 교부금의 비중이 더 무거워졌다. 「국가재정법」의 제정에 따라 의무지출과 재량지출로 분류 체계가 전환되어 경직성 경비에 대한 추계는 더 이상 이루어지지 않는다.

(2) 의무지출과 재량지출

「국가재정법」은 의무지출을 법률에 따라 지출 의무가 발생하고 법령에 따라 지출 규모가 결정되는 법정지출 및 이자지출로 규정하고 있다. 구체적으로 복지지출 중 특정 자격이 있으면 조건 없이 지급하여야 하는 지출, 법정지출, 조약 체결 등에 의한 지출, 이자지출 등이다. 재량지출은 재정지출에서 의무지출을 제외한 지출로 규정된다.

전체 예산에서 의무지출이 차지하는 비중은 2010년 40% 정도에서 현재 50% 정도로 지속적으로 확대되고 있다. 전반적으로 정부의 재정적 대응 능력이 떨어지고 있다고 할 수 있다. 더불어 재량지출이라고 하더라도 지출의 성격에 따라 경직성을 가지는 지출이 있으므로 재정정책의 재량의 여지를 과대평가해서는 안 된다.

경직성이 높은 재량지출의 대표적인 예로 인건비를 들 수 있다. 현행 의무지출 분류 기준상 인건비총액은 법령에 따라 결정되지 않고 매년 국회 예산 심의 과정에서 조정할 수 있다는 점에서 의무지출로 분류되지 않는다. 그러나 공무원 인건비는 국가와 고용 관계로 인하여 발생하는 비용으로서 공무원 수 조정이 쉽지 않아 여타 재량지출보다 지출 규모 조정에 어려움이 있기 때문에 경직적 지출의 특성을 보이게 된다.

예산 II: 제도

미래를 위한 재정관리
Public Financial Management for the Future

제1절 예산의 원칙

1 의의와 전통적 예산 원칙

1) 의의

예산의 원칙이란 예산의 모든 과정에서 공식적으로 지켜야 하는 제도 외에 비공식적이고 좀 더 근본적인 규범과 준칙을 말한다. 대비되는 개념으로 예산제도는 예산의 여러 기능을 구조화하는 형식과 절차에 대한 규칙, 예산 과정에 참여하고 있는 여러 행위자에게 요구하는 헌법의 조항, 법령, 규칙 등 공식적인 규정을 말한다. 예산 원칙은 법제도처럼 특정한 행위를 강제하거나 금지하는 효과를 가지지는 않지만 전반적인 가이드라인으로 바람직한 예산 과정을 설계하거나 바람직한 법제도를 구성하는 데 기준이자 방향이 된다고 할 수 있다.

2) 전통적 예산 원칙

(1) 예산투명성, 명료성, 정확성의 원칙

예산투명성의 원칙은 정부의 예산은 국민에게 공개되고 누구나 알 수 있도록 하여야 한다는 원칙을 말한다. 예산에 관한 정보가 실제를 반영하여 있는 그대로 투명하게 제공되어야 한다.

예산명료성의 원칙은 예산은 모든 국민이 이해할 수 있도록 명료하게 이해할 수 있도록 세부 내역과 관련된 자료가 충분히 제공되어야 한다는 원칙을 말한다.

예산정확성의 원칙은 예산 추계가 가능한 한 정확(accuracy)하여야 하며 예산과 결산이 일치하여야 한다는 원칙을 말한다.

우리나라는 행정부 내에서 예산 편성 과정에서 투명성이 낮고, 재정정보도 해석과 검증이 어렵다는 문제가 있다. 예산을 분류 방식과 제시하는 방식이 복잡하고 의미 파악이 어려워 국민의 예산을 이해하는 데 어려움이 있다.

(2) 예산 사전 의결의 원칙

예산 사전 의결의 원칙은 예산은 집행이 이루어지기 전에 입법부의 의결을 거쳐야 한다는 원칙이다. 국민의 재산권 침해는 반드시 국민의 대표기관인 의회의 동의를 받아야 한다는 재정민주주의의 기본이다.

예외는 새로운 회계연도가 개시될 때까지 예산안이 의결되지 못하였을 때 정부가 전년도 예산에 준하여 지출을 집행할 수 있는 준예산제도와 긴급한 상황에서 허용되는 대통령의 긴급재정경제처분 등이다.

(3) 예산한정성의 원칙

예산한정성의 원칙은 예산은 각 항이 정한 목적, 예산에 사업과 항목에 설정된 금액 한도, 예산이 설정된 기간에 한정하여 지출할 수 있다는 원칙이다. 예산의 목적 외 사용 금지 원칙은 예산을 목적에 맞게 집행하여야 한다는 원칙이다(국가재정법 제45조). 예산 초과 지출 금지는 예산에 계획된 금액 이상의 지출은 허용되지 않는다는 원칙이며, 이에 대한 예외는 이용, 전용, 이체 제도가 있다. 기간 한정의 원칙은 그 연도에 지출되어야 할 경비가 다른 연도에 지출되어서는 안 된다는 것으로 일정 기간에 해당하는 회계를 타 기간과 구분하여 그 기간에 해당하는 회계 내용을 명확하게 하기 위한 것이다. 계속비가 대표적인 예외 사항이다.[1]

(4) 예산 단일의 원칙

예산 단일의 원칙은 예산의 효율적인 통제와 효과적인 관리를 위하여 정부 예산은 하나의 형식이자 회계이어야 한다는 원칙이다. 국가 전체를 이해하기 쉽도록 종합적으로 명료하게 밝히기 위해서는 예산은 단일한 회계로 편성되어야 한다는 원칙이다.

우리나라는 일반회계, 특별회계, 기금으로 구분하여 이루어지고 있어 예산 단일의 원칙과는 근본적으로 거리가 멀다.

(5) 예산 통일의 원칙

예산 통일의 원칙은 국가의 모든 세입은 하나의 국고에 통합되고 이후 사업별로 지출되어야 하며 특정 세입과 특정 세출을 직접 연결해서는 안 된다는 원칙이다. 세입과 세출이 분리된다는 것은 사업의 부담자와 수혜자가 일치하지 않는다는 것을 의미한다. 사업 부담자와 수혜자가 연계되면 예산 배분이 이익집단에 의하여 사적재 배분과 같은 결과를 낳고, 공적자금을 통하여 공공재에 대한 공급이 적절하게 이루어지기 어렵기 때문이다.

우리나라는 특별회계, 기금, 목적세의 비중이 커서 예산 통일의 원칙도 근본적으로 거스르고 있다고 할 수 있다.

(6) 예산완전성의 원칙

예산완전성의 원칙은 예산이 정부의 수입과 지출과 관련된 정보가 완전하여야 한다는 것으로 관련된 모든 정보가 보고되어야 한다는 것으로 예산총계주의와 예산포괄성의 원칙을 의미한다. 예산총계주의 원칙은 세입, 세출은 모두 예산에 편입하여 총계

---

[1] 계속비(국가재정법 제23조), 세출예산이월(국가재정법 제48조), 세계잉여금의 다음 연도 이입(국가재정법 제90조) 규정 등이 있다.

를 기록하여야 하며 상계한 결과인 순계를 보고하여서는 안 된다는 것이다. 예산포괄성의 원칙은 정부 수입과 지출 중 예산에 기록되지 않은 수입과 지출이 없어야 한다는 원칙이다. 예외로는 현물출자, 수입대체경비, 차관전대 등이 있다.[2]

2 예산환경의 변화와 현대적 예산 원칙

(1) 행정부 계획의 원칙

행정국가가 확대됨에 따라서 재정의 역할도 커지게 됨으로써 기존의 예산 원칙을 수정하여야 한다는 요구가 등장하였다. 이를 반영한 새로운 현대적 예산 원칙이 제시되고 있다. 첫 번째 원칙은 행정부가 예산계획을 주도한다는 원칙이다. 예산안은 행정부가 편성하는 것이 상례이고 정부의 사업계획이므로, 행정부가 사업계획과 예산 편성을 하는 것을 인정하여야 한다는 원칙이다.

(2) 행정부 책임의 원칙

정부는 예산이 허용하는 금액의 범위 내에서 경제적으로 효율적인 방식으로 예산을 집행할 행정적 책임이 있다는 원칙을 말한다.

(3) 보고의 원칙

예산의 편성, 심의, 집행은 정부 각 기관으로부터 제출되는 재정보고 및 업무 보고에 기초를 두어야 하며, 행정부의 수반과 국민들에게 보고하여야 한다는 원칙을 말한다.

---

2) 예외로는 현물출자, 수입대체경비, 차관전대 등이 있다. 수입대체경비는 수수료나 입장료처럼 국가가 특별한 서비스를 제공하고 징수한 대가가 예산 수입을 초과하였을 때 해당 공공서비스와 직접 관련된 경비에 대하여 예산상의 금액을 초과 지출할 수 있도록 하는 것이다. 수입대체경비에서 수입이 예산을 초과하거나 초과할 것이 예상되는 때에는 그 초과수입에 직접 관련되는 경비 및 이에 수반되는 경비에 초과 지출할 수 있다. 국가가 현물로 출자하는 경우와 외국차관을 도입하여 전대하는 경우에는 이를 세입세출예산 외로 처리할 수 있다.

(4) 예산 수단 구비의 원칙

정부가 그 책임을 다하기 위해서는 중앙예산기관을 설치하고, 기타 다양한 행정적 권한과 제도를 보유하여야 한다는 원칙을 말한다.

(5) 다원적 절차의 원칙

현대 행정은 다양한 행정활동을 하므로 이러한 활동들을 적절하게 수행하기 위해서는 기존의 예산 과정과 별도로 다원적인 예산 절차가 필요하다는 원칙을 말한다.

(6) 행정부 재량의 원칙

입법부가 지나치게 간섭하면 효과적 행정 운영을 저해하므로 의회는 총괄 예산만을 승인하고 구체적인 사업 단위의 예산은 행정부에 많은 재량을 부여하여야 한다는 원칙을 말한다.

(7) 시기 신축성의 원칙

예산은 기존의 고정된 일년 단위와 회계 기간에서 벗어나 경제 사정 등의 변동에 적응할 수 있도록 시기와 기간을 신축적으로 정하여야 한다는 원칙을 말한다.

(8) 예산기구 상호성의 원칙

능률적인 예산 운영을 위하여 중앙예산기관, 부처의 예산 담당기구, 의회 간에 상호 활발한 의사소통이 있어야 한다는 원칙을 말한다.

3 나쁜 예산의 유형과 예산 원칙

(1) 정부의 능력을 초과하는 세입을 전제로 설정한 비현실적 예산

쉬크(Allen Schick) 교수는 예산이 갖추어야 하는 원칙에 부합하지 않는 대표적인 사례로서 나쁜 예산의 유형을 제시하고 있다.

비현실적인 예산(unrealistic budgeting)이란 부정확한 경제 전망 아래 실현 불가능한 세입을 전제로 세출예산을 편성하거나 장래 정부의 상환 능력을 초월하는 수준의 국채 발행을 초래하는 예산을 말한다. 이는 예산의 정확성의 원칙을 위배한 것으로 재정의 건전성을 해치게 된다

(2) 일부만 알고 있는 숨겨진 예산

숨겨진 예산(hidden budgeting)이란 예산의 투명성 구체성이 부족하여 외부인들이 예산사업의 내용을 쉽게 파악할 수 없는 경우이다. 사례로는 세부지출사업에 대한 정보 없이 총액으로 일괄 계상해 놓은 예산, 사업 내용에 관련이 없는 사업에 포함시켜 놓은 예산, 특정 사업의 규모를 필요 이상으로 부풀려 놓은 예산 등이다. 숨겨진 예산은 투명성, 정확성, 명료성, 완전성을 위배한 예산이라고 할 수 있다.

(3) 재원 조달 방안이 불명확한 현실 회피적 예산

현실 회피적 예산(escapist budgeting)은 대중영합적 감세나 시혜성 복지 지출과 같이 세입이나 지출에 미치는 영향에 대한 종합적인 정보 없이 당해 사업의 지출과 그에 따른 효과만을 보고한 사업예산이라고 할 수 있다. 이 또한 투명성, 정확성, 명료성, 완전성을 위배한 예산이라고 할 수 있다.

(4) 관행적으로 이루어지는 반복적 예산

반복적 예산(repetitive budgeting)은 사업에 대한 규모와 타당성에 대한 검토 없이 전년 답습적으로 편성된 예산으로 한정성, 사전 의결의 원칙에 위배된다.

(5) 세입에 따라 지출 규모를 조절하는 저금통예산

저금통예산(cashbox budgeting)은 특별회계, 기금과 같이 특정 사업을 추진하기 위하여 특정 세입원이 연계되어 있을 때 수입액이 증가할 때 다른 더 나은 사업에 배분되지 않고 초과 수입을 지출하기 위한 불필요하게 그 사업의 규모를 키우는 것이다. 이는 예산 통일의 원칙을 위배한 것이다.

(6) 재원 부담을 미래세대에 미루는 예산

미래로 미루는 예산(deferred budgeting)은 세대 간 재원 배분의 왜곡을 초래하여 미래세대에 대한 부담을 가중시키게 된다. 예산 지출에 대한 추가적인 부담을 세입에 반영하지 않고 국채로 미래세대에 전가하는 예산을 말한다. 국채가 증가하면 미래세대는 자신의 예산 편성 권한을 제약받게 된다. 이런 면에서 예산 사전 의결 원칙이 침해된다고 볼 수 있다. 예산의 기간 한정성을 넘어서는 의사결정이라고 볼 여지도 있다. 예산의 완전성을 수입과 지출에 대한 전 세대에 미치는 영향을 고려하여야 한다고 해석할 경우 이를 위배하는 예산이라고 평가할 수도 있다.

4 「국가재정법」상 예산 원칙

1) 재정건전성 확보 원칙

첫째, 정부는 재정건전성의 확보를 위하여 최선을 다하여야 한다.
「국가재정법」은 재정건전성의 원칙을 천명하고 재정건전성 악화를 막기 위한 여러 가지 제도적 수단을 마련하고 있다. 우리나라는 그동안 양입제출의 원칙, 낮은 수준의 재정수지와 국가채무를 유지하였으나 최근 행정부하에서 국채 발행을 통한 확장재정으로 급속도로 국가채무의 양과 GDP 대비 국가채무 비율이 증가하였다.

2) 국민 부담 최소화 원칙

둘째, 정부는 국민 부담의 최소화를 위하여 최선을 다하여야 한다.
「국가재정법」의 국민 부담 최소화의 원칙은 국민들의 부담 최소화와 이를 위한 정부 재정 운영의 효율성을 강조한 것이다. 동일한 수준의 공공서비스를 제공하는 경우 조세와 국민 부담률을 낮은 수준에서 유지하여야 할 것을 의미한다.

3) 지출성과 제고 원칙

셋째, 정부는 재정을 운용할 때 재정지출 및 조세지출의 성과를 제고하여야 한다. 「국가재정법」 제8조 성과 중심의 재정 운용과 제38조 예비타당성조사 등에 관한 규정으로 재정 운용의 성과관리를 천명하고 있다.

4) 투명성과 국민 참여 제고 원칙

넷째, 정부는 예산 과정의 투명성과 예산 과정에의 국민 참여를 제고하기 위하여 노력하여야 한다.

투명성이란 포괄적으로 정보를 제공하며, 특히 공개된 정보에는 현재 및 미래의 경제사회적 함의가 포함되어야 함을 의미한다.

예산 과정에 대한 국민 참여의 원칙은 국가재원의 배분에 관한 민주적 의사결정을 보장하기 위한 것이다. 예산 과정에서 국민, 재정전문가, 이해관계집단, 공익단체 등의 사회적 합의를 이루고 국민의 의사를 반영하도록 할 필요가 있다.

5) 양성 평등 원칙

다섯째, 정부는 「성별영향평가법」 제2조 제1호에 따른 성별영향평가의 결과를 포함하여 예산이 여성과 남성에게 미치는 효과를 평가하고, 그 결과를 정부의 예산 편성에 반영하기 위하여 노력하여야 한다.

성인지적 예산은 양성 평등의 이념을 지향하는 예산이 되어야 하며, 정부가 공급하는 공공서비스에서 양성 평등의 가치가 반영되어야 한다는 의미이다.

6) 기후 변화 대응 원칙

여섯째, 정부는 예산이 「기후위기 대응을 위한 탄소중립·녹색성장 기본법」 제2조 제5호에 따른 온실가스(이하 "온실가스"라 한다) 감축에 미치는 효과를 평가하고, 그 결과를 정부의 예산 편성에 반영하기 위하여 노력하여야 한다.

기후 인지 예산은 기후 변화 대응을 지향하는 예산이 되어야 하며, 정부가 공급하는 공공서비스에서 환경 보호와 온실가스 절감을 위한 노력이 있어야 한다는 것이다.

7) 기타 「국가재정법」상 예산 원칙의 반영

〈표 6-1〉「국가재정법」에 반영된 예산 원칙

사항	관련 조문	관련 예산 원칙
예산·결산의 공개	국가재정법 제9조	예산 공개의 원칙
예산의 사전 의결	헌법 제54조 제1항, 국가재정법 제33조	예산 사전 의결의 원칙
경비지출의 단년도제	국가재정법 제3조	예산한정성의 원칙
이용·전용의 금지	국가재정법 제45조 및 제46조	예산한정성의 원칙
예산총계주의	국가재정법 제17조	예산완전성의 원칙
수입의 직접 사용 금지	국가재정법 제53조	예산 통일의 원칙

제2절 예산 형식, 예산법률주의, 구성

1 예산 형식과 예산법률주의

1) 예산비법률주의

「국가재정법」은 예산의 구성과 개별 구성 요소에 포함되어야 하는 내용을 개괄적으로 규정하고 있으며, 구체적인 형식을 규정하지 않고 있다. 우리나라 헌법 체계는 예산안과 법률안을 구별하여 규정하고 있고 형식이 차이가 있으며 성립 절차도 다른데, 이에 따라 효력도 차이가 있는가라는 문제가 있다.

대부분의 견해는 예산이 비법률의 형식으로 존재하며, 효력에서도 법률과 근본적으로 차이가 있고, 행정부 내부의 규범에 그치며, 국민과의 권리 의무 관계에서는 효력이 없다고 본다. 또 예산이 법률의 효력이 없어 다른 법률에 대하여 효력이 없으며 이에 따라 예산에 의하여 법률을 개폐할 수 없다.

다만 예산이 법률의 효력이 없다고 해서 규범성이 전혀 없는 것은 아니다. 세출예산은 입법부의 심의를 거쳐 지출 목적에 맞게 회계연도 내에, 한도 내에서 지출할 수 있다는 구속력을 갖는다.[3] 여기서 예산에 계상된 금액은 상한을 의미하는 것으로 이 금액까지 지출하여야 한다는 것은 아니다.

세입예산과 세출예산은 규범성에서 차이가 있다. 세입예산은 세입의 추정치이며 구속력을 갖지 않는다.

2) 예산법률주의

(1) 의의

선진 민주주의 국가들이 대부분 예산을 법률의 형식으로 하는 예산법률주의를 채택하고 있다. 예산법률주의란 예산이 법률로 성립하게 되어 예산의 내용과 예산의 각종 첨부 서류들이 법률적인 효력을 갖게 되는 것을 말한다. 2016년 국회의 헌법개정특별위원회, 2018년 문재인 정부가 발의한 헌법개정안은 예산법률주의를 규정한 바 있다.

예산법률주의의 핵심적인 제도적 요소는 예산을 법률로 제정한다는 것이다. 이에 따라 예산에 법률적 효력을 부여하는 것인데, 그 법률적 효력의 내용은 국가들마다 천차만별이며 어떤 내용을 효력에 포함할 것인가는 우리나라의 예산제도의 특성을 반영하여 결정할 문제로 핵심적인 제도적 요소는 아니라고 보아야 한다.

이런 관점에서 예산의 형식을 법률로 할 경우 법의 발의와 제정에 관한 사항은 입법부 소관이기 때문에 예산법률주의의 도입에 따라 행정부에서 국회로 예산 편성 권한

---

3) 세출예산은 예산 과목에 의하여 지출 목적이 정해진 경우 이외의 목적을 위하여 지출할 수 없는 목적 외 사용 금지라는 규범성이 있다. 지출 시기 면에서 매 회계연도에 책정된 세출예산은 당해 연도에만 사용할 수 있다는 회계연도 독립의 원칙에 따라 사용 기한이 한정된다. 다른 한편 지출 금액 면에서 보면 예산 금액을 초과하여 지출할 수 없다는 초과 지출 금지라는 규범성이 있다.

을 이전하여야 한다는 논리는 잘못된 것으로 생각된다.

예산법률안의 국회 단독 제출권이 포함되는가의 문제, 예산법률안을 행정부와 국회 모두 제출할 수 있는가라고 하는 예산제출권 문제, 예산 법률을 통한 국회의 예산증액권 인정 여부, 대통령의 거부권을 인정할 것인가의 문제는 예산 법률에 내용으로서 반영할 문제이고 얼마든지 예산 법률에 제한을 둘 수 있는 이슈로서 예산법률주의와 별개의 문제로 다루어야 할 문제이다. 각 제도의 도입의 필요성에 대하여서는 다른 방식의 제도 개선의 필요성에 대한 합의를 통하여 추가적인 제도 개선을 시도하고 예산법률주의와 관련하여서는 예산을 법률화한다는 점에만 초점을 맞추어 제도 개선의 필요성을 논의할 필요가 있다.

(2) 찬반론

찬성론의 기본 입장은 예산안이 법률안과 동일한 절차를 거쳐 국회에서 확정되면 국회의 재정 통제를 강화할 수 있고, 지출예산 집행에 국회의 관여나 폭이 넓어져 재정민주주의를 이룰 수 있다는 것이다.

첫째, 예산 과정이 법률 과정으로 대체됨에 따라 입법 과정에서 제도화된 투명성과 공개가 적용될 수 있고, 국회 심사 과정에서 제공되는 정보의 양이 확대될 수 있다. 예산 법률에 지출 항목별로 지출 용도, 지출 한도, 지출 기한 등을 상세히 규정할 경우 현재보다 높은 수준의 재정정보가 국회에 제공되어 좀 더 효율적인 예산 심사가 가능할 뿐 아니라 이 과정에서 국민의 참여도 확대될 것으로 예상된다.[4]

둘째, 예산법률주의를 도입함으로써 예산과 법률의 불일치를 해소할 수 있다는 것이다. 예산법률주의를 채택하는 경우 예산법은 지출을 위하여 스스로 법적 효력을 갖기 때문에 재정지출을 의무화하고 있는 법률이 제정되어도 예산이 성립되지 않거나, 예산이 성립되어도 집행의 근거가 되는 법률이 마련되지 않은 예산과 법률의 불일치가 있어도 문제없이 예산 집행을 할 수 있다. 예산 법률과 타 법률이 상충하는 내용이 규정될 경우 신법 우선의 원칙, 특별법 우선의 원칙 등 다양한 원칙이 적용되어 원활

---

4) 예산비법률주의에서는 예산이 법률이 아니기 때문에 예산 내용에 대한 정보가 충분히 국민과 국회에 제공되기 어렵다는 문제점이 있다. 정부가 제출하는 예산서는 숫자의 집계에 가깝기 때문에 국회가 예산사업 각각의 정보를 충분히 파악하기가 쉽지 않고, 이는 국회의 예산안 심의를 제약하는 요인으로 작용한다.

하게 조정할 수 있다.[5]

셋째, 예산 집행에 대한 책임성을 강화할 수 있다. 예산법률주의를 도입할 경우 예산 집행이 예산법에 근거하여 이루어지기 때문에 예산 법률에 집행의 조건이나 방식을 규정할 수 있다. 사후에 집행 책임을 물을 수 있으며, 집행 조건과 방식의 준수를 통제할 수 있다. 현재 우리나라 예산서는 사업의 명칭과 금액만을 열거하고 있고 사업의 집행 방식 등에 대하여는 국회가 개입할 여지가 없다. 국회는 예산안 의결 시 부대의견의 형태로 집행 방식 등을 규율하고 있으나 공식적인 강제력이 없어 불이행 시 분명한 책임을 묻지 못하고 있다.

반대론은 경제협력개발기구(OECD) 대부분의 나라에서 예산법률주의를 택하고 있지만 미국 연방정부를 제외하고 예산 편성은 행정부에서 담당하는 것이 일반적임에 주목하고 있다. 집행을 담당하고 실무적 세부 사항과 소요 비용을 제일 잘 아는 행정부에서 국정계획을 수립하고 이를 수행하는 데 재정의 권한을 가진 국민의 대표인 국회에 이를 승인해 달라고 요청하는 것이 행정의 전문성을 고려할 때 자연스럽기 때문이다. 우리나라는 예산법률주의를 채택하더라도 기존의 예산 편성의 권한이나 과정은 그대로 두고 예산의 형식만 법률로 대체하는 것이 될 것이다.

그렇다면 예산법률주의의 의의는 크지 않고 찬성론에서 제시하는 몇 가지 변화도 그 의의가 크지 않을 것이다. 현재도 예산안의 공개, 법률과의 관계, 집행 과정에서의 국회의 요구 반영이 특별한 문제는 없으며 현재의 제도를 강화하는 것으로도 충분하기 때문이다.

둘째, 예산법률주의에서는 의원들이 개별적으로 예산수정법률안을 제안하는 것이 용이하기 때문에 선심성 예산을 발의하는 것이 쉬워져 혼란만 가중하고 재정건전성이 나빠질 가능성이 커질 수 있다.

또한 예산 집행 시 의회의 개입으로 행정부의 재량권이 축소되고 경직성이 증가하여 집행의 효율성이 약화될 수 있다. 국회가 정치적 이익을 바탕으로 예산 집행 과정에 개입할 위험이 없지 않다.

---

5) 법 해석과 집행에 혼란이 야기될 수 있다. 미국의 경우 이를 방지하기 위하여 예산 법률(지출승인법)에 수권 사항(조직, 사업의 근거)을 규정할 수 없도록 하고, 예산 법률이 아닌 타 법률로 예산을 편성할 수 없도록 하는 등의 의사규칙을 정하고 있다.

셋째, 예산 법률의 대(對)국민적 효력을 제한할 것이나 법률의 형식인 이상 소(訴)가 제기될 가능성이 커질 것이고, 이에 따른 예산의 적시에 맞는 집행에 방해가 야기될 가능성이 있다.

넷째, 예산법률주의 찬성론이 제시하는 이익이 존재한다고 하더라도 예산 법률을 도입하기 위해서는 헌법 개정이 필요한데,6 헌법 개정을 위한 사회적 비용에 비하여 그 효익이 미미하다.

(3) 도입 필요성과 방안

찬성론과 반대론을 모두 고려할 때 개헌의 가능성이 있을 경우 예산법률주의를 도입하는 것이 바람직하다고 본다. 재정민주주의의 제고와 투명성의 강화에 기여할 수 있다고 본다.

예산법률주의를 도입하면 예산의 투명성을 법률안의 투명성의 수준으로 높이며, 예산의 규범력을 법률 수준으로 정하고 엄격한 요건하에 국민들도 소(訴)를 제기할 수 있도록 허용하며, 예산 집행에 대하여 국회의 제도적인 개입을 가능하게 할 수 있으므로, 이는 재정민주주의와 투명성 제고에 중요한 개선이 될 것으로 생각한다.

예산법률주의 도입이 재정민주주의를 강화하는 만능의 방안은 아닐 것이나 우리나라의 현재 예산 과정의 불투명성, 대통령실과 기재부의 자의적 판단, 국회와 국민의 모니터링과 통제제도 불비 등을 고려할 때 예산법률주의의 도입이 필요하다.

다만 개헌이라는 엄청난 프로젝트에 드는 사회적 비용을 고려할 때 지금 당장 예산법률주의를 도입하여야 한다고 주장하기는 어렵다고 본다. 이런 점을 고려할 때 헌법 개정이라는 새로운 사회계약이 맺어지는 시기에 다른 중요한 통치구조의 재설계 과정에서 예산법률주의가 하나의 하위 어젠다로 논의되어 개헌 의제 중 하나로 논의하고 제도화하는 것이 현실적이라고 본다.

---

6) 헌법과 국회법은 예산안이라는 명칭을 일관되게 사용하고 있으며 국회법의 예산안 심의 의결 절차가 일반 법률과 다르다는 점을 고려할 때 헌법의 개정 없이는 예산법률주의를 도입할 수 없다고 보아야 할 것이다.

(4) 도입 시 고려 사항

① 예산 법률의 구조

예산 법률의 형식은 각 분야별로 별도의 법률을 제정하는 국가와 하나의 법률에 세입과 세출을 포괄하는 국가가 있다. 미국 연방정부의 경우 분야별 12개의 지출승인법(appropriation act) 형식과 통합지출승인법(omnibus act) 형식을 모두 활용하고 있다.

어떤 형식을 채택할 것인가를 선택하여야 하는데, 하나의 예산 법률에 세입과 세출을 모두 포함하여 규정하는 방식이 행정부와 입법부의 협상력에서 행정부에 유리하다는 점을 고려할 필요가 있다. 개별 법률이 의결될 경우 의회는 특정 법률의 경우는 의결을 미루고 자신들의 요구를 고수할 수 있으므로 의회가 좀 더 강해지게 된다. 이런 점을 고려할 때 미국, 스웨덴의 예와 같이 개별 예산 법률 형식을 취하는 것이 바람직할 것으로 생각한다.

② 예산 법률의 형식과 내용

예산 법률은 법의 취지, 계정별 세출, 일반 조항, 지출 항목에 대하여 개략적인 규정과 의회의 의견 규정, 특정한 집행 방식과 배분 할당(earmark)이 포함되고, 구체적인 예산 항목에 대한 내용은 별표나 예산계획이라는 별도의 자료로 첨부되는 것이 통례이다.

미국 연방정부는 입법위원회의 보고서(committee report)까지 예산 법률로 간주되고, 독일의 경우 예산 법률에 별도로 예산계획이라는 문서가 첨부된다. 예산문서의 규모와 정보의 양을 고려할 때 이러한 큰 대강의 구분이 필요할 것이다.[7]

예산법률주의를 도입할 경우 예산 법률의 내용은 현행 예산 총칙과 부대 의견은 조

---

7) 독일은 예산 법률과 예산계획에 세입세출을 편성한다. 예산 법률은 예산 총규모, 차입 권한, 담보 제공 권한 및 지출 용도의 제한과 관련된 사항을 규정하고 부록의 형태로 부처별 수입지출액 등 통계표를 수록하며, 예산계획은 부처별로 각 사업의 예산 금액과 내역 사업, 이월 권한 등에 대하여 표의 형태로 규정하는데, 예산계획은 예산 법률의 부속물로서 예산 법률과 결합하여 구속력을 가진다. 예산계획에 규정된 최소 단위에 속한 내역 사업에 대한 사업 설명과 그 집행 방법에 대해서도 의회의 심의 결과를 직접 규정하고 있다. 우리나라도 독일과 비슷하게 예산법률주의를 도입하면 예산 법률과 상세 사업예산을 형식적으로 구분하여 제도화하여야 할 것이다.

문으로 규정하되 사업의 조문 단위는 입법 과목까지 또는 그 보다 높은 수준으로 프로그램 단위까지만 규정하는 것이 법률의 형식에 맞을 것이다. 행정부가 재량권이 큰 행정 과목에 대해서는 별표나 예산계획이라는 서류로 예산 법률에 첨부하여 보고하되 행정부의 재량권을 보장한다는 원칙을 유지하여야 할 것이다. 행정 과목에 대하여 부대 의견은 허용하되 예산 배분을 할당하는 제도(earmark)는 허용하지 않는 것이 바람직하다.

③ 예산과 기금의 통합 문제

개헌이라는 큰 변화 속에 예산 법률을 도입한다면 예산과 실질적인 예산에 해당되는 기금을 일원화하여 재정제도를 정비할 필요가 있다. 현행 법체계는 기금이라는 제도가 발전도상기에 도입되면서 예산과 기금을 구별하고 있으나 민주화를 통하여 기금이 예산화되었다. 현재 기금은 세입세출예산 외로 운영하며 기금운용계획안을 예산안과 별도록 국회에 제출하여 심의 의결하고 있는데, 예산법률주의를 도입할 경우 예산과 기금을 일원화하여 예산 법률로 통합하는 것이 바람직하다. 기금 운용에서 자금을 신축적으로 운용하는 방안을 예산 법률 내에 규정하면 될 것이다. 현행 예산과 기금이 항 단위의 프로그램을 중심으로 통합 운용되고 있기 때문에 법체계를 정리하는 일이 현실적으로 가능하다고 본다.

④ 기타

예산안이 예산 법률로 전환될 경우 일반적으로 규범성이 높아지며, 예산 법률을 위반할 경우 이에 대한 처벌 규정을 제정하면 더욱 강한 규범성이 생길 수 있을 것이다. 또한 다른 법률과의 관계, 국민과의 관계에서 대외 효력의 인정 여부 등에 대한 규정이 필요하다. 일반법 효력에서 우선순위를 규정하고 대외 효과는 없는 것으로 규정할 수 있다.

거부권의 경우 미국 연방정부의 경우 의회에서 예산을 편성하므로 대통령에게 예산 법률을 거부할 수 있는 권한을 주는 것이고, 우리나라처럼 행정부가 예산 법률을 제출하는 경우 행정수반에게 다시 거부권을 주는 것은 적절하지 않다고 본다.

2 예산의 구성

1) 협의의 예산안[8]

(1) 예산 총칙

　예산 총칙은 일반예산과 특별예산의 종합적인 내용과 집행의 총괄적이고 일반적인 사항을 규정한다. 각 회계연도 세입세출예산은 각 중앙관서별 회계 기금별로 구분되어 계수를 중심으로 작성되기 때문에 전체 예산을 총괄적으로 파악하기 어렵다. 따라서 예산 총칙에서는 예산에 대한 전체적인 규율 외에도 가능한 범위 내에서 예산에 관한 총괄적 정보를 수록하고 있다.

　예산 총칙은 크게 세 부분으로 구분된다. 첫째, 세입세출예산·계속비·명시이월비와 국고채무부담행위에 관한 총괄적 규정이 있고, 둘째, 국채 또는 차입금의 한도액, 재정증권의 발행과 일시차입금의 최고액, 차입금 및 국채 발행 한도액, 목적예비비, 이용의 범위, 정부기업특별회계 전입전출금이 제시되고 있으며, 셋째, 기타 예산 집행에 관하여 필요한 사항으로 구성된다.

　예산 총칙은 법조문 형식을 따르지만 당해 회계연도 내에서만 효력이 있다. 예산 총칙도 예산의 일부이므로 추가경정예산에 의해서만 변경할 수 있다.

(2) 세입세출예산

　회계연도의 총수입과 총지출에 대한 예산이자 한 회계연도의 모든 수입과 지출 예정액으로 예산의 가장 중요한 부분이라고 하겠다.

　국가 주요 정책이나 사업계획, 경비 내역이 여기에 정리된다. 수입과 지출예정액은 소관별로 나눠 표시한다. 소관은 국회 등 독립기관과 부처청 중앙관서를 포함하여 총 51개로 분류한다. 세입예산은 경비의 성질별로 관–항–목으로 나뉘고, 세출예산은 기능별로 장–관–항–세항, 경비의 성질별로 목으로 구분하여 표시된다.

---

8) 「국가재정법」 제19조에 따르면, 우리나라 예산은 예산 총칙, 세입세출예산, 계속비, 명시이월비 및 국고채무부담행위로 구성된다.

장-관-항은 예산 총칙에 따라 이용을 허용한 경우 외에는 국회의 의결 없이는 바꿀 수 없는 입법 과목이며, 세항은 국회의 의결 없이 행정부 재량으로 전용이 가능한 행정 과목이다. 세출예산은 기능별로 일반공공행정, 공공 질서 및 안전, 통일외교, 국방, 교육, 문화관광, 환경, 사회복지, 보건, 농림수산, 산업중소기업 및 에너지, 교통 및 물류, 통신, 국토 및 지역 개발, 과학기술, 예비비의 16개 장으로 구분한다. 성질별로는 인건비, 물건비, 이전지출, 자산 취득, 상환 지출, 전출금, 예비비 및 기타 지출의 일곱 가지 목으로 분류된다.

(3) 계속비

완성에 수년도를 요하는 공사나 제조 및 연구개발사업은 그 경비의 총액과 연부액을 정하여 미리 국회의 의결을 얻은 범위 안에서 수년도에 걸쳐서 지출할 수 있도록 하는 경비이다(국가재정법 제23조 제1항). 계속비 지출 연한은 원칙적으로 당해 회계연도를 포함하여 5년 이내로 제한하고 있지만 필요에 따라 국회 의결을 거쳐 연장할 수 있다(국가재정법 제23조 제2항). 국회가 장기간의 사업예산을 미리 확정해 주는 것으로 사업 기간 동안 안정적으로 재정을 투입할 수 있게 된다.

(4) 명시이월비

명시이월비는 세출예산 중 경비의 성질상 연도 내에 지출을 끝내지 못할 것이 예측되는 때 그 취지를 세입세출예산에 명시하여 미리 국회의 승인을 얻은 후 다음 연도에 이월하여 사용할 수 있는 경비를 말한다(국가재정법 제24조 제1항).

(5) 국고채무부담행위

국가는 법률에 따른 것과 세출예산 금액 또는 계속비의 총액의 범위 안의 것 외에 채무를 부담하는 행위를 하는 때에는 미리 예산으로써 국회의 의결을 얻어야 하는데 이를 국고채무부담행위라고 한다. 재정사업이나 공사의 발주 계약은 당해 연도에 체결하여야 하나 지출은 다음 연도에 발생할 때 활용되며, 국가가 예산 확보 없이 채무를 지는 것이므로 국회 의결을 얻은 범위 내에서 이루어진다.

2) 예산안 첨부 서류 목록

(1) 세입세출예산사업별 설명서

(2) 예산안 심의 자료 및 부속 서류

세입세출예산안 총계 및 순계는 예산안 전반적인 규모를 파악할 수 있도록 내부거래를 포함한 모든 총계와 회계 간 내부거래를 제외한 순계를 제출하도록 하고 있다.

국고채무부담행위는 예산의 확보 없이 국가가 채무를 지는 행위로 재정건전성에 중요한 영향을 미치므로 설명서, 명세서, 총규모 명시 대상 사업이 첨부 서류로 국회에 제출되고 있다. 국유재산을 국유재산 명세서를 통해 회계적으로 가치평가하여 증감 현황을 보고하도록 하고 있다.

회계 상호 간 여유재원의 전입·전출명세서, 예비타당성조사 면제사업 내역 및 사유도 중요한 정보를 다루고 있다.

지자체 보조사업에 대한 관리의 중요성이 커짐에 따라 지자체 보조사업의 내용을 제출하고 있다.9)

기타 명시이월비 등 예산 심의에 참고가 될 만한 자료들이 첨부 서류의 형식으로 제출되고 있다. 구체적인 자료의 목록은 다음과 같다.

2022년도 예산안 심의 자료 및 부속 서류 목차

Ⅰ. 총괄	1
1. 2023년도 일반회계 예산안 규모	3
2. 2023년도 특별회계 예산안 규모	5
3. 2023년도 세입·세출예산안 총계표 및 순계표	6

---

9) 지자체 보조금은 중앙정부가 지방자치단체의 공적인 사업을 지원하는 금전적 급부이며 지자체는 보통 일정 비율의 대응 지방비를 마련하여야 한다. "지자체 보조사업 분야별 총 대응 지방비 소요 추계서"를 통하여 관리된다.

Ⅱ. 일반회계 세입예산안	9
1. 소관별 세입 내역	11
2. 조세수입 내역	14
3. 소관별 세외수입 내역	15
4. 성질별 세외수입 내역	18
Ⅲ. 일반회계 세출예산안	21
1. 소관별 세출 내역	23
2. 성질별 세출 내역	26
3. 기능별 세출 내역	28
4. 일반회계 전출금 내역	32
Ⅳ. 특별회계 규모 및 개요(특별회계별 설명)	33
Ⅴ. 계속비 명세서	269
Ⅵ. 국고채무부담행위 설명서	273
Ⅶ. 국고채무부담행위 명세서	281
Ⅷ. 국고채무부담행위 총규모 명시 대상 사업	293
Ⅸ. 예산정원표와 예산안 편성 기준단가	297
Ⅹ. 국유재산 명세서	439
Ⅺ. 회계 상호 간 여유재원의 전입·전출명세서	445
Ⅻ. 예비타당성조사 면제사업 내역 및 사유	451
ⅩⅢ. 지자체 보조사업 분야별 총 대응 지방비 소요 추계서	459
ⅩⅣ. 2023년도 세입예산 추계분석 보고서	463
ⅩⅤ. 기타	485
1. 2021년도 일반회계 및 특별회계 결산순계표	488
2. 명시이월비	492
3. 정부출자기관의 자본금 및 출자 현황	494
4. 보조금 예산	498
5. 외화 예산	506
6. 기업특별회계 첨부 서류(5개 기업특별회계)	514
7. 부처별 주요 신규사업 반영 현황	565
8. 세출 예산안 목별 분류	596
9. 2023년도 세출예산안 세목별 총괄표	
ⅩⅥ. 총사업비 관리대상사업 현황	

(3) 성과계획서

(4) 성인지예산서

(5) 조세지출예산서

(6) 국유재산특례지출예산서

(7) 독립기관 및 감사원의 예산 감액 내역 및 의견

(8) 예산안 개요

(9) 예산안 편성 및 기금운용계획안 작성지침

3) 기금운용계획안

(1) 운용 총칙

기금운용계획안은 운용 총칙과 자금운용계획으로 구성된다. 운용 총칙에는 기금의 사업 목표, 자금의 조달과 운용(주식 및 부동산 취득 한도를 포함한다) 및 자산 취득에 관한 총괄적 사항을 규정한다.

(2) 자금운용계획

자금운용계획은 수입계획과 지출계획으로 구분하되, 수입계획은 성질별로 구분하고, 지출계획은 성질별 또는 사업별로 주요 항목 및 세부 항목으로 구분한다. 이 경우 주요 항목의 단위는 장·관·항으로, 세부 항목의 단위는 세항·목으로 각각 구분한다.

4) 기금운용계획안 첨부 서류 목록

(1) 첨부 서류
Ⅰ. 수입지출계획 총계표·순계표
Ⅱ. 68개 기금별 내역
    1. 수입지출계획 총괄표
    2. 수입계획 주요 항목별 내역
    3. 지출계획 주요 항목별 내역
    4. 기금조성계획
    5. 추정재정상태표
    6. 추정재정운영표
Ⅲ. 기금·회계 간 또는 기금 상호 간 여유재원의 전입·전출명세서
Ⅳ. 예비타당성조사를 실시하지 아니한 사업의 내역 및 사유

(2) 심의 참고 자료
1. 총괄
2. 기금별 운용계획안
3. 내역별 수입계획안 현황
4. 내역별 지출계획안 현황

(3) 성과계획서
5. 기타
5-1 기금별 성과계획서
5-2 기금별 순조성(누계액) 규모
5-3 기금별 총자산(추정) 규모
5-4 기금운용계획안 성질별 분류

(4) 성인지기금운용계획서

(5) 온실가스 감축인지 기금운용계획서

(6) 기금운용계획안 개요

3 예산 과목

1) 의의

예산 과목이란 예산의 내용을 명백히 하기 위하여 일정한 기준에 의하여 구분한 것으로 세입예산 과목과 세출예산 과목이 있다. 예산 과목을 통하여 예산을 단계별로 분류할 수 있기 때문에 광범위한 예산을 통일적으로 분류하여 그 성질과 내용을 명백히 함으로써 국회의 의결과 예상 집행을 관리하는 데 활용한다.

우리나라는 중앙관서 조직의 소관별로 장·관·항·세항·목으로 구분하며, 각 단계별로 예산 분류 방식을 적용하여 전체적으로 분류 방법을 결합하여 체계화하고 있다.

소관은 조직별 분류이고, 장·관은 기능별 분류, 항은 사업계획, 세항은 단위사업(활동), 목은 품목별 분류이다. 동시에 프로그램 예산제도의 도입으로 예산 과목의 명칭을 프로그램에 맞추어 적용하고 있다. 여기서 세출예산 과목의 경우 이용 또는 전용 시 정책사업은 의회의 의결 대상이 되는 입법 과목이며 단위사업, 세부사업, 편성목은 행정 과목으로 의회의 의결을 요하지 않는다.

예산 과목은 예산 자료의 작성 및 검토를 용이하게 하기 위하여 부호화되어 있다. 현재 우리나라는 소관별, 기능별, 품목별 분류에 따라 각각의 부호 체계를 갖고 있다.

2) 세입예산 과목

세입예산은 정부 수입의 성질에 따라 과목 구조를 관, 항, 목으로 구분·관리한다. 「국가재정법」 제21조 제2항 및 제3항은 세입예산을 소관별로 구분한 후 소관 내에서 일반회계·특별회계로 구분하고, 그 내용을 성질별로 관·항으로 구분하도록 규정하고 있다. 소관이란 각 기관의 수입을 총괄하는 것을 의미한다. 예를 들어 재정총괄기구인 기획재정부의 경우 일반회계를 의미하고, 일반회계의 수입을 내국세 등 관(款)들과 각 관에 다수의 개별세들이 항으로 포함된다.

[세입예산 과목]

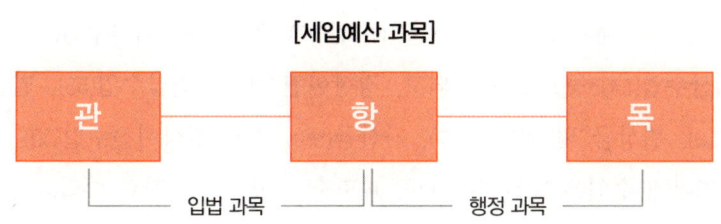

국세

관		항
01	내국세	11. 소득세, 12. 법인세, 13. 부당이득세, 14. 토지초과이득세, 15. 상속세, 16. 재평가세, 21. 부가가치세, 22. 개별소비세, 23. 주세, 24. 전화세, 25. 증권거래세, 26. 인지세, 27. 기타 내국세
02	관세	31. 관세
03	방위세	32. 방위세
04	교통·에너지·환경세	33. 교통·에너지·환경세
05	양여세	36. 지방교육양여세
06	교육세	34. 교육세
08	농어촌특별세	37. 농어촌특별세
09	종합부동산세	39. 종합부동산세

지방세

관		항
111	보통세	취득세, 주민세, 재산세, 자동차세, 레저세, 농업소득세, 도축세, 담배소비세, 종합토지세, 주행세, 지방소비세, 지방소득세
112	목적세	지역자원시설세, 지방교육세, 도시계획세, 사업소세

세외수입은 「예산 및 기금운용계획 집행지침상의 세입예산 과목(수입관)에 따라 재산수입(11관), 경상이전수입(12관), 재화 및 용역판매수입(13관), 수입대체경비수입(14관), 관유물 매각대(15관), 융자 및 전대차관 원금 회수(20관), 차입금 및 여유자금 회수(31관), 전년도 이월금(33관), 정부 내부수입 및 기타(40관) 등 9개의 항목으로 구성된다.

위의 항목들은 하위 예산 과목(수입항)에 따라 다음과 같이 세분화된다. 예를 들어 재산수입은 관유물 대여료(51), 정부 출자수입(52), 전대차관 이자수입(53), 기타 이자수입 및 재산수입(54) 등으로 구성되고, 경상이전수입은 연금수입(55), 벌금, 몰수금 및 과태료(56), 변상금 및 위약금(57), 가산금(58), 기타 경상이전수입(59) 등이 있다. 재화 및 용역판매 수입은 병원 수입(62), 교도소 수입(63), 입장료 수입(64), 면허료 및 수수료(65), 입학금 및 수업료(66), 항공, 항만 및 용수 수입(67), 실습 수입(68), 잡수입(69) 등으로 나뉜다.

관		항
10	기업특별회계영업 수입	41. 양곡사업수입, 43. 우정사업수입, 45. 조달사업수입, 49. 책임운영기관사업수입
11	재산수입	51. 관유물대여료, 52. 정부출자수입, 53. 전대차관이자수입, 54. 기타 이자수입 및 재산수입
12	경상이전수입	55. 연금 수입, 56. 벌금, 몰수금 및 과태료, 57. 변상금 및 위약금, 58. 가산금, 59. 기타 경상이전 수입
13	재화 및 용역판매 수입	62. 병원 수입, 63. 교도소 수입, 64. 입장료 수입, 65. 면허료 및 수수료, 66. 입학금 및 수업료, 67. 항공, 항만 및 용수 수입, 68. 실습 수입, 69. 잡수입
14	수입대체경비수입	
15	관유물 매각대	71. 고정자산 매각대, 72. 토지 및 무형자산 매각대, 73. 재고자산 매각대 및 유동자산
20	융자 및 전대차관 원금 회수	75. 융자 원금 회수, 77. 전대차관 원금 회수
31	차입금 및 여유자금 회수	81. 국공채수입, 82. 민간차입금, 84. 유가증권 대각대, 85. 정부예금 회수
32	차관수입	86. 차관수입
33	전년도 이월금	88. 전년도이월금
34	세계잉여금	89. 세계잉여금 이입액
40	정부 내부 수입 및 기타	91. 전입금, 92. 예탁 원금 회수, 94. 예수금, 95. 예탁 이자수입, 96. 기타

관(21)	항(59)
07 사회보장기여금	38. 사회보장기여금

3) 세출예산 과목

(1) 체계

[세출예산 과목]

(2) 예산 분류와의 관계

	기능별 분류(16대 기능 분류)					성질별 분류	
품목별 예산 과목구조	장	관	항	세항	세세항	목	세목
	대기능	중기능	소기능				
프로그램 예산 과목구조	분야	부문	프로그램	단위사업	세부사업		
	대기능	중기능	소기능				

「국가재정법」에 따르면, 우리나라의 세출예산 과목은 장·관·항 세 항목으로 구분한다. 동시에 2007년에 도입된 프로그램 예산제도에 따라 '분야-부문-프로그램-단위사업-세부사업'의 5단계로 변화시켰다. 프로그램 예산의 기본 구조는 '정부의 기능 - 정책 - 프로그램 - 단위사업'의 계층구조를 갖는다. 각 프로그램은 한 개의 기능과 연계된다. 정부의 기능 체계를 정점으로 그 밑에 다수의, 여기서 프로그램이란 동일한 정책을 수행하는 단위사업(activity/project)의 묶음을 말한다. 이를 조직과 회계

까지 고려하여 체계를 구성하면 다음과 같다.

분야	부문	소관	프로그램	회계/기금	단위사업	세부사업	목 (편성비목)	세목 (통계비목)
대기능	중기능	조직	소기능	회계 단위				

현재 우리나라의 프로그램 예산은 16분야 69부문이 있으며, 각 부문별 770여 개의 프로그램, 3,200여 개의 단위사업이 존재한다. 분야는 010. 일반지방행정, 020. 공공질서 및 안전, 030. 외교통일, 040. 국방, 050. 교육, 060. 문화 및 관광, 070. 환경, 080. 사회복지, 090. 보건, 100. 농림수산, 110. 산업중소기업 및 에너지, 120. 교통 및 물류, 130. 통신, 140. 국토 및 지역개발, 150. 과학기술, 160. 예비비로 구분된다.

각 소관 조직에 따라서 10개 정도의 프로그램이 있고, 총 프로그램은 770여 개 존재하며, 각 프로그램마다 단위사업이 포함되고 3,200여 개 단위사업이 있다. 목 단계에서 인건비, 물건비, 이전지출, 자산 취득, 상환 지출, 전출금 등, 예비비 및 기타 등 7개의 성질별로 구분된다. 기획재정부는 이 기준에 따라 세출 과목을 100목(인건비), 200목(물건비), 300목(이전지출), 400목(자산 취득), 500목(상환 지출), 600목(전출금 등) 및 700목(예비비 및 기타)으로 나누고, 이를 다시 하위 세목으로 구분하고 있다.[10] 세목으로 210 운영비, 220 여비, 230 특수활동비 등이 있다.

(3) 품목별 예산 과목의 예외

① 예비비 및 예비금

예비비는 예산의 집행 과정에서 예산의 편성 및 심의 시점에서 예측할 수 없는 예산 외의 지출 또는 예산 초과 지출에 충당하기 위하여 총액으로 국회의 승인을 얻어 세입세출예산에 계상되었다가 필요할 때 사용하는 금액이다.

---

10) 일반회계 주요 지출목(目)의 규모와 비중을 보면, 2018년 기준으로 인건비가 34.5조 원으로 11.4%를 차지하며, 물건비 19.3조 원(6.4%), 이전지출 177.6조 원(58.9%), 자산취득 18.2조 원(6.0%), 상환 지출 8.1조 원(2.7%), 전출금 등 40.7조 원(13.5%), 예비비 및 기타 3.0조 원(1.0%)이다.

예비금은 「국가재정법」 제6조(독립기관 및 중앙관서)에 명시된 국회, 법원, 헌법재판소, 중앙선거관리위원회의 독립성 보장을 위하여 「국회법」(제23조), 「법원조직법」(제82조), 「헌법재판소법」(제11조), 「선거관리위원회법」(제18조) 등 개별 법률에 근거 규정을 두고 예산 항목에 계상된 것이다. 예비금제도는 이들 기관에 대한 독립성을 보장하기 위하여 별도로 예비비를 청구하지 않고도 독립기관의 내부에서 융통성 있게 사용할 수 있도록 하고 있다.

② 총액계상사업

총액계상사업은 「국가재정법」 제37조에 따라 세부 내용을 미리 확정하기 곤란하여 총액으로 예산에 계상하게 되는 사업이다. 즉, 총액계상사업은 주로 대상사업 또는 장소가 전국적으로 분포되거나 전국에 걸쳐 연례적으로 이루어지는 유지보수사업 등 세부 사업별로 나누어 예산을 편성하는 것이 곤란하거나, 예산 수요자가 집행 단계에서 수요를 정하는 것이 예산 집행의 효율성을 제고할 수 있는 사업을 대상으로 한다. 총액계상사업은 세부적인 편성 내역 없이 총액으로만 국회 예산안 심의가 이루어진다.

제3절 예산제도

1 품목별 예산

1) 의의

품목별 예산제도는 재원 투입의 요소별로 지출 항목을 정하는 예산 분류 방식으로서 예산이 직접 지출되는 용도에 따라 인건비, 여비교통비, 광고홍보비, 소모품비, 차량비, 통신비 등과 같이 분류하는 방식이다. 예산의 통제 기능이 중시되는 가장 전통적인 예산제도로 지출 대상을 품목별로 세분하여 그 한계를 명확히 규정함으로써 예산 집행에서 유용이나 부정을 방지하기 위한 예산제도이다.

20세기 초 뉴욕시에서 개발되었고, 1912년 일명 태프트위원회(Taft Commission)로 불리는 미국 연방정부의 절약과 능률을 위한 대통령위원회(Presidential Commission on Economy and Efficiency)에서 제안되어 1921년 연방정부의 「예산회계법(The Budget and Accounting Act)」을 통하여 제도화되었다.

2) 구성 요소

품목별 예산제도는 행정기관별로 기관의 운영과 행정 작용에 소요되는 품목을 나열하고, 품목별 구입 경비를 표시하는 형식으로 예산이 짜여진다. 여기서 예산 편성 대상의 특성을 반영한 품목 리스트와 품목 간의 계층 체제가 필요하다. 품목 리스트는 조직의 생산활동에 투입되는 주요 생산 요소들이 구분되어 조직의 활동의 특성을 잘 보여 주는 중요한 항목들을 중심으로 구성하여야 한다. 품목들 간의 차이가 분명하고 구분하는 기준이 이해가 용이하여 자금의 분류가 쉬워야 하며 품목이 관련 자금과 대응되지 않는 상황이 발생하면 안 된다. 품목이라는 범주가 MECE 원칙, 즉 상호배타적이고 전체적으로 포괄적(mutually exclusive and collectively exhaustive)이어야 한다. 또 품목의 계층 체제가 있어 품목들은 주요 품목과 그 품목에 속하는 하위 품목으로 계층적으로 구조화되어 있어 대강의 정보와 상세한 정보가 모두 용이하게 생산되고 전달되어야 한다.

3) 특성과 장점

첫째, 품목별 예산제도에서는 지출 항목과 지출 금액이 명백하여 회계 책임을 분명히 할 수 있어 예산의 유용, 남용을 방지할 수 있다. 부처가 사용하는 예산의 세부 항목을 기준으로 예산을 분류하고, 이에 기반하여 항목별 상한선을 설정할 수 있기 때문에 지출을 통제하는 데 가장 효과적인 분류 체계로 알려져 있다.

둘째, 생산 요소별 지출 대상에 따라 예산이 표시되므로 부처가 구매하는 상품, 서비스 가격의 표준화를 통하여 조달 구매행정의 효율화를 추진하는 데 유용하다.

셋째, 이해가능성이 높아 일반 사람들도 정부 예산을 쉽게 이해할 수 있으며, 비교가능성도 높아 전년도 예산과 올해의 예산을 비교하기가 용이하다.

이 밖에도 다른 예산제도와 쉽게 결합하여 편제될 수 있기 때문에 지출 통제의 목적으로 유용하게 활용할 수 있다는 장점이 있다.

4) 문제점과 개선 방안

첫째, 품목별 예산제도는 투입에 초점을 맞추기 때문에 예산에 따른 산출 측면에 대한 정보를 제공하지 못하여 예산 배분의 효율성을 위한 의사결정에 도움이 되지 못한다. 투입에만 초점을 맞추기 때문에 어떤 생산 과정을 통하여 투입이 산출로 어떻게 연결되는지 그리고 자원이 얼마나 효율적으로 사용되는지에 대한 정보는 제공하지 못한다.

둘째, 품목별 예산제도가 기록한 비용은 단기적으로 결정된 비용이며, 경제적 기회비용이 아니라 화폐적으로 기록된 회계적 비용이다. 이에 따라 투입비용이 진정한 경제적 가치를 반영하지 않기 때문에 투입의 통제도 사실 불완전한 모니터링이고 투입과정의 개선에 기여하기 어려울 수 있다.

셋째, 품목별 분류에 기반한 생산 요소별 통제가 이루어져 세부적인 사항에만 초점을 맞추면 예산 편성이나 심의가 미시적 수준에서 이루어지고 사업부처의 재량권이 약화될 수 있다. 이 경우 사업부처가 적극적이고 창의적으로 투입과 생산 과정을 개선하기 어렵게 되고 사업효성성이 낮아질 가능성이 크다. 이런 점에서 품목 리스트나 품목들의 체계가 지나치게 구체화되지 않도록 유의하여야 한다.

2 성과주의 예산

1) 의의

성과주의 예산은 예산을 기능별 · 사업별 · 활동별로 예산을 분류한 후 사업별 원가와 업무량을 계산하여 편성하고 그 집행 성과를 측정, 분석, 평가하여 효과적인 재정통제를 시도하는 예산제도이다. 예산을 사업계획별·활동별로 분류한 다음 각 세부 사업별로 단위원가 × 업무량 = 예산액이라는 공식으로 추계한다. 여기서 단위원가란 업무 측정 단위 1개를 산출하는 데 소요되는 경비를, 업무량이란 업무 측정 단위에 의하여 표시된 업무의 양을 말한다.

성과주의 예산제도는 1940년대 사업의 효과성을 높이고자 하여 제도화되었으나 이러한 형태의 예산을 편성하는 것은 업무량이 비현실적으로 많기 때문에 사실상 사장되었다.

이후 1990년대 이러한 단점에 불구하고 재정사업의 비효율성을 개선하여야 한다는 강한 정치적 요구가 등장하면서 현대적 성과주의 예산제도가 제도화되기 시작하였다.[11] 재등장한 성과주의 예산은 예산 분류를 사업 단위에서 부처 단위로 광역화하였다. 각 부처는 중장기 전략계획을 수립하고, 전략계획을 토대로 업무의 성과계획서를 수립하며, 그 이행 결과에 대한 성과보고서를 작성 보고토록 하는 방식이다. 이러한 틀로 전 세계적으로 성과주의 예산제도가 확산되었다.

2) 구성 요소

(1) 프로그램 예산제도

성과관리 예산제도는 프로그램과 사업 단위로 예산을 편성하고 그 성과를 체계적으로 평가하여 예산 편성에 반영하는 제도이기 때문에 프로그램 단위로 예산 체제를 구성하여야 한다. 이런 면에서 프로그램 예산제도는 성과관리를 적절하게 수행하기 위한 하부구조라고 할 수 있다.

프로그램 예산제도는 예산의 계획·편성·배정·집행·결산·평가·환류의 전 과정을 프로그램 중심으로 구조화하고 성과평가 체계와 연계시켜 성과를 관리하고자 하는 예산제도를 의미한다. 여기서 프로그램이란 동일한 정책 목표를 달성하기 위한 단

---

11) 미국 연방정부는 1993년 「정부성과 및 결과법(The Government Performance and Results Act: GPRA)」을 제정하여 성과주의 예산제도 도입을 추진하였다. 각 부처는 전략계획(strategic plan)을 세우고 연간 성과계획서를 작성하며, 관리예산처(OMB)는 연방정부 전체의 성과계획서를 예산안과 함께 의회에 제출한다.

위사업(activity)의 묶음으로 정책적으로 독립성을 지닌 최소 단위이다.[12]

프로그램 예산이 구비된 후 단위의 성과계획서 및 성과보고서 제도가 제시되고 평가되어 실질적으로 운영된다.

(2) 성과 목표와 전략

성과주의 예산은 프로그램과 사업 단위로 편제되어 전략과 목표가 부여되고 이를 위한 전략적 계획(objectives strategic plan)이 수립된다. 정부활동의 성과를 측정하려면 측정을 위한 기준이 설정되어 있어야 하는데 이러한 기준의 역할을 하는 것이 바로 프로그램과 사업의 목표이다. 사업의 목표가 설정되면 목표 달성치가 도출되고 이를 달성하였는가를 기준으로 성과를 측정한다. 각 부처는 사업의 목표를 설정하고 이를 달성하기 위한 전략과 계획을 제시한다.

(3) 성과평가와 환류

사업의 진행이 일정 기간 동안 이루어지고 예산주기가 끝나면 성과 측정에 따라 프로그램과 사업이 성과 목표를 달성하였는가를 점검하고 공개한다. 절대적 평가와 상대적 평가가 이루어지고 우수한 성과를 낸 사업에는 재정적 인센티브가 부진한 성과를 낸 사업에는 불이익이 가해지는 환류가 이루어진다. 이런 과정이 반복되면 성과가 높은 사업들만 남아 예산의 효율성이 전반적으로 높아지게 된다.

3) 특성 및 장점

첫째, 성과주의 예산은 재정 성과를 제고하는 효과를 낳을 수 있다. 투입물 중심의 예산 편성에서 탈피하여 성과에 입각한 예산 편성이 이루어지게 되었고, 사업을 추진하는 공무원들로 하여금 사업의 성과를 의식하며 사업을 수행하도록 유도하여 예산의 효율성을 제고한다.

---

12) 즉, 프로그램은 단일 관리자에 의해 책임이 부여되고 동일한 성격의 사업들로 구성이 되며 정책의 투입·산출, 목표가 관리되고 성과관리가 이루어지는 기본 단위이다.

둘째, 성과주의 예산제도는 예산이 프로그램과 사업 또는 활동별로 분류됨에 따라 해당 기관의 업무 파악이 용이하여 예산 심의의 효율성이 제고되며, 국민의 이해와 지지 확보에 유리하다. 재원이 어떻게 배분되고 사용되는가 보여 줌으로써 행정활동의 투명성을 높이며 기관과 사업 담당자의 책임을 물을 수 있어 전반적으로 예산의 책무성을 높인다.

셋째, 성과주의 예산제도는 예산 편성 과정에서 조직이 사업 입안과 전략적 계획을 수립하게 된다. 이로써 정책과 사업을 진행하는 데 체계적이고 전략적으로 접근하도록 강제하는 효과를 가진다. 예산 전체가 기능, 사업, 활동별로 분류됨에 따라 사업별로 구조화되고 이를 조직의 재원 배분 전략과 연계시키기 쉽다.

넷째, 성과주의 예산은 사업별 성과평가 결과를 다음 연도 예산 편성 시 반영함으로써 지속적인 재정 운영의 효율성 제고가 가능하다.

4) 문제점과 개선 방안

첫째, 성과주의 예산제도는 투입과 성과를 모두 고려하여 사업별 모니터링과 통제가 필요하다. 여기서 사업별 단위원가와 업무량 파악이 어렵고 따라서 투입 재원의 양을 결정하기 어렵다. 정부의 사업원가를 도출하려면 단위원가가 필요한데, 회계제도가 발달하지 못한 경우 단위원가의 산출이 어렵다. 정확한 성과평가를 위해서는 해당 사업이 사용하는 자원의 총량을 계산하여야 하는데 단위원가 산출시 간접비용의 배분이 자의적으로 이루어지는 경우 재원 배분의 왜곡을 초래할 수 있다.[13]

둘째, 동시에 객관적이고 합리적인 성과 측정 방법이 충분히 개발되어 있지 않아 성과정보를 확보하기 어렵다. 공공재나 공공서비스와 관련된 사업은 비교적 성과 측정이 용이하다. 반면 국방·외교 부문의 예산과 같이 최종 산출물이 비정형적인 부문의 예산사업은 업무 단위, 단위원가, 성과를 산출하는 일이 불가능하다. 예산사업의 효과를 실질적으로 측정하는 데는 일정한 한계가 있어 성과를 최종 결과가 아닌 정부 예산

---

13) 조직 운영을 위하여 필수적인 관리비용, 인건비 등이 들므로 사업과 관련된 예산만으로 그 사업의 비용을 측정할 수는 없고 일정한 기준에 따라 조직의 운영비용을 배분하여야 한다.

사업의 결과물로 대신하는 경우가 많다.

셋째, 예산을 최종 심의 확정하는 국회는 품목별 예산에 의한 투입 재원의 통제 방식이 이해가능성이 높고 용이하며 투명성 확보에 나은 면이 있다.

넷째, 예산의 효율성은 분야별 예산 배분의 효율성과 개별 사업의 생산과 산출의 비용과 관련된 기술적 효율성으로 구분되는데 성과주의 예산이 초점을 맞추고 있는 것은 기술적 효율성에 한정된다. 이런 점에서 성과주의 예산이 아무리 성공적이라고 하더라도 배분적 효율성에 대한 검토와 바람직한 배분을 위한 의사결정이 이루어지지 않을 경우 예산의 효율성을 달성할 수 없다.

이런 점을 고려할 때 프로그램과 사업 중 원가와 성과평가 측정이 용이하고 유사한 활동을 하는 사업 간 상대적인 비교를 통한 성과평가를 하는 것이 바람직하다. 성과평가 결과가 제대로 환류되도록 하는 작업도 필요하다.

3 하향적 예산제도

1) 의의

하향적(top-down) 예산제도 또는 총액배분 자율편성 예산제도는 중앙예산기관이 분야별·부처별 지출 한도를 설정하면, 부처는 주어진 한도 내에서 예산을 자율적으로 편성하는 제도를 말한다. 기존의 예산 편성 과정은 각 부처의 자율과 책임의식이 취약하다는 문제 인식으로 재정 당국이 지출 한도와 편성지침만을 제시하고 각 부처가 자율적인 정책 의지를 최대한 반영할 수 있는 예산제도를 고안한 것이다. 부처가 중앙예산 당국의 세부적 예산안 심사를 거치지 않고 총액 규모로 예산을 편성하고 총액 범위 내에서 해당 기관이 자율적으로 세부 예산을 편성, 운영하는 방식이다. 각 부처에 예산 편성의 재량권을 부여하는 대신 편성, 운영에 대한 책임을 지운다.

하향적 예산제도는 1990년대 선진국의 신공공관리론 행정 개혁으로 행정 체제 내 분권화가 시도되었고, 거시적 예산편성권은 예산실이, 미시적 예산편성권은 사업부처가 행사하도록 하였다. 중앙예산기관은 예산 편성에 대한 총괄적 책임과 거시적 총량과 배분에 대하여 조직의 역량을 집중하고 사업부처는 미시적 예산 배분과 사업관리에 집중하는 분업 체계를 추진한 것이다. 경제 위기 대응와 거시적 총량관리의 중요성이 높아진 상황에 대응하는 제도 개선이라고 할 수 있다. 우리나라도 2000년대 하향적 예산제도를 도입하고자 하였으며, 「국가재정법」은 "기획재정부 장관은 국가재정운용계획과 예산 편성을 연계하기 위하여 예산안편성지침에 중앙관서별 지출 한도를 포함하여 통보할 수 있다."라고 규정하여 이를 뒷받침하고 있다.

2) 주요 구성 요소

(1) 총량적 의사결정

지출 규모, 채무 수준 등 다음 회계연도의 재정 총량을 정치적으로 결정하는 것이다. 중기재정계획, 다음 해의 경제 상황에 대한 예측, 공약 등 정치적으로 우선시하여야 하는 사업 등을 종합적으로 고려하여 지출의 전체적인 규모를 결정한다. 이 과정에서 대통령 및 총리, 장관 등이 참여하는 재정전략회의 등이 개최된다.

(2) 지출 한도 배정과 예산 편성

총지출 규모가 결정되면 분야별 또는 부처별 지출 한도와 재원 배분계획이 세워지게 된다. 분야별 또는 부처별 재원 배분의 지출 한도가 결정되면 부처별로 예산의 지출 한도에 맞추어 예산을 편성하게 된다. 부처의 예산 편성 내역이 지출 한도를 준수한 경우에는 재정 당국은 세부 예산 내역을 심사하지 않고 이를 최대한 인정하여 자율성을 보장하는 것을 원칙으로 한다.

(3) 중앙예산기구의 전략적 역할

중앙예산기구는 거시적 전략적 재정 운용 방향의 정립, 주요 국가 정책 과제에 대한 집중관리, 재정 운용 기준의 정립 등 기획과 조정 기능을 전략적으로 수행한다. 지출 총액, 분야별 한도, 부처별 한도를 결정하는 데 대통령과 총리를 보좌하여 적극적으로 참여한다. 재원 투입 우선순위를 판단하고, 재정 이슈에 대한 주요한 의사결정을 하며, 재정건전화 등 총량관리를 한다. 기존 예산 편성 방식에서보다 거시적 관점에서의 총량관리와 배분적 의사결정이나 제도 개선 등에 집중한다.

3) 특징 및 장점

첫째, 하향적 예산제도는 국가 전체적인 차원에서 우선순위를 명확히 한 상태에서 예산이 편성되어 전략적 재원 배분이 가능해진다. 하향적 예산제도는 통상적으로 중기재정계획 체계와 결합되어 운영되기 때문에 시간적으로도 장기적이고 전략적인 계획하에 예산을 운용할 수 있게 된다.

둘째, 하향적 예산제도는 총량관리를 통하여 예산의 총액을 결정한 상태에서 예산 편성이 진행되기 때문에 예산 증가를 억제할 수 있다. 대통령실과 중앙예산기관이 지출 증가와 채무 증가를 집중적으로 관리하기 때문에 지출 한도의 설정 효과로 재정건전성 유지가 가능하다.

셋째, 전략적 자원 배분을 통하여 예산 배분의 효율성을 확보할 수 있고, 이를 수행하는 중앙예산기관에 대한 책무성도 강화할 수 있다. 중앙예산기관의 의사결정에 대하여 의회가 모니터링하고 통제하는 메커니즘을 통하여 재정건전성과 배분의 효율성을 통제할 수 있다.

넷째, 중앙예산기관과 집행부처의 협력이 강화되는 효과를 낳는다. 기존의 각 부처의 과다 요구와 중앙예산기관의 대폭 삭감이라는 패턴이 크게 감소한다. 부처가 예산 요구안을 마련하는 과정에서 자체 검토를 하며 예산 편성에 대한 참여와 책임이 확대된다. 이를 통하여 각 부처의 자율성과 전문성을 토대로 효율적인 재원 배분 및 구조조정이 이루어질 수 있다.

다섯째, 부처의 예산 운용의 자율성이 확대되고 부처의 전문성이 사업 수행 단계에서 반영되어 효율성이 제고된다. 부처는 비효율적으로 운영되는 사업을 축소하고 효율적인 사업을 확대하고자 하는 인센티브가 생기며, 사업 수행 방법의 개선 혹은 사업의 종료 등 필요한 조치를 취하게 된다. 지속적인 개선이 일어나면 예산 전체의 효율성을 제고할 수 있는 가능성이 높아진다.

4) 문제점과 개선 방안

　첫째, 하향적 예산제도는 총량관리, 배분적 의사결정, 사업 개발과 추진이라는 업무를 대통령실, 중앙예산기관, 사업부처가 분담하는 분업 체계라고 할 수 있다. 이러한 분업 체계가 제대로 수립되지 못하는 경우 기대하는 효과를 낳을 수 없다.

　둘째, 총량적 배분에 대한 판단이 중기재정계획에 의하여 이루어져야 하는데 중기재정계획이 실질적으로 규범성 있게 작동하지 못하여 총량 배분과 지출 한도가 자의적이고 임의적으로 결정될 경우 비효율성은 지속된다. 재원배분회의도 실질적인 토론과 협상을 통하여 분야별·부처별 재원 배분이 전략적으로 이루어져야 하는데 형식적으로 개최될 경우 비효율적이 된다.

　셋째, 가장 중요한 문제는 예산 편성에 대한 집행부처의 자율성을 보장하기 위하여 중앙예산기구의 권한을 체계적으로 축소시켜야 하는데 그렇지 못한 경우가 많다는 것이다. 과거와 같이 재정 당국이 예산안 편성지침에 따라 개별 사업에 대한 검토하는 관례가 유지되면 기대하는 효과를 낳을 수 없다. 이러한 중앙예산기구의 권한 축소를 결국 대통령실에서 추진하여야 하는데 역부족인 경우가 많다.

　넷째, 부처의 예산 편성 능력의 한계가 큰 경우 하향적 예산제도가 작동하지 못한다. 각 부처가 내부 통제 시스템의 완비, 예산 편성 및 집행 역량을 갖추고 세부사업에 대한 구조조정을 적극적으로 수행할 정치적 의지가 있어야 하향적 예산제도가 성공할 수 있다.

　이런 점을 고려하여 재정 당국은 세입예산 범위 내에서 국정 우선순위의 조율과 부문별 배분에 주력하고, 부처는 개별사업과 세부 지출 내역을 결정하는 권한의 합리적 역할 분담과 권한 축소를 위한 제도적인 장치의 도입이 필요하다. 제도를 도입하려면 대통령실의 정치적 의지가 필요하고, 중앙예산기관의 권한 확대를 막는 제도의 도입, 이를 위한 제도 개혁 로드맵, 부처 권한 침해를 방지하는 제도의 도입이 필요하다.

사전예산제도

사전예산제도는 총재정 규모와 각 부처의 지출 한도를 의회가 결정하고 이후 중앙예산기구와 일선 부처의 사업예산을 결정하는 제도이다. 전체와 부분이 제도적으로 분리되는 2단계 예산 과정으로 예산의 총규모가 결정되면 이 제약하에 개별 프로그램이 결정된다. 총액배분 자율편성제도는 예산안 편성 초기 단계에서 재정 총량과 부처별 지출 한도를 설정하기 때문에 국회도 예산에 대한 논의를 진행할 수 있다.

1990년대 재정 위기를 겪은 유럽 각국은 하향식 예산편성제도와 함께 예산 편성 과정에 의회가 관여할 수 있는 제도로서 사전예산제도를 도입하였다. 의회에서는 본예산 제출 이전에 경제 전망과 재정 총량을 결정한다.

사전 예산 의결을 하는 단계에서 행정부와 의회가 예산 의사결정 권한을 어떻게 분담하는가는 국가별로 다르다. 일반적으로 의회가 거시적인 관점에서 재정 전략과 재정 총량 등에 대하여 심사하는 권한이 있지만 국가들은 재정준칙이 있기 때문에 의회가 전권을 행사하지는 못한다. 2단계 본예산 심사에서 행정부가 예산을 편성하고 사업의 내용을 대부분 결정한다. 의회의 본예산 심의 의결의 범위는 한정적이다.

우리나라의 경우 하향적 예산제도를 실질적으로 운영하기 위해서는 중앙예산기관과 사업부처의 권한 재배분과 함께 행정부와 국회의 권한 재배분이 필요하다. 중앙예산기관의 예산안 심의에 앞서 재정 총량과 재원 배분 방향 등에 대하여 국회가 일정 부분 심의할 수 있도록 할 필요가 있다. 여기서 정부의 재정 총량에 대하여 국회가 재정수지나 채무를 확대할 수 없거나 확대 범위에 제약을 가하도록 하는 등의 제한을 두면 국회의 무책임한 개입을 막으며 재정 배분에서 국회의 의사를 반영할 수 있을 것이다. 이러한 제도 개선을 시도할 경우 국가재정운용계획의 조기 제출 및 심의를 제도화하는 것이 현실적이다.

4 성인지 예산제도

1) 의의

성인지 예산제도란 예산이 양성 평등에 미치는 영향을 분석하고 성차별을 개선하는 방향으로 편성하는 제도이다. 세부사업단위의 성인지사업을 특정하여 예산에서 양성

평등을 구현하는 예산의 비중과 총량을 추계하여 재정지출이 성평등에 미치는 영향을 파악하고 이를 예산 과정에 반영하기 위한 제도라고 할 수 있다. 「국가재정법」은 성인지예산서 및 기금운용계획서, 성인지결산서 및 성인지기금결산서를 규정하고 있다. 2010회계연도 예산안 및 결산부터 성인지 예산제도를 적용하였다. 2022년도 본예산 기준 성인지 예산은 39개 중앙관서의 341개 대상사업에 대하여 작성하였으며, 예산 규모는 27조 3,065억 원으로 정부 총지출 607.7조 원의 4.5%를 차지하고 있다.

2) 주요 구성 요소

(1) 성인지예산서 및 결산서

성인지예산서에는 부처의 성평등 목표, 성인지 예산사업 총괄표가 포함되고, 개별 사업에서는 사업명, 예산안, 사업 목적, 정책 대상, 사업 내용, 성평등 목표, 성평등 기대 효과, 성별 수혜 분석, 성과 목표를 작성한다. 성인지결산서에는 부처별로 성평등 목표 현황, 성평등 목표 추진 결과, 성인지 결산사업 총괄표가 포함되고, 개별 사

〈표 6-2〉 성인지예산서 및 결산서의 작성 양식

	성인지예산서	성인지결산서
개요	1. 의의 2. 전체 규모 및 전년도 예산과의 비교 3. 주요 사업 4. 예산안 작성의 특징	1. 의의 2. 성인지 결산 현황 3. 사업 유형별 결산 현황 4. 성인지 결산 주요 내용
부처	1. 성평등 목표 2. 성인지 예산, 사업총괄표	1. 성평등 목표 2. 성평등 목표 추진 결과 3. 성인지 결산 사업총괄표
개별 사업	1. 사업명 2. 예산안 3. 사업 목적 4. 정책 대상 5. 사업 내용 6. 성평등 목표 7. 성평등 기대 효과 8. 성별 수혜 분석 　(사업 대상자, 사업 수혜자, 예산 현황) 9. 성과 목표	1. 사업명 2. 사업 목적 3. 정책 대상 4. 성평등 목표 5. 집행 실적 6. 성평등 효과 분석(사업 대상자, 사업 수혜자, 예산 및 집행 현황) 7. 성과 목표 달성 현황 8. 자체평가

업에서는 사업명, 사업 목적, 정책 대상, 성평등 목표, 집행 실적, 성평등 효과 분석, 평가가 포함된다.

(2) 성인지사업 분류

성인지 예산제도에서는 예산을 구성하는 하위 단위 중 양성 평등에 관련되는 단위를 성인지사업으로 특정하고 이를 수집하고 총액을 추계한다.[14] 성인지사업에 해당하는가를 판단하는 기준이 중요한데, 이를 기획재정부와 여성가족부에서 대상 사업 선정 기준은 제시하되 대상 사업의 선정은 각 부처가 성평등 목표 달성에 대한 기여 여부를 고려하여 진행한다. 일단 여성정책기본계획 대상 사업은 성인지사업으로 분류된다. 이 밖에도 성별영향분석평가를 통하여 성평등 실현에 기여하는 것으로 인정된 사업이 성인지사업에 포함된다.

(3) 중앙예산기관과 여성가족부의 역할 분담

기획재정부는 여성가족부와 협의하여 성인지 예·결산서 작성 기준을 마련하여 각 부처로 성인지 예·결산서 작성지침과 양식을 배포하고, 각 부처는 성인지사업을 선정하여 성인지예산서를 작성하며, 기획재정부에서는 각 부처의 성인지예산서를 취합하고 대상 사업을 협의·조정한 뒤, 국회에 예산안의 첨부 서류로 성인지예산서를 제출한다.[15] 여성가족부 산하기관인 한국양성평등교육진흥원은 성인지 예·결산서 작성 교육을 담당하며, 한국여성정책연구원 성인지예산센터는 성인지 예·결산서 작성 지원을 담당한다.

---

14) 성인지 예산사업은 직접목적사업과 간접목적사업으로 구분된다. 직접목적사업은 부처의 성평등 목표 달성에 직접적으로 기여하는 사업을 말하는 것으로 여기에는 제2차 양성평등정책 기본계획 추진사업이 해당된다. 간접목적사업은 부처 성평등 목표 달성에 간적접으로 기여하는 사업으로서 성별영향분석평가 결과 개선이 필요한 사업과 기타 성별영향분석이 가능한 사업이다.

15) 성인지결산서의 경우, 각 부처가 해당 회계연도의 성인지 대상 사업에 대하여 성평등 목표 추진 결과를 고려하여 성인지결산서를 작성하고, 이를 기획재정부가 취합·검토한다. 이에 대하여 감사원이 성인지결산 검사를 수행한 후 기획재정부는 국회에 결산보고서의 부속 서류로 성인지결산서를 제출한다.

<표 6-3> 성인지 예산제도 관련 기관의 역할 및 기능

기관명	역할 및 기능
기획재정부	• 성인지 예 · 결산서 작성지침 작성 · 배포 • 성인지예산서 작성 대상 사업 선정 기준 마련 • 성인지예산서 취합 · 검토 • 성인지예산서 국회 제출
여성가족부	• 성인지예산서 작성 대상 사업 선정 기준 마련 • 성인지예산서 작성 교육 및 지원 총괄
해당 부처	• 성인지예산서 작성 대상 사업 선정 및 작성
감사원	• 성인지 결산 검사
한국여성정책연구원(성인지예산센터)	• 성인지 예 · 결산서 작성 지원
한국양성평등교육진흥원	• 해당 부처 사업담당자 교육

자료: 국회예산정책처(2022, p. 187).

3) 특징과 장점

성인지 예산제도는 연도별 성인지 예산을 추계한 값들을 시계열적으로 파악하면 정부가 양성 평등과 여성 인권 개선을 위하여 얼마나 노력을 기울였는지를 파악할 수 있다. 성인지사업을 특정하여 국민들에게 보여 주고 관심 있는 국민들은 성인지사업 리스트를 파악하여 개별 사업의 진행 상황을 모니터링할 수 있다.

국가가 양성 평등을 위하여 노력하고 있다는 것을 보여 주는 상징적인 제도로서 기능하는 면도 있다.

4) 문제점과 개선 방안

우리나라의 성인지 예산제도는 기능적인 측면에서는 거의 의미가 없다고 할 정도로 제대로 작동하지 못하고 있다.

첫째, 성인지예산서의 타당성과 신뢰성에 대하여 개선의 여지가 크다. 성인지사업 리스트, 성인지사업별 구체적인 정보가 충분히 제시되지 못하고 있다. 성인지사업의 선정이 신뢰성 있게 이루어지지 못하고 구체적으로 제시되어 있지 않아 성평등 관점에서 예산이 적절하게 편성되었는지에 판단하기 어렵다. 또한 성인지적 접근의 필요성이 크지 않은 사업을 대상사업으로 선정하거나 성인지적 접근이 필요한 사업이 대상 사업에서 배제되는 등 문제가 있다.

둘째, 성인지예산서와 결산서는 국회에서 예산안과 별도로 의결을 하지 않고 독립적인 안건으로 다루어지지 않고 의결도 이루어지지 않는다. 국민들도 크게 관심을 갖지 않고 있다. 성인지사업의 성과 지표를 개발하거나 예산 심사 기준을 별도로 마련하여 의결하도록 하는 제도적 개선이 있어야 제대로 된 심의가 이루어질 수 있을 것이다.

형식적인 문서로 머물러 있는 성인지예산서가 실질적인 기능을 하도록 하려면 먼저 성인지 예산의 규범성을 높이고 심의와 의결이 되도록 하는 제도적 개선이 필요하다. 성인지 예산제도를 국가재정운용계획에 포함시키고 국가재정운용계획을 심의·의결하도록 할 필요가 있다. 이런 제도를 마련하여야 성인지 예산에 대한 성과 목표 달성 여부 등에 대한 충분한 검토와 평가가 이루어질 것이다.

이런 제도 개선에 따라 성인지사업에 대한 기준을 분명히 하고 성인지적 접근을 직접적으로 하는 사업만을 선정하여 성인지사업으로 분류하여 성인지 예산의 신뢰성을 높이고 국회 여성위원회에서 별도로 심사하는 과정을 거치도록 할 필요가 있다. 아울러 성별영향분석평가와 성인지예산서 간 연계를 강화할 필요도 있다.

기후인지 예산제도

기후인지 예산제도란 예산 중 온실가스 감축 및 기후 변화 대응과 관련된 사업예산을 추계하여 예산을 운용하는 제도를 말한다. 정부가 기후 변화 대응을 위하여 투입하는 재정 규모를 측정하고 정부의 노력을 평가하고자 하는 것이다. 「2050 탄소중립 추진전략」을 통하여 탄소인지 예산제도 도입에 관한 논의가 공식적으로 제기되었으며, 「국가재정법」이 개정되어 온실가스 감축인지 예산제도가 도입되었다.

기후인지 예산제도는 성인지 예산제도와 논리적 구조가 같다. 기후인지 예산서와 기금운용계획서가 있으며, 기후인지사업을 특정하여 분류하고 예산 총액을 추계한다. 여기서도 분류의 기준이 중요하겠는데 온실가스 감축에 기여하는 사업(감축사업)을 대상으로 우선적으로 적용하고, 각 사업별 유형에 따라 정량적·정성적 분석 방식을 도입하여 기후인지사업을 선정하고 예산 총액을 추계한다. 사업의 목적과 효과를 기준으로 온실가스 감축사업의 정의에 부합하는 경우, 「제2차 기후변화대응 기본계획」, 「2050 탄소중립 추진전략」 등 국가의 주요 정책과 연계되어 있는 사업을 선정하게 된다.

운영 체계는 기획재정부가 제도의 총괄부처로 환경부와 협의하여 온실가스 감축인지 예산제도의 운영계획을 수립하고, 온실가스 감축인지 예·결산서 작성 기준을 마련하여 각 부처로 예·결산서 작성지침과 양식을 배포하며, 환경부 산하기관인 한국환경공단은 온실가스 감축인지 예·결산서 작성 교육과 실무 지원, 사업별 온실가스 감축기여도 및 목표 달성 여부에 대한 분석을 담당한다.

절차는 기획재정부가 예산서 작성지침 및 양식을 통보하면, 각 부처는 온실가스 감축 목표 달성에 대한 기여도 등을 고려하여 대상 사업을 발굴·작성하여 기획재정부에 제출한다. 이후 기획재정부는 제출된 예산서를 바탕으로 대상 사업을 협의·조정한 뒤, 정부 예산안의 첨부 서류로 기후인지예산서를 국회에 제출한다.

5 발생주의 예산제도

1) 의의

발생주의 예산제도는 예산에 포함되는 지출과 수입의 추계를 발생주의 방식으로 하고 이를 보고하는 예산제도를 말한다. 재무제표와 연계되는 세입세출예산서를 작성하는 체계라고 할 수 있다. 기존의 예산이 현금주의에 근거하여 추계되고 결산검사가 되는 데 반하여 발생주의 회계가 발전하여 재정 상태와 운용에 대한 정보가 축적되면서 이를 활용하여 예산까지도 편성하는 접근 방식이다. 발생주의 예산제도는 발생주의 개념에 입각하여 사전적으로 재정활동을 계획하는 것이다. 현금 흐름뿐만 아니라 비현금 거래와 자산과 부채까지도 예산에 반영하고, 감가상각, 자본 사용비용, 연금비용 등을 포함하여 예산을 편성하는 것이다.

합리적이고 고도화된 예산 편성제도로 보이지만 아직 예산 편성의 기초로 발생주의 예산제도를 도입하고 있는 국가는 드물다.

2) 구성 요소

발생주의로 지출계획을 수립한다는 것은 지출의 일정과 규모를 발생주의에 의하여 계획을 세운다는 것을 말한다. 지출에 대한 인식을 지출 계약이 이루어질 때 하고 지출 규모를 현금 규모가 아니라 실제 경제적 가치에 부합하는 액수를 추계하여 집계한다는 것을 의미한다. 여기서 예산을 지출하는 주기가 예산회계 내에 이루어지는게 통례이므로 인식의 문제는 크게 발생하지 않는다.

중요한 것은 지출의 규모를 추계할 때 경제적인 가치를 정확히 추계하여야 한다는 것이다. 다양한 경제적 거래에 대하여 경제적 의미에서 지출 발생의 규모를 추계하여야 한다. 예를 들어, 정부가 대규모의 자산을 취득하였다고 하면 발생주의에 근거하여 이번 해에 지출한 것으로 취급할만큼의 액수만 인식하는 작업을 하여야 한다. 사업예산에서 지출의 형태와 거래의 양상에 대한 추계를 하고, 이에 발생주의 원칙을 적용한 후 총합이 만들어지면 이를 바탕으로 연간 지출과 수입의 총액을 추계하여 의회에 보고하는 방식이다.

3) 특성 및 문제점

발생주의 예산제도는 이론적으로는 예산 의사결정에 정확한 수입과 지출에 대한 정보를 제공하고 그런 계획에 대하여 심의·의결하므로 공적 자금의 계획에 기여할 수 있다고 볼 수 있다. 특히 자본 투자에 대한 의사결정과 예산 배분에서 현금 지출과 경제적 비용이 차이가 클 경우 발생주의에 의한 지출이 경제적 비용의 의미에 가까워져서 좀 더 바람직한 의사결정이 이루어질 수 있을 것이다.

그러나 발생주의 예산은 예산의 가장 본연의 목적인 공적 자금의 통제와 관리라는 측면에서 문제가 크고, 현금주의 예산이 없는 상황에서 독립적으로 작동하기 어려우며, 현행 예산을 보조하는 문서로서의 의미만 가질 것이다.

일단 예산은 조직별로 지출이나 수입의 상한의 의미로 통제가 중심이 된 제도이며, 회계의 경우 개별 거래에서 발생한 변화를 측정하여 기록하는 것이다. 1년 후의 미래에 발생할 구체적인 거래에 관심이 있는 것이 아니고 조직이나 프로그램별로 배분할 수 있는 최대치를 설정해 놓고 이를 어기지 않았는가를 검사하는 작업이다. 1년 후의 조직별로 활동하는 데 조직에 광범위한 재량권이 있을 뿐 아니라 매우 많은 추정과 가정이 들어간다는 점에서 그 추정치의 합인 조직별 지출 상한은 부정확할 가능성이 매우 높다. 추정이나 가정이 반영된 값이기 때문에 다른 가정을 사용하여 준수되지 못한 지출 총액을 준수한 것으로 처리하는 것이 매우 용이하다. 이런 점에서 조직별 지출 상한에 대한 통제라는 목적에는 발생주의에 의하여 추계된 값의 합계는 맞지 않다.

발생주의 예산제도에 비하여 현금주의 예산제도는 지출에 대한 통제가 이해하기 쉽고 조작의 가능성이 낮다. 이런 면에서 현금주의가 예산제도의 목적에 부합하다고 할 수 있다.

〈표 6-4〉 예산제도 비교

비교 기준	품목별 예산제도	성과주의 예산제도	하향적 예산제도	성인지 예산제도	발생주의 예산제도
예산 기능	통제 기능	관리 기능	계획 기능 관리 기능	계획 기능 관리 기능	통제 기능 계획 기능
결정 방식	점증적	점증적	단절적	부재	단절적
기획 책임	부재	분산적	집중적	집중적	집중적
시계	단년도	다년도	다년도	다년도	다년도
주요 관심	적법성	능률성	재정규율과 배분적 효율성	양성 평등	회계 책임
주요 정보	투입 요소	기능, 활동, 사업	총량 규율 배분 비율	성인지사업 총규모	비용 추계, 원가
분석 초점	지출 대상	지출과 성과의 관계	재정 전망 총량 규율 추계	성인지사업 선정과 규모 추계	지출 추계, 원가 계산

자료: 저자.

예산 III: 예산 편성과 심의

미래를 위한 재정관리
Public Financial Management for the Future

제1절 개관

1 기본 개념들

1) 예산 과정

예산은 편성, 심의 및 의결, 집행, 결산의 과정을 거치고 반복된다. 일반적으로 예산 과정은 행정부의 예산안 편성과 제출, 의회의 예산안 심의 확정, 각 부처의 예산 집행이 되고 별도의 과정인 의회의 결산이 이루어진다. 예산이 일련의 과정으로 규정되고 유지되기 때문에 이런 과정을 포괄하는 절차적 합리성과 내용상의 합리성을 확보하기 위한 제도와 의사결정 체제가 필요하다.

2) 회계연도

회계연도는 예산 과정의 시작부터 끝나는 시기까지 기간으로 상호 독립되는 시간을 의미한다. 우리나라는 매년 1월 1일에 시작하여 동년 12월 31일에 종료하나 미국 연방정부는 10월~9월, 영국, 일본은 4월~3월로 다양하다. 앞서 살펴보았듯이 회계연도는 독립되며 각 회계연도의 경비는 그 연도의 세입 또는 수입으로 충당하여야 한다(국가재정법 제3조).

3) 예산주기의 중복

예산 과정은 하나의 회계연도 안에서 편성, 심의, 집행, 회계검사와 결산이 모두 끝나는 것이 아니라 3개 회계연도에 걸쳐 진행된다. 한 해에 한 시점에서 다음 회계연도의 예산 편성, 현 회계연도의 예산 집행, 전 회계연도의 결산 등 3개의 예산활동이 동시에 진행된다.

2 개념적 틀의 요소

1) 구조

예산구조는 예산 의사결정 권한이 어떻게 배분되었고 누구에 의하여 어떤 방식으로 행사되는지에 대한 의사결정 구조를 말한다. 크게 미시적 상향적 예산구조와 거시적 하향적 예산구조로 구분해 볼 수 있다. 미시적 상향식 예산 편성 구조는 각 부처가 그 목적에 부합하는 세부사업을 결정하여 필요한 예산을 중앙예산기관에 요구하면, 중앙예산기관은 각 부처 세부사업의 적정성, 비용 효과, 비용편익 등을 검토하여 사업 내용 및 규모를 조정하고, 그 결과 부처별·분야별 지출 규모와 총지출 규모가 결정되는 예산 의사결정 구조를 말한다. 거시적 하향적 예산 편성은 행정부의 예산안 편성 과정에서 대통령실과 중앙예산기관이 중심이 되어 의사결정이 이루어지고 정부의 재정 및 경제정책의 방향, 예산 규모, 예산안 편성의 방향과 지침 등을 바탕으로 부처 세부사업의 내용과 규모가 결정되는 예산 의사결정 구조를 말한다.

미시적 상향적 구조가 중앙예산기관 중심의 집중적 구조라고 한다면 거시적 하향적 구조는 중앙예산기관과 부처 간에 분산된 구조라고 할 수 있으며 각 구조는 장단점이 있다.

〈표 7-1〉 미시적 상향적 및 거시적 하향적 예산구조 비교

	미시적 상향적 예산 편성	거시적 하향적 예산 편성
주요 행위자	정부의 각 부처 중앙예산기관의 사정담당관	행정수반과 그 참모 중앙예산기관
예산정책의 초점	개별 부처의 예산 요구, 사업계획 매년도 예산액의 한계 변화	예산 총액, 중기재정계획, 분야별 예산 배분 비율 GDP 대비 예산 비율 경제 전망
예산 의사결정의 성격	분권적, 상향적	집권적, 하향적

2) 제도

예산제도는 예산 과정에 참여하고 있는 여러 행위자에게 요구되는 절차와 역할에 관한 공식적인 법령과 비공식적인 규범을 말하는 것으로, 행위자들 사이의 관계를 규정하는 형식과 절차에 대한 규칙을 의미한다. 예산제도는 예산을 운용하는 틀이자 규칙으로, 행위자들은 제도의 규율 범위 내에서 활동할 수 있으므로 제도가 행위자들의 상호 작용과 행동에 영향을 미친다고 할 수 있다.

예산제도는 국가별로 어떤 것들이 있으며 어떤 제도가 주도적인 기능을 수행하는가, 그 제도는 어떤 특성이 있는가에 따라서 예산 배분이 영향을 받을 수 있다. 예산 과정은 예산제도에 의하여 좌우되기 때문에 이에 대한 분석이 요구되며 예산제도와 제도의 구성 요소에 대한 파악이 필요하다. 예를 들어, 예산제도에 대하여 다이어몬드(Diamond, 2002, 2003)는 기획, 재원 배정, 성과관리 기능과 제도가 긴밀하게 상호 연관되어 있어 다수의 제도를 동시에 고려하여 제대로 작동하는가를 검토하여야 한다고

본다. 반대로 새로운 재정제도는 게임의 규칙이자 행위자에 제약이 되고 행위자에게 유불리를 초래하기 때문에 새로운 제도를 도입할 때면 행위자들은 각각의 이해관계와 입장에 따라 유리하게 이를 설계하려는 노력을 기울이게 된다.

제도주의이론(institutional theory)은 의사결정자와 그들이 만들어 낸 조직들의 행위를 제도의 관점에서 설명한다. 제도의 설계에 따라서 의사결정이 좌우되며 개인 인간의 합리성을 존중하되 이를 규율하는 제도의 설계가 좀 더 직접적이며 중요한 의사결정의 요인임을 주장한다. 안정적으로 제도화된 특정한 예산제도는 장기적으로 쉽게 변하지 않으며 지속된다. 따라서 각 국가에서 예산재정제도가 상당히 오랜 기간 항구적인 영향을 미치게 되며, 각국의 예산과 관련된 현상에 대한 중요한 설명변수가 된다.[1]

3) 정치 및 상호 작용

예산 과정은 입법부와 행정부, 예산 과정에 참여하는 행위자 간에 서로 협력, 경쟁, 갈등, 연합하는 복잡한 정치적·행정적 상호 작용이 이루어지는 과정이다. 참여자들은 자신의 입장에서 최대한의 성과를 내려고 노력하는 정치 과정이다. 예산 과정에서는 예산안 편성 및 심의 과정에서 이러한 경향이 더 나타난다. 이 과정에서 예산이 행위자들 간에 배분되고 참여자들은 예산 배분과 관련된 자신들의 목표를 실현하기 위하여 전략과 수단을 동원하고, 다른 참여자들과 협상, 경쟁, 갈등, 타협을 하게 된다.

예산 과정에서 벌어지는 예산정치에 대하여 이론화 작업을 시도한 것이 예산이론이라고 할 수 있다. 주요 예산이론들은 예산 결정 과정에서 벌어지는 정치활동과 이에 의하여 생산된 최종 산물인 예산 간의 인과관계와 특성을 설명한다. 예산의 미시적 의사결정에 해당하는 예산 행태에 비하여 예산정치에 대한 주안점이 있는 이론은 점증주의이론, 다중합리성이론, 단절균형이론이라고 할 수 있다.[2]

---

1) 물론 예산제도는 고정적이지 않고 점진적으로 변화하여 왔다. 예를 들어 선진국의 경우 민주주의 체제가 정착하면서 의회에 예산제도가 도입되고 제대로 된 심의를 위하여 위원회 체제가 제도화되었다. 이후 예산위원회, 세출위원회 등의 역할과 기능을 강화하는 과정을 거쳤다.

2) 예산이론은 이정희(2020)를 참조.

사업부처는 대통령실의 권위를 활용하여 중앙예산기관을 압박하는 전략을 채택하는 경우가 많다. 대통령의 공약과 관련된 사업이라고 한다면 부처는 증가된 예산을 확보하기 쉽다. 국정과제나 대통령의 공약에 부합하는 사업들을 개발하여 예산 증액을 요구하는 전략을 취한다.

중앙예산기관도 대통령실과 여론을 동원하여 재정의 수문장으로서 역할을 한다. 대통령실을 설득하거나 합의를 이끌어 내어 총량적 재정관리의 권한을 위임받고, 이를 대통령실의 지시로 활용하여 사업부처의 여론전을 막아낸다.

국회는 예산안을 통과시켜 주는 권한을 활용하여 지역의 이익이나 철의 삼각(iron triangle)과 같은 이익집단과의 결탁에 따라 사업예산을 확대하는 전략을 취한다. 상임위원회와 사업부서와 이익집단 간의 연합이 구성된다. 나아가 국회의원들 간에 상호 사업을 지원하여 주는 협약(logrolling)을 통하여 일종의 정치적 교환행위를 하면서 상호 간에 예산 증액을 위한 연합을 형성하기도 한다.

4) 행위자와 지향성

예산 과정 참여자들은 예산 과정에서 지향하는 선호와 전략에 차이가 있다. 윌다브스키(Wildavsky, 1988)는 예산 참여자들의 선호를 크게 지출자로서의 증액 지향적 선호, 절약자로서 삭감 지향적 선호, 수문장으로서 균형 지향적 선호로 구분하였다. 행정부처는 지출자로서 가능한 많은 사업을 할 수 있도록 많은 예산을 확보하려 하고, 중앙예산기관은 절약자로서 이를 삭감하려 하며, 행정수반은 수문장으로서 수입과 지출의 균형을 유지하고 자신의 정책 목표를 반영하고자 하고, 입법부는 감시자로서 예산 배분을 모니터링하고 감시하는 역할을 한다.

사업부처는 좀 더 많은 예산을 분배받고자 하는 증액 지향적인 소비자의 지향성을 갖는다. 예산 배분에 대한 주창자(advocate)인 이익단체나 언론을 동원하여 중앙예산기관을 압박한다. 예산 편성 시 필요액 이상으로 예산을 확보하고자 노력하며 예산 집행 시 최대치를 집행하고자 한다.

중앙예산기관은 절약자로서 재정수입에 초점을 두고 재정 여건을 중시하며 가급적 지출을 줄이고 재정이라는 한정된 재원을 절약하고자 한다. 사업예산 규모를 삭감하고자 하고, 재정적자를 최소화하고자 하며, 재정수입에 맞는 지출 수준을 유지하고자 한다.

대통령실은 일반적으로 수문장으로서 사업예산의 균형적인 입장을 취하는 선호를 가지는 것으로 설명된다. 다만 우리나라의 경우 대통령실은 여론에 대한 대응 방식, 정치적인 입장에 따라서 그 성격이 크게 달라지는 것으로 보인다. 정치적인 입장에 따라서 확장재정을 지향하거나 건전재정을 지향하는 모습이 나타난다.

의회의 경우 공식적으로는 감시자로서 역할을 수행하여 총량적 제한 등 절약자의 모습을 보이나, 사업예산 배분에서는 모니터링하고 감시하는 역할보다는 이익집단과 결부되어 확장 지향적 지향성을 띠는 것으로 보인다.

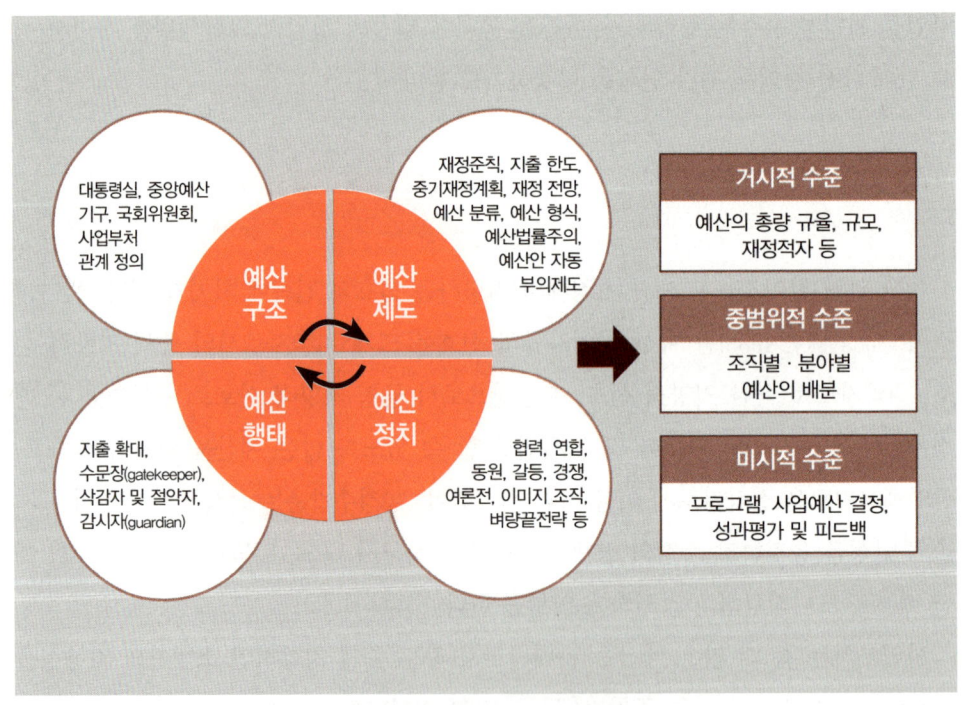

[그림 7-1] 예산 과정의 분석틀

제2절　예산 편성

1 개관

　예산 편성은 의원내각제와 대통령제 국가 모두 사실상 행정부에서 맡으므로[3] 예산안의 편성 과정은 행정부가 국회에 제출할 예산안을 준비하는 과정이라고 할 수 있다. 다음 연도 정부가 수행하려는 계획을 재무적 측정치로 구체화하는 과정이다. 실제로 사업을 맡고 있는 각 부처 예산 담당자, 중앙예산기관 및 대통령실 또는 내각이 참여하며, 중앙예산기관이 행정수반의 지휘를 받아 중앙관서의 장이 제출한 예산요구서에 대한 검토 및 조정 작업이라고 할 수 있다.

　기획재정부의 예산안 편성 작업은 1단계는 총지출 규모를 설정하는 단계이고, 2단계는 총지출 규모의 범위 내에서 국가의 정책 우선순위를 가려 재원을 배분하는 단계로 구성된다. 1단계에서 대통령실과 긴밀히 협력하고 2단계에서는 중앙관서와 상호작용한다. 두 단계의 검토를 거쳐 예산안 초안이 마련되면, 기획재정부는 대통령 중간보고, 당정 협의, 예산자문회의 등을 거쳐 정부의 최종 예산안을 마련하고 첨부 서류와 국가재정운용계획 등 의안들과 함께 국회에 제출하게 된다.

　우리나라는 행정부의 예산안이 국회에서 거의 수정되지 않는다는 점에서 예산 편성의 합리성과 투명성이 매우 중요하다.

---

3) 미국 연방정부의 경우 의회가 예산 법률을 수정할 권한이 있지만 그 예산 법률의 기초가 미국 관리예산처(Office of Management and Budget: OMB)가 의회에 제출하는 대통령 예산안(budget proposal)이기 때문에 행정부 예산안이 실질적인 영향력이 있다고 평가된다.

2 구조

1) 미시적 상향적 예산 편성

상향식 예산 편성 구조는 의사결정 권한의 분포라는 관점에서 중앙예산기관인 기획재정부에 권한이 집중되어 있는 구조이다. 각 부처가 그 목적에 부합하는 세부사업을 결정하여 필요한 예산을 요구하면 중앙예산기관인 기획재정부가 각 부처 세부사업의 적정성, 비용편익분석 등을 검토하여 사업 내용 및 규모를 조정하고, 부처별·분야별 지출 규모와 총지출 규모를 결정하는 예산 의사결정 구조를 말한다. 이러한 방식은 중앙예산기관이 각 부처에서 추진하는 사업에 대한 사전적 미시적 조정을 통하여 예산 낭비를 억제하고 지출 규모를 세입 여건에 따라 신축적으로 결정하여 재정의 건전성 확보에 기여할 수 있다.

과거 이러한 미시적 상향적 예산 편성은 여러 가지 문제를 낳았다. 장기적 시계(時界)가 결여된 단년도 중심, 투입 위주의 예산 통제로 인한 예산과 성과의 연계 미흡, 부처의 자율성 미흡, 중앙예산기관과 부처의 불신에 따른 과대 예산 요구와 삭감 등의 문제이다.

첫째, 중앙예산기관과 부처가 사업예산을 편성하고 사정하는 방식은 단년도 사업 예산의 적정성에 치중하므로 중장기적 국가계획 또는 재정 운용을 저해하는 요인으로 작용한다.

둘째, 중앙예산기관은 사업의 성과에 대하여 충분히 알기 어렵기 때문에 이해하고 통제하기 쉬운 투입 요소를 중심으로 사업을 평가하고 선정하였다. 성과가 높은 사업을 우선적으로 선정하기보다 중앙예산기관이 원가와 투입 요소를 중심으로 사업을 선정하여 비효율적인 사업 선정과 예산 배분이 이루어졌다.

셋째, 중앙예산기관이 주도하여 사업 선정과 예산 배분을 하고 부처의 자율성이 존중받지 못하였다. 부처의 전문성과 부처가 담당하는 부문별 특수성보다 중앙예산기관의 가치와 지향성이 우위에 서는 방식의 예산 배분이 이루어졌고, 효율성과 건전성이 지나치게 강조되는 결과를 낳았다.

넷째, 중앙예산기관과 사업부처 간 정보 불균형으로 상호 불신하에 의사결정을 한다. 중앙예산기관은 사업에 대한 충분한 정보가 없는 상태에서 개별 사업을 사정하기 때문에 일괄 삭감하는 전략을 채택하고 부처가 이에 대응하기 위하여 예산액을 과다하게 요구하는 행태가 나타났다.

2) 거시적 하향적 예산구조 시도와 좌절

이러한 상황에서 「국가재정법」의 제정으로 미시적 상향적 예산구조를 거시적 하향적 예산구조로 전환하고자 하는 노력을 하였다. 기획재정부가 국가재정운용계획을 바탕으로 분야별 및 부처별 지출 한도를 설정하며 부처는 그 한도 내에서 개별 사업에 대한 예산을 요구하는 방식으로 예산 편성 방식을 전환하고자 하였다. 동시에 국가재정운용계획의 수립, 산출 중심의 성과관리 도입으로 중앙예산기관이 중기적 시각과 사업에 대한 성과정보를 바탕으로 예산을 사정할 수 있도록 하였다.

이러한 거시적 하향적 예산구조는 예산 의사결정 권한이 분산된 구조로 대통령실과 중앙예산기관이 재정 및 경제정책의 방향, 예산 규모, 예산안 편성의 방향과 지침을 부처에 전달하고 부처가 사업예산 의사결정을 하는 결정 방식이다. 이는 예산결정권을 분권화하여 부처 참여의 폭을 넓히는 대신 집행관리에 대한 책임을 강화하는 예산구조이다.

이러한 예산구조의 변화 시도에 따라 위에서 제기한 문제들이 일부 완화되었다.

첫째, 중앙예산기관은 중기재정계획과 중기사업계획에 근거하고 중기에 걸친 부처의 성과평가 결과를 활용하여 예산을 사정할 수 있다. 사업부처도 사업설계하는 과정에서 중기적인 시계에서 재정사업 목표를 관리하고 계획하는 체제로 변화하였다.

둘째, 중앙예산기관도 사업부처가 제공한 자체성과평가 결과를 예산 사정에 활용할 수 있다. 투입 요소보다는 산출이나 성과를 바탕으로 사업을 평가하고 선정하여 효율적인 사업 선정과 예산 배분이 이루어졌다.

셋째, 사업평가를 부처가 주도하고 결과를 중앙예산기관에 제공하는 방식이며, 이로써 부처의 자율성이 존중되었다. 부처가 설정한 기준이 중시되고 부처의 입장에서 우선순위가 높은 사업을 중심으로 예산사정이 이루어져 부처의 자율성이 확대되었다.

넷째, 중앙예산기관과 사업부처 간 성과정보를 공유하여 정보 불균형이 완화되었고, 상호 신뢰하는 환경이 조성되었다. 중앙예산기관은 사업 성과에 대하여 부처의 평가 결과를 신뢰하고, 이에 근거하여 예산 사정을 하며 그 결과에 대하여 부처는 수용할 수 있는 상황이 되었다. 이러한 상황의 변화는 예산 의사결정 권한의 재배분이 아니라 사업성과 평가제도의 도입에 따라 사업에 대한 정보가 중앙예산기관과 사업부처에 공유됨으로써 나타나는 현상이라는 점을 주목하여야 한다. 중앙예산기관과 사업부처 간의 사업에 대한 정보의 불균형이 완화되고 정보의 비대칭성이 줄어들어 양자 간에 협상과 협조가 이루어질 수 있는 조건이 마련된 것이다.

반면 의사결정 권한 자체는 「국가재정법」 제정 시 일시적으로 시도되었던 하향적 예산 편성 구조가 상향적 예산 편성 구조로 다시 회귀한 것으로 보인다. 중앙예산기관이 미시적 사업예산의 사정을 계속 진행하고 있는 것으로 보인다. 이것은 부처에 지출한도가 전달되고 부처가 자율적으로 부처의 예산을 편성한다는 분권적 구조와 거리가 멀다.

결론적으로 현재 우리나라의 예산 편성 구조는 과거 과잉집권화된 구조에서 집중적 구조에서 전환되었으나 분산적 구조라고 할 수는 없다. 성과관리에서 분권화와 예산 의사결정 시 집권화로 인한 부분적 분권화 구조라고 요약할 수 있다. 성과관리제도에 의하여 과잉집중성이 부분적으로 완화되었으나 구조적인 차원에서 예산 의사결정의 권한이 재정의되는 작업이 이루어지지 않아 원래의 구조로 회귀하였다.

이런 상황이 된 것은 대통령실이 예산 의사결정 권한의 재분배를 위한 적극적인 구조 개선 노력을 기울이지 않았기 때문이다. 중앙예산기관에 권한 행사를 자제할 것을 요구하는 데 그치고 실질적인 권한 재배분을 위한 조치를 하지 않았다. 제대로 된 하향식 예산구조, 분산적 예산 의사결정이 정착하려면 중앙예산기관이 원래 가지고 있었던 권한을 행사하지 못하도록 하는 적극적인 대통령실의 개입, 이에 대한 국회의 지지가 필요하다. 이러한 구조적 개혁을 위해서는 대통령실이 현재 집중화된 예산 의사결정의 문제점에 대한 사회적인 공감대를 바탕으로 정치적인 권력과 여론을 동원하는 정치적 리더십이 필요하다.

3 제도와 절차

1) 중기사업계획서 제출

각 중앙관서의 장은 매년 1월 31일까지 당해 회계연도부터 5회계연도 이상의 기간 동안의 신규사업 및 주요 계속사업에 대한 중기사업계획서를 기획재정부에 제출하여야 한다. 제출된 중기사업계획서는 국가재정운용계획 수립과 예산의 분야별 및 부처별 지출 한도 설정의 기초 자료로 활용된다.

2) 예산안편성지침과 예산 편성 기준 통보

(1) 의의

기획재정부 장관은 대통령의 공약 및 국정과제, 지출 한도 등 재정규율, 향후 경제 전망, 전년도 국회의 예산 결산 심의 내용 등의 제약 조건을 감안하여 대통령의 승인을 얻은 「예산안 편성 및 기금운용계획안 작성지침」과 세부지침을 매년 3월 31일까지 중앙관서의 장에게 통보하고 국회의 예산결산위원회에 보고한다.[4]

예산안편성지침에는 예산 편성의 기본 방향, 재정 운용 방식, 분야별 재원 배분 방향, 각 중앙관서가 예산요구서를 작성하는데 공통적으로 준수하여야 할 예산 편성의 원칙, 기준 등과 함께 각 분야별 재정투자 방향 등이 포함된다. 각 중앙관서에서 소관 예산요구서를 작성하는 데 필요한 가이드라인을 제시하는 역할을 하게 된다.

(2) 구성 및 주요 내용

예산안편성지침은 크게 거시적 재정 운용 방향, 예산안 편성지침, 그리고 예산안 편성 기준 등으로 구분되어 있다. 거시적 재정 운용 방향에는 정부의 국정 비전과 국가정책 목표, 그리고 각각의 정책 목표를 달성하기 위한 재정정책의 기본 방향이 포함된다.

---

4) 예산결산위원회에서 예산안편성지침 보고를 안건으로 상정하여 보고하도록 한다. 과거 예산결산위원회에서 적극적으로 보고를 요구하지 않는 것으로 나타난다.

예산안편성지침은 보통 해당 연도 예산안 편성 방향, 세입 및 세출예산안 작성 시 유의 사항, 예산안 편성 과정에서의 주요 협의·보완 사항 등으로 구성된다.

1. 대통령의 공약 사항, 즉 국민과의 약속을 실천하는 국정과제 목표가 반영되고, 2. 물가상승률, 서비스 수급 대상의 규모 등 예산 연도의 핵심 국정 운영 여건에 대한 전망치, 3. 예산요구서 형식, 4. 예산 편성 스케줄, 5. 부서 예산 편성 총액에 대한 가이드라인(한도 또는 전년 대비 충분최대치) 등의 내용이 포함된다.

2023년 예산안편성지침

I. 재정 운용 여건 및 기본 방향
  1. 대내외 경제 여건
  2. 재정 여건
II. 2023년도 예산안 편성 방향
  1) 기본 방향
  2) 4대 중점 투자
  3) 4대 재정 혁신
  4) 분야별 중점 투자 방향 및 지출 효율화 계획
    (1) 보건복지 분야
      ① 중점 투자 방향
      ② 지출효율화 계획
    (2) 교육 분야(이하 상동)

예산안 편성 및 작성 세부지침

I. 2023년도 세부지침 주요 개정 내용
II. 사업 유형별 지침
III. 목별 지침
IV. 기준단가
V. 경비 산정 시 참고 요금
VI. 세입세출예산 과목 구분

3) 재정전략회의

재정전략회의는 대통령이 직접 회의를 주재하며, 모든 장관이 모여 향후 5년간 핵심 국가재정 의제와 재정계획 등을 마련하는 자리로 공개로 진행된다. 재정전략회의에서는 통상 장관급 회의와 달리 배석자가 없이 대통령, 수석비서관, 각 부처 장관들이 모여 국가의 미래상과 재정 운영 방향, 향후 거시경제 전망을 포함한 재정 운영 여건, 분야별 정책 방향 및 투자계획, 총수입, 총지출 규모와 재원 배분 방향 등에 대하여 진지하게 논의한다.

재정전략회의는 다양한 재정 이슈에 대한 주요한 의사결정 기회가 되며, 재정건전화 추진을 위한 전 부처적인 공감대를 형성하는 기능도 담당하고 있다.

이러한 논의를 통하여 국가재정운용계획과 분야별 부처별 지출 한도에 대한 합의를 도출한다.

4) 지출 한도 통보

국가재정전략회의가 끝나면 기획재정부는 부처에 회계별·사업별 지출한도액(ceiling)을 전달한다. 지출한도액을 사전에 설정하는 예산 배분 방식은 스웨덴, 네덜란드, 캐나다 등 선진국이 재정적자를 해소하기 위하여 1990년대 중반부터 도입하였다. 우리나라는 2004년부터 이 제도를 운영하였고, 2007년부터 시행된 「국가재정법」에 법적 근거 규정을 두었다. 이 제도는 통상 5년 시계(時界)인 중기적 시각에서 재정 운용을 가능하게 하는 국가재정운용계획 수립과 밀접하게 연계되어 있다. 핵심은 시계를 중기로 넓혀서 해당 연도 예산의 분야별 부처별 지출 한도를 결정하기 때문이다.

5) 예산요구서의 작성·제출

예산요구서는 각 부처가 예산서의 형식과 동일한 구분으로 작성한 예산에 대한 요구 서류를 말하며, 각 부처는 예산요구서와 첨부 서류를 5월 31일까지 기획재정부 장관에게 제출한다.

예산요구서는 예산서의 형식과 동일한 형식으로 세입세출예산・계속비・명시이월비 및 국고채무부담행위 요구서로 구성된다. 예산요구서의 첨부 서류는 ① 세입세출예산 사업별 설명서 및 각목 명세서, ② 국고채무부담행위설명서, ③ 계속비설명서, ④ 세입의 근거가 되는 법령의 내용에 관한 서류, ⑤ 사업계획서, ⑥ 직종별 정원표 및 전년도 정원과의 대비표, ⑦ 국유재산의 관리운용보고서 및 전년도와의 대비표, ⑧ 성인지예산서 등이 있다(국가재정법 시행령 제10조).

6) 예산요구서의 심의 및 조정

기획재정부는 예산 요구에 대하여 예산심의회를 통하여 심의하며 담당과에서 예산심의회에 검토 보고를 설명한다. 예산심의회는 예산실의 주요 간부들과 부처 담당자까지 모두 참여하여 부처 간 상호 조정함으로써 특정 부처 담당자가 부처에 호의적인 심사가 이루어지지 않도록 한다. 예산 심의는 계속되는 기존의 사업에 대한 심사와 신규사업에 대한 심사로 구분하여 진행된다고 알려져 있다. 부처는 기존의 사업보다 신규사업에 대하여 집중적인 심사를 예상하고 자세한 설명 자료를 준비하는 것으로 알려져 있다.

7) 대통령실 보고

기획재정부에서 예산 심의의 결과로 만들어진 예산안 초안은 대통령실에 보고되고 협의를 거쳐 행정부 예산안으로 구체화된다. 이 단계에서 예산 총량, 공무원 인건비 인상분, 대통령의 국정과제에 대한 예산 배분의 내용, 국방비 등 주요 분야의 예산이 중점적으로 검토되는 것으로 알려져 있다.

8) 당정 협의

기획재정부는 예산안 초안을 바탕으로 여당과 당정 협의를 갖고 의견을 수렴한다.

예산 심의 과정에서 여당의 이해와 협조를 구하고 여당 국회의원들의 관심 사업과 지역구 사업을 반영하게 된다. 이 단계에서는 예산 총량보다는 개별 사업의 이해관계에 초점을 맞추는 것으로 알려져 있다.

9) 예산안 확정 및 국회 제출

기획재정부 장관은 제출된 예산요구서를 토대로 예산안을 편성하여 국무회의 심의를 거친 후 대통령의 승인을 얻어 다음 회계연도 개시 120일 전까지 국회에 제출한다.

〈표 7-2〉 예산안 첨부 서류 및 관련 서류 현황

구분	서류명
예산안 첨부 서류	• 세입세출예산 사업별 설명서 - 총 5권으로 구성(국회 상임위를 기준으로 구분)

	• 예산안 심의 자료 및 부속 서류
	  - 세입·세출예산안 총계 및 순계표
	  - 계속비명세서
	  - 총사업비 관리대상사업 현황
	  - 국고채무부담행위 설명서 및 명세서
	  - 예산정원표와 예산안 편성 기준 단가
	  - 국유재산 명세서
	  - 회계 상호 간 여유재원의 전입·전출 명세서
	  - 예비타당성조사 면제사업 내역 및 사유(정확한 용어들로 수정 완료)

	• 성과계획서 - 소관별로 작성
	• 성인지예산서
	• 조세지출예산서
	• 국유재산특례지출예산서
	• 독립기관 및 감사원의 예산 감액 내역 및 의견
기금운용계획안 첨부 서류	• 기금운용계획안 첨부 서류
	• 기금운용계획안 심의 참고 자료
	• 성인지 기금운용계획서

이때 예산안에 첨부되는 서류와 별도로 동시에 제출되는 의안들이 있다. 예산안과 기

금운용계획안이 국회에서 의결되는 것이고 다른 서류와 의안은 참고 자료로 활용된다.

〈표 7-3〉 예산안과 함께 제출되는 별도 의안

구분	의안명
별도 의안	• 국가재정운용계획
	• 임대형 민자사업(BLT) 한도액안
	• 임대형 민자사업 정부지급금 추계서
	• 국가보증채무관리계획

4 예산정치

1) 대통령실

대통령실은 예산 편성 과정에서 주요 의사결정자이지만 구체적인 내용에서는 중앙예산기관에 의존하여야 하고 국민 여론을 반영하여야 정치적 지지를 유지할 수 있다. 이러한 보이지 않는 제약 속에서 대통령의 국정철학과 방향을 예산안에 내재화하고자 노력한다.

이를 위하여 대통령실은 여당의 협조를 구하면서 여당 의원들의 지역구사업이 예산안에 반영되도록 적극적으로 배려한다. 동시에 국민 여론의 향방을 자신들에게 유리하게 만들기 위하여 다양한 친정부 언론매체, 예를 들면 권위 있는 레거시 미디어(legacy media: 전통 보수언론), 소셜미디어, 폴리페서(polifessor: 정치 지향 교수)들이나 시사평론가들을 활용하여 예산의 방향과 사업예산을 홍보하고 지지를 확보해 나간다.

중앙예산기관과는 기본적으로는 상하 관계이나 항상 쉽게 통제할 수 있는 것도 아니고 두 집단의 지향점이 일치하는 것은 아니다. 대통령실이 인사권 등 통제 수단이 있으나 야당의 공격과 여론을 고려할 때 손쉽게 인사권을 행사할 수는 없다. 따라서 기획재정부의 정향과 다른 차별적인 예산 운용을 추진할 경우 정당과 여론을 최대한 동원하여 기획재정부가 순응하도록 하는 전략을 채택하기도 한다.

2) 중앙예산기관

중앙예산기관은 대통령실의 지휘를 받아 예산의 구체적인 내용을 구현하는 중요한 의사결정 권한을 행사한다. 여당과 야당의 상반된 요구를 일정 정도 반영하면서 대통령실의 요구를 구현하는 전략을 취한다. 대통령실의 아이디어를 국회와 여론이 수용할 수 있는 모양으로 구체화하여 예산으로 구현해 냄으로써 대통령실의 신뢰를 얻는다. 이를 위하여 중앙예산기관도 친정부 언론매체, 예를 들면 권위 있는 레거시 미디어, 소셜미디어, 전직 관료 출신 국회의원, 폴리페서들이나 시사평론가들을 적극적으로 활용한다. 공공기관 평가 등 다양한 사업에 참여할 기회를 주면서 친정부 성향으로 중앙예산기관의 논리를 지지하는 활동을 유도한다.

중앙예산기관은 개별 부처와 지역의 이익을 대변하는 의원들의 요구에 대하여 기본적으로 방어하는 입장을 취하나 이들이 대통령실과 연합하여 요구하는 사업에 대하여 수용할 수밖에 없는 입장에 있다.

여당과 대통령실의 연합, 각 부처 장관들과 대통령실의 연합에 대하여 그 강도와 지속에 대한 판단을 하고 수용과 거부의 결정을 하게 된다. 선제적으로 이러한 집단 간의 연합이 공고해지지 않도록 대통령실을 논리적으로 설득하고자 노력한다.

3) 사업부처

사업부처는 예산의 배분을 요구하는 입장으로 다각도의 정치적 연합을 통하여 대통령실과 중앙예산기관의 의사결정에 영향을 미치는 노력을 기울인다. 사업부처는 대통령실, 여당과 야당의 국회의원, 언론에 자신의 사업의 중요성과 예산 증액의 필요성을 강조하는데 이익집단과 관련 미디어를 동원한다는 특징이 있다.

대통령실의 지시가 가장 강력한 영향을 미치므로 사업부처는 대통령의 주요 국정과제에 자신들의 사업이 비중 있게 자리 잡도록 하기 위하여 노력을 기울이며, 이러한 작업은 대선 이전부터 진행된다. 대통령실과 연합을 형성하여 대통령의 공약, 국정과제를 확대 해석하여 사업예산의 범위를 늘린다.

평상시에도 자신이 추진하는 사업의 필요성을 이익집단이나 관련 미디어를 통하여 지속적으로 여론에 호소하고 자신들의 업무 영역의 성과를 홍보한다. 이익집단이 국회의원 등에 사업의 필요성을 주장하고 정치적인 지지를 해 줄 수 있는 것처럼 흥정한다. 여론을 자신들의 사업을 지지해 주도록 만들어서 중앙예산기관이 사업예산 삭감 시 심각한 정치적 반발이 예상되고 대통령의 지지율을 낮추는 결과가 된다고 중앙예산기관을 설득한다.

5 지향과 행태

앞서 살펴보았듯이 윌다브스키(Wildavsky, 1988)는 예산 참여자들의 선호는 크게 지출자로서 증액 지향적 선호, 절약자로서 삭감 지향적 선호, 수문장으로서 균형 지향적 선호로 구분하였다.

우리나라의 대통령실은 여론에 대한 대응 방식, 정치적인 입장에 따라서 그 성격이 크게 달라지는 것으로 보인다. 정치적인 입장에 따라서 확장재정을 지향하거나 건전재정을 지향하는 모습이 나타난다. 수문장과 같은 하나의 유형으로 규정하기 어려우며 예산정책에서 극명하게 대비되는 세계관을 갖고 있는 것으로 생각된다.

진보좌파정부의 경우 현재 세대의 이익, 특히 1960년대생과 70년대생의 이익, 대졸 학력 이상의 중산층의 이익을 옹호하고 이들이 고령화됨에 따라 복지지출 프로그램을 확대하는 확대재정정책을 적극적으로 추진한다.

보수우파정부의 경우 이에 대비하여 미래세대의 이익, 현재 경제활동 진입층, 중하위 노령층, 소비자와 가계보다는 산업과 이익집단의 이익을 옹호하고 복지지출 프로그램의 억제를 추구하여 재정 규모 축소와 균형재정정책을 적극적으로 옹호한다.

일반적으로 양자 모두 사업예산 단위에서는 수문장으로서 균형적인 입장을 취하는 모습이 아니고 대통령의 국정과제에 대해서는 확대하는 선호를 가지고 나머지 과제에 대해서는 중앙예산기관에 의존하는 것으로 보인다.

우리나라의 중앙예산기관은 절약자로서의 행태를 분명하게 보인다. 재정수입에 초점을 두고, 재정 여건을 중시하며 가급적 지출을 줄이고 재정이라는 한정된 재원을 절약하고자 한다. 총량적 예산 의사결정에서 확대재정에 대하여 반대하는 의견을 지속적으로 제시하며, 배분에서도 대통령실과 타협하되 가급적 경제적 지출에 배분되도록 노력한다. 자신의 재량 범위에 있는 사업예산의 경우 규모를 삭감하고자 하며 지출 효율화를 추구한다.

사업부처는 더 많은 예산을 분배받고자 하는 증액 지향적인 소비자의 지향성을 갖는 것으로 보인다. 윌다브스키(Aaron B. Wildavsky)의 설명에 따르면, 사업부처는 예산 배분에 대한 주창자인 이익단체나 언론을 동원하여 중앙예산기관을 압박한다. 우리나라의 사업부처는 강력한 선호를 가진 중앙예산기관보다 대통령실을 통하여 예산을 최대한 확보하고자 노력하며, 예산 집행 시에도 최대치를 집행하고자 하는 것으로 보인다.

6 문제점과 개선 방안

1) 문제점

(1) 의사결정 권한의 과잉집권성

우리나라 예산 편성의 가장 중요한 문제는 대통령실과 중앙예산기관에 의한 과잉집권화된 예산 편성이 지속되고 있다는 데 있다. 집권화된 예산 편성이 지속되고 총액배분 자율편성 예산제도는 작동하지 않고 있는게 현실이다. 과거 미시적 상향적 예산 배분이 투입 요소에 대한 사정을 중심으로 이루어진 상황에서 거시적 하향적 예산 배분이 성과평가를 중심으로 이루어지는 방식으로 전환하겠다는 구조 개선을 표명하였다. 현재는 미시적 상향적 예산 배분이 성과평가를 중심으로 이루어지는 부분적인 변환에 머문 것으로 평가된다.

우리나라의 중앙예산기관은 대통령실과의 협의와 감독하에 재정관리의 모든 기능을 동시에 수행하고 있다. 세입 전망, 국가재정운용계획, 예산 편성, 사업관리, 지출관리 등 사실상 모든 재정관리를 한 부처가 수행한다. 이런 상황에서 대통령실의 관계도 균형적이라기보다는 중앙예산기관에 치우쳐 있는 불균형적인 관계라고 평가된다.

과잉집권화된 예산관리가 가진 장점도 적지 않을 것이다. 일사불란하고 일관성 있는 관료제적 합리성을 기반으로 한 중장기 시계(time horizon)에 따른 합리적인 예산 배분에 따른 장기간의 경제 성장이 한 예이다. 다만 복잡하고 분화된 선진 경제와 사회 발전을 위하여 필요한 집단지성의 발현을 위해서는 걸맞지 않은 모습이라는 것을 부정할 수 없을 것이다.

(2) 대통령 국정과제에 대한 치중

우리나라의 예산 편성에서 대통령실과 중앙예산기관의 역할은 지대하다. 중앙예산기관이 예산안을 편성할 때 특별대우를 받는 사업이 대통령실이 지정한 국정과제이자 핵심사업이다. 대통령실 사업의 예산은 각 부처도 편성 초기부터 1순위로 챙기고 기획재정부도 거의 손대지 않는다.

집권화된 의사결정 시스템의 고질적인 문제는 소수 의사결정자의 잘못된 의사결정에 대하여 다른 주체가 견제하고 통제할 수가 없다는 데 있다. 우리나라는 대통령실이 추진하는 예산을 견제하고 통제할 수 있는 유일한 주체가 중앙예산기관과 야당 지도부이다. 예산 심의 과정에서 정치권이 대통령실의 예산을 누구도 건드리지 못하는 언터처블(untouchable) 예산이라고 부르면서 이를 통과시켜 주는 조건으로 자신들의 지역구 숙원사업에 예산을 배분할 것을 요구한다. 이런 흥정에서 중앙예산기관은 매개하는 역할을 하게 된다. 결과적으로 대통령실의 예산에 대하여 중앙예산기관과 야당도 대체로 협조하게 된다. 이런 상황에서 대통령실에서 추구한다는 이유로 무리하고 낭비적인 사업을 지속적으로 추진하게 되는 것이다.

(3) 예산 편성 의사결정의 불투명성

우리나라의 예산 편성은 사실상 외부에 전혀 알려지지 않는다. 예산 편성 과정에서 생산된 정보나 자료도 공개되지 않으며 예산실의 토론 과정, 예산실과 부처와의 소통 내용도 알 수 없다. 특히 부처의 예산요구서 내역은 외부에 공개되지 않으며 최종 조율된 예산만 국회에 제출된다. 예산 편성의 결과물인 예산 등은 국회에 제출하는 시기에도 언론에 보도 자료 형태로 대략적인 내용만 나오고 시간이 일정 정도 지난 후 국회의안 시스템에서 잘 찾아보아야 발견할 수 있다.

예산 편성 과정을 전부 실시간으로 공개하는 것은 업무에 차질을 빚을 것이다. 부처와 정치권, 지자체, 이익단체 등에서 청탁과 압력이 들어올 것이 예상된다. 하지만 일정한 범위에서 사후적인 공개는 가능할 것으로 보인다. 예산요구서와 수정안 등은 일정 시간 후 공개할 수 있을 것이며, 이는 예산 편성의 책임성과 투명성을 제고하는 데 도움이 될 것이다.

예산 편성 잣대도 모른 채 예산 심의하는 국회
(2023.11.15. 20:20 https://m.khan.co.kr/opinion/contribution/article/202311152020005#c2b)

류근식 (사)입법정책연구회 상임부회장

2024 회계연도 예산안 심의가 진행 중이다. 정부는 국가재정운용계획에 근거하여 분야별·부처별 지출 한도를 설정한 후 예산안을 편성한다. 따라서 국회가 정부가 제출한 예산안을 심의·확정하기 위해서는 반드시 분야별·부처별 지출 한도를 알아야 한다. 하지만 기획재정부는 지출 한도를 비밀문서로 분류하여 관리하는 자료라며 제출이 곤란하다는 입장이다. 이는 기재부의 권한 남용이다. (중략)

기획재정부는 중앙관서별 지출 한도를 포함하여 보고해 달라는 국회의 요구에 대해 다음과 같은 이유를 들어 제출하지 않고 있다.

첫째, 정부는 중앙관서별 지출 한도가 사전에 공개될 경우 이익집단이나 언론의 압력으로 인해 예산 편성의 어려움과 행정비용이 가중될 수 있다고 한다. 하지만 이는 기우(杞憂)에 불과하다. 오히려 지출 한도가 공개되지 않음으로써 예산 사정기관인 기재부에 예산 편성 권한이 집중되어 불신과 불만 요인이 되고 있다. 둘째, 네덜란드 등의 국가의 경우에도 지출 한도를 비공개로 운용하고 있다고 한다. 하지만 이들 국가의 경우 정부가 예산안을 의회에 제출하기 이전에 재정정책 및 거시지표 등에 대한 전망을 의회에 제출해 심사하는 '사전예산보고(pre-budget report)제도'를 채택하고 있다는 점에서 설득력이 떨어진다. (중략)

국가 안보에 중대한 영향을 주는 것도 아니고, 국회가 국가 예산을 심의하는 데 필수 정보임에도 불구하고 예산 편성 관련 재정전략회의에서 미리 설정한 분야별·부처별 지출 한도가 비밀문서가 될 수는 없다. 국회가 예산 심의를 효과적으로 하기 위해서는 분야별·부처별 지출 한도 공개를 의무화하는 제도적 보완이 시급하다. 국회가 위원회 의결 등을 통해 제출하도록 강제하는 방향으로 관련 법 개정이 시급하다.

> ### 법원, 기재부에 '정부부처 예산요구서 공개하라'…
> ### 23개월 만에 승소
> (2024.4.39 https://newstapa.org/article/_MNCJ)
>
> **23개월 만에 기획재정부 상대 정부 부처 예산요구서 공개 행정소송 첫 승소**
>
> 서울행정법원 제1부(재판장 양상윤)는 4월 26일, 뉴스타파와 3개 시민단체가 기재부를 상대로 낸 정보공개 거부 취소 행정소송에서 뉴스타파와 시민단체의 전부 승소로 판결했다. (중략)
> 뉴스타파가 〈세금도둑잡아라〉, 〈투명사회를위한정보공개센터〉, 〈함께하는시민행동〉 등 3개 시민단체와 함께 기획재정부를 상대로 정부 부처 예산요구서 공개 행정소송을 제기한 지 23개월 만에 나온 재판 결과다. 정부 예산을 총괄하는 기획재정부를 상대로 정부 부처의 예산요구서 공개를 요구하는 행정소송을 낸 것은 이번이 처음이다.
> 이번 1심 판결에 따라, 기재부는 2021년 5월 31일까지 제출한 '보건복지부의 2022년도 예산안에 대한 예산요구서'를 공개해야 한다. 기재부는 지금까지 모든 중앙부처와 지방자치단체가 제출해 온 예산요구서를 외부에 공개하지 않았다.
> (하략)
>
> **[해설]** 이 판결을 우리나라 예산 의사결정에서 상당히 중요한 판결로서 부처의 예산요구서를 어떤 조건이 충족될 경우 외부에 공개하여야 한다는 내용이다. 일반적으로 부처의 예산요구서를 공개하여야 한다는 판결은 아니지만 상당히 의의가 크다. 향후 제도적으로 논의를 거쳐 예산 과정에서 어느 정도까지를 업무의 특수성을 고려하여 비공개의 영역으로 둘지, 어떤 내용까지, 어떤 시점부터 공개하도록 할지에 대하여 판단하는 것이 필요하겠다. 이에 대하여 선진국의 사례 등을 면밀히 검토할 필요가 있다.

2) 개선 방안

(1) 의사결정 권한의 분산

과잉집중화되어 있는 예산 의사결정을 적정한 수준으로 분산하고 분권화하는 작업이 요구된다. 하향적 예산제도를 구체화하는 작업이 가장 현실성 높은 분권화정책이 될 것이다. 중앙예산기관은 총량적 예산 의사결정을 중점적으로 수행하며, 각 부처에 예산 배분을 하여 지출 한도를 전달한 후 각 부처는 지출 한도 내에서 자율적으로 예산을 편성하는 제도 도입을 말한다. 이를 위해서는 중앙예산기관의 권한을 통제하는 방식의 업무 재조정이 요구되며, 이런 작업은 대통령실에 의한 행정 개혁으로 가능할 것이다.

이러한 행정 개혁이 가능하기 위해서는 부처 자율적인 예산 편성이 부처의 전문성과 성과정보에 근거하여야 하고, 이에 대한 감독과 감시가 명확하게 이루어져야 한다. 사업예산에 대하여 성과평가를 중심으로 부처가 예산 편성을 하는지 여부에 대하여 엄밀하고 합리적인 평가가 이루어져야 하향적 분산화된 예산 편성이 예산의 합리성을 제고한 효과가 나타날 것이다.

(2) 대통령 국정과제에 대한 치중 완화

위의 논의는 현재 대통령실 대 중앙예산기관의 관계인 구조를 대통령실 대 중앙예산기관 대 부처의 관계인 구조로 전환하는 것을 의미한다. 여기서 대통령실의 권한이 큰 우리나라의 통치구조에서 대통령실과 부처 간의 관계에서 의사결정 권한이 균형적으로 배분될 수 있을 것인가의 문제가 발생한다. 이제까지 대통령실은 총량적 예산 배분 결정과 대부분의 사업예산 의사결정을 중앙예산기관에 위임하고 자신들의 중점사업에만 관심을 기울여 오면서 부처에 지시하여 온 바 있다. 이런 상황에서 중앙예산기관과 부처 사이의 의사결정 권한을 부처에 일부 이전하면 대통령실의 전횡이 더 강해질 가능성도 생긴다.

이를 막기 위해서는 결국 대통령실의 권한의 집중과 남용을 막아야 하고, 대통령실에 지나치게 집중된 정치적 권력과 권한에 대하여 제반 제도를 통하여 분권화하는 방안을 고안하여야 한다. 정치 개혁을 통하여 정치적인 권력을 분산시키는 제도 개선이 선행되어야 한다. 감사원장, 독립재정위원회 위원장 등에 대한 임기를 늘리고 임명 절차에 여야가 합의하도록 함으로써 대통령실과 행정부의 직권 남용의 가능성에 대하여 항시 감사하도록 하고, 재정정책에서도 독립적인 위원회가 주요 정책결정 권한을 행사할 수 있도록 하는 등의 제도 개선이 필요하다.

(3) 예산 편성 의사결정의 투명성 강화

중앙예산기관이 예산 편성 과정을 최대한 비공개로 추진하는 이유는 그를 통하여 권한의 확대가 가능하기 때문이다. 대통령실과의 결탁이 가능하고 대통령실의 중점사업에 대한 특별관리의 내용, 부처와의 관계에서도 우월적인 지위에서 예산을 편성해온 과정이 노출되지 않는다. 지출 한도 제안을 넘어선 미시적 예산 편성 활동도 노출되는 것을 꺼리는 것으로 보인다.

이런 현상을 약화시키기 위하여 예산 편성 활동에 대한 전반적인 공개의 확대와 투명성의 강화가 필요하다. 정보의 공개 수준에 대해서는 신중하고 점진적인 변화가 필요할 것이다. 다만 조직의 관성으로 인하여 정보 공개를 최소화하려고 하기 때문에 이에 대한 정치권의 적극적인 제도적인 개입이 요구된다고 하겠다. 일단 재정정보 공개 웹사이트인 열린재정을 활용하여 예산 편성 과정에 생산되는 다양한 정형적 및 비정형적 정보를 공개하도록 법제도를 정비하여야 한다.

제3절 예산 심의

1 개관

예산 심의는 입법부가 행정부를 감독하기 위하여 정부가 제출한 예산안을 검토하여 예산의 규모와 사업계획을 승인하는 과정이다. 의회가 국민의 대표자로서 국민의 재산권 침해를 적극적으로 통제하고 승인한다는 면에서 민주주의의 근간이고, 관료주의에 기반한 정부의 예산 의사결정을 국민의 시각에서 재검토한다는 의미에서 관료주의와 민주주의를 균형 맞추는 활동이라고 할 수 있다.

예산 심의는 국회가 집단적으로 의사결정하는 활동이지만 사실상 국회의원의 이해관계에 맞추어 진행된다는 한계는 존재한다. 집단적 규율이 확립되어 있지 않은 의회에서는 국회의원들이 자신들의 지역구 예산이 삭감되지 않고 증가되도록 적극적인 노력을 펼친다. 국회의원들이 서로 지역구 예산 심의에 도움을 주는 정치적 교환행위인 로그롤링(log-rolling), 지역구 예산을 챙기는 포크배럴(pork-barrel) 현상도 자주 발생한다.

이런 점에서 국회의 예산 심의 활동을 언론이나 시민이 모니터링하고 감시하는 활동도 재정민주주의를 위하여 반드시 필요하다. 특히 우리나라는 정부가 제출한 예산안과 국회에서 확정한 예산의 차이가 거의 없는데서 알 수 있듯이 국회의 예산 심사가 매우 부실하게 이루어진다. 이에 대하여 국민들이 국회를 신뢰하지 못하는 것은 당연하며, 민주주의의 성숙을 위하여 예산 심사가 제대로 이루어질 수 있도록 개선하는 일이 반드시 필요하다.

2 구조

1) 행정부 편향적 예산 수정 권한

헌법 제57조는 국회의 예산안 수정에 일정한 제한을 두고 국회가 정부의 동의 없이 정부가 제출한 지출예산 각 항의 금액을 증가하거나 새 비목을 설치할 수 없도록 하고 있다. 즉, 예산 증액 및 비목을 신설할 경우 행정부가 동의하여야만 한다. 이는 무분별한 예산 증액의 폐단을 방지하는 효과가 있지만 국회의 예산심의권을 제약하고 재정민주주의를 저해하는 측면이 있다.

의회의 예산 수정 권한에 따라 행정부와 의회와의 예산 의사결정 권한 배분이 달라진다. 예산안에 대한 외국 의회의 수정 권한을 살펴보면, 미국은 의회가 스스로 정한 지출 한도 내에서 자유롭게 증액 및 삭감을 할 수 있고, 일본은 수입 증액이나 지출 삭감만이 가능하며, 영국은 삭감만 가능하다. 의회가 독자적으로 수정할 수 있는 권한의 범위가 클수록 예산 의사결정 권한이 분산된다고 할 수 있다. 우리나라의 경우 중앙예산기관의 권한이 크고 과잉집권화된 모습이 행정부와 국회의 관계에서도 확인된다.

2) 준예산제도의 미비

우리나라는 예산 불성립 시 과거에 준하여 지출할 수 있도록 허용하는 준예산제도를 운용하고 있으나 이에 대한 법령이 충분히 구체적으로 규정되어 있지 않고 제도가 미비하며 불확실성이 커서 제도 운영이 어려운 상황이다. 회기 시작인 1월 1일까지 예산안이 의결되지 않을 경우 예산 운용을 하기 어렵고 국가적인 혼란이 예상되며 이에 대한 여론의 비난이 국회에 집중된다. 국회는 사실상 12월 31일이라는 시한을 두고 예산 의결을 하여야 하는 입장에 처하게 된다. 이는 행정부와 국회 사이에서 국회의 협상력을 약화시키고, 특히 야당의 예산안 처리 거부의 위협은 신뢰성을 훼손하고 자신들의 의사를 관철시킬 수 없게 만든다. 행정부는 회기 시작점에 가까워 올수록 협상에서 우위에 서서 예산안 협상을 타결할 수 있다.

3) 상향적 예산 심의

우리나라 국회에서의 예산 심사는 위원회제도에 바탕을 둔 상향식 심사가 특징이다. 우리나라 국회에서 예산 심사는 상임위원회 예비심사, 예결위 심사, 본회의 의결 순으로 진행되는데, 개별 상임위원회는 소관 부처와 소관 사업 예산에 대해서만 심사를 하기 때문에 소관 예산이 국가재정 전체에 미칠 영향이나 국가 전체적인 차원에서의 전략적 재원 배분에 대하여 논의할 이유가 없다.

예결위, 특히 소위원회가 예산에 대한 실질적 결정 권한을 가지고 있지만 재정 총량이나 분야별 배분에 대한 거시적 심사가 아니라 개별 사업에 대한 미시적 심사에 그침으로써 총량적 재정규율과 예산의 배분적 효율성을 제고하는 데에 이르지 못하고 있다.

예산 편성과 심사가 상향식으로 이루어질 경우 개별 사업과 개별 부처의 예산극대화를 위한 노력이 총량적 재정규율의 약화로 이어지는 공유지의 비극 문제가 나타날 수 있다.

4) 세입예산안 부수 법률안의 지정제도

세입예산안 본회의 자동부의제도는 세입예산 관련 법률안 중 예산안과 함께 자동부의하여야 할 법률안을 선택하여 세입예산안 부수법률안으로 지정하는 것을 말한다. 예산안 심사 시 확정된 국세수입과 세출예산안을 맞추어 예산안을 의결하여야 하므로 예산안은 심사의 전제가 되는 세법 개정안이 선행되거나 동시에 의결되어야 한다. 이를 위하여 국회의장이 세입예산과 관련된 법률안을 지정하여 예산안 이전이나 동시에 의결되도록 강제하는 제도이다.

국회의장이 세입 부수법안으로 지정하면 소관 상임위원회는 지정된 세입 부수법안을 예산안 등과 함께 11월 30일까지 심사를 마쳐야 하는 의무가 발생하게 되며, 기한 내에 심사를 마치지 아니한 때에는 본회의에 자동부의된 것으로 본다.

지정 대상은 다음 연도 세입예산안에 부수하는 세법의 제·개정안, 부담금 신설 등 기금운용계획안의 수입 증감에 영향을 주는 법률안, 세법이 아닌 법률안도 세입예산안에 영향을 미치는 경우이다.

국회의원과 정부는 법률안을 발의·제출할 때 세입예산안 부수법률안에 해당하는지 표시하여야 한다. 국회의장은 세입예산안 부수법률안으로 표시된 법률안을 국회예산정책처에 송부하여 의견을 요청하고, 이를 참고하여 세입예산안 부수법률안으로 지정한다.

이 제도는 세입예산안 의사결정에 대한 국회의장의 권한을 강화하여 예산 심사에서 집권성을 강화한다. 세입예산안 부수법률안으로 지정되면 상임위에서 충분히 논의할 수 없고 본회의에 자동부의되기 때문에 상임위원회의 법안심사권을 훼손할 우려가 있다. 일반법률안의 경우 반대 의견이 있을 경우 상임위에 상정 후 논의를 중지하는 경우가 많다. 부수법률안으로 지정되면 반대 의견을 가진 의원은 이러한 전략을 쓸 수 없으며 반드시 부결시켜야 하는데 그런 표를 확보하기 어렵고 자동부의하게 된다. 따라서 상임위는 사실상 건너 뛰게 된다.

> **"혈세 4조 원 드는데"**
>
> (2023-12-03 https://www.mk.co.kr/news/politics/10889305)
>
> 전경운 기자
>
> **김진표, 본인 발의 법안 부수법안 지정**
> **상임위 논의 없이 예산안과 자동 처리**
>
> (전략)
> 3일 국회에 따르면 김 의장은 자신이 발의한 '지방교육재정교부금법 일부개정법률안'을 예산안 부수법률안으로 지정하고 이를 국회 교육위원회에 통보했다.
> 개정안은 내년부터 6년간 지방교육재정교부금 재원 중 특별교부금 비율을 3%에서 4%로 올리고, 여기서 확보한 재원을 활용해 이를 초·중등 교원의 인공지능(AI) 기반 교수학습 역량 강화 등 AI 기반 교육을 강화하려는 것이다. 개정안이 통과되면 중앙정부의 통제를 받는 특별교부금이 매년 약 7,000억 원 늘고 보통교부금은 그만큼 줄어들 것으로 전망된다. 6년간 4조 원에 이르는 금액이다.
> 예산안 부수법률안은 정부 예산 운용에 필요하다고 판단되는 세입 관련 법안을 예산안과 함께 처리하도록 한 것으로 국회의장이 지정 권한을 갖는다. 부수법률안으로 지정되면 국회 상임위와 법제사법위원회 심사 여부와 무관히 본회의에서 처리할 수 있다. (중략)
> 교육계에서도 반발이 제기됐다. 조희연 서울시 교육감은 지난 1일 기자회견에서 "특별교부금 비율을 상향하는 것은 지방교육자치를 위한 지방교육재정교부금법의 입법 정신을 몰각하는 것"이라며 "개정안을 부수법안에서 제외하고 상임위원회에서 심도 있게 논의해야 한다"고 촉구했다.

5) 예산안 등의 자동부의제도

예산안 등의 자동부의는 위원회가 예산안 등과 세입예산안 부수법률안의 심사를 11월 30일까지 마치지 못한 경우 본회의에 자동부의된 것으로 보는 제도이다.[5] 자동부

---

5) 다만, 의장이 각 교섭단체 대표의원과 합의한 경우에는 예산안 등의 자동부의제도의 예외를 인정하여 예산안 등과 세입예산안 부수법률안이 본회의에 자동으로 부의되지 않는다.

의된 예산안 등의 수정을 위해서는 본회의에 수정안을 제안하여야 하며, 이를 위하여 의원 50인 이상의 찬성이 있어야 한다. 이는 일반의안의 수정안보다 가중된 찬성자 수이다.

정부 원안이 자동으로 본회의에 상정되면 언제든지 정부 원안이 표결에 부쳐지고 통과될 수 있다. 따라서 여당과 야당은 가급적 타협을 하여 합의안을 만드는 것이 유리한 상황이 벌어진다. 소수당이 무한정 예산안의 표결을 지체하는 전략을 쓸 경우 자신들의 의사를 예산안에 반영시킬 수 없게 된다. 그 결과 여당과 야당이 합의안을 만들게 되고 예산안 처리 시점이 빨라지게 된다. 야당이 주로 사용하는 예산안 표결 지체 전략을 더 이상 쓸 수 없으므로 정부는 야당의 요구를 수용하는 데 소극적으로 대응하는 경향이 있다. 예산안이 본회의에 자동부의될 경우 본회의에 50인이 수정안을 상정할 때 수정안의 수정 범위에서 예결위를 통하여만 행정부의 동의를 요청할 수 있다고 보아야 한다.

예산안 자동부의제도는 국회의 상임위, 예결위의 권한을 약화시키고, 여·야당의 협상력도 약화시키며 협상을 강제한다. 이런 의미에서 국회 내의 권한의 집권성을 강화하는 기제로 작동한다.

3 제도와 절차

1) 시정연설

9월 3일까지 예산안과 첨부 서류 및 별도 의안 등 제출한 후 국회는 본회의에서 정부의 시정연설을 듣는다. 대통령은 취임 첫해에는 국회 본회의에서 직접 시정연설을 하는 관례가 있으며, 나머지 연도는 보통 국무총리가 대통령의 시정연설문을 대독한다. 시정연설은 대통령의 국정 방향을 국회와 국민들에게 직접 전달하는 연설로 중요성이 크며, 미국 연방정부와 같이 가급적 대통령이 연례적으로 하는 것이 바람직할 것이다.

2) 국정감사

국회는 위원회별로 국정감사를 실시하여 국정 전반에 대한 감사를 진행한다. 국정감사는 행정부 통제가 약했던 국회의 권한 강화를 위하여 도입된 우리나라의 독특한 제도이며 매년 다양한 이슈들이 제기된다. 국정감사가 중복적이고 불필요하다는 의견도 있으나 매년 국정감사를 통하여 언론에 공개되는 행정부 내의 황당한 비위사건을 보면 행정부의 통제를 위하여 반드시 필요한 제도라고 생각된다.

3) 상임위원회 예비심사

예산결산위원회의 종합심사에 앞서서 각 상임위원회별로 예비심사를 실시한다.[6] 상임위원회의 예비심사는 예결위의 심사에 앞선 예비적인 성격을 가지며 심사 결과는 예결위를 구속하지 못한다. 다만 예산결산특별위원회로 하여금 상임위원회의 예비심사 내용을 존중하고, 상임위원회에서 삭감한 세출예산 금액을 증가시킬 때에는 상임위원회의 동의를 받도록 하고 있다.

이런 상황에서 상임위원회는 정부가 제출한 예산안을 증액하는 전략을 택하는 경향이 크다. 상임위원회 소속 위원들은 소관 부처, 이익집단의 정치적 지지를 받고 있기 때문에 이들의 이익을 반영하는 경향이 있다. 또한 피치 못할 사정이 있어 예산을 삭감하여야 하는 경우 상임위의 삭감은 예결위가 복원할 경우 다시 상임위의 동의를 받아야 하기 때문에 최종적인 책임이 상임위인 것이 분명하게 드러난다. 이 경우 상임위 소속위원이 책임을 회피하기 어렵기 때문에 상임위는 예산 삭감의 총대를 매기 어렵고 예결위로 책임을 떠넘기게 된다. 증액의 경우 책임을 지지 않고 생색은 낼 수 있으며, 삭감의 경우 분명한 책임을 져야 하는데 이를 회피하고자 하기 때문에 결과적으로 상임위원회에서는 증액 위주의 의결이 이루어지게 된다.

---

6) 상임위원회는 소위원회를 운영하여 여·야 간 합의되지 않는 쟁점 사업의 경우에 소위원회에서 여·야 간 협상을 거치고 상임위원회는 소위원회에서 합의된 안건을 그대로 의결하는 경향이 있다.

4) 예산결산특별위원회의 종합정책 질의과 부별 심의

상임위원회의 예비심사가 끝나면 예산결산위원회의 종합심사에 회부된다. 예결위원들은 50명이고 임기가 1년간이며 상임위원회와 겸무위원회이기 때문에 심사의 전문성을 확보하기 어려운 점이 있다.

예산결산위원회의 종합심사는 공청회를 시작으로 정부의 제안설명, 전문위원의 검토보고, 종합정책 질의, 부별 심사, 찬반 토론, 표결의 순으로 이루어진다.

예결위 위원 전체가 참여하는 종합정책 질의나 부별 심사에서는 국무위원을 대상으로 위원별로 약 10분씩 질의를 하고 질의의 내용도 예산보다 국정 전반에 대한 내용이기 때문에 이 과정은 형식적인 절차에 머문다.

5) 예산결산특별위원회 소위원회의 계수 조정

종합정책 질의와 부별 심사를 마치면 예산안등조정소위원회를 구성하여 예산안에 대한 심사를 진행한다. 통상적으로 예산안등조정소위원회는 11~15명 정도의 위원으로 구성하고, 소위원장은 예결위원장으로 하며, 간사는 교섭단체별로 1명씩 둔다.

예결위의 소위원회에서 실질적인 예산안 심사가 이루어진다고 할 수 있다. 소위원회는 감액 심사와 증액 심사를 진행하는데, 국회 수석전문위원실은 상임위원회 예비심사 결과 보고, 예결위 정책 질의 혹은 부별 심사 과정에서 위원들이 직접 제기한 사업과 서면 질의한 사업 등을 중심으로 심사 자료를 작성하고 이를 바탕으로 심사한다. 이 과정에서 소위위원들이 그동안 별도의 질의나 문제 제기 없이 의안으로 끼어넣는 사업을 쪽지예산이라고 한다.

6) 예산결산특별위원회의 소소위원회의 심사와 의결

소위원회에는 삭감하려는 위원들과 삭감당하지 않으려는 소관 부처, 증액에 대하여 동의하는 기획재정부 예산실 간의 의견 차이로 심의 기간이 지체되는 경우가 있다. 기한 내 심사를 마치기 위하여 소위원회는 관행적으로 2~4명으로 소소위원회를 구성하여 특정 쟁점 사업 등에 대하여 별도의 심사를 한다. 소소위원회는 소위원회의 심사와 편의상 구성되며 회의록도 작성하지 않는다.

7) 본회의 심의 및 의결

(1) 합의 처리

합의안을 심의 및 의결하는 경우 예산결산특별위원장의 심사보고, 질의 및 찬반 토론, 예산안 증액 및 새 비목 설치 동의, 표결, 의결의 순으로 진행된다. 예산은 법률과 달리 대통령에 의한 공포를 효력 발생 요건으로 하지 않으며, 대통령의 거부권도 인정되지 않기 때문에 국회 본회의 의결로써 예산이 확정된다.

(2) 단독 처리 및 강행 처리

대통령이 속한 정당이 국회의 다수당인 경우 여당인 다수당이 예산안을 단독으로 처리할 수 있다. 과거 이러한 경우에도 여당은 야당과 협의하여 합의안을 통과시키고자 일정 정도 노력을 기울였다. 여당이 단독으로 예산안을 통과시킬 경우 국정을 독단적으로 운영한다는 여론의 역풍을 맞을 가능성이 있기 때문이다. 최근 정치적 양극화가 강해지면서 여당인 다수당에 의한 예산안의 단독 처리가 빈번해졌다. 이 경우 야당의 방해를 피하기 위하여 합의 처리의 절차를 생략하고 상정, 표결, 의결하는 모습을 띤다. 소수당인 야당은 표결에 참여하지 않고 기권하여 여론의 악화를 유도하거나 단상 점거 등 물리적 방해를 하곤 하였다. 최근 「국회선진화법」에 국회 내의 물리력 행사에 강력한 처벌 조항을 신설하여 소수당인 야당은 물리적 충돌을 할 수는 없으며, 이로 인하여 협상력이 줄어들었고 여당에 강한 요구를 할 수 없게 되었다.

(3) 예산안 수정안 제안 및 처리

본회의에서 예산안에 대한 수정 동의를 의원 50인 이상의 찬성으로 할 수 있다.[7]

---

7) 수정예산안은 정부가 예산안을 편성하여 국회에 제출한 후 부득이한 사유로 인하여 그 내용의 일부를 수정하고자 할 때 국무회의의 심의를 거쳐 대통령의 승인을 얻어 국회에 다시 제출한 예산안을 말한다(국가재정법 제35조). 예산안에 대한 수정안은 정부가 제출한 예산안이 국회의 심의 과정을 거치면서 수정이 필요한 경우

2014년 예산안 자동부의제가 도입된 이후 예결위의 심사 일정이 촉박해짐에 따라 본회의에서 수정 동의를 활용하는 사례가 늘어나고 있다. 예결위가 기한 내 심사를 마치지 못하면 정부안이 자동으로 부의된다. 이런 상황에서, 본회의에서 정부예산안에 대한 수정 동의를 거쳐 예산안을 의결하였다.

자동부의제도가 시행된 후 본회의에 제출된 수정안은 대부분 여야가 합의한 단일안이었으나 2020년 예산안은 여당의 단일안이었으며 50인의 수정안으로 예산을 대폭 증액한 바 있다.

여기서 예산안 수정안의 경우도 예산의 증액에 대하여 기획재정부의 동의가 필요하며, 이러한 동의를 요청하는 절차는 예산결산위원회를 통하여 이루어져야 한다고 보아야 할 것이다. 50인이 임의로 모여서 예산결산위원회를 통하지 않고 기획재정부와 직접 협상하여 예산액을 증액시킬 수 없다고 보아야 할 것이다.

첫째 이유는 예산결산위원회는 국회의 기관으로서 행정부에게 공식적으로 어떤 요구를 할 수 있는 유일한 공식적인 주체라는 점이다. 예산에서 새로운 비목을 설치하거나 예산을 증액하는 공식적인 요구를 할 수 있는 공식적인 통로이다. 국회의원의 임의적인 모임은 이러한 공식적인 요구를 할 수 없다.

둘째, 만약 의원 50명이 행정부의 기관인 기획재정부에 예산 증액을 요구할 수 있고 기획재정부가 이에 대하여 동의할 수 있다고 하면 사실상 국회 내의 모든 예산 절차는 무의미하게 된다. 국회의 여당인 다수당은 50인을 구성하여 의회 내의 모든 절차를 회피할 수 있고 모든 위원회의 심사를 회피할 수 있다는 것이다. 이는 헌법과 국회의 통치구조를 부정하는 매우 불합리한 결론이며 따라서 이러한 주장을 인정할 수 없을 것이다. 따라서 예산안 수정안의 경우 최소한 예결위를 통하여 예산안의 수정이 가능하고, 이를 위한 여야의 합의는 필수적이라고 보아야 할 것이다.

일정한 형식을 갖추어 발의 또는 제출된 것을 의미한다. 예산안 수정안은 예산결산특별위원회에서 심사 후 수정 의결한 위원회 수정안과, 의원 50명 이상의 동의를 얻어 본회의에 직접 제출하는 본회의 수정안(국회법 제95조)으로 구분된다.

8) 예산안 부대 의견

(1) 의의와 유형

부대 의견이란 국회 본회의 또는 위원회에 제출된 안건에 대해 의결에 부수하여 국회의 입장을 보충적으로 제시하는 의견이다. 예산안과 결산을 심사하면서 소관 상임위원회와 예결위원회는 부대 의견을 채택하고 있다. 우리나라는 예산법률주의를 채택하고 있지 않으므로 법률안의 개정을 통하여 국회의 의사를 반영할 수 없다. 이런 상황에서 예산안은 의결하되 국회가 특정 예산사업의 집행과 관련된 의사를 표명하기 위하여 부대 의견을 제시하는 것이다.

부대 의견은 내용별로 행정부에 일정한 사항을 권고하거나, 행정부에 구체적이고 직접적인 지시를 하는 유형이 있으며, 주체별로 상임위원회의 부대 의견과 예산결산위원회의 부대 의견으로 구분할 수 있다.

(2) 절차와 효력

상임위원회의 부대 의견은 위원회에서 예산안을 심의 의결하면서 의결하고, 예결위의 부대 의견은 소소위원회에서 심사하고 예결위에서 의결한다.

부대 의견은 법적 효력은 없으며 실질적인 효력만 인정된다고 보아야 한다. 효력에 대하여 법률에 명시적인 근거가 없고 이행하지 않으면 강제할 수 있는 법률적인 수단이 없으므로 법적인 효력은 없다. 국회의 일반적인 결의안과 비슷하다고 할 수 있다. 다만 상임위나 예결위의 의결에 대하여 행정부가 의사를 존중하는 것은 필요하며 관행으로 자리 잡기도 하였다.

그러나 부대 의견에 대하여 국회도 관심을 갖지 않는 경우가 많고, 행정부도 지시를 준수하지 않는 경우가 많으며, 행정부가 지시를 이행하지 않더라도 강제할 수 없어 실질적인 효력도 약하다고 본다.

향후 부대 의견에 대한 처리 절차, 이행 인정 기준, 불이행 시 강제력 등에 대한 법률적 근거를 마련하는 제도적 개선이 필요하다. 법률 개정 전이라도 부대 의견에 대하여 행정부는 국회의 의사를 존중하는 차원에서 처리 결과를 다음 국회에 보고하는 관행을 유지하는 것이 바람직할 것이다.

> **'최저임금·공무원' 文 공약 제동 건 국회 부대 의견…**
> **강제성 얼마나 있나**
> (2017.12.06. https://biz.chosun.com/
> site/data/html_dir/2017/12/06/2017120600019.html)
>
> 국회는 6일 문재인 정부의 첫 예산안을 통과시키며 주요 공약에 대한 예산 집행에 제동을 걸었다. 정부의 최저임금 인상 공약 이행에 따른 인건비 지원과 공공 부문 일자리 확대, 누리과정 어린이집 국고 지원 등이다. 국회는 해당 공약들에 대한 수정 요청 사항을 부대 의견에 명시했다. 그러나 국회의 부대 의견은 정부를 압박하는 구속력은 있지만, 해당 사안을 이행하지 않을 때 제재를 할 강제성은 없다. 해당 사안들이 향후 얼마나 이행될 수 있을지 관심이 집중된다.
>
> [해설] 2017년 국회에서 예산안 의결 시 최저임금의 효과에 대하여 실증 검증을 하여 차년도에 국회에 연구 결과를 제출하여 다시 논의하기로 하는 등 중요한 부대 의견들이 많이 의결된 바 있다. 이러한 부대 의견들에 대하여 행정부는 후속 조치를 취하지 않았고 2018년을 비롯하여 다시 국회에서도 논의되지 않았다. 매우 중요한 내용이었음에도 불구하고 국회, 여야당, 언론 등 아무도 관심을 갖지 않고 그대로 유야무야되어 버렸다. 대한민국의 현실을 잘 보여 주는 현상이라고 생각된다.

4 예산정치

예산 심의는 기획재정부와 야당의 정치적 협상이 두드러진다. 여당의 경우 사전에 당정 협의 등의 방식으로 일정 부분 사업예산을 반영, 공천권 등의 영향력을 활용하여 재공천에 대한 약속을 함으로써 대통령실 사업에 대한 지지를 확보하였다.

야당의 경우 다수당인 경우와 소수당인 경우, 또는 제3당과의 협조를 얻는 다수당인 경우 각각 협상력에서 차이가 있다. 다만 야당이 소수당이라고 하여도 여당이 예산안을 다수결로 단독 처리하는 것은 우리나라의 정치환경에서 사실상 어렵다. 국정을 독단적으로 처리한다는 여론의 비난이 크고 이게 다음 선거에 일정 정도 영향을 미친다고 보기 때문에 가급적 소수당의 작은 이익을 보장해 주고 협조를 이끌어 내고자 한다. 여소야대일 경우도 사실 야당이 예산 의사결정을 좌우할 정도의 권한 자체가 없기 때문에 사업예산을 조금 더 양보해 주는 수준의 차이만 존재한다. 따라서 여소야대나 여대야소나 비슷한 전략과 결과가 나타난다.

야당은 총량적 예산 의사결정에 대해서는 여론전을 통하여 정부의 입장에 최대한 흠집을 내지만 실질적인 영향력을 행사할 방법은 없으며, 사업예산을 확보하려고 기획재정부의 양보를 최대한 끌어내는 노력을 기울인다. 예산안 통과를 최대한 지체시키고, 대통령실 사업예산의 삭감을 위협하고, 이익집단과 여론의 최대한 활용하여 대통령실 사업을 비난하며, 기획재정부 차관 등 전임자를 영입하고 공천함으로써 이들을 통하여 예산사업 확대 압력을 가하는 등의 다양한 전략을 취한다.

과거 단상을 점거하는 등 물리력을 행사하며 예산안을 무한정 지체시켰으나「국회선진화법」에 따라 물리력 행사가 금지되고 행정부 예산안이 자동부의되어 야당도 예산안에 자신의 사업을 포함시키지 못할 가능성이 커지게 되었다. 이런 변화로 야당의 협상력이 줄어든 측면이 있다.

기재부와 야당은 위협을 하면서도 타협을 이루어서 예산사업의 일정 정도의 삭감 + 대통령실 사업의 유지 + 의원들의 사업 추가 및 증액라는 변경에 합의하게 된다.

5 지향과 행태

우리나라의 예산 심의에서 의미 있는 행위자는 기획재정부, 교섭단체를 구성하고 예결위 소소위를 구성한 여·야당으로 요약할 수 있다. 공식적인 위원회는 사실상 큰 의미가 없다.

기획재정부는 자신들이 주도하여 의사결정한 총량적 예산 의사결정과 대통령실의 관심사업 예산을 관철하기 위하여 노력한다. 여기서는 국회가 총량적 예산 의사결정을 심사하거나 번복하게 할 수단은 없고 다만 사업예산의 삭감 권한만 있다. 이런 상황에서 기획재정부는 단순한 절약자라고 볼 수 없고 대통령실 국정과제를 관철시키고자 하는 지향을 갖고 있으며, 여·야당이 요구하는 사업을 수용하면서 대통령실을 대신하여 흥정하는 거래 중개자의 모습을 보여 준다.

여·야당은 이러한 거래에서 자신들의 정치적 이익을 극대화하려는 태도를 가지며, 전형적인 소비자로서의 성향을 보여 준다. 여·야당이 정강(政綱) 중심으로 예산정책에 대한 적극적인 표명과 그에 대한 국민들의 정치적 지지를 얻는 정당정치의 메커니즘이 갖추어져 있지 않고 국회의원 개인들의 이익의 합 정도에 머물러 있다. 국회의원들은 지역구에서 당선 가능성을 높여 주는 지역사업의 확보를 최우선시하는 소비자이거나 지출자로서의 모습을 띠며, 정당은 그러한 이익을 집합시켜 주는 매개체로서밖에 기능을 못하고 있다. 그런 이익을 대변하는 단일한 행위자로서 소소위에 참여한다.

6 문제점과 개선 방안

1) 문제점

(1) 형식적인 예산 심사

국회의 예산 심사를 통하여 행정부 예산안이 수정되는 비율이 1~3%에 머무는 것으로 나타난다. 이는 예산 심사가 형식적으로 이루어지고 있다는 반증으로 자주 제시되는 사실이다.

이런 현상이 나타나는 근본적인 구조적 원인은 국회의 증액에 대하여 정부가 동의권이 있다는 점이다. 기획재정부는 국회와의 협상 과정에서 대통령의 국정과제를 추진하면서 입법을 위하여 동의권을 협상의 지렛대로 활용한다. 국정과제의 유지 또는 확대는 용인하는 대가(代價)로 국회의원들의 지역사업에 예산을 배분해 준다. 이러한 타협의 결과로 예산안의 기본 구조는 유지되고 대통령 국정과제와 지역구의 낭비적 사업이 동시에 포함되는 결과가 나타난다.

(2) 과잉 집중된 불투명한 예산 심사

국회의 실질적인 예산 심사는 불투명한 예결위의 소소위원회에 집중되어 있다. 소소위의 활동에 대해서는 사전사후 전혀 공개되지 않는다. 이 밖의 모든 심사 활동을 소소위의 의사결정을 위한 예비 준비 과정이라고 할 수 있다. 국회의 예산 의사결정 권한이 작은 것도 문제이지만 그 권한 자체도 교섭단체의 대표자들에 집중되어 있다는 점도 심각한 문제이다. 소소위에 참여하지 못하는 정당도 실질적인 예산 심사에서 배제되어 양당 체제를 공고하게 만들게 된다.

(3) 미시적 사업심사 및 예산총량심사 기능의 결여

관련된 문제로 우리나라 국회에는 예산 총량에 대한 심사 기능이 없다는 점이 심각한 문제이다. 재정 총량, 재정적자의 규모, 예산의 기능적 배분, 국가채무의 수준 등에 대한 총량적 의사결정에 대한 국회의 심사와 의결 절차가 없다. 이러한 총량적 예산 의사결정이 대통령실과 기획재정부에 전적으로 맡겨져 있는 셈이다. 국회에서는 정부가 추진하는 사업예산의 삭감과 지역사업 추가라는 미시적 조정만이 존재한다.

(4) 예결위원회의 전문성, 투명성, 책임성 부족

국회의 예산 심사에서 예결위가 중요한 기능을 수행하나 위원회의 안정성이 낮고 전문성이 높지 않다는 문제가 있다. 예결위의 권한이 강하지 않은 상태에서 다선 위원들보다 초재선 위원들이 예결위원이 되는 경우가 많다. 그러다 보니 예결위의 예산 심사의 전문성이 부족하고 미시적 예산 심사에 머물게 된다.

예결위에서 소위원회나 소소위원회에서 중요 예산 의사결정이 이루어지는데, 이에 대한 투명성이 결여되어 있고 사회적으로 바람직하지 않은 의사결정, 낭비성 지역사업 예산 확보에 대한 정치적 책임을 지지 않는다.

(5) 상임위의 증액경향성, 책임성 부족

상임위원회는 낭비성 사업에 대한 삭감을 제대로 하지 않고 증액하는 경향을 보이고 있으며, 이에 대한 책임을 지지 않는다는 문제가 있다. 한편으로는 예결위에서 쉽게 번복되어 상임위의 의사결정이 사실상 아무 의미가 없다는 문제도 있다. 상임위의 의결은 예비심사에 불과하고 실질적인 예산 의사결정은 예결위가 행사하기 때문에 예산 심사의 문제 정의를 위하여 예결위의 역할에 초점을 맞추어야 할 필요가 있다. 상임위원회와 예결위원회 심사의 기능과 권한과 책임의 적절한 분배가 필요한 것으로 보인다.

2) 개선 방안

(1) 실질적인 예산심사 유도

예산 편성이 행정부 내부에서 불투명하게 이루어지고 있는 상황에서 국민을 대표한 국회가 이를 모니터링하고 통제하는 역할을 수행하는 것은 매우 중요하다. 국회가 형식적인 예산 심사가 아니라 예산의 내용을 구체적으로 검토하여 관료제의 시각이 아닌 국민의 시각에서 예산을 재편하는 작업을 국민들은 기대한다. 정상적인 예산 심사가 잘 이루어진다면 행정부가 제시한 예산안에 대하여 국민의 시각을 반영하여 더 나은 제3의 대안이 만들어지고 채택되어야 할 것이다.

여기서 우리나라의 예산 의사결정 구조에 특성은 국회가 예산 삭감은 독자적으로 할 수 있지만, 증액에 대하여 정부가 동의권이 있어 양 기관의 합의가 있어야 한다는 점이다. 이러한 구조적인 한계는 국회가 사업과 예산에 대하여 증액하는 경향이 있고 이를 억제하여야 한다는 가정이 있는 것이다. 따라서 먼저 국회의 예산 증액 경향을 억제하는 다른 제도가 완비되고 국민들을 충분히 안심시킬 수 있어야 한다. 페이고(paygo) 준칙 등 의회의 예산 확대 활동에 대한 강력한 제어장치를 고려할 수 있다. 이후 이러한 예산 의사결정 구조의 변화를 통하여 국회가 증액안도 독자적으로 채택할 수 있도록 하는 등의 예산 의사결정 권한을 확대하는 안을 고려해 볼 수 있을 것이다.

국회가 예산 심사를 제대로 하도록 유도하려면 그러한 활동이 정치적으로 유리한 상황이 되도록 하는 제도적 장치가 필요하다. 개인적인 이익을 위한 예산과 사업의 확대가 아닌 국민의 시각에 따른 예산의 재구조화하는 노력에 대하여 정치적인 이익이 커지는 인센티브 구조를 만드는 작업이 필요하다.

이러한 인센티브 구조는 의원 개인이 이익집단이나 지역에 이익과 밀접한 관계를 갖는 정치구조에서 정당의 예산정책을 구현하고 정당의 플랫폼에 대하여 국민들이 지지하는 정치구조로 전환되어야 가능할 것이다. 총선이 의원 개인에 대한 선거보다 정당의 플랫폼과 예산정책에 대한 선거이고 의원은 정당의 예산정책을 구현하기 위하여 노력할수록 정당에서의 입지가 강화되고 정당의 집권, 의원의 재선 가능성이 높아지는 형태의 정치구조로 전환되어야 할 것이다.

(2) 예산 심사 권한의 분권화와 투명화

예결위 소소위에 집중되어 있는 국회의 예산 수정 권한을 분산화하고 이들이 독점적으로 사용하고 있는 협상력을 국회 내의 다수 기관과 의원들에게 이전하여야 한다. 총량적 예산 의사결정은 의회 내에 책임 있는 주체가 담당하여야겠지만 현재와 같은 미시적 사업 추가 권한은 의회 내에 다수의 주체가 모두 가질 수 있도록 함으로써 양극단 정치를 완화할 수 있을 것이다.

상임위원회의 예비 심사와 예결위원회 심사의 기능과 권한과 책임의 적절한 분배를 하면 상임위원회에서도 실질적인 예산 심사가 진행되고, 상임위의 예비심사를 실질화하는 방식이 가능할 것이다. 상임위의 예비심사에 의사결정에 강제력을 부여하여 예결위로부터 일정 정도의 권한을 상임위로 이전하는 것이다. 상임위에 지출 한도를 부여하고 지출 한도 내에서 삭감과 증액을 모두 할 수 있으며, 이에 대하여 예결위는 수정하지 못하거나 상임위의 동의가 있을 경우만 수정할 수 있도록 하는 것이다.

(3) 예산총량심사 기능의 도입

우리나라 국회에는 예산 총량에 대한 심사 기능이 없으며 재정 총량, 재정적자의 규모, 기능적 배분, 국가채무의 수준 등에 대한 총량적 의사결정에 대한 국회의 의사결정 권한이 없다는 것이 문제임이 지적되고 있다. 대통령실과 기획재정부의 총량적 예산 의사결정에 대하여 의회가 국민의 의견을 일정 부분 반영하는 권한을 주어야 한다.

쉽게 생각할 수 있는 방안은 예결위에서 총량 의사결정에 대하여 수정안을 의결할 수 있도록 하되 법안과 비슷한 구조로 긴축재정을 독자적으로, 확대재정은 행정부의 동의를 구하여 할 수 있도록 하는 것이다.

또는 미국 연방정부와 같이 의회에 연도별 총량 예산의 달성 목표를 부과하거나 페이고 준칙처럼 아예 추가적인 확대재정정책을 채택하지 못하도록 하는 방안도 가능할 것이다. 또한 이를 위해서는 사전예산제도의 도입이 필요하다. 이는 춘계예산을 통하여 총량적 예산 의사결정을 의회에서 의결하고 의결된 내용을 바탕으로 추계에 구체적인 예산안을 편성하여 의결하는 2단계 예산 편성과 심사 구조이다. 1단계 총량적 예산 의사결정에서 행정부와 의회의 권한의 범위에 대하여 선진국의 사례를 검토하되 국회가 수정 의결하여 전적으로 결정할 수 있도록 허용하기보다는 우리나라의 정치적 맥락에서는 확대재정을 금지하거나 행정부의 동의를 받아야 하는 제약을 두는 제도가 현실적이라고 본다.

(4) 예결위와 상임위의 책임성, 전문성 확보

국회의 예산 심사에서 예결위가 중요한 기능을 수행하나 위원회의 전문성이 높지 않다는 지적도 많다. 예결위는 상임위원회가 아니고 의사결정 권한이 강하지 않으며 상임위가 이익집단과 가깝기 때문에 다선 위원들이 예결위를 선호하지 않는다. 이러한 문제는 예결위에 총량적 의사결정 권한이 부여되고 권한이 강화되면 자연스럽게 해소될 수 있는 문제라고 보인다. 권한이 크므로 이에 대하여 다선 의원들이 선호할 것이며 정당의 책임성도 강화할 수 있을 것이다.

예결위에서 소소위원회에서 중요 예산 의사결정이 이루어지는데 이에 대한 투명성이 결여되어 있고 사회적으로 바람직하지 않은 낭비성 지역사업 예산이 채택되고 이에 대한 정치적 책임을 지지 않는다. 소소위원회에 대한 규정을 마련하여 공식화하고 활동에 대한 투명성 강화가 반드시 필요하다.

그리고 사회적으로 낭비적인 쪽지예산사업에 대한 사전 및 사후적 통제가 필요하다. 예비심사 등 공식적인 심사에서 안건으로 상정되지 않은 사업은 소소위에 추가될 수 없도록 하고 소소위의 회의록을 작성토록 하며, 바로 공개할 수는 없어도 일정 시간 지난 후에는 공개되도록 하여 사후 책임을 물을 수 있도록 하는 등의 방안을 고려할 수 있다.

아울러 지역구의 이익 카르텔을 위하여 낭비적 사업예산을 확대할수록 정치적으로 유리한 입장에 서는 국회의원의 영향력을 약화시키고 책임감 있는 정당 체제를 강화하는 정치 개혁이 이루어져야 쪽지예산에 대한 통제가 가능할 것이다.

예결산 IV: 예산 집행과 결산

미래를 위한 재정관리
Public Financial Management for the Future

제1절   예산 집행

1 개관

　예산 집행은 예산에 담겨 있는 계획을 집행하는 것으로 국회에서 확정된 예산에 따라 해당 회계연도 동안 수입을 조달하고 지출하는 활동을 의미한다. 예산 집행이 입법부가 의결한 예산의 범위를 준수하는 데 주안점을 두는 데 반하여, 지출관리는 구체적인 사업계획의 목표와 수단을 관리하는 데 초점을 맞추는 개념이다.

　예산 집행 시 입법부의 의도와 재정 한계를 엄수하면서 예산 성립 후 생긴 여건에 신축적으로 적응하여 예산을 재설정하는 것이 필요하다. 입법부가 설정한 재정적 한계를 준수하고 예산의 목적 외로 공적자금의 사용을 금지하는 것이 무엇보다도 중요하다. 예산이라는 재정민주주의의 합법성 통제 기능의 기본이라고 할 수 있다.

　한편 국가의 재정활동이 점차 방대해지고 복잡해지며, 사전에 예측하기 어려운 상황에 노출됨에 따라 탄력적이면서도 신축적인 예산 집행 활동도 필요하다. 이에 「국가

재정법」은 합법성 통제를 위한 제도를 규정함과 동시에 예산 집행의 신축성 유지를 위한 제도를 규정하고 있다.

2 재정통제제도

1) 내부통제

(1) 예산의 배정과 재배정

예산 배정은 예산집행기관이 예산사업 및 기금사업 수행이나 경비 지출원인행위 등을 할 수 있도록 권리를 부여하고 실제 자금을 배정하는 활동을 말한다. 예산 배정을 하는 과정에서 사업 수행의 진행 속도를 조정하고 사업이 효과적으로 수행될 수 있는지를 확인하는 등 예산 집행 통제가 간접적으로 이루어질 수 있다.

(2) 사업집행보고서제도

예산의 효율적인 운용과 낭비 방지를 위하여 사업집행보고서제도를 규정하고 있는데, 각 중앙관서의 장과 기금관리 주체가 사업집행보고서, 예산 및 기금운용계획에 관한 집행보고서를 기획재정부 장관에게 제출하면, 기획재정부 장관은 집행 상황과 낭비 실태를 확인·점검한 후 필요한 조치를 요구할 수 있다(국가재정법 제97조).[1]

(3) 재정집행관리제도

기재부는 매년 주요 관리대상사업을 선정하고 매월 재정관리 점검회의를 통하여 재정 집행 실적을 점검·관리한다. 47개 중앙행정기관, 38개 기금, 33개 공공기관의 주요 사업비를 관리 대상으로 하고 있다.[2] 점검의 주된 내용은 상반기에는 재정 조기 집

---

1) 집행보고서에는 ① 예산 및 기금운용계획의 월별 집행 실적, ② 집행 부진 사유 및 향후 개선 계획, ③ 각 부처 및 기관별 예산 낭비 신고 실적 및 대응 실적, ④ 그 밖에 기획재정부 장관이 예산 및 기금운용계획의 효율적 집행을 위하여 정하는 사항 등이 포함되어 있다.

2) 기금의 경우 주로 사업성 기금사업이 해당되고 계정성 기금과 금융성 기금은 제외되며 사회보험성 기금 중

행 상황 파악 및 독려이고, 하반기에는 이월 및 불용 최소화이다.

(4) 부처 내부통제

각 중앙관서의 장은「국가재정법」제98조에 따라 재정관리·재원 사용의 적정 여부와 집행 과정에서 보고된 자료의 신빙성을 분석·평가하기 위하여 소속 공무원으로 하여금 필요한 사항에 관하여 내부통제를 하게 하여야 한다.

2) 외부통제

(1) 국회에 의한 통제

국회는 결산 심의를 통하여 예산 집행 전반에 걸쳐 합법성, 타당성, 효율성 등에 대하여 심사하며, 그 결과 위법 또는 부당한 사항이 있으면 정부 또는 해당 기관에 변상 및 징계 조치 등 그 시정을 요구하고, 필요한 경우 감사원에 감사를 요구할 수 있다. 또한 국회는 예산의 이용에 대한 사전 승인, 예비비 사용에 대한 사후 승인, 명시이월 및 국고채무부담행위에 대한 사전 승인, 국채 모집 및 국가 부담이 될 계약 체결에 대한 동의, 국정감사 등을 한다.

(2) 감사원에 의한 통제

감사원은 국가의 세입 및 세출의 결산검사를 하고, 국가와 지방자치단체 등에 대한 회계검사를 수행한다. 회계검사는 개별 사업 단위 또는 사항의 예산 집행에 대한 합법성 및 적절성을 판단하는 것이므로, 예산 집행의 규범성을 확보하는 데 기여한다.

(3) 국민에 의한 통제

「국가재정법」제100조는 예산 집행에 대한 국민의 감시와 시정 요구제도를 규정하고 있다. 국가의 예산을 집행하는 자 등이 법령을 위반함으로써 국가에 손해를 가하였음이 명백한 경우 국민은 집행에 책임 있는 중앙관서의 장 등에게 증거를 제출하고 시

에는 고용보험기금만 포함된다.

정을 요구할 수 있다.

3 신축성 유지제도

1) 정기배정의 예외: 조기배정, 긴급배정, 수시배정

(1) 조기배정

정기배정은 분기별 예산 배정계획에 의거, 정기적으로 예산을 배정하는 것을 말하며, 조기배정은 경기 회복 등 경제정책상의 필요에 따라 예산을 조기에 집행하고자 할 때, 연간 정기배정계획을 앞당겨 전체 예산의 상당 부분을 1/4분기나 2/4분기에 집중 배정하는 제도이다. 연내 상반기 중 민간의 내수 부진 등으로 상저하고의 경기 흐름이 예상될 경우 예산의 집행 시기를 상반기로 앞당겨 경기의 진폭을 줄임으로써 안정적인 경제 성장을 유지하려는 데 있다.

(2) 긴급배정

회계연도 개시 전 예산 배정의 지연으로 기초적인 국가 기능이 중단되는 사태를 방지하기 위한 제도적 장치이다.[3]

(3) 수시배정

수시배정은 사업 시행의 점검이 필요한 사업 등에 대하여 분기별 예산 배정계획에 관계없이 해당 사업의 추진 상황 및 문제점 등을 분석·검토한 후 예산을 배정하는 제도이다.

---

3) 외국에서 지급하는 경비, 선박의 운영 수리 등에 소요되는 경비, 교통이나 통신이 불편한 지역에서 지급하는 경비, 각 관서에서 필요한 부식물의 매입경비, 범죄 수사 등 특수 활동에 소요되는 경비, 여비, 경제정책상 조기 집행을 필요로 하는 공공사업비, 재해복구사업에 소요되는 경비 등에 한정되어 적용한다(국가재정법 시행령 제16조 제5항).

2) 예산 배정의 유보 또는 예산 집행의 보류

예산 배정의 유보 또는 예산 집행의 보류는 행정부가 예산을 집행하는 과정에서 재량권을 주는 제도이다.[4] 기획재정부는 재정의 효율적인 집행관리를 위하여 분기별 예산 배정계획을 조정하거나, 예산 배정을 유보할 수 있으며, 배정된 예산의 집행을 보류할 수 있다. 예산의 집행 과정에서 재정수지 관리, 예산사업의 효율적인 집행 관리, 경기 부양이나 경제 안정화 추진을 위하여 예산 배정을 유보하는 것이다.

예산집행지침에서는 유보 혹은 보류 요건을 정하고 있는데,[5] 여기서 세입 징수 실적을 고려하여 세입예산과 실제 세수의 차이가 있을 때 예산 배정을 유보할 수 있다는 점을 주목하여야 한다. 최근 세입 실적이 좋지 않은 상황에서 일부 언론에서 예산에 따라 지출을 하지 않을 때 추가경정예산을 편성하여야 한다고 주장하는 경우가 있는데 이는 오해에 근거한 주장이다.

3) 이용, 전용, 조정

(1) 이용

이용(移用)이란 예산이 정한 각 기관, 장(분야)·관(부문)·항(프로그램)의 금액을 상호 융통하는 것을 의미한다. 예산의 이용은 예산 집행상 필요에 따라 미리 예산으로서 국회의 의결을 얻은 경우와 정부조직 등에 관한 법령의 제정·개정 또는 폐지로 인하여 그 직무와 권한에 변동이 있는 경우 허용된다.[6]

---

4) 요건과 조건의 준수 여부와 결과의 타당성에 대하여 결산 과정에서 충분한 검토가 이루어져야 할 것이다.

5) 첫째, 예산 편성 시 전제 조건이 이행되지 않을 경우, 둘째, 기획재정부 장관과 사전 협의 없이 총사업비를 증액한 경우, 셋째, 지방비 분담 또는 민간 부담의 내용이 예산상 또는 기타 객관적인 방법으로 입증되지 못할 경우, 넷째, 공기업 준정부기관 경영 실적 평가 결과가 저조한 경우, 다섯째, 수시 배정 대상 사업으로 기획재정부 장관이 사전에 지정한 사업, 여섯째, 세입 징수 실적인 당초 세입예산과 현저한 차이가 발생하여 집행관리가 필요하다고 인정되는 경우, 일곱째, 집행 점검 및 예산 낭비 신고 사례 검토 등을 통하여 사업이 효율적으로 추진되지 않거나 예산 낭비 소지가 있다고 판단하는 경우, 여덟째, 기타 재정 집행의 효율성 및 예산 절감 등을 위하여 기획재정부 장관이 정하는 경우이다.

6) 이용 사유인 '예산 집행상의 필요'가 지나치게 폭넓게 인정되고 있는 문제를 감안하여, 이용의 사유를 ① 법령상 지출 의무의 이행을 위한 경비 및 기관 운영을 위한 필수적 경비의 부족액이 발생하는 경우, ② 환율 변

(2) 전용

전용(轉用)이란 예산이 정한 각 세항 또는 목의 금액을 상호 융통하는 것을 의미한다. 각 중앙관서의 장은 예산의 목적 범위 안에서 재원의 효율적 활용을 위하여 대통령으로 정하는 바에 따라 기획재정부 장관의 승인을 얻어 각 세항 또는 목의 금액을 전용할 수 있다. 기획재정부 장관은 이 경우 사업 간의 유사성이 있는지, 재해 대책 재원 등으로 사용할 시급한 필요가 있는지, 기관 운영을 위한 필수적 경비의 충당을 위한 것인지 여부 등을 종합적으로 고려하여 허용한다.

(3) 조정

예산의 조정(調整)은 예산 전용보다 한 단계 낮은 예산 단위 간 금액을 상호 융통하는 것으로 ① 목(目)의 범위 내에서 세목 간에 예산을 상호 융통하는 세목 간 조정, ② 동일한 세항(단위사업) 내에서 동일 목을 세세항(세부사업) 간에 상호 융통하여 사용하는 내역 변경을 의미한다.

4) 기금운용계획의 변경

기금운용계획의 변경은 세부 항목 지출 금액과 주요 항목 지출 금액의 변경을 말한다. 세부 항목 지출 금액의 변경은 예측할 수 없는 소요가 발생한 경우, 긴급한 소요가 발생한 경우 및 기존 사업을 보완하는 경우에 주요 항목 지출 금액의 범위 안에서 가능하다.

기금의 주요 항목 지출 금액의 변경은 기획재정부 장관과의 협의·조정을 통하여 기금운용계획변경안을 마련하여 국회 제출 절차를 거쳐야 하는데, 국회에 제출하지 않고 변경할 수 있도록 광범위한 예외를 두고 있다. ① 금융성 기금 외의 기금은 주요 항목 지출 금액의 변경 범위가 10분의 2 이하일 때, ② 금융성 기금은 주요 항목 지출 금액의 변경 범위가 10분의 3 이하(기금의 관리 및 운영에 소요되는 경상비에 해당하는 주요

동·유가 변동 등 사전에 예측하기 어려운 불가피한 사정이 발생하는 경우, ③ 재해대책 재원 등으로 사용할 시급한 필요가 있는 경우, ④ 그 밖에 대통령령으로 정하는 경우로 한정하도록 규정한다.

항목 지출 금액의 경우 10분의 2 이하)일 때 등이 그 예외에 해당한다.

각 기금관리 주체가 기금운용계획을 변경한 경우에는 그 내역을 분기 만료일이 속하는 달의 다음 달 말일까지 국회 소관 상임위원회와 예산결산특별위원회에 제출하여야 한다.

5) 이월

(1) 명시이월

예산의 이월이란 예산을 당해 연도에 집행하지 아니하고 다음 연도에 지출하는 것을 의미한다. 명시이월(明示移越)은 예산을 편성할 때부터 어떤 특정한 경비를 이월 사용하리라고 예상하였을 경우 국회의 승인을 미리 받아 이월할 수 있도록 하는 것을 말한다.

(2) 사고이월

사고이월(事故移越)은 이월할 것으로 미리 예상한 것이 아니라 예산 집행 과정에서 이월하지 않을 수 없게 된 지출을 말하며, 대표적인 예로 연도 내에 지출원인행위를 하였으나, 재해 또는 공사 기간 부족 등으로 공사 등이 연도 내에 완성되지 못하여 지출할 수 없는 경우가 있다.

6) 이체

이체(移替)는 정부조직 등에 관한 법령의 제·개정 또는 폐지로 인하여 중앙관서의 직무와 권한에 변동이 있는 경우 관련되는 예산의 귀속을 변경하는 제도이다.

7) 예비비

예비비는 예산의 편성 및 심의 시점에서는 예측할 수 없는 지출에 충당하기 위하여 총액으로 국회의 승인을 얻어 세출예산에 계상하였다가 필요할 때 사용하는 금액이다. 예비비는 일반예비비와 목적예비비로 구분하며, 일반예비비는 사용 용도가 제한되지 않고, 일반회계 세출예산 총액의 100분의 1 범위 내에서 편성할 수 있다. 목적예비비는 매년 예산안의 예산 총칙에서 용도를 제한하여 편성한다.

중앙관서의 장은 예비비의 사용을 필요로 하는 경우에는 그 이유, 금액과 추산의 기초를 명백히 한 명세서를 작성하여 기획재정부 장관에게 제출하고 기획재정부 장관은 이러한 요구를 심사한 후에 필요하다고 인정할 때에는 이를 조정하고 예비비사용명세서를 작성하여 국무회의의 심의를 거쳐 대통령의 승인을 얻는다. 중앙관서의 장은 예비비사용명세서를 작성하여 다음 해 2월 말일까지 기획재정부 장관에게 제출하고, 기획재정부 장관은 이를 종합하여 총괄표를 작성하여 대통령의 승인을 얻어야 할 뿐 아니라 감사원에도 제출하여야 하며, 정부는 예비비로 사용한 금액의 총괄명세서를 다음 연도 5월 31일까지 국회에 제출하여 승인을 얻어야 한다.

8) 총액계상사업 지정 및 활용

총액 계상은 세부 사업별로 나누어 예산을 편성하는 것이 곤란한 경우 예산 편성 단계에서 세부 내용을 정하지 않고 총액 규모만을 예산에 반영하는 것이다. 총액예산제도란 운영비의 각 항목에 대하여 세세하게 통제하는 것이 아니라 집행기관의 장에게 운영비 총액을 배분해 준 상태에서 사업의 수행에 가장 적절하다고 판단되는 방식으로 운영비 예산을 사용할 수 있는 권한을 주는 제도이다. 총액예산 내에서는 항목 간 예산의 자유로운 이동이 가능하기 때문에 예산 절약을 위한 유인이 생겨날 수 있고, 예산 집행 과정에서 자율성을 신장시킴으로써 궁극적으로 예산 운용의 결과에 대하여 책임을 물을 수 있다.

총액계상사업 대상은 주로 대상사업 또는 장소가 전국적으로 분포되거나 전국에 걸쳐 연례적으로 이루어지는 유지보수사업 등 세부 사업별로 나누어 예산을 편성하는 것이 곤란하거나, 예산의 편성 단계가 아닌 집행 단계에서 수요를 정함으로써 효율성을 제고할 수 있는 사업이다.[7] 총액계상사업의 한도는 매 회계연도 예산 순계를 기준

---

7) 총액 계상이 가능한 사업은 ① 도로보수 사업, ② 도로안전 및 환경개선 사업, ③ 항만시설 유지보수 사업, ④ 수리시설 개보수 사업, ⑤ 수리부속 지원사업, ⑥ 문화재 보수정비 사업, ⑦ 그 밖에 대규모 투자 또는 보조사업에 해당하는 사업으로서 기획재정부 장관이 정하는 사업이다(국가재정법 시행령 제12조 제1항).

으로 100분의 3의 범위에서 편성할 수 있다(국가재정법 시행령 제12조 제2항).

9) 국고채무부담행위와 지출

국가는 재해 복구를 위하여 국회의 의결을 얻은 범위 안에서 채무를 부담하는 행위를 할 수 있으며, 그 행위는 예비비의 사용 절차에 준하여 집행한다. 국가는 법률에 따른 것과 세출예산 금액 또는 계속비의 총액의 범위 안의 것 외에 채무를 부담하는 행위를 하는 때에는 미리 예산으로써 국회의 의결을 얻어야 한다. 국고채무부담행위의 의결은 채무를 부담할 권한을 부여하는 데 그치며, 지출에 대해서는 다시 국회의 의결을 얻어야 한다.

10) 수입대체경비

지출이 직접 수입을 수반하는 경비로서, 중앙관서의 장이 수입이 확보되는 범위 안에서 직접 지출할 수 있는 경비이며, 수입대체경비란 용역 또는 시설을 제공하여 발생하는 수입과 관련되는 경비로서 국가가 특별한 용역 또는 시설을 제공하고 그 제공을 받은 자로부터 비용을 징수하는 경우의 당해 경비, 수입의 범위 안에서 관련 경비의 총액을 지출할 수 있는 경우의 당해 경비를 말하며 국고통일주의의 대표적인 예외사항이다. 이 경비의 경우 수입이 예산을 초과하거나 초과할 것이 예상되는 때에는 그 초과 수입을 그 초과 수입에 직접 관련되는 경비 및 이에 수반되는 경비에 초과 지출할 수 있다. 업무 수행과 직접 관련된 자산취득비, 국내여비, 시설유지비 및 보수비, 일시적인 업무 급증으로 사용한 일용직 임금, 초과 수입 증대와 관련 있는 업무를 수행한 직원에게 지급하는 보상적 경비 등이 해당된다.

11) 계속비

완성에 수년을 요하는 공사나 제조 및 연구개발사업은 그 경비의 총액과 연부액(年賦額)을 정하여 미리 국회의 의결을 얻은 범위 안에서 수년도에 걸쳐서 지출할 수 있다. 국가가 지출할 수 있는 연한은 그 회계연도부터 5년 이내인데 필요하다고 인정하는 때에는 국회의 의결을 거쳐 그 연한을 연장할 수 있다.

4 절차

1) 예산집행지침 통보

기획재정부는 예산·기금의 편성·집행·성과관리 등에 관한 사무를 관장하는 기관으로서 '예산 및 기금운용계획 집행지침'(이하 '예산집행지침')을 매년 작성하여 1월 말까지 각 부처에 통보한다. 예산집행지침은 보통 일반지침과 사업 유형·비목별 지침으로 구성되는데, 일반지침은 경상경비 절감, 예산 배정, 수입관리 등 예산 집행 전반에 걸쳐 통일적으로 준수하여야 할 사항을, 사업 유형·비목별 지침은 기본경비·정보화, 인건비·업무추진비 등 유형별·비목별 세부 집행에 관한 사항을 규정하고 있다. 기금운용지침도 비슷한 형식과 내용을 갖고 있다.

2) 예산 배정: 예산 집행 준비 절차

예산 배정(apportionment)은 기획재정부가 연간 계획에 따라 중앙관서별로 예산사업 및 기금사업 수행이나 경비에 대하여 지출원인행위 등을 할 수 있도록 권리를 부여하고 실제 자금을 배정하는 것이다.

중앙관서의 장이 예산배정요구서 등을 기획재정부 장관에게 제출하면, 기획재정부 장관이 분기별 예산배정계획을 작성하여 국무회의의 심의를 거친 후 대통령의 승인을 얻어 예산을 배정한다. 「국가재정법」은 이와 같은 일반적인 예산 배정 절차 외에 신축적인 예산 집행을 위하여 회계연도 개시 전의 예산 배정, 수시 배정, 예산 배정의 유보 등의 배정 방식을 규정하고 있다.

3) 예산 재배정, 지출원인행위, 지출

예산의 재배정이란 중앙관서의 장이 각 사업부서에 예산을 지출할 수 있도록 권한을 부여하는 것을 의미한다. 예산의 재배정이 이루어지면 지출의 원인이 되는 계약, 기타의 행위를 할 수 있다. 지출원인행위는 배정된 예산 또는 기금운용계획의 금액 범위에서 이루어진다. 지출원인행위에 따라 발생한 채무를 이행하기 위하여 지출이 이루어진다. 지출은 채무 이행을 위하여 최종적인 행위로 현금을 지급하는 것을 말한다.

5 문제점과 개선 방안

첫째, 우리나라 예산 집행과 관련된 가장 중요한 문제는 예산 절감 노력이 부족하다는 것이다. 예산을 배분받은 후 예산을 관리하여 사업효과성을 극대화하여 절감할 경우 인센티브가 부재하고 오히려 페널티가 있다는 것이다. 예산불용액이 있다고 할 때 예산이 필요하지 않았다고 평가되고 차년도에 예산 삭감되는 패턴이 있다. 이러한 현상은 사업에 대한 성과에 대한 정보가 부족하고, 있더라도 체계적으로 활용되지 못하기 때문에 발생한다. 성과정보가 충분히 있으면 예산 집행에 따른 투입정보와 성과정보를 통합적으로 평가하여 예산 절감 노력을 파악할 수 있을 것이다. 그 경우 불용액에 대하여 예산 절감 노력에 의한 것인지, 예산 집행관리에 나태하여 나타난 현상인지 판단할 수 있고 각각 인센티브와 페널티를 줄 수 있을 것이다. 공공사업의 경우 본질적으로 민간기업의 사업과 달리 성과를 수익으로 간단하게 파악할 수 없다는 한계가 있으므로 성과정보 확보가 어려운 문제가 있다. 여기서 우리나라는 선진국에 비하여 성과정보 이용이 가능함에도 충분히 활용하지 않아서 예산 절감 노력에 대한 인센티브 부여가 가능함에도 불구하고 체계화되지 않아 전반적으로 예산 절감 활동이 이루어지지 못하고 있다는 것이다.

둘째, 우리나라의 예산 조기 집행 관행의 문제가 있다. 경기 침체 시 정부는 예산의 조기 배정을 통하여 재정을 운용하고 경기 부양 효과를 기대하는 것이다. 정부가 예산을 배정하는 시기를 조정할 수 있는 권한을 활용하여 경기활성화를 시도하는 것이다.

예산집행특별점검단의 활동을 통하여 구체적으로 관리활동도 진행하고 있다.

예산의 조기 집행은 사업이 효과가 있을 최적의 시점을 집행부처가 선택하기 어렵고 비효율적인 지출이 될 수 있다. 예산을 조기 집행하면 하반기에 반대 효과가 있으므로 조삼모사에 지나지 않을 수 있다. 세입은 5월경에 집중적으로 들어오기 때문에 조기 집행을 하면 국채 발행이나 중앙은행으로부터 임시 차입을 하여야 하므로 단기적이지만 이자비용도 추가적으로 든다.

이런 점에서 정부는 무조건 조기 배정을 하는 관행에서 벗어나 좀 더 구체적인 미세조정을 통하여 연간 예산 집행 시점을 조절하여 경기 침체 시점을 타깃으로 삼아서 예산 배정을 하는 것이 바람직할 것이다.

작년 못 쓴 정부 예산 '45.7조' 사상 최대…최악 세수 펑크 탓
결산상 불용액 3배 넘게 늘며 경기 침체 부채질

(2024-02-08 https://www.hani.co.kr/arti/economy/economy_general/1127893.html)

박종오

(전략)
기획재정부는 8일 "2023년도 총세입·총세출 마감 결과, 결산상 불용액이 45조 7천억 원으로 집계됐다"고 밝혔다. '결산상 불용액'이란 정부가 원래 쓰려고 계획했으나 못 쓴 예산을 뜻한다. 지난해 불용액은 1년 전(12조 9천억 원)에 견줘 3배 넘게 늘어난 것으로, 비교 가능한 시점(디지털 예산회계시스템 도입)인 2007년 이래 역대 최대 금액이다. 과거 연간 10조 원 안팎이었던 정부의 '못 쓴 돈'이 지난해엔 대폭 늘어난 셈이다.
애초 지난해 쓰기로 했던 예산 540조 원 중 실제 지출액은 490조 4천억 원에 그쳤다. 국세 수입이 56조 4천억 원이나 덜 걷히며 세수의 40%인 지방자치단체와 지방교육청 이전액이 18조 6천억 원 감액됐다. 여기에 정부 세수를 재원으로 사용처가 정해진 특별회계·기금에 지급하기로 했던 돈이 16조 4천억 원(일부 중복 집계 포함) 줄어들었다. (중략)
기재부는 "지자체가 보유한 일종의 예비금인 통합재정안정화기금과 기금 자체재원 등을 통한 보전을 고려하면 '사실상 불용액'은 10조 8천억 원"이라고 설명했다. 지난해 초유의 중앙정부 지출 부진에도 지방정부와 각종 기금의 여유 재원으로 이를 만회할 수 있는 까닭에 실질적인 불용 규모는 4분의 1 수준이라는 얘기다. 그러나 정부는 지난해 지자체의 자체재원 등을 활용한 예산 보전 규모는 밝히지 않았다.

> 정부는 지난해 세수 펑크를 만회하려고 환율 안정 목적의 외환시장 개입 실탄인 '외국환 평형기금'의 보유 원화 등 9조 6천억 원 규모 재원도 끌어다 썼다. 하지만 이 같은 '영끌'에도 사상 최대 규모의 불용과 예산 집행 부진이 발생하며 지난해 1.4%에 불과했던 우리 경제의 성장에도 악영향을 미친 셈이다.
> 한국은행에 따르면, 지난해 정부 지출의 성장 기여도는 0.4%포인트로, 전년 대비 0.1%포인트 축소됐다. 다만 지난해 성장률이 워낙 바닥을 기었던 까닭에 전체 성장에서 정부 지출이 차지하는 비중은 29%에 이르렀다.
> (하략)

관련된 이슈로 세수 부족에 따른 세출 불용 문제가 언론에 자주 제기되고 있다. 확정된 예산을 운용하는 과정에서 당초 예상하지 못하였던 세수 결손이 발생하여 재정당국이 재정지출을 축소하는 것이다.

이에 대하여 일단 행정부는 세수 부족 시 세출 불용할 수 있는 권한이 있다는 점을 지적하여야 한다. 세출 불용을 이유로 추가경정예산(여기서는 경정예산)을 편성하여야 할 필요도 없다. 일부 논자들이 세출 불용 자체가 문제이고 추경을 하여야 하는 것인 양 주장하는 것은 세출계획으로서의 예산이 행정부가 지출할 수 있는 최대치를 허용받은 것이라는 점을 오해하고 있는 것이다. 예산이라는 것은 이렇게 지출을 하여야 하는 것이 아니고, 그 정도까지만 지출할 수 있다는 의미이다.

또한 세수 부족에 따른 세출 불용, 즉 지출 축소는 그 자체로 경제적으로 문제시하기 어렵다. 지출을 확대한다는 것은 재정적자를 통한 확대재정을 추구한다는 것인데, 이 경우 반드시 경제성장률이 높고 정부 지출의 성장 기여도가 긍정적인 결과라고 보기 어렵다. 경제 시스템은 단순한 체제가 아니고 정부 지출과 민간성장률이 단순한 대체 관계가 아니다. 정부 지출이 늘었다고 하였을 때 성장률이 증가하는 단순한 선형 관계가 아니다. 정부의 역할과 권한이 과잉인 경제에서 재정지출이 늘어날 때 경제 성장 자체가 둔화되고 민간 부문의 성장 기여도가 줄어들어 전체 성장률이 변화가 없을 가능성도 충분히 존재한다.

정부의 개입이라는 것이 세입을 통하여 경제 시스템에서 재원을 유출하고 상당 부분 관리비용으로 사용하고 이를 다시 경제 시스템에 투입하는 것이다. 이러한 유출입 자체에 상당한 경제적 가치의 누수가 불가피하다. 이러한 비용들을 고려할 때 세입 감소와 예산 불용이라는 것을 무조건 부정적으로 볼 필요는 없고 세수 증가와 재정지출 확대 또는 적자를 통한 확대재정이 기계적으로 성장률과 정부 성장 기여도를 높일 것이라고 생각하여서는 안 된다.

더구나 정부 지출에 의한 경제 성장은 지속 가능하지 않을 뿐만 아니라 잠재성장률을 훼손할 가능성도 크며 시장 규율, 역동성의 강화를 저해하는 부정적 효과가 크다는 점, 현재 우리나라 경제 시스템의 대전환이 요구된다는 점을 고려하여야 한다.

물론 세수 부족이 연례화되는 현상을 탈피하기 위하여 정부는 낙관적인 경제 전망과 과도한 세입 전망을 지양하는 것이 바람직하다. 의도적인 낙관적인 세입 전망이라고 한다면 세입 추계의 정확도를 높이는 작업을 하여야 할 것이다. 세입 전망 파트에서 보았듯이 국회의 세입 전망과 크게 벗어나지 않은 세입 전망치라는 점에서 의도적인 낙관적 전망이라고 보기 어려울 것이다. 그렇다면 실현된 세수가 부족인 상황에서 예산의 불용을 통하여 대처하는 것은 지극히 합리적이고 타당한 조치가 될 것이다. 원래의 계획대로 지출하는 것은 추가적인 국가채무를 발생시키면서 재정지출을 확대하는 것인데 그로 인하여 얻을 수 있는 약간의 추가적인 성장, 정부의 성장 기여도의 확대에 비하여 재정건전성 손실, 정부 부문의 확대, 민간 부문의 역동성 저하, 공공 부문에 대한 의존성 강화, 잠재성장률의 훼손 등의 비용을 고려하였을 때 비용이 더 크다고 본다. 경제에서 정부 부문의 전반적인 축소의 이익이 더 크다고 본다.

세 가지 문제점에 대하여 제도적 개선이 필요하다. 예산 절감 노력에 대하여 인센티브를 제공하는 예산 편성 시스템을 체계화함으로써 이러한 노력에 대하여 보상하고 불필요한 예산 지출에 대하여 페널티를 부과하는 식의 관리 시스템이 안착되어야 예산효율화가 이루어질 수 있고, 예산을 절감하고 불용액이 클수록 보상이 커지면 불필요한 지출을 회기말에 집중 집행하는 관행이 사라지게 될 것이다.

획일적인 조기 집행정책 관행은 원점에서 재검토하여야 한다. 예산 집행에서 경기 안정화를 위하여 최적의 시점에 배정을 하도록 집행 시기에 대한 미세 조정 작업을 수행하여야 할 것이다.

마지막으로 세수 부족에 따른 세출 불용의 문제는 먼저 세수 추계의 타당성을 높이는 작업이 필요하되, 그럼에도 불구하고 미래에 대한 예측에 의한 불가피한 세수 오류가 발생하면 세출 불용의 문제는 정부의 재정정책으로 인정하여야 하는 것으로 문제 삼기 어렵다. 다만 세수에 비하여 적자재정정책을 펼 것인가 말 것인가에 대해서는 충분한 사회적 논의와 설득 작업은 필요하다고 하겠다.

제2절 결산 I: 결산 편성과 검사

1 개관

결산은 한 회계연도에 이루어진 국가의 수입과 지출사무를 마감하고, 예산 집행의 실적보고서를 작성하여 회계검사기관의 검사와 입법부의 심의를 받는 절차이다. 결산 결과는 감사원의 검사를 통하여 집행의 적법성을 검증받으며, 예산 당국은 결산 결과를 다음 연도 예산 편성에 활용한다. 여기서 결산은 예산과 별도의 과정이라는 점을 강조할 필요가 있다. 우리나라 교과서들이 결산을 예산의 한 과정으로 취급하는 경우가 많은데, 이는 결산 자체의 별도의 과정과 중요성을 간과한 것으로 생각한다.

결산과 관련된 국회의 권한은 나라마다 다른데, 영국과 같이 예산 심의가 상대적으로 형식적인 경우 결산 심의가 엄격한 사례가 있다. 미국 연방정부는 의회의 결산 승인 없이 형식적인 결산보고만 하고 있다.

우리나라는 국회의 결산승인권이 있으나 지출행위에 대한 법적 통제보다는 정치적 책임을 추궁하는 성격이 강하다. 정부에 의한 위법적 혹은 부당한 지출이 있다고 하여 결산이 그 지출행위를 무효로 하거나 취소할 수는 없고 시정 요구를 하는 데 그친다. 다만, 국가결산보고서에 성과보고서와 재무제표가 포함되어 결산이 집행 실적 점검 위주에서 성과심사도 가미되었으며, 국회의 시정 요구나 감사원의 감사를 통하여 간접적인 통제가 이루어지고 있다. 그럼에도 불구하고 우리나라는 전체적으로 보아 예산심사도 형식적이고 결산도 선진국에 비하여 약하다고 보아야 할 것이다.

2 결산보고서의 구성과 주요 내용

1) 개관

결산보고서는 보고서 작성 주체에 따라 국가결산보고서, 중앙관서결산보고서, 기금결산보고서로 구분하여 작성된다. 국가결산보고서는 각 중앙관서의 장이 제출하는 중앙관서결산보고서를 하나로 통합·작성하여 국무회의 심의 및 대통령의 승인을 얻은 후, 감사원의 결산 검사 결과를 반영하여 국회에 제출하는 보고서를 말한다. 중앙관서결산보고서는 각 중앙관서의 장이 회계연도마다 그 소관에 속하는 일반회계·특별회계·기금을 통합하여 작성한 결산보고서를 의미한다.[8,9]

〈표 8-1〉 결산보고서의 구성 및 작성 방법

구분	구성 서류 작성 방법
1. 결산 개요	결산 내용을 요약하여 예산 및 기금의 집행 결과, 재정 운용과 재무 상태를 파악하도록 작성
2. 세입세출 결산 (수입지출 결산)	세입세출 예산 및 기금운용계획과 동일한 구분에 따라 그 집행 결과를 종합하여 작성
3. 재무제표	국가회계 기준에 따라 작성
4. 성과보고서	성과계획서상의 목표와 그에 대한 실적을 대비하여 작성

국가결산보고서는 「국가회계법」 제14조에 따라 결산 개요, 세입세출(수입지출) 결산, 재무제표(재정상태표, 재정운영표, 순자산변동표), 성과보고서로 구성된다. 우리나라의 결

---

[8] 2009 회계연도부터 결산보고서의 작성 주체와 구성 내용이 변경되었다. 종전에는 중앙관서의 기금, 일반회계, 특별회계별로 결산보고서를 작성하였으나 중앙관서별로 소관 회계기금을 통합하여 결산보고서를 작성하게 되며, 결산보고서에는 기존 세입세출 결산과 함께 발생주의 복식부기 회계에 따른 재무제표 및 성과보고서가 추가되었다.

[9] 기금결산보고서는 중앙관서의 장이 아닌 기금관리 주체(민간관리기금, 예: 공구원연금기금, 신용보증기금, 수출보험기금 등)가 작성하여 2월 말까지 소관 중앙관서의 장에게 제출하여야 한다. 중앙관서의 장이 아닌 자가 관리하는 기금의 결산보고서는 해당 기금관리 주체가 기금에 관한 결산보고서를 작성하여 소관 중앙관서의 장에게 제출하면, 이를 중앙관서 결산보고서에 포함시킨다.

산보고서는 현금주의·단식부기 방식의 세입세출 결산과 발생주의·복식부기 방식의 재무제표를 모두 작성하고 있다.

2) 결산 개요

결산 개요는 세입세출(수입지출) 결산, 재무제표 및 성과보고서의 내용을 요약하여 예산 및 기금의 집행 결과, 재정의 운영 내용과 재무 상태를 분명하게 파악할 수 있도록 작성한다.

3) 세입세출 결산과 부속 서류

세입세출 결산은 현금주의·단식부기 방식에 따라 예산이 집행된 결과를 보여 주는 것이다. 세입결산보고서에는 세입예산액, 이체 등 증감액, 세입예산현액, 징수결정액, 수납액, 불납결손액, 미수납액을 기재한다. 세출결산보고서에는 장, 관, 항, 세항, 목별로 세출예산액, 전년도 이월액, 예비비사용액, 전용 등 초과지출액, 세출예산현액, 지출액, 다음 연도 이월액, 불용액 등이 포함된다. 부속 서류의 목록은 다음과 같다.

> 1) 계속비 결산명세서[10]
> 1의2) 세입세출결산 사업별설명서 : 중앙관서별 결산보고서 참조
> 2) 총액계상 사업집행명세서
> 3) 수입대체경비 사용명세서
> 4) 이월명세서
> 5) 명시이월비 집행명세서
> 6) 정부기업특별회계 회전자금운용명세서
> 7) 성인지결산서
> 8) 예비금 사용명세서

---

10) 계속비는 수년도분을 일체로 해서 지출 권한을 부여하는 것이므로 총체적으로 결산하여 그 사업의 전모를 명백히 할 필요가 있는 것이므로 계속비결산보고서를 작성하여 국회에 제출하는 것이다.

8의2) 총사업비 관리대상사업의 사업별 집행명세서
9) 현물출자명세서
10) 재정증권의 발행 및 한국은행 일시차입금의 운용명세서
11) 통합재정수지표
12) 통합계정자금 운용 및 수익금 사용내역서
13) 전년도(예: 2020년) 세계잉여금 처리명세서(일반회계)
14) 차년도(예: 2022년) 세계잉여금 내역 및 사용계획(일반회계)
15) 특별교부금 배정명세서

4) 수입지출 결산과 부속 서류

기금의 결산서에서 수입과 지출에 관한 결산과 부속 서류를 말한다. 수입결산보고서에는 당초 수입계획액, 수정수입계획액, 징수결정액, 수납액, 불납결손액, 미수납액을 기재한다. 지출결산보고서에는 당초 지출계획액, 수정지출계획액, 전년도 이월액, 지출계획연액, 지출액, 다음 연도 이월액, 불용액 등이 포함된다. 부속 서류의 목록은 다음과 같다.

1) 재원조성실적표 : 중앙관서별 결산보고서 참조
2) 성인지 기금결산서
3) 기금운용계획 변경 내용 설명서: 중앙관서별 결산보고서 참조
4) 총사업비 관리대상사업의 사업별 집행명세서

5) 재무제표와 첨부 서류

재무제표는 거래를 측정·기록·분류·요약하여 작성하는 회계보고서로, 재정상태표, 재정운영표, 순자산변동표로 구성된다. 재정상태표는 기업의 대차대조표에 해

당하며, 현재의 자산과 부채의 명세 및 상호 관계 등 재정 상태를 나타내는 것으로 자산, 부채 및 순자산으로 구성된다. 재정운영표는 기업의 손익계산서에 해당하며, 회계연도 동안 수행한 정책 또는 사업의 원가와 재정 운영에 따른 원가의 회수 명세 등을 포함한 재정 운영 결과를 나타내는 것을 말한다. 특히 기금별·부처별 재정운영표에 프로그램 순원가를 표시하여 사업별 순원가에 대한 정보를 제공한다. 순자산변동표는 회계연도 동안 순자산의 변동 명세를 표시한다. 재무제표의 첨부 서류는 국가채무관리보고서, 국가채권현재액보고서, 국유재산관리운용보고서, 물품관리운용보고서이다.

6) 성과보고서

성과보고서는 성과계획서에서 정한 성과 목표와 그에 대한 실적을 대비하여 작성하는 것으로, 사업의 주요 내용, 성과지표별 달성 현황, 성과분석 및 개선 사항 등을 프로그램 예산 체계상의 단위사업 수준에서 설명하고 있다. 성과보고서는 기관별 성과목표 달성 분석을 통하여 재정 사업의 효율성을 제고하고 다음 연도 예산 편성에 환류한다.

3 절차

1) 출납정리 및 마감

행정부 내의 결산 편성은 출납사무를 완결하고 출납을 정리하는 결산의 준비 단계와 결산보고서를 작성하는 편성 단계로 나뉜다. 출납사무의 완결이란 수입금의 수납 행위와 지출금의 지급행위를 종료하고 국고금 출납장부를 마감하는 것을 말한다.[11]

---

[11] 회계장부를 마감한다는 것은 한 회계연도의 세입세출 출납사무를 완결하고 정부 전체의 세입세출 실적과 세계잉여금 규모가 확정됨을 의미한다. 다음 연도 2월 10일까지 총세입부와 총세출부를 마감한다.

「국고금 관리법」 제4조의2에서는 한 회계연도에 속하는 세입·세출의 출납에 관한 사무를 다음 연도 2월 10일까지 완결하도록 규정하고 있다.

2) 결산보고서 작성

출납장부가 마감되면 각 중앙관서의 장은 그 소관에 속한 일반회계·특별회계 및 기금을 통합한 중앙관서결산보고서를 작성한다. 또한 중앙관서의 장이 아닌 기금관리주체는 기금결산보고서를 작성하여 소관 중앙관서의 장에게 제출한다. 중앙관서 결산보고서는 2월 말까지 기획재정부 장관에게 제출하여야 하며, 기획재정부는 각 중앙관서결산보고서를 통합하여 국가결산보고서를 작성한 후 국무회의 심의를 거쳐 대통령의 승인을 받은 다음 4월 10일까지 감사원에 제출하여야 한다.

'세수 펑크' 결산 미룬 기재부, 1월 말에는 "4월 10일까지 제출"
공휴일 이유로 법정 시한 넘긴 11일 심의·의결·발표
(https://www.hani.co.kr/arti/society/society_general/1136021.html)

[해설] 이런 기사는 정치 과잉인 상황에서 제대로 된 이해 없이 생산된 기사라고 할 수 있다. 일단 예결산 과정에서 일정에 관한 날짜는 모두 훈시규정으로서 행정부와 국회 모두 참고 사항인 것을 알아야 한다. 회계연도 독립이라는 원칙 이외의 모든 일정은 가급적 준수하는게 좋겠지만 그렇지 못한 경우 문제되지 않는다.
또한 결산안의 내용이 어느 정도 확정되는 것은 결산안이 국회에 제출될 때이지 회계검사를 위하여 감사원에 제출되는 것은 아직 결산의 내용을 검사하는 과정으로 가공 중인 내용으로서 외부에 공개하는 것이 적절하지도 않다.
행정 과정에서 국무회의 일정에 따라 얼마든지 시일은 조정될 수 있으며, 여기서 감사원에 제출된 내용이 확정된 값도 아니다. 선거일에 국무회의는 당연히 개최할 수 없는 것이고, 그렇다고 이전 2주 전에 처리하는 것도 행정 실무상 불가능할 것이며 그렇다고 그다음 국무회의에 상정하는 것도 적절하지 않을 것이다. 여기에 세입세출의 현황은 재정 동향 등으로 이미 다 공개되고 있는 사항이라는 점도 이런 주장이 거의 음모론 수준이라는 것을 반증한다.
만약 행정부가 국회에 결산안을 제출하는 5월 31일에 비슷한 일이 있었다면 그런 일이 가능은 하지만 그래도 훈시규정이라도 가급적 지켜야 하는거 아니냐고 문제를 제기해

> 볼 수 있을 것이다. 그러나 그것도 31일이 공휴일이거나 특별한 사정이 생긴 경우 사실 일정 준수가 중요한 일은 아니다. 나아가 행정부가 결산안을 만드는 과정에서 문서를 주고받는 과정에 뭔가 음모가 있다고 주장하는 것은 얼토당토않은 일이라고 하겠다.

3) 결산검사

감사원은 국가결산보고서를 감사하고 결산검사보고서를 기획재정부 장관에게 송부한다(국가재정법 제60조). 결산검사는 감사원이 국가의 세입·세출의 결산, 성과보고서가 포함되어 있는 국가결산보고서에 대하여 검사·확인하는 것을 말한다. 결산검사에는 회계검사와 감사가 모두 포함된다고 볼 수 있다. 회계검사는 수입과 지출, 재산의 취득·보관·관리 및 처분 등에 대한 검사를 하는 것을 말한다. 이를 통하여 결산의 합법성과 정확성을 점검하여 변상 책임의 판정, 징계·문책 요구, 시정·개선 요구, 고발 등의 조치를 한다. 한편 재무제표에 대한 감사(auditing)는 거래 내용과 회계 체제에 대한 체계적인 점검과 평가를 통하여 회계의 객관성과 신뢰성을 점검하는 것을 말한다.[12] 수입과 지출이 적절하게 기록되고 통제되었는지 그리고 회계 기록이 신뢰할 만한 것인지를 점검함으로써 회계가 조직의 재정 상태와 운영 결과를 정확히 반영하고 있는지를 심사한다.

감사원은 검사 결과를 결산검사보고서에 기록한다. 결산검사보고서는 정부의 결산이 「국가회계법」에 따라 재정에 관한 유용하고 적정한 정보를 제공할 수 있도록 객관적인 자료에 따라 이루어졌는지를 검사한 최종 결과뿐만 아니라 검사 과정 전반에 대한 상세한 정보까지도 담고 있어야 한다.

결산검사보고서는 총 2권으로 구성되어 있는데, 제1권은 결산 개요, 세입세출결산, 재무제표 분야와 성과보고서 분야로 구성되어 있다(감사원법 제41조). 결산 관련 주요

---

12) 재무감사에서는 회계가 설정된 회계 원칙을 준수하면서 작성 기록되었는지, 그리고 예산이 의도한 대로 제대로 사용되었는지를 점검하게 된다. 따라서 재무감사를 통하여 회계와 재무행정에서의 부정과 오류를 발견하게 되며 합법적으로 지출이 이루어졌는가를 규명하게 되는 것이다.

내용은 1권에 수록되어 있는데, 국가의 세입 세출의 결산 확인, 국가의 세입 세출의 결산 금액과 한국은행이 제출하는 결산서의 금액과의 부합 여부, 회계검사의 결과 법령 또는 예산에 위배된 사항 및 부당 사항의 유무, 예비비의 지출로서 국회의 승인을 받지 아니한 것의 유무, 유책 판정과 그 집행 상황, 징계 또는 문책 처분을 요구한 사항 및 그 결과, 시정을 요구한 사항 및 그 결과, 개선을 요구한 사항 및 그 결과, 권고 또는 통보한 사항 및 그 결과, 그 밖에 감사원이 필요하다고 인정한 사항이 포함되어야 한다. 재무제표와 관련하여서는 발생주의에 의한 복식부기 재무제표에 계정 과목 잔액의 적정성을 확인하게 된다. 제2권은 감사활동, 기타 등으로 구성되어 있다.

감사원은 결산검사보고서를 5월 20일까지 기획재정부 장관에게 송부하고, 정부는 국가결산보고서를 5월 31일까지 국회에 제출한다.

4 문제점과 개선 방안

결산이 예산과 독립적인 의회의 핵심적인 재정 통제 과정임에도 불구하고 우리나라에서는 결산에 대한 관심이 매우 부족하다. 또 그 결과로 행정부의 결산 작업도 행정관료제의 자체적인 내부통제적 성격이 강하다. 결산에 대한 오류나 부정도 회계상의 계수를 중심으로 검사가 이루어지고 크게 문제시되지 않는다. 결산 작업을 통하여 차년도의 예산 편성이 좌우되는 환류 체계가 강하지 않아 중요성이 크다고 받아들여지지 않고 있다.

감사원의 결산감사의 경우 회계에 치중하여 사업의 성과가 아닌 투입 요소에 대한 통제에 집중되어 있어 예산 편성에 필요한 성과정보를 가공하거나 생산하는 데 기여하지 못하고 있다. 그 결과 국회의 결산심사의 경우도 예산 집행의 구체적 성과 등에 관한 자료가 충분치 않기 때문에 단순한 계수의 확인이나 불법부당 사항의 지적에 그친다.

결산의 중요성을 강화하기 위해서는 결산을 통하여 수행하는 기능과 생산하는 정보가 다른 재정관리 활동에 유의미한 중요한 것이 되어야 한다. 결산 과정이 회계검사와 적법성 검토에 머물기보다 구체적인 성과 사정이 되어야 실질적인 사회적 관심과 노력이 투입될 것이다. 결산 편성에서 지적된 사항을 국회에서 검토하여 의결하면서 차년도 행정활동이나 예산에 구체적인 어떤 강한 영향이 있어야 행정부의 결산 편성 과정의 중요성이 높아질 수 있을 것이다. 이러한 작업을 위해서는 결산이 예산의 성과평가에 기반을 둔 성과감사가 이루어져야 하며, 그 경우 결산이 더 나은 성과를 낳을 수 있는 예산사업선정에 대한 지혜가 모아지는 과정으로 변모할 수 있을 것이다.

부수적으로 국가결산보고서, 감사원의 검사보고서 등 공식문서가 열린재정 등을 통하여 체계적이고 접근 가능한 방식으로 국민들과 국회에 공시되도록 하는 등 제도적 개선도 요구된다.

제3절 결산 II: 결산 심의와 승인

1 개관

국회의 결산 심의와 승인은 예산 집행에 대한 사후적 심의를 통하여 국민의 대표인 의회가 재정 운용의 적법성과 타당성을 확인하고 최종 승인한다는 의미를 갖는다. 예산 집행 과정에서 위법 부당한 지출이 있었는지의 여부와 국회의 의도를 위배하여 예산이 집행되지는 않았는지를 확인하는 것이다. 이를 통하여 행정부의 예산 집행을 통제하고, 다음 연도 예산 편성과 심의 시에 반영하는 환류 기능을 수행한다.

결산은 사후적으로 이루어지는 것이기 때문에 국회가 결산승인권을 갖는다고 하여도 결산을 통한 구체적인 재정 통제에는 한계가 있을 수밖에 없다. 정치적 견지에서 결산의 내용을 통하여 정부의 재정적 조치를 비판하고 그 책임을 명백히 하는 의미를 갖는다.

2 주요 제도

1) 시정 요구

국회는 「국회법」 제84조 제2항에 따라 결산의 심사 결과 위법 또는 부당한 사항이 있는 때에는 본회의 의결 후 정부 또는 해당 기관에 시정 요구를 할 수 있다. 이때, 위법이란 예산 집행에서 관련 법규를 위반한 것이며, 부당한 사항이란 예산을 부적절하게 편성 또는 집행하였거나 집행이 부진한 경우, 회계 처리에 오류가 있었던 경우 등을 의미한다. 시정 요구제도는 2003년에 국회 결산 심사의 실효성을 확보하기 위하여 「국회법」을 개정하여 도입하였다.

시정 요구의 유형은 변상·징계·시정·주의·제도 개선의 다섯 가지가 있다.

시정 요구를 받은 정부 또는 해당 기관은 시정 요구를 받은 사항을 지체 없이 처리하여 그 결과를 국회에 보고하여야 한다. 「결산심사 결과 시정 요구 사항에 대한 조치 결과」라는 보고서를 국회에 제출한 후 다음 연도 5월 31일에 "시정 요구 사항에 대한 후속 조치 결과"를 국가결산보고서와 함께 제출한다.

〈표 8-2〉 결산 시정 요구 유형 및 조치 대상 기관

유형	적용 기준	조치 대상기관
변상	고의 또는 중과실로 법령을 위반하여 국가 재산에 금전적 손실을 가한 경우	소속장관, 감독기관장 또는 소속기관장
징계	「국가공무원법」 또는 기타 법령에 규정된 징계 사유에 해당하는 경우	소속장관 또는 임용권자
시정	위법 또는 부당한 사실이 있어 이를 바로잡기 위하여 추징, 회수, 원상 복구, 사업 추진 방식 변경 등의 조치가 필요한 경우	소속장관, 감독기관장 또는 소속기관장
주의	위법 또는 부당한 사실이 있으나 그 정도가 경미한 경우 향후 동일한 사례가 재발하지 않도록 해당 기관이나 책임자에게 주의를 줄 필요가 있는 경우	소속장관, 감독기관장 또는 소속기관장
제도 개선	법령상 또는 제도상 미비하거나 불합리한 사항이 있어 이에 대한 개선이 필요한 경우	소속장관, 감독기관장 또는 소속기관장

자료: 예산결산특별위원회, 「주요 업무 가이드」.

2) 감사 요구

「국회법」 제127조의2는 결산 결과 문제가 있는 특정 사안에 대하여 국회가 의결로써 감사원에 감사를 요구할 수 있도록 규정하고 있다. 감사원은 감사 요구를 받은 날로부터 3개월 이내에 감사 결과를 국회에 보고하여야 한다.

3) 부대 의견

국회는 결산 의결 시 시정 요구와 별도로 부대 의견을 채택하고 있다. 부대 의견이란 위원회에서 공식적으로 제안되고 의결된 안건과 별개로 국회의원들이 자신의 견해를 공식적 의결에 부수하여 제시하는 의견을 말한다. 부대 의견에 관한 법적 성격이나 규범성이 규정되어 있지 않아 의결된 안건과 비슷한 법적 규범력이 있다고 할 수는 없고 부대 의견을 준수하지 않는 경우도 많다. 다만 의회의 의견으로 어느 정도 존중되고 있으므로 전혀 무의미하다고 할 수도 없다.

〈표 8-3〉 결산 시정 요구 · 감사 요구 · 부대 의견 현황

(단위: 건)

구분	2015 회계연도	2016 회계연도	2017 회계연도	2018 회계연도	2019 회계연도	2020 회계연도
시정 요구	2,061	1,805	1,833	1,356	1,667	1,881
감사 요구	3	1	4	4	4	4
부대 의견	27	25	19	23	19	21

자료: 국회예산정책처(2022, p. 269).

3 절차

1) 상임위원회 예비심사

정부가 결산안을 국회에 제출하면 국회는 각 상임위원회에 회부하여 소관에 속하는

중앙관서결산보고서에 대하여 검토한 검토보고서를 바탕으로 예비심사를 한다. 이후 그 결과를 의장에게 보고하고, 의장은 각 상임위원회의 보고서를 첨부하여 예결위에 회부한다.

2) 예산결산위원회의 종합심사

예결위 소속의 전문위원은 국가결산보고서 전체에 대하여 검토한 보고서를 예결위에 제출하고, 예산정책처는 별도의 결산분석보고서를 국회의원 전원에게 제공한다. 예결위는 각 상임위원회의 심사 내용을 참고하여 결산을 종합심사하고 본회의에 상정한다.

3) 본회의 심의 의결

결산은 본회의의 심의를 거쳐 의결하며, 국회는 결산에 대한 심의 의결을 정기회 개회 전까지 완료하고, 심사 결과 위법 부당한 사항이 있는 때에 국회의 본회의 의결 후 정부 또는 해당 기관에 변상 및 징계 조치 등 시정을 요구한다.

4 결산 출납정리 중 세계잉여금 처리

1) 의의

앞서 살펴보았듯이 예산 과정에서 출납정리기한이 12월 31일이 지나면 각급 기관이 소관 장부를 2월 10일까지 정리 마감한 후 이를 기획재정부 장관에게 보고하고, 기획재정부 장관이 직전 회계연도의 총세입부와 총세출부를 마감하게 된다.

이때 회계연도에 예산과 결산은 일치하지 못하는 경우가 많다. 당초 세입예산에 비하여 세수가 초과 징수되었거나, 당초 세출예산에 비하여 지출이 적어 결산상 잉여금이 발생하게 되고, 이런 잉여금 중 다음 연도로 이월한 후에도 남은 금액을 세계잉여금이라고 한다. 과거 세계잉여금이 발생하였을 때 제대로 된 사업계획과 효과성에 대한 검증 없이 추가경정예산을 통하여 이를 모두 소진하였다. 이러한 낭비적 지출을 줄이기 위하여 사용처를 제한하는 제도 개선안을 마련하였다.

2) 처리 방식

일반회계 세계잉여금은 먼저 「지방교부세법」에 따른 교부세 및 「지방교육재정교부금법」에 따른 교부금의 정산에 사용할 수 있다. 이와 같이 사용하고 남은 금액의 100분의 30 이상은 「공적자금상환기금법」에 따른 공적자금상환기금에 우선적으로 출연하여야 하며, 그 후 남은 금액의 100분의 30 이상을 국채 또는 차입금 등 국가채무 상환에 사용하여야 한다. 이렇게 사용하고 남은 잔액을 추가경정예산안 편성에 사용할 수 있으며, 그 후의 잔액은 다음 연도의 세입에 이입하도록 규정되어 있다.

개별 법령에 따라 해당 회계세입으로 이입되는 특별회계 세계잉여금은 각 근거 법률에 따라 처리된다. 일반적으로 특별회계 중 기업특별회계(우편사업특별회계 · 우체국예금특별회계 · 양곡관리특별회계 · 조달특별회계 · 책임운영기관특별회계) 및 우체국보험특별회계는 적립금으로 적립된다.

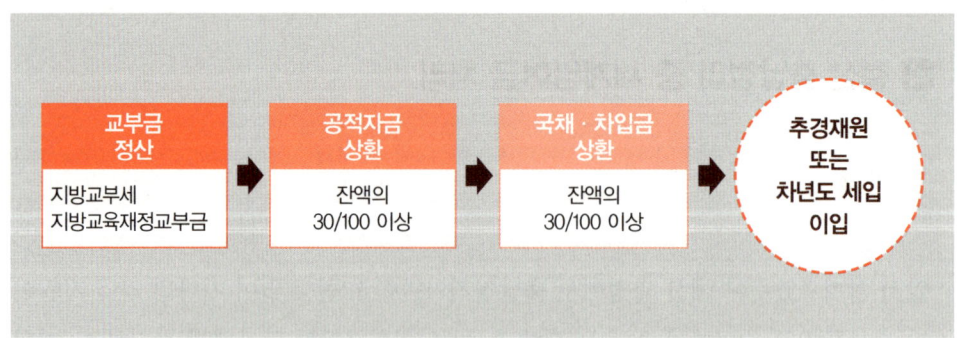

[그림 8-1] 「국가재정법」 제90조에 따른 일반회계 세계잉여금 처리 순서

국가 결산 후 남은 돈 5.8조… 하반기 추경 재원으로 활용하나
(2023.04.04. https://news.einfomax.co.kr/news/articleView.html?idxno=4260829)

최진우 기자(세종=연합인포맥스)

지난해 말 국가 결산을 시행한 결과 남은 돈은 약 5조 8천억 원 수준으로 나타났다. 이 재원은 경기 둔화에 따른 정부의 추가경정예산으로 활용할 수도 있어 향후 사용처에 관심이 모인다.

4일 정부가 발표한 '2022회계연도 국가결산 보고서'를 보면 지난해 세계잉여금은 9조 1천억 원으로 집계됐다. 일반회계 세계잉여금이 6조 원, 특별회계 세계잉여금이 3조 1천억 원이다.

일반회계 세계잉여금에서 지방교부세로 4천억 원이 나가고, 남은 돈의 30%인 1조 7천억 원이 공적자금상환기금에 출연된다. 공자기금 상환 후 잔액의 30%가 채무 상환에 활용한다는 점을 고려하면 세입으로 이입되는 규모는 2조 8천억 원 수준이다.

특별회계는 개별 근거 법령에 따라 해당 특별회계 자체 세입으로 처리한다.

기재부 관계자는 "기본적으로 국가 결산에 따라 추경을 편성한다면 우리 정부가 쓸 수 있는 자금은 세입이입 2조 8천억 원, 특별회계 세계잉여금 3조 1천억 원으로 볼 수 있다"고 설명했다.

다만, 추경을 편성하기 위해 특별회계를 활용하기 위해서는 각 회계에 맞는 방안을 마련해야 한다. 예를 들어, 이번에 에너지특별회계로 전입되는 7천억 원 규모를 쓰기 위해서는 관련 있는 용처를 발굴해야 한다는 것이다.

따라서 무작정 특별회계로 전입한 3조 1천억 원을 그대로 추경 재원으로 사용할 수 있다는 주장은 반은 맞고 반은 틀리다. (하략)

5 문제점과 개선 방안

결산에 대하여 위법적 혹은 부당한 지출이 있다고 해서 결산이 그 지출행위를 무효로 하거나 취소할 수는 없는 것으로 보고 있다. 이 결과 결산이 사후 보고로 정치적 책임을 묻는 것으로 이해된다. 이런 점이 결산이 중시되지 않는 근본 이유로 보인다.

또한 우리나라의 결산이 위법성 위주로 진행되고 있는 점이 근본적인 한계라고 할 수 있다. 사업에 대하여 성과정보에 기초하여 성과평가 기준으로 결산이 이루어져야 이에 대한 결산에 대한 관심이 높아지고 환류가 체계적으로 이루어질 수 있을 것이다.

결산에 의하여 위법 부당한 지출이 있다고 할 때 이에 대한 환류가 잘 이루어지지 않는 문제가 있다. 최근 결산의 시정 요구, 감사 요구, 부대 의견이 활성화되면서 결산의 중요성이 커지고 관심도 높아진 것은 사실이다. 하지만 아직까지 결산이라는 민주주의제도에 걸맞은 정도의 사회적 입지를 차지하지는 못하고 있는 실정이다.

개선 방안으로 첫째, 결산 활동을 강화하고 행정부의 관심을 높이기 위하여 결산을 통하여 지출의 취소를 가능하게 하거나 지출에 대하여 책임자에게 구상권을 행사할 수 있게 하는 등 법규정을 신설하여 법적 책임성을 강화하는 방안을 고려해 볼 수 있다.

둘째, 전반적으로 결산이 성과를 중심으로 이루어지도록 하고, 차년도 예산에 대하여 실질적인 영향을 미치는 보상과 페널티가 부과되는 중요한 과정으로 전환하여야 할 것이다.

셋째, 현행 국회의 통제제도를 강화하고 특히 시정 요구제도의 내실화도 요구된다. 정부가 제출한 조치 결과에 대한 국회의 검사를 강화하고, 시정을 강제하며, 미이행 시 처벌할 수 있는 조항을 신설할 필요가 있다.

현재 국회는 매년 1,000건을 상회하는 시정 요구를 의결하나 후속 조치에 대하여 추적하면서 이행 여부를 판단하는 활동이 부족하여 유야무야되는 경우도 적지 않다. 결산 시정 요구 사항에 대한 조치 결과를 정식 안건으로 채택하여 검토하고 조치 결과가 미흡할 경우 시정 조치를 명령하거나 사법기관에 고발하는 등 제재를 취하는 방안을 제도화할 필요가 있다.

제9장

사업관리

미래를 위한 재정관리
Public Financial Management for the Future

제1절 개관

1 의의

사업관리란 사업 목표를 성공적으로 달성하기 위하여 사업을 분석하고 기획하며, 추진하는 과정에서 기술과 기법을 적용하여 사업 이행 절차를 모니터링하고 통제하며, 사업 완료 이후 이를 평가 및 환류하는 직무를 말한다. 사업분석 및 기획, 과정 통제, 평가 및 환류제도로 요약할 수 있다.

사업분석은 발굴된 사업을 대상으로 미래에 예상되는 경제 상황을 고려하면서 시장, 기술, 경제성, 정책성을 분석하고, 해당 사업의 성공가능성을 평가하는 과정이다. 사업이 경제적이고 사회적인 가치를 증대시킬 수 있는지 분석하는 것을 말한다. 이는 한 분야에서 정부와 시장의 역할에 대하여 구체화하는 작업이라고 할 수 있다. 이 과정에서 사업 진행을 위한 기술에 대하여 검토하며, 사업의 수익성을 파악하고, 고객인 시민, 수혜자의 니즈(needs)와 수요에 대하여 이해하게 된다.

구체적으로 사업분석은 아이디어 탐색, 환경분석, 시장성분석, 기술분석, 재무분석 과정을 거치며, 이 과정을 통하여 실행 사업의 구체적인 계획이 작성된다. 사업분석의 중심은 시장성분석이며, 이는 사업을 추진할 경우 필요한 총비용과 총수익을 산정하여 해당 사업이 경제적 가치나 사회적 편익을 발생시키는가를 판별하는 일을 말한다. 정부의 사업들은 공공자금이 대규모로 투입되므로 사업 지출의 효율성과 효과성을 확보하기 위하여 사업분석, 특히 시장성분석을 통하여 신중하게 사업의 내용을 계획하는 것이 매우 중요하다.

정부의 사업성과관리제도란 정부도 사업의 성과정보를 바탕으로 사업예산의 편성·심의·집행·결산의 전 과정을 성과 위주로 운용하고 정부 업무 수행의 책임성을 제고하는 것을 말한다. 각 기관이 그 임무 달성을 위하여 전략적 관점에서 사업계획을 수립하고, 한정된 자원을 효율적으로 활용하여 사업을 추진한 후, 성과를 측정하여 그 결과를 사업의 개선이나 사업 간 자원 배분, 개인의 성과 보상에 반영함으로써 조직의 사업 수행에 전반적인 효율성을 높이고자 하는 과정으로 이해할 수 있다.

2 우리나라의 사업성과관리제도

대부분의 경제협력개발기구(OECD) 국가들은 1980년대 이후 누적되기 시작한 재정적자에 대응하고자 정부사업에 대한 관리 방식의 개혁을 추진하였다. 과거 재정지출에서 투입 위주의 관리 방식을 사용함에 따라 성과 및 책임성 측면에서 취약하였다. 1990년대부터 중기재정계획과 성과관리제도를 도입하는 등의 재정개혁이 이루어졌다.

이와 같은 국제적 행정환경의 변화에 따라 우리나라도 1999년부터 단계적으로 성과관리제도를 도입하였다. 미국의 정부성과관리 체계(Government Performance and Results Act: GPRA)에 따른 부처별 성과 목표 지표를 관리하는 제도를 벤치마킹하였다. 2007년 「국가재정법」이 시행되면서 2009년도 예산안부터 성과계획서를 작성하여 국회에 처음 제출(2008년)하였고, 성과보고서는 2009년회계연도 결산서와 함께 국회에 처음 제출(2010년)하였다.

우리나라의 성과관리제도는 재정 운용에 대한 효율성과 책임성을 높이는 것을 목

적으로 「정부업무평가기본법」, 「국가재정법」 및 「국가회계법」에 근거하여 시행하고 있다.[1]

성과관리제도는 기획재정부에서 총괄하고 있다. 기획재정부는 재정사업성과관리를 효율적으로 실시하기 위하여 5년마다 재정사업성과관리 기본계획을 수립하고, 연간 성과관리 과정을 총괄한다.

우리나라 재정사업의 성과관리제도는 재정사업의 목표와 성과 지표를 설정하고 지표에 의한 평가 결과를 재정 운용에 반영하는 제도로 재정목표관리제도, 재정사업자율평가제도, 재정사업심층평가제도의 3단계 성과관리라는 기본 체계를 구축 운영하고 있다. 크게 성과목표관리와 성과평가로 구분할 수 있다. 성과목표관리는 재정사업에 대한 성과 목표, 성과 지표 등의 설정 및 그 달성을 위한 집행 과정·결과를 관리하는 제도이다. 성과평가는 재정사업의 계획 수립, 집행 과정 및 결과 등에 대한 점검·분석·평가하는 것이다.

〈표 9-1〉 성과관리제도 현황

평가제도	성과관리 내용
성과목표관리	재정사업에 대한 성과 목표, 성과 지표 등의 설정 및 그 달성을 위한 집행 과정·결과의 관리
성과평가	재정사업의 계획 수립, 집행 과정 및 결과 등에 대한 점검·분석·평가

2016년부터 기획재정부는 재정사업자율평가제도를 개선하여 통합재정사업평가 방식을 도입하였다. 통합재정사업평가에서는 개별사업평가를 부처에 위임하고 부처 평가 과정 전반의 적정성을 평가하는 메타평가 방식을 적용하였다.

2018년부터 메타평가 방식을 폐지하고, 기존의 평가 대상사업과 별개로 재정사업심층평가에서 기획재정부가 직접 선정한 핵심 사업에 대한 평가를 별도로 시행하는

---

1) 「정부업무평가기본법」은 제2조에서 성과관리의 정의, 제4조에서 성과관리의 원칙, 제5조에서 성과관리전략계획, 제6조에서 성과관리 시행계획, 이하의 조문에서는 정부업무평가제도에 대하여 규정하고 있다. 「국가재정법」은 제4장의2에서 성과관리를 규정하고, 동법 제85조의2는 재정사업의 성과관리를 성과목표관리 및 성과평가로 구분하고, 제85조의3에서 재정사업 성과관리의 원칙을 제시하고 있다.

방식으로 재정사업자율평가제도가 변경되었다. 2020년부터 사회적 가치가 평가 요소로 포함되었고, 2023년부터 핵심 정책과제 관리제도를 도입하였다.

제2절 성과목표관리제도

1 개관

우리나라의 성과관리는 재정성과목표관리제도, 재정사업자율평가제도, 재정사업심층평가제도로 구분할 수 있다. 재정성과목표관리제도는 3년의 주기로 성과계획서 작성 → 당해 연도 사업 집행 → 성과보고서 작성의 과정으로 이루어지며, 각각 성과계획서, 성과목표 모니터링, 성과보고서를 중심으로 수행된다. 첫째, 성과계획서 작성은 재정사업으로 달성하고자 하는 성과 목표와 이를 측정할 수 있는 수단인 성과지표 및 목표치를 사전에 설정하는 것이다. 둘째, 성과목표 모니터링은 각 부처의 임무, 전략목표, 성과 목표, 성과지표, 목표치를 중심으로 부처 전체 예산사업의 계획과 성과를 점검하는 것이다. 셋째, 성과보고서 작성은 재정사업의 집행 후 실적치와 목표치를 비교 평가하여 그 결과를 보고하고 재정 운용에 반영하는 제도이다.

성과목표관리의 주요 구성 요소는 성과 목표 시스템 설정, 논리모형 개발을 통한 사업분석(성과지표 설정, 성과목표치 설정), 성과계획서 작성, 성과목표관리이다.

2 성과목표 시스템 설정

1) 의의

조직은 핵심 항목들이 위계적인 질서로 구조화되어 있다. 기관의 미션을 맨 위에 두며 그 아래로 비전, 전략 목표, 성과 목표와 관리과제로 세분화하여 구성된다. 성과관리는 이러한 조직의 위계구조를 관리하는 것으로 기본적으로 부처의 미션으로부터 시작하여 전략 목표, 성과 목표, 관리과제의 설정으로 시작된다.

부처의 임무는 부처 고유의 사명과 역할이며, 전략 목표는 기관 임무 수행을 위하여 중장기적으로 추진하는 중점 정책 방향을 의미한다. 이런 임무와 전략 목표를 분석하여 성과 목표를 도출하게 되며, 이는 관리과제를 통하여 달성하고자 하는 구체적인 목표가 된다. 성과 목표의 달성 여부를 판단하기 위하여 성과 목표와 관리과제에 대하여 계량적 척도인 성과지표를 각각 설정한다. 성과지표는 성과 목표의 달성도를 어떻게 측정하며, 측정 결과를 어떻게 관리할 것인지를 제시하는 가장 기본적인 도구이다.

2) 제도의 내용

미션은 기관 고유의 사명과 역할을 의미하며, 해당 기관의 존재 이유와 주요 기능을 포괄한다. 기관의 설립 근거가 되는 법령, 규정, 이에 제시된 역할 등에 근거하여 국민들이 체감할 수 있는 결과 지향적 내용으로 설정한다. 기관의 핵심 업무를 포괄하고 다른 기관과 중복되지 않아야 하며, 구체적이고 목표 지향적이어야 한다.

비전은 CEO가 미션을 바탕으로 자신의 임기 중에 이루고자 하는 바람직한 미래상을 제시한 것이다. 조직이 추구하여야 할 바람직한 미래상으로 조직이 중장기적으로 추진하여야 할 방향을 제시한다.

전략 목표는 미션과 비전을 감안하여 해당 기관이 중점을 두고 지향하거나 추진하여야 할 정책 방향을 말한다. 국정 목표와 국가 장기계획 또는 관련 법령의 중장기 계획, 환경 변화를 반영하여 향후 성과의 개선 수준을 확인할 수 있을 정도로 명확하여야 한다.

프로그램 목표는 조직이 중점적으로 추진하는 몇 개의 프로그램의 목표를 말한다. 프로그램에 단위사업들이 포함되고 범주화된다. 프로그램 목표와 단위사업의 목표가 연계되어야 한다.

단위사업은 프로그램 목표 달성을 위한 개별 사업을 말한다. 성과관리의 기본 단위이며, 업무 추진 및 향후 성과 측정의 대상이 되고, 예산 편성 체계상 단위사업과 일치한다.

성과지표는 프로그램 목표 또는 단위사업 목표 달성 여부를 측정하는 도구로서 대표성과 포괄성을 유지하도록 설정한다. 성과지표는 목표달성도를 정확히 측정할 수 있도록 가능한 한 정량적으로 설정하되, 궁극적인 효과를 측정할 수 있는 결과 지표 위주로 설정하고, 결과지표 설정이 어려운 경우 과정지표와 산출지표를 병행 사용한다. 성과지표의 목표치는 중장기 추진계획, 유사 사업, 국제 수준과의 비교, 과거 추세치 등을 고려하여 사업 방식 개선 의지 등 적극적인 업무 수행의 관점에서 도전적으로 설정하여야 한다.

3 논리모형 개발

1) 의의

프로그램 또는 사업논리모형 개발은 프로그램이나 단위사업의 성과관리를 위하여 논리를 개발하고 프로그램과 사업의 투입과 활동과 산출에 이르는 과정을 논리적 연계를 통하여 설계하고 평가하는 작업을 말한다.

프로그램이나 사업은 하나의 시스템으로 상황, 투입, 활동, 산출, 성과라는 과정으로 이루어지는데, 이러한 프로그램 요소의 논리적인 관계를 보여 주는 것이 논리모형이다. 논리모형의 구성 요소(상황, 투입, 활동, 산출, 성과)는 서로 간에 논리적으로 연결되어야 제대로 된 사업 진행이 가능하다. 이러한 논리모형은 하나의 프로그램이나 사업을 이해하는 방식이기도 하고 새로운 사업을 설계하는 설계도이기도 하다.

2) 제도의 내용

상황(context)이란 사업의 경제 및 사회적 환경으로 공공문제를 일으킨 환경이고 이를 해소하여야 할 긴급성에 따라 사업이 제안된 것이다. 상황분석은 사업에 영향을 미칠 주요 요소들을 특정하여 사업의 성공과 실패 요인과의 연관성을 찾아보는 작업이다.

투입(input)은 사업 수행을 위하여 활용되는 자원을 말한다. 인적·재정적·조직적 투입 요소들이 있으며, 예산의 규모, 인원의 수, 이해관계자에 의한 지원 요소들이 내용이 된다.

활동(activity)이란 사업을 시행하는 주체들이 사업 목적을 위하여 수행하는 다양한 업무와 작업을 말한다. 산출물이 생산되기 위해서는 통상적으로 다양한 활동의 조합이 필요하다. 투입이 산출로 전환되는 과정에서 사업 수행자들이 무엇을 하는 것을 말한다.

산출(output)은 투입과 활동에 의하여 나타나는 일차적인 결과로서, 활동의 산물로 발생하는 재화나 서비스이다. 산출은 공공재나 공공서비스의 대상이자 고객 관점에서 필요한 결과를 말한다.

성과(outcome)는 프로그램을 통하여 성취하려는 사회의 바람직한 모습으로의 변화의 정도를 말한다. 사전에 설정해 높은 사업의 목표에 대한 달성도를 말하며, 단기·중기·장기 성과로 구별할 수 있다.

이러한 논리모형에서 각 단계별로 성과 측정을 할 수 있다. 성과 측정은 프로그램의 수행 과정을 모니터링하거나 혹은 결과를 평가하기 위하여 목적 달성도를 측정하는 활동을 말한다. 프로그램의 목적에서 제시된 성과들이 대개 성과 달성 여부와 달성도의 측정 대상이 된다. 한편 공공사업의 경우 성과가 다면적이고 추상적이기 때문에 성과를 측정 대상으로 삼기 어려운 경우가 많다. 이 경우 산출이나 투입을 성과 측정의 대상으로 삼는 경우도 많다.

성과 측정의 기준과 성과 측정의 대상이 연결된다. 투입을 성과 측정의 대상으로 삼을 때 경제성을 우선한다. 경제성이란 투입에 관련된 개념으로 사업을 수행하는 데 최소의 비용이 들면 경제적으로 판단하는 것이다. 최소의 비용으로 자원을 획득하는 것을 의미한다. 산출을 성과 측정의 대상으로 삼을 때는 효율성을 중시하는데 효율성은 투입과 산출의 관계를 동시에 고려하는 개념으로 투입과 산출의 비율, 주어진 비용으로 가능한 많은 산출물을 만들어 낼 수 있는가를 검토한다. 성과를 성과 측정의 대상으로 삼을 때는 효과성을 중시한다. 효과성은 결과에 관한 개념으로 산출물이나 사업이 원래 의도했던 결과를 어느 정도 달성하였는지 평가하는 개념이다. 공공조직의 산출물이 조직의 목표 달성에 얼마나 기여하였는지를 평가하는 것이다.

이러한 성과 측정을 진행하려면 성과를 경험적으로 제시할 수 있는 지표가 수반되어야 한다. 지표는 성과의 조작적 정의를 통하여 성과를 달성하였는지를 확인시켜 주는 경험적 측정치를 말한다. 지표는 가급적 성과의 본래의 의미를 반영하고 대표성이 있는 경험적 측정치가 되어야 한다.
　좋은 성과 지표는 성과과 의미적으로 긴밀하게 연결되어 있고, 직접적이고 구체적으로 성과를 측정할 수 있으며, 성과의 다양한 측면을 보여 주고, 측정이 가능하고 용이하여야 한다.
　성과지표가 결정되면 각 성과지표의 성과 목표치를 설정한다. 성과 목표치는 절댓값, 비율, 전년도 대비 변화량, 비율 등 다양한 방식으로 설정될 수 있다. 도전적이고 진취적인 목표치일수록 바람직한 목표 설정이라고 할 수 있다.

4 성과계획서 작성 및 성과목표관리

　이상 설명한 성과 목표 지표 개발, 성과 목표치 설정 및 측정 등 일련의 과정을 통하여 성과중심관리가 진행된다. 성과계획서란 중앙관서의 장이 미션, 비전, 전략 목표, 성과 목표 달성을 위하여 수립하는 연도별 시행계획을 말한다. 성과계획서에는 기관의 임무 전략 목표 등을 설정하고, 「국가재정법」에 의한 중장기 재정운용계획을 반영하며, 국가의 중장기계획과 당해 연도의 성과 목표, 성과지표 및 과거 3년간의 성과 결과 등을 기술한다.
　구체적으로 정부기관은 성과계획서에 해당 기관의 조직, 인원 등 일반 현황과 재정 현황을 제시하고, 성과 목표 체계에 따라 미션, 비전, 전략 목표, 성과 목표를 논리적인 흐름에 맞게 순차적으로 작성한다. 이후 사업 단위에서 성과 목표를 달성하기 위한 관리과제의 이행 정도 등 성과지표와 성과 목표치를 제시한다. 그리고 과제의 주요 내용 및 해당 과제의 예산 내역을 제시한다.
　연간 성과 목표를 바탕으로 성과관리를 진행한 후 그간의 정책 성과를 바탕으로 성과보고서를 작성한다. 성과보고서는 사업 추진 후에 성과계획서 상의 목표를 실제로 달성하였는가를 측정하여 보고하는 제도이다. 관리과제의 성과 목표 달성 여부, 목표 달성 요인, 목표 미달성 시 원인 등을 분석하여 다음 연도 성과계획서를 작성할 때 참고할 수 있도록 하고 있다.

제3절 예비타당성조사제도

1 개관

1) 의의

대형 투자사업은 사업 구상, 예비타당성조사, 타당성조사, 기본 및 실시설계, 계약 및 시공 등의 단계로 이루어진다. 각 사업 추진 단계가 완료될 때마다 사업 내용 및 총사업비 변동 여부를 검토하여 당초 계획에 없었던 공사 물량이나 사업 증가가 없도록 관리하고 있다.

예비타당성조사는 대규모 신규 사업의 적정 투자 시기와 재원 조달 방법 등에 대한 사전적인 타당성 검증 및 평가를 통하여 사업의 추진 여부를 결정하기 위한 조사로 무분별한 투자로 인한 예산 낭비를 방지하고자 1999년에 도입된 제도이다. 예비타당성조사제도하에 전문기관이 대규모 공공투자사업의 타당성을 분석하고, 그 결과에 따라 재정사업의 신규 투자 여부를 결정한다.

일정 규모 이상의 투자사업을 중앙예산기관이 집권적으로 관리하는 독특한 제도로서, 객관적이고 중립적인 재정사업 분석을 바탕으로 투자분석에서 낙관적 편익을 억제하고 예산 결정 과정의 참여자인 국회의원의 선심성 예산정치를 제어하기 위한 수단이다.

공공투자는 다른 형태의 재정지출에 비하여 몇 가지 독특한 특성이 있다. 첫째, 사업에 불확실성이 크고 이에 대한 대처가 어렵다. 공공투자는 통상적으로 대규모의 지출이 이루어지고 경제적 효과가 장기간에 걸쳐 나타나며 한번 시행되면 변경하기 어렵기 때문에 상당한 정도의 매몰비용이 발생한다. 대규모 공공투자사업의 경우 건설 중에 비용이 급상승하는 경우도 많다. 둘째, 지역정치인들에 의하여 공공투자는 사회적 비용이 큰 사업이 선정되기 쉬운 문제가 있다. 정치인들이 재선을 위하여 지역에 지지를 이끌어 낼 수 있는 대규모 토목공사를 수행하기 원한다. 이런 이유로 지역정치인에게는 정치적인 도움이 되지만 사회적으로 비효율적인 사업을 추진하기 쉽다. 셋째, 공공투자는 기존에 있는 사회간접자본과 연결되어 사회적 편익을 발생시키기 때문에 기존의 공공투자와 지역적으로나 기능적으로 연계된 사업을 채택하기 쉽다. 이런 이유로 기존에 사회간접자본이 집중된 수도권에 새로 제안된 공공투자사업이 훨씬 유리한 입장에 처하게 되며 국토 균형발전 관련된 공공투자사업은 불리하다.

「국가재정법」 제38조 제1항에 따른 예비타당성조사 대상 사업은 ① 총사업비가 500억 원 이상이고 국가의 재정 지원 규모가 300억 원 이상인 건설공사가 포함된 사업, 지능정보화 사업, 국가연구개발사업, ② 중기사업계획서에 의한 재정지출이 500억 원 이상 수반되는 사회복지, 보건, 교육, 노동, 문화 및 관광, 환경 보호, 농림해양수산, 산업·중소기업 분야의 신규 사업이 이에 해당한다. 여기서 대상 사업은 원칙적으로 예산 과목상 세부사업을 의미한다.

이 제도가 도입된 1999년부터 2021년 12월 말까지 실시된 총 조사 건수는 960건, 총사업비는 470.7조 원이다. 이 중 614건(287.7조 원)의 경우 타당성이 있는 것으로 분석되었으나, 346개 사업(183.0조 원)은 중·장기적인 검토가 필요한 것으로 평가되었다. 2021년의 경우, 전체 조사 대상 28건 중 78.6%인 22건이 타당성이 있는 것으로 분석되었다.

❷ 주요 제도적 요소

1) 개별 요소 분석

경제성 분석에서는 일반적으로 사업 추진으로 인한 사회적 편익과 비용을 비교하여 분석하는 비용편익분석(cost-benefit analysis)을 활용하며, 비용편익(B/C) 비율이 1 이상이면 경제성이 있다고 판단한다. 사회복지 등 B/C분석이 적합하지 않을 경우 비용효과분석(cost-effeciveness analysis)을 실시할 수 있다.

정책성 분석은 경제성 분석에는 포함되지 않으나 사업타당성을 평가하는 데 중요한 국가 단위의 법정 계획과의 연계성 등 정책적 환경을 평가하며, 정책의 일관성 및 추진 의지, 사업 추진상의 위험 요인 등의 평가 항목을 정성적으로 분석한다. R&D사업, 정보화사업의 경우 기술개발계획의 적절성, 기술 개발의 성공가능성, 기존 기술 및 사업과의 중복성 등을 분석한다.[2]

지역 균형발전 분석은 지역 간 형평성 제고를 위한 기준으로 고용 유발 효과, 지역 경제 파급 효과, 지역 낙후도 개선 등 지역 개발에 미치는 요인을 분석한다. 복지사업의 경우, 경제·사회·환경에 대한 분석, 사업설계의 적정성, 비용·효과성 등을 점검한다.

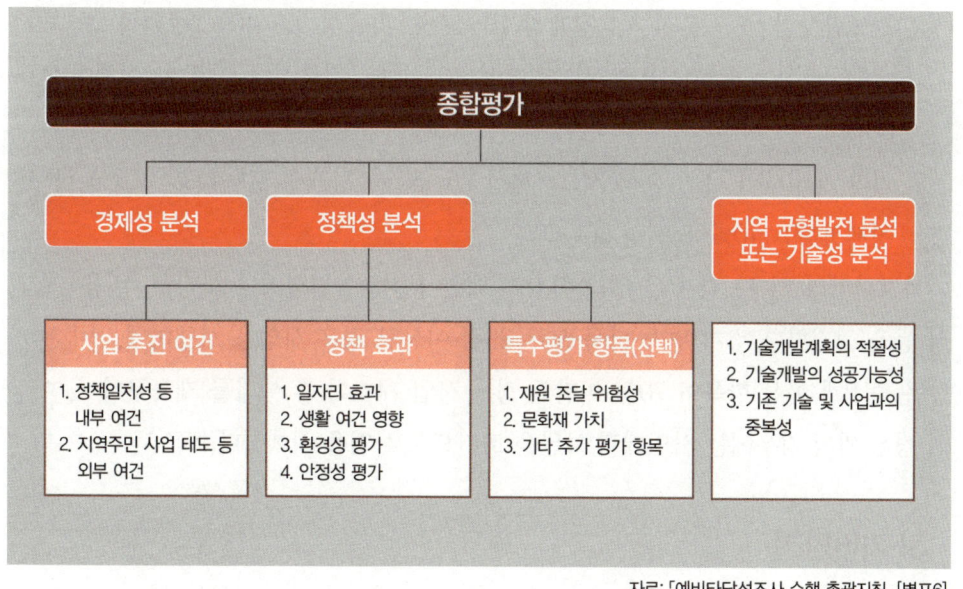

자료: 「예비타당성조사 수행 총괄지침」, [별표6].

[그림 9-1] 예비타당성조사 평가 항목

---

2) 정보화사업에서 수행하는 기술성 분석은 업무 요구 부합성, 적용 기술 적합성, 구현·운영계획 적정성 등을 분석하며, 국가연구개발사업(R&D)에서 수행하는 과학기술적 타당성 분석은 문제/이슈 도출의 적절성, 사업 목표의 적절성, 세부 활동 및 추진 전략의 적절성 등으로 범주화하여 분석한다.

2) AHP분석 및 종합평가

경제성 분석, 정책성 분석, 지역 균형발전 분석 또는 기술성 분석을 수행한 후, 각 분석 결과를 토대로 다기준 분석의 일종인 계층화분석(Analytic Hierarchy Process: AHP) 기법을 활용하여 종합적인 결론을 제시한다.

예비타당성조사 연구진을 포함하여 구성된 평가단은 이런 각각의 평가 요소별 평가 비중과 점수를 결정하고, 다시 이를 종합하여 계량화된 점수로 사업 시행의 적절성 여부를 가리게 된다. 통상 종합 분석 결과 AHP 〉 0.5이면 사업 추진의 타당성이 있음을 의미한다.

각각의 평가 요소에 대한 평가 비중은 다음과 같다.

1. 건설사업(비수도권 유형): 경제성 30~45%, 정책성 25~40%, 지역 균형발전 30~40%[3] / 건설사업(수도권 유형): 경제성 60~70%, 정책성 30~40%
2. 정보화사업 · B/C분석 시: 경제성 40~50%, 기술성 30~40%, 정책성 20~30% · E/C분석(비용효과성분석) 시: 경제성 30~40%, 기술성 40~50%, 정책성 20~30%
3. 기타 재정사업 · B/C분석 시: 경제성 25~50%, 정책성 50~75% · E/C분석 시: 경제성 20~40%, 정책성 60~80%

복지사업의 경우, 경제 · 사회 · 환경에 대한 분석, 사업설계의 적정성, 비용 · 효과성 등을 점검한다. 3개 평가 항목 모두 85점 이상인 경우 사업을 시행하며, 3개 평가 항목 중 2개 이상 항목이 70점 미만인 경우 사업 재기획 후 예타를 재요구하며, 이상의 경우 외의 경우에는 사업계획 보완을 조건으로 사업을 시행한다.

3) 거버넌스

예비타당성조사는 기획재정부에서 관할한다. 기획재정부는 사업의 시급성, 우선순

---

3) 지역 균형발전 분석은 2006년 15~25%에서 2009년 15~30%, 2012년 20~30%로 현재 30~40%로 확대되어 왔다.

위 등을 검토하기 위하여 재정사업평가자문회의를 거친 후 조사대상 사업을 선정하고 전문연구기관에 용역으로 의뢰한다. 이후 전문연구기관이 실질적으로 예비타당성조사를 실시한다. 예비타당성조사 수행기관은 한국개발연구원(KDI)의 공공투자관리센터(PI MAC)와 한국조세재정연구원(KIPF)으로 지정되어 있으며, R&D 분야의 경우 한국과학기술기획평가원(KISTEP)과 과학기술정책연구원(STEPI)에서 수행하고 있다.

4) 절차

(1) 예비타당성조사의 요구

예비타당성조사 대상 사업은 기획재정부 장관이 중앙관서의 장의 신청에 따라 선정할 수 있다. 중앙관서의 장의 요구가 없더라도 예산안의 편성 등을 위하여 필요한 경우 기획재정부 장관 직권으로 선정할 수도 있다. 국회도 「국가재정법」 제38조 제3항에 의하여 예비타당성조사를 기획재정부 장관에게 요구할 수 있다.

(2) 조사대상 사업의 선정

예비타당성조사 요구서가 제출되면 기획재정부 장관은 중장기 투자계획과의 부합성, 사업계획의 구체성, 사업 추진의 시급성, 국고 지원의 요건, 지역 균형발전 요인, 기술 개발의 필요성(R&D 사업) 등 대상 사업 선정 기준에 따라 검토한 후 재정사업평가위원회의 심의를 거쳐 대상 사업을 선정한다.

(3) 예비타당성조사의 시행 및 국회 보고

정부가 실시한 예비타당성조사는 그 결과를 요약하여 국회 소관 상임위원회와 예산결산특별위원회에 제출하여야 한다. 예비타당성조사를 실시하지 아니한 사업은 그 내역과 사유를 예산안 첨부 서류로 국회에 제출하여야 한다(국가재정법 제38조 제1항, 제34조 15호). 국회는 「국가재정법」 제50조 제3항에 근거하여 국회가 그 의결로 요구하는 사업에 대해서는 사업의 타당성을 재조사할 수 있고, 국회 예산정책처에 정부가 시행한 예비타당성조사에 대한 평가를 요구할 수 있다. 예비타당성조사를 의뢰받은 전문기관은 예비타당성조사 결과에 관한 자료를 공개한다.

3 문제점과 개선 방안

1) 문제점

예비타당성조사제도는 방만한 재정 운용을 억제하고 대규모 공공사업의 투자 효율화에 상당 부분 기여하고 있으나 이와 관련된 근본적인 문제도 많이 있다.

첫째, 예비타당성조사는 주로 지자체가 제안하는 규모가 작은 사업에 대한 통제는 철저하나 정치적으로 결정되는 대규모 투자사업을 통제하는 데는 실패한 사례가 많다. 기획재정부와 전문기관이 타당성을 평가하는 데 중앙정부의 이해관계, 대통령실과 중앙정치권의 이익은 의사결정에서 특별히 취급되고 그대로 반영되는 문제인데, 이는 관료제와 중앙정치권의 결탁이라고 할 수 있다. 예산 당국에 대한 민주적 통제가 잘 이루어지지 않는 상황에서 중앙정치권과 관료제의 결탁이 있으며, 관료제가 자신의 이익을 추구하는 이해 충돌의 상황이라고 할 수 있다.

둘째, 예비타당성조사는 기본적으로 기존의 사회간접자본(SOC)에 의한 수도권 집중을 강화하는 경로의존성이 내재되어 있고 지방 균형발전이라는 이익이 훼손될 가능성이 크다. 사회간접투자는 기본적으로 네트워크의 성격이 강하고, 이에 따라 네트워크 외부성(network externality)이 존재한다. 기존의 시설에 연결된 사회간접자본에 의하여 발생하는 편익에 기존의 사회간접자본의 가치 또한 증가하기 때문에, 기존의 사회간접자본과 연결되면 웬만하면 비용편익 비율(B/C ratio)이 높게 나오게 된다. 이에 반하여 원래 사회간접자본이 부족한 지역의 경우 처음 투자한 공공투자는 자체적으로 발생시키는 편익만 있으므로 비용편익 비율이 낮게 나올 수밖에 없다.

이러한 상황에서 사회간접자본이 집중되어 있는 지역은 추가적인 공공투자가 유리하게 나오고 사회간접자본이 부족하나 균형발전을 위하여 추가 투자를 하여야 하는 지역은 비용편익 비율이 낮아 투자가 이루어지지 못하는 결과가 나온다. 이런 점에서 비용편익분석은 현상유지적인 기존의 질서 편향적인 제도라고 할 수 있다.

셋째, 중앙-지방 관계에서 중앙정부의 권한이 비대해진 측면이 있다. 국비가 들어가면 지방자치단체가 일정 규모 이상의 재정투자사업을 추진하기 위하여 반드시 중앙정부의 타당성조사 절차를 거쳐야 하는 문제이다. 제3의 좀 더 독립적인 기관이 평가하거나 투자사업에서 지방자치단체가 자체적으로 수행하고 책임지는 자기 책임의 원칙을 좀 더 강화하여야 할 필요가 있다고 본다. 선진국의 경우 예비타당성조사가 중앙정부 주도로 이루어지지 않고 있다는 점을 참고할 수 있다.

2) 개선 방안

첫째, 중앙정부가 공공투자관리를 집중적으로 할 경우 대통령실과 중앙정부가 결탁하여 추진하는 대규모 공공투자는 아예 견제가 되지 않는다는 문제를 근본적으로 개선하는 노력이 필요하다. 효율적인 공공투자관리를 위하여 공공투자관리를 중앙정부로 집권화한 결과가 현재의 예비타당성조사라고 할 수 있다.

이 제도가 우리나라에 독특한 제도라는 점을 기억할 필요가 있다. 장기적으로는 제도적으로 독립적인 공공투자에 대한 정보를 생산하고 분석할 수 있는 메커니즘을 만들어야 한다. 공공투자관리의 탈정치화를 구현하고 중앙정부와 지역정치권 모두로부터 독립된 사회제도가 필요하다. 학문 공동체, 전문가집단의 윤리, 전문성, 규율 등이 확립되면 전문가집단, 학회, 컨설팅회사 등이 객관적으로 수행하는 예비타당성조사가 이루어질 수 있을 것이다.

둘째, 예비타당성조사에 내재되어 있는 기존 사회간접자본과 수도권 집중의 편향성 문제에 대하여 현재 평가 기준에 지역 균형발전 비중을 포함하고 확대하는 접근이 이루어지고 있는데, 이는 근본적인 문제 해결책이 아니다. 이보다는 경제적 합리성을 근거로 하지 말고 국가 전체의 균형발전이라는 가치에 근거한 종합적이고 체계적인 국가균형발전계획을 수립하고, 이에 근거하여 별도의 논리적 근거, 정치적 합리성에 근거하여 지역에 투자하는 공동투자를 진행하는 것이 바람직하다. 중구난방식 지역의 요구를 반영하는 것이 아니고 사회적인 토론과 전문가들의 숙의에 근거하여 종합적이고 장기적인 국토균형발전계획을 만들어 내고, 이에 근거하여 점진적으로 지역 사회간접자본을 확대하여 지역의 경제 발전과 사회 변화를 유도해 냄으로써 국토 불균형의 문제를 해결하자는 내용이다.

셋째, 중앙정부와 지방정부 간의 권한 배분에 관하여 현재의 제도적 틀은 지방정부의 사업에 국비(國費)가 투입되고 있어 편익은 지역정치권이, 비용은 중앙정부가 상당

부분 감당하는 구조이기 때문에 발생하는 문제임에 주목하여야 한다. 근본적으로 지방정부가 재원에 대한 자기 책임 원칙을 적용할 수 있는 재원구조로 전환하면 문제를 개선할 수 있다는 점을 고려하여야 한다. 지역균등화를 위하여 지방정부에 교부하는 재원에 조건을 달지 않는 포괄교부금, 포괄보조금을 확대하여 지방정부가 여러 사업 중 효율적인 사업에 투자하도록 할 수 있다. 장기적으로는 세원 자체의 적극적인 이양을 균등화를 위한 보조적인 제도와 함께 시도하여야 한다. 지방정부가 자신의 수입에서 지출할 경우 비효율적인 공공투자보다 주민의 요구에 대응하는 지출을 할 인센티브가 강해질 것이며, 이런 경우 공공투자에 대한 중앙정부의 간섭 필요성이 근본적으로 줄어들 것이다.

더불어 예비타당성 기준을 500억 원에서 1,000억 원으로 상향 조정하자는 안을 국회에서 논의하고 있는데, 사실 공공투자사업에서 기준액을 예타제도가 도입된 1999년 기준 500억 원에서 물가 인상률을 고려하여 일부 조정하자는 것은 큰 문제는 아니라고 본다. 지방정부가 갖고 있는 인센티브 구조를 바꾸는 변화 없이 액수를 조금 조정하는 이런 변화는 지엽적인 이슈라고 본다.

'예타 완화법' 기재위 전체회의 처리 연기
예타 면제 대상 기준 금액 높이는 법안
국민의힘 "조금 더 시간 갖고 의견 들을 것"
민주당, 개정안 처리 단독 추진 안 하기로

(2023-04-17 https://www.sedaily.com/NewsView/29OC52KC4P)

박경훈 기자

정부가 수백 억 원의 대규모 재정을 투입하는 신규 공공투자사업 추진 여부를 결정하는 예비타당성조사(예타)의 면제 기준을 완화하는 내용을 담은 국가재정법 개정안 처리가 연기된다.
이 개정안은 지난 12일 기재위 경제재정소위에서 만장일치로 의결됐지만 총선을 1년 앞둔 시점에서 포퓰리즘과 재정건전성 악화를 지적하는 비판 여론이 쏟아졌다. 여당 기재위 간사인 류성걸 의원은 "불필요한 오해가 있는 것 같아서 조금 더 시간을 갖고 여러 의견을 들을 필요가 있겠다는 생각"이라고 밝혔다. 앞서 윤재옥 국민의힘 원내대표는 여

> 론 등을 고려해 류 의원에게 "숙의의 시간을 갖는 것이 좋겠다"는 의견을 전달한 것으로 알려졌다. 더불어민주당은 단독으로 추진하지는 않겠다는 입장으로, 이날 오후 기재위 전체회의 전 개정안 상정 연기가 최종 결정될 예정이다.
>
> 개정안은 사회간접자본(SOC)·국가연구개발(R&D) 사업의 예타 대상 기준 금액을 현행 '총사업비 500억 원·국가재정 지원 규모 300억 원 이상'에서 '총사업비 1,000억 원·국가재정 지원 규모 500억 원 이상'으로 상향하는 내용이 골자다. 1999년 예타제도가 도입된 후 기준이 조정되는 것은 24년 만에 처음이다. 새 예타 기준은 SOC·R&D 사업에만 적용된다. 나머지 사업들에 대해서는 현행 기준(총사업비 500억 원·국가재정 지원 규모 300억 원 이상)이 유지된다. 개정안은 SOC 사업 범위는 도로, 철도, 도시철도, 항만, 공항, 댐, 상수도, 하천 및 관련 시설에 대한 건설공사로 명문화했다. (하략)

제4절 타당성조사 및 총사업비관리제도

1 타당성조사 등

1) 타당성조사

예비타당성조사에 대비되는 제도로서 타당성조사는 예비타당성조사를 통과한 사업을 대상으로 사업 착수를 위한 기술적 측면을 검토하는 것이다. 타당성조사는 사업 진행을 전제로 가장 타당한 기술을 찾는 작업이라고 할 수 있다. 타당성조사는 사업을 시행하는 주무부처가 적정한 예산을 투입하여 추진한다. 타당성조사 예산은 각 부처의 개별 사업예산의 기본조사 설계비로 편성된다.

〈표 9-2〉 예비타당성조사와 타당성조사의 구분

	예비타당성조사	타당성조사
내용	경제적 · 정책적 타당성 검토를 위한 개략적 조사	본격적인 사업 착수를 위한 기술적 조사
소요 예산	1억 원 미만	10~30억 원
주관기관	기획재정부	시행 부처
예산 편성	KDI 등 전문 기관에 대한 출연금	각 부처 소관 예산

2) 수요예측 재조사

수요예측 재조사는 공공투자사업의 수요 변화를 사업 추진 단계별로 다시 조사할 필요가 있는 경우 재조사하여 사업 추진 여부 등을 다시 결정하는 제도를 말한다. 총사업비 관리대상사업이 도로, 철도, 공항, 항만, 수자원 등 분야별 중장기 투자계획에 포함되고, 당해 계획 수립을 위한 수요 예측 시 전제된 인구 · 자동차 보유 대수 · 교통량 · 항만 물동량 등 사회경제적 지표가 크게 변동하는 경우에는 해당 중장기 투자계획에 대하여 수요예측 재조사를 시행할 수 있다[4](총사업비관리지침 제38조).

수요예측 재조사의 필요성이 발생하면 중앙관서의 장은 총사업비가 500억 원 이상의 사업에 대하여 사업 내용, 사업 규모, 수요예측 재조사 사유 등을 명시하여 기획재정부 장관에게 수요예측 재조사 시행을 요구하여야 하며, 기획재정부 장관은 필요성을 검토한 후 전문성을 갖춘 연구기관 등에 수요예측 재조사를 의뢰할 수 있다.

---

4) 총사업비관리지침 제38조에 정해진 재조사의 요건을 보면, 다음과 같은 사유로 인해 이전 사업 추진 단계에서 예측한 수요에 중대한 변경이 예상되는 사업에 대해 시행한다. 1. 당해 사업의 수요에 직접 관련되는 대규모 국제행사, 신도시 개발계획, 주변 택지 개발 계획 등이 취소 또는 변경된 경우 2. 당해 사업과 경쟁 관계가 될 수 있는 대체 교통수단의 건설이 추진되어 당해 사업의 수요에 중대한 변화가 예상되는 경우 3. 도로사업, 철도사업 중 당해 사업 구간의 전 · 후 연결 구간에 대한 확장 또는 신설 계획이 취소 · 변경되는 경우 4. 수요 예측 방법의 변화 등으로 현저한 수요의 감소가 발생할 것으로 예상되는 경우 5. 민간투자사업으로 추진되는 사업이 재정투자사업으로 사업 추진 방식이 변경되어 수요 예측치에 대한 재검토가 필요하다고 인정되는 경우 6. 사업 추진 단계에서 예비타당성조사 이후 5년이 경과하여 기본 설계가 실시되거나 실시설계 완료 이후 5년이 경과하여 착공되는 등 이전 단계 완료 후 다음 단계의 착수까지 5년 이상이 경과하여 추진되는 사업의 경우

기획재정부 장관은 수요예측 재조사 결과를 소관 중앙관서의 장에게 통보하며 재조사 결과 수요가 종전 수요 예측치보다 30% 이상 감소한 경우에는 타당성 재조사를 시행하고 그 사실을 소관 중앙관서의 장에게 통보한다.

3) 타당성 재조사

수요예측 재조사의 시행 결과 그 예측치가 예비타당성조사, 기본계획 또는 타당성조사 등 최초의 수요 예측치 대비 100분의 30 이상 감소한 것으로 확인된 사업, 기획재정부 예산낭비신고센터에 예산 낭비 사례로 접수된 사업으로서 중복 투자 등으로 인한 예산 낭비의 개연성이 크다고 기획재정부 장관이 인정한 사업, 감사원의 감사 결과에 따라 감사원이 타당성 재조사를 요청하는 사업, 국회가 의결로 타당성 재조사를 요구하는 사업, 기타 기획재정부 장관 또는 중앙관서의 장이 타당성 재조사가 필요하다고 인정하는 사업은 기획재정부 장관이 타당성 재조사를 실시한다.

특히, 사업 추진 과정에서 예비타당성조사 대상 규모로 총사업비와 국가 재정 지원 규모가 증가한 사업을 대상으로 한다. 총사업비가 500억 원 이상이 될 것이 예상되더라도 예비타당성조사를 면제받기 위하여 사업계획을 수립할 때 의도적으로 사업비를 축소하는 경우가 발생할 수 있으며, 이런 행위를 방지하는 제도이다.

타당성 재조사는 원칙적으로 예비타당성조사의 사업 부문별 조사방법론을 동일하게 적용하여 분석을 수행한다. 사업의 개요 및 재조사의 쟁점 파악, 사업계획의 적절성 검토, 경제성 분석, 정책성 분석, 지역 균형발전 분석 등 수행 단계별로 제시된 내용을 조사하고, 이를 종합하여 사업의 타당성 및 대안을 제시한다.

2 총사업비관리제도

1) 개관

과거 공공사업 시행 과정에서 잦은 설계 변경 등으로 사업비 증가, 사업 기간 지연 사례가 일상화되었다. 이에 총사업비의 증가를 막기 위하여 총사업비관리제도를 도입하였다.

총사업비관리제도란 완성에 2년 이상이 소요되는 사업으로서 대규모 재정사업의 총사업비를 기본설계, 실시설계, 공사 착공 후 설계 변경 등 각 사업 추진 단계별로 합리적으로 조정·관리하기 위하여, 해당 사업 규모·총사업비 및 사업 기간을 정하여 미리 기획재정부 장관과 협의하도록 하는 제도이다. 총사업비란 건설사업에 소요되는 모든 경비로서 공사비, 보상비, 시설부대경비 등으로 구성된다. 총사업비에는 국가부담분, 지방자치단체부담분, 공공기관부담분, 민간부담분이 모두 포함된다.

법적 근거는 「국가재정법」과 총사업비 관리지침이고, 대상 사업은 사업 기간이 2년 이상이며, 총사업비가 일정 규모(토목사업은 300억 원, 건축사업은 100억 원) 이상인 사업이다(국가재정법 제50조). 대상 사업의 종류는 토목사업, 건축사업, 정보화사업이 있고, 현재 총사업비의 변경률은 1% 이하로 관리되고 있다.

2) 제도

(1) 총사업비 독립관리 및 조정

총사업비는 소요 사업비의 총액 규모뿐만 아니라 공종별(工種別), 내역 사업별 사업비도 각각 독립적으로 관리한다. 사업 시행기관은 공종 간 또는 내역 사업 간에 사업비를 임의로 조정하여 불합리하게 사업비를 증가시킬 수 없다. 또한 사업 착수 시점에 포함되지 않은 내역 추가를 원칙적으로 인정하지 않고 있다. 또한 공사가 착공된 이후에 발생하는 설계 변경도 원칙적으로 허용하지 않는다. 다만 전문기관의 검토를 거쳐 필요성이 객관적으로 검증된 경우에는 경비 유형별, 사업 추진 단계별, 세부 공종 유형별로 구체적인 조정 기준을 두어 변경을 허용하고 있다.

중앙관서의 장은 총사업비 조정을 요구하고자 하는 경우 총사업비 조정요구서를 기획재정부 장관에게 제출하여야 한다. 이 경우 설계와 시공 과정 등에서 총사업비가 변경된 원인과 책임 소재, 담당자의 의견서를 첨부하여야 한다.

(2) 계속비

총사업비 관리대상사업 관리 방식으로 계속비, 국고채무부담행위, 장기계속 계약 방식이 있다. 계속비는 여러 해에 걸친 사업의 경비를 미리 일괄하여 국회의 의결을 얻고, 이를 변경할 경우 외에는 다시 의결을 얻을 필요가 없는 경비이다. 대규모의 토목공사와 같이 수년간 계속되는 사업 등이 일단 착수된 후에 중도에서 국회의 의결을 얻지 못함으로써 중단되는 일이 일어나지 않도록 하기 위한 것으로, 계속비라는 항목으로 총경비와 각 연도마다 지출할 금액을 미리 정하여 국회의 의결을 얻어야 한다(헌법 제55조 제1항). 계속비에 따라 총사업비와 연간 투자 예정액이 이전 회기의 국회의 의결로 확정되기 때문에 수년간의 예산이 안정적으로 집행되어 재정투자의 효율성을 높일 수 있다. 계속비의 연도별 예산 중 당해 연도에 지출하지 못한 금액은 당해 계속비사업의 완성 연도까지 이월하여 사용할 수 있다.

(3) 국고채무부담행위

국고채무부담행위는 재해 복구와 같이 공공투자사업에 대규모 예산을 배분할 필요가 있고 국가가 채무를 부담하는 행위를 할 때 미리 예산으로 국회의 의결을 받고 다음 연도 사업에 예산 편성을 하는 것을 말한다. 필수적인 사업으로 원래는 당해 연도의 세출예산이나 계속비에 계상하는게 맞지만 재원의 사정상 이번 연도에 계약 형태로 채무를 지고 향후 집행하는 것으로 예외적으로 운용하는 제도라고 할 수 있다.

국고채무부담행위는 당해 연도 예산사업은 아니지만 다음 연도 사업에 확실히 계상되기 때문에 사업의 안정적인 추진과 재정의 투명성과 책임성의 확보를 위하여 관리하는 것이 필요하다. 채무를 부담할 권한만을 부여하는 것으로 다음 연도 이후에 지출할 수 있는 권한에 대해서는 다시 국회의 의결을 받아야 한다. 국고채무부담행위는 사항마다 필요한 이유, 행위를 할 연도, 상환 연도, 채무 부담 금액을 표시하며 국가채무에 포함한다.

(4) 장기계속계약제도

장기계속계약은 도로, 철도, 항만 등에 대하여 장기간 공사계약하는 것으로 매년 계상되는 예산에 큰 변동이 없고 지출액도 사전 예측 가능하기 때문에 체결한다. 장기계속계약은 총공사 금액은 부기하고 당해 연도의 지출액이 예산에 포함되어 국회에 의결을 받으며 예산의 범위 내에서 당해 연도 계약과 이행을 한다. 장기에 걸치는 사업으로서 국회 의결을 거쳐 계속비사업으로 지정하지 않고 장기계속계약제도를 활용할 수 있다. 계속비사업은 다년도에 걸친 예산 총액을 국회의 의결을 받아 확정하고, 총액의 범위 내에서 계약 등 지출원인행위를 할 수 있는 반면, 장기계속계약사업의 경우 정부와 사업자 간 다년도에 걸친 총괄계약을 체결하더라도 총액에 대해서는 국회의 의결을 받지 않고, 매년 국회에서 의결받아 예산의 범위 내에서 지출원인행위를 하는 것이다.

(5) 국회보고제도

총사업비 관리대상사업의 내역을 국회에 보고하는 제도를 도입하였다. 국회는 2012년 「국가재정법」 개정을 통하여 대규모 사업은 원칙적으로 사업 추진의 안정성을 보장하는 계속비제도로 하고 계속비로 추진하여야 할 사업을 법률로 나열하였으며, 총사업비 관리대상사업의 사업별 개요, 전년도 대비 총사업비 증감 내역과 증감 사유, 해당 연도까지의 연부액 및 해당 연도 이후의 지출 예정액을 예산안 첨부 서류로 제출하도록 하였다(국가재정법 제34조 3의2).

제5절 재정사업평가와 핵심 재정사업 관리제도

1 재정사업 자율평가

1) 의의

재정사업 자율평가란 주요 재정사업을 주관하는 부처가 해당 사업에 대하여 자율평가하고 기획재정부가 확인·점검하여 그 결과를 예산 편성 등 재정 운용에 활용하는 한편, 미흡한 점에 대하여 각 부처에 제도 개선을 권고하여 재정사업 효율화를 지원하는 제도이다. 사업 수행 부처가 재정사업을 자율적으로 평가하고, 그 결과를 사업 수행 부처 및 재정 당국이 예산 편성에 활용한다. 미국에서 성과관리를 보완하기 위하여 시행하고 있는 사업평가기법(Program Assessment Rating Tool: PART)을 참고하여 2005년부터 도입한 것이다.

평가 항목은 계획(성과계획 단계 포함) → 집행 → 성과로 구성되며, 계획 단계에서는 사업 목적의 명확성, 다른 사업과의 유사 중복성 등을 점검하고, 성과지표 및 목표치의 적절성 등을 평가한다. 집행 단계에서는 사업 추진 실태의 정기적 모니터링 여부, 계획에 따른 예산 집행 등을 평가하며, 성과 단계에서는 계획된 성과의 달성 여부, 평가 결과에 대한 재정 운용에의 환류 등을 평가하게 된다.

재정사업 자율평가제도는 2005년 도입 당시 사업 수행 부처가 매년 재정사업의 3분의 1을 자율적으로 선정하여 평가하고 기획재정부가 확인 점검한 결과를 재정 운용에 활용하는 방식이었다. 2015년 사업에 대한 전수 확인 점검 방식에서 탈피하여 메타평가제도를 도입하여 사업 수행 부처가 재정사업을 평가하고, 기획재정부, 미래창조과학부, 지역발전위원회가 분야별로 자체평가 과정의 충실도, 평가 결과의 적정성, 환류 방안의 합리성을 종합적으로 평가하였다. 2017년 통합재정사업평가제도를 도입하고 메타평가 부처를 통합하여 단일 평가로 시행하였다.

2018년 부처 자체평가만 실시하고 메타평가제도를 폐지하였다. 사업 수행 부처가 소관 재정사업을 자율적으로 평가하고 기획재정부는 기존의 메타평가를 폐지하는 대신 핵심 사업을 별도로 선정하여 3년 단위 중기 시계(時界)에서 사업 집행 과정까지 직접 점검하는 핵심사업 평가제도를 재정사업심층평가제도에 도입하였다.

2) 제도

(1) 평가 대상 및 단위

평가 대상은 원칙적으로 예산, 기금이 투입되는 모든 재정사업으로 평가 단위는 프로그램 내에 단위사업이다. 부처별 대상사업 수 10개 이상 부처는 전체 평가 대상사업에 대하여 사업 수 기준으로 상대평가를 실시하고 우수 20% 이하, 보통 65% 내외, 미흡 15% 이상을 준수하여야 하며, 대상사업 수 10개 미만 부처는 별도의 상대평가 기준을 적용받는다.

(2) 평가지표

평가지표	평가 기준
사업의 적정성 (10)	☐ 사업 내용이 적정하고 추진 방식이 효율적인가? • 정부 지출 필요성(5) — 지자체 및 민간이 아닌 재정 지원 필요성이 있는지 검토 • 사업 방식의 효과성 및 재원 분담 적절성(5), — 직접 사업의 경우 지자체 및 민간과의 재원 분담 가능성 검토 — 보조사업의 경우 현행 보조 비율의 적정성 검토
집행률 제고 노력 (30)	☐ 집행 실적 제고를 위한 노력 및 실적 확인 ☐ 가점 및 감점 • 연례적 이불용 사업인 경우 감점(△5)
성과 목표 달성도 (40)	☐ 계획된 목표는 달성하였는가?
사업 성과의 우수성 (10)	☐ 사업의 성과는 우수하고, 사업의 내용과 방식은 효과적이었는가? • 선정된 성과지표 외에 과제의 성과를 확인할 수 있는 통계 또는 대표 수치의 변화 등 계량화된 성과 제시 • 통계·수치 등으로 나타낼 수 없는 기타 체감성과 제시, 해당 대상 연도 수상 실적, 주요 학술지 및 연구보고서, 언론 보도 등에서 사업 성과의 우수성을 인정한 경우
제도 개선 노력 (10)	☐ 평가 결과 및 외부 지적 사항을 사업구조 개선에 환류하였는가? • 전년도 자율평가 결과 및 국회, 감사원, 언론, 타 평가제도에서 지적된 사항을 반영하여 환류
감점 (항목별 최대 5점)	☐ 타 평가 및 국회·감사원·언론 등 외부기관에서 사업 성과 미흡, 유사 중복 등으로 문제점을 지적받은 경우 (△5)
가점 (항목별 최대 5점)	☐ 사회적 가치 구현 사업인가? (5)*

*주: 사회적 가치 지표는 현재 삭제되었음.

(3) 평가 결과와 환류

평가 결과는 평가지표별 점수를 종합하여 '우수, 보통, 미흡'의 3단계로 등급화한다. 우수 사업은 원칙적으로 예산을 증액하고, 미흡 이하 사업에 대해서는 원칙적으로 예산 삭감 또는 사업을 폐지하도록 하여 평가 결과를 예산 편성과 연계하고 있다. 평가 결과는 국회와 열린재정 웹사이트를 통하여 공개한다.

과거 미흡 평정을 받은 15%의 사업의 경우 해당 예산을 10% 이상 감액하는 것을 규정하고 있으나 실제 지침에 맞게 예산에 반영되는 사례는 많지 않은 것으로 평가된다. 2017년부터 부처별 공식적인 지출구조 조정안은 제출되지 않는다. 다만 재정사업 자율평가의 결과는 부처 내의 인사에 반영되기 때문에 담당자들이 상당히 관심을 갖고 신경을 쓰고 있는 것으로 보인다.

2 재정사업 심층평가

1) 의의

재정사업 심층평가제도는 쟁점 사업을 중심으로 사업 운영 성과를 계량분석 등 과학적 기법을 동원하여 심층적으로 분석평가하는 제도이다. 문제가 제기된 사업들의 성과를 분석 평가하고, 그 성공 요인과 실패 요인을 파악함으로써 해당 사업의 운용 체계를 개선하며, 재정의 효율성을 제고하는 것을 목적으로 한다.

심층평가는 부처가 스스로 평가하는 자율평가와 달리 평가의 객관성과 중립성, 전문성을 확보하기 위하여 외부 전문기관인 한국조세재정연구원을 중심으로 이루어진다. 자율평가의 경우 기준에 따라 체크리스트식 평가가 이루어지는 데 비하여 심층평가는 논리모형에 기반하여 정성적 및 정량적 사업분석이 이루어져 타당성 높은 제도 개선안이 도출된다.

2) 제도

(1) 평가 대상 및 단위

매년 자율평가 결과를 토대로 기획재정부가 1차로 평가 대상사업을 선정하고 외부 전문가 등으로 구성된 재정사업평가자문회의에서 10개 내외 사업을 최종 확정한다. 재정사업 자율평가 결과 추가적인 평가가 필요하다고 판단되는 사업, 부처 간 유사 중복 사업 또는 비효율적인 사업 추진으로 예산 낭비의 소지가 있는 사업, 향후 지속적 재정지출 급증이 예상되어 객관적 검증을 통하여 지출 효율화가 필요한 사업 등의 사업을 선정한다.

평가 단위는 개별 단위사업이나 사업군이다. 초기에는 개별 사업에 대한 심층평가 진행을 하였으나 2010년 사업군에 대한 심층평가로 전환하였다. 사업군 심층평가는 정책 목적·대상 등이 유사한 다수의 사업을 사업군으로 묶어 정책적 타당성을 포함한 성과평가를 실시하고, 재정 운용 성과를 제고하기 위한 종합적 개선 방안을 도출하는 것을 말한다. 2018년부터 3년 단위 평가인 핵심사업평가제도를 도입하였다. 단위사업과 사업군이라는 단위는 같으나 사업의 효과에 대하여 3년의 중장기적 시계(時界)를 갖고 평가하는 작업이다.

(2) 평가지표

주요 평가 요소는 효과성, 효율성, 적절성, 효용성, 지속가능성 등이다. 적절성(relevance)은 사업이 정부의 역할로서 적절한가, 사업 수행 방식은 적절히 설계되어 있는가의 의미이다. 효과성(effectiveness)은 사업의 결과로서 사업의 특정 목표 및 일반 목표가 달성되었는가의 기준이다. 효율성(efficiency)은 여러 투입이 얼마나 경제적으로 사용되어 산출 및 중간 결과로 전환되었는가의 기준이다. 효용성(utility)은 사업의 결과 실제로 사업에 대한 수요가 얼마나 충족되었는가를 검토한다. 지속가능성(sustainability)은 사업이 중단되었을 때 사업으로 인한 긍정적인 변화가 얼마나 오랫동안 지속될 수 있을 것인가의 문제이다.

(3) 평가 결과와 환류

심층평가를 통하여 평가 결과 및 제도 개선 사항을 도출한다. 이를 통하여 지출효율화 방안을 마련하여 향후 재정 운용의 성과를 제고하고 예산 편성 및 기금운용계획의 수립, 재정사업의 집행 및 성과관리, 재정 운용 관련 제도 개선 등에 활용한다. 평가 결과와 제도 개선 사항을 부처에 통보하고 사업을 폐지 축소 통합하는 등 차년도 예산에 반영한다.

3 핵심 재정사업 성과관리제도

1) 의의

윤석열 정부에 들어서 핵심 재정사업 성과관리제도를 도입하였다. 핵심 재정사업 성과관리 체계란 대통령의 국정과제와 밀접하게 연관된 핵심 재정사업군을 선정하여 5년간 중장기간의 시계를 통하여 집중적으로 관리하는 관리 체계를 말한다. 윤석열 정부는 대통령의 국정 비전이 반영된 12대 핵심 재정사업군을 선정하여 임기 5년간 집행 점검 → 애로 해소 → 성과 관리 → 예산 편성 등 전 주기 집중 관리함으로써 성과 창출을 할 것을 천명하였다.

2) 제도

(1) 평가 대상 및 단위

국정과제, 2023년 예산 등을 통하여 밝힌 국정운영 핵심 가치를 반영하여 선정한 사업군을 의미한다. 3대 분야 12개의 사업군은 ① 사회안전망, ② 사회적 약자 복지, ③ 청년 지원, ④ 생활물가 안정, ⑤ 지역 균형발전, ⑥ 반도체 육성, ⑦ 핵심 전략기술, ⑧ 공급망 대응, ⑨ 중소·벤처·소상공인, ⑩ 재난안전, ⑪ 국방·보훈, ⑫ 국격·외교이며, 사업군마다 2~3개의 사업을 선정하였다. 사업군과 단위사업이 평가 대상이자 단위라고 할 수 있다.

(2) 평가지표

각 핵심 재정사업군별로 성과 목표 달성도, 부처의 이행 노력 등을 바탕으로 평가, 관리, 지원한다. 국민 체감도가 높은 핵심 재정사업을 지속적으로 밀착 관리하여 5년간 가시적인 성과를 도출한다. 이런 과정과 결과로서 성과정보를 열린재정 웹사이트를 통하여 공개한다. 연중 모니터링과 성과관리를 수행하고 현장 방문, 재정성과점검회의 등을 통하여 집행 상황·성과달성도를 지속 점검하고, 필요하면 애로 사항을 신속히 해소한다.

(3) 평가 결과와 환류

이런 과정을 통하여 과제 추진을 위한 투자 방향·제도 개선을 도출한다. 민간 전문가 중심으로 성과 제고를 위한 재정 투자 방향과 제도 개선 방안 등을 도출한다. 필요한 재원을 배분하기 위하여 차년도 예산에 환류하여 핵심 재정사업제도 개선 방향을 구체화한다. 성과는 공개를 원칙으로 하여 핵심 재정사업 성과 목표 달성도, 부처의 이행 노력 등의 성과정보를 성과포털, 열린재정 등을 통하여 공개한다.

지출관리

미래를 위한 재정관리
Public Financial Management for the Future

제1절 개관

1 의의

예산제도는 조직 단위나 기능별 또는 이에 속하는 대규모 프로그램 단위의 지출계획에 대한 의회의 통제제도라고 할 수 있다. 사업관리제도는 프로그램에 속하는 세부활동 단위로서 세부사업의 투입과 지출에 대한 계획과 통제제도라고 할 수 있다. 지출관리제도는 사업을 관리하는 과정에서 구체적인 지출활동에 대하여 각 지출활동의 특성을 반영하여 관리하고 통제하는 제도이다.

재정지출은 형식이 다양하며 개별 유형별로 관리의 이슈와 관리 방식이 다르고, 이런 상황에서 다양한 형태의 지출 형태별로 정부가 적절한 방식으로 관리활동을 수행하는 지출관리가 필요하며 제도의 구비가 필요하다. 제대로 된 지출을 하려면 각각의 지출 유형의 특성을 반영한 관리활동이 필요하다.

먼저 지출 유형을 보면, 정부는 특정한 공익 목적을 달성하기 위하여 필요한 경우 재정사업 수행을 위하여 직접 지출하거나 지방자치단체, 공공기관, 민간사업자에 지출하고 있다. 사업 목적을 위하여 각 회계와 기금 등에 직접 사업 지출, 보조, 융자, 출연, 출자, 전출·전입, 예탁·예수 등 다양한 방식으로 지출하고 있다. 정부가 직접 수행하고 지출하는 재정사업 형식부터 정부가 민간사업자와 계약 관계로 지출하는 민간위탁 형식을 취하거나 공적 목적을 위하여 특정 단체에 보조금을 지급하는 민간보조의 형식도 있다. 이러한 지출 형식들은 각각 법률적 근거와 관리 방식이 있다.

정부의 지출 방식을 범주화하면 자산 및 서비스 취득 지출, 이전지출, 금융자산 취득 지출로 구분할 수 있으며, 주요 지출 형태를 대응시키면 자산 및 서비스 취득 지출에는 조달 및 서비스 취득 지출, 민간투자사업, 민간위탁이, 이전지출에는 보조금, 교부금, 출연금, 보전금이, 금융자산 취득 지출에는 융자금, 출자금, 예탁금 및 상환 지출, 전출금이 있다.

2 자산 및 서비스 취득 지출

1) 조달 및 구매행정

조달이란 정부가 공공서비스를 제공하기 위하여 생산 요소로서 물품이나 용역, 시설 등의 계약 및 구매를 통하여 자원을 획득하는 활동을 말한다. 정부의 공공재나 공공서비스 제공을 위하여 필요한 생산 요소의 구매에 대한 지출은 총지출에 30% 이상 차지하는 것으로 추계된다. 경제에서 차지하는 비중이 크고 구매하는 과정에서 정부가 환경, 중소기업, 사회적 약자에 대하여 배려하는 정책을 채택한다. 이로써 조달 및 구매행정을 통한 정책적 개입의 중요성이 강조되고 경제와 사회에 영향을 미치므로 조달정책 자체가 정부의 중요한 재정정책의 한 수단이 된다.

2) 민간투자사업

민간투자사업이란 도로, 철도, 항만, 학교시설 등 사회기반시설을 민간사업자가 민간자금으로 건설하고 정부가 소유하되 민간이 상당 기간 운영하도록 하는 제도를 말한다. 사회간접자본에 해당하는 대규모의 토목공사에 민간사업자가 자신이 동원한 자본으로 건설하고 이를 정부에게 기부채납하되 30년 이상 이용료를 부과하여 자본을 회수하는 구조를 갖는다. 정부는 재정 투입을 하지 않을 수 있으며, 사업에 따른 위험도 민간사업자에게 이전시킬 수 있는 반면, 민간사업자는 서비스에 혁신적인 방법을 통하여 이용료 회수를 충분히 할 경우 추가 수익을 기대할 수 있다.

3) 민간위탁

민간위탁이란 정부가 행정기관을 통하여 직접 제공하던 서비스를 감독 책임은 정부가 가지고 있으면서 민간기관이 정부를 대신하여 자신의 법률적 및 행정적 책임하에 공공서비스를 제공하고 그에 대한 대가를 지불하는 계약을 의미한다. 민간위탁은 시민의 권리와 의무와 직접 관계되지 않는 공공서비스 중 전문성을 활용하여야 하는 경우 전문성이 높은 민간기관이 공공서비스를 제공하도록 하는 것으로 정부가 전문성 있는 민간의 공공서비스 제공을 구매하여 제공하는 의미를 갖게 되며, 이런 구조에서 서비스 취득 지출로 민간에서 무엇인가를 구매한다는 조달과 유사한 성격이 있다.

③ 이전지출

1) 보조금

보조금은 정부가 특정 분야의 전문성 있는 단체들의 공익사업을 지원하기 위하여 반대급부 없이 교부하는 금전적 급부를 의미한다. 국고보조금은 일반적으로 대상 사업과 용도를 구체적으로 지정하여 교부하나, 규모가 영세한 여러 세부 사업을 통합하여 교부하거나 특정 용도를 지정하지 않는 포괄보조금(지역발전특별회계 생활기반계정) 형태로 교부하기도 한다.

2) 교부금

교부금은 「지방교부세법」에 따른 지방교부세 및 「지방교육재정교부금법」에 따른 지방교육재정교부금을 가리킨다. 교부금은 보조금과 달리 사전에 지출 목적이 정해지지 않고 일반재원으로 사용되나, 유아교육지원특별회계 교부금의 경우에는 유아교육비 보육료 지원사업에만 지출하도록 용도가 지정되어 있다. 유아교육지원특별회계 교부금은 2017년부터 2019년까지 한시적으로 시행된 제도이다.

지방교부세 중 법정교부금은 내국세의 19.24%에 해당하는 금액(보통·특별교부세)과 종합부동산세 총액(부동산교부세), 담배에 부과하는 개별소비세의 45%(소방안전교부세)를 재원으로 한다. 지방교육재정교부금은 내국세의 20.27%에 해당하는 금액과 교육세 중 일부가 재원이다. 유아교육지원특별회계 교부금은 교육세 중 일부와 일반회계 전입금 등이 재원이다.

3) 출연금

출연금은 정부가 법률에 따라 설치한 연구기관·기금·공단 등 정부출연기관에 연례적으로 특정 목적을 위하여 지원하는 금전적 급부를 말한다. 출연과 출자의 경우 일반법이 없어 개별법상 근거가 필요하며, 특히 출연에 대해서는 「국가재정법」에서 법률에 근거가 있는 경우 가능하다고 규정하고 있다. 부처별로는 과학기술정보통신부, 교육부, 국토교통부, 산업통상자원부 순으로 출연금의 규모가 크다.

4) 보전금

보전금은 법령에 따라 독립유공자 및 국가유공자 등에게 지급하는 보상금, 국가가 사업을 수행하거나 공무원이 직무를 집행할 때 고의 또는 과실로 법령을 위반하여 손해를 끼쳤을 때 「국가배상법」 등에 근거하여 지급하는 배상금, 예산성과금 등의 포상금을 말한다.

4 금융자산 취득 지출

1) 융자금

융자금은 국가가 정책 목표의 달성을 위하여 공공자금을 특정 대상에게 융자하는 금전적 급부를 말한다. 특히 금융시장으로부터 필요한 자금을 공급받는 데에 어려움이 있는 부문에 자금을 공급함으로써 해당 부문의 자금 부족을 완화하는 기능을 수행한다.

2) 출자금

출자금은 정부가 공기업 등 공익사업을 수행하는 기관의 사업 영위에 필요한 자본을 확충하기 위하여 해당 법인의 지분을 취득하면서 지급하는 금전적 급부를 말한다. 출연과 출자의 경우 일반법이 없어 개별법상 근거가 필요하다.

3) 예탁금 및 상환 지출

예탁금은 회계 또는 기금이 다른 회계 또는 기금에 유상으로 빌려 주는 자금을 의미한다. 예탁금을 지급받는 회계 또는 기금에서는 이를 수입 항목 중 예수금으로 계상한다. 예탁금은 유상으로 빌려 주는 자금이므로 차후 원금 및 이자를 상환하여야 한다. 대표적인 예탁금으로는 공공자금관리기금의 예탁을 들 수 있는데, 공공자금관리기금은 자금에 여유가 있는 다른 기금 및 특별회계로부터 예수받은 자금과 국고채 발행을 통하여 조달한 자금을 일반회계나 외국환평형기금 등 다른 회계 또는 기금에 예탁하는 기능을 수행한다.

4) 전출금

전출금은 회계 또는 기금이 다른 회계 또는 기금에 무상으로 주는 자금을 의미한다. 전출금은 무상으로 주는 자금이므로 이자를 지급할 필요가 없다는 점에서 유상으로 빌려 주는 예탁금과 구분된다. 이러한 전출·전입금은 회계·기금 간 내부 거래로 총지출 산출에서 제외한다.

제2절   조달 및 구매행정

1 개관

정부 조달이란 정부가 공공서비스를 제공하기 위하여 생산 요소로서 물품이나 용역, 시설공사 등의 계약 및 구매를 통하여 자원을 획득하는 활동을 말한다. 정부 조달은 민간으로부터 자원을 획득하는 계약으로 이루어지며, 국가가 사인(私人)의 지위에서 사인 상호 간에 의사 표시를 통하여 성립하는 정부 계약은 일반 계약과 동일한 법률적 효력을 가진다.[1]

조달에 정부재정이 많이 투입되면서 조달정책이 중요한 의미를 갖게 되었다. 조달은 정부기관이 활동을 위하여 품질 좋은 물품과 서비스를 확보하는 것으로 일차적으로 예산 낭비를 최소화하고 가성비 있는 구매를 하는 것이 필요하다. 나아가 정부의 구매활동이 국민경제에 미치는 영향이 크기 때문에 경제에 미치는 효과도 고려한다. 조달 계약 과정에서 정부가 공정거래 환경을 조성하는 일도 중요하다. 또한 정부가 지속가능성을 추구하는 기업 또는 사회적 약자 지원기업에 특혜를 줌으로써 정책적 목적을 달성할 수 있다.

우리나라는 조달청을 통하여 조달물자의 구매, 물류관리, 공급 및 그에 따른 사업, 수요기관의 시설공사 계약 및 그에 따른 사업, 수요기관의 시설물 관리 운영 및 그에 따른 사업 등 조달행정을 수행하도록 하고 있다.

---

1) 정부 계약은 조달구매뿐 아니라 R&D, 학술 용역 등 다양한 내용을 대상으로 하며 구매계약이 대표적인 정부 계약이라고 할 수 있다. 정부 계약은 「국가를 당사자로 하는 계약에 관한 법률」과 「국가계약법과 지방자치단체를 당사자로 하는 계약에 관한 법률」의 규율을 받는다.

조달 계약 37조 규모 상반기 집행…경제 재도약 방점
(2023.01.10. https://www.koit.co.kr/news/articleView.html?idxno=108202)

김연균 기자

조달청 2023년 업무계획

입찰 및 계약보증금 인하 등
코로나19 계약특례 적극 활용
공사 등 조달계획 조기 공표

라벨갈이 등 직접생산 불인정
수요기관 '갑질' 신고 대상 추가
조달심사평가위원 규모 확대

대내외 불확실성 확대로 경제 성장세가 둔화될 것으로 전망되는 가운데 공공조달의 막대한 구매력이 경기 보강·혁신 성장·위기 대응 수단으로 부각되고 있다. 공공조달은 52만여 조달기업, 6만여 공공기관이 참여하고 연간 184조 원(2021년 기준) 거래, GDP 대비 9%를 차지하는 거대시장이다. 특히 공공조달시장의 96%(50만 개), 수주액 기준 64.6%(119조 원)를 중소기업이 차지하고 있어 판로 확대를 고민하는 기업에게 더할 나위 없는 버팀목 역할을 해 왔다. 그러나 공공조달은 근절되지 않는 불공정 조달행위, 투명·공정성을 의심받는 입찰 관행 등으로 기업들에게 얻어야 할 신뢰가 흔들리고 있다. 최근 조달청은 '2023년도 업무계획'을 통해 이 같은 문제점을 해소하고, 공공구매력의 전략적 활용을 통해 경제 재도약을 뒷받침하겠다는 뜻을 밝혔다. 우선 조달청은 올해 58조 원으로 전망되는 조달 계약 중 65%인 37조 5,000억 원을 상반기에 집행해 당면한 경제 위기 극복 지원을 최우선으로 추진한다. (중략)
조달청은 또 공정한 심판자로서의 역할을 할 수 있도록 불공정 조달행위에 대한 대응을 강화키로 했다. 익명신고, 자진신고에 대한 제재 감경 등을 통해 신고를 활성화하고, 올해부터 수요기관 갑질행위도 신고 대상에 추가한다. 중대 위법행위는 감경 없이 법령상 최대 한도까지 엄중 제재하고, 부정당 업자 집행 정지를 통한 편법적 조달시장 참여를 방지하는 한편 경미한 위반 사항에 대해서는 제재를 완화해 기업 활력을 제고한다.
(하략)

❷ 주요 제도

1) 다수공급자계약

다수공급자계약은 비슷한 종류의 물자를 수요기관이 선택할 수 있도록 물품공급자를 다수자로 설정한 계약을 말한다. 비슷한 용도로 다양한 제품에 대하여 다수의 수요기관이 필요로 하는 제품을 대상으로 품질, 성능, 효율 등이 동등하거나 유사한 종류의 제품을 대상으로 조달청이 단가계약을 체결하고 나라장터 종합쇼핑몰에 등록하여 수요기관이 자유롭게 구매할 수 있도록 하는 계약이다.

2) 집중구매제도

집중구매제도는 필요한 재화를 구매행정에 전문성이 있는 중앙구매기관에서 구입한 후 실수요기관에 공급하여 주는 제도를 말한다. 집중구매제도는 다량의 구매가 가능하므로 단가를 인하할 수 있고 예산을 절약할 수 있다. 담당자들은 구매 업무에만 전념하게 되므로 상품시장의 사정에 능통하고 구매 업무에 관한 전문적인 지식을 습득할 수 있어 구매 업무의 전문화가 가능하다. 구매 규격의 표준화도 가능하다.
조달의 규모가 클 때 정책적인 배려를 통하여 구매정책의 수립이 가능해져 산업을 보호하고 사회적 기업 등을 육성할 수 있다. 판매자의 입장에서도 하나의 통로로 조달 정보를 파악하고 조달 계약을 체결할 수 있어 업무에 편리성이 있다.

3) 장기계속계약

단년도계약이 한 회계연도를 단위로 하여 필요한 재정활동을 행하는 계약이라면 장기계속계약은 임차, 운송, 보관, 전기·가스·수도의 공급 기타 성질상 수년간 계속하여 존속할 필요가 있거나 이행에 수년을 요하는 계약을 말한다(국가를 당사자로 하는 계약에 관한 법률 제21조).

4) 조달특별회계 회전자금

조달특별회계 회전자금은 「정부기업예산법」 제13조(회전자금의 보유 및 운용)에 따라 세입세출예산 외로 보유하고 있는 자금을 말한다. 조달사업으로 발생한 잉여금을 회전자금에 적립하고 조달특별회계의 보유 자본금으로 관리한다. 회전자금을 운용함으로써 발생하는 모든 손익은 조달특별회계로 보낸다. 회전자금은 중소기업을 지원하기 위하여 조달청과 물품구매를 계약한 금액 중 일부를 선금으로 지급하거나, 물품납품대금 청구 후 4시간 이내에 수요기관을 대신하여 미리 신속하게 지급하는 등 중소기업의 자금 부담을 경감해 주는 수요물자 사업자금으로 활용한다. 또한 세계적으로 가격 변동과 수급이 변화가 심한 원자재를 미리 확보해 두었다가 중소기업들이 필요할 때 안정적으로 공급하는 비축물자 사업자금으로 활용하기도 한다.

3 절차

첫 번째 절차는 수요 판단이다. 수요기관의 구매 청구에 의한 방법 혹은 구매기관 자체의 판단에 따라 소요 판단을 하고 구매할 것인가 리스(lease)할 것인가를 선택한다. 리스란 물품이나 시설을 장기간 임대하는 것을 말한다. 특정 기간 동안 비용을 지불하고 리스하는 경우 소유에 따라 관리하여야 하는 책임을 지지 않아도 된다. 리스는 사용 기간이 제품의 수명인 내용연수보다 짧을 때 유리하다.

둘째, 수요가 있는 것으로 판단되면 구매계약을 진행한다. 중앙관서의 장 또는 계약 담당 공무원이 계약을 체결하고자 하는 경우에는 일반경쟁에 부치는 것이 원칙이나, 계약의 목적·성질·규모 등을 고려하여 필요하다고 인정될 때에는 대통령령이 정하는 바에 따라 참가자의 자격을 제한하거나, 참가자를 지명하여 경쟁에 부치거나 수의계약에 의할 수 있다(국가를 당사자로 하는 계약에 관한 법률 제7조).

셋째, 계약을 이행하는 단계로 이행 여부를 감독하고 검사한 후 대가를 지급하며 조달물자를 사용하거나 비축한다. 비축은 정부가 장단기의 원활한 물자 수급과 물가 안정을 위하여 필요한 물자를 사전에 미리 확보해 놓는 것이다.

4 문제점과 개선 방안

"빗장 풀어도 안 한다"…공공SW 사업이 천덕꾸러기된 이유
(2023.11.29. https://www.asiae.co.kr/article/2023112917151220722)

최유리 기자

**10년 만에 대기업 빗장 풀리지만
대기업·중소기업 모두 손사래
한때 '1원 입찰' 공공사업 절반이 유찰
"사업 구조 바꿔야 먹통 재발 방지"**

정부가 공공 소프트웨어(SW) 사업에서 대기업 참여 제한을 풀겠다고 선언했지만 정작 기업들은 손사래를 치고 있다. 대기업은 수익성 낮고 골치 아픈 사업을 떠넘긴다는 반응이다. 반면 중소기업은 대기업의 하청업체로 전락할 것이라 우려한다. 한때 '1원 입찰'이 등장할 정도로 경쟁이 치열했던 공공 SW 사업이 천덕꾸러기로 전락했다.

10년 만에 대기업 빗장 풀리는데…업계는 시큰둥

과학기술정보통신부는 조만간 공공 SW 사업에 대기업 참여를 허용하는 제도 개선안을 발표한다. 최근 행정망 먹통 사태가 잇따르자 10년 만에 빗장을 푸는 것이다. 당초 대기업 참여 기준을 사업 규모 1,000억 원 이상으로 잡았지만 700억 원 이상으로 낮추는 방안이 유력하다.
(중략)

"할수록 손해 본다"…공공사업 절반이 유찰

한때 공공 SW 프로젝트는 인기 있는 사업이었다. 2000년대 중반까지만 해도 사업을 따내기 위해 입찰가격 1원을 써내는 일도 비일비재했다. 손해를 봐도 일단 사업을 따내고 보자는 기업들이 많았다. 이런 비상적인 일이 벌어진 이유는 신기술을 적용하고 사업 레퍼런스를 쌓을 기회로 봤기 때문이다. 그랬던 공공사업 인기는 차갑게 식어버렸다. 매년 절반에 가까운 사업이 유찰되는 상황이다.

이유는 간단하다. 돈이 안 되기 때문이다. 한때 전체 정부 예산에서 2~3%를 차지했던 공공 SW 사업 비중은 1% 아래로 떨어졌다. 저가 발주가 만연하다 보니 할수록 손해 보는 사업이라는 말도 나온다. (중략)

사업 진행에서도 주먹구구식 관행이 짙어졌다. 과거 정부는 기업에 사업 제안요청서(RFP)

를 배포하기 전에 사전규격(RFI)을 공개했다. 본사업을 추진하기 전에 관련 업체들의 의견을 수렴하는 과정이다. RFI를 토대로 RFP를 작성하는 게 관행이었지만 지금은 사라졌다. 대신 사업 수행 과정에서 과업을 추가하는 게 일상적이다. 조 회장은 "예산은 그대로인데 일단 발주해 놓고 계속 수정하는 일이 다반사"라며 "정부에서 사업을 계약하고 관리하는 방식이 너무 낙후돼 있다"고 말했다.

"참여 주체보다 사업 구조 바꿔야"
결국 업계에선 참여 주체가 아닌 사업 구조를 바꿔야 한다고 입을 모은다. 그렇지 않으면 누가 하더라도 먹통 사태가 반복될 것이라는 주장이다. 가장 시급한 과제는 사업 예산 현실화다. 프로젝트 설계나 계약 방식도 개선해야 한다는 목소리가 높다.
(하략)

우리나라는 과거 예산 절감과 효율성 제고를 위해 최저가격입찰제를 활용하였으나 최근 여러 가지 사회적 목표를 설정하여 중소기업 기술개발제품 우선구매제도, 중증장애인 생산품 및 여성기업제품 우선구매제도를 도입하여 사회적 목적과 가치를 실현하기 위한 제도로 활용하였다. 선진국의 경우 조달행정은 지속가능발전목표(Sustainable Development Goals: SDGs) 관련 지원, 사회적 기업에 대한 지원, 혁신적 기술에 대한 지원 등 산업정책의 일환으로 적극적으로 활용하고 있다. 우리나라의 경우도 조달행정에서 사회적 가치를 반영하는 정책을 확대할 필요가 있다.

덤핑 계약이나 가격 후려치기 등의 관행, 계약 이상의 업무 요구 등 비상식적인 관리도 지속되고 있는 것으로 보인다. 시장에 적정가격을 지불하고 계약에 따른 업무 수행 이상을 요구하는 등의 갑질에 대한 통제도 필요하다. 조달업체에서 불공정 조달행위가 발생할 경우 이에 대한 엄격한 감독과 처벌도 요구된다.

제3절 민간투자사업

1 개관

1) 의의

 민간투자사업은 도로, 철도, 항만, 학교시설 등 사회기반시설을 민간자금으로 건설하고 정부가 소유하되 민간이 운영하는 제도를 말한다. 정부의 부족한 재정을 보완하고, 사회기반시설에 대한 민간의 투자를 촉진하여 사회기반시설을 확충하고 다양하고 질 좋은 공공서비스를 제공하려는 취지에서 도입하였다.

 민간투자사업은 「사회기반시설에 대한 민간투자법」을 적용하며, 이 법에는 도로, 철도, 항만, 공항, 수자원, 정보통신, 에너지, 환경, 유통, 문화관광, 교육, 국방, 주택, 보건복지, 산림 분야라는 15개 분야, 48개 유형의 시설을 민간투자사업 대상 시설로 규정하고 있다. 민간투자사업은 사업시행자에 대한 토지수용권을 부여하고, 재정 지원을 하여 공권력의 일부를 민간이 행사하기 때문에 원칙적으로 이 분야에 한정적으로만 허용된다.

2) 유형

 민간투자사업은 수익형 민자사업(BTO)과 임대형 민자사업(BLT)으로 구분한다. 수익형 민자사업(BTO)은 민간이 재원을 마련하여 시설을 설계 건설(Build)하고, 정부에 해당 시설을 기부채납(Transfer)한 후, 정부로부터 관리운영권(Operate)을 부여받아 이용료 수입으로 투자금을 회수하는 방식이다.

 임대형 민자사업(BLT)은 민간이 시설을 건설(Build)하여 정부에 기부채납(Transfer)하고 정부로부터 시설임대료(Lease)를 정기적으로 지급받음으로써 투자금을 회수하는 방식이다. 임대형 사업은 정부가 임대료 지급 의무를 부담하므로 장래 재정 운용을 제약할 수 있어 연도별 BTL 총한도액에 대한 국회 승인 등 국회의 통제가 강한 편이다.

〈표 10-1〉 시행 방식에 따른 비교

	수익형 민자사업(BTO)	임대형 민자사업(BTL)
투자비 회수	이용자의 이용료	정부의 시설임대료
주요 시설	도로, 철도, 항만 등	학교, 군관사, 하수관거, 복지시설 등
사업 리스크	상대적으로 높음(수요에 따라 수익률 변동)	상대적으로 낮음
수익률	상대적으로 높음	상대적으로 낮음
사업 기간	장기(통상 도로 30년, 항만 50년)	상대적으로 단기(통상 20년)

2 연혁 및 현황

민간투자사업은 1994년 처음으로 도입한 이후, 법령 개정을 통하여 사업 대상 범위를 확대하였으며, 사업 방식도 다양화되었다.

1999년 최소운영수입보장제도(Minimum Revenue Guarantee: MRG)를 도입하였다. 이에 따라 민간투자사업이 급증하였으나, 정부의 재정건전성 악화 및 사업 추진 과정에서의 투명성 확보 문제가 지속적으로 제기되어 2009년에 폐지하였다.

2010년도에 추진하는 임대형 민자사업부터는 민간투자사업 한도액에 대한 국회의 심의·의결을 의무화하였다. 또한 일정 규모 이상의 사업에 대해서는 타당성 분석 결과와 추진 실적 등에 관한 보고서를 국회 소관 상임위원회와 예산결산특별위원회에 제출하도록 규정하였다.

2020년 말 기준으로 완공되어 운영 중인 사업은 BTO 205개, BTL 469개로 총 674개 사업이며, 현재 시공 중인 사업은 BTO 21개, BTL 16개로 총 37개 사업, 시공 준비 중인 사업은 BTO 13개, BTL 6개로 총 19개 사업이다. 2020년까지 민간투자사업에 투자된 금액은 132.9조 원이며, 민간이 투자한 금액은 95.0조 원이다. 정부는 민간투자사업 추진을 위하여 건설보조금 23.6조 원, 토지보상비 14.2조 원을 투자하였다.

정부가 국회에 제출하는 「2021~2030년 임대형 민자사업(BTL) 정부지급금추계서」에 따르면, 임대형 민자사업 중 국가가 2021년도부터 2030년도까지 지급할 정부지급금 규모는 약 16조 원으로 전망하고 있다.

3 주요 제도

1) 민간투자사업기본계획

기획재정부 장관은 매년 관계 부처와 사전 협의를 거치고 민간투자사업심의위원회의 심의를 거쳐 민간투자사업기본계획을 수립한다. 민간투자사업기본계획은 당해 연도의 민간투자사업 추진에 대한 업무 처리 지침이자 가이드라인 역할을 한다.

계획에 포함되는 주요 내용은 민간투자사업의 추진 정책 방향, 민간투자사업의 시행 방식 및 투자 모델, 민간투자사업의 세부 시행 절차, 민간투자사업의 자금 조달에 관한 지침, 정부와 민간의 위험 분담 기준 및 최소운영수입보장제도, 정부의 재정금융 등 지원 사항, 기타 공공투자관리센터(PIMAC)의 업무와 운영 방법 등 민간투자사업의 관리 및 운영 사항이다.

2) 민자적격성조사제도

민자사업 중 정부가 발굴한 정부고시사업의 경우에는 타당성 조사기관이 일반적인 타당성조사 시에 민자적격성 조사를 포함하여 실시하게 되고 그 결과를 KDI 공공투자관리센터(PIMAC)가 검토하게 된다.

민간이 제안한 민간투자사업 중 총사업비 2,000억 원 이상인 사업은 민자적격성조사를 통하여 사업의 타당성과 추진 방식의 적정성을 검증하게 된다. 민자적격성조사는 한국개발연구원(KDI)의 공공투자관리센터(PIMAC)에서 수행하고 있다.

이 조사는 세 단계로 이루어진다. 먼저 수요 추정의 적정성 여부와 비용편익(B/C)분석에 따른 경제적 타당성 여부를 판단하고 다음으로 재정사업 추진 대안 시 정부 부담액보다 민간 제안에 의한 정부 부담액이 더 적은지, 같은 정부 부담으로 서비스 향상을 도모할 수 있는지를 판단한다. 마지막으로 적정사업비, 사용료, 재정 지원 규모 등을 산출하여 민간투자 실행 대안을 제시하게 된다.

3) 정부지원제도

(1) 보조금 교부와 장기대부

국가 또는 지방자치단체가 귀속시설사업의 원활한 시행을 위하여 필요한 경우에는 대통령령이 정하는 경우에 한하여 사업시행자에게 보조금을 교부하거나 장기 대부를 할 수 있다고 규정하고 있으며, 이를 근거로 동법 시행령에서는 정부가 재정 지원을 할 수 있는 경우를 열거하고 있다.

(2) 최소운영수입보장제도

최소운영수입보장제도(Minimum Revenue Guarantee: MRG)는 1998년 도입 후 사업자의 위험 부담 완화에 도움을 주어 민자사업 활성화에 일정 부분 기여하기도 하였으나, 수요 과다 추정 등 사업자의 도덕적 해이와 지속적인 재정 부담을 야기함에 따라 2003년 이후 단계적으로 축소되다가 2009년 신규 사업부터는 폐지되었다.

(3) 기타 지원제도

재정지원제도 외에도 사업시행자에게 토지수용권 부여, 국공유재산 무상 사용 허용 등 행정적 지원도 병행하고 있다. 임대형 민자사업의 경우는 완공 후 시설 사용 기간 동안 민자사업 회사에 시설임대료와 운영비를 정부가 부담하는 형태를 띠고 있다. 또한 산업기반신용보증기금을 통하여 사업자가 금융기관 등으로부터 투자자금을 원활하게 지원받도록 하고 있다.[2]

4) 임대형 민간투자사업에 대한 한도액 보고 및 의결

임대형 민자사업에 대한 국회 의결제도가 있다. 정부는 다음 연도에 실시할 임대형 민간투자사업(BTL)의 총한도액, 대상 시설별 한도액 및 예비한도액을 회계연도 개시

---

2) 산업기반신용보증기금은 사업시행자가 민자사업을 위하여 금융기관으로부터 융자를 받을 경우 신용보증을 제공하기 위한 기금으로서 1개 사업당 3,000억 원까지 보증하며 신용보증기금이 관리하고 있다.

120일 전까지 국회에 제출하여야 한다. 임대형 민간투자사업(BTL) 한도액안은 예산안과 함께 국회에 제출한 후, 소관 상임위원회의 예비심사와 예산결산특별위원회의 종합심사를 거쳐 본회의 의결을 통하여 확정되는 절차를 거친다.

5) 타당성 분석자료와 임대형 민간투자사업 정부지급금 추계서 국회 보고 제도

정부는 일정 규모 이상의 사업에 대해서는 타당성 분석 결과와 추진 실적 등에 관한 보고서를 국회 소관 상임위원회와 예산결산특별위원회에 제출한다.

또한 정부는 임대형 민간투자사업의 국가사업 및 국고보조지방자치단체사업에 대하여 해당 회계연도부터 10회계연도 이상의 기간에 대한 정부지급금 규모를 전망한 정부지급금 추계서를 작성하여 회계연도 개시 120일 전까지 국회에 제출하여야 한다.

4 절차

민간투자사업은 사업 발굴, 타당성조사, 민자적격성조사, 민자사업 지정, 경쟁에 의한 사업자 선정, 협약 체결, 건설, 운영 등의 단계로 진행된다.

수익형 민자사업(BTO) 중 정부고시사업과 임대형 민자사업(BLT)의 경우 민간투자사업으로 지정하는 단계에서 정부의 주무관청이 주도하여 사업을 진행한다. 주무관청은 먼저 해당 사업에 대한 사업계획을 수립하여 예비타당성조사를 통하여 사업의 필요성을 검증받게 된다.

예비타당성이 있다고 평가되는 경우 타당성과 민자적격성조사를 실시하여 민자 방식이 재정 부담, 서비스 측면에서 더 우월한지를 판단한다. 적격성이 있다고 평가되는 경우 민자사업으로 지정하고, 경쟁을 통하여 가장 적합한 사업자를 선정하여 추진하게 된다.

수익형 민자사업(BTO) 중 민간제안사업의 경우 민간이 민간투자사업 지정을 주도한다. 민간이 발굴하여 제출하면 주무관청은 제안서를 한국개발연구원(KDI)에서 타당성과 민자적격성을 조사하도록 하고 타당성과 적격성이 확보되는 경우에 민자사업을 지정한다. 이후 제안자 이외의 제3자도 경쟁에 참여할 수 있도록 이를 공고하여 추진하게 된다.

여기서 임대형 민자사업(BTL)의 경우 임대형 사업의 총한도 및 시설별 한도액이 국회의 사전 심의 의결 대상이 됨에 따라 국회에서 승인한 한도(주무부처, 시설별, 총액) 내에서 민간투자사업을 시행하여야 하는 제약이 있다. 주무관청은 타당성과 적격성을 검토한 결과를 기획재정부에 전달하고, 기획재정부는 각 부처로부터 타당성과 적격성을 확보한 사업을 심의 검토를 거쳐 다음 연도 한도액을 편성하여 국회에 제출하게 된다. 이후 민자사업을 지정한다. 이후 제안자 이외의 제3자도 경쟁에 참여할 수 있도록 이를 공고하여 추진하게 된다.

5 문제점과 개선 방안

1) 문제점

주식회사 대한민국, 민자사업 30년 해부
시사기획 창 437회
(KBS 23.10.10. https://www.youtube.com/watch?v=6zWnVPg-DAg&t=375s)

인천공항고속도로, 서울지하철 9호선, 우면산터널, 거가대로, 용인경전철, 부산-김해경전철, 마창대교 등등
1998년 IMF 외환 위기 상황에서, 정부 재정난을 극복하고, 국내 경기 활성화를 위해 본격적으로 도입된 민간투자제도. 하지만, 투자자들의 요구에 따라, 자본 우호적인 법률이 만들어진다. '맥쿼리한국인프라투융자회사'가 대한민국의 대표적인 배당주로 자리매김 할 수 있었던 배경이다.
지난 30년 동안 대한민국에서 진행된 민간투자사업은 모두 818건. 금액으로는 137조 원에 이른다. 16개 광역지방자치단체의 민자사업에 시민들이 낸 이용료는 10조 9,000억 원, 지방정부가 부담한 운영보조금은 약 3조 원. 자료를 공개하지 않는 중앙정부의 수치

까지 더 하면 이용료와 운영보조금은 더욱 커진다.

그들만의 이익 카르텔
누가 민자사업으로 큰 이득을 누리는가?
기업과 정치인, 정부다. 기업은 최소한의 수익이 보장되니 위험 부담 없이 사업을 진행할 수 있다. 정치인은 득표에 도움이 되는 개발 공약을 큰 부담 없이 발표하고, 실행할 수 있다. 또, 정부는 재정으로 해야 할 사업을 민자사업으로 전환하면, 정부재정이 건전한 것처럼 선전할 수 있다.

그들의 이익 보장 방식
민자사업자의 수익을 보장하는 장치는 크게 세 가지다.
첫 번째, 최소운영수익보장제도. 경전철이나 도로 등 민자시설의 장래 예측량을 정해 놓고, 실제 통행량이 그에 못 미치면 정부가 80~90%까지는 수익을 보장해 주는 제도. 과연 수요 예측이 가능하긴 할까? 이용자가 늘어 혼잡을 빚고 있는 공항철도의 이용객 수는 예측치의 28% 수준이다. 국민들의 반발이 잇따르자 2009년 최소운영수익보장제도를 폐지하고, 최소비용보전제도로 변경하지만, 과거 계약은 소급이 되지 않는다. 또, 16개 광역자치단체가 민자사업자에 지급한 최소비용보전 지급액은 1조 4,869억 원으로 최소운영수익보장 지급액 1조 4,815억 원을 이미 뛰어넘었다.
두 번째, 높은 후순위채권. 민자시설의 대주주가 민자시설 운영사에 운영비를 대여하면서 20~65%의 고금리로 이자수익을 얻는다. 시설 운영사는 대주주와 특수관계이기 때문에, 시중에서 이보다 낮은 금리로 자금을 마련할 수도 있지만, 그렇지 않고 있는 실정. 금리가 무료화 갈등 중인 '일산대교'는 20%, 강원도 미시령 터널은 현재 40%에서 오는 2027년이 되면 65%까지 치솟는다. 고금리의 후순위채권으로 운영사의 재정은 피폐해지고, 이를 사용자의 이용료와 지방정부의 재정으로 채우고 있다.
세 번째, 경쟁시설 방지 조항. 민자시설의 통행량에 영향을 끼칠 수 있는 다른 시설을 정부 맘대로 지을 수가 없다. 그러려면, 줄어든 통행 수입만큼 민간사업자에게 보상해야 하기 때문. 인천 제3연륙교가 대표적인 경우다. 제3연륙교가 개통돼 인근 영종대교와 인천대교 사업자에게 약 4,900억 원의 손실을 보상해야 한다. 취재진이 확인한 결과 현재 운용 중인 411개 민자사업 가운데 409개에 이 같은 경쟁시설 방지 조항이 포함되어 있다.
(하략)

민간투자사업은 정부가 타당하고 정확한 수요 예측과 원가 추계를 할 수 있고, 이에 따라 사업의 리스크를 계약에 제대로 반영할 수 있는 충분한 역량이 있어야 손해를 보지 않을 수 있다. 기업의 경우도 마찬가지로 사업을 통하여 얻을 수 있는 장기간의 수익과 사업에 따른 비용, 이러한 추계에 따르는 사업 리스크 등을 바탕으로 경제적 이익과 비용을 계산하고 충분한 수익률을 확보할 수 있어야 사업에 참여할 수 있다.

우리나라의 과거 사례를 보면 수요의 과대 예측과 부정확한 원가 추계로 결과적으로 정부가 다른 방식으로 추진할 때 비하여 더 많은 비용을 지불한 경우가 적지 않다.

최근 정부의 경험이 축적되면서 이러한 기회비용이 줄어드는 경향이 있는 것은 사실이지만 합리적 의사결정이 이루어지도록 하기 위하여 정치적인 압력으로 인한 수요 과다 등의 문제에 대하여 감시를 놓아서는 안 된다고 본다. 타당성조사의 개선, 사전 사후 정보의 공개를 통한 검증, 사업자의 관리활동에 대한 감독 등의 제도 강화가 필요하다.

제4절 민간위탁

1 개관

민간위탁이란 시민의 권리·의무와 직접 관계되지 않는 사무 중 전문지식이나 기술이 요구되는 사무로서 민간의 전문성을 활용하여 성과를 확대하고 비용을 절감할 수 있는 경우 민간단체에 업무를 위탁하고 이에 수반되는 비용은 정부에서 지불하는 계약을 말한다.

보조사업은 민간에서 추진되는 사업이 공적인 성격이 있어 활성화를 하기 위하여 지원하는 제도이고, 민간위탁은 공적 업무를 전문성이 필요하여 민간에 위탁하는 제도로 업무는 민간에서 수행하며 정부가 재정적 지원을 한다는 점에서 유사하다. 차이가 있다면 보조금은 원래 민간이 수행하던 사업에 대하여 정부가 이를 사회적으로 바람직한 것으로 인정하여 조건 없이 지원하는 이전지출의 성격이 크고, 민간위탁은 원래 행정이 수행하여야 하는 업무에 대하여 전문성 있는 민간이 대신 서비스를 제공함으로써 이에 대한 반대급부를 지급한다는 성격이 강하다고 하겠다. 관리의 측면에서 보조금의 경우 상대적으로 강한 모니터링과 통제가 이루어지는 데 반하여 민간위탁은 전문성 있는 단체의 자율성을 존중하는 경향이 있다.

중앙정부의 민간위탁의 경우 「정부조직법」, 「행정 권한의 위임 및 위탁에 관한 규정」이 규율한다. 「정부조직법」은 국민의 권리 의무와 직접 관계되지 아니하는 행정기관의 소관사무를 민간위탁할 수 있다고 규정하고 있다.

민간위탁의 유형을 살펴보면, 일반행정에서 세금고지서 전달, 공공시설에서 청사관리, 도로 보수 등의 업무를 생각할 수 있다. 지방자치단체의 경우 공공시설로 재활용센터, 소각장, 하수처리장 등 운용, 공공안전을 위하여 주차 위반 차량 견인 및 관리 등 다양한 활동에 대하여 민간위탁을 운용하고 있다. 중앙정부의 경우 민간위탁에 지불하여야 하는 금액에 대하여 별도로 추계 및 관리하지 않는다.

❷ 문제점과 개선 방안

민간위탁은 지자체에서 공공서비스를 제공할 때 주로 사용된다. 민간위탁 적정성에 대한 면밀한 검토 없이 관행적으로 민간위탁 사무가 지속적으로 증가하고, 기능적으로 유사한 사무를 민간위탁으로 중복적 수행하는 사례가 많은 것으로 나타난다. 민간위탁금에 대한 감시·통제 기능 미약으로 방만 운영 사례도 다수 발생하고 있다. 위탁금 중 사업비 대비 인건비 및 운영비 비율이 과도하게 높은 사례가 많고 사업 단위로 보조금 방식으로 사업을 수행하여야 함에도 민간위탁 형식을 취하는 혼란이 있다. 민간위탁을 통제하기 위하여 민간위탁 방식 추진 타당성 등 적정성을 검토하는 제도 강화, 민간위탁 운영 효율화를 위하여 유사 사무 통폐합 유도, 사업에 대한 성과평가 및 성과 모니터링 등 사후관리 강화 등이 필요한 것으로 보인다.

서울시의 경우 시민의 권리 의무와 직접 관계되지 않은 사무, 민간의 전문성을 활용하여 성과를 확대하고 비용을 절감할 수 있는 사무, 민간 책임과 명의하에 추진이 가능한 사무에 한정하며, 민간위탁운영평가위원회의 심의를 받도록 하고 있다. 민간위탁 종합성과평가를 실시하여 일정 수준 이상의 점수를 얻지 못하는 경우 불이익을 주는 제도도 운영하고 있다.

제5절　보조금

1 개관

　보조금이란 국가 외의 자가 수행하는 사무 또는 사업에 대하여 국가가 이를 조성하거나 재정상의 원조를 하기 위하여 교부하는 보조금, 부담금, 반대급부를 받지 아니하고 교부하는 급부금을 총칭하여 말한다. 보조금의 교부 주체는 국가 또는 「국가재정법」 별표 2에 규정된 법률에 따라 설치된 기금을 관리·운용하는 자이어야 하고, 교부 대상 사무·사업은 국가 이외의 자가 수행하는 것이어야 한다.

　보조금은 지방자치단체에 대한 보조금인 지방자치단체 보조금과 개인 또는 법인의 시설 운영이나 운영자금 등을 지원하는 민간보조금으로 구분할 수 있다.

　또한 보조금은 직접보조와 간접보조로 나눌 수 있다. 보조금을 지원받은 주체가 해당 사업을 직접 수행하는 경우를 직접보조라 하며, 보조사업자가 타 기관이나 단체를 통하여 사업을 수행하는 경우는 간접보조라 한다.

　경상보조와 자본보조로 나눌 수도 있다. 보조금은 인건비, 운영비, 여비, 용역비 등 물건비성(物件費性) 경비를 지원하는 경상보조금, 토지매입비, 시설건축비, 자산 취득 등을 위한 자본적 경비를 지원하는 자본보조금으로 구분할 수 있다.

　지급 방식에 따라 정률보조금과 정액보조금으로 구분하는데, 정률보조금은 민간 또는 지방자치단체에 지출하는 경비의 일정 비율을 국가가 보조하는 것을 지칭하며 현행 보조금의 대부분을 점하고 있다. 민간 또는 지자체가 지출하는 총경비에서 국고보조금이 차지하는 비율을 국고보조율이라고하며, 「보조금관리에 관한 법률시행령」 제4조 및 [별표 1]에서 기준보조율을 정하고 있다.

　차등보조금은 정률보조금의 결점을 보완하기 위하여 만들어진 것으로 지방자치단체의 재정 사정을 감안하여 기준보조율에 일정률을 가감하여 지원하도록 하는 것이다. 지자체의 재정자주도와 분야별 재정지출지수를 통하여 가감률을 결정한다.

　정액보조금은 일정한 금액의 보조금을 교부하는 것이다.

　마지막으로 포괄보조금이라는 개념이 있다. 포괄보조금이란 재원 용도를 포괄적으로 지정하고, 부여된 한도 내에서 지자체 실정에 맞는 사업을 자율적으로 기획할 수 있도록 허용하는 보조금을 말한다. 포괄보조금제도는 지역주민이 선호하는 사업을 좀 더 합리적으로 수행할 수 있게 하고 지방재정 운영의 자율성을 제고할 수 있다.

2022년 본예산 경우 국고보조금 규모는 102.3조 원으로 민간보조는 전체 보조금의 22.4%(22.9조 원), 자치단체보조는 77.6%(79.4조 원)를 차지하고 있다. 국고보조금 증가율은 11%에 달하여 예산에서 차지하는 비중이 늘어나고 있다.

2 주요 제도

1) 부정 사용 통제 및 처벌

보조금은 특정한 목적을 위하여 지출되는 것이기 때문에 다른 목적으로 사용하는 것은 금지된다. 보조사업자가 보조금을 다른 용도에 사용한 경우 중앙관서의 장은 보조금 교부 결정의 전부 또는 일부를 취소할 수 있고, 보조금을 다른 용도에 사용한 자는 형사 처벌을 받게 된다. 보조금 교부 결정이 취소되면 중앙관서의 장은 취소된 부분의 보조사업에 대한 보조금과 취소로 인하여 발생한 이자의 반환을 명하여야 한다.

2) 실적 보고

보조금의 경우 중앙정부의 사업을 수행하는 것이므로 중앙정부의 통제를 받게 된다. 보조사업자는 수행 상황을 중앙관서의 장 등에게 보고하여야 하며, 보조사업을 완료하였을 때, 폐지의 승인을 받았을 때, 회계연도가 끝났을 때에는 중앙관서의 장에게 보조사업실적보고서를 제출하여야 한다.

3) 보조사업운용평가

기획재정부 장관이 보조사업평가단을 구성·운영하도록 하며 국고보조사업의 실효성 및 지원 필요성을 평가한다. 보조사업의 존속 기간을 3년 이내로 한정하여 일몰제를 원칙으로 하고, 존속 기간이 만료되는 보조사업의 실효성 및 재정 지원의 필요성 등을 평가하고 그 존속 여부를 결정하기 위하여 보조사업 연장평가를 도입하고 있다.

4) 보조금통합관리망

정부는 보조금의 중복 지급 및 부정 수급을 방지하고 정보 공개를 통하여 국민 편의 및 투명성 확보에 기여하기 위하여 보조금통합관리망(e나라도움)을 운영하고 있다. 보조금통합관리망을 통하여 중앙관서의 장 등이 보조사업자 등에 대한 과세 관련 자료, 국민건강보험, 국민연금 등의 자료를 제공받을 수 있으며, 보조사업자도 이를 활용하여 보조사업에 대한 사업 지원을 할 수 있다.

3 문제점과 개선 방안

> **정부, 민간단체 국고보조금 부정 사용 314억 우선 적발…
> "내년도 5천억 원 감축"**
>
> (2023.06.04. 14:53 https://news.kbs.co.kr/news/pc/view/view.do?ncd=7691274)
>
> 신지혜 기자
>
> **대통령실 "온갖 유형의 비리 확인…부정 사용 금액 314억 원"**
> 이관섭 대통령실 국정기획수석은 오늘(4일) 용산 대통령실에서 브리핑을 열고, 국무조정실 주도로 29개 부처가 올해 1월부터 4월까지 민간단체 국고보조금을 일제 감사한 결과를 발표했습니다. (중략)
> 대통령실은 부정 수급 사례를 ▲목적 외 사용, ▲횡령·사적 사용, ▲리베이트 수령, ▲가족, 임원 등 내부자 부당 거래, ▲서류 조작, ▲임의 수의계약 등 여섯 가지 유형으로 구분하고, 구체적인 사례를 30건 이상 공개했습니다. (중략)

86건 수사 의뢰…외부 검증·공익신고 포상 강화

정부는 보조금 유용·횡령, 리베이트(되돌려받기), 허위 내용 기재 등 86건은 사법기관에 수사를 의뢰하고, 내부거래 등 300여 건에 대해선 감사원 추가 감사를 의뢰할 계획입니다. 이 가운데 허위 사실 등으로 부정하게 보조금을 받은 단체의 경우, 지급된 보조금을 전액 환수합니다. 선정 절차에는 문제가 없었지만, 집행·사용 과정에서 일부 부정·비리가 드러난 경우엔 해당 항목에 대한 보조금을 환수합니다. 부정이 확인된 단체는 최대 5년간 보조금을 받지 못합니다. 또한, 앞으로 국고보조금의 경우 보조금을 수령한 1차 단체뿐 아니라, 위탁·재위탁을 받아 실제로 보조금을 쓴 단체들도 국고보조금 관리시스템인 'e나라도움'에 전부 등록해야 합니다.

지방자치단체 보조금의 경우, 그동안 종이 영수증으로 증빙하던 제도를 고쳐 국고보조금과 같이 전자 증빙을 실시합니다.

외부 검증도 강화됩니다. 정산보고서 외부 검증은 3억 원 이상 사업에서 1억 원 이상으로, 회계법인 감사 대상은 기존 10억 원 이상 사업에서 3억 원 이상으로 확대합니다.

아울러 기획재정부 총괄하에 44개 전 부처가 참여하는 '보조금 집행점검 추진단'을 설치하고 보조금 집행 상황을 분기별로 점검하기로 해, 과거 부처 재량에 맡겨져 있던 관리·감독을 강화하기로 했습니다.

정부는 동시에 보조금 부정신고에 대한 공익신고 포상을 대폭 강화하기로 했습니다.

"전 정부에서 2조 증가…내년엔 5천억 원 감축"

정부는 또 내년도 민간단체 보조금을 우선 5천억 원 삭감하고, 향후 윤석열 대통령 임기 내에 지속적인 구조조정을 시행하기로 했습니다. (중략)

[해설] 일반적으로 부정 지출의 적발률은 10%가 되지 않는다고 한다. 부정 사용액 자체가 중요한 점도 있지만 정부와 예산에 대한 국민의 신뢰를 크게 훼손한다는 점에서 부정 사용에 대하여 강력한 처벌이 요구된다.

보조금은 눈먼 돈이라고 칭해지며 부패에 취약하다. 일단 도입되면 기득권으로 인식되어 축소·폐지가 곤란하여 지속적으로 확대되는 경향이 있으며, 재정 운용의 경직성을 초래한다. 개별 부처들이 비슷한 취지의 보조사업을 남발하여 보조사업 중복

이 많고 이를 어떻게 통폐합할 것인가의 문제가 있다. 좀 더 근본적으로 보조금은 민간단체가 정부에 의존하는 의존성이 강화되는 문제가 있다.

　개선 방안으로 보조사업의 일몰제를 좀 더 강력하게 추진하여 예외사업을 최소화하고 계속하여 증가하고 있는 보조금의 규모를 줄여 나가야 한다. 보조사업의 데이터베이스를 구축하여 유사 중복사업을 과감하게 통폐합해 나가야 한다. 이는 통폐합을 지시할 수 있는 기관에서 가능한 업무이기 때문에 대통령실이나 총리실이 주도하는 것이 맞겠다.

제6절　교부금

1 개관

　교부금 또는 교부세는 중앙정부나 지방자치단체가 특정한 목적을 위하여 다른 지방자치단체, 교육청에 교부하는 금전을 말한다. 광역자치단체가 기초자치단체에 교부하는 조정교부금도 있으나 여기서는 중앙정부의 교부금에 한정하여 검토한다. 중앙정부의 교부금은 「지방교부세법」에 따른 지방교부세 및 「지방교육재정교부금법」에 따른 지방교육재정교부금을 가리킨다.[3] 교부금은 보조금과 달리 사전에 지출 목적이 정해지지 않고 일반재원으로 사용된다.

　지방교부세는 국가가 「지방교부세법」의 규정에 따라 지방자치단체의 행정 운영에 필요한 재정 지원을 위하여 지급하는 교부금으로서 지방교부금이라고도 한다. 지방교부세는 보통교부세와 특별교부세로 구분하는데, 보통교부세는 매년 기준 재정수입이 기준 재정 수요에 미달하는 지방자치단체에 그 미달액을 기초로 하여 교부한다. 특별

---

3) 유아교육지원특별회계 교부금의 경우에는 유아교육비 보육료 지원사업에만 지출하도록 용도가 지정되어 있다. 유아교육지원 특별회계 교부금은 2017년부터 2019년까지 한시적으로 시행된 제도이다.

교부세는 보통교부세 산정 시 반영할 수 없었던 예기치 못한 재정 수요에 충당하는 재원으로 행정자치부에서 사업별 타당성 및 시급성, 재정 여건, 낙후도 등을 고려하여 국가적 행사, 행정구역 통합, 지역별 자치단체 수, 재정 여건 등에 따라 교부한다.

지방교육재정교부금은 중앙정부가 초·중등 교육의 재정 지원을 위하여 「지방교육재정교부금법」의 규정에 따라 지급하는 교부금을 말한다. 이 교부금은 지방자치단체가 교육기관 및 교육행정 기관을 설치, 경영하는 데 필요한 재원을 국가가 지원하여 지역 간 교육의 균형 발전을 도모하기 위한 것이다.

2 주요 제도

1) 지방교부세

지방교부세는 지방자치단체 재원 보장과 재정 불균형을 완화하기 위하여 교부하는 재원으로 보통교부세, 특별교부세, 부동산교부세, 소방안전교부세로 구분한다. 지방교부세 중 법정교부금은 내국세의 19.24%에 해당하는 금액(보통·특별교부세)과 종합부동산세 총액(부동산교부세), 담배에 부과하는 개별소비세의 45%(소방안전교부세)를 재원으로 한다.

보통교부세와 부동산교부세는 용도의 지정 없이 자치단체의 일반예산으로 사용한다. 반면 특별교부세는 특별한 사정에 따라 교부된 재원으로 용도와 조건이 지정되는 것이 보통이다. 소방안전교부세는 소방과 안전과 관련된 용도로 사용된다. 지방교부세는 2021년 기준으로 52.1조 원에 달한다.

2) 지방교육재정교부금

지방교육재정교부금은 지역 간 균형 있는 교육 발전을 위하여 중앙정부가 교육청에 교부하는 교부금이다. 교육청은 이외에 광역지자체가 교부하는 교부금, 중앙정부가 예산으로 편성하는 일반회계 및 특별회계 전입금, 국고보조금 등을 재원으로 예산을

편성한다.[4]

　지방교육재정교부금은 내국세의 20.79%에 해당하는 금액과 교육세 중 일부가 재원이다. 이 중 보통교부금이 97%와 교육세 중 일부, 특별교부금이 내국세교부금의 3%를 차지한다. 보통교부금은 용도 지정 없는 일반재원으로 특별교부금은 용도와 조건이 지정된다.

3 문제점과 개선 방안

1) 문제점

멀쩡한 칠판 교체에 287억 쓴 서울교육청
(https://www.hankyung.com/article/2023062781761)

강경민 · 허세민 · 이혜인 기자 kkm1026@hankyung.com

나랏돈이 샌다 (3) 예산 남아돌자 펑펑 쓰는 교육청

서울, 2,878개 교실에 '전자칠판'
광주, 중 · 고교 신입생 30만 원 줘

지난 16일 서울 동작구에 있는 한 중학교 1학년 교실. 칠판이 있어야 할 자리에 대형 LCD 화면이 놓여 있었다. 교사는 LCD 화면에 각종 이미지와 동영상을 띄워 놓고 수업을 하고 있었다.
서울 시내 학교에는 이처럼 '전자칠판'을 활용하는 교실이 적지 않다. 서울교육청이 '스마트 교실' 사업의 일환으로 2021년 287억 원의 예산을 들여 서울 시내 중학교 1학년 교실 2,878곳에 전자칠판을 깔면서다. 하지만 전자칠판은 도입 당시부터 '예산 낭비'라는 지적이 끊이지 않았다. 기존 빔프로젝터와 컴퓨터를 연결해 디지털 자료를 수업에 활

---

[4] 교부금은 공식에 따라 자동으로 교부되는 것이고, 전입금은 매년 중앙정부가 전입금의 규모를 정하여 예산 편성하여 지원하는 것이다. 이 부분은 재정 상황에 따라서 매년 달라질 수 있다.

용할 수 있기 때문에 전자칠판의 활용도가 떨어진다는 것이다. 전자칠판 가격은 대당 1,000만 원에 달한다. 전국교직원노동조합 서울지부가 "멀쩡한 칠판과 멀티미디어 기기가 있는데도 국민 혈세를 낭비한다"고 비판했을 정도다. 논란이 커지자 국민의힘 의원이 다수인 서울시의회는 작년 말 올해 서울교육청 예산을 심의하면서 전자칠판 예산 1,590억 6,000만 원을 전액 삭감했다. 예산 낭비 소지가 크다는 이유에서다. (중략)

학생 수 줄어도 교육청에 가는 돈 늘어
교육청들이 이처럼 돈을 '펑펑' 쓰는 건 학생 수는 줄어드는데 교육청에 들어오는 돈은 계속 늘어나기 때문이다. (중략)
그런데도 교육청 예산은 큰 폭으로 늘고 있다. 학생 수와 상관없이 현행법에 따라 내국세의 20.79%가 지방교육재정교부금으로 자동 배정되기 때문이다. 지난해 지방재정교부금은 76조 원으로, 2017년 48조 6,000억 원보다 56% 급증했다. 학생 1인당 교육교부금은 이 기간 850만 원에서 1,442만 원으로 뛰었다. 이렇다 보니 당장 필요하지 않은 사업을 벌이거나 사업성을 철저히 따져보지 않은 채 헤프게 돈을 쓰는 사례가 늘고 있다는 지적이 끊이지 않는다.

2) 개선 방안

교육재정 배분에서 근본적인 개혁이 필요하다. 초중등교육과 고등교육 간의 예산 배분의 균형을 찾아야 한다. 교육 분야의 재원 배분을 효율성과 공평성을 고려하여 제도적으로 리밸런싱(rebalancing)하는 작업이다. 고등교육 분야에 최근 고등평생교육지원특별회계가 신설되어 교육세 중 교육청에 전입되는 지원금 중 절반 정도를 고등교육 분야로 사용처를 전환한 바 있다. 이는 매우 점진적인 접근으로 교육교부금 자체를 고등교육에 배분할 수 있도록 하여야 한다.

현재 우리나라는 학생 1인당 초중등교육비와 고등교육비를 비교해 보면 그야말로 기형적으로 초중등교육비 지출 수준이 높다. 과거 한국 사회가 2차 산업 중심의 낮은 단계의 경제 수준에 머물고 있을 때는 인적 자원의 성격이나 질을 이에 맞추어야 하고 초중등교육의 중요성이 높았다고 할 수 있다. 하지만 현재 한국 사회가 지속 가능한 성장을 이루고 4차 산업혁명에 대응하는 고도의 경제 수준을 달성하기 위해서는 고등교육에 대한 집중적인 투자가 절실하다.

  이를 위하여 단기적으로는 교육교부금에 일정 비율을 고등교육기관에 배분하도록 하는 제도적 개선이 필요하다. 교육청에 배분하는 비율을 낮추고 나머지 부분을 고등교육기관에 배분하도록 하는 법안 개정이 가능할 것이다.

  장기적으로는 교육교부금의 공식에 따른 일정 비율의 예산이 자동적으로 배분되도록 하는 제도 자체를 폐지하는 방안을 논의하여야 한다. 공식에 따른 재원 배분은 그 분야의 예산이 안정적으로 확보된다는 면에서 특별한 상황에서 허용될 것이다. 이는 예산의 통일성의 원칙에 어긋나고 더 시급한 재원 배분의 요구에 대하여 칸막이를 설치하여 그 분야의 지출만이 지속되도록 함으로써 사회적으로 바람직한 재정 배분이 이루어질 수 없도록 만든다.

  우리나라가 후진국 상황에서 기초적인 교육과 인적 자원 확보를 위하여 교육에 많은 투자를 하였고, 이로부터 일정 정도 성과를 낸 점은 사실이나 복지지출이 급증하는 현재의 사회적 수준, 4차 산업혁명을 선도하여야 하는 경제적 환경을 고려하면 초중등교육에 과잉 투자를 하기보다는 전반적인 인적 자원의 질의 향상시키는 데 노력을 기울이는 것이 바람직하며, 미래 지향적 투자를 확대하기 위해서는 초중등교육 분야의 기득권은 이제 해체하는 것이 필요하다고 본다.

제7절 출연금

1 개관

  출연(出捐)은 정부가 직접 수행하여야 할 사업을 대행하는 자에게 법률에 근거하여 반대급부 없이 금전적 지원을 제공하는 것을 말한다. 정부가 전문적인 단체에 지원하는 방식으로 출연, 출자, 보조가 있는데 출연이란 국가가 공공 목적을 수행하는 기관이나 국가연구개발사업을 수행하는 연구기관·기금·공단·기관의 운영 등 목적을 달성하기 위하여 법률에 근거가 있는 경우에 지원하는 것을 말한다. 출자는 공익사업을 수행하는 기관의 지분을 취득하는 투자 형태로 지원하는 방식이며, 보조는 특정한 사무 또는 사업에 대하여 사업을 지원하는 방식이다.

출연에 관한 일반적인 근거 규정은 국가의 경우는 「국가재정법」, 「공공기관 운영에 관한 법률」, 「정부출연연구기관 등의 설립·운영 및 육성에 관한 법률」, 「과학기술 분야 정부출연연구기관 등의 설립·운영 및 육성에 관한 법률」 등을 들 수 있다.

「국가재정법」에 따르면, 국가는 국가연구개발사업의 수행, 공공 목적을 수행하는 기관의 운영 등 특정한 목적을 달성하기 위한 경우에는 해당 기관에 출연을 할 수 있는데, 반드시 법률에 근거가 있어야만 출연을 할 수 있다(국가재정법 제12조).

출연금은 목적에 따라 일반출연금과 연구개발출연금으로 구분한다. 연구개발출연금은 국가연구개발혁신법에 따라 관리되고 연구개발과제의 인건비, 경상경비, 장비시스템 구축비 등 연구개발에 사용되고 그 외의 용도에 사용되면 안 된다. 일반출연금은 공공 목적을 수행하는 기관 운영, 사업을 위하여 사용된다.

출연금은 2021년 48.3조 원, 2022년 53.2조 원으로 총지출의 8.8% 정도 차지하고 있으며, 이는 매우 큰 비중이라고 할 수 있다. 2022년 일반출연금이 약 48% 정도, 연구개발출연금이 52% 정도 차지하고 있다. 출연금은 소관별로 과학기술정보통신부, 교육부, 국토교통부, 산업통상자원부 등이 주요 담당부처이다.

2 문제점과 개선 방안

우리나라는 출연금 중 연구개발출연금의 규모가 상당히 크고 국가 주도의 공공 R&D가 전체 GDP 대비 차지하는 비중은 세계에서 가장 높은 수준이다. 따라서 출연금 및 공적 R&D의 관리와 효율성 유지가 필요한 상황이다.

정부출연연구기관은 인문사회연구회 소속의 국책연구기관과 과학기술연구회 소속의 연구기관들이 있다. 연구기관들마다 출연금의 규모와 기관 예산에서 차지하는 비중이 다르다는 문제도 있다. 국책연구기관에 대한 예산의 안정적 지원이 필요한데 출연금이 불안정하면 기관의 수익을 높이는 사업에 치중하게 되는 문제가 생긴다.

기초연구에 대한 출연금의 비중을 높이고 출연금의 성과를 높이며 연구개발에 따른 지적재산과 특허에 대한 관리를 강화할 필요가 있다.

과학기술 출연연구원, 공공기관 해제…
예산·인력·R&D 자율성 높아진다
(2024.01.31 https://www.sedaily.com/NewsView/2D4ARIIQ1S)

고광본 선임기자

과기부, 우수연구자 영입·협업 촉진 기대
14일 자율성·수월성 위한 운영 체계 발표
일부에선 오히려 관리감독 심화 우려도

정부가 과학기술 분야 정부출연연구기관의 오랜 숙원인 '기타 공공기관 지정 해제'를 31일 확정했다. 올해 정부의 연구개발(R&D) 예산이 14.7%나 감축돼 산학연의 불만이 큰 상황에서 본격적인 R&D 구조 개혁에 나서겠다는 것이다.

출연연 등 과학기술계에서는 환영의 뜻을 나타내며 자율성과 독립성이 커질 것이라고 기대했다. 다만 관리 주체가 기획재정부에서 과학기술정보통신부로 이관되는 데 그쳐서는 실질적인 R&D 개선 효과를 거두기 쉽지 않다는 목소리도 만만찮다.

과기정통부는 이날 최상목 부총리 겸 기재부 장관이 주재한 공공기관운영위원회에서 국가과학기술연구회(NST)와 소관 연구기관(21개), 부설 연구기관(4개) 등 총 26개 기관을 기타 공공기관 지정에서 해제했다고 밝혔다. 앞서 KAIST 등 4대 과학기술원은 지난해 기타 공공기관에서 해제됐다.

과기 출연연은 「공공기관의 운영에 관한 법률(공운법)」이 제정된 2007년 이후 다른 기타 공공기관과 동일한 총인건비 제한 등의 규제를 받았다. 공공기관은 공기업·준정부기관·기타 공공기관으로 구분된다. 출연연의 경우 대학병원이나 강원랜드 등과 같은 잣대로 인건비·정원·채용·평가 기준을 적용받았다. 연구기관에 걸맞지 않은 규제로 연구자의 자율성과 창의성 발현이 쉽지 않았던 것이다.

(하략)

제8절　융자금

1 개관

　재정융자금은 국가가 정책 목표의 달성을 위하여 공공자금을 특정 대상에게 융자하는 금전적 급부를 말한다. 특히 금융시장으로부터 필요한 자금을 공급받는 데에 어려움이 있는 부문에 자금을 공급함으로써 해당 부문의 자금 부족을 완화하는 기능을 수행한다.

　모든 재정융자사업에 공통적으로 적용되는 법적 근거는 없으며, 개별 융자사업들은 개별 법령에서 융자할 수 있다는 규정을 근거로 하거나 법적 근거 없이 기금운용계획에 근거하여 이루어지는 경우가 있다.

　재정융자는 전략산업에 집중적으로 자금을 공급함으로써 경제 성장을 촉진하고 사회적으로 소외된 특정 부문, 중소기업 등에 대한 자금 공급의 기능은 물론 민간금융을 보완하는 금융적 기능을 수행한다.

　직접융자는 정부가 대부에 필요한 자금을 조성하여 대출하는 방식이다. 이에 비하여 이차보전은 일정 조건을 만족하는 차입자가 민간금융기관으로부터 대부를 받고 정부가 이자의 일부를 보조해 주는 방식이다. 신용보증은 차입자가 자금 상환을 할 것을 정부가 보증하는 방식이다. 지급 불능이 발생하였을 때 정부가 상환하여야 한다.

2 문제점과 개선 방안

　재정융자사업은 전체적으로 관리하기보다는 개별 사업에 따라 관리되고 있으며, 이런 이유로 통일성이나 일관성 있는 기준을 마련하기 어렵고 융자 조건도 사업별·부처별로 다른 모습이 나타난다.

　재정사업 자율평가에서 융자 조건의 적절성을 판단하도록 하고 있다. 융자 금리나 거치 기간 및 상환 기간 등에 대한 적절한 설계가 필요하다. 재정융자의 성과에 대한 객관적인 검토가 필요한 시점이다.

한편 재정융자의 표준화를 가급적 유지하는 것이 바람직하다. 융자금이 중복 지급되거나 중복 수혜가 이루어지지 않도록 하여야 한다. 특정 집단에 집중되지 않도록 유의하여야 하며, 융자 절차가 투명하고 특혜 시비가 일어나지 않도록 하여야 한다. 직접융자에서 이차보전 중심으로 개선하는 것이 바람직하다.

제9절 출자금

1 개관

출자금은 정부가 공기업 등 공익사업을 수행하는 기관의 사업 영위에 필요한 자본을 확충하기 위하여 해당 법인의 지분을 취득하면서 지급하는 현물 또는 금전적 급부를 말한다. 결과적으로 정부는 출자기관의 주주로서 운영에 대한 감독권 등을 갖게 되며, 출자 대상의 수익 중 일부를 배당받을 수도 있다.

출자금을 편성·집행하기 위해서는 법적 근거가 필요하고, 일반법적 근거는 마련되어 있지 않아 개별 법령에 근거하여 출자가 실시되고 있으며, 이자수입 등 이익금의 처리에 관해서도 개별 법령에 규정되어 있다. 출자 지분에 대한 배당에 대해서는 「국유재산법」에 적용 대상, 절차 등이 규정되어 있다.

2022년도 예산에서 연간 출자금은 10조 2천여억 원으로 총지출 607.7조 원의 1.7%를 차지한다. 출자금 예산을 부처별로 보면 13개 부처에 걸쳐 있으며, 정부출자기관은 총 39개로, 10개 부처 소관 공공기관 34개와 비공공기관 5개(서울신문사, 대한송유관공사, 공항철도주식회사, 한국방송공사, 한국교육방송공사)가 있다. 사업간접자본(SOC) 관련 14개, 에너지 관련 7개, 금융 관련 7개, 기타 11개 기관이다.

이제까지 출자된 출자금 총액의 경우 158조 776억 원이며, 공기업에 대한 출자가 117조 825억 원으로 전체 정부출자의 74.1%를 차지하고 있으며, 기타 공공기관(23%),

준정부기관(2.7%) 순으로 나타났다.

2 주요 제도

1) 출자의 요건

출자는 출자하는 주체가 권리를 취득하는 행위이기 때문에 출연과는 달리 엄격한 통제를 요하지 않는다. 중앙정부가 출자하는 경우에는 법률의 근거가 없어도 예산만 확보되면 출자할 수 있다. 또한 필요에 따라 중앙정부 외에 공공기관이 다시 출자할 수도 있다.

2) 출자 이후의 관리

정부가 납입자본금의 50% 이상을 출자한 기업체나 30% 이상만을 출자하였지만 임원 임명 권한 행사 등을 통하여 해당 기관의 정책 결정에 사실상 지배력을 확보하고 있는 기관 등과 같은 공공기관에 대해서는 「공공기관의 운영에 관한 법률」의 규율을 받는다. 공운법의 운영에 관한 기본적인 사항과 자율 경영 및 책임경영 체제의 확립에 관한 사항에 따라야 한다.

출자에 따른 권리는 국가의 경우에는 국유재산이 되고, 공공기관과 공기업, 그 밖의 출자기관은 「국유재산법」과 「공유재산 및 물품 관리법」에 따라 관리하게 된다.

3) 현물출자

출자의 형태는 현금출자가 원칙이나 행정재산일 경우 「국유재산법」 외의 특례법에 따라 필요에 따라 현물출자할 수 있다. 일반재산일 경우 「국유재산법」에 따라 진행할 수 있다. 정부출자기업체를 새로 설립하려는 경우, 정부출자기업체의 고유목적사업을 원활히 수행하기 위하여 자본의 확충이 필요한 경우, 정부출자기업체의 운영 체제와 경영구조를 개편하는 데 필요한 경우 일반재산을 정부출자기업체에 현물출자할 수 있다. 이 경우 「국가재정법」에 따라 세입세출예산 외로 처리할 수 있어 국회 심의 없이도 출자할 수 있다. 현물출자의 대상이 「상법」상의 주식회사의 형태로 되어 있는 공기업인 경우에는 「상법」의 규정에 따른다.

3 문제점과 개선 방안

기재부-서울신문 지분 매각 협상 돌입키로
(2021.03.18. 16:07 https://www.mediatoday.co.kr/news/articleView.html?idxno=212465)

김예리 기자

법제처, 기재부 의뢰에 "우리사주조합에 수의계약 지분 매각 가능"
서울신문 1대 주주인 기획재정부와 2대 주주인 서울신문 우리사주조합이 지분 매각 협상에 들어갈 예정이다. 법제처가 최근 기재부의 우리사주조합에 대한 지분 매각 수의계약이 가능하다는 법률 해석을 내놓은 데 따라서다. (중략)
법제처는 법률 해석에서 「국유재산법」 43조 1항을 들어 "'계약의 목적·성질·규모 등을 고려해 필요하다고 인정되면 대통령령으로 정하는 바에 따라 (국유 지분 매각을) 수의계약으로 할 수 있다'고 규정하고 있다"며 이 중 하나로 "우리사주조합원에게 정부출자기업체의 지분증권을 매각하는 경우"가 명시됐다고 했다. (중략)
현재 서울신문사 지분은 기재부 30.49%, 우리사주조합 29.01%, 호반건설 19.40%, 한국방송공사 8.08% 등으로 구성돼 있다.

YTN 26년 만에 '민영화' 눈앞…노조 "매각 전 과정이 불법"
(https://www.hani.co.kr/arti/society/media/1113260.html)

최성진, 김경락 기자

한전케이디엔·마사회 지분 30.95% 유진그룹에 매각
보도전문채널 와이티엔(YTN)의 공기업 지분 인수 기업이 유진그룹으로 결정됐다. 방송통

> 신위원회(방통위)가 유진그룹의 주식 취득 목적 등에 문제가 없다고 판단해 이를 승인할 경우, 유진그룹은 와이티엔의 최대 주주가 된다.
> 1997년 외환 위기 때 한전케이디엔(KDN) 등 일부 공기업의 지분 인수로 지금까지 공영적 소유구조를 유지해 왔던 와이티엔이 26년 만에 다시 민간 자본의 손에 넘어갈 상황에 놓이게 됐다. (중략)
> 와이티엔 민영화는 기획재정부가 지난해 11월 한국전력공사의 100% 자회사인 한전케이디엔과 한국마사회 등 공기업이 보유 중인 와이티엔 지분 30.95%를 모두 매각하는 내용의 '공공기관 자산 효율화 계획'을 승인하며 급물살을 타기 시작했다. 정부가 공공기관 자산 효율화 계획을 확정짓기 전까지만 해도 와이티엔의 1대 주주인 한전케이디엔 등은 지분 매각에 소극적이었으나, 산업통상자원부의 '매각 재고' 권고가 나오자 입장을 바꿀 수밖에 없었다. 이어 한전케이디엔과 마사회는 같은 해 11~12월 이사회를 열어 지분 매각 안건을 의결했다.

부처들의 출자사업에 대하여 상대평가나 성과평가를 하고 있지는 않다. 출자는 지분을 취득하는 것을 의미하고 지분을 매각할 경우 지분, 즉 소유권을 민간에 이전하는 것이므로 공공기관의 민영화라는 결과를 낳게 된다.

이런 점을 고려하여 지분을 매입할 경우는 소유권자가 되는 정부의 이익을 명확히 하고, 정부의 이익에 부합하는 경우 출자를 하도록 하며, 정부의 입장에서 중복 투자가 발생하지 않도록 하여야 한다. 반대로 지분을 매각하는 경우 공공기관의 소유권을 시장에 이전할 때 어떤 효과가 발생할지에 대한 충분한 숙고가 필요하다.

세입관리

미래를 위한 재정관리
Public Financial Management for the Future

제1절 개관

1 의의

세입이란 국가나 공공기관이 활동의 경비를 충당하기 위하여 회계연도 내에 획득한 재무자원을 의미한다. 정부의 주요 수입원으로는 조세(tax), 부담금, 사회보험료, 자산매각 수입 및 이용료 수입, 공공서비스 이용자 수입, 과태료가 있다.

조세는 국가가 수입을 조달할 목적으로 특정한 개별적 및 직접적 보상 없이 민간경제로부터 강제적으로 징수하는 화폐 또는 재화를 의미한다. 국민의 재산권을 보호하기 위하여 과세 요건은 법률에 따라 규정하여야 한다. 이를 조세법률주의라고 한다. 조세는 강제성, 무보상성, 담세 능력에 따른다는 특징이 있다.

조세는 재원 조달을 하는 기능, 사회적 약자를 보호하는 사회정책적 기능, 경제 의사결정을 하도록 하는 경제정책적 기능이 있다.

부담금은 특정 공익사업 추진을 위한 재원을 마련하기 위하여 사업과 연관성이 있는 국민으로부터 무상으로 강제적으로 징수하는 재화이다. 조세와 유사한 측면에서 준조세라고 불린다. 부담금은 특정한 공익사업의 경비에 충당하기 위한 것이고, 사업과 관계가 있는 자에게 부과하며 사업 소요 경비, 사업과의 관계 등을 기준으로 하여 부과액을 결정한다.

사회보험료는 피보험자의 질병·노령·실업·사망 등에 대하여 공적 보험의 피보험자와 사용자 등이 부담하는 보험료를 말한다. 보험의 원리에 맞추어 「국민건강보험법」, 「국민연금법」, 「고용보험법」, 「산업재해보상보험법」 등에 따라 피보험자와 사용자 등이 부담하는 보험료이다.

수수료와 사용료는 공공서비스나 시설물 이용에 대한 개별적 보상 원칙에 따라 징수한다. 수수료는 공공서비스에 대하여 지불하는 요금을 의미한다. 사용료는 공공영조물의 사용에 대하여 지불하는 요금이며 국공유재산 중 임대 후 사용료를 징수하는 경우이다. 이와 관련하여 국공유재산을 아예 매각하는 경우 매각에 따른 수입이 있을 수 있다.

국가가 국공채에 투자한 경우 국가의 자본을 이용하는 사용료라고 볼 수 있으므로 국공채로부터 발생하는 이자수입도 사용료의 유형이라고 할 수 있다.

과태료 등 각종 행정제재금은 행정상 의무 이행의 확보나 처벌을 위하여 부과되는 금전이다. 범칙금은 국가가 범죄인에게 일정한 금액의 납부를 명령하여 그 금액 한도 내에서 범죄인의 재산 박탈을 내용으로 하는 형벌이다. 재정수입 확보가 목적이 아니고 피해의 복구, 사회적 비행행위를 억제하려는 목적으로 재산을 강제로 박탈하는 것이다.[1]

2 현황

1) 개관

우리나라 중앙정부의 세입은 형식상 예산수입과 기금수입으로 나뉘며, 예산수입은

---

1) 과징금, 이행강제금, 가산금 등도 비슷한 성격을 띤다.

국세수입과 세외수입으로 구분할 수 있다. 국세수입으로 일반회계에 포함되는 세입으로 수입 원천별로는 소득세, 법인세, 부가가치세 등이 있고, 특별회계에 포함되는 세입은 주세와 농어촌특별세가 있다. 세외수입은 경상이전수입(벌금, 가산금 등), 재산수입(출자배당수입 등), 공기업매각수입 등이 있다. 기금수입에는 부담금수입과 사회보험료가 있다. 과태료의 경우 지자체의 수입이다. 전체 총수입에서 예산수입이 2/3, 기금수입이 1/3 정도 차지하며, 예산수입에서 국세수입이 90% 이상 대부분을 차지한다.

2) 세수입

(1) 국세

국세는 국가의 재정수입을 위하여 국가가 부과 · 징수하는 조세로 그 부과에 통관 절차를 필요로 하는가를 기준으로 내국세와 관세로 구분한다. 내국세는 관세를 제외한 국세이고, 관세는 「관세법」이 정하는 바에 의하여 통관 절차를 거치는 물품에 부과하는 조세이다. 내국세는 법률상의 납세 의무자와 경제상의 조세 부담자가 일치하는지 여부에 따라 직접세와 간접세로 나뉜다. 직접세는 납세 의무자와 조세 부담자가 일치하는 조세로 소득세, 법인세, 상속세, 증여세, 종합부동산세 등이 이에 속한다. 간접세는 경제활동을 통하여 타인에게 조세 부담의 전부 또는 일부가 전가되는 조세로 부가가치세, 개별소비세, 주세, 인지세, 증권거래세 등이 이에 속한다.

국세 세입의 회계 현황을 살펴보면, 농림축산식품부 소관인 농어촌구조개선특별회계의 세입 항목인 농어촌특별세, 기획재정부 소관인 지역발전특별회계의 세입 항목인 주세를 제외한 나머지 12개의 국세는 모두 기획재정부 소관 일반회계의 세입으로 계상된다.

(2) 지방세

지방자치단체는 「지방세기본법」이 정하는 바에 따라 지방세를 부과 · 징수할 수 있으며, 지방세는 재정 수요의 용도에 따라 보통세와 목적세로 나뉜다. 보통세는 취득세, 등록면허세, 레저세, 담배소비세, 지방소비세, 주민세, 지방소득세, 재산세, 자동차세 등 9개의 세목으로 구성되며, 목적세는 지역자원시설세, 지방교육세 등 2개의 세목으로 이루어져 있다. 우리나라의 국세와 지방세의 비율은 3:1, 즉 75% 대 25%를 유지하고 있다.

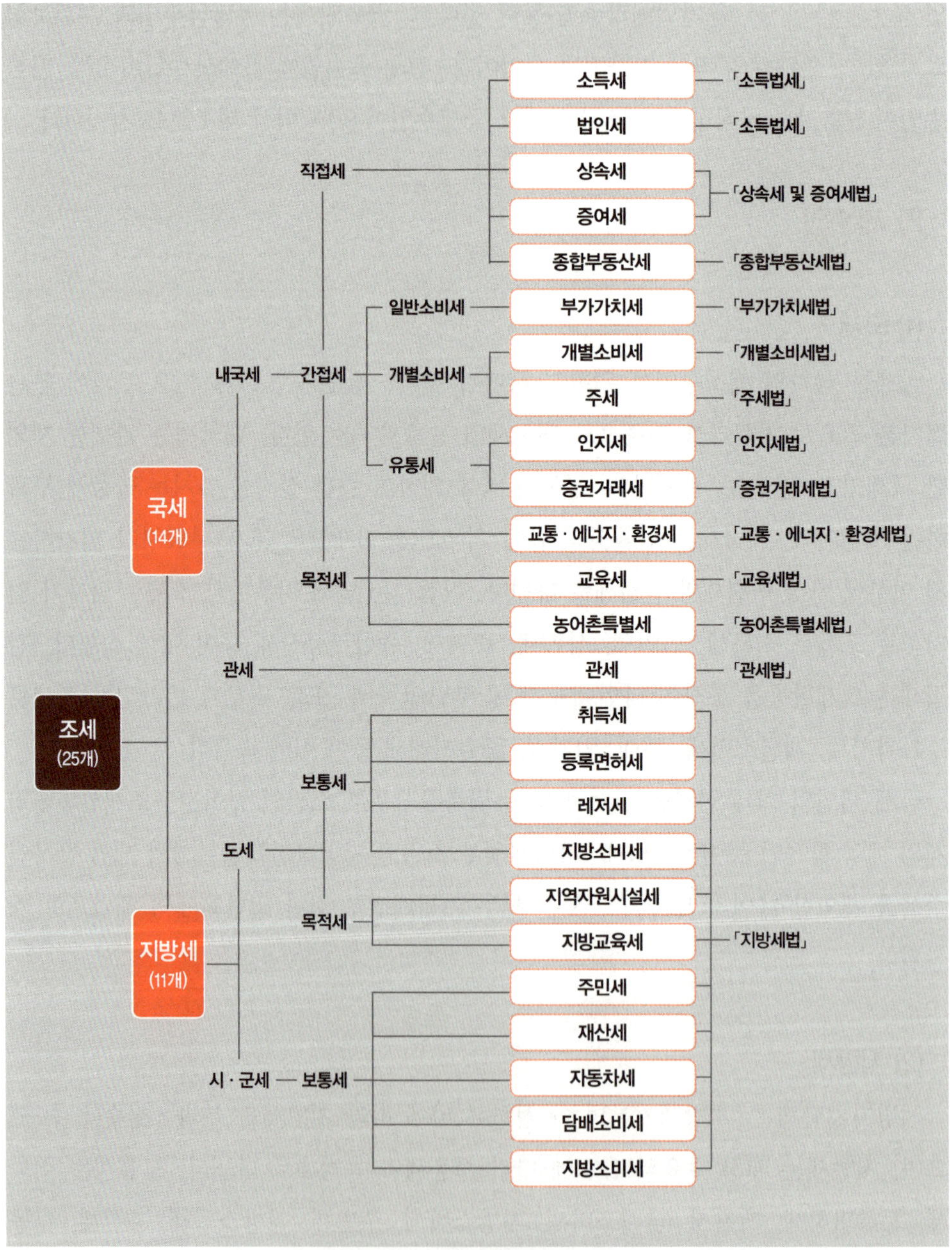

```
                              ┌─ 소득세 ── 「소득법세」
                              ├─ 법인세 ── 「소득법세」
                   ┌─ 직접세 ──┼─ 상속세 ──┐
                   │          │          ├── 「상속세 및 증여세법」
                   │          ├─ 증여세 ──┘
                   │          └─ 종합부동산세 ── 「종합부동산세법」
                   │          ┌─ 일반소비세 ── 부가가치세 ── 「부가가치세법」
         ┌─ 내국세 ─┼─ 간접세 ─┼─ 개별소비세 ┬─ 개별소비세 ── 「개별소비세법」
         │         │         │           └─ 주세 ── 「주세법」
         │         │         └─ 유통세 ┬─ 인지세 ── 「인지세법」
  국세    │         │                  └─ 증권거래세 ── 「증권거래세법」
 (14개)  │         │          ┌─ 교통·에너지·환경세 ── 「교통·에너지·환경세법」
         │         └─ 목적세 ─┼─ 교육세 ── 「교육세법」
         │                    └─ 농어촌특별세 ── 「농어촌특별세법」
         └─ 관세 ─── 관세 ── 「관세법」
조세
(25개)                       ┌─ 취득세
                   ┌─ 보통세 ─┼─ 등록면허세
                   │          ├─ 레저세
          ┌─ 도세 ─┤          └─ 지방소비세
          │        │          ┌─ 지역자원시설세
  지방세   │        └─ 목적세 ─┴─ 지방교육세 ── 「지방세법」
 (11개)   │                   ┌─ 주민세
          │                   ├─ 재산세
          └─ 시·군세 ─ 보통세 ─┼─ 자동차세
                              ├─ 담배소비세
                              └─ 지방소비세
```

[그림 11-1] 우리나라의 조세 체계

3) 세외수입

세외수입은 정부의 세입예산 가운데 국세 이외의 수입을 말한다. 우리나라는 세입예산 과목에 따라 크게 9개 항목으로 구분하여 관리한다. 재산수입, 경상이전수입, 재화 및 용역판매수입, 수입대체경비수입, 관유물 매각대, 융자 및 전대차관 원금 회수, 차입금 및 여유자금 회수, 전년도 이월금, 정부 내부수입 및 기타 9개의 항목으로 구성된다. 세외수입은 총수입 기준으로 30조 원 정도 되며, 일반회계 세외수입이 15조 원 정도, 특별회계 세외수입이 15조 원 정도 된다.

4) 기금수입

기금수입은 수입 원천별로 사회보장기여금(국민연금, 사학연금의 연금기여금과 고용산재보험 등 보험료로 구성), 융자원금 회수(중소기업 융자자금 등의 만기 회수), 그리고 기타 수입(자산 운용 과정에서 발생하는 이자수입 등)으로 구분한다.[2]

기금운용계획상 전체 기금수입은 외형상 기금수입으로 계상되는 모든 항목을 합산한 것으로 자체수입뿐만 아니라 정부 내부수입, 차입금, 여유자금 회수 항목이 모두 포함된다. 여기서 정부 내부수입, 차입금, 여유자금 회수 등은 실질적인 수입으로 보기 어려운 항목으로 예산과 기금을 합한 중앙정부 총수입을 산정할 때에는 이와 같은 항목들은 제외한다. 또한 금융성 기금(8개) 및 외국환평형기금은 IMF 기준상 재정활동이 아닌 금융활동으로 보아 총수입에서 제외하고 있다.

결과적으로 연금보험료·융자회수금·이자수입 등 실질적인 의미에서 수입이라고 볼 수 있는 자체수입만을 기금수입으로 간주한다. 보험료의 수입을 파악하는 데 산업재해보상보험, 고용보험, 국민건강보험, 국민연금, 노인장기요양보험의 보험료 수입액을 포함한다.

---

2) 사회보험료로 산업재해보상보험, 고용보험, 국민연금, 장기요양보험과 같은 경우 수입에 포함되고, 국민건강보험의 경우 기금화되어 있지 않기 때문에 수입에 포함되지 않는다.

〈표 11-1〉 수입원천 · 기금 유형별 기금수입(총수입 기준)

(단위: 조 원, %)

구분	2021 계획 (A)	2022 계획 (B)	증감 (B-A)	증감 (B-A)/A
기금수입(총수입)	171.0	184.1	13.1	7.7
[수입 원천별]				
사회보장기여금	77.0	80.7	3.7	4.8
경상이전수입	31.0	32.6	1.6	5.2
융자원금 회수	26.2	30.5	4.3	16.4
재산수입	26.8	29.3	2.5	9.3
재화 및 용역판매수입 등 기타	9.9	11.0	1.1	11.1
[기금 유형별]				
사업성 기금(49개)*	46.1	49.7	3.6	7.8
사회보험성 기금(6개)	117.1	124.7	7.6	6.5
계정성 기금(4개)	7.7	9.6	1.9	24.7

주: * 2022년도에 기후대응기금이 신설됨에 따라 49개로 증가하였고
총수입 기준으로 금융성 기금(8개) 및 계정성 기금 중 외국환평형기금 제외.
자료: 국회예산정책처(2022, p. 71).

제2절 조세이론

1 개관

1) 조세의 종류

조세는 기준에 따라 다양하게 구분할 수 있다. 조세를 납세하는 의무를 지는 사람과 조세를 실제로 부담하는 사람과 차이가 없는 경우 직접세라고 하고, 납세 의무자가 조

세 부담을 다른 사람에게 전가하는 경우 간접세라고 한다. 국가의 수입인 경우 국세, 지자체의 수입인 경우 지방세라고 한다. 세수의 용도가 일반적인 지출을 위한 재원일 경우 보통세와 특정 목적의 지출을 위한 재원일 경우 목적세라고 한다. 납세자에게 부담 능력에 따라 부과되는 인세(人稅)와 재화에 부가되는 물세(物稅)가 있다. 물세 중 과세액이 총액과 비율인가 하는 점에서 정액세와 정률세, 과세의 표준이 가격인가 물량인가에 따라 종가세와 종량세로 구분한다.

경제적 의미에서 세원의 종류에 따른 분류에 따라 소득과세(income and profit taxes), 재산과세(property taxes), 소비과세(consumption taxes)로 나눌 수 있다. 소득세는 수입 또는 소득에 담세 능력을 인정하여 과세하는 조세, 재산세는 재산을 소유한다는 사실에 담세 능력을 인정하여 과세하는 조세, 소비세는 납세자가 재화나 용역을 구입 소비하는 사실에 대하여 간접적으로 담세 능력을 인정하여 과세하는 조세이다.

우리나라 조세를 해당 기준에 따라 분류하면, 개인과 법인의 소득에 대하여 과세하는 소득세, 법인세 등은 소득과세로 분류된다. 자산의 취득·보유·이전 단계에 부과하는 취득세, 재산세, 종합부동산세, 상속세, 증여세, 증권거래세 등은 재산과세로 구분된다. 소비과세에는 부가가치세, 개별소비세, 교통·에너지·환경세, 관세 등이 포함되며, 기타 세목으로는 과년도 수입이 존재한다. GDP 대비 조세수입 비율은 조세부담률로 20% 정도 되며, 세원별로 살펴보면, 개인소득세 약 25% 정도, 법인소득세 약 20% 정도, 재산세 약 20%, 소비세 약 35% 정도이다.

2) 바람직한 조세의 원칙

첫째, 공평성은 조세 부담이 납세자에게 공평하게 배분되어야 한다는 것이며, 공평하다는 의미에 대하여 동일한 상태에 있는 사람은 동일하게 대하여야 한다는 수평적 공평성, 다른 상태에 있는 사람에게 다르게, 부유한 사람에게는 더 부담을 하게 하여야 한다는 수직적 공평성이 있다.

둘째, 효율성과 중립성으로 납세자들에게 더 낮은 비용으로 동일한 조세수입을 조달할 수 있는 세제가 더 효율적이다. 효율적인 세제는 세 부담에 따른 경제적 순손실이 작고 조세 행정비용이 낮은 세제이다. 납세자들에게 부과하는 조세의 비용은 세금

자체, 세금에 따른 행동의 변화에 따른 경제적 순손실, 조세행정비용이 있다. 경제적 순손실은 경제활동의 유인을 왜곡시키기 때문에 발생한다.[3] 조세순응비용은 납세자가 부담하는 추가 시간과 금전 비용으로 세금 납부를 위한 서류 작성, 절세 노력에 따른 비용이 있다. 조세행정비용은 행정부의 징세 비용을 의미한다. 관련된 속성으로 단순성이 있다. 조세제도가 복잡하면 순응비용과 조세행정비용 모두 증가하게 되므로 조세제도는 단순할수록 좋다.

셋째, 효과성으로 조세가 정책 목표에 기여하였는가의 문제이다. 조세는 세 부담의 감면을 통하여 특정 정책 목표를 촉진하거나, 세 부담을 증대함으로써 특정 활동을 억제할 수 있다. 이러한 조세의 목표를 조세제도가 효과적으로 달성하였는가의 문제이다.

넷째, 신축성은 경제안정화 역할을 하기 위하여 조세제도를 신축적으로 운용할 수 있어야 한다는 기준이다.

다섯째, 정치적 책임성은 제도의 도입과 운용 면에서 감시가 이루어지고 정치적 책임 소재를 특정하고 책임을 지도록 하여야 한다는 원칙이다.

여섯째, 도덕적 가치는 정부가 공동체의 도덕적 가치를 추구하는 것을 말한다. 정부는 정치적 공동체의 대표자로서 수입과 지출활동에 다양한 도덕적 가치를 추구하며 조세제도에 정치적 공동체의 가치관을 잘 반영하고 있는가의 문제이다.

❷ 세금의 효과

1) 세금의 경제적 효과

세금을 부과한다고 하여 그만큼의 경제적 부담을 납세 의무자가 지는 것은 아니라 조세 부과의 대상에 따라서 가격과 수량이 변하게 되며 경제적 부담은 재화의 수

---

3) 중립성(neutrality)은 경제 주체의 경제적 의사결정에 영향을 주지 않는 세금이 바람직하다는 원칙이다. 세금이 특정 행동을 촉진하거나 억제하는 경우 경제 주체의 행동에 영향을 주고 자원 배분의 왜곡이 커져 중립성이 훼손되고 비효율성이 발생한다.

요와 공급 가격탄력성에 따라서 수요자와 공급자에게 분담된다. 이는 정부의 부(負, negative)의 세금인 지원금의 경우도 마찬가지이다. 어떤 보조금을 대상자에게 지원해 주면 그 혜택이 모두 전달되는 것이 아니고 일정 부분 수요와 공급의 탄력성에 따라 분산된다.

임대소득에 세금을 부과할 경우 임대인은 임차인이 수용할 수 있을 정도 임차인에게 조세 부담을 전가한다. 임차인이 이러한 부담을 피하려고 하기 때문에 수요의 탄력성, 가격에 대한 행동의 변화가능성을 고려하여 가능한 범위까지 임대가격을 인상하는 것이다. 재난지원금도 마찬가지이다.

이런 점에서 정부의 조세정책과 지원정책은 그 재화의 경제적 특성을 고려하여 경제적 부담의 분담, 혜택의 확산을 고려하여 추진하여야 한다. 주택과 같이 가격탄력성이 매우 낮은 재화에 대하여 과세를 하게 되면 대부분의 부담이 임차인에게 전가된다는 사실은 상식적인 내용인데, 세금 내는 사람이 세 부담을 다 한다고 생각하는 정치인들이 너무 많은 상황이다.

2) 세금의 소득재분배 효과

우리나라 조세의 소득재분배 효과에 대하여 세전·세후의 지니계수(Gini's coefficient)의 변화 비율을 보면서 조세 체계가 소득재분배에 큰 도움이 되고 있지 않으며, 이에 따라 고소득자에 대한 부자 증세를 하여야 하고, 법인세 인상을 하여야 한다는 주장이 제시되고 있다.

첫째, 이에 대하여 일단 지니계수가 기반을 두고 있는 대상은 소득(income)이라는 점을 지적하여야 한다. 이런 식의 논리로 소득 교정을 위하여 조세 체계를 수정하고 자산을 고려하지 않으면 경제적 불평등을 악화시킬 수 있다. 경제적 불평등은 소득과 자산을 모두 살펴보아야 하며, 과거 정부가 소득재분배를 강조하면서 종부세를 강화하였지만 자산불평등을 대폭 확대하는 오류를 범하였음을 간과해서는 안 된다.

둘째, 지니계수에 따르면, 우리나라는 소득 분배가 매우 좋은 상태이고 더 개선할 여지가 적다. 조세의 소득재분배 효과가 한계 효과의 체감 현상이 있다고 할 수 있다. 이 때문에 우리나라의 조세제도의 세전 후 소득재분배 효과는 충분히 큰 것이며, 충분히 사회적 역할을 하고 있는 것으로 볼 수 있다.

셋째, 지니계수는 큰 틀에서 한 국가의 소득재분배 상황을 볼 수 있는 대표 지표일 뿐 국가 내에서 계층 간의 소득불균형을 보여 주지 못한다. 지니계수가 낮아지더라도 저소득층, 중산층, 고소득 층간의 소득 분배는 외려 악화되기도 한다. 우리나라 조세 체제의 문제는 저소득층과 중산층의 소득재분배가 심각한 문제인데, 이에 대한 논의가 이루어지지 않고 있다. 이 점을 간과하고 조세를 통하여 중산층과 고소득층에 대하여 소득재분배를 하게 되면 부작용이 더 크고 소득재분배의 효과를 얻을 수 없다.

[위기의 조세 정의] 한국 세금 통한 소득재분배, OECD 꼴찌 수준
(2017.07.16. https://www.yna.co.kr/view/AKR20170715041800002?section=popup/print)

세종=연합뉴스, 정책팀

2014년 세전 · 세후 지니계수 개선율 11.4% 33개국 중 31위

하지만 한국은 주요 선진국과 비교할 때 조세제도를 통한 소득재분배 기능이 현저히 떨어지는 것으로 나타났다.

16일 경제협력개발기구(OECD)에 따르면, 한국의 2014년 세전 · 세후 지니계수 개선율은 11.4%를 기록, 35개 회원국 가운데 자료가 있는 33개국 중 31위를 차지했다.

한국보다 낮은 국가는 튀르키예(5.9%), 멕시코(4.0%) 두 국가뿐이었다. 가까스로 꼴찌를 면한 셈이다.

지니계수란 소득불평등도를 나타내는 지표로, '0'이면 완전평등, '1'이면 완전불평등을 의미한다.

세전 · 세후 지니계수 개선율은 세금을 떼기 전 지니계수와 뗀 이후 지니계수를 비교해 산출한다.

개선율이 높으면 그만큼 조세의 소득재분배 기능이 강하게 작동하고 있다는 뜻이다.

2014년 기준 개선율이 가장 높은 OECD 회원국은 핀란드(48.1%)였다.

핀란드의 세전 지니계수는 0.495로 한국(0.341)보다 더 높았다. 하지만 세금을 뗀 후 지니계수는 0.257로 한국(0.302)보다 오히려 낮아졌다.

다시 말해, 핀란드는 세금을 떼기 전 소득의 격차는 한국보다 높지만, 조세를 통한 소득재분배로 격차가 한국보다 적어졌다는 의미다.

주요 선진국은 대부분 한국보다 세전 · 세후 지니계수 개선율이 월등히 높다.

독일(42.2%), 프랑스(42.0%), 이탈리아(36.3%), 영국(31.3%), 캐나다(26.7%), 미국(22.4%) 등 주요 7개국(G7)의 개선율은 한국의 2배에 달했다.
2014년 통계가 없는 일본도 이미 2012년 32.4%에 달했다.
물론 정부의 정책으로 한국의 개선율이 점차 나아지고 있기는 하다.
2006년 7.3%였던 개선율은 2014년까지 8.2% → 8.7% → 9.0% → 9.1% → 9.1% → 9.2% → 10.1% → 11.4%까지 완만히 증가했다. 2015년 개선율도 13.5%를 기록했다. (중략)
고소득층의 소득세 과표 구간을 조정하고, 상속·증여 신고세액 공제율과 종합과세 기준을 낮추는 방안 등을 검토하는 등 '부자 증세'에 시동을 걸고 있다.

[해설] 2017년 당시 이런 논리로 소득세 최고 구간 신설 및 세율 인상, 종부세 도입, 법인세 최고 구간 세율 인상의 작업을 하는 핀셋 증세를 하였다. 2017년 이래 우리나라의 지니계수는 원래 낮고 더 낮아지고 있으며 세 전후의 차이도 완만히 커지고 있다. 그러나 위에 적시한 이유로 자산불평등은 더 커지고 부동산 미보유 저소득층과 부동산 보유 중산층의 격차는 매우 커졌고, 기업활동은 더 어려워졌으며 사회적 양극화는 더 커졌다.

3 개인소득세

1) 중산층의 낮은 세 부담

우리나라의 재정정책에서 가장 중요한 문제는 현재세대의 중산층이 세 부담을 지지 않고 지출 혜택을 보면서 그 차이를 국가채무화시켜 미래세대로 넘기고 이자비용과 상환비용을 지게 만드는 현상이라고 할 수 있다. 전형적인 현재세대 중산층에 의한 미래세대의 파괴 및 착취 현상이라고 할 수 있다.

이런 현상은 소득세제에서도 발견된다. 현재 소득세 과세표준은 2023년부터 1,400만 원 이하 6%, 1,400만 원~5,000만 원 15%, 5,000만 원~8,800만 원 24%, 8,800만 원~15,000만 원 35%, 15,000만 원~30,000만 원 38%, 30,000만 원~50,000만 원 40%, 50,000~100,000만 원 42%, 100,000만 원 이상은 45%로, 총 8단계로 세

분화되어 있다. 과세표준은 연봉이나 총급여에서 공제를 제외한 기준으로 과세표준이 3,000만 원 이상 정도라고 하면 중산층 이상이라고 할 수 있다.

이러한 명목세율도 지나치게 낮을 뿐 아니라 최종적으로 실제 부담액을 고려한 실효세율(결정세액/과세표준)을 계산하면 1,400만 원~5,000만 원의 경우 실표세율이 3~4%에 그치고, 5,000만 원에서 8,800만 원의 경우도 9~10%에 그치는 것으로 추계된다. 이는 중산층이 거의 세 부담을 하지 않고 있는 것으로 제대로 된 선진국 어디에서도 이런 낮은 수준의 세 부담은 발견하기 힘들다.

2) 면제자 비율의 과다

소득세 면제 수준이 높아서 아예 세금을 내지 않는 비과세자 비중인 근로자 면세 비율이 35%에 달한다. 중산층은 다양한 소득공제로 과세표준이 낮고 세액공제도 있어서 납부할 세금이 없는 경우가 많다. 저소득층의 경우 납세 의무를 지게 하는 것보다 복지 혜택을 받는 것이 맞기 때문에 근로소득이 없거나 매우 낮은 사람들은 면제자로 취급하는 것이 맞다.

하지만 근로자로서 근로소득이 발생하면서 하위 20% 이상의 근로소득이 있는데도 공제가 많아서 세 부담을 하지 않는 것은 잘못된 것이다. 세금을 부담할 능력이 있는 중산층이 세금을 내지 않는다는 것은 이 계층이 무임승차하고 있다는 점에서 바람직하지 않다. 여러 가지 자료를 종합하여 보았을 때 면세 비율을 35% 수준에서 10% 정도까지는 낮추어야 할 것이다.

3) 중상층 소득의 한계세율 급증

중산층의 세율이 너무 낮기 때문에 누진세율을 적용한 중상층의 세율 증가가 과도하게 급격하고 한계소득세율이 높은 문제가 있다. 소득세 한계세율의 급격한 상승은 저축과 노동 의욕을 저하시키고 경제적 왜곡의 원인이 된다. 우리나라는 평균세율과 한계세율의 차이가 큰 패턴을 보이고 있는데 중상층의 한계세율을 가급적 낮추어야 노동 공급 감소 현상을 막을 수 있다.

4) 고소득자 세 부담 과다

고소득자의 실효세율이 중산층에 비하여 지나치게 높아 고소득자들의 노동 공급 유인을 약화시킬 수 있다. 한편 우리나라의 고소득자에 대한 소득세율 인상은 사실 소득재분배에서 거의 아무 의미가 없다는 점을 지적하고자 한다. 대한민국의 노동시장은 전반적으로 유연성이 낮고, 고소득층은 주로 국가에 의한 자격증에 의하여 만들어진 시장이기 때문에 가격에 따른 탄력성이 거의 없다. 고소득 전문직에게 세율을 높여 보아야 제도적으로 독점력이 있는 상황에서 인상된 세 부담만큼 바로 임금에 반영하여 요구하게 될 것이다. 소득세에 대한 부담을 고용주에게 바로 전가시켜 버릴 수 있는 것이다. 이는 곧 서비스 가격의 인상을 가져와 일반 소비자들의 부담 증가만 일으키게 된다. 이런 상황에서 고소득자에 대한 세율 인상은 사실 소득재분배 효과는 없고 괜히 부작용만 일으키는 제스처에 불과하다.

5) 사업자와 근로자 사이의 차별

과거 소득 노출이 되지 않은 자영업자에 비하여 근로자는 불리한 입장이 있었으나 신용카드 보급으로 지하경제가 양성화되어 더 이상 문제가 되지 않는다는 주장이 많다. 하지만 법인차량을 개인이 사용하고 비용 처리한다든지, 병원 등에서 현금 거래를 유도한다든지 하는 일은 아직 근절되지 않은 것이 사실이다. 부가가치세에 대한 탈세도 근절할 수 있도록 노력을 기울여야 한다.

6) 금융소득 과세(금융투자세) 문제

우리나라는 금융소득에 대한 세 부담이 적은 상황이다. 주식의 자본 차익에 대한 과세는 이루어지지 않고 있으며 거래세만 일부 존재한다. 이런 점에서 금융소득이 근로소득에 비하여 우대받고 있다.

원칙적으로는 소득에 대하여 적절한 과세는 필요하지만 우리나라 자산시장의 불균형을 고려하여야 한다. 부동산시장을 보면 경제적인 실질 측면에서 전월세에 대하여 임대소득이 있는 상황인데 여기에는 전혀 과세가 되고 있지 않다. 나아가 부동산의 보유세가 낮다. 이런 상황에서 일반적인 중산층은 부동산을 위주로 자산을 축적해 나가며 가구당 부동산자산의 비율이 다른 국가에 비하여 월등히 높은 상황이다.

가구의 자산을 거시경제적으로 바람직한 금융시장으로 유입하기 위해서는 부동산을 통한 자산 축적 패턴을 금융자산을 통한 자산 축적으로 전환시켜야 한다. 이런 점에서 부동산의 전월세에 대한 임대소득세, 전세가액에 대한 보유세, 부동산보유세 전반에 대한 제도 정비가 우선적으로 이루어져야 할 것이다.

만약 이런 과세 이전에 금융소득에 대한 과세가 먼저 이루어지면 가구들의 입장에서 금융시장에 들어올 유인이 없을 것이다. 부동산에 자산이 유입될수록 생산 요소의 가격 상승으로 경제의 경쟁력이 하락할 것이다. 이런 점에서 현재 논의되고 있는 금융투자세의 도입은 신중하여야 한다.

4 법인세

1) 법인세 세율 인상 및 과세액 과다

전 세계적으로 법인세 세율은 인하되고 있다. 2000년 경제협력개발기구(OECD) 평균 법정 법인세율은 32.6%였으나 2011년에는 25.4%로 이후 아일랜드를 비롯하여 여러 국가에서 경쟁적으로 법인세율을 낮추고 있다. 법인세의 연구개발(R&D) 세액 감면의 의미를 충분히 고려하지 않으면서 실효세율을 따지고 우리나라의 법인세율이 낮다고 주장하는 것은 적절하지 않다. 기술의 축적이 이제 시작된 대한민국의 경우 R&D 투자의 외부성과 경제적 의미는 선진국들과 크게 다르며, 이에 대한 지원은 오히려 확대하여야 한다.

지난 정부에서 법인세율 인상이 이루어졌는데 주요 논리는 이명박 정부의 대기업의 법인세 인하가 고용이나 투자를 늘리지 않았으며 사내유보금을 늘렸고, 자본소득 대비 노동소득 비율도 노동친화적으로 유도하지 못하였다는 점이다. 이런 논의는 제조업 위주에서 자본집약적인 첨단산업으로 전환되며 고부가가치산업 분야로 진출하고 있는 경제환경을 고려하지 않은 주장이다. 자본주의가 발전하면서 고용이 줄고 미래

불확실성을 반영한 투자계획을 수립하면서 기술집약적인 경영활동을 하는 것이 당연하다. 법인세 세율 인하로 기업들의 성장을 촉진하는 것이 금융 위기 극복이나 지속적인 경제 성장을 위하여 필요한 것이었다.

세계적인 추세를 거슬러서 법인세율 인상을 하려면 담세 여력이 있는지에 대한 신중한 판단이 필요할 것이다. 다국적기업화하고 있는 우리나라의 대기업들이 다른 나라의 기업들과 압도적인 경쟁력이 있다고 보기 어렵다. 또한 대기업과 자본이 한국에 들어오게 하는 경제적 유인이 필요한지도 검토하여야 한다. 현재 글로벌 시장에서 경쟁이 심화되고 있으며, 리어쇼어링(reshoring: 생산 시설을 본국으로 다시 이전하는 것) 등 기업 유치에 미·중 등 선진국들이 몇십 조씩 보조금을 주고 있는 상황에서 이러한 정책이 역주행 효과를 낳았음은 명확하다.

2) 법인세 누진세제 문제

우리나라 법인세는 다른 나라와 달리 누진세제로 운용되고 있어 기업들이 성장하면서 세율이 급격하게 늘어나는 문제가 있다. 우리나라 경제의 전반적인 경쟁력 강화를 위하여 중소기업은 중견기업으로, 중견기업은 대기업으로 성장하고 많은 수의 대기업이 경제적 가치를 지속적으로 창출하여야 한다. 이러한 기업 성장을 유도하는 방식의 세(稅) 구조가 아니어서 가급적 중소기업 수준에 머물려고 하는 소위 피터팬 증후군(Peter Pan syndrome)이 퍼져 있다.

법인세에 대한 분석이 주로 평균치로 이루어지는데, 누진세이기 때문에 실제 우리나라 경제에 큰 영향을 미치는 대기업의 경우 세율이나 세 부담이 보기보다 더 크다는 문제도 있다.

3) 소득세와 법인세 통합 문제

잘 알려진 바대로 법인세는 사실상 기업의 소유주에게 귀속되는 이익에 대하여 과세하는 것이고, 조세 부담은 개인이 지게 되는 것이며, 공평한 과세라는 개념은 개인에 대해서만 적용할 수 있다는 점에서 소유주에 이익을 귀속시키고 소득세와 통합하여 과세하는 것이 이론적으로 맞다. 현재 배당소득세의 경우 법인에 발생한 이윤을 법인의 차원에서 과세한 후 배당받은 개인의 차원에서 다시 과세되기 때문에 이중의 조세 부담을 지는 것이다.

법인세는 법인에만 과세되므로 법인 부문과 비법인 부문 사이의 자원 배분을 왜곡할 수 있고, 법인세의 존재로 자본의 수익률에 대한 과세율이 높아지는 결과로 배당 의사결정, 이에 따른 주주의 의사결정에 교란을 가져올 수 있다. 이런 점에서 소득세와 법인세를 종국적으로는 통합하여야 한다는 논의가 진행되고 있으며, 법인세를 점진적으로 인하하면서 머지않은 시일 안에 법인세를 폐지하고 소득세로 통합하게 될 것으로 보인다. 우리나라는 이러한 세계적인 추세에 역행하는 정책을 편 것이다.

5 부가가치세

1) 부가가치세의 역진성에 대한 오해

부가가치세는 재화나 서비스가 생산되는 모든 거래 단계에서 생기는 부가가치를 대상으로 과세하는 조세로서 거래의 매출액에서 매입액을 뺀 부가가치에 대하여 과세한다. 흔히 부가가치세는 필수적인 소비재에 부가되면서 저소득층이 소득 대비 비율적으로 높은 세 부담이 있어 역진적이라고 생각한다.

부가가치세를 어떻게 설계하느냐에 따라서 얼마든지 다른 결과를 낳을 수 있다. 부가가치세는 어느 경제적 활동에서 발생하는 부가가치에 부과하느냐에 따라 총생산형 부가가치세, 소득형 부가가치세, 소비형 부가가치세이 있는데, 우리나라는 소비형 부가가치세 유형을 채택하고 있다. 여기서 소비재의 경우 많은 면세 대상을 두고 운영 중이기 때문에 중산층 이상의 소비활동에 주로 부과하고 있다.

2) 부가가치세 담세 여력 문제

우리나라의 부가가치세는 다른 선진국에 비하여 상당히 낮은 편이다. 소비형 부가

가치세를 채택하고 필수재를 면제할 경우 중산층 이상 소비자에게 세 부담을 지게 할 수 있다. 재정 확대를 위하여 증세를 하여야 한다면 생산력이나 경제활동에 부담을 주지 않는 소비형 부가가치세를 활용하는 것이 가장 현실적이다.

6 재산세와 종합부동산세

재산과세는 재산세와 종합부동산세가 사회적으로 이슈가 되고 있다. 재산세가 부동산을 대상으로 한 물세(物稅)라면, 종합부동산세는 부동산을 소유하고 있는 개인을 대상으로 한 인세(人稅)이다.

첫째, 부동산 자체의 경우 보유세에 해당하는 재산세의 세율은 낮고 부동산의 양도소득에 대한 세금, 취득이나 거래에 따른 세율은 높은 편이다. 이러한 구조는 세원에 대한 정확한 평가가 어려운 상황에서 세무행정의 편의에 따른 것으로 이해된다. 이런 구조에서는 자산을 보유하는 게 유리하기 때문에 거래가 잘 이루어지지 않고 수요와 공급에 따라 가격 변동이 커지는 단점이 있다. 향후 보유세는 인상하고 거래세를 인하하여 불필요한 부동산을 시장에 내놓게 유도하는 세 구조로 전환할 필요가 있다.

종부세의 경우 세액 결정에서 이미 납부된 재산세를 빼고 초과분을 과세하는 것이다. 부동산자산의 보유에 불이익을 주겠다는 목적에 사회적인 합의가 분명하다면 종부세 납부자의 수가 많아진다는 것 자체가 문제가 될 수는 없다. 문제는 세 부담을 주었을 때 경제적 부담의 상당분은 부동산의 임차인에게 전가시킬 수 있다는 점이다. 부동산의 가격은 전가분을 자본화하여 상당액이 올라가게 될 것이고 경제적 부담을 느끼지 않은 소유주는 부동산을 매각할 이유가 없게 된다. 결과적으로 정부가 임차인에게서 돈을 빼앗고 일부만 임대인에게서 빼앗는 상황이 된다.

둘째, 현재 종부세는 부동산의 가액이 아니라 주택 수에 의하여 세액이 결정되는 기형적인 구조를 갖고 있다. 고가의 1채 소유주가 저가의 다주택자에 비하여 혜택을 보는 상황으로 흔히 똘똘한 한 채라는 현상을 일으킨다. 다주택 소유가 특별히 경제적으로 비난받을 일이 없기 때문에 이는 소득가액으로 세액 결정 방식을 조속히 바꾸어야 할 것으로 본다.

7 죄악세 및 기타 목적세

죄악세는 사회적으로 바람직하지 않은 행동이나 재화에 부과하는 세금으로 바람직하지 않은 행동을 억제하는 데 주목적이 있다. 주세, 환경세 등이 대표적인 예로서 환경세의 경우 공해를 줄이게 하는 시장유인제도로 볼 수 있다. 탄소세와 같은 세금을 적극적으로 활용할 필요가 있다. 주세나 담배세와 같은 경우 선진국 수준으로 대폭 인상하여야 할 것이다.

8 조세 개혁의 방향

1) 핀셋 증세와 보편 증세 문제

대한민국은 저성장, 저출산, 고령화라는 어려운 난제들을 풀어 가야 하는 상황에서 미래를 위하여 최대한 재정 여력을 확보하여야 하는 딜레마에 빠져 있다. 다양한 재정적 요구에 최대한 지출효율화를 구현하면서 불가피하게 증세를 할 수밖에 없는 상황이다. 앞서 살펴보았듯이 현재 국가채무는 더 늘릴 경우 재정 위험이 급격하게 늘어나는 상황이기 때문에 마지막 보루로 남겨 놓아야 하기 때문이다.

이런 상황에서 흔히 논의되는 핀셋 증세와 보편 증세의 선택이라는 이슈를 검토하면, 이제까지 추진하여 왔던 공동체 내에 극히 소수에 해당하는 사람들에게 증가하는 재정 부담을 전적으로 지게 하는 핀셋 증세는 심각한 문제가 있고 원상 복구하여야 한다고 본다.

아는 바와 같이 세금이라는 것은 주권국가라는 정치적 공동체를 중심으로 함께 연대하면서 살기 위하여 공동체의 구성원들이 함께 십시일반하여 마련하는 공동체의 기금에 해당한다. 경제적인 부(富)의 이전 이상으로 공동체의 구성원으로서 도덕적인 책임을 다하는 것이고, 이러한 증세는 책임을 다해달라고 호소하는 공동체의 요구에 대응하는 구성원의 답변이고 일종의 사회계약에 해당하는 것이다.

새로운 사회계약을 수립하는 과정에서 충분한 소통과 설득과 납득 없이 소수의 집단에 일방적으로 세금을 부과하는 행동은 사회계약이라기보다는 다수에 의한 소수에 대한 폭력에 가깝다. 증세안은 많은 시간을 들여 도덕적으로 설득하여 납부하는 사람들의 동의에 기초한 사회계약이 되어야 한다. 이런 과정을 통하여 다수 집단 간의 사회적 연대성을 강화하는 방식이 되어야 한다.

이런 관점은 재정사회주의(fiscal sociology)나 조세이론(tax theory)에서 논의되는 내용이며 결국 증세안은 사회 내의 대다수가 부담의 일부를 지는 보편 증세안에 대하여 폭넓은 사회적 논의에 따른 새로운 사회계약에 의한 것이어야 사회적으로 성공할 수 있다고 할 수 있다. 사회적으로 성공한다는 것은 제도가 공동체 일원들의 동의를 받고 수용되어, 탈세 등 회피행동이 적은 상황으로 안정적으로 정착하고 항구적으로 유지될 수 있다는 것을 의미한다.

사회적 연대성이라는 도덕적 가치에 기반한 제도만이 그렇게 될 수 있으며, 담세 능력이 있는 대다수가 부담하는 보편 증세일 경우만이 사회적 연대성의 훼손을 막을 수 있다. 담세 능력이 있는 집단에서 극히 일부 소수의 사람들을 특정하여 나머지 사람들이 무임승차하는 것은 집단적 폭력이고, 이러한 폭력적인 행위가 반복되면 사회적 연대성은 회복하기 어려울 것이다.

2) 부분적 점진적 증세와 종합적 개혁적 증세

부분적이고 지엽적인 증세안과 조세 체제 전반에 대한 개선 중 어떤 접근을 취하여야 하는가의 문제이다. 국가재정 전반의 체제에 대한 변화의 청사진을 바탕으로 그중 중요한 한 부분에 대한 개선안을 논의하여 전체적인 프레임을 재구성하는 작업이 필요하다. 개혁에서 현재 상황의 문제점, 개선의 필요성, 개선안의 방향, 구체적으로 우선적인 개혁안 등을 체계적이고 종합적으로 제시하여야 납세자들의 동의를 얻을 수 있다. 종합적인 개혁안에서 사회 내 주요 집단들이 새로운 경제적 부담에 대하여 어떻게 분담하는지, 무임승차하는 집단은 없는지, 사회적 약자에 대한 배려는 충분한지, 내가 속한 집단의 부담은 적정한 수준인지 등을 확인할 수 있어야 개혁안에 동의할 수 있을 것이다. 몇 가지 중요한 원칙을 세워 놓고 이를 토대로 종합적인 세제 개편의 청사진을 그리고 이후 한국의 맥락에 맞추어 개별 세제의 미세 조정을 하는 방식을 취하여야 한다.

3) 담세 기반 문제

한국이라는 나라의 경제적 생산력, 사회구조적 불균형과 불평등, 미래에 대한 청사진이라는 맥락에 맞추어 개별 세제를 평가하고 담세(擔稅) 기반을 판단하여 증세안을 도출하여야 한다. 앞서 설명한 개별 조세제도의 내용을 간단하게 요약하면 중산층의 소득세 부담의 확대, 법인세율의 인하, 부동산 관련 세금 부담 확대, 부가가치세와 소비세의 인상이 요구된다고 할 수 있다.

미래에도 지속적인 경제 성장을 위하여 혁신적인 기업들이 계속 성장하고 발전해 나가도록 지원해 나가는 정책이 반드시 필요하다. 반면 현재 무임승차하다시피한 중산층의 적극적인 사회 기여를 확대해 나갈 필요가 있다. 소비에 초점을 맞추어 부가가치세를 인상하거나 소득에 직접적인 초점을 맞추어 소득세를 인상하는 방법이 거의 유일한 방법이라고 본다. 아울러 기형적인 부동산세를 합리화하여 자산을 유동화하도록 하고 부동산 거래를 활발하게 하여 전반적인 가격 하락을 유도하여야 한다.

제3절 조세지출

1 개관

조세지출이란 정부가 민간 부문의 특정한 행위를 촉진하기 위하여 조세상의 특혜를 부여하는 조세수입의 감소분을 뜻한다. 조세 감면·비과세·소득공제·세액공제·우대세율 적용 또는 과세 이연 등 조세특례의 방식을 띤다. 조세특례에는 법률의 근거 규정이 있어야 하며, 조세특례를 규정하는 일반법은 「조세특례제한법」이다.

조세지출은 세 부담을 영구적으로 감소시키는 직접 감면과 일정 기간 과세를 연기하는 간접 감면으로 구분한다. 직접 감면에는 비과세(특정소득 과세 대상에서 제외), 소득공제(일정 금액을 소득 금액에서 차감), 저율 과세(일반세율보다 낮은 세율 적용), 세액공제

(일정 금액을 납부할 세액에서 차감) 등이 있다. 이 밖에도 근로장려세제나 부가가치세 영세율·면제 등 다양한 직접 감면 유형이 존재한다. 간접 감면에는 준비금(특정 준비금에 대한 손금 산입), 과세 이연(특정 시점까지 과세를 연기), 이월과세(이후 거래 단계로 과세시점을 연기) 등이 있다.

조세지출은 정부가 직접 사업을 시행하는 직접 지출에 비하여 정부가 민간의 경제 주체로 하여금 사업을 시행하도록 유도하는 방식으로 민간의 전문성을 활용함으로써 효율적인 사업 수행이 가능하다.

국가 발전 단계에 따라서 경제 성장을 위한 산업 분야에 초점을 맞추었으나 현재 사회복지 분야의 비중이 커지고 있다. 우리나라 조세지출 비율은 2000년대 초반 12.5% 선을 유지하다가 2020년 14.8%까지 상승한 후 최근에는 다시 하락 추세를 보이고 있다. 2022년 조세지출액 전망치는 59조 원 정도이며 사회복지(34.9%), 산업·중소기업 및 에너지(26.4%), 보건(14.1%), 농림수산(10.3%) 순으로 전망된다.

주요 항목으로는 국민건강보험료 소득공제, 면세농산물 등 의제매입세액공제, R&D 세액공제, 중소기업에 대한 특별세액 감면, 연금보험료 공제, 신용카드 사용 금액에 대한 세액공제 등이다.

2 제도

1) 국세감면율 한도제도

당해 연도 국세감면율은 직전 3년 평균 국세감면율의 0.5%p를 초과하지 않는 범위 내에서 운용되도록 노력하여야 한다. 한도에 대하여 준수할 노력을 하여야 한다고 규정함으로써 약한 의무만 부과한 한계가 있다.

2) 국세 감면 페이고제도

중앙관서의 장이 새로운 국세 감면을 요청할 때는 감면액을 보충하기 위하여 기존의 국세 감면의 축소 또는 폐지 방안을 함께 제출하여 국세 감면의 총액이 유지되도록 규정하고 있다. 이는 추가 지출을 하려면 기존의 지출 중 삭감하여 총량을 유지하여야 한다는 페이고(paygo)제도를 적용한 것이다.

3) 조세특례평가제도

조세특례평가제도는 조세특례 예비타당성평가와 조세특례 의무심층평가가 있다(조세특례제한법). 연간 조세특례 금액이 300억 원 이상인 조세특례를 신규로 도입하는 법률안에 외부 조사기관이나 국회 예산정책처의 조세특례 평가자료를 첨부하여야 한다. 또한 일몰이 도래하는 조세특례 중 연간 조세특례 금액이 300억 원 이상인 경우 의무적으로 외부 전문 조사·연구기관을 통한 평가를 실시하고 그 결과를 회계연도 개시 120일 전까지 국회에 제출하여야 한다.

4) 조세지출예산제도

조세지출 예산이란 조세지출의 실적, 전망을 예산의 기능별 분류에 따라 집계 분석하여 분석한 보고서이자 예산안을 말한다. 「국가재정법」은 직전 연도 회계연도 실적과 당해 및 다음 회계연도의 추정 금액을 기능별·세목별로 분석한 조세지출예산서를 작성하고 본예산안에 첨부하여 국회에 제출하도록 하고 있다. 조세지출예산서는 분류기준이 예산 분류 방식과 동일하며, 세출예산과 일치시켜 분야별 규모를 산출할 수 있도록 하고 있다.

조세지출은 발전국가 시대에 경제 발전을 위한 정책 수단으로 널리 활용되었다. 외환위기 극복 과정에서 국제통화기금(IMF)과의 협의로 조세지출보고서를 작성하여 국회에 제출하기 시작하였으며, 「국가재정법」의 제정으로 조세지출 예산이 체계화되었다.

우리나라에서 조세지출 규모를 추계할 때에는 세액을 계산하는 항목들에 대하여 과거 추세분석이나 일정한 가정을 적용하여 계산한다.

다만 조세지출예산제도는 조세지출의 효과 및 크기를 추계하기 매우 어렵다는 한계가 있다. 세입 전망도 오류투성이인데 세금에 대한 납세자들의 행동을 고려하여야 하는 조세지출의 전망이 맞기를 기대하기는 어렵다. 조세지출예산제도보다 근본적으로 신용카드 세액공제 등 불필요한 비과세 감면 정비, 지하경제 양성화 등의 노력을 기울이는게 우선이라고 본다.

3 문제점과 개선 방안

1) 문제점

(1) 중복에 따른 낭비 또는 효과성 부족

조세 감면에 따른 효과가 체계적으로 이루어지지 않아서 조세 감면이 창출하는 사회적 편익에 비하여 조세수입의 감소라는 비용이 큰 경우가 많을 것으로 보인다. 신용카드 세액공제와 같이 목적인 유효하지 않고 효과를 인정하기 어려운 사례도 많다. 국가재정의 건전성을 저해하는 비용만 유발하는 경우이다. 세출예산에 의한 지원과 조세지출에 의한 지원이 중복되었는지 세출예산과 연계하여 심사가 이루어지지 않기 때문에 중복적이어서 낭비적인 지원이 이루어질 가능성도 높다.

77조 원 세제 지원 사업···예산 중복 지출 없앤다
(2024.05.05 https://www.hankyung.com/article/2024050578461)

박상용 기자

정부가 내년도 예산안을 편성하면서 조세지출(세제 지원)과 재정지출 사업 간 유사·중복 여부 등을 따져보기 위해 전수조사에 나섰다. 비슷한 목적의 세제 지원과 재정지출을 단계적으로 통폐합해 재정의 건전성과 효율성을 제고할 계획이다.
5일 정부 부처에 따르면, 기획재정부가 각 부처에 전달한 '2025년도 예산안 편성 및 기금운용계획안 작성 세부지침'엔 '조세지출 예산과의 유사·중복 여부 사전 점검' 항목이 신설됐다. 재정지출 사업을 검토할 때 정책 목적과 수혜 대상이 비슷한 세제 지원이 있는지, 지원 규모는 얼마인지 등을 파악하기 위한 항목이다. (중략)

> 기재부는 소위 '숨은 보조금'이라고 불리는 조세지출이 최근 크게 늘어나자 구조조정이 필요하다고 판단한 것으로 전해졌다. 올해 예상 조세지출은 총 77조 1,000억 원으로 5년 전보다 75.3%(33조 1,000억 원) 증가했다. 기재부 관계자는 "예산 지출과 조세지출이 이중으로 지원되는 경우 어떤 방식이 더 효율적인지 중점적으로 살펴볼 것"이라고 말했다.
> (하략)

(2) 역진적 효과

사회적 영향력이 큰 집단이 조세 감면의 주된 수혜자일 경우 역진적 효과가 크다. 조세지출은 주로 소득이 높아서 높은 세율이 적용되는 고소득층이 혜택을 받는 제도이다. 직접적 지출의 경우 저소득층에 지원할 수 있는데 비하여 조세지출은 비납세자는 혜택이 제외되기 때문에 조세 부담이 큰 고소득층이 더 많은 혜택을 받는 경향이 있다.

(3) 낮은 가시성과 투명성

조세지출은 재정지출에 비하여 가시성이 낮고 통제도 되지 않는 경향이 있다. 감면받는 계층별 수혜 규모나 재정수입의 손실 규모가 투명하게 나타나지 않는다. 세출예산에 비하여 자세하지 않기 때문에 예산 편성과 심사에서 거의 주목받지 못한다.

정부의 예산 규모를 추계할 때 조세지출은 세입예산이나 세출예산 어디에도 포착되지 않는다. 따라서 조세지출을 활용하게 되면 조세지출로 정부가 실제로는 예산정책을 폈음에도 불구하고 총지출은 작게 추계된다. 이런 이유로 재정 규모에 대한 가시성을 낮추고 투명성을 악화시킨다. [4]

(4) 통제의 어려움

조세지출은 세출예산에 비하여 대외에 잘 노출되지 않기 때문에 외부통제가 어렵

---

4) 예산 과정을 거치지 않을 뿐만 아니라 재정 규모도 작게 보이게 하기 때문에 조세지출을 그림자 지출(shadow expenditure)이라고도 부른다.

다. 이익집단의 이익과 긴밀하게 연결되어 있어 폐지나 감축이 어렵다.「국가재정법」상 규정이 잘 지켜지지 않고 위배 시 처벌 조항이 없어 기재부도 법적 및 행정적 책임을 지지 않아 통제 노력도 부족하다.

(5) 경직성

조세 감면은 한번 제도화되면 감면이 기정사실화됨으로써 축소 또는 폐지가 매우 어렵다. 신용카드공제 사례를 보면 과거 경제적 거래의 투명성을 높이고 지하경제를 양성화함으로써 조세제도의 신뢰성을 확보하기 위하여 신용카드 사용을 유도하려는 목적으로 도입하였다. 현재 거의 모든 거래가 노출되고 있기 때문에 더 이상 중산층의 신용카드 사용에 대하여 공제를 해 줄 이유는 없다. 공제는 사실상 중상위층에 대한 현금보조나 마찬가지인데 완전히 잘못된 역진적 현금 지급이기 때문이다. 이런 상황에서도 신용카드공제 폐지 시도는 번번히 실패하고 연장되어 왔다. 복지국가를 외치면서도 이러한 조치가 숨어 있는 증세라고 공격하는 일부 언론의 내로남불적 이율 배반 논리 때문이다.

(6) 조세행정비용 과다

조세 감면은 조세 체계를 복잡하게 하여 조세행정의 투명성을 저해하고 납세순응비용, 조세 감면 입증비용, 부정행위에 대한 적발비용 등을 높여서 행정비용을 과다하게 만든다. 조세 징수 과정에서 법령이 정하고 있는 사유를 입증하기 위하여 납세자 입장에서 근거 자료를 준비하는 비용, 불성실한 납세자의 허위문서에 대한 식별 적발비용 등에 불필요한 행정 노력이 많이 든다.

2) 개선 방안

각종 조세감면제도에 대한 정기적인 제로베이스에서 재검토하는 것이 요구되며, 제도들에 대하여 원칙적으로 일몰제를 적용하는 등의 강력한 통제가 필요하다. 효과가 더 이상 없는 제도에 대하여는 과감한 통폐합이 필요하고 긴요한 조세감면제도는 오히려 확대할 수 있을 것이다.

조세지출예산서를 대폭 확대하여 개별 조세감면제도에 대한 심층평가를 보고서로 발간하고, 세출예산과의 중복, 낭비, 비효율적 조세 감면에 대해서는 대대적인 통폐합이 필요하다.

신용카드 소득공제 '유지' 가닥…벌써 10번째 일몰 연장 왜?[뉴스원샷]
(2022.07.02 중앙일보 https://www.joongang.co.kr/article/25083866#home)

손해용 기자

직장인의 연말정산 때 핵심 공제 항목으로 꼽히는 신용카드 소득공제가 유지될 전망이다. 벌써 10번째 수명(?) 연장이다. 당초 한시적으로 운영하는 '일몰제'로 도입된 이 제도는 2~3년마다 제도 연장 여부를 두고 논쟁이 일었지만, 결국 20년이 넘는 기간 10번이나 일몰 시한을 연장하게 됐다. (중략)

논란을 낳는 건 정책 목표 측면에서 봤을 때 이 제도를 유지할 명분이 사라졌다는 점이다. 사실 신용카드 소득공제는 1999년 9월 자영업자의 과세지표 양성화를 위해 도입했다. 당시에는 이들의 현금 거래로 종합소득세와 부가가치세 탈루 현상이 심각한 상황이었기 때문이다. 하지만 지금은 '현금 없는 사회'라는 말이 나올 정도로 신용·체크카드 사용이 일반화됐고, 자영업자의 세원도 투명해져 당초 제도 취지가 어느 정도 달성됐다. 그러다 보니 이제는 소득공제에 따른 조세지출 비용에 비해 과표 양성화 효과가 크게 떨어지고 있다는 분석이 나온다. 국회 예산정책처의 예산안 분석자료에 따르면, 신용카드 등 소득공제에 대한 조세지출 규모는 2017년 1조 8,537억 원을 기록해 상위 5위를 기록했으며, 2020년에는 2조 4,698억 원, 지난해는 3조 1,916억 원 등으로 해마다 늘고 있다. 이는 나라에서 거둬들이는 세수가 그만큼 줄어든다는 의미다. 여기에 신용카드 소득공제가 외국에는 없는 제도라는 점, 저소득자보다 고소득자에게 혜택이 더 가는 역진성도 문제점으로 지적된다. (중략)

"제도 폐지는 사실상 증세"
신용카드 소득공제를 받는 근로자는 매년 약 1,000만 명이다. 늘 받던 혜택이 사라지면 그만큼 박탈감이 클 수밖에 없다. 기획재정부 관계자는 "20년이 넘는 기간 계속 일몰 연장을 거치면서 국민은 이미 신용카드 소득공제를 굳어진 제도로 보고 있다"며 "납세자의 반발이 워낙 세고, 정치적 부담도 크다는 점을 고려해 폐지하는 것은 힘들다고 보고 있다"고 전했다. (하략)

올해 대기업 감면액 6조 6천억 'MB정부 뛰어넘는 부자 감세'
(2024.02.26. https://www.labortoday.co.kr/news/articleView.html?idxno=220052)

정창수

(중략)

올해 조세 지출에서 감면액이 가장 많이 증가한 세목은 법인세로 12조 2천억 원에서 16조 2천억 원으로 3조 9천억 원이 증가할 것으로 전망한다. 소득세는 41조 2천억 원에서 44조 1천억 원으로 2조 9천억 원이 증가한다. 부가가치세가 4천 400여억 원 증가, 그 외의 세목들은 소폭 증가한다.

법인세가 국세 감면액에서 차지하는 비중은 2022년 17.7%에서 2023년 17.6%로 변화가 없었다. 그러나 올해 21%로 급등을 하며, 전체 국세 감소액 비중 가운데 유일하게 증가했다. 3대 세목인 소득세·법인세·부가가치세의 감면액이 국세 감면액에서 94.5%를 차지한다. 결국 빅3(소득세·법인세·부가가치세)를 누가 내는가가 중요하다.

올해 국세 감면 최대의 수혜자는 대기업(상호출자 제한기업)이다. 대기업의 감면액은 올해 4조 3천 727억 원에서 6조 6천 5억 원으로 2조 2천 278억 원이 증가한다. 더불어 감면액에서 차지하는 대기업 비중도 증가해 지난해 6.3%에서 올해 8.6%로 2.3%포인트 증가한다. 대기업의 감면액이 급증한 것은 당초 투자 금액에 대해 1%의 세액공제를 반도체, 디스플레이 등 신성장·원천기술(6~12%)과 국가전략기술(15%) 공제로 대폭 확대한 '통합투자세액공제' 때문이다.

'통합투자세액공제'는 단일 조세 지출로는 가장 많은 3조 6천 51억 원의 국세 감면액이 증가했는데, 세부적으로 소득세 감면액은 지난해 1천 36억 원에서 1천 914억 원으로 878억 원이 증가한 반면, 같은 기간 법인세는 1조 9천 746억 원에서 5조 4천 919억 원으로 무려 3조 5천 173억 원이 증가했다.

결국 민생을 위한 감세라 쓰지만 실제로는 대기업 감세를 시행한 것으로 해석할 수 있다. (하략)

[해설] 조세 감면이 대기업 감세라는 흔히 활용되는 논리라고 할 수 있다. 경제에서 구체적으로 맥락과 상황을 면밀히 검토해서 결론을 내려야 할 필요가 있다. 조세 감면을 그 감면의 규모나 직접적인 대상에만 초점을 맞추어서 보면 정확한 경제적 의미를 오해할 수 있다. 표면적으로 대기업이 혜택을 본 것은 당연한 얘기지만 이는 R&D 투자라는 특정 지출에 연계되어 있는 것이고 R&D 투자라는 것이 경제적으로 또는 더 넓게 사회적으로 어떤 효과가 있는지에 대한 판단이 필요하다. 한국 경제의 지속 가능한 건전한 성장을 위해 오히려 R&D 투자에 대한 직접 지원과 세제 지원을 확대하여야 하지 않을까.

> 전 세계적으로 벌어지고 있는 반도체전쟁과 미·중의 보조금 규모를 봐야 할 것이다. 미국의 리쇼어링정책에 따라 아예 법인세 자체를 면제해 주는 주정부들도 적지 않다. 이런 상황에서 기업들이 한국에 투자를 하기는 어렵다.
> 거시경제가 건전한 지속적인 투자와 기업의 역동적 성장 없이 현금 나눠 먹기식 소비 진작으로 성장하는 것은 어렵다. 감세가 효과가 있는지 없는지 연구들은 소규모의 미세 조정에 따른 단기적인 재정정책의 효과가 있니 없니 하는 논의이다.

제4절 부담금

1 개관

부담금은 특정 공익사업과 밀접하게 관련된 자에게 해당 사업의 수행에 필요한 재원을 확보하기 위하여 부과하는 금전이다. 부담금은 분담금, 부과금, 기여금, 그 밖의 명칭에도 불구하고 재화 또는 용역의 제공과 관계없이 특정 공익사업과 관련하여 법률에서 정하는 바에 따라 부과하는 조세 외의 금전 지급 의무로 정의되고 있다(부담금관리기본법). 부담금은 일반 재정 수요보다는 특정 사업을 위한 경비에 충당되고, 특정한 사업과 이해관계를 가지는 자에 대한 특별한 재정 책임이라는 특징을 가지고 있다. 조세, 특히 목적세와 거의 유사하기 때문에 흔히 언론에서 준조세로 표현된다. 부담금은 특별회계와 기금의 수입, 공공기관의 수입으로 귀속되는 점에서도 사실상 조세라고 할 수 있다.

부담금은 설치 목적 및 성격에 따라 원인자 부담금, 수익자 부담금, 유도성 부담금 등으로 분류할 수 있다. 원인자 부담금은 각종 시설의 건설 또는 유지 등을 위하여 그 원인자에게서 관련 비용을 징수하는 경우로 기반시설 설치비용, 수도법상 원인자부담금, 물이용부담금 등이 있다. 수익자부담금은 공공사업 또는 서비스로 인하여 이익을 받은 자에게 징수하는 부담금으로 개발부담금, 농산물수입이익금 등이 있다. 유도성 부담금은 경제적 부담을 통하여 일정한 행동을 유도하기 위한 부담금으로 장애인고용부담금, 배출부과금, 과밀부담금 등이 있다. 원인자부담금, 수익자부담금은 공공시설 및 서비스 비용을 조달하는 데 사용되고, 유도성 부담금은 사회적으로 바람직한 행위를 유도하는 기능을 한다.

부담금은 한국의 발전국가가 형성되는 1960년대 이후 꾸준히 신설되다가 80년대에 크게 늘어나게 된다. 시민들의 재산권 침해에 대한 통제의 필요성이 인정되면서 2001년 「부담금관리기본법」을 제정함으로써 100여 개에 달하는 부담금에 대한 체계적인 통제가 시작되었다. 현재는 「부담금관리기본법」 별표 수록된 91개의 부담금이 운영되고 있다. 환경부가 20종, 국토교통부 15종, 산업통상자원부 9종을 운영하고 있으며, 이들 부처가 규제를 많이 하고 있고, 이에 따른 규제성 부담금이 큰 것을 알 수 있다. 부담금 징수 총액은 약 20조 원에 육박하고 있다.

2 제도

1) 부담금 신설·변경 시 심사

부담금을 신설 또는 변경하고자 하는 중앙행정기관의 장은 법령안을 기획재정부 장관에게 심사 요청을 하면 기획재정부 장관은 민간전문가 등으로 구성된 부담금운용심의위원회가 이를 심사하도록 한다. 「부담금관리기본법」은 부담금의 목적, 부과 요건, 공정성 및 투명성, 중복가능성, 조세에 대한 우위, 최소한의 존속 기간 등의 조건을 제시하고 있다. 위원회에서 의결하면 국회에서 법률 개정이 필요하며, 이때 「부담금관리기본법」의 별표와 부담금의 근거 법률을 모두 개정하여야 한다.

2) 부담금운용종합계획서와 보고서의 국회 제출

부담금의 소관 중앙행정기관의 장은 매년 전년도 부담금의 부과 실적 및 사용명세 등이 포함된 부담금운용계획서를 작성하여 5월 말까지 기획재정부 장관에게 제출하며, 기획재정부 장관은 이를 기초로 부담금운용종합계획서를 작성하여 매년 회계연도 개시 120일 전까지 국회에 제출한다. 또한 중앙행정기관의 장은 매년 전년도 부담금운용보고서를 작성하여 3월 말까지 기획재정부 장관에게 제출하며, 기획재정부 장관은 이를 기초로 부담금운용종합보고서를 작성하여 매년 5월 31일까지 국회에 제출한다.

3) 부담금운용평가제도

기획재정부 장관은 부담금운용평가단을 운영하여 매년 전체 부담금의 1/3씩 평가한다. 평가 결과 부담금 운용이 적정하지 않은 경우 소관 중앙행정기관의 장에게 당해 부담금의 폐지 등을 위한 제도 개선을 요청할 수 있다.

❸ 문제점과 개선 방안

기금과 부담금은 1960년대 발전국가가 국회와 국민을 무시하고 자율적으로 재정활동을 하기 위하여 만든 제도이다. 우리나라의 재정제도 중 기금이 지출 분야에서 발전국가가 국민과 의회의 통제를 받지 않고 재정을 자의적으로 사용하고자 하였던 제도라고 한다면, 수입 분야에서 국민의 재산권을 자기 마음대로 침해하는 제도가 부담금이기 때문이다. 기금은 일련의 제도 개선을 통하여 현재 예산화가 어느 정도 이루어졌다고 볼 수 있다. 이에 반하여 부담금은 일부 제도 개선이 있으나 조세화되었다고 보기 어렵다.

이런 점에서 부담금은 민주주의의 성숙을 위하여 근본적인 개혁이 필요한 제도라고 보아야 한다. 현재 이익집단과 결탁한 부처의 옹호에 대한 국회의 형식적인 검토에서 조세법률주의의 수준에 맞는 통제가 가해지는 방식으로 전환되어야 한다. 부담금을 세금화하는 작업이라고 할 수 있다.

부담금을 전반적으로 원점에서 재검토하여 규모가 큰 부담금의 경우 목적세로 전환할 필요가 있다. 조세법률주의에 따라 세입예산안에서 분명하게 가시화시키고 기획재정위원회의 통제를 받도록 하여야 한다. 규모가 작은 부담금의 경우도 이에 대한 부처와 이익집단의 결탁을 최소화하기 위하여 다각도로 노력하여야 한다. 부담금에 대한 원칙적인 일몰제를 도입하고 엄격한 심사를 통하여 필요성이 인정될 경우에만 도입할 수 있도록 하는 등의 제도 개선이 가능할 것이다. 최근 부담금 개혁에 따라 일부 부담금이 감축되자 관련 이익집단의 반발이 이어지고 있다. 민주주의를 주장하던 사람들이 자신들의 집단이익 앞에서는 입장을 바꿔 버린 것 같다.[5]

국민 등골 휘게 만드는 '숨은 세금' … 25조 부담금 절반 수술한다
(2024.02.15 https://www.mk.co.kr/news/economy/10943770)

문지웅 기자 jiwm80@mk.co.kr

정부가 18개 부처에 걸쳐 91개, 총 25조 원에 이르는 법정부담금 중 최소 절반 이상을 정리하는 방안을 추진한다. 사실상 준조세 성격이 강한데다 시대 변화와도 맞지 않는 부담금이 많아 최근 윤석열 대통령은 대대적인 개혁을 주문했다. (중략)

전력산업기반기금부담금은 91개 부담금 중에서 가장 덩치가 커서 구조조정 대상 1순위로 거론된다. 전 국민이 내는 전기요금 중 3.7%를 한국전력이 부담금으로 징수한다. 요율이 그대로라도 전기요금이 올라가면 징수액이 늘어나는 구조다. 3.7% 요율은 2006년 이후 18년째 요지부동이다.

그동안 전기요금이 오르면서 전력기금부담금 징수 규모도 크게 늘었다. 2015년 처음 2조 원을 돌파한 뒤 올해는 사상 처음 3조 원을 돌파할 전망이다.

한 정부 관계자는 "전 국민을 상대로 기금을 조성하지만 전력기금 사용처는 한정적이며 취약층 전기료 지원조차 이뤄지지 않고 있다"며 "전력기금부담금 중 1조 원 이상은 환경부가 전기차 보조금 예산으로 사용하는 상황"이라고 지적했다.

실제로 산업통상자원부와 환경부에 따르면, 올해 3조 2,000억 원의 전력기금부담금을 걷어서 1조 3,000억 원을 에너지 및 자원사업특별회계로 전출한다. 이 돈으로 환경부는 전기차 구매 보조금과 전기차 충전기 보조금을 지급한다.

기재부와 산업부 안팎에서는 2%대로 요율이 내려갈 수도 있다는 얘기가 나온다. 현재 3.7%인 요율이 2.5%로 내려가면 올해 전력기금부담금 징수 규모는 당초 3조 2,000억 원에서 2조 1,000억 원으로 1조 1,000억 원 감소한다. (중략)

---

5) 영화계, 정부 '입장권 부과금 폐지'에 반발(https://www.hankyung.com/article/2024040406707).

> 양준모 연세대 경제학과 교수는 "부담금은 원칙적으로 조세법정주의에 의해 조세로써 해결할 수 있는 부분이라면 조세로 전환시켜서 관리하는 게 맞다"며 "정권에 따라 하고 안 하고 할 문제가 아니라 앞으로 원칙적으로는 폐지하는 방향으로 지속적으로 부담금을 관리해 나가야 한다"고 강조했다. (하략)

제5절 세무행정

1 개관

세무행정은 세입 징수, 세무조사, 체납관리 등 납세와 세입관리를 포괄하여 관련된 관리활동을 의미한다. 세입행정의 총괄기관은 기획재정부이며 집행기관은 국세청이다. 세무행정도 엄격한 법률에 따라야 하나 우리나라의 경우 과거 세무행정이 권력형 행정행위로 인식되어 왔다. 세무 당국의 재량적 판단에 따라 납세 부담이 좌우되는 불투명한 세무행정이 이루어졌기 때문이다. 세무행정에 법률에 의한 예측가능성, 투명성이 건전한 경제활동을 위하여 반드시 필요하다.

2 개선 방안

1) 세무조사 효율성과 투명성 강화

고소득 전문직 탈세, 역외탈세, 장기체납, 거래 시 불법 관행(무자료 거래 등 불법 유통행위, 연말정산 부당공제, 근로장려금 부정 수급) 등 비정상 관행에 대한 적극적 시정이 필요하다. 다만 납세 의무의 회피를 막기 위하여 세무조사가 불가피하나 조사 대상의 선정이나 과정이 공정하여야 한다. 세무조사의 투명성이 확대되어야 하며, 조세 당국의 책임을 담보하는 장치가 보강되어야 한다.

효율적이고 공정한 세무행정을 위한 기반 마련 및 제도 개선이 이루어졌다. 금융정보분석원(FIU) 정보통합분석시스템(FOCAS), 근로장려금 심사시스템, 주류정보유통시스템을 구축하여 신뢰성 있는 정보를 기반으로 탈세를 대응하는 역량이 강화되었다.

탈세 적발활동의 체계화가 필요한데 지하경제 영역에 대한 합리적 분석을 바탕으로 탈세가 이루어지는 경제 영역에 대하여 정의하여 우선순위를 두고 접근할 필요가 있다. 일관성 있고 체계화된 종합적인 세무조사계획의 수립과 공유가 필요하다.

체납을 해결하기 위하여 조세채권에 대한 체납정리를 자산관리공사 등에 민간위탁할 수 있다. 미국 연방정부의 조세채권 민간위탁을 참조하여 적절한 범위에서 채권 회수 업무를 민간위탁할 수 있으며, 채권채무 상계 프로그램(Offset Program) 등을 도입할 수 있을 것이다.[6]

2) 부정부패 방지

세무행정에서 부정부패 방지와 납세자의 신뢰 회복이 필요하다. 아직도 국세행정 과정에서 부정부패가 간헐적으로 보도되고 있다. 세무조사를 빌미로 금품을 받았다가 감찰에 적발된 국세청 직원, 세무조사를 하였던 기업으로부터 퇴직 후 거액의 자문료를 받는 등 후불제 뇌물을 받는 사례, 국세청 출신 세무사가 기업에서 선임료를 받아 이를 국세청 직원에게 넘기는 등의 비리 수법이 있다. 따라서 세무공무원의 부정에 대한 처벌 강화와 함께 내부감사, 감찰 결과 공개 등을 통하여 국민의 신뢰를 높이는 등 부조리 없는 세무조사의 정착을 위하여 지속적 제도 개선이 필요하다.

---

6) 채권채무 상계 프로그램(offset program)이란 국가가 보유하고 있는 조세채권과 국가로부터 수급할 보조금이 동일인에 속하는 경우 상계한 후 남은 금액의 액수를 지급하는 제도이다.

3) 납세순응도 제고, 납세협력비용 감축 및 납세자 권리 보호

납세협력비용이란 민간 부문이 조세 납부 의무를 이행하는 과정에서 부담하는 행정적인 비용을 말하며, 납세자의 편의를 위하여 납세협력비용을 줄여야 한다. 연말정산 관련 홈택스 등의 업그레이드, 저소득층, 중소기업에 대한 서비스 강화, 고객친화적인 세무 서비스 노력을 강화할 필요가 있다. 납세자의 권리와 이에 대하여 규제하는 법의 집행 내용, 권리 보호 및 구제 등에 관하여 법률로써 규정하여야 한다.

납세순응도 제고를 위해서는 성실납세 유도 노력을 강화할 필요가 있다. 사전성실 신고 안내 강화 및 체납 해소에 대한 인센티브 및 유도장치를 확대하여 좀 더 적극적인 성실납세에 대한 인센티브 제공이 필요하다. 납세윤리교육 및 홍보, 서비스 강화 등 납세 순응행위에 영향을 주는 비금전적 요인 측면에도 노력을 기울여야 한다.

제12장

자산관리

미래를 위한 재정관리
Public Financial Management for the Future

제1절 개관

1 의의

자산관리란 정부가 동원할 수 있는 재무자원 중 자산 또는 재산 형태의 재무자원을 체계적으로 관리하는 활동을 말한다.[1] 국유재산의 취득 운용, 유지 보존, 처분(매각, 교환, 양여, 신탁, 현물출자)을 적극적으로 수행하는 활동을 말한다. 여기서 국가가 활용할 수 있는 자산이자 재산인 국유재산은 국가에 소유권이 귀속되어 있는 부동산, 동산, 물권, 채권, 무체재산권 등 경제적 가치가 있는 모든 유무형의 재산을 말한다.[2]

자산관리에 대한 일반법인「국유재산법」상 국유재산이란 국유재산 중 다른 법률에 따

---

[1] 자산을 법적 개념인 재산으로 표현하기도 하며, 이 경우 재산관리로 볼 수도 있다.
[2] 국유재산은 「국가재정법」을 비롯하여 「국유재산법」, 「국고금관리법」, 「국가채권관리기본법」 등 여러 법령에 의하여 규율되고 있다.

라 규율되는 재산을 제외하고 국가의 부담, 기부채납이나 법령 또는 조약에 따라 국가 소유로 된 재산을 말한다. 「국유재산법」에 따르면, ① 국유재산의 관리 및 처분은 국가 전체의 이익에 부합되도록 하여야 하며, ② 취득과 처분이 균형을 이룰 것, ③ 공공가치와 활용가치를 고려할 것, ④ 경제적 비용을 고려할 것, ⑤ 투명하고 효율적인 절차를 따를 것이 규정되어 있다. 우리나라의 저서들은 국유재산 중 일부 대상에 대해서만 소개하고 있는데, 여기에서는 자산관리 중 실무적인 중요성이 큰 현금, 부동산, 채권에 초점을 맞추어 국고금, 연기금, 국유지와 건물, 국가채권관리를 종합적으로 검토하고자 한다.

〈표 12-1〉 자산 형태별 법제도와 정부회계상 개념

자산의 형태	법제도상 개념	정부회계상 개념	규율 법률
현금	국고금	유동자산	국고금관리법
	연기금	투자자산	국가재정법
부동산	토지	일반유형자산	국유재산법
	건물	일반유형자산	국유재산법
동산	대규모 동산	일반유형자산	국유재산법
	물품	일반유형자산	물품관리법
채권	국가채권	유동자산	국가채권관리법
	조세채권	유동자산	국세기본법
	벌금채권	유동자산	형법
	과태료채권	유동자산	국고금관리법
무체재산권	특허권 등	무형자산	국유재산법

2 현황

1) 중앙정부의 자산 현황

국가재무제표는 중앙정부의 총자산, 부채, 순자산을 보고하고 있다. 2020년 말 기준으로 국가재무제표상의 총자산은 2,487조 원이며 부채는 1,982조 원으로, 총자산에서 부채를 뺀 순자산은 505조 원이며, 순자산이 총자산에서 차지하는 비중은 20.3%이다. 종류별로 살펴보았을 때 가장 큰 비중을 차지하는 국유재산은 토지이며, 공작물, 유가증권, 건물 순이다.

(단위: 조 원)

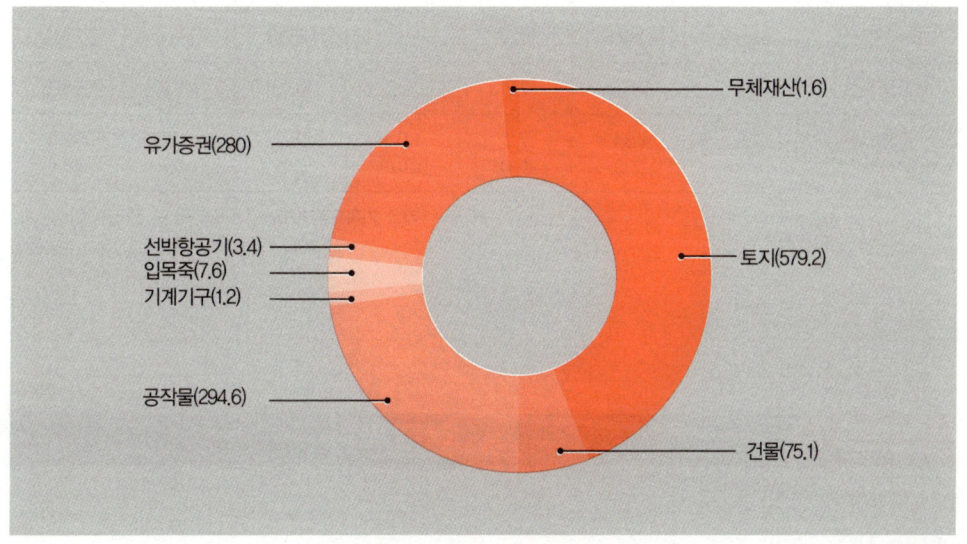

자료: 열린재정.

[그림 12-1] 국유재산 종류별 비중

2) 일반정부의 자산 현황

우리나라는 통합재정을 집계하면서 자산 및 부채에 관한 재정 통계를 생산한다. 2019회계연도 일반정부의 자산은 총 3,836조 원으로 GDP 대비 199.9%를 차지한다. 이는 비금융자산 2,220.2조 원(57.9%), 금융자산 1,615.8조 원(42.1%)으로 구성되는데, 중앙정부는 금융자산이 비금융자산보다 많고, 지방정부는 자산의 대부분이 비금융자산으로 구성(88.4%)되어 있다. 「GFS 2001」에 따른 2019회계연도 일반정부 부채(D2)는 812.3조 원으로 GDP 대비 42.3%를 차지한다.

〈표 12-2〉 일반정부 자산 및 부채

(단위: 조 원)

구분	중앙정부	지방정부				내부거래	일반정부
		지방재정	지방교육재정	내부거래	합계		
자산 (GDP 대비, %)	2,432.6 (126.8)	1,302.4 (67.9)	113.2 (5.9)	△0.5 (△0.0)	1,415.1 (73.7)	△11.8 (△0.6)	3,836.0 (199.9)
비금융자산	968.9	1,149.6	101.6	-	1,251.3	-	2,220.2
금융자산	1,463.7	152.8	7.2	△0.5	163.9	△11.8	1,615.8
부채(D2)* (GDP 대비, %)	769.2 (40.1)	48.1 (2.5)	7.2 (0.4)	△0.5 (△0.0)	54.9 (2.9)	△11.8 (△0.6)	812.3 (42.3)

자료: 기획재정부(2021), 「2019회계연도 한국통합재정수지」.
* D2의 의미에 대하여는 제13장에서 설명한다.

제2절 현금관리

1 개관

현금관리 또는 국고금관리는 정부가 공공행정 업무를 수행하기 위하여 조달하고 운용하는 일체의 현금인 국고금의 조달·지출 등 전반적인 관리를 의미한다.[3]

국고금관리의 일차적 목적은 현금수입이 부족하더라도 재정지출에 필요한 현금을 세수입 외의 방식으로라도 적기(適期)에 조달하고 지출할 수 있도록 하는 것이다. 반대로 국고금의 조달이 이미 된 상태에서 지출이 나중에 발생할 때 보유한 현금을 적절하

---

[3] 「국고금관리법」 제2조는 국고금을 ① 법령 또는 계약 등에 따라 국가의 세입으로 납입되거나 기금에 납입된 모든 현금 및 현금과 같은 가치를 가지는 것으로서 대통령령으로 정하는 것, ② 「지방세법」에 따라 국가가 징수한 지방소비세를 지방세입으로 납입하기 전까지 일시적으로 보유한 현금 등, ③ 재정증권의 발행 또는 한국은행으로부터의 일시차입 등에 의하여 조달된 현금 등, ④ 국고금의 운용 목적으로 취득한 금융자산으로 정의하고 있다.

게 관리하여 추가적인 수입을 창출할 필요가 있다. 현금 흐름을 정확히 예측하고 최적 현금 보유량을 결정한 다음 여유 현금을 활용하는 등의 활동을 통하여 현금의 흐름과 잔고를 합리적으로 운영·관리함으로써 추가적인 이자수입을 창출할 수 있으며 국민 부담을 줄일 수 있다.

우리나라의 「국고금관리법」 제4조는 국고금관리의 원칙으로 ① 국고금은 계획에 따라 효율적이고 투명하게 관리할 것, ② 국고금은 적절한 때에 지출되도록 할 것, ③ 국고금은 안전성을 해치지 아니하는 범위에서 운용할 것, ④ 국고금의 수입 및 지출 등과 관련된 사항은 신속하고 정확하게 기록·관리할 것을 규정하고 있다.

[강진규의 데이터 너머] 정부의 한은 차입금은 0원? 113조?
(입력 2023.10.24 18:02 수정 2023.10.25 13:54 지면A29
https://www.hankyung.com/article/2023102430141)

강진규 기자

정부가 세금 수입 부족분을 메우기 위해 한국은행으로부터 올 들어 113조 6,000억 원을 빌린 것으로 나타났다. 화폐 발행 권한을 갖고 있는 한은의 자금을 '마이너스 통장'처럼 쓰는 것은 문제라는 지적도 있다. 하지만 한은의 통계에서 이 같은 숫자는 찾아보기 어렵다. 법적으로도 100조 원 넘는 차입은 불가능하다.

진선미 더불어민주당 의원 등은 지난 23일 서울 남대문로 한은 본관에서 열린 국회 기획재정위원회의 한은 국정감사에서 정부의 한은 일시차입금 증가 문제를 지적했다. 올해 113조 원의 일시차입금 규모는 지난 9년간 일시차입금 평균 34조 9,000억 원의 3.3배에 해당하는 것으로 통화량 변동에 따른 물가 자극이 일어날 수 있는 수준이라는 것이다. 진 의원은 "한 해 보건복지부 예산 규모에 해당하는 정도"라고도 했다. 이에 따른 이자비용이 1,500억 원에 달한다는 점도 지적했다. 양경숙·정태호 민주당 의원 등도 비슷한 취지로 한은 일시차입금 문제를 언급했다.

계산 방식 따라 수치 제각각

하지만 이 같은 지적과 달리 한은 경제 통계 시스템에는 올 8월 기준 대정부 대출금 규모가 4조 4,000억 원으로 제시된다. 3월에 31조 원으로 가장 많은 수준을 기록했지만 국감에서 지적된 113조 원에 비해선 3분의 1 수준이다.

국회의원들의 지적 과정에는 정부가 차입금을 상환한 내용은 빠졌기 때문이다. 113조 원은 빌린 돈의 누적 합계다. 정부는 60여 차례에 걸쳐 113조 원을 한은에서 빌려와 집행했고, 이후 세수가 확보되는 대로 갚았다. 실제 한은의 대출 한도도 100조 원을 넘기는 것이 불가능하다. 한은은 통합계정 40조 원, 양곡관리특별회계 2조 원, 공공자금관리기금 8조 원 등 최대 50조 원까지만 대출해 줄 수 있다.

한은의 통계는 잔액을 기준으로 작성된다. 그렇기 때문에 규모가 31조 원(3월)까지 늘었다가 0원(7월)으로 줄어들기도 한다. 한은에 따르면, 아직 통계 발표 전인 9월 말 기준으로도 차입금이 모두 상환돼 잔액은 '0원'이다. 이창용 한은 총재는 "평잔 기준으로는 5조 원 수준"이라고 설명하기도 했다.

한은 발권력 남용 우려도

정부가 한은 차입을 늘린 것은 다른 자금 수혈 수단인 재정증권 발행에 비해 비용 부담이 적기 때문이다. 정부는 올 들어 44조 5,000억 원 규모의 재정증권을 발행해 2,747억 원의 이자비용이 발생했다. 한은 차입금 이자비용(1,500억 원)의 두 배에 가까운 규모다. 이 총재는 "60일 이내에 자금을 융통하는 데는 채권 발행보다 효율적인 측면이 있다"고 했다.

하지만 정부가 한은의 발권력을 마이너스 통장처럼 사용하는 것은 문제라는 지적이 나온다. 차입금이 113조 원이 아니라 5조 원(평잔 기준)이어서 "다 갚았다"고 해서 괜찮은 것이 아니라는 얘기다.

선진국에서는 중앙은행이 이 같은 제도를 운용하는 사례가 거의 없다. 홍성국 민주당 의원이 한은으로부터 제출받아 각국 중앙은행법령을 분석한 결과 미국과 영국에서는 중앙은행의 대정부 대출 취급 규정 자체가 없었다. 유럽중앙은행(ECB)과 유로존 소속 20개국 중앙은행은 당좌대출 및 여타 종류의 대출제도를 원천 금지하고 있으며, 일본은 의회의 의결이 있는 경우에만 대출이 가능하다. 중앙은행의 독립성을 위해 이 같은 연결고리를 최대한 끊어 두는 것으로 여겨진다.

이 총재도 정부가 한은 차입을 수시로 꺼내 쓰는 마이너스 통장처럼 활용하는 것은 곤란하다는 입장이다. (중략)

국고금은 조세 납부 시기에 따라 특정 시기에 집중적으로 수납되는 반면 지출은 수시로 이루어지기 때문에 조세수납액과 지출액의 차이에 따라 일시 여유자금이나 부족분이 발생하게 되는데, 여유자금은 국고금의 통합계정을 통하여 관리하고, 부족자금은 재정증권 및 한국은행 일시차입금 등으로 조달하게 된다.

우리나라의 현금 유입과 지출, 잔고의 운영 과정에서 한국은행과의 차입비용과 현금관리에 따른 이자수익 모두 합리적으로 관리되고 있지 못한 것으로 보이며, 효율성 측면에서 관리 개선의 여지가 많은 것으로 판단된다. 국고금 운용 관련 현황은 〈표 12-3〉과 같다.

〈표 12-3〉 우리나라 국고금 운영 현황

(단위: 억 원)

구분	2013	2014	2015	2016	2017	2018	2019	2020	2021
국고금 운용수익(A)	333	483	545	1,259	1,433	1,628	824	253	1,170
차입 이자비용(B)	2,644	1,850	1,308	555	160	24	1,648	1,133	293
- 한은 일시차입	975	165	196	26	2	-	280	522	18
- 재정증권 발행	1,669	1,685	1,112	529	159	24	1,368	610	275
재정수지(A-B)	△2,311	△1,367	△763	704	1,273	1,604	△824	△880	877
운용수익 적립금	-	26	82	786	2,059	3,662	838	140	1,099
일반회계 세입 납입액	-	-	-	-	-	-	2,000	-	-

자료: 국회예산정책처(2022, p. 226).

2 주요 제도

1) 국고금통합관리제도

국고금통합관리제도는 일반회계와 특별회계의 국고금을 통합하여 관리하는 것을 말한다. 일반회계와 17개 특별회계가 통합계정에 포함되고, 우체국보험특별회계, 우체국예금특별회계, 양곡관리특별회계는 제외된다. 통합계정 국고금은 기획재정부가 운용하며, 세입세출예산 외에 ① 국공채 및 한국은행 통화안정증권의 매매, ② 금융회사 예치 또는 단기 대여, ③ 증권금융회사 또는 종합금융회사가 발행하는 채무증서의 매매 등의 방법으로 운용할 수 있다.

2) 중앙은행 현금관리위탁제도

한국은행은 여유자금을 운용하여 수익을 발생시킨다. 자금 운영 과정에서 여유자금이 발생할 때 운용 수익을 최대화할 필요가 있다. 유휴자금을 적극적으로 단기 수익상품에 투자하면 수익을 추가로 낼 수 있다.

자금 운용으로 생긴 수익금은 통합계정의 자금 조달비용 및 이자에 우선적으로 사용하여야 하고, 운용 수익의 잔액은 다음 연도로 이월한다.[4] 중앙은행에 위탁하며 중앙은행이 제공하는 서비스를 자금 조달비용 및 이자로 먼저 지불하는 것으로 이해된다. 이후 잔액은 이월하게 되고 세입으로 편입하기도 한다.

3) 재정증권 발행

재정증권은 정부가 국고금 일시 부족분 조달을 위하여 금융시장에서 발행하는 유가증권을 말한다. 국고금이 부족할 때 적자국채 발행하거나 일시차입금을 이용할 수 있다. 「국고금관리법」 제32조는 국고금 출납상 필요한 때에는 재정증권 발행 또는 한국은행 일시차입 등을 통하여 자금을 조달할 수 있도록 규정하면서, 일시적 부족 자금의 조달 최고한도액은 각 회계·계정·기금별로 회계연도마다 국회의 심의·의결을 받고, 재정증권 발행 또는 한국은행 일시차입금으로 조달한 자금은 그 회계연도의 세입으로 상환하도록 하고 있다. 다만 정부는 재정증권 발행보다는 한국은행 차입금을 더 활용하고 있다, 재정증권 발행은 복잡한 절차를 거쳐 신축적인 자금 조달이 어렵기 때문이다.

4) 중앙은행 일시차입제도

정부가 국회의 승인을 받은 최고 한도액 범위 내에서 자금을 조달하는 경우 우선적으로 재정증권의 발행을 통한 방법으로 자금을 조달하도록 하고, 한국은행으로부

---

4) 운용 수익 이월액이 누적될 경우 세입으로 이입하는 경우도 있다.

터 일시 차입하는 경우 자금 소요가 해소되는 때에 상환하여야 한다. 일시 차입에 따라 이자비용이 발생하는데 정부가 이를 현금 운용 수익 중 우선적으로 지출하게 된다. 이런 식으로 중앙은행에 국고관리를 대행시키면서 대출 수신고를 높여 주고 이자비용 형태로 지원을 해 주는 것으로 이해된다.

일시차입금의 이용은 통화량 증가와 이로 인한 물가 상승을 유발할 수 있으므로 신중하여야 한다. 2022년도 차입 한도는 통합계정 40조 원, 공공자금관리기금 8조 원, 양곡관리특별회계 2조 원, 국유재산관리기금 2,000억 원으로 정해져 있다.

3 절차

(1) 현금 유입

국고금의 수입은 조세 등의 국고금이 세입으로 납입되거나 기금에 납입되는 것을 말하며, 법령에서 정하는 바에 따라 국고금을 징수하거나 수납한다.

국고금의 실질적인 수납에 관한 사무를 담당하는 자를 출납공무원이라 하며, 출납공무원이 수납한 국고금의 납입 또는 납세 의무자 등이 직접 납부하는 국고금의 출납사무는 한국은행에서 담당한다. 한국은행은 국고금 취급에 필요한 여건을 갖춘 금융기관과 국고금 취급에 관한 계약을 체결한 후, 해당 금융기관의 영업점을 국고대리점으로 지정하여 국고금 수납 업무를 대행하게 하고 있다.

(2) 현금 유출입 추계 및 관리

현금 흐름에 대한 예측은 현금 수입액과 지출액, 현금 유입의 유출 시점을 예측하는 것을 말한다. 일상적인 경비는 비슷한 현금 유출이 연간 변동 없이 이루어지지만, 특정 사업은 특정 시점에 현금 유출이 진행되므로 이에 대한 정보를 확보하여 연간 현금 유출입의 전반적인 스케줄을 파악하여야 한다.

(3) 최적 현금 보유량 결정 및 여유자금 투자

현금 유입과 유출에 대한 계획을 바탕으로 일시적 차입 또는 단기 여유자금 투자에 대한 계획과 관리가 가능해진다. 현금 유입과 유출 시기와 규모를 예측하면 현금잔고의 수준을 계획할 수 있을 것이다. 다만, 갑작스러운 현금 수요가 발생할 수 있으므로 이러한 위험에 대응할 수 있는 어느 정도의 현금 잔고 수준은 유지하여야 한다. 일시적 차입이 필요한 시기와 단기 여유자금이 발생하는 시기를 파악하고 이 시기에 최소의 이자비용 또는 최대의 수익을 낼 수 있는 경제적 의사결정을 하여야 한다.

(4) 지출

국고금의 지출은 세출예산 및 기금운용계획의 집행에 따라 국고에서 현금 등이 지급되는 것을 말한다. 국회에서 확정된 예산은 '예산 배정 → 자금 배정 → 실제 지출' 과정을 거쳐 집행된다.[5]

4 문제점과 개선 방안

1) 문제점

우리나라 국고금관리에서의 문제는 여유자금의 소극적 관리 문제와 부족자금의 일시 차입 과다 문제로 구분할 수 있다.

첫째, 세입과 지출 사이에 단기간 발생하는 여유자금을 제대로 관리하고 투자수익을 내면 재정수입을 확대할 수 있고 국민들에게 재정적 부담을 줄일 수 있다. 이러한 활동을 제대로 수행하지 않으면 현금과 관련한 상당한 기회비용을 지불하고 있는 것으로 볼 수 있다. 고금리 시대에는 그 기회비용이 더욱 커질 것이다.

---

5) 예산 배정은 예산 통제의 목적으로 기획재정부 장관이 각 중앙관서의 장에게 분기별 예산배정계획서에 따라 예산을 나누어 주는 것이다. 그 후 자금 수급관리 목적으로 예산 배정의 범위 내에서 연초에 연간, 매월 월단위 자금계획을 수립하여 자금 배정이 이루어진다. 실제 지출은 자금 배정 금액 범위 내에서 각 부처가 채권자, 수급권자 등에게 자율적으로 집행하게 된다.

둘째, 앞서 기사에서도 다루었듯이 정부가 중앙은행에서 일시 차입하는 경우가 많고 이자비용도 적지 않다. 우리나라는 선진국과 달리 단기 부족자금을 조달할 때 금융시장에서 재정증권을 발행하거나 단기 차입하는 수단 외에 한국은행에서 일시 차입하는 경우가 많고 지불하는 이자비용이 큰 문제가 있다.

2) 개선 방안

이런 문제에 대하여 여유자금의 적극적 운용과 부족자금의 합리적인 관리 방안을 제도화할 필요가 있다.

첫째, 여유자금의 적극적 투자 및 관리를 위하여 국고금 일시 여유자금 운용 규모를 확대하여야 한다. 이를 위해서는 국고금 잔고를 가급적 정확하게 추계하고, 유지하고 투자할 수 있는 여유자금의 규모를 파악하여 투자자금으로 특정할 수 있어야 한다. 수입 예정치와 지출 예정치의 차이에 10% 정도의 준비금을 빼고 나머지 자금은 모두 투자자금으로 규정하도록 하여야 한다. 또한 단기 투자를 위한 제약을 완화하여 3개월 이하의 중위험 중수익자산에도 투자할 수 있도록 할 필요가 있다. CMA나 단기국채와 같은 상품에도 투자할 수 있도록 투자의 폭을 넓힐 필요가 있다.

둘째, 이러한 작업을 위해서는 국고금관리계획을 도입할 필요가 있다. 국고금 수입 스케줄을 정확히 추계하고 국고금의 용도에 대해서도 적기에 조달하기 위하여 지출 스케줄도 가급적 정확하게 계획하여야 한다. 이를 통하여 투자를 위한 자금에 대한 특정이 가능해지고 단기 투자에 적극적으로 나설 수 있을 것이다.

셋째, 부족자금의 일시차입제도를 개선하여 중앙은행 차입에서 금융시장 활용으로 전환할 필요가 있다. 정부가 일시 차입을 할 때 금융시장을 이용하지 않고 중앙은행을 통하여 하는 것 자체가 큰 문제가 된다고 할 수는 없겠다. 다만 이런 제도는 과거 발전도상기에 금융시장이 저발전되었고, 정부와 중앙은행의 독립성이 중요시되지 않은 상황에서 중앙은행에 특혜를 준 제도로 이해된다. 현재 우리나라의 금융시장이 충분히 발전하였기 때문에 정부가 필요 시 재정증권이나 일시차입금을 시중은행을 통하여 활용할 수 있다. 중앙은행의 고유 기능이나 독립성을 고려할 때 금융시장에 중앙은행이 행위자로 활동하는 것은 적절하지 않다고 본다. 이런 점에서 한국은행을 통한 일시차입제도는 점진적으로 폐지해 나갈 필요가 있다. 현재 중앙은행 일시차입 총량에 대한 제한 제도가 논의되고 있는데 질서 있게 폐지하고 정상적인 금융시장을 통하는 것이 바람직하다.

넷째, 선진국의 경우 자산, 부채 등 자산관리를 위한 전문성 있는 기구가 존재하는 예가 많다. 우리나라는 전문성 있는 독립부처가 아니라 기획재정부의 국고국이 자산과 부채관리를 담당하고 있으며, 다양한 자산과 부채를 포괄적으로 관리하고 있어 국고금관리에 집중하기 어려운 구조이다. 이러한 역할을 전문성 있게 수행하려면 별도의 관리기구를 수립하는 방안을 고려할 필요가 있다.

제3절 연기금관리

1 개관

기금은 예산의 한 형식이자 회계 단위로 수입과 지출이 일치하지 않고 일정한 적립금이 생기는데 이 적립금은 다양한 방식으로 운용하여야 할 필요성이 있다. 연기금이란 연금과 기금을 합친 말로, 연금을 지급하기 위하여 만든 기금까지 포함하여 통칭하는 것이다. 연기금 중 국민연금은 적립식으로 운영되고 있어 대규모의 적립금이 운용되고 있으며, 이 적립금의 안정적인 운용도 필요하다.[6]

잘 알려진 바와 같이 우리나라의 국민연금은 적립식이어서 상당 기간 연기금이 누적되다가 2035년경에 최대치가 된 후 2050년경에 소진될 것으로 예상된다. 이때 누적되어 있는 연기금의 수익률은 5%로 가정되어 있는데, 여기서 실제 수익률이 예상보다 1%포인트만 줄어들 경우 기금 고갈 시기는 8년 정도 앞당겨진다. 반대로 수익률을

---

6) 정부는 공적연금사업에 필요한 재원을 원활하게 확보하고 법에 의한 급여에 충당하기 위한 책임준비금제도 별로 기금을 설치 운용하고 있다.

1%포인트만 높여도 기금 고갈 시기를 8년 정도 늦출 수 있다. 이런 점에서도 연기금의 효율적 운용을 통하여 수익률을 높이는 일이 매우 중요하다.

국민연금의 연기금은 자산 운용 규모가 매우 커서 자본시장에 영향을 미치는 정도가 크다. 또 연기금의 수익률에 따라 미래 연금 지급에 영향을 미치므로 국민들의 관심도 높다. 따라서 연기금을 효율적으로 운용하는 것은 국가 재정 운용의 효율성 제고, 자본시장 활성화, 국민들의 노후의 삶 보장 등의 관점에서 매우 중요하다.

이런 상황에서 현재 우리나라의 국민연금은 주요국 적립식 연기금 가운데 절대 수익률이 매우 낮은 편이다. 노르웨이 국부펀드, 미국 캘리포니아 공무원연금 등 11개 주요 글로벌 연기금이 자국 주식을 넘어 해외 주식, 부동산, 헤지펀드, 인프라스트럭처까지 다양한 투자를 하고 있는데 비하여 우리나라는 채권 위주의 투자에 머물러 있기 때문인 것으로 보인다. 국민연금의 수익률 하락은 국민의 노후 생활에 직접적으로 영향을 줄 수밖에 없으므로 연기금 운용의 제도 개선이 필요한 것으로 보인다.

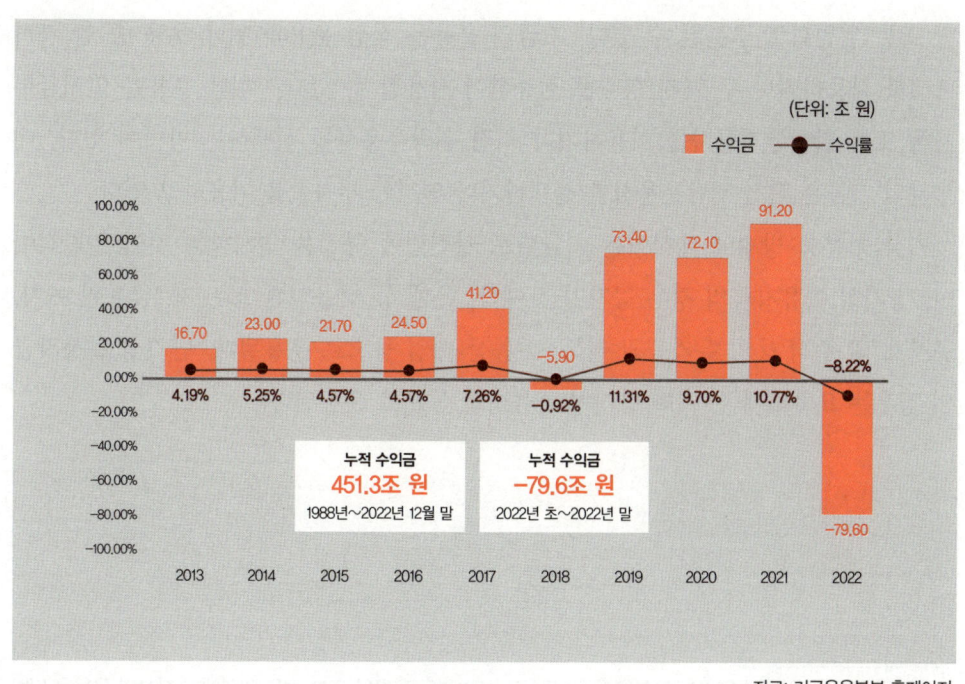

[그림 12-2] 국민연금 기금운용 수익률 추이

❷ 주요 제도

1) 연기금 투자풀제도

연기금은 연기금 투자풀로 관리하는 경우와 직접 운영하는 경우, 위탁기관에 위탁하는 경우 등 다양한 모습을 띤다. 연기금 투자풀제도는 연기금자산을 효율적으로 운용하기 위하여 개별 연기금의 여유자금을 통합하여 예탁받아 민간 금융기관을 통하여 운용하는 투자 체계를 말한다(국가재정법 제81조). 전문적인 투자 기법의 적용을 통하여 기금 운용의 안정성 및 수익성 제고가 가능하고, 개별 기금별 자산 운용을 함에 따라 발생하는 소요비용을 절감할 수 있다.

2) 일반기금의 관리

기금관리 주체는 기금의 근거법에 규정된 바에 따라 중앙관서의 장, 각종 공단, 재단 또는 위원회로 구분할 수 있다. 기금의 운용은 직접 운용과 위탁 운용 중 한 가지 형태를 사용하거나 두 가지 형태를 절충하여 사용할 수 있다.[7] 위탁 운용은 연기금투자풀 또는 한국투자공사를 이용하거나 직접 위탁운용사를 선택하는 방법이 있다. 대부분의 기금은 직접 위탁운용사를 선택하거나 연기금 투자풀을 이용하고 있다.

기금의 운용 방법에 대하여는 기금별로 관련법에 규정을 명시하는 것이 일반적이며, 장기성 여유자금의 경우 공자기금 예탁, 은행 등 금융기관 또는 제2금융권 예치, 공사채 및 주식 등의 유가증권 취득, 부동산 매입 등으로 운용된다. 단기성 운용자금의 경우는 요구불예금, 기타 단기성 금융상품 등으로 운용된다.

---

7) 직접 운용은 기금 내부 인력이 자산을 운용하는 것이고, 위탁 운용은 외부 전문 인력에게 자산의 운용을 위탁하는 것을 의미한다.

3) 수익률 평가

기금은 기금운용평가와 기금존치평가를 시행함은 앞서 설명하였다. 여기서 기금의 여유자금을 어떻게 운용하는가에 대한 평가가 기금운용평가에서 수행된다. 여유자금 운용의 성과를 수익률 지표로 계량적으로 평가하며 정책의 적정성 및 자산 운용 체계와 관리 효율성을 비계량지표로 평가한다.

4) 국민연금 지배구조

국민연금의 기금 운용과 관련된 지배구조는 국회, 기획재정부, 보건복지부, 기금운용위원회, 국민연금관리공단으로 구성된다. 기금 관련 정책을 총괄하는 기획재정부는 그해의 국민연금 기금운용계획의 작성 기준을 마련하여 주무부처인 보건복지부에 통보한다. 보건복지부는 이 기준에 따라 연간 기금운용지침을 작성하고, 이 지침을 기금운용위원회에 보낸다. 또 보건복지부는 기획재정부와 협의하여 연간 기금운용계획을 수립한다. 이렇게 수립된 기금운용계획은 기금운용위원회와 국무회의의 심의를 거쳐 국회에 제출하며, 국회의 심의 · 의결을 거쳐 확정된다.

〈표 12-4〉 국민연금 기금운용위원회의 구성

위원장	주무부처	보건복지부 장관
당연직 위원(5인)	관계 부처	기획재정부 차관, 농림축산식품부 차관, 산업통상자원부 차관, 고용노동부 차관
	주무기관장	국민연금공단 이사장
위촉위원(14인)	사용자 대표(3인)	한국경영자총협회, 중소기업중앙회, 전국경제인연합회 추천 각 1인
	근로자 대표(3인)	한국노동조합총연맹, 민주노동조합총연맹, 전국공공노동조합연맹 추천 각 1인
	지역가입자 대표(3인)	농협중앙회, 수협중앙회, 한국공인회계사회, 외식업중앙회, 한국소비자단체협의회 등 추천인
	관계 전문가(2인)	보건사회연구원장, 한국개발연구원장

국민연금운용 관련 최고의사결정기구는 기금운용위원회이며 20명 위원은 정부 및 이해관계 대표자로 구성되고 기금운용지침을 바탕으로 기금을 운용하되 실무적인 작업은 국민연금관리공단의 기금운용본부에 위임한다. 기금운용본부는 연간 기금운용계획에 의거하여 월간 및 일간 자금운용계획을 수립하여 보건복지부에 보고하고 기금을 운용한다. 중요한 투자 결정은 기금운용실무평가위원회에서 이루어지는데 5년 단위 위험자산, 무위험자산 비중을 결정하는 투자계획을 결정한다.

3 문제점과 개선 방안

1) 문제점

우리나라의 연기금 관리에 대하여 가장 중요한 문제는 낮은 수익률이라고 할 수 있다. 기금들의 경우 기금운용평가에서 수익률이 중요한 지표로 평가되고 있으나 실제 기금들의 수익률을 좀 더 높일 가능성이 있는 것으로 보인다. 많은 기금이 안전자산 위주로 투자하도록 되어 있는데 개별 기금들이 위험자산에 대한 비중을 높일 수 있도록 제도를 개선할 필요가 있다.

국민연금의 경우 문제는 매우 심각하다. 국민연금의 운용이 수익률 제고라는 원칙에 충실하지 않고 개별 행정부의 정치적 목적에 충실한 모습을 쉽게 발견할 수 있다. 채권, 주식, 대체투자와 같은 비중 선정에서 저위험 또는 무위험 채권에 투자하는 비중이 지나치게 높다. 주식에 투자한 경우에도 주식의 가치 제고를 위하여 노력하기보다는 정치적인 개입을 한 경우가 많다. 기업의 주주로서 수익 창출에 주안점을 두기보다 정치적 목적을 지지하는 CEO나 이사를 선임하거나 기업 경력이 전무한 정치인을 선임한 경우, 적자기업에 수천억 원이 들어가는 한전공대 설립안을 지지하는 모습도 보인다.

이와 관련하여 기금운용위원회의 독립성과 전문성 부재의 문제가 지적된다. 기금운용의 전문성이 있는 구성원이 없이 정부 입김에 좌지우지되는 구조에서 수익률 제고와 일관성 있는 기업정책이 이루어지기 어려운 상황이다.

> **아마추어 국민연금 기금위…10년 수익률 '글로벌 최하위'**
> (2023-02-03 https://www.hankyung.com/article/2023020339641)
>
> 류병화/황정환 기자 hwahwa@hankyung.com
>
> **보수적인 운용 日보다 저조**
> **기금운용 시스템 개혁 절실**
>
> 국민연금의 최근 10년간 연평균 수익률이 글로벌 연기금 가운데 최하위권인 것으로 나타났다. 전문성보다 정치에 휘둘리는 기금 운용 의사결정 시스템이 문제로 지목된다. 정부가 추진 중인 보험료와 소득대체율 등 '모수 개혁'뿐 아니라 운용 시스템도 함께 개혁해 수익률 제고에 나서야 한다는 목소리가 커지고 있다.
>
> 한국경제신문이 3일 국민연금연구원과 미국 연기금·국부펀드 분석기관인 글로벌SWF 자료를 바탕으로 주요 글로벌 연기금 수익률을 종합한 결과, 국민연금의 최근 10년간 운용수익률은 연평균 4.99%였다. 규모가 비슷한 캐나다연금투자위원회(CPPIB·연 9.58%), 캘리포니아공무원연금(CalPERS·7.12%), 노르웨이투자관리청(NBIM·6.80%), 네덜란드 공적연금(ABP·5.64%)보다 부진한 수익률이다. 보수적인 운용으로 유명한 일본 공적연금(GPIF·5.30%)보다 낮았다. (중략)
>
> 전문가들은 운용수익률이 1%포인트 높아지면 고갈 시점을 8년 늦출 수 있다고 추정한다. 문제는 현 기금 운용 체계에서는 수익률을 높이는 게 쉽지 않다는 것이다. 수익률의 95%를 좌우하는 자산 배분을 비전문가로 구성된 기금운용위원회가 최종 결정하기 때문이다.
>
> 정부와 정치권으로부터의 독립성이 낮아 기업 지배구조 개선, 지역 균형발전 등 정치적 목적을 달성하는 데 국민연금이 동원되는 것도 수익률에 부정적 영향을 미친다는 게 전문가들의 분석이다. (하략)

2) 개선 방안

연기금이 자산의 위탁 운용에서 요구하는 분산 효과 제고 및 효율적인 수익 창출을 위해서는 자산 운용 시장에서 다양한 형태의 운용 유형을 개발하고 전문적인 운용이 이루어져야 한다.

개별 기금들의 경우 기금의 투자에 따른 위험을 고려하되 좀 더 적극적인 투자가 가능하도록 제도 전반의 개선이 필요하다. 전문적인 금융투자기관에 위탁하도록 유도하고 연기금 투자풀을 더욱 적극적으로 활용하도록 할 필요가 있다. 기금 투자의 대상을 안전자산보다 위험자산, 대체투자자산까지 허용하고 비중을 확대할 필요가 있다.

국민연금의 운용은 이상의 제도 개선과 함께 좀 더 근본적인 제도 개선이 요구된다. 국민연금은 거시경제에서 가장 규모가 큰 단위의 기금이므로 자본시장에 미치는 영향도 크고 거시경제에 중요한 역할을 한다. 장기간 국민의 노후 보장을 위한 용도로 사용하여야 하기 때문에 운용에 매우 신중을 기하여야 한다. 무엇보다 수익률을 제고하여 적립금 고갈 시점을 늦추는 노력이 필요하다.

많은 사람이 지적하는 바는 이러한 개혁이 이루어지기 위해서는 국민연금의 운용이 정치권으로부터 독립적이면서 전문적인 투자 운용이 가능한 지배구조가 되어야 한다는 것이다. 이미 삼성 합병 과정이나 한전에 대한 영향력 행사와 같은 사례에서 보여 주듯이 국민연금이 정치적으로 중립적이지 않을 때 수익률 제고보다는 정부 정책을 무비판적으로 추진하여 위법 부당한 개입을 하는 일이 적지 않았다. 국민연금운용위원회가 연기금으로서의 정체성을 분명히 하려면 위원회의 독립성을 확보하여야 하며, 이는 위원들의 다양화와 행정부의 5년 임기보다 긴 임기(예: 10년 또는 15년)의 보장으로 가능할 것이다.

지배구조의 개편과 함께 선진국의 사례를 참고하여 해외 주식 및 대체투자까지 포함하는 투자 대상의 다양화, 국민연기금을 복수의 펀드로 재편하고 펀드 간의 경쟁을 도입하는 방안 등을 논의할 수 있다. 이러한 변화가 전제되고서야 국민연금의 대주주로서 적극적인 기업 지배구조 개선정책을 고민해 볼 수 있다. 이런 전제가 마련되지 않은 상태에서 국민연금이 자의적으로 정치권의 요구대로 기업정책을 펼치면 경제에 매우 큰 부담이 될 것이다.

제4절　토지와 건물관리

1 개관

1) 의의

　국유재산 중 국가 소유의 건물과 토지, 사업간접자본(SOC)시설 등 부동산이 차지하는 비중이 가장 크다. 우리나라는 다른 나라에 비하여 국유지의 규모가 큰데 이는 건국 과정에서 적산재산인 일본 식민지 정부의 국유지를 승계하였기 때문이다. 국유재산, 특히 국유지는 공공재 기능을 함과 동시에, 환경 보호와 미래를 위하여 보존 및 비축하는 기능, 매각·임대를 통한 국가 재정수입 확충이라는 재정수입 기능을 하며 체계적인 관리가 이루어질 필요가 있다.

> **'나라 땅을 멋대로' … 국유지 무단 점유 만연**
> (입력 2024. 3. 1. 22:07)
>
> 기사 [KBS 춘천] 이유진 기자
>
> **'국유지', 나라의 땅은 국민 모두를 위한 공공재산인데요.
> 이런 땅을 마치 자신의 땅처럼 사용하는 사람들이 있습니다.
> 그 현장을 이유진 기자가 고발합니다.**
>
> [리포트] : 춘천의 한 마을 공터입니다. 주택 한 동이 들어서 있습니다. 지하수를 끌어올리는 시설과 잡동사니를 모아둔 천막도 설치돼 있습니다. 취재진이 이곳의 등기부등본을 떼 봤습니다. 국유지로 나옵니다. 국유지를 무단으로 점유한 겁니다.
>
> [마을주민/음성 변조] : "누가 사는지 거기 뭐 지하수 같은 것도 나라 땅에서 파서 쓰고 있는 것 같은데, 나라 땅을 저렇게 몇 년 동안 점유해서 써도…" (중략)

> [리포터] : 이처럼 전국 국유지 73만 필지 가운데 무단 점유 비율은 5.4%. 강원도에서도 국유지 무단점유 적발 건수가 연평균 4,000필지 정도에 달합니다. 하지만, 적발돼도 처벌은 원상 복구 명령 정도에 그칩니다. 이런 처분을 내리는 것 자체도 쉽지 않습니다.
>
> [최원종/춘천시청 건설과장] : "불법 점유에 대한 민원이 들어오면 저희가 현장을 나갑니다. 나가 가지고 현장 확인 후에 행위자에 대한 소재 파악을 해야 하는데 그걸 파악하기가 쉽지는 않습니다."
>
> [리포터] : 전문가들은 국유지를 꼼꼼하게 관리할 수 있도록 지자체 등 관리 주체의 권한을 강화하고 주기적인 점검을 벌여야 한다고 지적합니다.

2) 분류

국유재산 중 부동산은 그 용도와 규율 법률에 따라 행정재산 및 일반재산으로 구분한다. 행정재산은 행정 목적으로 사용되는 국유재산이며, 행정재산 외의 모든 국유재산은 일반재산으로 구분한다.

행정재산은 사용 주체 및 용도에 따라 공용재산, 공공용 재산, 기업용 재산, 보존용 재산으로 구분한다(국유재산법 제6조). ① 청사, 관사, 학교 등 국가가 직접 사무용 또는 사업용으로 사용하는 재산은 공용재산, ② 도로, 하천, 공항 등 국가가 직접 공공용으로 사용하는 재산은 공공용 재산, ③ 정부기업이 사용하는 재산은 기업용 재산, ④ 문화재 등 필요에 따라 보존이 필요한 재산은 보존용 재산으로 구분한다.

행정재산의 경우 행정 목적으로 직접 사용 중인 점을 고려하여, 행정 목적에 지장이 없는 범위에서 사용 허가 등이 가능하고 대부, 매각, 교환 등 처분이 제한된다.

일반재산은 행정재산 이외의 재산으로 행정 목적으로의 용도가 폐지된 재산으로 대부, 매각, 활용 및 처분이 가능하다.

2 현황

1) 재산 현황

2021년 12월 기준 국유재산 총 보유 규모는 1,242.7조 원으로, 2016년부터 국유재산은 꾸준히 증가하고 있다. 국유재산 중 행정재산의 비중은 74.6%로 국유재산의 대부분을 차지하고 있으며, 특히 행정재산 중 토지는 2021년 12월 기준 547.7조 원으로, 2020년 476.8조 원보다 14.9% 증가하였다.

일반재산은 2021년 12월 기준 315.9조 원으로, 규모가 지속적으로 증가하였으며, 국유재산에서 차지하는 비중 역시 증가 추세였으나 2021년에는 25.4%로 감소하였다. 일반재산의 대부분은 유가증권으로 구성되는데, 유가증권에는 정부출자기관 출자증권, 여유자금 운용을 통한 기타 수익증권, 물납증권, 특별회계·기금상 지분증권 등이 있다.

2) 수입 현황

국유재산인 토지와 건물의 수입으로 매각대, 대여료, 변상금이 있다. 매각대는 일반재산의 매각을 통하여 발생하게 되며, 대여료는 행정재산의 사용 허가에 따른 사용료와 일반재산 대부에 따른 대부료가 해당된다. 사용허가나 대부 계약 없이 국유재산을 무단 이용 점유하는 경우 변상금이 부과된다. 최근 대각대는 2조 원 정도, 변상금은 500억 원 수준, 대여료는 2,700억 원 정도이다.

3 주요 제도

1) 국유재산 실태조사

실태조사란 ① 재산 등기 및 지적 현황, ② 주위 환경, ③ 이용 현황, ④ 그 밖에 재

<표 12-5> 국유재산 종류별·연도별 현황

(단위: 조 원)

구분			2016	2017	2018	2019	2020	2021.12
합계			1,044.4	1,075.8	1,081.8	1,125.0	1,151.5	1,242.7
행정재산	토지		437.4	436.1	440.9	456.1	476.8	547.7
	건물		64.1	66.5	68.5	70.9	74.0	73.0
	공작물		275.6	282.1	288.6	287.5	285.7	294.4
	기계기구		0.6	0.9	1.0	1.0	0.9	1.2
	입목죽		6.1	10.8	6.7	5.8	5.4	5.4
	선박·항공기		2.3	2.3	2.5	2.8	3.0	3.4
	유가증권		–	–	–	–	–	–
	무체재산		1.1	1.1	1.1	1.1	1.2	1.6
	소계 (비중)		787.3 (75.4%)	800.0 (74.4%)	809.5 (74.8%)	825.2 (73.3%)	847.0 (73.6%)	926.8 (74.6%)
일반재산	토지		29.6	26.9	26.8	28.7	30.2	31.5
	건물		1.2	1.2	1.4	1.8	1.9	2.1
	공작물		0.1	0.1	0.1	0.1	0.1	0.2
	기계기구		–	–	–	–	–	–
	입목죽		1.9	2.0	2.1	2.2	2.2	2.2
	선박·항공기		–	–	–	–	–	–
	유가증권		224.3	245.7	241.8	267.0	270.0	280.0
		출자	126.4	131.0	135.2	140.9	149.4	158.1
		물납* (비상장 주식)	0.82 (0.72)	0.79 (0.75)	0.8 (0.76)	0.59 (0.55)	0.57 (0.57)	0.92 (0.92)
		기타	97.08	113.91	105.8	125.51	120.03	121.0
	무체재산		–	–	–	–	–	–
	소계 (비중)		257.2 (24.6%)	275.9 (25.6%)	272.2 (25.2%)	299.8 (26.7%)	304.5 (26.4%)	315.9 (25.4%)

주: 1. 2020년까지는 국유재산관리운용총보고서(d-brain 기준) 2021년 자료는 잠정.
2. d-brain 자료 및 d-brain을 사용하지 않는 기관(국방부, 방사청, 우정사업본부)의 제출 자료 합산.
자료: 국회예산정책처(2022, p. 322).

산의 보존·관리 등에 필요한 사항을 조사하는 것이다.[8]

기획재정부는 행정재산을 총괄하여 조달청을 통하여 유휴 행정재산 실태조사를 하며, 한국자산관리공사를 통하여 일반회계에 속한 일반재산과 기재부 소관 행정재산의 실태조사를 한다. 중앙관서의 장 등은 매년 그 소관에 속하는 국유재산의 등기 및 지적 현황 등 실태를 조사하여 국유재산 대장을 정비하도록 되어 있고, 국토교통부 등 다수의 중앙관서는 소속·산하기관 또는 지방자치단체에 실태조사 업무를 위임·위탁하여 수행하도록 운영하고 있다.

2) 국유재산 종합계획

국유재산 종합계획은 국유재산 정책 방향 및 목표와 관리 방향을 제시하는 종합계획으로 ① 중장기적인 국유재산 정책 방향, ② 국유재산 취득, 처분, 행정재산 사용 및 사용 허가, 일반재산 대부계획 등 관리·처분 총괄계획, ③ 국유재산 처분 기준, ④ 국유재산특례 종합계획을 내용으로 구성된다.

국유재산 종합계획은 「국유재산법」 제9조에 따라 총괄청이 다음 연도의 국유재산 관리 처분에 관한 계획의 작성을 위한 지침을 매년 4월 30일까지 중앙관서의 장에게 통보하여야 하고, 중앙관서의 장은 지침에 따라 국유재산의 관리처분에 관한 다음 연도의 계획을 작성하여 매년 6월 3일까지 총괄청에 제출한다. 총괄청은 중앙관서의 장들이 제출한 계획을 종합 조정하여 국유재산 종합계획을 국무회의 심의를 거쳐 대통령의 승인을 받아 확정하고, 회계연도 개시 120일 전까지 국회에 제출한다. 국유재산 종합계획이 확정된 후 중앙관서의 장은 반기별 집행계획을 수립하여 해당 연도 1월 31일까지 총괄청에 제출하여야 한다.

---

8) 최근 정부는 드론을 활용하여 국유재산 현황의 적시성과 정확성 및 정밀성을 높이려고 노력하고 있다. 국유지 현황 파악을 위하여 드론을 이용하고 있다. 드론 조사를 하게 되면 GIS와 연계한 비행을 통하여 복수의 재산을 연속하여 촬영한 후 촬영 데이터를 데이터베이스(DB)로 업로드하여 재산 담당자들에게 실시간으로 제공할 수 있다.

3) 국유재산관리운용총보고서

국유재산관리운용총보고서는 매 회계연도 종료 시 모든 국유재산을 토지, 건물, 공작물, 기계기구, 입목죽(立木竹: 공유재산으로 잡혀 있는 수목), 선박·항공기, 유가증권, 무체증권으로 구분하여 국유재산관리 운용 현황을 기술한 보고서를 말한다. ① 국유재산 종합계획에 대한 집행 실적 및 평가 결과, ② 연도 말 국유재산의 증감 및 보유 현황, ③ 국유재산특례 종합계획 운용 실적 등으로 구성된다. 국유재산의 최적 포트폴리오 구성에 활용할 수 있다.

국유재산관리운용총보고서는 ① 각 중앙관서의 장이 그 소관 국유재산에 관하여 국유재산관리운용보고서를 작성하여 해당 회계연도 다음 연도 2월 말일까지 총괄청에 제출하고, ② 총괄청은 중앙관서의 장들이 제출한 통합하여 국유재산관리운용총보고서를 작성한다. ③ 총괄청은 해당 회계연도 다음 연도 4월 10일까지 감사원에 국유재산관리운용총보고서를 제출하여 검사를 받고, ④ 감사원의 검사를 받은 국유재산관리운용총보고서와 감사원의 검사보고서를 다음 연도 5월 31일까지 국회에 제출한다.

4) 국유재산특례지출 및 관련 제도

(1) 의의

국유재산특례지출이란 국유재산의 사용료 감면이나 양여 등 국유재산특례 운용으로 인하여 발생하는 국가의 재정수입 감소분을 의미한다.[9]

2022년 「국유재산특례제한법」으로 국유재산특례제도가 정비되어 국유재산특례에 대한 기본 원칙(목적의 공익성, 대상 요건의 구체성, 방법의 최적성, 기한의 한시성)을 법률에 명확히 규정하여 특례를 신설 운용할 때 해당 원칙을 준수하도록 하였으며, 개별법상 국유재산특례의 존속 기한을 특례제한법 별표에 직접 규정하도록 하는 한편, 외부 전문기관에 의한 국유재산특례 효과성, 타당성 평가를 통하여 존속 기한 연장을 결정하

---

9) 국유재산특례지출은 약 1조 원 정도 되는 것으로 추계된다. 사용료 감면은 민간 부문에서 외국인 투자기업, 자유무역지역 입주기업 등 영리법인을 대상으로 하며, 양여는 공공 부문에서 다른 공공기관에 증여되는 금액을 말한다.

는 제도를 도입하였다. 미운용 특례 중 존치 필요성이 낮은 7개 특례를 폐지하고 10개 특례를 신설하는 등 특례규정을 정비하였다.

(2) 국유재산특례제한제도

「국유재산특례제한법」은 국유재산 사용료 감면 등 국유재산특례와 그 제한에 관한 사항을 규정하여 국유재산의 적정한 관리를 도모한다. 이 법에 따르면, 국유재산특례는 별표에 규정된 법률에 따르지 아니하고는 정할 수 없고, 국유재산특례의 근거가 되는 법률에는 국유재산특례의 목적, 적용 대상, 사용료 등의 산정 기준, 사용 허가 또는 대부 기간 등을 구체적이고 명확하게 규정하여야 한다.

(3) 국유재산특례지출예산

「국유재산특례제한법」 제10조는 기획재정부 장관으로 하여금 국유재산특례에 따른 재정 지원 규모를 분석한 국유재산특례지출예산서를 작성하도록 하고 있으며, 본예산안에 첨부하여 국회에 제출하고 있다.

국유재산특례지출예산은 국유재산특례제한법 별표에 규정한 각 개별 법률에 따른 국유재산 사용료 감면과 양여로 인하여 발생하는 재정수입 감소분을 산출한다.[10]

5) 국유재산관리기금

정부는 국유재산의 원활한 수급과 개발 등을 통한 국유재산의 효용을 높이기 위하여 국유재산관리기금을 운용하고 있다. 일반재산에 대한 개발에 따른 관리처분 수입금, 그 외 국유재산관리기금의 관리 운용에 대한 수입금 등의 재원으로 조성된다. 기금은 국유재산의 취득에 필요한 비용의 지출, 기재부 소관 일반재산의 관리 처분에 필요한 비용의 지출, 차입금의 원리금 상환, 국유재산관리기금의 관리 운용에 필요한 위탁료 등의 지출, 총괄청 소관 일반재산 중 부동산의 관리 처분에 관한 사무의 위임 위

---

10) 사용료, 대부료 등 사용수익에 대한 대가를 일부 감경하거나 면제하는 경우에는 국유재산의 정상사용료에서 실제 부과사용료를 차감한 금액으로 산정하고 국가 외의 자에게 국유재산의 소유권을 무상으로 이전하는 양여의 경우에는 양여 시점의 해당 재산 장부가액을 기준으로 산출하게 된다.

탁에 필요한 귀속금 또는 위탁료 등의 지출 개발에 필요한 비용의 지출, 다른 회계 또는 다른 기금으로의 전출금, 그 밖에 국유재산관리기금의 관리 운용에 필요한 비용의 지출 등에 사용된다.

6) 현물출자

현물출자는 국가가 「국유재산법」(제60조)에 따라 행정재산 이외의 국유재산을 정부출자기업체에 현물로 출자하는 것이다. 정부는 국유부동산 등 현물출자로 한국공항공사나 부산·인천·울산항만공사, 한국철도공사와 같은 정부출자 기업체를 설립한 경우가 있었다.[11] 현물출자는 예산총계주의 원칙을 적용받지 않고 현물출자명세서를 국회에 제출하여 결산심사를 받는 형식으로 국회의 통제가 이루어지고 있다.

4 거버넌스

「국유재산법」 제8조에 따르면, 국가 일반회계에 속한 국유재산은 기획재정부가 총괄청이 된다. 일반회계에 속한 국유재산 중 행정재산의 관리는 소관 중앙부처에 위임하고, 지방자치단체, 소속기관에 다시 위임할 수 있으며, 특별회계와 기금에 속한 국유재산은 해당 회계와 기금의 소관 중앙부처의 책임하에 관리한다.

일반회계에 속한 일반재산은 과거 지방자치단체 및 한국자산관리공사가 위임 및 위탁관리하는 이원화된 체제였으나, 2011년부터 관리기관 일원화 작업을 추진하여 2013년 6월부터는 한국자산관리공사에서 일반회계에 속한 일반재산에 대한 관리 업무를 전담하게 되었다. 특별회계와 기금에 속한 일반재산과 행정재산도 중앙관서, 지방자치단체, 소속기관이 관리한다.

지방자치단체는 「국유재산법」 제42조에 따라 중앙관서가 위임한 일반회계 행정재

---

11) 2008년 9월 글로벌 금융 위기 시 중소수출기업 대출 지원을 위하여 중소기업은행 등 국책금융기관의 자본금 확충이 필요하였으나 신속하게 자본을 출자하고자 현물출자하였다.

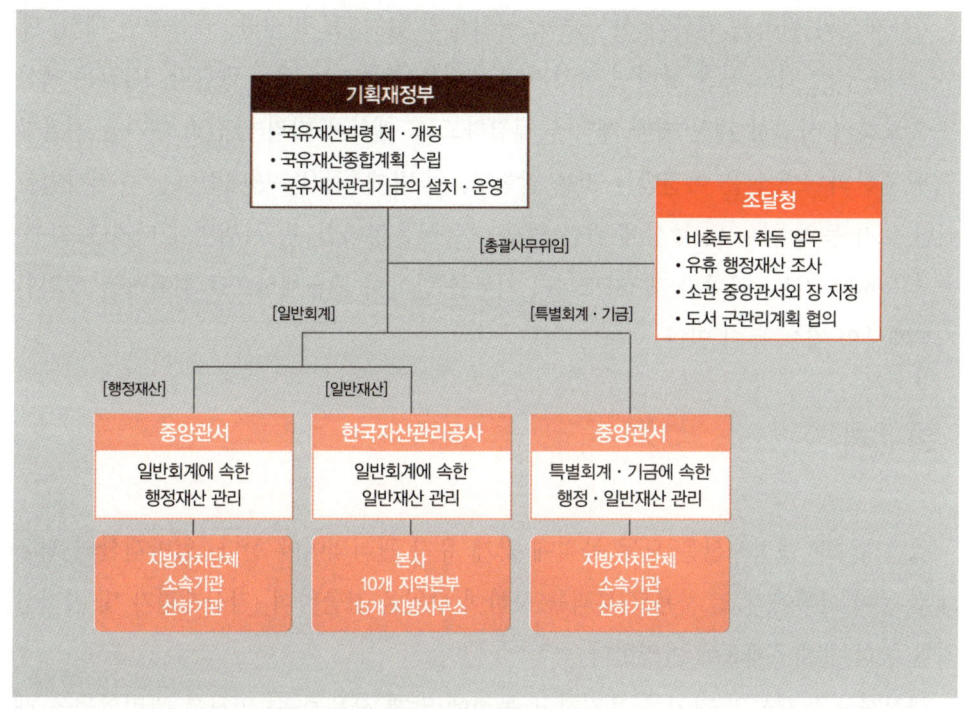

자료: e나라재산(www.k-pis.go.kr).

[그림 12-3] 국유재산 관리 체계

산, 특별회계와 기금의 일반재산 및 행정재산을 관리하며, 조달청은 지원기관으로서 기획재정부로부터 비축 토지의 취득 업무, 유휴 행정재산 조사, 소관 중앙관서의 장 지정, 관리 실태 확인·점검 업무 등 총괄사무를 위임받아 수행한다.

5 절차

1) 취득

국유재산 관리·처분 등에 관한 일반적인 사항은 「국유재산법」에서 규정하고 있으며, 특별한 관리가 필요한 국유재산은 「도로법」, 「하천법」, 「국유림의 경영 및 관리에 관한 법률」 등 개별 법률에서 규정하고 있다.

국유재산의 취득은 건물의 신·증축, 공작물의 설치, 토지 수용, 공유수면 매립, 매수, 교환, 기부채납 등을 통하여 국가가 소유권을 취득하는 것을 말한다. 매입은 예산을 확보하여 사법상 재산 매매 계약을 체결하고 그 계약에 따라 금전적 대가를 지급한 후에 재산의 소유권을 이전받는 것을 말한다. 이 밖에 「공유수면매립법」, 「공익사업을 위한 토지 등의 취득 및 보상에 관한 법률」, 「농어촌정비법」 등 특별법에 따라 토지 등을 취득하는 경우, 국가가 제3자로부터 기부를 받아서 국유재산으로 취득하는 행위인 기부채납의 경우 등이 있다.

2) 관리

일반재산과 행정재산은 모두 목적에 맞게 유지 관리되어야 한다. 일반재산의 경우 대부 등이 이루어지고, 사용료 부과를 통하여 수입을 창출하며, 자산재평가 및 감가상각을 통하여 재무제표에 반영한다.

행정재산은 재산의 가치를 유지하고 목적에 맞게 사용될 수 있도록 관리활동을 해 나가야 한다. 행정재산의 경우 각 부처가 행정 목적으로 사용하고 있는데, 이에 대하여 프랑스와 같은 일부 선진국의 경우 각 부처의 예산에 행정재산에 대한 사용료를 부과하는 제도가 있다.[12] 이 경우 각 부처는 불필요한 행정재산은 사용하지 않고 국가에 반납하는 인센티브가 생긴다. 정부회계 처리에서 자산평가 및 감가상각은 계속 이루어진다.

3) 교환 및 양여

교환이란 행정 목적 수행에 필요한 재산을 확보하기 위하여 국유재산을 국가 이외의 자의 재산과 상호 교환하는 사법상의 계약을 의미한다. 국유재산의 처분과 동시에 다른 국유재산의 취득이 이루어지며, 교환의 대상이 되는 국유재산은 일반재산이 전

---

12) 재산의 감가상각분 또는 시장에 대부 시 받을 수 있는 기회비용만큼을 사용료로 부과하는 것이다. 이 경우 각 부처는 형식상 국가로부터 행정재산을 대부받아서 사용하는 상황이 된다.

형적이나 행정재산의 경우에도 교환받은 재산을 행정재산으로 관리하려는 경우 등 제한된 범위 내에서 교환이 허용된다.

양여는 국가가 대가를 받거나 또는 받지 아니하고 국가 이외의 자에게 일반재산의 소유권을 이전하는 사법상의 계약을 말한다. 양여는 실질적인 재정 원조나 보조금 교부 효과를 발생시키고 국유재산의 보호, 유지 측면에서 부적절하기에 양여는 일반재산을 지자체에 양여하는 경우 등에 한정하여 예외적으로 인정하고 있다.

4) 처분

국유재산의 처분은 매각, 교환, 양여, 신탁, 현물출자 등의 방법으로 국유재산의 소유권을 국가 외의 자에게 이전하는 것을 말한다. 행정재산은 교환이나 양여가 아닌 한 처분할 수 없고, 일반재산은 처분할 수 있다. 이에 행정재산으로 존치할 필요가 없는 재산은 용도 폐지하여 일반재산으로 전환한 뒤에 처분이 가능하다.

6 문제점과 개선 방안

1) 문제점

국유재산과 관련하여 다양한 문제가 있다.

첫째, 현재 국유재산 종합계획은 미래 지향적인 적극적인 계획이기보다는 추상적인 현상 유지적인 현황 제시에 머물고 있는 것으로 보인다. 국유재산은 국가적 차원에서 중장기 전략을 세우고 목표별 세부 관리 방향을 세워야 한다. 국유재산을 효율적으로 관리하기 위해서는 현재 이용 상황 및 장래 활용, 보존, 매각 등에 대한 활용 목적에 기초하여 목적별 관리 원칙과 계획을 수립하는 것이 필요하다.

둘째, 국유지의 경우 기후 변화와 환경 보전을 위한 비축의 필요가 커지고 있는데, 이에 대한 적극적인 노력이 없는 것으로 보인다. 국유지 비축계획의 부재로 인하여 장래 필요한 국유지 규모 파악이 되지 않고 있으며, 비축을 위한 예산 및 재원 확보 노력

국유재산 매각은 '민영화'인가요? [정책하우스]
(입력 2022. 8. 15.)

이명철(twomc@edaily.co.kr)

기재부 "5년간 국유재산 16조 이상 팔겠다" 발표
필수서비스·시설 매각 가능성 낮아… 유휴부지 중심
특정층 수의계약·헐값 매각 등 우려 철저 대비해야

정부가 앞으로 5년간 16조 원 이상 규모의 국유재산을 매각하겠다고 발표하자 의견이 분분합니다. 야당에서는 이번 매각 방침이 '민영화' 또는 '부자 특혜'라며 사실상 반대 입장을 보이자, 정부는 "뜬금없다"며 강하게 반박했습니다. 정부는 왜 국유재산을 매각하는 것이고, 이를 두고 민영화·특혜라는 지적은 왜 나오는 것일까요?

민영화 지적에 추경호 "정말 뜬금없다"
국유재산 매각 논쟁은 지난 8일 기획재정부가 '향후 5년간 유휴·저활용 국유재산 총 16조 원 플러스 알파(+@) 규모를 팔겠다고 발표하면서 시작됐습니다. (중략)
정부가 매각을 추진하는 국유재산은 금액으로 보면 작년 기준 701조 원입니다. 이 중 공용·공공용으로 사용하는 행정재산이 94%(660조 원)를 차지하고 이외 매각 등 처분이 가능한 일반재산이 6%(41조 원)입니다.
이번에 정부가 당장 매각을 추진하는 분야는 비축 토지나 한국토지주택공사(LH) 등이 위탁 개발한 부동산 등 일반재산이 우선순위입니다. 행정재산 또한 매각 대상이지만 활용 실태를 전수조사해 유휴·저활용 재산을 발굴·매각한다는 방침입니다. 놀고 있는 땅을 민간에 파는 것도 민영화라고 주장할 순 있지만, 필수 공공재가 민간에 넘어가는 일은 가능성이 낮아 보입니다.
추 부총리는 "전국에 산재한 국유재산 중 그야말로 놀고 있는 땅, 활용되지 않고 장기간 방치되고 있는 재산을 매각한다고 한 건데 갑자기 왜 민영화(라는) 근거 없는 상상력이 야당 어디서 어떻게 나오는지 정말 이해하기 어렵다"고 지적했습니다.

매년 2조씩 매각해 와… 공개·투명 절차 필요
국유재산 매각이 윤석열 정부 들어 갑자기 추진되는 것도 아닙니다. 이번에 정부가 밝힌 매각 규모는 연간으로 보면 3조 원 수준인데, 매년 국유재산을 팔아 연간 2조 원 안팎의 재정수입이 발생해 왔다는 것이 기재부 설명입니다. 실제로 지난해 기재부 소관 일반회계에서 1조 1,000억 원, 각 부처에서 6,000억 원의 국유재산을 각각 매각했습니다. 문재인 정부 첫해였던 2017년은 2조 4,000억 원에 달했고, 2020년만 해도 2조 1,000억 원이

었습니다. (중략)

국가가 보유한 부동산이 헐값에 팔릴 가능성도 대비해야 합니다. 매각가격이 감정가액을 기준으로 결정되겠지만 부동산 경기가 하락해 가격이 낮은 수준에 형성되면 자금 여력이 있는 일부 계층에겐 기회가 될 수도 있기 때문입니다.

"공개적이고 투명한 절차에 의해 (국유재산을) 매각하고 (민영화) 의혹에 궁금하면 직접 가서 설명하겠다. 그런 (민영화) 우려, 걱정은 안 해도 된다"는 추 부총리의 단언이 지켜지도록 이번 정책이 본연 취지대로 추진되길 지켜봐야 하겠습니다.

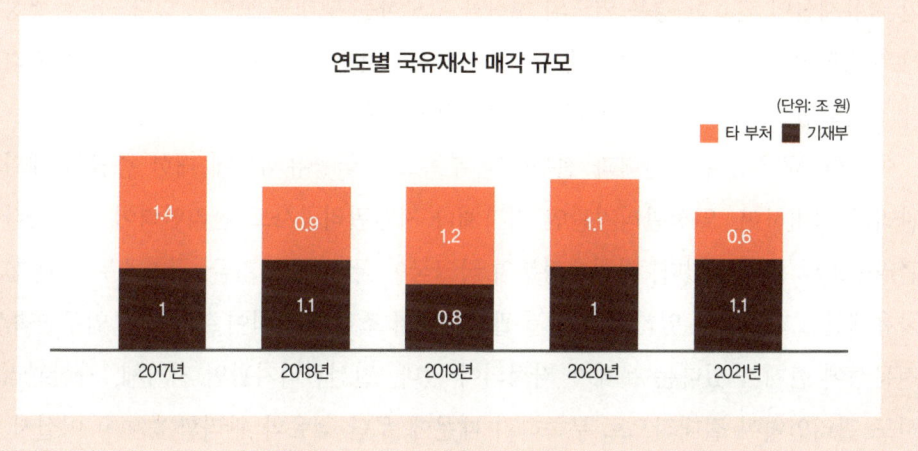

연도별 국유재산 매각 규모 (단위: 조 원)

연도	기재부	타 부처
2017년	1	1.4
2018년	1.1	0.9
2019년	0.8	1.2
2020년	1	1.1
2021년	1.1	0.6

자료: 기재부.

이 이루어지지 못하고 있다. 비축된 토지의 관리 등에 대한 전략적 계획이 없다는 점도 문제점으로 지적된다.

셋째, 국유지의 유지, 관리의 부실 문제는 많이 개선되었으나 아직 계속되고 있는 문제이다. 무단 점유하여 사용 수익하거나 가건물을 설치해 장기간 무단 사용하고 있는 사례, 국유재산 실태조사를 통하여 신규 발견되는 국유재산의 무단 점유, 사용지가 지속적으로 증가되고 시간이 경과됨에 따라 기존 점유지의 불법 확장 사례가 발생하고 있다. 불법 점유에 대한 처벌이 약하고 공권력에 불응하는 떼법도 성행하고 있다. 행정재산의 경우 관리 부실로 행정 업무의 효율성이 떨어지거나 민원인의 불편을 초래하는 사례도 지적된다. 행정재산의 경우도 선진국의 상황을 참고하여 적극적인 부동산 개발 프로젝트를 수행하여 재정수입을 올리는 노력을 기울일 필요가 있다.

넷째, 국유재산의 경제적 활용이 부족하다. 2012년 「국유재산법」을 개정함에 따라 전반적인 국유재산 관리 체제가 전환되어 일반재산의 활용도가 크게 늘어난 것은 사실이다. 그럼에도 불구하고 일반재산의 경제적 활용이 전반적으로 미약한 것으로 보인다. 재산권의 관리에 나서면서 사용료의 부과 활동이 이루어지기 시작하였으나 적극적으로 개발하여 부가가치를 구현하는 활동이 부족하다.

다섯째, 불필요한 행정재산과 일반재산을 보유하고 있는 경우가 많다. 부처 입장에서 행정재산 사용에 대한 특정한 기준이 없어 불필요한 행정재산도 보유하고 추가적인 국유재산이 필요한 경우 별도의 예산을 확보하는 행태를 보이고 있다. 유휴 행정재산은 시장에서 활용될 수 있으며, 단순 보유하는 것은 기회비용이 크다는 점을 고려할 때 불필요한 국유재산의 적극적인 매각이 필요하다.

여섯째, 국유지 관리인력과 전문성의 부족으로 국공유재산에 대한 총괄적 계획과 관리가 미비하며, 일선관리기관인 지자체나 자산관리공사도 관리인력이 부족하다는 관리구조의 문제가 있다. 기획재정부의 국고국이 국고금, 연기금, 국가채무 등과 함께 국유재산도 담당하고 있기 때문에 총괄청으로서 조직과 인력이 부족하고 업무연속성, 전문성에 한계가 있다는 문제가 지적되어 왔다. 일선관리기관인 지자체, 자산관리공사도 관리인력이 절대적으로 부족하기 때문에 무단 점유와 관리환(管理換) 미실시 등의 미흡한 관리 사례가 지속적으로 발생하는 등 국유재산의 관리 업무를 효과적으로 수행하기가 어렵다.

일곱째, 효율적인 국유재산 관리를 위한 기초 자료가 부족하다는 점을 지적할 수 있다. 국유지 관련 체계적인 지적 정보 시스템의 부재라는 문제가 있다. 지적 재조사에 관한 특별법으로 지적 재조사가 이루어지고 있으나 지적 측량 부재와 국유지 정보의 오류로 실태조사를 관리청 등에 일임하는 방식으로 운영하고 있다.

2) 개선 방안

이상의 문제에 대하여 국유재산에 대하여 적극적인 관심과 관리활동이 필요하다고 하겠다. 국유재산의 방향성에 대한 재설정으로 환경 보전과 함께 적극적인 경제적 활용계획이 필요하다.

첫째, 대통령실과 재정 당국에 의한 중장기적 국유재산 관리계획을 수립하고 이를 임기 내에 완수하려는 노력을 하는 것이 필요하다. 재정자원이 부족하기 때문에 세수입과 함께 국유재산관리를 통한 재정 확보의 노력이 요구되며, 환경 보존과 기후 변화 대응을 위한 적극적인 국유지 확보와 보존도 필요하다. 국유재산 관리계획에 대하여 구체성과 규범성을 강화하고 투명성도 확보함으로써 재정관리의 중심이 될 수 있도록 대통령실과 재정 당국이 노력할 필요가 있다.

둘째, 국유재산의 관리와 경제적 활용을 위하여 다양한 노력을 기울여야 한다. 일반재산의 경우 적극적인 매각이나 개발이 필요하다. 민간의 국유지 활용 기회를 확대하고 민간자본과 협력하여 부동산 개발을 확대하여야 한다. 임대를 통한 사용료 부과도 활성화하여야 한다. 일반재산의 경우 지방자치단체와 한국자산관리공사에 의하여 체계적으로 관리되도록 국유재산관리에 대한 인센티브제도를 도입할 필요가 있다.

셋째, 이러한 작업을 위하여 총괄청을 비롯한 관리 주체들의 국유지 관리의 전문성과 효율성을 높여 나가야 한다. 이러한 제반 활동을 위하여 국유지 관리 시스템을 통합 전산화하여 통일된 기준에 따라 표준화된 서비스를 제공하며 국유지 정보 공개를 할 필요도 있다. 현재 자산관리공사가 제공하는 온비드(onbid)라는 일반재산에 대한 국유지 관리 시스템을 고도화함으로써 실시간 시세가 반영되고 거래를 지원하는 시스템으로 운용할 필요가 있다.

국유지 매각 수입 연 1.1조 원… 민간보다 18% 낮은 가격에 팔려
(2022. 10. 25. 12:00)

(세종=연합뉴스) 곽민서 기자

KDI "보유 필요성 낮은 국유지 매각은 꾸준히 지속해야"
나라가 소유한 부동산이 민간 부동산보다 20% 가까이 낮은 헐값에 팔린다는 국책연구원의 분석이 나왔다.
25일 한국개발연구원(KDI)이 발간한 「국유재산 매각 효율성과 정책 과제」 연구에서 "2007년부터 2018년까지 국유지 매각 자료를 분석한 결과 국유지는 민간 거래 시의 예상 가격보다 단위 면적당 약 18% 낮은 가격에 거래되는 것으로 나타났다"고 밝혔다.

이어 "필지(토지의 분석 단위)에 대해 위치적 범주를 좁혀 가면서 분석하면 국유지는 민간 거래 가격보다 단위 면적당 약 18~23% 낮은 가격에 매각된다는 결과가 나온다"고 덧붙였다. 비효율적인 매각 탓에 국유재산 운영 수입의 대부분을 차지하는 부동산 매각 수입이 줄어든다는 의미다.

KDI에 따르면, 최근 5년간 일반회계 기준 국유 부동산 매각 수입은 연평균 1조 1천억 원으로 집계됐다. 지난해 일반회계 영업 수익 가운데 국유 부동산 매각 수입이 차지한 비중은 82.3%에 달했다.

그러나 국유지 매각은 대부분 경쟁계약이 아닌 수의계약으로 이뤄진 것으로 드러났다. 국유지 매각 시 수의계약 비중은 2013년 75%에서 2018년 92%까지 올라갔으며, 2018년부터 2021년까지는 수의계약 비중이 연평균 97%에 달했다.

「국유재산법」상 재산 매각은 경쟁계약을 기본 원칙으로 삼고 있지만, 시행령을 통해 예외적으로 수의계약을 인정하고 있기 때문이다.

KDI는 "국유지가 수의계약을 중심으로 민간 대비 낮은 가격에 매각되고 있는 만큼, 수의 매각의 예외 규정에 대해 합리적으로 검토할 필요가 있다"고 제언했다.

이어 "국유 부동산의 효율적 사용을 위해 청사 등 국·공유 부동산 사용에 시장 원리를 도입하는 등의 전환도 고려할 시점"이라고 진단했다.

KDI는 다만 "장래 행정 목적으로 사용될 국유 부동산을 매입하고, 보유할 필요성이 낮은 유휴 국유지는 매각해 국유재산 포트폴리오를 최적화하는 것은 꾸준히 지속될 필요가 있다"고 평가했다.

제5절 채권관리

1 개관

국가채권이란 국가가 금전 지급을 받을 수 있는 권리 중에서 조세채권, 벌금채권을 제외한 「국가채권관리법」상의 채권을 의미한다. 금전의 지급을 목적으로 하는 국가의 권리를 의미하고, 금전 이외의 물품의 인도나 급부를 목적으로 하는 채권은 제외된다.

중앙관서의 장이 관리·운영하는 회계 및 기금에서 발생한 금전채권이 국가채권이라고 볼 수 있다. 국가의 권리이기 때문에 현행 재정 통계에서 정부의 범위에 해당하는 회계 및 기금이 해당 채권의 보유 주체여야 한다.

〈표 12-6〉 국가채권의 유형과 종류

종류	내용
사회보장기여금	고용주부담금, 피고용자부담금
재산수입	토지 및 건물대여료, 정부출자수입, 전대차관이자수입, 기타 이자수입 및 재산수입
경상이전수입	연금기여금 및 자치단체연금부담금 등 연금수입, 변상금 및 위약금, 가산금, 기타 경상이전수입
재화 및 용역판매수입	관유물대여료, 병원수입, 교도소수입, 입장료수입, 면허료 및 수수료, 입학금 및 수업료, 항공·항만 및 용수수입, 실습수입, 기타 잡수입
관유물 매각대	고정자산매각대, 토지 및 무형자산 매각대, 재고자산 매각대
융자회수금	재정자금융자원금, 전대차관원금, 기타 융자원금
예금 및 예탁금	고용보험기금, 산업재해보상보험기금, 국민연금기금, 정보화촉진기금 등의 예금 및 예탁금
유가증권 매각대 및 기타 수입	유가증권 매각대, 기타 수입

국가채권은 근거 법령 및 관리 체계 등에 따라 조세채권, 벌금채권은 제외한다. 조세채권은 「국세징수법」과 「관세법」, 벌금류 채권은 「형사소송법」과 「질서위반행위규제법」, 국가채권은 「국가채권관리법」이 각각 적용된다.[13] 다만 「국가채권관리법」은 국가채권만을 포함하나 국회에 제출되는 채권현재액총계산서에는 국가채권과 조세채권이 포함된다.

국가채권의 종류는 사회보장기여금, 경상이전수입, 융자회수금, 예금 및 예탁금 및 기타 채권이 있으며, 구체적인 형태는 매우 다양하다.

국가채권의 현황은 채권의 현재액은 2016년 264조 원, 2018년 301조 원, 2020년

---

13) 조세채권은 관리법규(국세징수법·관세법)와 관리 체계(국·관세청)가 잘 정비되어 있어 「국가채권관리법」 적용 대상에서 제외한다. 벌금채권은 형법 및 재산형 등에 관한 검찰집행사무규칙에 따라 관리하며, 형벌적 성격으로 노역장 유치, 사회봉사 대체 등이 가능하여 단순 금전 지급을 목적으로 하는 국가채권과 차이가 크다.

364조 원, 2022년 411조 원 정도 되는 것으로 보고된다. 국가채권 총액은 정부의 연간 재정수입액 중 조세채권과 벌금채권을 제외하고 남은 국가채권에 해당하는 만큼의 규모가 될 것이므로 이 정도 규모가 된다. 연체채권은 2016년 11조, 2018년 11조, 2020년 12조, 2022년 14조로 전체 채권액 현재액에 3% 정도 차지하는 상황이다. 여기서 대부분의 국가채권에 대하여 관련자들이 기한 내에 납부를 할 것이므로 국가채권에서 중요한 것은 장기간 유지되고 있는 연체채권이 될 것이다. 이를 어떻게 관리하고 회수할 것인가 하는 것이 중요한 이슈가 된다.

2 주요 제도

1) 채권현재액보고서와 채권현재액총계산서 국회 보고

중앙관서의 장은 매 회계연도 말의 채권현재액보고서를 작성하여 다음 연도 2월 말일까지 재무부 장관에게 제출하여야 한다. 기획재정부 장관은 각 부처에서 제출한 채권현재액보고서에 따라 채권현재액총계산서를 작성하여야 한다. 기획재정부 장관은 채권총계산서와 채권현재액보고서를 다음 연도 4월 10일까지 감사원에 제출하여 검사를 받아야 한다. 정부는 감사원의 검사를 받은 채권현재액총계산서를 감사원의 검사 보고와 함께 다음 연도 5월 31일까지 국회에 보고하여야 한다. 국회는 이를 승인 또는 의결하지는 않는다.

2) 국가채권관리평가

국가채권관리를 위해 채권의 보전, 행사, 내용 변경, 소멸 등의 활동에 대한 성과평가를 실시한 바 있다. 성과평가는 2013년부터 2016년까지 이루어졌으며, 이후 부처에 대한 국가채권관리 성과평가를 실시하지 않았다. 정부의 정책 방향이 재정효율성과 건전성에 대한 관심에서 멀어지면서 기획재정부가 국가채권의 회수를 강조하는 성과평가를 중단한 것으로 보인다.

3 거버넌스

「국가채권관리법」에 따라 관리 체계는 기획재정부 장관이 총괄청의 지위를 가지게 되며, 각 중앙관서의 장은 자신의 부처가 발행하고 관리하는 국가채권 관리청의 지위를 가진다. 따라서 기획재정부 장관은 국가채권관리제도 일반에 대하여 책임이 있으며, 그 소관에 속하는 채권을 관리하고 채권관리관의 사무를 감독하는 책임은 각 중앙관서의 장이 가진다. 각 중앙관서 및 일선관서 채권관리관이 개별법과 「국가채권관리법」에 따라 채권관리·회수 업무를 수행한다. 기획재정부 장관은 채권관리를 적정하게 하기 위하여 필요하다고 인정하는 경우에는 각 중앙관서의 장에게 그 소관에 속하는 채권의 내용 및 관리 상황에 관하여 보고를 요구하거나, 소속 직원으로 하여금 실지 지도·조사를 하게 하며 그 밖에 필요한 조치를 할 수 있다. 개별 채권관리관의 관리 역할은 채권 회수 업무가 주를 이룬다.

4 절차

1) 발생

국가채권은 일반적으로 계약, 불법행위, 사무관리, 부당이득, 법률규정 및 행정처분 등에 의하여 발생한다. 또한 기존 채권이 채권 양도, 제3채무자 전부명령, 법률 등에 따라 직·간접적으로 귀속되는 경우에 발생한다. 국가채권이 발생하면 국가는 채권 발생을 통지(국가채권관리법 제11조의2)하고 장부에 등재한다.

2) 채권 보전 및 행사

채권관리관은 채무자의 채무 이행을 확보하기 위하여 강제이행이라고 하는 비상 수단을 취하기 전에 채권의 보전에 만전을 기하여야 한다. 채권 보전을 위한 수단으로는 채권의 신고, 담보의 징구(徵求) 및 보전, 가압류 또는 가처분, 채권자 대위권의 행사,

사해(詐害)행위의 취소, 시효 중단, 이행기 도래 전의 징수 등이 있다.

3) 채권 회수

공통적인 채권 회수 과정은 납입고지와 독촉이다.[14] 채권관리관은 채권을 행사하기 위하여 법령에 따라 채무자에게 납입고지를 한다. 세입금에 속하는 채권에 대하여 채권관리관은 이행 기한이 도래하는 채권 내용을 조사한 후 수입징수관에게 채권 징수를 의뢰하여야 한다.

4) 강제이행

국가채권은 공통적으로 납입 고지 및 독촉 절차를 통하여 이행을 청구하며, 채무자가 이에 따르지 않을 경우 국가는 강제이행을 통하여 회수한다. 담보권의 실행, 강제집행, 소송 제기 등을 통하여 회수한다. 또한 개별법에 따라 「국가징수법」의 국세체납처분의 납부 독촉, 재산 압류, 매각 등의 절차에 따라 회수하기도 한다.

5) 소멸 및 결손 처리

채권의 소멸에 관하여 개별법으로 살펴보면, 사회보장기여금에 속하는 고용보험 및 산재보험 보험료의 소멸 시효는 「고용보험 및 산업재해보상보험의 보험료 징수 등에 관한 법률」에서 3년으로 규정하고 있으며, 기타 경상이전수입의 내용인 개발부담금에 대하여 「개발이익 환수에 관한 법률」상 소멸 시효는 5년으로 규정되어 있다.

결손처분이 이루어질 수 있는 조건은 첫째, 체납액에 충당된 배분 금액이 그 체납액에 미치지 못한 경우, 둘째, 소멸 시효가 완성된 경우, 셋째, 총재산의 추산 가액이 체납처분비에 충당하고 남을 여지가 없는 경우, 넷째, 체납자가 사망하거나 행방불명 등

---

14) 국가채권은 변제, 대물변제, 공탁, 면제 등으로 소멸되며, 그 외에도 소멸 시효 완성, 채권 발생의 원인이 되는 계약의 해제 또는 행정처분의 취소, 해제 조건의 성취 등(국가채권관리법시행규칙 제27조)으로 불납결손 또는 시효가 완성된다.

의 사유로 징수할 가능성이 없다고 인정되는 경우이다.

5 문제점과 개선 방안

1) 문제점

국가채권 관리와 관련한 가장 중요한 문제점은 채권을 연체하거나 결국 결손 처리하는 비율이 높다는 데 있다. 5년이 되어 그 시효가 완성되기 전에 관리 책임이 있는 부처에서 적극적인 채권 회수 노력을 기울이지 않아 결손 처리되는 경우가 많다. 시효 완성에 따른 연도별 국가채권 불납결손 현황을 보면, 2016년 2천억 원 수준이던 결손액이 2018년 1조 1천억 원, 2020년 2조 4천억 원으로 나타난다. 여기서 파산 등 정말 피치 못할 사정으로 인한 손실이 아니라 시효 중단을 위한 최고(催告) 등의 노력을 기울이지 않아서 일어나는 현상인 점이 국가채권 관리가 주먹구구식으로 이루어지고 있는 모습으로 볼 수 있다.

이를 통한 국가 수입의 감소라는 표피적인 문제보다, 국가채권과 국가행정에 대한 불신이 커지고 의무자들 간 불공평성과 불공정성 문제가 제기되며, 부담금 부과의 목적을 달성하지 못한다는 점이 더욱 심각한 문제로 보인다.

이런 현상이 나타나는 이유는 채권 관리부처의 관리 역량과 노력의 부족, 채권 회수 업무의 전문성과 복잡성, 제도적인 수준에서 체납자 제재 수단의 부족, 체계적인 국가채권 정보 시스템의 부재 등의 문제 때문으로 보인다.

2) 개선 방안

일단 총괄관리청인 기재부의 제도 개선과 관리 노력이 필요하다. 국가채권과 연체채권의 보전과 회수를 위하여 각 중앙관서의 채권관리관이 노력을 기울여야 한다. 재정수입을 효율적으로 관리하는 것은 확장재정과 건전재정과 무관한 일임에도 불구하고 주어진 업무를 상당 기간 게을리하고 있는 것이 아닌지 우려스럽다.

우선적으로 추진·실행 가능한 과제로 연체채권 회수 업무를 민간위탁하는 방안이다. 국가채권 추심을 민간위탁하는 경우, 채무자 정보 수집 및 연체 사실 전달 등의 업무 위탁을 통하여 행정 인력 및 비용을 감축할 수 있으며, 민간 추심회사의 전문인력 및 체납 인프라를 활용함으로써 체납 징수의 효율성 제고가 가능할 것이다. 현재 체납액의 회수를 위한 최소한의 업무로 한정된 업무 범위를 확대하여 민간 채권추심 활동의 수준으로 적극적인 채권 추심을 하도록 허용할 필요가 있다. 독촉장 전달 등 단순 정보 전달에서 채무자 재산 및 실거주지 조사, 변제 촉구 등으로 확대하는 것이 가능할 것이다.

체납자에 대하여 경제적 불이익을 주기 위하여 연체채권자의 신용정보를 중앙신용정보집중기관에 제공하고, 은닉재산 신고자에 대한 신고포상금 지급 방안을 도입할 수 있다.

기재부 국채 관리 부실로 4년간 매해 조 단위 '국고 손실'
(2021.10.05 06:00:00 https://www.segye.com/newsView/20211004511227)

배민영·우상규 기자

지난 4년간 부처 채권관리에 손 떼
결손액 2016년 2010억서 2020년 2조
5년 소멸 시효 완성 국고 손실 폭증

(전략) 이 같은 국고 손실은 기재부가 채권 회수 노력에 사실상 손을 놓고 있었기 때문으로 파악됐다. 각 중앙부처의 채권 회수 작업을 총괄 관리하는 것은 기재부의 몫이다. 기재부는 2016년 이후 5년간 각 부처에 대한 '국가채권관리 성과평가'를 실시하지 않았다. 기재부가 성과평가에서 손을 뗀 시점과 맞물려 시효 완성에 따른 불납결손액이 조 단위로 폭증한 것이다.

감사원도 지난 5월 감사보고서를 통해 "13개 중앙부처 중 고용노동부와 통일부, 문화체육관광부, 농림축산식품부, 환경부 등 5곳의 체납자 재산조사 실시 비율이 50% 이하"라고 기재부를 질타했다. 그러면서 "기재부는 연체채권의 보전과 회수를 위해 각 중앙관서의 채권관리관이 체납자 재산조사를 좀 더 적극적으로 실시하도록 하라"고 질책성 권고를 내렸다. 아울러 한국자산관리공사(캠코)를 통한 채권 회수 노력도 기울일 것을 주문했다. 기재부는 "향후 가급적 회수 가능성이 높은 연체 초기에 회수 위탁하도록 각 부처에 권고하고, 캠코로부터 재산 조회 결과를 통보받은 후 압류 등 후속 조치가 적절히 이뤄지는지 점검하는 등 회수 위탁제도의 실효성을 제고해 나갈 계획"이라고 했다. 기재부 국고과장은 "성과평가를 매년 하는 것에 대해 부처들이 부담을 느껴 중단했으나 국가채권 관리가 미흡하다는 지적이 있어 올해 5개 부처 6개 기금·회계를 대상으로 이미 성과평가를 재개했다"고 밝혔다. 이어 "내년부터는 순차적으로 모든 기금·회계에 대해 일정 기간마다 성과평가를 할 수 있도록 구체적인 방안을 마련 중"이라고 덧붙였다.

정성호 의원은 "기재부 장관은 「국가채권관리법」이 규정한 대로 국가채권 관리를 적정하게 수행하고 국고 손실을 막기 위해 정기적인 채권관리 성과평가를 하고, 모든 연체채권에 대한 체납자 재산조사가 의무적으로 실시되도록 규정을 정비해야 한다"고 했다.

부채관리

미래를 위한 재정관리
Public Financial Management for the Future

제1절 개관

1 의의

1) 국가채무

국가채무는 정부가 민간이나 해외에 원리금의 상환 의무를 지고 있는 채무를 의미한다. 국가채무는 상환 의무가 전제된 재정의 의무를 나타내는 것이기 때문에 현재의 재정 상태 파악과 진단, 미래의 재정 상태에 대한 정보로 간주된다. 일반적으로 국내총생산(GDP) 대비 국가채무의 비율이 재정의 지속가능성을 판단하는 지표로서 정부의 상환 능력을 보여 준다고 본다.

국가채무가 일정 규모를 넘어서면 과거 그리스와 같이 지급 불능(default) 위험에 처할 수 있다. 따라서 정부가 현재의 재정 상황과 미래의 국민 부담으로 감당하게 될 국가채무의 신뢰성 있는 산정, 공개, 보고가 중요하다.

국제통화기금(IMF)의 1986년 「재정통계편람」은 국가채무를 일반정부가 직접적인 상환 의무를 부담하는 확정채무라고 규정하고 있다. 이 정의에 따르면, 중앙정부와 지방자치단체의 채무는 국가채무에 해당하나 일반정부가 아닌 공기업과 중앙은행의 채무는 국가채무가 아니다. 또한 정부가 정부 외의 차입자 채무에 대하여 그 지불을 보증하는 보증채무와 연금 등 사회보장제도의 우발채무는 확정채무가 아니므로 국가채무에 해당하지 않는다.

우리나라는 IMF 기준을 기본으로 하여 국가의 회계 또는 기금의 '발행채권', '차입금', '국고채무부담행위'와 '정부의 대지급 이행이 확정된 국가보증채무'를 포함하도록 규정하고 있다. 비영리공공기관의 채무를 포함하지 않고 있으며, 채무보증, 사회보장기금의 잠재채무, 공기업의 채무를 국가채무에 포함하지 않고 있다.

여기서 '중앙관서의 장이 관리·운용하지 않는 회계 또는 기금의 금전채무'는 국가채무에서 제외하고 있으며, '재정증권 또는 한국은행으로부터의 일시차입금'과 '발행채권 중 국가의 회계 또는 기금이 인수 또는 매입하여 보유하고 있는 채권', '차입금 중 국가의 다른 회계 또는 기금으로부터의 차입금'도 국가채무에서 제외하고 있다[1](국가재정법 제91조).

2) 국가부채

부채란 일반적으로 과거의 거래나 사건의 결과로 다른 실체에게 미래에 자산이나 용역을 제공하여야 하는 경제적 부담을 통칭한다. 국가부채는 과거의 거래나 사건의 결과로 국가회계 실체가 부담하는 의무로서 그 이행을 위하여 미래에 자원의 유출 또는 사용이 예상되는 현재의 의무로 규정된다.

올바른 재정정책을 수립하기 위해서는 경제적 의미를 정확히 반영한 기준과 측정치에 근거하여 재정건전성의 현재 상태와 합리적인 전망치를 확보하여야 한다. 국가부채는 국가채무에 비하여 넓은 의미로 국가가 감당하여야 하는 미래의 경제적 부담을

---

1) 제12장에서 보았듯이 재정증권은 세입·세출 간 일시적 자금 불일치로 발생하는 국고 부족금을 충당하기 위하여 발행하는 유가증권으로 발행한 연도 내에 전액 상환하기 때문에 국가채무에는 포함되지 않는다.

포괄하는 재정 위험을 측정하는 좀 더 타당성 높은 개념이며 활용 범위가 확산되고 있다.

구체적으로 어떤 경제적 의무를 국가부채로 분류할지에 대하여 국제 기준과 국가별 준칙이 있다. 우리나라의 특성을 반영하여 「국가회계법」의 시행규칙으로 국가회계 기준에 관한 규칙과 다수의 회계처리지침이 있다. IMF의 2001년 「재정통계편람」은 채무라는 개념보다는 발생주의 회계 원칙에 따른 자산과 부채라는 개념을 사용하고 있다.[2]

❷ 국가채무 및 부채의 종류

1) 국가채무의 종류

(1) 유형에 따른 구분

① 국채

국채는 국가의 재정수지 상의 세입부족액을 보전하고 수지 균형을 도모하려고 국가가 발행하는 채권이다. 국채는 공공자금관리기금의 부담으로 기획재정부 장관이 발행하는 국고채권과 다른 법률에 특별한 규정이 있는 경우 그 법률에 따라 다른 회계·기금 또는 특별계정의 부담으로 기획재정부 장관이 발행하는 국채로 구분된다. 현재 발행되고 있는 국채는 국고채권, 국민주택채권, 외국환평형기금채권, 출자재정증권이 있다.[3]

---

2) 부채에 대한 평가를 시가 평가가 아닌 취득원가로 하여 사실상 채무의 집계가 이루어지고 있기 때문에 GFS 2001 기준이 채무를 부채로 완전히 대체하였다고 보기는 어렵다. 본격적인 정부회계정보가 국가들마다 축적되는 시기에 GFS 2001에서 정부회계에서 생산되는 정보로 대체하는 움직임이 나타날 것으로 예상된다.

3) 국민주택채권은 제1종과 제2종이 있고, 외국환평형기금채권은 외화 표시와 원화 표시 채권이 있으며, 원화 표시 채권은 더 이상 발행되지 않고 있다.

〈표 13-1〉 국채의 종류별 발행 조건 및 근거 법령

종류	발행 목적	발행 방법	소관 회계·기금	근거 법령
국고채권	재정자금 조달	경쟁입찰	공공자금관리기금 (기획재정부)	국채법, 공공자금관리기금법
국민주택채권	주택건설 촉진 재원 조달	첨가소화 (添加消化)	주택도시기금 (국토교통부)	주택도시기금법
외국환평형 기금채권	한국 경제 홍보 등	경쟁입찰	외국환평형기금 (기획재정부)	외국환거래법
출자재정증권	국제금융기구 출자	경쟁입찰	일반회계 (기획재정부)	국제금융기구에의 가입 조치에 관한 법률
공공용지 보상채권	공공용지 수용비 지급	교부	일반회계, 교통시설 특별회계	공익사업을 위한 토지 등의 취득 및 보상에 관한 법률

자료: 기획재정부(2018), 「국채 2017」.

② 차입금

차입금은 정부가 한국은행, 민간기금 또는 국제기구 등으로부터 법정 유가증권의 발행 없이 직접 차입한 금액을 의미한다. 차입 대상에 따라 정부가 한국은행 등 국내 금융기관, 민간기금 등으로부터 차입하는 국내 차입금과 국제부흥개발은행(IBRD), 아시아개발은행(ADB) 등 국제기구와 외국 정부 등으로부터 차입하는 해외 차입금으로 구분하며, 해외 차입금은 2016년에 전액 상환한 이후 잔액은 없다.

③ 국고채무부담행위

국고채무부담행위란 국가가 예산의 확보 없이 미리 채무를 부담하는 행위를 의미한다. 일반적인 예산사업은 예산 확보 후 사업을 집행하는 데 반하여 국고채무부담행위는 예산 확보 전에 국회의 승인을 얻은 범위 내에서 미리 계약 같은 지출원인행위를 하고 실제 지출은 이후 연도에 이루어지게 된다.[4]

---

4) 국고채무부담행위는 일반적인 채무부담행위와 재해 복구를 위한 채무부담행위로 분류된다. 일반적인 채무부담행위는 법률에 따른 것, 세출예산 금액 또는 계속비 범위 안의 것 외에 채무를 부담하는 것이며, 사전에 사업 및 금액이 특정되어 국회의 의결을 거쳐 확정되게 된다. 재해 복구를 위한 채무부담행위는 예산 총칙에서 한도액을 규정하고, 그 한도 내에서 필요에 따라 사용할 수 있다.

④ 지방정부 순채무

지방정부 순채무는 지방정부의 지방채 및 지방교육채 잔액에서 중앙정부에 대한 채무 잔액을 차감한 것으로 정의된다. 「국가재정법」에 따른 국가채무의 범위에 속하지는 않지만, 국제 비교 등을 위하여 국가채무 관리계획에서는 1997년 이후 매년 지방정부 순채무를 국가채무에 포함하고 있다.

(2) 성질에 따른 구분

① 적자성 채무

적자성 채무는 대응 자산이 없어 상환 시 조세 등 별도의 재원을 마련하여야 하는 채무를 말한다. 적자성 채무는 목적에 따라 다시 일반회계 적자보전채무, 공적자금 상환용 채무, 기타 적자성 채무로 구분된다.

② 금융성 채무

금융성 채무는 융자금·외화자산 등 대응 자산이 있어 별도의 재원 조성 없이 자체 상환이 가능한 채무를 말한다. 향후 조세 등 실질적인 국민의 추가적인 부담은 없는 채무이다.

2) 국가부채의 종류

(1) 유형에 따른 구분

① 유동부채

유동부채는 재정상태표일부터 1년 이내에 상환하여야 하는 부채로서 단기국채, 단기공채, 단기차입금, 유동성 장기차입부채 및 기타 유동부채(미지급금, 미지급비용, 선수금, 선수수익)를 말한다.

② 장기차입부채

장기차입부채는 재정상태표일부터 1년 후에 만기가 되는 확정부채로서 국채, 공채, 장기차입금 및 기타 장기차입부채 등을 말한다.

③ 장기충당부채

장기충당부채는 지출 시기 또는 지출 금액이 불확실한 부채로서 퇴직급여충당부채, 연금충당부채, 보험충당부채 및 기타 장기충당부채 등을 말한다.

④ 기타 비유동부채

기타 비유동부채는 유동부채, 장기차입부채 및 장기충당부채에 해당하지 아니하는 부채를 말한다.

(2) 확정성에 따른 구분

① 확정부채

확정부채는 계약, 법률 등에 의거하여 경제적 부담 발생이 어느 정도 확실하며 그 값을 측정하는 데 합리적인 추정이 가능한 부채를 말한다.

② 충당부채

충당부채는 경제적 부담의 발생가능성이 매우 높으며 그 값을 신뢰성 있게 측정할 수 있는 부채를 말한다. 충당부채는 발생가능성이 매우 높고, 어느 정도 신뢰성 있게 그 경제적 부담을 측정할 수 있다는 조건을 충족하는 부채이므로 확정부채와 의미나 성질 면에서 차이가 없다.

현재 우리나라의 미디어에 충당부채에 대하여 비확정부채라고 표현함으로써 그 발생가능성을 경시하고 중요성을 폄하하면서 마치 국가채무에 포함해서는 안 되는 사항으로 치부하는 견해가 자주 등장하고 있다. 충당부채에 대표적인 사례로 공무원연금과 군인연금 충당부채가 있는데, 공무원과 군인은 정부가 고용자이므로 노동자의 퇴직연금에 대하여 지급하는 법률적으로 확정되어 있는 의무로서 인사 자료를 활용하여 신뢰성 있게 추계할 수 있다. 공무원이 퇴직을 자유로운 의사로 할 수 있기 때문에 부채의 존부나 규모 면에서 약간의 불확실성이 있다는 의미에서 확정부채가 아닌 것이지 사실상 확정부채와 차이는 없다. 만약 법률을 개정하여 이미 확정된 연금액을 삭감하는 법안을 통과시키면 어떤 일이 벌어질까. 당연히 헌법재판소가 위헌 판결을 하게 될 것이다. 충당부채는 발생이 확실한 부채라는 점을 강조한다.

③ 우발부채

우발부채는 불확실한 미래 사건의 발생 여부에 따라 손실의 발생가능성이 있으나 현재의 가능성이 불확실하거나 합리적인 추정이 어려운 경제적 의무를 말한다. 국가채무에 포함되지 않으며 주석(註釋)으로 부기하여 공시된다.

대표적으로 보증채무로 정부가 지급을 보증한 채무를 말한다. 즉, 주 채무자의 채무 이행을 국가가 보증하는 것이다. 국가보증채무의 경우 보증채무가 실제 채무로 전환되어 국가의 경제적 부담이 될 수 있다. 보증채무에 대한 이행 청구를 받기 전까지는 경제적 부담이 확실하지 않으므로 우발부채라고 할 수 있다.

❸ 재정 위험과 부채

1) 의의

재정 위험이란 정부가 거시 재정정책적 목적의 일부 또는 전부를 달성하지 못할 가능성에 노출되는 상황이라고 할 수 있다(Hemming and Petrie, 2000). 유럽연합(EU)에서는 재정 위험이 없는 상태는 과도한 재정적자 및 국가부채를 지지 않고 조세 부담을 적절한 수준으로 유지해 나가고 필수적인 재정지출이 삭감되지 않는 상황이라고 실용적인 관점에서 정의하고 있다.

재정 위험을 회피하기 위하여 정부는 과도한 재정적자의 발생과 정부부채의 누적을 방지하여야 하고, 재정정책을 통하여 거시경제의 총수요를 효과적으로 관리할 수 있도록 대내외적 불균형이 발생하였을 때 탄력적으로 대응할 수 있는 재정 여력을 확보

하여야 하며, 조세 부담이 적정하고 안정적인 수준에서 유지되는 범위 내에서 필요한 세수를 확보하여야 한다

2) 유형

재정 위험에 대하여 브릭시(Hana P. Brixi)는 부담의 확정성 여부와 규범성이라는 두 가지 기준에 따라서 2×2 분류모형을 제시하고 있다.

〈표 13-2〉 재정 위험의 유형

	법적 책임성, 규범성 높음	법적 책임성, 규범성 낮음
발생 가능 확정성 높음	명시적 직접부채	암묵적 직접부채
발생 가능 확정성 낮음	명시적 우발부채	암묵적 우발부채

명시적 직접채무는 국가가 법령 또는 계약에 따라 공식적인 형식과 절차를 거쳐 결정된 지급 의무로서 여기에는 정부부채, 세출예산, 기타 법적 지출의무 등이 속한다.

명시적 우발채무란 국가가 법령이나 계약에 따라 공식적인 형식과 절차를 거쳐 발생된 지급 의무이다. 직접채무와는 달리 제3의 거래 활동의 결과에 따라 지급 의무가 발생하는 채무를 말한다. 지방정부나 민간의 차입에 대한 지급보증처럼 피보증자가 지급 거절 또는 지급 불능의 상태에 이르게 되었을 때 국가에 지급 의무가 발생하는 채무, 또는 예금보험이나 농작물보험처럼 국가가 운영하는 보험의 계약이 체결된 상황에서 보험금 지급 사유가 발생하여 생긴 채무 등이 대표적 사례이다.

암묵적 직접부채란 공식적인 형식이나 절차에 의해 결정된 것은 아니지만 국가가 최종 보루(final resort)로서 사회공동체를 유지하기 위해서는 궁극적으로 지급 부담을 지게 되는 채무라고 할 수 있다. 여기에는 공공사업에 대한 미래의 투자비 부담, 국가에서 법적 지출 의무로 규정하고 있지는 않더라도 국가가 지급해 오고 있는 노인수당, 장애인수당 등과 같은 공적 연금이나 사회보장급여, 저소득층에 대한 의료비 지출 등이 있다.

암묵적 우발부채란 1차적 채무 상환 의무를 가진 제3의 기관이나 조직이 지급 거절 또는 지급 불능의 상태에 이르렀을 때 비로소 국가에 지급 부담이 발생하거나, 미래에 특정한 사태가 발생하였을 때에만 국가의 지급 부담이 발생하는 채무이다. 이러한 채무도 국가채무로서 공식적인 형식이나 절차를 필요로 하는 것이 아니고, 국가가 사회 공동체를 유지하기 위하여 부담하는 최종적인 책임이라고 할 수 있다. 이러한 국가채무의 유형으로는 정부보증이 없는 지방자치단체나 공기업의 부채, 공기업의 부채 청산, 중앙은행의 채무불이행, 자연재해의 피해복구비 등이 있다.

이러한 분류를 정부회계의 부채의 유형과 대응시켜 보면 〈표 13-3〉과 같다.

〈표 13-3〉 재정 위험에 따른 부채의 유형

	법적 책임성, 규범성 높음	법적 책임성, 규범성 낮음
발생 가능 확정성 높음	확정부채, 충당부채	잠재부채
발생 가능 확정성 보통	우발부채	정부의 일반적 의무

자료: 저자 작성.

네 가지 형태의 부채 중 명시적 직접부채, 즉 확정부채와 충당부채는 정부회계를 통하여 추계되고 재정 위험이 가시화되는 데 반하여 우발부채와 잠재부채는 불확정적이고 정부의 책임이 약하지만 엄연히 존재하는 경제적 부담이며 재정 위험을 일으키는 잠재적 요인이라고 할 수 있다. 아울러 발생가능성이 낮고 정부에 책임을 묻기 어려운 경제적 활동에 대한 의무의 경우도 사실은 정부가 위임받은 의무로서 반드시 수행하여야 하는 재정활동이라고 할 수 있고, 이를 하지 못하게 되었을 때 국민의 삶에 직접적인 타격이 가해진다고 할 때 이를 제대로 수행하지 못하는 재정 위험도 실제 존재한다고 보아야 할 것이다.

이런 점에서 국가채무로만 재정 위험을 검토하는 것은 말할 것도 없고 국가부채를 통한 재정 위험의 파악도 실질적인 재정 위험을 과소평가한다는 점을 명심하여야 한다. 국가부채로 추계되지 않는 재정 위험에 대해서도 지속적인 모니터링과 관찰이 필요하며, 재정건전성과 국가부채관리에 충실하여야 제대로 된 국가 운영이 가능하다.

| 제2절 | 국가채무 및 부채 지표 |

1 「국가재정법」상 국가채무(D1)

1) 의의

　재정 통계상의 국가채무 지표는 부채를 어떻게 측정할 것인가의 현금주의 대 발생주의의 선택과 어디까지를 정부 범위로 볼 것인가의 포괄 범위 결정에 따라 측정 방식이 결정된다.

　「국가재정법」상 국가채무(D1)는 기본적으로 IMF의 재정 통계(GFS 1986)를 기준으로 작성되고 있으며, 현금주의를 따르고 상환 시기와 금액이 확정된 채무(debt)만을 인식한다. 포괄 범위의 경우 국가채무(D1)는 일반회계·특별회계 및 중앙관서의 장이 관리하는 기금의 확정채무만 포함하고 나머지 기금은 빼고 있어 포괄 범위가 지나치게 협소하다.[5] 한편 국제 기준과 달리 지방정부의 채무는 포함하는 방식을 취한다.

　우리나라는 국가채무(D1) 통계를 채무관리의 1차 관리지표로 설정하고 국가재정운용계획, 국가채무관리계획 등에 활용하고 있다.

2) 추이

(1) 총량 규모의 추이

　국가채무(D1)의 총량은 지속적으로 증가하고 있다. 국내총생산(GDP) 대비 비율도 일정 기간 정체된 적은 있으나 지속적으로 증가하고 있다. 실질적으로 우리나라는 국가채무를 체계적으로 감축시켜 나가는 일을 한 번도 시도해 본 적이 없다. 2020년 말 기준 GDP 대비 국가채무 비율은 43.8%이다.

---

5) 공무원연금기금, 국제교류진흥기금 등 중앙관서장이 관리하는 기금이 아닌 경우 D1에서 빠지게 된다.

(2) 유형별 추이

국가채무 종류별로 보면 국채는 지속적으로 증가하고 있고, 차입금, 국고채무부담행위, 지방자치단체의 채무는 일정 수준을 유지하고 있는 것을 볼 수 있다.

〈표 13-4〉 국가채무 추이(유형에 따른 구분)

연도	중앙정부 채무							지방정부 순채무	국가채무
	국채				차입금	국고채무부담행위			
	소계	국고채권	국민주택채권	외평채권					
2011	402.8	397.1	340.1	48.9	8.1	2.5	3.3	17.6	420.5 (30.3)
2012	425.1	420.0	362.9	49.5	7.6	2.3	2.8	18.0	443.1 (30.8)
2013	464.0	459.5	400.7	51.3	7.5	1.9	2.7	25.7	489.8 (32.6)
2014	503.0	498.1	438.3	52.8	7.0	2.6	2.4	30.1	533.2 (34.1)
2015	556.5	551.5	485.1	59.3	7.1	3.3	1.7	34.9	591.5 (35.7)
2016	591.9	587.5	516.9	64.0	6.7	3.9	0.5	35.0	626.9 (36.0)
2017	627.4	623.3	546.7	69.4	7.2	3.8	0.2	32.8	660.2 (36.0)
2018	651.8	648.4	567.0	73.3	8.0	3.2	0.2	28.7	680.5 (35.9)
2019	699.0	696.3	611.5	76.4	8.3	2.6	0.1	24.2	723.2 (37.7)
2020	819.2	815.2	726.8	78.9	9.5	3.3	0.7	27.5	846.6 (43.8)

주: ( )는 GDP 대비 비율.
자료: 국회예산정책처(2022, p. 96).

(3) 성질별 추이

성질별로 살펴보면, 적자성 채무의 증가율이 높아서 전체 채무 중 적자성 채무의 비중이 현재 60% 정도 차지하고 금융성 채무가 40% 정도 차지하고 있다.[6] 적자성 채무의 비중이 높아진다는 것은 재정 위험이 커지고 있음을 의미한다.

(4) 전망

국가채무(D1)는 국가재정운용계획, 국가채무 관리계획에서 관리되는 지표이기 때문에 전망치가 발표되고 있다. 「2021~2025년 국가재정운용계획」에 따르면, 국가채무(D1)는 2021년 965.3조 원(GDP 대비 47.3%)에서 2025년 1,415.9조 원(GDP 대비 58.5%)으로 연평균 10.1% 증가할 것으로 전망된다. 적자성 채무가 계속 높은 수준의 증가율을 보여 2025년에는 전체 채무에서 70%를 차지할 것으로 추계된다. 재정 위험으로 인하여 채무의 규모뿐 아니라 구성도 악화된다는 전망이다.

3) 문제점과 개선 방안

「국가재정법」상 국가채무는 국가가 직접적인 지불 책임을 부담하는 확정채무만을 국가채무로 정의함으로써 국가가 미래 부담할 수 있는 상환 의무에 대한 재정 부담 및 위험을 반영하지 못하고 있다. 현금주의에 근거한 회계정보는 당기 현금 흐름의 크기만 보고할 뿐 미래의 경제적 부담 및 현금 흐름을 예측할 수 있는 정보를 제공하지 못한다. 현재 정부가 부담하고 미래 자원의 유출 또는 사용이 예상되는 의무로서 경제적 실질에 부합하는 부채의 개념과 개념적·통계적 차이가 크므로 관리지표로서의 유용성이 크게 미흡하다고 하겠다.

포괄 범위에서 국가채무(D1)는 채무에 대한 법적 책임이 정부에 있고 이외의 공공부문의 채무는 정부가 법적인 책임이 없다는 전제하에 고안된 지표이다. 이는 제외되고 있는 기금과 같이 정부가 개입하여야만 하는 공공 부문에 대한 정부의 책임을 고려하지 않은 상당히 협소한 포괄 범위라고 할 수 있다. 이에 따라 현실화될 수 있는 재정위험에 대하여 과소 추계한 왜곡된 지표라고 보아야 할 것이다. 이에 따라 우리나라

---

6) 2000년 초반에는 전체 채무 중 적자성 채무의 비중은 33% 정도 되었다. 적자성 채무의 증가율이 금융성 채무의 증가율보다 크며 국가채무 전체의 증가율보다 큰 것으로 보고되고 있다.

재정관리제도들이 국가채무(D1) 중심으로 운용되고 있는 것은 잘못된 것으로 재정 위험 관리에 매우 중요한 결함이라고 하겠다.

개선 방안은 국가채무(D1)는 정부의 법적 책임을 반영하여 책임중심점을 중심으로 추계되는 지표라는 점을 분명히 하되, 이는 보조 지표로 과거와 비교하는 추세 파악 정도에만 이용하는 것이다. 국가채무관리계획이나 국가재정운용계획에 제시되는 정부의 부채관리의 목표 지표는 국가채무(D2) 또는 중앙정부 국가부채로 교체하여야 한다. 국가채무(D1)는 이자비용에 의한 현금자산의 유출을 발생시키는 특성이 있으므로 정부회계상 국가부채의 하위 구성 요소로서 관리 대상으로 관리할 필요성은 있으며, 이를 위한 통계치로써 활용하면 될 것이다.

❷ 일반정부 국가채무(D2)

1) 의의

정부는 발생주의·복식부기 국가회계제도 도입과 함께 IMF의 「GFS 2001」을 기본적인 기준으로 하는 일반정부 채무(D2) 통계를 2 011회계연도부터 적용하여, 2012년 말부터 작성하고 있다.

일반정부 국가채무(D2)는 기본적으로 IMF의 재정 통계(GFS 2001)를 기준으로 작성되고 있으며, 발생주의를 따르고 미지급금, 예수금 등의 발생주의 부채 항목도 포함한다.[7] 공무원, 군인 등에게 지급할 퇴직급여 부채에 대해서는 확정된 채무가 아니라는 이유로 국가채무에 포함하지 않으며, 따라서 연기금의 적립금, 보증채무, 중앙은행의 통안증권, 공기업채무 등은 일반정부 국가채무에 포함하지 않는다.

포괄 범위의 경우 중앙정부와 지방정부에 더하여 정부 기능을 수행하는 비영리 공공기관의 부채도 함께 포함한다. 지방재정도 비영리 공공기관을 포함하는 등 중앙정

---

7) 인식 시기가 현금 유출입이 아닌 거래의 발생 시점을 반영하나 정부회계에서 측정하는 자산가치의 감소나 부채의 증감까지 체계적으로 반영되지는 않는다는 면에서 발생주의라고 할 수 없으며, 부분적인 발생주의의 도입이라고 평가할 수 있다.

부와 동일한 기준으로 개편되었다.

2) 추이

(1) 총량 규모의 추이

국가채무(D2)는 국가들이 국제기구에 체계적으로 보고하고 국가 간 비교 자료로 사용되기 때문에 국제기구 웹사이트를 통하여 쉽게 접근할 수 있다. 우리나라는 2000년대 초반 25% 수준에서 꾸준히 상승하여 현재 51.3%에 달하고 있다.

(단위: GDP 대비 %)

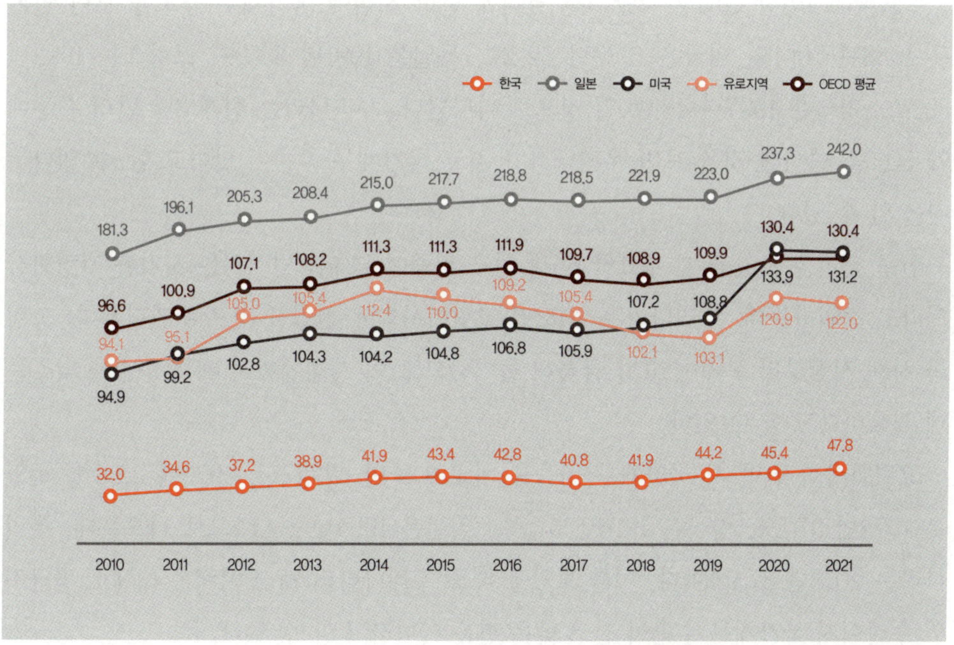

자료: OECD(2021), Economic outlook, No. 110.

[그림 13-1] 주요 OECD 국가의 국가채무 비율 추이

2020년부터 시작된 코로나19 위기와 그에 따른 경제적 충격에 대하여 세계 각국은 적극적인 대응이 필요하다는 인식에 따라 확장적 재정정책과 통화정책을 병행하여 적극적인 경기 부양을 시도하였다. 이에 따라 세계 각국의 GDP 대비 일반정부 채무(D2)

비율과 통화량은 코로나19 이전에 비하여 크게 증가하였다. 이후 코로나 팬데믹이 진정된 후 선진 각국들은 국가채무와 통화량을 다시 원래의 수준으로 회귀시키는 노력을 하고 있다.

(2) 총량 증가 속도의 추이

우리나라 채무 증가 속도는 2000년 이래 매년 평균 8% 정도 증가하여 왔으며, 현재 57%에 다다라 OECD 국가들의 채무 증가 속도 평균보다 매우 빠르다.

(3) 경제 성장 단계를 기준으로 한 비교

주요국의 1인당 GDP가 2만 5천 달러에 달한 시점에 국가채무 규모를 보면 일본은 1988년 70.4%, 미국은 1989년 62.2%, 독일은 1991년 39.5%, 프랑스는 1992년 39.7%, 영국은 1997년 48.9%인 것으로 나타난다. 우리나라는 현재 3만 달러 수준에 약 50%를 넘어선 것을 보면 우리나라가 결코 국가채무 수준이 낮다고 할 수 없다는 것을 알 수 있다.

인구 측면을 보았을 때 주요국 65세 인구 비중이 14%를 넘어서는 시기를 고령화사회라고 정의하는데, 우리나라는 2018년 고령화사회에 진입한 것으로 판단된다. 고령화 사회 시작부터 복지 수요가 급격히 늘어나므로 이 시점에까지 채무 수준을 낮추는 게 필요하다고 할 수 있다.

고령화사회 진입 시 국가채무 비율을 비교해 보면, 프랑스는 1979년 30.3%, 독일은 1972년 37.8%, 영국은 1976년 51.8%, 일본은 1994년 80.1%으로 나오는데, 우리나라는 2018년 37.9%이다. 이를 보았을 때도 우리나라의 재정 여력은 대체로 평균적인 수준이지 국가채무 수준이 결코 낮은 편은 아니라고 할 수 있다.

3) 문제점과 개선 방안

일반정부 국가채무(D2)가 국제 비교에 활용되는 지표이고 다른 국가들과 비교해 보았을 때 우리나라는 국가채무 규모가 작으며 재정 여력이 충분하고, 따라서 채무를 확대하여 재정 개입을 확대하여야 한다는 주장이 많다. 이런 주장에 기반이 되는 일반정부 국가채무(D2)의 해석에는 심각한 문제점이 있다.

첫째, 국가채무(D2) 자체의 타당성과 신뢰성의 문제가 있다. 일반정부 국가채무의 경우 채무의 범주, 조직의 범위, 내부거래의 제거 등과 관련하여 경제 체제 내에 존재하는 재정 위험이라는 관점에서 판단할 때 과소 추계의 가능성이 크다.

포괄 범위에서 IMF 2001의 비영리 공공기관이라는 기준이 정부와 공공기관에 대한 선진국의 상황을 고려한 것이고 우리 실정에 맞지 않은 면이 있다. 채무 측정의 목적이 국가의 기능에 대한 제약이라는 점을 고려하고 우리나라의 경우 국가의 기능을 수행하고 있는 조직 범위가 상당히 넓음을 고려할 때 좀 더 적극적이고 넓게 공공기관을 일반정부의 범위로 포함할 필요가 있다.[8]

부채의 범주와 관련해서는 공무원 및 군인연금의 충당부채는 국제 기준에도 불구하고 일반정보의 채무로 간주하는 것이 필요하다. 각 국가들이 공무원연금 등 직역연금의 수급자에게 부여한 재산권의 법적 보호의 정도에 따라 경제적 부담의 확정성이 차이가 있겠으나 우리나라의 법과 정치적 상황을 고려할 때 국가가 지는 경제적 부담은 피할 수 없는 것으로 확정적이고 신뢰성 있게 측정할 수 있으므로 이를 누락할 경우 국가의 부담을 상당히 과소 추계할 것이다.

또 일반정부 채무 산정 시 내부거래를 제거하고 통합을 하는 것은 국제 기준에 의거한 것이기는 하나 이는 각국의 중앙-지방정부 간 관계의 특성을 반영하지 못한 것으로 본다. 우리나라의 경우 중앙정부와 지방정부가 별개의 법인격으로 상당한 수준의 재정활동의 독자성을 가지며, 이에 따라 재정 성과에 대하여 평가와 관리의 필요성이 있기 때문에 내부거래 제거 전후의 채무를 모두 보고하는 것이 논리적일 것으로 보인다. 중앙지방정부 간의 관계가 상하 관계이고 책임중심점이 단일할 경우는 통합의 필요성이 더 클 것이나 우리나라의 경우 행정제도가 그렇지 않으며 따라서 단순하게 통합하기보다는 내부거래 제거 이전과 이후의 부채의 통계치를 모두 제시하는 것이 바람직하다.

---

8) 일반정부의 범위와 관련하여 공공기관 분류와 관련하여 원가보상률 50% 및 정부판매 비율 80% 기준으로 공공기관운영위원회의 결정을 따르는데, 이보다 넓은 실질적으로 국가의 기능을 수행하는 기관으로 확대할 필요가 있다. 실질적인 정부의 개입과 책임의 범위를 설정하여야 하며 규제감독 기능 등 활동을 기준으로 한 공공기관 판단이 필요하다.

둘째, 일반정부 국가채무(D2) 대비 GDP라는 추계 방식이 갖는 문제점이 있다. GDP 대비 일반정부 국가채무는 해석이 용이하고 기초 자료가 일반적으로 광범위하게 이용 가능하며 상대적으로 신뢰할 수 있다는 장점이 있다. 그러나 이 지표가 갖고 있는 전제를 고려하여야 재정의 지속가능성에 대하여 제대로 된 판단이 가능할 것이다.

정부의 예산 규모와 대응하는 채무지표를 사용하지 않고 국가 전체의 GDP와 대비하는 이유는 사실 정부가 반드시 필요할 경우 GDP를 정부의 재원으로 활용할 수 있다는 것을 전제로 한다. 재정 위험이 현실화될 경우 정부는 공권력을 동원하여 국민들의 소득을 강제로 박탈할 수 있는 상황에서 GDP 전체가 정부의 잠재적 수입원이라고 전제하고 있는 것이다. 이러한 전제가 사실 말이 안 된다는 것은 쉽게 알 수 있다.

사실 정부의 재정 지속가능성을 좀 더 타당하게 측정하는 방식은 원래 일반정부의 국가채무를 일반정부의 재원과 대비하는 것이 상식에 부합할 것이다. 일반정부가 확보할 수 있는 수입 수준에 대비하여 보유하고 있는 채무 수준을 고려하여 채무 이자비용과 채무 규모를 일정 정도로 유지하는 의사결정을 하는 것이 재정관리 책임자의 분명한 접근일 것이다.

그렇다면 우리나라의 상황에 대한 전혀 다른 결론에 다다르게 된다. 우리나라의 예산 규모는 조세부담률, 국민부담률을 기준으로 대부분의 국가에 비하여 작은데, 그러면 일반정부 채무 대비 정부의 수입 총량의 비율은 매우 높아지며 실제 재정 여력이 거의 없다는 결론을 내릴 수밖에 없다.

셋째, 일반정부 국가채무를 통한 국제 비교는 국가부채를 통한 국제 비교에 비하여 타당성이 낮다는 문제가 있다. 일반정부 국가채무가 국제적으로 통용되는 것은 국제기구가 각 국가의 자기보고(self-reporting)에 기반하여 데이터베이스를 축적하고 있기 때문이다. 정부부채에 비하여 타당성 면에 문제가 있지만 후진국 정부가 용이하게 생산할 수 있는 지표이기 때문에 현재까지 GFS 2001을 활용하고 있는 것이다. 향후 정부회계가 선후진국에 모두 안정적으로 운용되면 당연히 타당성이 낮은 일반정부 국가채무는 타당성과 신뢰성이 높은 국가부채로 대체될 것이다. 따라서 정보 생산이나 의사결정 시 일반정부 국가채무의 역할보다 정부부채의 역할을 중시하는 정책이 필요하다.

넷째, 해석에서 국제 비교를 할 때 한 시점에서의 정태적 값을 강조하는 경우 문제가 크다. 한 시점이 아닌 일정 기간 동안의 증가 비율로 시각을 전환하여 보아야 정확한 판단이 가능하다. 우리나라는 GDP 대비 일반정부 국가채무의 증가 속도가 빠르며, 경제 성장 수준과 고령화 수준을 고려할 때 선진국에 비하여 재정 여력이 낮다고 판단할 수 없다. 향후 중장기적으로 보면 생산가능인구의 감소로 인한 세수 기반의 약화, 고령화로 인한 복지지출, 공적연금과 건강보험 지출의 급속한 증가, 남북 관계 변화에 따른 추가적인 재정 소요 등을 고려할 때 국가채무 수준이 낮다고 볼 수 없으며 채무를 확대할 사정이 전혀 아니라고 할 수 있다.

개선 방안은 첫째, 일반정부 정부 범위의 확대, 충당부채 등 엄격한 발생주의 원칙의 적용을 통하여 일반정부 국가채무의 측정의 타당성을 높여야 하겠다. 국제 비교를 위한 보조지표는 그대로 두고 국제기구에 보고하되, 우리나라의 독자적인 관리지표로서 일반정부 국가채무를 별도로 추계하고 이를 주요 관리지표로 활용하는 것이 필요하다.

두 번째 문제에 대해서는 GDP 대비 국가채무의 해석에서 재정 위험에 대한 오해를 불러일으킬 수 있으므로 좀 더 타당한 정부 수입 대비 국가채무 등의 방식으로 교체하거나, 재정의 건전성을 판단하는 지표 중 세수입이 반영된 지표를 보고하는 방식의 제도 개선이 요구된다.[9]

셋째, 단기적으로는 개선된 일반정부 국가채무에 관한 지표를 우리나라 재정 위험에 관한 1차 타깃 지표로 설정하여 국가채무 관리계획이나 국가재정운용계획에서 제도적으로 관리해 나가야 한다. 중장기적으로는 재정 위험에 대한 타깃 지표로는 경제적 부담을 가장 타당성 있게 추계하는 「국가회계법」상 정부부채지표로 전환하여야 한다.

❸ 공공 부문 채무(D3)

1) 의의

2000년대 후반 글로벌 금융 위기 이후 각국의 재정적자 및 공공 부문 부채 비율이

---

9) 예를 들어 향후 1년, 5년, 40년의 기간을 대상으로 GDP 대비 부채 비율을 일정하게 유지할 수 있는 지속 가능 조세부담률과 현실적인 조세부담률의 격차인 조세 격차와 같은 지표를 활용할 수 있다.

증가함에 따라 IMF · OECD 등 9개 국제기구는 통계 작성 범위를 GFS 기준의 일반정부에 일부 공기업을 추가한 공공 부문(public sector)으로 확대한 공공 부문 부채 작성지침(PSDS)을 발표하였다.

우리나라는 IMF의 공공 부문 부채 작성지침에 따라 공공 부문 부채(D3)를 일반정부 부채(D2)와 함께 2011회계연도부터 적용하여, 2012년 말부터 작성하고 있다. 다만 공기업 부채 중 금융공기업의 부채를 제외하였다. 이는 정부는 금융공기업의 부채가 주로 예금으로 이는 예금을 활용하여 금융 활동을 수행하며 이는 대응자산이 존재할 가능성이 크므로 재정적 위험이 비금융공기업의 부채와 상이하기 때문이다.[10] 또한 공무원연금과 군인연금의 퇴직급여 충당부채를 제외하였다. 정부는 직역연금 충당부채를 합산하고 있는 해외 사례가 거의 없다는 점을 근거로 제시하였다.

2) 추이

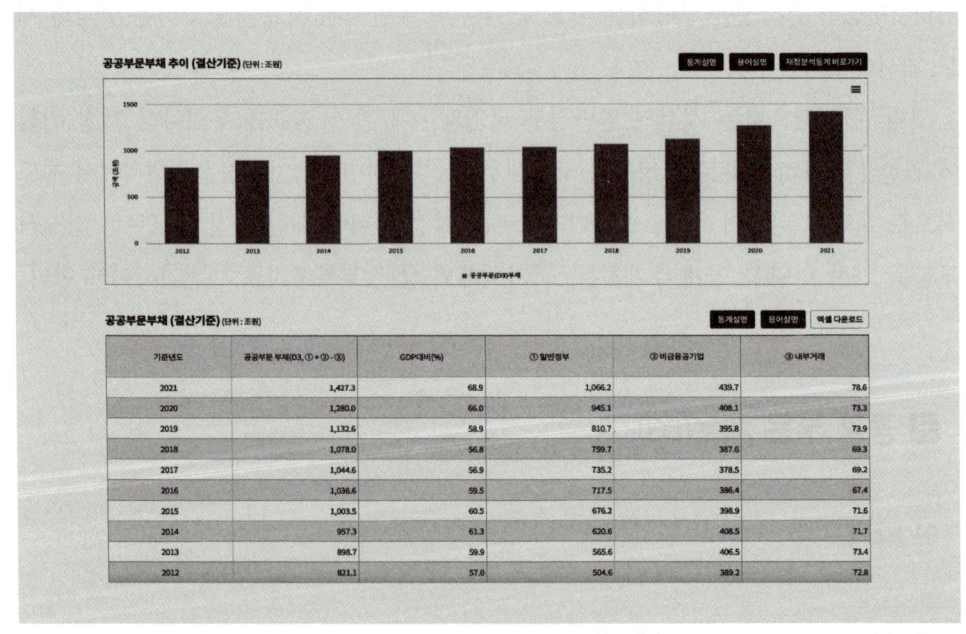

[그림 13-2] 공공 부문 부채 추이

---

10) 정부는 금융공기업의 부채는 채권 발행 등을 활용하는 비금융공기업과 차이가 있다는 지침의 규정(2.50)을 강조하였다.

2021년 D3는 1,280조 원으로 GDP 대비 68.9%에 달한다.

3) 문제점과 개선 방안

첫째, 공공 부문 부채 통계에서 한국은행과 수출입은행 등 금융공기업 부채가 빠진 데 대하여 미흡한 측면이 있다고 평가할 수 있다. 공공 부문의 부채를 추계하는 목적이 국가 재정활동의 총체적인 결과에 대한 추계라고 할 때 금융공기업의 역할도 빠지기 어렵다.

둘째, 일반정부 국가채무(D2)에 법률상 책임이 있는 공무원연금과 군인연금을 포함하지 않을 경우 최소한 공공 부문의 채무(D3)에는 포함하여야 한다. 공무원연금과 군인연금에 대한 정부의 지급 의무는 고용주로서 정부가 지는 확정된 법적인 채무이며 이런 점에서 법률 개정을 하더라도 위헌 판결을 받을 가능성이 농후하다. 따라서 일반정부 국가채무로 간주하는 것이 타당하다. 국제 기준에 따라 이를 일반정부의 국가채무에서 뺀다고 할 때 당연히 공공 부문의 채무(D3)에는 포함하여야 할 것이다.

셋째, 한 걸음 더 나아가 국민연금과 사학연금의 지급 부담에 대하여 공공 부문의 부채(D3)로 간주할 필요가 있다. 정부는 국민연금 가입자의 고용주가 아니고 국민연금 급여는 보험료를 모아둔 기금에서 지출되므로 정부의 법적 채무라고 하기 어려우나, 국민연금기금 역시 중앙정부의 기금의 형식이며, 기금 고갈 시 국민연금 부족분을 정부가 책임져야 할 상황이 발생할 수 있고, 이에 따라 어느 정도 확정된 채무라고 보아야 할 것이다. 기금 고갈 후 국민연금 부족분을 정부가 연금공단의 회사채를 매입하여 책임져야 할 상황이 발생할 것이고, 이와 관련된 재정정보를 공시하고 목표 달성의 가능성을 가늠하는 작업이 필요하다.

따라서 국민연금 지급 부담액 충당부채는 정부 재정정책에 영향을 미치는 중요한 요인으로서 그에 대한 측정과 공시가 필요한 범주라고 볼 수 있다.[11] 거시경제 안정에 대한 정부의 대응 능력 파악, 재무적 위험의 측정, 사회후생 제고를 위한 지속 가능한

---

11) 우리나라 국민연금의 구조적 특성을 고려하여 충당부채에서 적립금 부분을 제외하여 미적립준비금을 부채로 간주하는 의견도 있으나 이는 부채 추계에 관련 자산과 상계하여 순계만 고려한다는 것으로 부채 인식에 대한 총계주의 원칙에서 벗어난 것이라고 하겠다.

정책을 위한 건전한 재정 운용 능력을 파악하기 위해서는 필요한 정보라고 할 수 있으며, 따라서 공공 부문 채무(D3)에 편입하여 관리하는 것이 필요하다.

이와 관련한 문제로 현재 국민연금과 사학연금의 충당부채, 책임준비금 미적립금에 대하여 D2는 물론이고 D3에도 포함하지 않고 있는데, 만약 일부 무책임한 인사들이 주장하듯이 국민연금에 대하여 국가의 지급 보장을 하는 법률안이 통과되면 어떻게 될지에 대하여 생각해 보자. 이 경우 미래에 정부가 사회적인 타협을 통하여 국민연금에 대한 개혁을 하기 어려워질 것이고, 기존의 기득권을 확보한 수급권자의 양보를 얻어 낼 수 없을 것이다. 국가의 국민연금에 대한 개입의 법적 책임이 생길 것이고, 이에 따라 국민연금의 모든 부채는 일반정부의 채무 또는 공공 부문 채무로 전환될 것이다. 현재도 사실상의 의무를 고려할 때 그러한데, 만약 법적 책임이 규정된다면 당연히 D2나 D3로 포함시키는 것이 필요할 것이다. 국가 전체의 채무와 부채는 감당하기 어려운 수준으로 확대되며 제대로 된 국가 운영이 어려워질 것이다.

4 정부회계상 국가부채 지표

1) 의의

「국가회계법」은 국가부채를 과거의 거래나 사건의 결과로 현재 국가회계 실체가 부담하고 있는 의무로서, 그 이행을 위하여 미래에 자원의 유출 또는 사용이 예상되는 현재의 의무라고 정의하고 있으며, 국가부채는 유동부채, 장기차입부채, 장기충당부채 및 기타 비유동부채로 구분한다.

「국가회계법」상 국가부채는 조직 단위로 보고되므로 여기서 국가는 중앙정부를 의미하고, 중앙정부의 부채만이 포함되며, 현재의 의무 중 향후 그 이행을 위하여 지출이 발생할 가능성이 매우 높고 그 금액을 신뢰성 있게 측정할 수 있을 때 인식한다. 이에 따라 공무원연금충당부채와 군인연금충당부채가 포함된다.

〈표 13-5〉 우리나라 국가채무와 부채 비교

부채의 성격	부채 항목 귀속 주체	부채 종류		「국가재정법」상 국가채무 (D1)	일반정부 채무 (D2)	재무재표상 국가부채	공공 부문 부채 (D3)
		산출 기준		현금주의	발생주의	발생주의	발생주의
		활용 목적		국가재정 운용계획	국제 비교	결산, 국회 보고	공공기관 재무관리계획
확정 부채	중앙 정부	국채 (일반회계, 특별회계, 기금 일부)		O	O	O	O
		차입금 (일반회계, 특별회계, 기금 일부)		O	O	O	O
		국고채무부담행위 (일반회계, 특별회계, 기금 일부)		O	O	O	O
		중앙정부 미포함 기금부채			O	O	O
		중앙정부 부문 민간투자사업 부채	BTL		O	O	O
			BTO, MRG				
	공공 기관	중앙정부 비영리공공기관 부채			O		O
		한국은행 외화부채					
		한국은행 통화안정증권					
	공기업	금융공기업 부채					
		비금융공기업 부채					O
	지방 정부	지방정부 채무 (중앙정부차입분 제외)		O	O		O
		지방정부 미포함 기금부채			O		
		지방정부 비영리공공기관 부채			O		O
		지방정부 부문 민간투자사업 부채	BTL		O		O
			BTO, MRG				
		공기업, 주요 공사의 대민간 채무					O
충당 부채	중앙정부	공무원, 군인연금 퇴직급여충당금				O	
	기금	사학연금, 국민연금 퇴직급여충당금					
우발부채	중앙정부	보증채무*			O(일부)		O(일부)

*공공기관에 관한 보증채무는 공공기관의 확정채무로서 일반정부 국가부채에 합산되며 민간 부문에 대한 보증채무는 우발부채로 포함되지 않는다.

자료: 저자 작성.

2) 추이

2020년 국가부채의 총량은 1,982조 원으로 GDP 대비 101% 정도 된다. 국가부채는 2010년 이래 연간 11.2%가 증가해 온 것으로 보고된다.

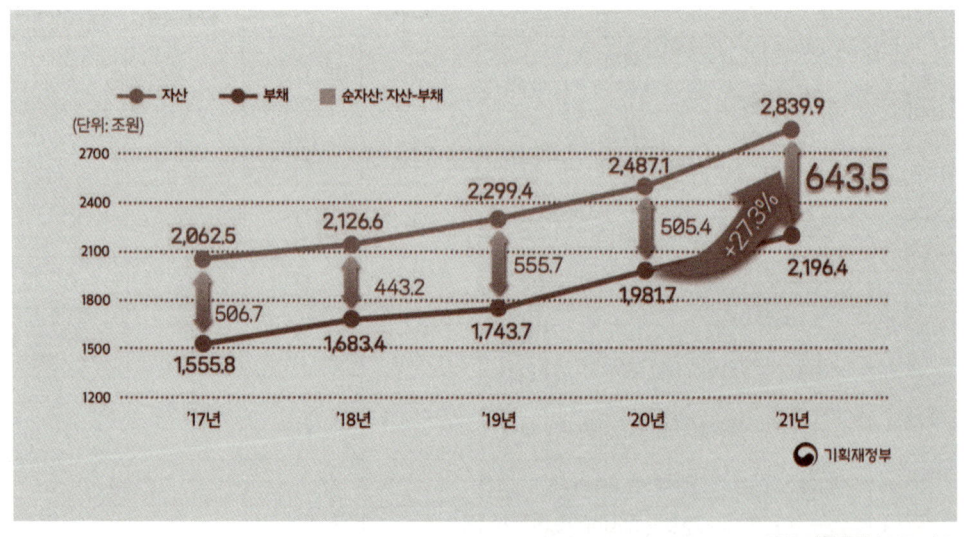

자료: 기획재정부 보도 자료.

[그림 13-3] 국가부채의 증가 추이

행정부가 국회에 제출한 2024년 결산안에 따르면, 중앙정부 부채는 2022년 2,326.0조 원에서 2023년 2,439.3조 원으로 113.3조 원이 증가한 것으로 보고된다.

3) 문제점과 개선 방안

첫째, 국가부채는 중앙정부의 부채인데 여기에 국가채무 통계와 가장 큰 차이점은 공무원연금과 군인연금의 연금충당부채가 포함되어 있다는 점이다. 반복하지만 이는 국가가 고용주로서 지는 법적 책임으로서 사실 당연히 일반정부 국가채무나 공공 부문 채무에 포함되어야 하는 것이다. 이를 국가부채에 포함하여 공시가 되고 있다는 것도 지극히 당연한 조치이다. 문제는 정부가 연금충당부채는 부채의 하나의 유형임에 불구하고 비확정부채라고 표현하여 마치 정부의 부담으로 확정되지 않은 것처럼 의도적인 오해를 불러일으키고 있는 것이다. 회계를 제대로 모르는 일부 논자들도 이에 편승하여 충당부채는 재정 위험과 관련이 없는 것으로 치부하는 논평을 내고 있다. 이는 굉장한 혹세무민이라고 하겠다.

둘째, 국민연금과 사학연금의 충당부채는 실질적인 중앙정부의 부채로 볼 여지가 큼에도 불구하고 부채 통계에서 의도적으로 누락시킴으로써 실질적인 중앙정부의 미래의 경제적 부담을 과소 추계하고 있다고 볼 여지가 있다.

셋째, 중앙정부 부채의 경우 결산에 보고만 되고 보조 지표로서만 활용되고 언론에 의한 모니터링과 관리는 거의 이루어지지 않고 있다. 사실상 활용이 안 되고 방치되고 있다고 하여도 과언이 아니다.

개선 방안으로는 첫째, 공적연금에 대한 회계 처리에 대하여 충분한 논의를 하고 회계지침을 재입안할 필요가 있다. 직역연금에 대한 정부의 지원의 불가피성을 고려할 때 두 연금에 대한 정부의 미래의 경제적 부담에 대하여 반영하는 개선을 검토할 필요가 있다. 국민연금과 사학연금의 경우 우리나라의 현실에서 정부의 역할 부정이 얼마나 현실적인 입장인지 충분한 논의가 필요하다.

둘째, 중앙정부의 국가부채가 정부의 경제적 부담을 가장 정확히 반영하고 회계의 자기검증 기능을 통하여 신뢰성이 확보된 지표로서 그나마 가장 타당성과 신뢰성이 높은 지표임을 정부가 인정하여야 한다. 이를 바탕으로 국가부채 관리에서 1차 관리지표로 국가재정운용계획과 국가부채관리계획의 대상이 되어야 하며, 이 지표를 중심으로 재무관리가 이루어져야 한다.

셋째, 향후 국제적으로 비교되는 지표로 중앙정부 부채가 사용될 것으로 예상되므로 선제적으로 회계지침과 재무제표 자료의 축적과 정리를 해 나가는 작업이 필요하다.

제3절 국가채무 및 부채의 효과

1 재정수입과 지출의 불일치 회피

잘 알려져 있는 바와 같이 재정관리와 관련하여 언론이나 사회적 논의의 장에서 가장 논란이 되는 주제는 국가채무와 부채에 관한 것이다. 국가는 영속적인 존재이며 국가채무는 무한정 확대할 수 있다는 주장은 논의할 가치가 없다고 보며, 현실적인 확대재정 옹호론과 재정건전성 옹호론에 대하여 검토할 필요가 있다. 재정적자를 통한 확장재정을 추구할 것인가, 재정건전성을 중시하는 신중한 재정정책(prudent fiscal policy)을 추진할 것인가에 대하여 생산적인 논의를 하려면 국가채무나 부채가 늘어날 때 어떤 효과가 나는가에 대한 제대로 된 이해가 필요하다고 할 수 있다.

먼저 채무는 기본적으로 수입과 지출의 시간적 불일치를 해소해 주는 금융 메커니즘이라고 할 수 있다. 국가채무의 경우도 정부의 수입과 지출의 스케줄이 일치하지 않을 때 지출의 제약을 벗어날 수 있는 금융이라고 할 수 있다. 채무를 통하여 사회적으로 필요한 지출을 적시에 시행할 수 있으므로 사회적 후생의 증가가 생긴다.

이런 점에서 적절한 채무의 활용은 국가 전체의 발전과 성장에 도움이 될 수 있다. 비근한 예로 발전도상국은 경제 개발 초기 단계에서 산업시설 투자를 위하여 채무를 지고 공업화 이후 채무를 상환하는 경제 발전 경로를 보인다. 여기서 채무에 의한 투자의 혜택이 현재세대와 미래세대에 모두 전해지고, 채무의 비용에 해당하는 이자와 상환은 미래세대가 부담한다는 구조를 갖는다. 전반적으로 채무에 따른 수익과 편익이 일치하게 되므로 세대 간 공평성이 유지된다.

2 재정 여력 소진

재정 여력(fiscal space)이란 정부가 동원할 수 있는 재정의 최대 규모라고 할 수 있다. 재정의 원천인 현재의 세수입과 잠재적 세수입, 이에 채무의 최대치의 합을 재정 여력이라고 할 수 있다. 일단 재정 여력이 무한대라고 주장하는 논의는 거론할 가치가 없다고 본다. 역사를 조금이라도 눈여겨본 사람들은 이런 논의를 할 이유가 없다.

재정 여력은 한도가 있다는 점은 명확한 것이고 채무의 증가라는 것은 한정된 자원인 재정 여력을 한 시점에서 소진하는 행동이라고 이해할 수 있다. 그렇다면 재정 여력의 소진에 관한 의사결정을 하기 위해서는 먼저 한 국가에 어느 정도의 재정 여력이 가능하며, 현재 얼마 정도의 재정 여력이 남아 있는가에 대하여 파악하여야 한다. 더불어 남아 있는 재정 여력을 어느 세대가, 어느 세대를 위하여 사용하여야 하는가에 대한 판단이 필요하다.

신흥국 경제는 세입 확대가 용이하지 않으므로 현재의 세입 규모와 재정 위험이 급속도로 증가하는 국가채무의 최대치까지의 합이 재정 여력이라고 하겠다. 여기서 현재 채무 수준과 비교하여 남은 여력이 활용할 수 있는 재정 여력이라고 할 수 있다. 이렇게 보면 신흥국의 경우 추가로 확보할 수 있는 국가채무가 GDP 대비 20~30%가 최대치라고 보아야 하고 이 한정된 자원을 어떤 목적으로 언제, 누구를 위하여 사용하는가 하는 매우 중요한 경제적 의사결정을 제대로 하여야만 지속 가능한 성장을 하는 경제 시스템을 구축해 나갈 수 있을 것이다.

3 재정 위험 증가

국가채무의 증가는 재정 위험의 증가라는 효과를 수반한다. 재정 위험이란 재정이 원래 수행하여야 하는 기능을 제대로 수행하지 못하게 될 위험을 의미한다. 국가채무가 증가하면 재정의 기능을 수행하는 데 제약이 생기게 된다. 다양한 측면에서 그런 현상이 나타나는데 대표적으로 재정의 건전성이 훼손될 경우 경제 위기 발생가능성이 높아지고, 경제 위기 시 정부의 대응이 어렵게 된다. 재정건전성이 악화되면서 대외 신인도 저하, 금융시장 불안, 재정 운용의 경직성 증가 등에 따라 금융시장, 외환시장, 실물시장 등에서 경제 위기가 발생할 가능성이 커진다. 한편 경제 위기가 발생하였을 때 재정이 대응하지 못하여 경제 위기가 빠르게 확산되고 심화되는 모습을 보인다. 국가채무가 과다하면 국가 경제의 최종 안전판 역할을 수행하기 위하여 추가로 채무를 동원하여야 하는데 국가채무가 높을수록 국가 위험(country risk)이 높아져 정부가 필요할 때 기채하기 어렵게 되고, 이로써 경제 위기에 대처할 수 있는 능력을 상실한다.

우리나라는 소규모 개방경제로 대내외적으로 불안정적인 경제환경에 노출되어 있다. 경제에 대한 위험이 상존하는 상황에서 재정 여력을 소진하면 새로운 경제적 위험에 대처할 수 없게 된다. 다른 나라보다 다양한 경제적 위험이 있으므로 안정적인 재정정책을 통하여 미래를 위한 재정정책을 펼 수 있는 충분한 재정 여력을 보유, 유지하는 것이 바람직한 재정정책 방향이 될 것이다.

4 현재세대와 미래세대 간 불평등 증가

국가채무는 기본적으로 현재세대가 미래세대에 경제적 부담인 부채를 전가하는 것으로 세대 간 불공평성 문제를 일으킨다. 재정적자는 현재세대가 지출하고 미래세대가 상환하여야 하는 경제적 부담으로 그 부담을 미래세대에 넘기는 것이다. 또한 지출 의사결정은 현재세대가 하고 미래세대는 이를 그대로 받아들여야 한다는 점에서 의사결정에서 소외되는 측면도 있다. 이런 점에서 현재세대와 미래세대 간의 불평등이 증가하게 된다.

이러한 미래세대의 부담 증가는 일정한 조건에서만 용인할 수 있는 것이다. 1990년대까지 이전 선진국에서 확장적 재정과 국가채무 증가가 어느 정도 용인된 것은 경제가 지속적으로 성장하고 미래세대가 현재세대에 비하여 고소득 세대이며, 현재세대가 부채를 통하여 미래를 위하여 투자활동을 하고, 인구구조가 피라미드형으로 미래세대의 1인당 부담이 크지 않다는 점에서 기인한다.

현재 전 세계적으로 저성장 기조, 지출이 주로 복지지출에 기인하며, 고령화로 인한 생산인구의 급감이라는 조건에서 현재세대가 미래세대의 부(富)를 빼앗아 올 정당성은 더 이상 존재하지 않는다. 이런 점에서 현재세대의 복지 지출을 위하여 미래세대에 경제적 부담을 전가하는 것은 세대 간 공평성을 심각하게 훼손한다고 할 수 있다. 우리나라의 경우도 향후 50년 후 우리나라의 미래세대는 적은 소득으로 국가채무 부담을 지며 동시에 이전 세대 부양에 상당한 비용을 지불하여야 한다. 따라서 현재 세대에 수혜가 집중된 복지 프로그램은 구조조정하여 필수적인 프로그램만 남기고 이는 현재 세대가 부담하도록 하여야 할 것이며, 지속적인 경제 혁신과 사회 발전을 위하여, 미래세대를 위하여 투자하여야 한다.

나아가 확대된 복지 프로그램의 주된 수혜자가 중산층일 경우 이런 문제는 매우 심각하다. 증세 회피로 중산층의 혜택은 늘어난 반면 비용은 현재세대의 고소득층 중 일부와 미래세대 전체로 이연된 효과를 낳는다. 이는 미래세대의 저소득층으로부터 현재세대의 중산층으로 부를 이전하는 효과로 세대 간 공평성을 심각하게 악화시키는 것이다. 보편적인 복지 프로그램을 도입할 경우 중산층을 대상으로 증세를 통하여 새로운 복지 프로그램에 대한 비용을 충당하여야 한다. 보편적 복지 프로그램의 경우 중산층 증세 없이 복지 프로그램을 확대하는 것은 현재 세대의 이기적인 행태이며 세대 간 형평성을 심각하게 훼손한다.

5 이자 부담 증가

채무는 수입과 지출의 불일치를 해소해 주는 금융 메커니즘인데 당연히 이는 공짜가 아니다. 채무를 활용하는 데는 이자비용을 지불하여야 한다. 국가채무의 수준이 높은 선진국의 경우 정부 예산의 3~5% 정도를 이자비용으로 지불하고 있는 모습을 보인다.

우리나라도 그동안의 국가채무 급증에 따라 이미 상당한 재정이 채무의 이자(debt service)로 소진되고 있다. 최근 10년간 연도별 약 20조~30조 원의 이자를 지급하고 있으며, 이자율이 상승함에 따라 계속 증가할 것으로 예상된다. 이는 예산의 3% 정도 되고 부문별 예산 분류에서 한 부문의 규모에 달한다. 대규모의 공적자금이 금융시장의 채권자에게 만기 이자로 지급되고 있으며, 기회비용의 관점에서 국부(國富)가 아무런 부가가치 창출 없이 유출되고 있는 상황이다. 이 중 해외 채권자가 30%되는 것으로 선진국 대부분의 국가는 국가채무가 자신의 국가의 금융시장에서 소화되어 이자비용이 거시경제 내에 머물고 순환되는 데 비하여 우리나라는 상당분의 이자가 해외로 유출되고 있는 것이다. 이런 점에서 반드시 필요한 재정지출에 따른 재정적자라면 감수하여야 하겠으나 그렇지 않다면 국가채무에 따른 이자 발생을 최소화하여야 할 것이다.

⑥ 미래세대의 양극화 강화

일부 논자는 국채가 미래세대에 이전되는 것을 채무와 함께 채권도 미래세대로 이전되므로 세대 간의 불공평성의 문제가 나타나지 않는다고 주장한다. 이는 매우 잘못된 주장이라고 하겠다.

국채가 국제 금융시장으로 나가지 않고 국내에서만 소화된다고 할 때 채권과 채무가 모두 승계된다. 이때 이자비용을 지속적으로 채권자에게 지불하여야 하고 일정한 시점에 채권자가 상환을 요구할 때 당시의 세수입으로 상환하여야 한다. 이 경우 세금을 보편적으로 모든 계층이 부담한다고 할 때 결국 중산층과 저소득층이 채권자인 부유층에 지불하는 형태가 된다.

이는 미래세대의 불공평성을 악화시키는 효과를 낳는다. 이런 점에서 국가채무의 비용이 거시경제 내의 부(富)의 이전이므로 국부 유출은 아니더라도 경제 시스템의 불공평성, 미래세대 내의 불공평성의 악화라는 형태로 지불되는 것이라고 할 수 있다. 미래세대의 양극화, 세대 내 불공평성이 사회적으로 다양한 문제를 야기하여 미래세대의 공동체적인 삶을 파괴하는 결과를 낳는다.

⑦ 자본시장 구축 및 경제 성장 저해 효과

국채가 자본시장에서 회사채, 주식시장에 영향을 미칠 수 있다. 거시경제 내에 자본의 규모는 한정되는데 국채를 발행하여 자본을 흡수하게 될 경우 민간 금융시장의 자금 조달이 어려워지게 되며 자본시장에서 구축 효과(crowding out)가 발생할 수 있다. 국고채 금리가 상승할 경우 민간의 소비와 투자를 구축함으로써 확장적 재정정책의 효과가 반감될 수 있다.

국가부채 수준이 높을수록 경제 성장이 둔화된다는 주장이 제기되었고, 이에 대한 반박도 이루어져 왔다. 국가부채의 수준이 GDP의 90%를 넘기 시작하면 성장률이 급격히 떨어지기 시작한다는 주장이다(Reinhart & Rogoff, 2010). 이에 대하여 이러한 주장이 실증되지 않는다는 검증 논문도 발표된 바 있다(Herndon, Ash & Pollin, 2014). 종합적으로 보아 국가채무가 보편적으로 모든 거시경제에 중요한 부정적인 영향을 미친다고 할 수는 없다고 본다. 다만, 국가채무가 경제 내에 다양한 부정적인 영향을 미치고 경제활동에 부정적인 영향을 미칠 가능성은 높다고 보아야 한다.

8 이 책의 입장

 일부 논자들은 국가 간 단순 비교한 결과에 따라 우리나라의 재정적자 수준이나 채무 수준이 낮아 적극적으로 확대한 재정적자로 총수요를 증가하여야 한다고 주장한다. 이들의 주장을 정리해 보면, 국가의 채무 수준은 무한정으로 높아도 상관없으며 이런 점에서 재정 여력은 무한정이라는 주장, 재정 여력이 한도가 있다고 하더라도 우리나라는 재정 여력이 충분하므로 현재 복지 프로그램의 확대에 활용하여야 한다는 주장, 재정 여력을 미래를 위한 투자를 위한 지출에 사용하여야 한다는 주장으로 구분할 수 있다. 이에 반하여 신중한 재정정책을 옹호하는 입장에서는 우리나라의 재정 여력이 크지 않으므로 미래를 위하여 유지하고 미래세대에게 남겨 주어야 한다는 주장으로 정리할 수 있다.
 확장재정을 주장할 때 첫 번째 주장은 논의할 가치가 없다고 본다. 두 번째 주장에 대하여는 재정 여력을 논하는 이유는 국가채무의 최대치와 적자재정의 가능성의 문제이지 최적성의 문제가 아니라는 점을 지적하고 싶다. 재정 여력이 있다고 해서 재정 여력을 지금 써버려도 된다는 뜻은 아닐 것이다. 국민경제의 발전 단계와 성장 경로를 두고 신중하게 어떤 방식으로 재정 여력을 배분할 것인지에 대하여 충분한 논의가 필요하며, 이에 대한 설득력 있는 제안이 없는 상황에서 재정 여력이 있다는 것만으로 적자재정을 뒷받침하는 근거로 사용할 수 없다.
 따라서 재정 여력을 어떤 용도로 어느 시점에 사용할 것인가에 대하여 검토하여야 하는데 복지 프로그램과 미래를 위한 투자의 두 가지 용도를 두고 평가해 보았을 때 추가적인 복지 프로그램의 확대를 주장하기는 어려울 것으로 생각된다. 잘 알려진 바와 같이 우리나라는 현재의 복지 프로그램만으로도 고령화사회의 진전에 따라 조만간 복지지출의 비중이 선진국 수준 이상으로 확대될 것으로 예상된다. 지속 가능한 성장을 위한 성장 동력과 역량을 축적하기 위하여 지속적인 미래를 위한 투자 없이 생산력의 유지가 어렵고, 이는 국가안보의 보장을 받기 어려운 상황을 초래하는 어려운 대한민국의 정치경제적 조건을 고려할 때 미래를 위한 투자가 우선되어야 할 것이다.

더불어 제조업 분야에서 중국과 신흥국에 비하여 경쟁력이 떨어지고 반도체 등 일부 산업 외에 별다른 성장 동력을 마련하지 못한 우리나라의 경제 수준에서 상시적으로 발생할 수 있는 경제 위기의 위험성에 대하여 일정 정도 재정 여력을 보존하고 있어야 한다는 주장에도 귀기울여야 한다. 그리스 등 남유럽 국가들은 유럽연합(EU)이라는 울타리가 있지만 우리나라에서 경제 위기가 발생하면 사방이 약탈자로 둘러싸여 있다는 엄중한 국제 정치경제 구조를 망각해서는 안 된다.

제4절 국가채무 및 부채의 관리

1 개별 채무 재무 위험 관리

1) 원칙

개별 채무는 이자율, 환율, 물가상승률 등 시장가격 변동이 자금 조달 비용에 미치는 변동성에 따라 발생하는 위험인 시장 위험(market risk)과 차환이 원활히 이루어지지 않아 높은 금리로 발행하여야 하거나 차환이 불가능하게 될 상황이 발생할 수 있는 위험인 차환 위험(refinancing risk) 등이 있다.

국가채무 재무 위험 관리는 재정자금의 조달·상환과 관련된 위험을 최소화하고자 개별 채무를 관리하고 채무 포트폴리오를 적정하게 구성하고 조정하는 것을 의미한다.

일반적으로 채무의 위험과 비용은 반비례적인 경우가 많다. 개별 채무를 발행할 때 비용이 적게 들 경우 관련 위험이 커지는 경우가 생긴다. 반대로 비용이 커지면서 위험은 줄어들게 설계할 수도 있다. 두 가지 변수를 고려하여 재정자금의 안정적 조달 및 조달비용 최소화와 함께 관련 위험을 관리하고 비용과 위험의 최적 조합을 만들어 내는 것이 개별 채무관리에서 중요하다.

둘째, 채무는 비용과 위험이라는 측면에서 다양한 특성을 갖고 있으므로 채무 형식을 다양화하면 자연스럽게 위험이 분산된다. 이런 점을 고려하여 다양한 국채상품을 개발하고 국가채무 포트폴리오를 다변화하는 것이 필요하다.

「국가재정법」 제86조는 정부에 재정건전성을 유지하고 국가채무를 적정 수준으로 유지하도록 노력하여야 하는 선언적인 조항을 통하여 채무관리의 중요성을 강조하고 있다.

2) 현황

현재 발행되고 있는 국채는 국고채, 제1종 국민주택채권, 외화표시 외국환평형기금 채권 등으로 구분된다. 국고채는 각 회계 및 기금에 필요한 자금을 공급하기 위하여 공공자금관리기금에서 발행하고 있는 국채로서 2년물, 3년물, 5년물, 10년물, 20년물, 30년물, 50년물이 있으며 10년 이상의 장기물의 비중이 증가하고 있다. 장기물은 단기물에 비하여 발행 금리와 유통 금리의 이자율이 높다.

국고채 발행 등의 업무는 한국은행이 수행하고 있으며, 국고채 입찰은 국고채 전문 딜러에 한하였는데 2024년부터 개인에게도 판매하기 시작하였다. 국고채 투자자들은 국고채 거래시장에서 매도할 수 있고, 만기에 국고채를 소유한 채권자는 원금과 이자를 국가에 청구한다. 국고채의 거래는 한국거래소에서 이루어진다.

3) 문제점과 개선 방안

국고채는 매수하는 투자자도 자신에게 가장 유리한 채권을 매수하여 적절한 수준의 위험과 수익을 추구하는 것처럼 매도하는 국가의 경우도 발행 시기나 방법을 선택하여 적정한 위험과 비용의 조합을 구성할 수 있다. 우리나라 국고채의 발행과 관리에서 이러한 발행 전략이 잘 작동하고 있는지에 대하여 냉정하게 평가할 필요가 있다. 개별 채무관리 전문성 및 인센티브 부족에 따라 개별 채무 발행에서 전략, 채무 포트폴리오 구성에서의 전략이 개선의 여지가 있다는 평가가 제시되고 있다.

1조 규모 국고채 매입 하루 앞두고 취소
(파이낸셜뉴스 2017.11.14. https://www.fnnews.com/news/201711142218507487)

장민권 기자

기재부 '묵묵부답'… 채권시장 '어리둥절'
국채선물 하락폭 키워

기획재정부가 국고채 매입을 하루 앞둔 14일 돌연 매입을 취소했다. 채권시장 참가자들은 전례가 없는 이번 사태에 일제히 혼란에 빠졌다. 그러나 정작 기재부는 속시원한 해명을 내놓지 않아 시장의 혼란만 가중시켰다는 비판이 나오고 있다. 기재부는 이날 한국은행 홈페이지를 통해 다음날인 15일 예정됐던 국고채 매입(바이백)을 취소했다고 공지했다. 당초 기재부는 경쟁입찰 방식으로 2018년 3월 만기가 도래하는 8개 종목 1조 원 규모 국고채를 매입할 계획이었다. 그러나 기재부는 정확한 매입 취소 사유는 밝히지 않았다.

(하략)

[해설] 2019년 1월에 기재부 사무관이 기재부가 원래 계획과 달리 채권 조기 상환을 취소하고 이자 부담을 초래하는 적자국채 발행을 추진하였다는 주장이다.
2017년 11월 세수 여건 호조로 적자성 국채 발행을 8조 7,000억 원 줄이는 방안을 추진하였다. 이를 바이백(buy-back)이라고 표현하였는데 이는 조기 상환의 의미로 사용하였다. 채권시장에서 채권 발행기관이 채권의 구성을 조절하기 위하여 기존의 채권을 상환하고 그로 동시에 다른 채권을 발행하는 바이백 운용 기법을 의미하지 않는데 이를 그렇게 자기 맘대로 이해하고 해설하는 견해도 있었는데 여기서는 단순히 상환하였다는 의미이다. 이 같은 계획을 보고받은 기재부 장관이 정무적 판단을 요구하고 적자성 국채 발행을 하도록 지시하고 다음날인 11월 14일로 예정된 1조 원의 국채 바이백을 취소하기

> 로 하였다는 것이다. 이유는 연간 채무 비율을 높여서 전임 행정부의 채무 비율을 높이고 내년도에 확대재정, 추가경정예산을 편성하기 위한 재원을 확보하기 위한 것이었다고 한다. 국채가 실제로 발행되지는 않은 것으로 사안을 종결됐으나 기재부의 판단이 재정의 효율성, 자본시장의 안정적 운용이 중요한 것이 아니라 대통령실의 입맛에 맞는 재정성과치를 만들어 내는게 우선이라는 점을 잘 보여 준다. 당시 갑작스러운 국채 발행 취소에 따라서 국채시장에 큰 혼란이 발생하였다.

먼저 국고채는 자본시장에서 정부의 신뢰성 있는 발행과 운용이 이루어져야 채권에 대한 불확실성이 최소화되고 가격이 불필요한 프리미엄 없이 안정적으로 시장에서 평가되고 유통이 활성화될 수 있다. 정부의 예상치 못하는 불필요한 자의적인 발행 취소나 변경은 있어서는 안 되는 자본시장의 기본적인 룰이 될 것이다. 이런 면에서 위와 같은 사례는 재발하지 않도록 국채 발행계획과 시행에 규범성을 높이는 제도적 개선이 필요하다.

더불어 국고채의 신축적 발행 여지를 확대하여 자본시장 여건이 유리할 때 발행할 수 있도록 시기적으로 신축성을 부여하고 발행 물량도 조절할 수 있도록 함으로써 비용을 줄이고 리스크를 완화할 수 있도록 허용할 필요가 있다.

만기 분산을 통한 차환 위험을 관리하는 전략도 필요하다. 만기가 특정 시기에 집중되면 위험이 커지므로 발행 및 만기를 분산하여 시장 불안 요인을 완화하는 것이 필요하다. 이를 위하여 단기채와 장기채 비중의 조정이 요구된다.

장기국고채에 대한 수요 증가 추이에 맞추어 장기물 발행 비중의 확대를 지속적으로 추진하는 것이 바람직하다. 국고채 만기를 가급적 장기화하고 장기 국채시장을 활성화하여 장기채 현물 거래에 활성화하는 것은 발행하는 국가에 유리하고 자본시장의 확대라는 측면에서도 바람직하다.

국채에 조기 상환 조건 등 옵션을 추가하여 세입 여건 변화에 따라 필요 시 옵션을 활용할 수 있도록 하면 재정 운용의 신축성을 확대할 수 있을 것이다.

2 총량관리

1) 원칙

국가채무 총량관리란 국가채무의 누적 총량이나 GDP 대비 비율을 적정 수준으로 유지하는 관리활동을 말한다. 이를 위하여 국가채무 총량의 적정성과 지속가능성 원칙이 활용되고 있다.

국가채무의 적정성 원칙은 정부의 예산제약식(budget constraint)을 만족한 상태에서 사회적 후생을 극대화하는 수준의 국가채무 규모를 유지하여야 한다는 원칙이다. 국가경제에 장기적인 시계(時界)에서 발생하는 편익과 비용을 고려하여 최적 수준을 도출하고 이를 유지하기 위하여 노력하여야 한다는 것이다.

이론적으로 가정할 때 민간의 총수요가 부족한 상황에서 국가채무를 통하여 정부지출을 증가시켜 단기적으로 총수요를 확대하면 경제 성장이 이루어질 수 있다. 장기적으로 사회간접자본(SOC) 투자를 통하여 장기간에 걸쳐 경제적 효익을 발생시킬 수도 있다. 반대로 국가채무의 증가는 이자율을 상승시켜 민간 투자를 구축(crowding-out)하고 자본 축적을 저해할 수 있다. 국가채무 상환 시까지 이자비용을 계속 지출하여야 하며, 미래세대에 원리금 상환의 부담을 넘겨 세대 간 불공평성을 일으킨다.

이런 점에서 국채 발행은 전체적인 사회후생을 개선하는 편익과 이자비용과 불공평성 등 사회적 비용이 동시에 존재하며 편익과 비용을 고려하여 적정 수준을 유지하도록 노력하여야 한다.

국가채무의 지속가능성 원칙은 국가의 재정 상태가 국가채무가 장기적으로 정부가 상환할 수 있는 수준이어서 재정이 파산할 가능성이 희박하고, 이에 따라 채권자가 차환이 거부하지 않을 정도로 유지되어야 한다는 원칙이다. 국가채무가 과다할 경우 이자비용이 과다하여 재정수입의 상당 부분을 지불하여야 하고 정부의 프로그램을 정상적으로 운영하기 어렵다. 그 수준을 넘어서면 국가채무 이자비용을 못 내거나 상환을 못할 것으로 보이면서 투자자들이 돈을 빌려 주지 않게 된다. 이런 지속 가능하지 않은 채무 수준에서는 정상적인 재정 운용이 될 수 없고 파산에 이르게 된다. 따라서 국가채무의 지속 가능한 수준의 유지도 매우 중요하다. 이런 관점에서는 국가채무가 상환 가능한 범위 안에 있고 GDP 대비 국가채무 비율이 60% 정도로 복귀가 가능하면 일시적으로 국가채무의 비율이 상승하더라도 지속 가능하다고 할 수 있다.

국가채무의 적정성 원칙이 적정 수준의 결정의 문제라고 한다면 지속가능성 원칙은 최대치의 설정에 대한 문제라고 할 수 있다. 최근 국가채무의 지속가능성에 대한 논의만 주로 이루어지고 있는 것을 볼 수 있는데 이는 극단적인 최대치를 말하는 것이지 적정성을 말하는 것이 아닌 것을 강조할 필요가 있다. 우리나라는 현재 국가채무를 활용하여 투자활동이 이루어지고 있는 상황이 아니기 때문에 적정성에서 크게 벗어나 있을 뿐 아니라 지속가능성의 한계에 거의 다다른 상황이라고 평가하여야 한다.

이런 원칙에 따라 국가채무의 규모가 구체적으로 어느 정도여야 하는지에 대해서는 다양한 의견이 있다. 국가채무 규모가 적정 수준인지에 대한 기준 대표적인 예로 유럽연합(EU)의 성장과 안정협약(Stability and Growth Pact)으로 재정적자 3%, 국가채무 GDP 대비 60% 수준의 원칙을 내용으로 하고 있다.

2) 제도 현황

(1) 국가채무 관리계획

「국가재정법」 제91조는 D1에 해당하는 국가채무를 대상으로 하는 관리계획으로 국가의 회계 또는 기금이 부담하는 금전채무, 채권, 차입금, 국고채무부담행위, 기타 대통령령이 정하는 채무에 대한 계획인 국가채무 관리계획을 규정하고 있다.[12] 국가채무 관리계획은 예산안이 제출될 때 국가재정운용계획의 첨부 서류로 제출된다. 국가결산보고서에는 계획에 대한 실행에 해당하는 국가채무관리보고서를 첨부하도록 규정하고 있다.

계획의 내용에 포함되어야 하는 사항은 전전년도 및 전년도 국채 또는 차입금의 차입 및 상환 실적, 당해 회계연도의 국채 발행 또는 차입금 등에 대한 추정액, 다음 회

---

12) 재정증권 또는 한국은행으로부터의 일시차입금, 채권 중 국가회계 또는 기금이 인수 또는 매입하여 보유하고 있는 채권, 차입금 중 국가의 다른 회계 또는 기금으로부터의 차입금은 일시차입금이나 정부의 회계 또는 기금 사이의 거래의 결과로 발생하는 채권이나 차입금은 구조적인 채무로 볼 수 없기 때문에 계획 수립의 대상에서 제외한다.

계연도부터 3회계연도 이상의 기간에 대한 국채 또는 차입금의 상환계획, 국가채무 관리계획에 최근 2개 연도의 차입 및 상환 실적, 5회계연도 이상의 차입 및 상환계획, 채무의 증감에 관한 전망 및 그 근거와 관리계획 등이다.

3) 문제점과 개선 방안

우리나라 국가채무의 총량관리는 기재부와 언론의 관심을 많이 받고 있기는 하지만 제대로 된 관리는 이루어지지 않고 있다고 평가할 수 있다.

국가채무 관리계획은 국가재정운용계획의 첨부 서류에 불과하고 국회의 심의와 의결을 받지 않으며 사실상 형식적인 문서에 머물고 있다. 국가채무 관리계획은 계획의 규범성이나 강제력이 없고 기존의 계획과 연동되지 않으며 매년 일관성 없이 개정되고 있다. 국가채무 관리라는 목적 달성을 위하여 실질적인 효력이 있다고 보기 어렵다. 국가채무의 적정 규모에 대한 수준에 대한 합의와 관리는 되고 있지 않다.

개선 방안은 첫째, 국가채무 관리계획이 국가채무 총량관리의 주요 수단이 되려면 공공 부문 부채에 전반에 대한 관리계획으로 확대되어야 한다. D1, D2, D3 및 국가부채 지표의 개선이 필요하고 이를 포괄하는 형태의 국가채무 및 부채관리계획과 보고서를 작성하여야 할 것이다. 현재 국가채무 관리계획의 경우 국가채무(D1)만이 포함되므로 일반정부 채무(D2)와 공공 부문 채무(D3)는 누락되어 있다. 국가채무 외에 일반정부 및 공공 부문 채무의 관리계획을 국회에 제출하도록 할 필요가 있다. 여기서 정책의 목표변수를 D1에서 일반정부 국가채무(D2)나 중앙정부 국가부채로 대체하여야 한다.

둘째, 채무관리의 책임성을 강화하기 위하여 국가채무 관리계획과 국가채무관리보고서에 대한 국회의 심의 의결을 제도화하여야 할 것이다. 국회가 국가채무 관리계획의 내용에 대하여 수정할 수 있도록 하면서 동시에 정치적 및 행정적 책임을 지도록 할 필요가 있다. 국가채무 관리의 실적에 대하여 행정부에 법적 및 행정적 책임을 물을 수 있을 것이다. 국회의 수정의 권한을 어느 정도 가질 수 있도록 할 것인가에 대하여 예산안의 수정 권한 정도를 허용하는 것이 적절할 것이다.

셋째, 국가채무 관리계획을 재정준칙과 연결하여 중장기적 재정 부담 관리 원칙에 따라 채무준칙으로 운영하여야 할 것이다. GDP 대비 국가채무 비율을 국가채무 관리계획에서 제시하고 이를 준수하도록 하며 GDP 대비 국가채무 비율을 위배하여야 하는 상황에서는 의결을 통하여 이를 재정의하는 권한을 국회에 주는 제도를 도입하여야 한다. 이러한 법적·행정적 책임을 부여하여야 국가채무 관리계획의 실질적 효력이 발생하여 이를 근거로 행정부가 적극적인 관리를 하게 될 것이다.

넷째, 이러한 관리활동에서 재정 위험의 유형과 정도에 따라 적자성 채무와 금융성 채무를 구분하여 관리하는 방안을 고려할 수 있다. 국가채무를 대응 자산이 없는 적자성 채무와 대응 자산이 있는 금융성 채무로 구분하여 관리 방안을 수립하고 관리하며 재정준칙의 경우도 적자성 채무에 제한을 두는 방안을 고려해 볼 수 있다.

3 국채시장의 확대

1) 의의와 현황

국채 발행과 유통시장을 더욱 효율적이고 유동성이 풍부한 시장으로 조성하는 국채시장 규모를 확대할 필요가 있다. 국채시장이 자본시장에서 매력적인 투자시장으로 자리 잡아야 부동자금이 부동산시장이나 대체투자시장에서 좀 더 안정적이고 생산적인 시장에 유입될 수 있다. 이를 통하여 거시경제에서 저축률을 높이고 금융시장의 다변화와 안정을 이룰 수 있다.

우리나라는 채권시장에서 국채의 원활한 소화와 안정적인 유통을 위하여 다양한 정책적 수단을 동원하여 국채의 거래 규모 확대를 위하여 노력해 온 바 있다.

국고채 전문 딜러제도를 통하여 시장 수급의 불안정성을 줄였고 단기적으로 월별 균등 발행 기조 유지 등 국채 발행에 대한 불확실성도 줄였다. 3년, 5년 만기 단기 국고채 발행 비중을 확대하고 10년, 20년 만기 장기 국고채도 확대하여 국채의 종류를 다양화하였다. 국채의 지표 금리를 시장의 컨센서스(consensus)를 고려하여 설정하고 제공하는 노력을 하였다. 이를 통하여 외국인 투자자 등의 참여가 늘어나고 있으며, 2024년부터 개인 투자자가 용이하게 투자할 수 있도록 제도 개선을 하였다. 최근 들어 국채의 발행 잔액과 거래량이 꾸준히 증가하고 있다.

**정부 상반기 중 개인 투자 전용 국채 발행,
어떤 투자자들이 매입하면 좋을까**

(2024.01.26. https://www.businesspost.co.kr/BP?command=article_view&num=340608)

김대철 기자 dckim@businesspost.co.kr

정부가 올해 상반기 안으로 일반인도 손쉽게 투자할 수 있는 '개인 투자용 국채'를 발행하기로 하면서 투자자들의 관심이 모인다. 새로 발행될 개인 투자용 국채는 장기 투자를 통해 안정적 이자를 정기적으로 받을 수 있다는 장점이 있다. 다만 채권 거래를 할 수 없어 이자율 변동에 따른 시세 차익을 노릴 수 없다는 단점이 있어 개인별 투자 성향에 따라 매력도가 달라질 수 있다.

26일 기획재정부 등에 따르면, 2024년 상반기 내 사상 처음으로 총 1조 원 규모의 개인 투자용 국채가 발행된다. 2023년 말 기준으로 국채 보유 비중은 국내기관 78.1%, 외국인 20.4%이다. 국채를 보유한 개인 투자자는 1%대에 불과한 상황이다. (중략)

기재부는 국채의 표면 금리가 3.5%일 경우 이번 개인 투자용 국채 10년 물의 만기 수익률은 41%, 20년 물의 만기 수익률은 99%로 추산했다. 세전 기준으로 연 평균 수익률은 10년 물이 4.1%, 20년 물은 4.9%다. 개인 투자용 국채 투자를 통해 얻는 이자소득에는 분리과세 혜택이 주어져 일반 국채보다 이자소득 세율에 혜택이 더 크다. (중략)

개인 투자용 국채는 이 같은 장점이 있지만 적극적 채권 거래를 통해 자본 차익을 중시하는 투자자들에게는 매력도가 떨어진다는 시각도 나온다.

(하략)

---

2) 문제점과 개선 방안

국채 유통시장이 활성화될 경우 국채를 발행하는 정부의 입장에서 매우 유리하다. 다른 자산시장에 비하여 채권시장에 자금이 많이 유입되면 국채 발행이 원활해져 낮은 비용으로 필요한 재정자금을 조달할 수 있으며, 국고채를 다양화하여 국가채무 포트폴리오가 다변화되면 전체 위험이 분산되어 줄어들게 된다.

더불어 채권시장이 발전하면 전체 금융시장이 발전하고 효율화되는 효과가 발생한다. 우리나라의 금융시장을 보면 채권시장이 좀 더 큰 역할을 수행할 수 있을 것으로 보인다. 금융시장보다 부동산시장에 유입되거나 불건전한 가상화폐 같은 대체 투자에 유입되어 바람직한 금융 중개가 이루어지지 못하는 상황이다. 이런 점에서 채권시장과 주식시장을 발전시켜야 할 필요가 있으며, 채권시장의 참여자와 거래량을 확대하는 다양한 인센티브를 제공할 필요가 있다.

이러한 면에서 미시적인 채권 발행 과정 합리화와 효율화를 지속하여 투자자 친화적으로 개선하고 투자자에게 불확실성을 최소화하여야 한다.

또한 채권시장에 투자수익률을 높여 주는 제도적 조건을 만들어야 한다. 투자자에게 안정적인 수익을 줌으로써 자금이 지속적으로 유입될 수 있도록 인센티브를 최대한 제공하여야 한다. 이러한 면에서 채권시장, 부동산시장, 주식시장을 상대적으로 비교하여 채권시장, 주식시장이 유리한 금융시장이라는 점이 시장에서 확고하게 받아들여질 수 있는 상황이 되어야 한다.

그렇다면 우리나라 부동산시장의 특성과 조세 체계와 채권시장을 비교하여 채권시장에 대한 인센티브 또는 디스인센티브(disincentive)인 조세 체계를 설계할 것인가를 결정하여야 한다. 우리나라의 부동산시장의 경우 수억에 이르는 전세자금에 대한 세금은 전혀 부과되지 않는다. 그 결과 개인들의 경우 부동산을 위주로 자산 축적을 해 나가고 있으며, 부동산의 투자 수익률이 높다는 믿음이 강고하여 은퇴 시 가구 당 금융자산은 20%가 채 되지 않고 부동산의 비중이 80%에 달한다.

금융기관과 투자자들의 경우에도 상업용 부동산, 국제금융시장에 비하여 한국이 신흥국으로 분류되는 상황에서 채권시장, 주식시장에 유입하는 것이 유리하다고 보기는 어렵다. 다만 포트폴리오를 다변화한다는 의도에서 신흥국의 자산을 일부 편입한다 는 수준이다. 채권과 주식시장 자체가 경쟁력이 있다고 보기 어렵다. 이러한 이유로 채권, 주식시장이 항상 저평가되어 있다는 평가가 되고 있는데 사실 저평가라기보다는 냉정한 시장의 평가라고 본다.

이러한 점에서 금융투자세는 금융시장이 충분히 시장의 높은 평가를 받고 자금 유입이 충분히 이루어져 부동산 자산시장에 비하여 확고하게 우위를 점하는 상황이 되기 전까지는 도입하는 것이 바람직하지 않다고 본다. 부동산자산에서 전세자금이나 임대소득에 대한 과세가 이루어지기 전에 금융시장에 먼저 과세가 이루어지면 우리나라 금융시장의 발전은 기대하기 힘들 것이다.

기업 밸류업, 국민 모두가 수혜자이다
(https://www.munhwa.com/news/view.html?no=2024042301073111000001)

[포럼] 이정희 서울시립대 행정학과 교수

정부가 기업가치 제고 대책인 밸류업(value up)의 일환으로 배당소득을 분리 과세하는 방안을 추진할 것이란 입장을 밝혔다. 또한, 배당 자사주 소각 등 주주 환원 노력을 늘린 기업에 대해선 법인세 세액 공제를 도입하겠다고 한다. 이러한 감세 조치들은 기업들의 주주 친화적인 행동을 유도하고 주식 소유자의 세 부담을 줄여 주는 것이다.

이는 우리나라 자본시장이 부동산 자산을 중심으로 이뤄져 있고 금융시장이 경제 수준에 비해 미성숙한 상황을 교정하려는 시도라는 점에서 긍정적이다. 한편, 정책이 경제 주체들의 행동을 변화시키는 실질적인 효과를 내기 위해선 정책의 내용이나 방식에 보완할 점이 있다. 야당이 총선에서 압승한 상황에서 이들을 설득하고 국민적인 공감과 지지 속에 밸류업 정책을 추진하기 위해서는 감세정책을 넘어 경제 주체에 대한 메시지 관리와 제도적인 접근이 필요하다.

첫째, 배당소득 분리 과세, 법인세 세액 공제 등 전반적인 감세정책과 밸류업 정책이 국가경제에 어떤 효과가 있으며, 일반 국민에게 어떤 의미가 있는지 더 자세히 설명해야 한다. 밸류업 정책은 단순한 기업가치 증진과 주주 환원정책이 아니다. 주식을 소유하지 않은 국민에게도 혜택이 가는 금융정책의 성격을 띤다. 국내외 자본들이 생산적 용도로 활용될 수 있는 금융시장, 특히 주식시장으로 유입되도록 하는 정책이다.

그 결과 자금이 부동산시장에서 주식시장으로 이동하게 되면 부동산 자산 가격의 하방 압력이 생기고 이는 가계의 주거비 부담, 기업의 생산 요소 가격 부담이 줄어드는 효과를 낳는다. 이런 방식으로 경제 전체의 효율적인 자원 배분이 이뤄지고 경제의 모든 주체에 혜택이 주어지는 변화를 일으킬 수 있다. 이런 선순환적 자원 재배분에 대한 설명을 통해 일반 국민의 지지를 얻어야 한다.

둘째, 밸류업 정책은 외국자본이 국내 금융시장에 들어오도록 유도해 주가 상승을 견인할 뿐 아니라 기업들의 가치를 제고하는 효과를 낳는다. 이렇게 되면 기업들은 쉽게 증자할 수 있고 투자활동을 위한 재원을 낮은 가격으로 확보할 수 있는 통로가 확대된다. 이 또한 경제 내에 활력과 역동성을 주는 조건으로 작동하며 핵심 기술과 역량이 있는 기업들은 이 기회를 통해 투자활동을 넓힐 수 있으며, 새로운 가치를 창출할 수 있다.

개별 기업의 성장과 함께 성장의 과실이 전후방 기업들과 경제 전반에 확산될 수 있는 것이다. 밸류업이라는 우량기업 가치 상승은 금융시장의 효율화를 통해 일반 국민에게도 직간접 혜택을 준다.

셋째, 논의 중인 밸류업 정책과 함께 중장기적인 기업가치의 증대, 지속 가능한 성장을 위한 기업친화적인 제도 조건을 마련하는 게 더 근본적인 경제정책의 내용임을 국민과 야당에 설명하고 설득해야 한다. 기업의 의사결정자들이 미래 지향적인 입장에서 혁신적인 리더십을 발휘하기 위해서는 자기 책임 원칙이 분명한 경영 승계와 기업 지배구조의 안정이 필요하다. 전문성과 자기 책임성의 원칙이 존중되는 기업 승계가 될 수 있도록 상속 공제 등의 제도가 더욱 기업친화적이어야 한다. 그래야 100년 200년 가는 기업들이 지속 가능한 성장을 할 수 있고, 경제 전반의 성장과 가치가 확산될 수 있다. 이를 위한 제도적 조건을 마련하는 밸류업 정책이 필요하다.

제5절 공기업부채, 우발부채, 잠재부채관리

1 공기업부채관리

1) 의의

앞서 공공 부문 채무(D3)는 비영리 공공기관과 비금융 부문 공기업까지만 포함한 것이다. 공공기관부채는 비영리 공공기관과 공기업의 부채를 말하고 여기서 공기업이란 비금융 부문 공기업과 금융 부문 공기업을 모두 포함한다. 공공기관부채에 포함되는 공기업부채 전체에 대하여 사실은 국가가 적극적으로 관리하여야 할 부채라고 볼 여지가 있으며, 이를 위한 제도 개선이 필요하다.

원래 공기업은 특별법에 근거하여 독립된 법인격을 가지고 설치된 기관이므로 공기업의 활동도 독자적인 것이고 부채도 정부의 법적 책임은 아니다. 이런 점을 고려하여 공기업의 경제활동 결과로 나타난 부채를 법인격이 서로 구분되는 국가의 부채에 포함하지는 않는다. 하지만 공기업은 법적인 또는 제도적인 기준에 따르면 국가에 범위에 속하지 않지만, 실질적인 지배력 기준에 따르면 국가의 범위에 속한다고 볼 수 있다. 따라서 공기업의 부채도 국가의 부채에 포함하거나, 최소한 국가가 적극적으로 관리하여야 하는 부채로 보아야 할 것이다.

2) 논의의 필요성

공기업부채는 국가의 부채로 간주하고 적극적으로 관리하여야 할 필요성이 크다. 공기업의 재화나 서비스는 대부분 공공재로서 그 가격을 정부가 정책적으로 통제한다. 정부가 인사와 재정 지원을 통하여 경영에 영향력을 행사하며 투자정책과 가격정책 등 실질적인 경영에 간섭한다. 이런 상황에서 공기업의 부채가 증가한 이유는 정부가 직접 추진하여야 할 공공투자사업에 소요되는 재원을 공기업이 외부 차입을 통하여 조성한 경우이거나 정부의 의지에 따라 낮은 요금 체계를 유지하면서 국민들에게 실질적인 의미에서 보조금을 지급하는 정책을 채택하였기 때문이다.

공기업은 사실상 국가의 기관으로서 역할을 하고, 정부의 의사결정에 따라 부채가 발생하는 경우가 많으며, 이에 따라 부채에 대하여 정부의 책임으로 보아야 하기 때문에 이는 실질적인 의미에서 정부의 부채로 간주하여야 한다. 또한 공기업이 파산 위기에 봉착할 경우 정부가 공적자금을 투입하여야 하는 것은 필연적이기 때문에 공기업의 부채가 정부의 재정활동을 제약하는 부담으로 작용할 가능성이 매우 높다는 점도 고려하여야 한다.[13]

이런 상황을 고려할 때 공기업의 부채를 정부부채와 구분은 하되 공공 부문의 부채이자 재정 위험의 원천으로 간주하고 추계와 관리활동을 적극적으로 펼쳐 나갈 필요

---

13) 공기업은 전체 수입의 50% 이상을, 시장형 공기업인 경우 자체수입이 85% 이상을 차지하여 수입의 절대 부분을 공기업 스스로 시장에 참여하여 벌어들인다. 따라서 부채도 이들 기관이 스스로 책임져야 하는 측면이 있다. 다른 측면에서 공기업이 파산한다든가 하는 상황에서 정부의 공적자금 투입은 필연적인 것이며, 공기업의 요금에 대한 정부의 통제로 부채가 발생하는 경우가 많고 이에 대하여 정부의 책임이자 지원의 대상이라고 보아야 하기 때문에 부채에 대한 정부의 관리가 필요하다고 할 수 있다.

성이 크다. IMF도 2007년 「재정투명성 지침(Manual on Fiscal Tranparency)」에서 공기업과 같은 준재정 활동을 재정 통계에 포함시킬 것을 요구한 바 있다.

현재 우리나라 공기업의 부채는 약 200조 정도 되며, 부채가 큰 몇 개의 공기업이 많은 비중을 차지하고 있다. 경제협력개발기구(OECD) 국가들은 20조 이하 수준으로 알려져 있고 이런 점에서 공기업부채를 국가부채로 포함하는 문제가 이슈가 되지 않고 이런 점에서 IMF의 재정 통계가 공기업 부문에 대하여 느슨하게 설정되었다고 알려져 있다. 이에 반하여 우리나라는 매우 큰 공기업들과 공기업부채가 존재하기 때문에 이에 대하여 인식과 보고가 필요하며, 다른 선진국이 빼니까 우리도 고려하지 않아도 괜찮다고 치부하여서는 안 된다.

3) 주요 제도와 관리 방식

(1) 중장기 재무관리계획

「국가재정법」과 「공공기관 운영에 관한 법률」에 따라 자산이 2조 원 이상이거나 정부의 손실 보전 의무 조항이 있는 경우, 정부에 손실 보전에 대한 재량이 있는 경우, 부채가 자산보다 커서 자본 잠식이 일어나고 있는 공기업은 중장기 재무관리 개선계획을 수립하여야 한다. 공기업경영평가제도에 재무관리 개선계획의 준수 여부 및 부채관리에 관한 평가 항목이 활용된다.

(2) 공기업부채 총량관리

기획재정부는 개별 기업의 중장기 재무관리계획을 바탕으로 공공기관 전체의 부채를 추계하고 공공기관 5개년 중장기 재무관리계획을 수립한다. 매년 개별 기관의 재무 상태에 따라 중장기재무관리계획 수립의 의무가 달라지기 때문에 중장기 재무관리계획에 포함되는 대상 기관은 매년 다르다.[14]

포함되는 기관들은 중점 관리하여야 하는 기관들로 개별 기업의 부채 수준과 전체 대상 기관의 부채 총액이 이 보고서를 통하여 추계되고 공시된다. 기획재정부는 중장

---

14) 이런 점에서 공공기관부채 총액에 대한 단순한 시계열의 비교는 적절하지 않다.

기 재무관리계획을 예산안을 제출하는 시점인 9월 1일에 국회에 제출한다.

(3) 구분회계제도

구분회계제도는 공기업의 부채를 분석하여 자체적인 투자활동에 의한 부채와 정부 사업 대행에 의한 부채를 구분하여 공시하는 제도를 말한다. 공기업이 정부사업을 대행하거나 공공요금 가격 통제에 따라 원가 이하의 가격 설정으로 부채를 지게 되는 경우 이에 해당하는 부채는 정부의 책임으로 간주하고 공시하는 것이다.

이에 대하여 공기업의 활동을 명확한 기준으로 구분하기가 사실상 쉽지 않고 재무제표의 구조가 복잡해지고 이해가능성이 떨어진다는 반대 의견이 있으며, 일부 기관이 시범적으로 운영하고 있고, 제도 도입에 대한 논의가 진행 중이다.

4) 문제점과 개선 방안

공기업의 재무 상태와 부채 수준에 대하여 중장기 재무관리계획으로 관리하고 있으나 국가채무와 비슷한 정도의 언론과 국민의 모니터링이 이루어지기 어려운 상황이다. 총량 규모에 대하여 국가채무 관리의 틀 속에서 투명하고 이해가능성이 높은 방식으로 하나의 문서로써 국민들에게 적시에 공개하도록 할 필요가 있다.

구분회계제도의 체계화를 통하여 공기업 부채 중에서 정부사업 대행으로 발생한 부채가 얼마인지를 파악하고 공시하는 방안을 제도화하는 노력이 요구된다. 구분회계제도가 정착되면 공기업 경영진의 책임과 정부의 책임을 구분하여 공기업의 의사결정, 성과관리, 전략 수립 및 실행에 적절히 활용할 수 있다.

근본적으로 정부가 정부가 직접 수행하여야 하는 사업을 공기업에 떠안기는 준재정 활동을 최소화하는 제도적 개선이 필요하다. 불필요한 공기업의 시장화, 지분의 매각 등을 통하여 시장 규율이 작동하도록 하는 제도적 개선도 적극적으로 고려하여야 한다.

2 우발부채관리

1) 의의

우발부채(contingency liability)는 현재 채무로 확정되지 않았으나 가까운 장래에 어떤 상황이 발생하면 채무로 확정될 가능성이 있는 채무를 의미한다. 부채는 확정성과 추계가능성이라는 두 가지 기준을 가지고 확정부채, 충당부채, 우발부채로 구분한다. 과거 사건이나 거래 결과로 현재 의무가 존재하고 의무가 확정적이며 그 경제적 부담의 크기를 신뢰성 있게 추정할 수 있을 경우 확정부채로 인식한다. 경제적 의무를 이행하기 위하여 보유한 자원이 유출될 가능성이 높고, 의무 이행에 소요되는 금액을 신뢰성 있게 추정할 수 있을 때 충당부채로 인식한다. 두 가지 기준 중 하나라도 만족하지 않는 경우, 즉 유출가능성이 특정 조건에 좌우되어 확정성이 낮거나 소요 금액을 신뢰성 있게 추정할 수 없을 때 우발부채로 인식한다.

우발부채는 어떤 조건에 의하여 부채의 존부가 좌우되는 경우로 계류 중인 소송사건, 지급보증채무, 최소운영 수입보장 등이 있다. 계류 중인 소송사건은 론스타사건과 같이 정부가 배상하여야 하는 판결이 날 수 있는 소송의 배상액을 말한다. 보증채무는 정부가 다른 기관의 채무에 대하여 지급 보증을 하는 경우로 1차적인 채무 상환 의무는 채권 발행기관이 지게 되지만 채권 발행기관이 상환 능력을 상실하는 경우 정부가 대신 상환 부담을 지게 된다. 민간 투자사업의 최소운영 수입보장은 사업이 최소운용 수입을 달성하지 못할 경우 정부가 차이만큼을 보전하여야 하므로 상황에 근거하여 채무가 확정되는 우발채무라고 할 수 있다.

우발부채는 재무상태표에서 부채로 표시되지 않으며 재무제표 주석으로 공시된다. 우발부채의 경우도 조건에 따라 실제 부채로 전환될 수 있기 때문에 재정에 부담을 주는 재정 위험이 될 수 있으므로 제대로 파악하고 관리하여야 한다.

현재 우리나라의 보증채무 규모는 20조 원 정도 되며, 한국장학재단채권의 보증채무와 기간산업안정기금채권으로 구성되는데, 장학재단채권에 대한 보증채무가 10조 원 정도이고 기간산업안정기금채권에 대한 보증채무가 10조 원 정도이다가 점차 줄어들고 있다. 계류 중인 소송은 소액이 있으며, 민간 투자사업의 최소운영 수입보장제도는 더 이상 운용하지 않고 있다.

2) 제도

(1) 국회 사전 승인 및 국가보증채무 관리계획

「국가재정법」 제92조는 국가보증채무의 관리에 관한 사항으로 국가가 보증채무를 부담하고자 하는 때에는 미리 국회의 동의를 받도록 의무화하고 있으며, 정부가 매년 국가보증채무 관리계획을 작성하여 국회에 제출하도록 하였다. 계획은 국가보증채무를 대상별·종류별로 구분하여 향후 전망과 산출 근거 및 관리계획 등에 대하여 작성하여 예산안 제출 시 별개의 의안으로 국회에 제출하여야 한다.

(2) 재무제표 주석 공시

우발부채는 중앙정부의 재무제표에 주석 사항으로 공시되고 있다. 2018년 충당부채·우발부채·우발자산 회계처리지침 개정 이후에는 우발부채를 재무제표에서 인식하지 않고 주석으로만 공시한다.

3) 문제점과 개선 방안

우리나라 정부는 국가부채에 대하여 가급적 축소하여 최소량만큼만 보고하려는 태도를 보이고 있고 우발채무도 그 중요성을 줄여서 설명하고 있다. 일부 논자들도 우발부채의 의미를 제대로 알지 못하면서 우발부채는 마치 고려하지 않아도 된다는 논지를 펴는 것을 자주 볼 수 있다. 이런 이유로 우발부채에 대한 추계와 공시가 다른 선진국에 비하여 재무제표에 주석으로 가볍게 취급되고 있다.

이는 크게 잘못된 일로서 사실 우발부채는 특정 조건에 결부된다는 것이지 그 조건이 현실화될 가능성은 일종의 확률로서 경제적 부담은 확률적으로 반드시 존재한다고 보아야 한다. 우발성이 현실화될 조건, 예를 들어 재판에서 질 가능성이 50%라고 한다면 배상금의 50%가 확률적으로 존재하는 상황이고, 이에 대하여 반드시 준비를 해놓아야 제대로 된 재정관리라고 할 수 있을 것이다. 외환 위기 당시 공적자금 투입을 위한 보증채무가 국가채무로 전환된 사례에서 보듯이 우발성이 현실화되는 상황도 확률적 개연성이 높다고 할 수 있다.

이런 관점에서 주요 국가의 우발부채 공시제도를 참고하여 우발부채보고서제도를 도입할 필요가 있다. 국가보증채무 관리계획을 확대하거나 별도의 계획서와 결과보고서를 작성하고, 이를 재무제표와 함께 국회와 국민들에게 공시하는 방안을 제도화할 필요가 있다.

3 잠재부채관리

1) 의의와 유형

잠재부채란 경제적 부담의 발생가능성이 비교적 높지 않거나 그에 대한 추계가 신뢰성 있게 하기 어려운 부채를 의미한다. 기업회계의 경우 기업의 입장에서 발생의 가능성이 높지 않은 경제적 부담은 고려하지 않는다. 기업이 계속기업(going concern)이라고 가정하기는 하지만, 기업의 경우 계속기업으로서 운영이 불가능하면 파산하고 관련된 부채를 모두 없애 버리는 것이 가능하다. 반대로 정부의 경우 부채의 탕감이라는 것은 불가능에 가깝고 잠재부채에 따른 경제적 부담이 작다고 하더라도 영속적으로 지속되고 없앨 수 없다고 할 수 있다. 이런 의미에서 정부는 기업과 달리 잠재부채도 영속적인 재정 위험의 원천이 되며, 이를 관리하여야 할 필요성이 큰 것이다.

잠재부채로는 선진국에서도 공적연금(국민연금과 사학연금)의 충당부채 또는 준비금 부족분, 복지 프로그램의 지출 의무, SOC사업에 대한 유지 보수 또는 복원지출 의무가 대표적인 항목으로 논의되고 있다. 이러한 항목과 관련된 제도적 조건을 살펴보면 이에 관련된 경제적 부담이 이론적으로는 법안 개정 등의 방법으로 피할 수 있으나 현실적으로는 매우 개연성이 높고 발생가능성이 큰 부채임을 알 수 있다. 발생가능성이 낮다고 해도 정치제도의 현실을 검토하면 그렇지 않은 것으로 보아야 하는 상황이 많다. 따라서 이에 대하여 부정확하나마 추계를 하고 재정 의사결정에 반영하도록 할 필요가 있다.

2) 국민연금과 사학연금의 충당부채

우리나라의 4대 공적연금 중 공무원연금과 군인연금은 정부가 고용주이고 공무원이 피고용자로서의 관계에서 공무원의 퇴직금을 연금으로 지급한다는 의미이므로 이는 법적으로 확정되고 헌법 체계에서 보호되는 재산권으로 정부의 부채로 확정된 충당부채로 인식하여야 한다.

반면 국민연금과 사학연금의 경우 충당부채, 책임준비금, 이의 미적립금을 연금부채(pension liability)로 칭하고 있는데, 우리나라의 경우 국가의 부채로 인식하지 않고 있다.[15] 두 공적연금은 국가의 법률적인 책임이 없다는 점과 신뢰성 있게 추계할 수 없다는 점에서 국가의 부채로 인식하지 않는다고 주장한다. 이 주장의 주요 논거는 아래와 같다.

첫째, 국가가 제도적 틀을 만들지만 기본적으로 가입자들의 상호 부조로써 미래세대가 현재세대의 노후를 책임지는 구조로 되어 있으며, 국가가 법적으로 지급을 보장할 책임은 없다.

특히 국민연금제도는 정부가 사회보장세를 징수하여 연금을 지급하는 방식과 정부 재정과는 별개 기관이 사회보장기여금을 징수하여 연금을 지급하는 방식으로 운영하고 있는 국가로 구분할 수 있는데, 우리나라는 후자의 경우에 해당된다. 후자의 경우 중앙정부의 장에 속한 기금이 아니고 정부의 법적인 책임이 없으므로 국가채무(D1) 또는 일반정부 채무(D2)에 포함하지 않는다. 엄밀하게 법적으로 따졌을 때 공적연금이 확보 가능한 기금적립액의 부족으로 발생되는 미적립 채무액(충당부채-기금적립금)이 국가채무에 반영되지 않고 무슨 일이 벌어지든 국가가 관여할 일이 아닐 수 있다.

둘째, 국민연금, 사학연금제도는 이론적으로 가입자나 사용자가 부담하는 기여금의 보험료, 지급 금액 등이 법률 개정으로 변경될 수 있으며, 이에 따라 미래 지급 부담을

---

15) 향후 지급하여야 하는 지급액의 총액이 책임준비금이고 이를 여러 가지 추계 방식을 통하여 추정한 부채가 충당부채이다. 연금 가입자의 기대여명, 사망 확률, 예상물가 상승률, 수급 시점에 대한 비율 등을 기초로 산정한다. 책임준비금은 연금의 회계 주체로서 예상 부채액으로서 미래 발생되는 연금 지급을 위하여 보유하고 있어야 하는 금액이다. 충당부채와 약간의 차이가 있으나 크게 보아서 유사한 의미이다. 책임준비금에 비하여 현재 가입자들이 납입한 적립액과 이의 운용 수익을 고려하고 이들 사이에 발생하는 부족분이 미적립금이다.

신뢰성 있게 추계하기 어렵다고 할 수 있다.

이러한 주장이 얼마나 터무니없는 것인지는 조금만 생각해 보면 알 수 있을 것이다.

첫째, 국민연금의 적립금이 최대치에 다다르는 시점은 2037년 정도이고 적립금이 고갈되는 시점은 2050년 정도이다. 연금 지급을 위하여 더 이상 적립해 놓은 현금이 없는 상황에서 국민연금공단은 회사채를 발행할 수밖에 없는데 이때 금융시장에서 이를 매수하지 않을 것은 너무나 명확하다. 더 이상 수입을 늘려 갈 수 없는 자본 잠식이 확대되고 있는 회사의 회사채가 팔리지 않은 것은 너무나 당연하고 결국 국가가 공적자금으로 회사채를 인수하게 될 것이다.[16] 그렇다면 결국 국가가 공적자금을 투입하여야만 하는 경제적 부담이 현실화될 수밖에 없고 이는 거의 필연적인 것이라고 보아야 한다.

둘째, 국민연금 개혁과 지급률의 조정으로 충당부채, 책임준비금 미적립액을 추계하기 어렵다는 주장은 우리나라의 과거에서 과연 그런 국민연금 개혁을 책임감 있게 추진할 수 있을 것인가에 대하여 판단하여 보면 전혀 그렇지 않다는 것을 알 수 있다. 전임 행정부는 국민연금 재정 추계 이후 제도 개혁을 의도적으로 방기하였으며, 현재도 제도 개혁 노력은 지지부진하다. 대한민국이 내재적으로 큰 문제에 대하여 제도적 개혁을 이루어 낼 수 있는 역량이 있으면 좋겠지만 냉정하게 평가할 때 비관적이다.

이러한 점을 고려할 때 국민연금 등 공적연금의 제도 개혁이 순조롭게 이루어지지 못하고 미적립채무는 국가재정의 건전성을 위협하는 요인으로 작용하게 될 것이 거의 확실하고 이를 제도적으로 관리하여야 할 필요가 있다고 하겠다. 국가부채에 포함시키는 방안, 또는 그게 현실적으로 부담스럽다면 최소한 우발부채식으로 주석이나 별도의 보고서로 공시하는 방법을 택할 수 있을 것이다.

---

16) 일정 정도 시간이 지나 회사채의 누적이 될 때 더 이상 혈세를 투입하지 못하게 될 것이다. 지금 추계된 바에 따르면, 2050년대부터 약 200조 이상의 적자가 발생하게 되는데 당시의 국가재정의 15~20% 정도의 액수가 된다. 이를 당시의 대통령이나 국회가 용인을 할 수가 없고 대대적인 국민연금 개혁에 나설 수밖에 없다. 이러한 적립식 공적연금의 구조적 개혁은 선진국에서 다 경험한 바이고 피할 수 없는 것이다.

Is South Korea's economic miracle over?
(*Financial Times*, APRIL 22 2024)

While South Korea's government debt to GDP is relatively low by western standards, at 57.5 per cent, the IMF forecasts that it will triple over the next 50 years in the absence of drastic pension reforms. Forty-six per cent of South Koreans are projected to be over the age of 65 by 2070, and the country already has the highest rate of elderly poverty in the developed world.

"Slowing growth has fed the declining birth rate, which will lead to even slower growth," says Song of McKinsey. "We are in danger of getting stuck in a vicious circle."

[해설] 위의 기사는 전체를 잘 읽어 볼 필요가 있다. 다만 한국 경제의 구조적 개혁 방향에 동의하나 구체적인 전략은 다소 이상적이라는 생각이 든다.

다른 지적도 중요하지만 국민연금 부채에 대하여 국제 금융시장에서 어떻게 보고 있는지를 잘 보여 주고 있다는 점에 주목할 필요가 있다. 국제 금융시장이나 미디어에서 국민연금의 운용과 부채를 당연히 국가재정의 부채로 생각하고 국민연금 충당부채 미적립, 적립금 고갈 문제를 개혁하지 못하는 경우 재정의 제대로 된 활동을 못하게 되는 상황, 즉 재정 위험이 극대화되는 상황이 발생할 것이라고 보고 있다. 국민연금 고갈 시 재정의 일부 투입이 불가피하다는 점에서 국가부채와 차이가 없다고 간주하는 것이다. 이게 객관적인 제3자의 평가라는 점에 주목하여야 하고, 이런 점에서 일반정부 국가채무(D2)가 양호하고 재정 여력이 있다, 적극적인 적자를 활용하자는 주장이 얼마나 무책임한 혹세무민인지 알 수 있다.

3) 복지 프로그램 지출 의무

복지 프로그램의 지출 의무도 의무에 따른 경제적 부담이 존재하고 변경이 이론적으로는 가능하지만 현실적으로 매우 어렵다는 점에서 정부의 잠재부채에 해당한다고 할 수 있다.

복지 분야 의무지출은 경기 변동과 무관하게 지속적으로 발생하며, 이에 대한 법률 개정을 통한 수급 자격과 지급액의 개편을 통한 지출 구조조정은 실질적으로 불가능에 가깝다. 우리나라의 복지제도 중에서 확대 재편된 것 이외에 한번 만들어진 제도가 폐지되거나 지급액이 줄어든 경우가 단 한 사례라도 있는가를 보면 이런 점에 쉽게 동의할 수 있다.

이런 점에서 복지 프로그램의 도입에 따른 지출 의무는 사실상 확정되고 고정되어 있는 것으로 보아야 한다. 새로운 복지 프로그램에 신중을 기하여야 할 뿐 아니라 복지 프로그램으로 정부의 재정활동에 부담을 주는 지출 의무에 대하여 추계하고 공시하여 의사결정에 반영하여야 한다.

특히 우리나라는 고령화 속도가 매우 빠르고 현재 제도하에서도 복지지출에 의한 경제적 부담의 급증할 것으로 예상된다. 이는 국가의 부채로서 경제적 부담이자 재정정책의 제약으로 기능하게 될 가능성이 높고, 노령 유권자의 증가로 정치적으로 법안 개정이 어려워져 그럴 개연성이 점차 더 커진다는 것을 의미한다.

따라서 복지 프로그램의 지출 추계를 장기 전망을 통하여 신뢰성 있는 값을 추계하고 잠재부채를 추계하여 이를 국민들에게 투명하게 제공하여야 한다.

4) SOC사업의 유지 보수 또는 복원 지출 의무

SOC시설이 완공이 되면 이에 따른 유지 보수비용이나 원자력발전소와 같은 경우 복원비용이 필연적으로 따르게 된다. 이러한 정부의 재정 투입에 대한 의무가 SOC시설 건립 시에 이미 발생한 것과 다름없게 된다는 점에서 이를 부채로 인식하여야 한다는 논의가 진행되고 있다.

잘 알려진 바와 같이 SOC사업 중 수요를 과대 추계하거나 지역에만 편익이 발생하는 낭비적이고 환경 파괴적인 사업이 많이 진행되고 있다. 수요를 과대 추계하는 것이 편익을 뻥튀기하는 것이라면 환경 파괴와 향후 필연적으로 발생할 유지 보수비용 또는 폐기 복원비용을 반영하지 않는 것은 비용을 은닉하는 행동이라고 할 수 있다.

SOC사업에 대한 의사결정을 할 때 사업에 따른 경제적 부담이 발생할 것이 확실하기 때문에 이를 부채로 인식하고 비용에 반영하도록 할 경우 낭비적인 SOC사업이 지역의 정치적인 이익과 결합하여 무분별하게 진행되어 혈세를 낭비하는 현상을 막을 수 있다.

정부회계와 재정정보관리

미래를 위한 재정관리
Public Financial Management for the Future

제1절 개관

1 의의

　회계란 경제적 실체가 행한 경제적 거래나 사건을 회계의 기본 개념을 활용하여 체계적으로 화폐액으로 측정 및 분류하고, 요약 정리하여 경제 실체의 재무적 상황과 성과를 일목요연하게 제시하는 시스템을 말한다.
　정부회계는 정부의 경제적 활동을 측정하고 전달하는 과정으로 정부의 재무적 거래에 대한 정보를 생산하고 재무자원의 관리활동에 대하여 보고하여 재정 정책결정을 위한 정보를 제공하는 것을 목적으로 한다. 여기서 정부회계는 재정정보와 달리 회계시스템의 자기검증 기능에 따라 개별 경제적 거래에서 정보를 수집하여 재무적 정보를 보고하기 때문에 정보의 타당성과 신뢰성이 높다는 특징이 있다.
　정부회계는 재정관리활동에 다양한 기능을 수행한다. 정부회계는 과거 발생한 경제적 거래에 대하여 사후적으로 기록한 것이며, 예산은 이를 바탕으로 미래에 대한 사전적으로 계획하는 것이므로 정부회계는 예산의 초석이라고 할 수 있다. 또 정부회계에서 생산된 정보를 활용하여 중기재정계획과 같이 계획 수립을 하는 과정에 활용할 수 있고, 재정에 대한 관리 및 통제활동을 하는 과정에서도 사용할 수 있다.

정부회계로 사업별 원가 산출을 통한 성과관리가 가능하므로 성과 중심 재정 운용의 기반이 된다. 회계를 통하여 서비스 공급에 필요한 비용을 측정하여 관련된 정보를 제공함으로써 사업 수행에 따르는 문제점을 발견할 수 있고, 이를 통하여 서비스 공급 방법의 개선을 도모할 수 있는 정보를 제공한다. 국가 자산에 대한 효율적인 관리가 이루어질 수 있게 되며, 표준적인 재무제표를 통하여 투명하고 양질의 국가 재정정보를 제공할 수도 있다.

또한 정부회계는 재정민주주의라는 측면에서도 중요한 기능을 한다. 회계정보는 재정 상태와 운용에 대하여 국민들과 의사소통하는 기능을 수행한다. 이를 바탕으로 재정 운용에 대한 책무성을 확보할 수 있다.

정부회계는 1990년대 이후 재정관리시스템 개혁의 일환으로 국제적으로 확산되기 시작하였다. 경제협력개발기구(OECD)와 국제통화기금(IMF) 등 국제기구는 정부효율성 및 재정투명성 강화를 위한 노력의 일환으로 발생주의 회계제도의 도입을 권장하고 있다. 발생주의 회계제도는 재정 통계를 관리하는 데 타당성과 신뢰성이 높기 때문이다.[1]

우리나라는 외환 위기를 계기로 발생주의·복식부기 정부회계를 도입하게 되었고, 2000년대 성과관리 기능이 강조되면서 정부회계를 체계적으로 제도화하였다. 중앙정부는 「국가회계법」에 따라 복식부기·발생주의 회계제도를 2009년부터 도입하였고, 지방정부는 「지방재정법」에 따라 2007년부터 도입하였다.

---

1) IMF는 GFS(Government Finance Statistics) 2001을 통하여 부분적으로 발생주의에 기초한 「정부재정통계편람」을 작성하도록 하고 있으며, 정부회계를 기반으로 한 재무제표의 발행을 권고하고 있다.

2 유형

1) 기장 방식에 의한 구분

회계는 거래의 측면, 기록의 방식, 장부의 형태에 따라 하나의 기준인가 아니면 복수의 차변과 대변에 따른 기준인가에 따라서 단식부기와 복식부기로 구분한다. 단식부기는 주로 현금의 입금과 출금을 중심으로 하여 일괄하여 기록하는 방식이고, 복식부기는 한 거래의 두 측면을 모두 고려하여 자산, 부채, 자본의 변동을 측정하고 하나의 거래가 발생하면 이를 회계장부의 차변과 대변으로 나누어 기록하는 방식이다. 복식부기는 대차평균의 원리에 의하여 회계 기록의 자기검증을 가능하게 한다.

2) 인식 기준에 의한 구분

경제적 거래에 대하여 경제적 가치를 측정하고 기록하는 것을 인식이라고 하는데, 현금의 유입과 유출 여부에 따라 수익과 비용을 인식하는 현금주의(cash basis)와 경제적 거래의 발생 여부에 따라 재무 상태의 변동을 인식하는 발생주의(accrual basis)가 있다. 현금주의는 수익과 비용을 현금에 초점을 맞추어 현금이 들어오거나 나갈 때 거래가 기록된다. 발생주의는 현금을 수수한 시점과는 관계없이 경제적 의미에서 실제 재무 상태를 변동시킨 거래나 사건이 발생한 시점에 변동의 크기만큼을 인식하는 방

〈표 14-1〉 현금주의과 발생주의의 비교

구분	현금주의	발생주의
거래의 해석과 분류	현금을 수불한 시점을 기준으로 거래를 인식하는 방식	근원적으로 자산과 부채에 영향을 미치는 사건을 기준으로 거래를 인식하는 방식
수익비용의 인식 기준	현금의 수취·지출	수익의 획득/비용의 발생
선급비용·선급수익	수익·비용으로 인식	자산·부채로 인식
미지급 비용·미수수익	인식이 안 됨	부채·자산으로 인식
감가상각, 대손상각, 제품보증비, 퇴직급여충당금	인식이 안 됨	비용으로 인식
상환이자 지급액	지급 시기에 비용으로 인식	기간별 인식

식이다. 발생주의·복식부기 정부회계란 경제적 거래가 발생하는 시점에 차변과 대변을 동시에 회계 처리하는 방식을 의미한다.

3) 정보 활용 목적에 따른 분류

회계가 생산해 내는 정보를 외부 이해관계자의 의사결정에 도움을 주는 목적인지, 내부 관리자들의 관리활동에 도움을 주는 목적인지에 따라 회계 방식에 차이가 생긴다. 전자의 경우를 재무회계(financial accounting)라고 하며, 예산과 재정에 관한 회계정보를 생산하여 납세자, 일반 국민, 투자가 등과 같은 외부 이용자들에게 제공하는 회계 방식이다. 후자의 경우는 관리회계(managerial accounting)라고 하며, 조직관리, 기획 등 관리활동을 하는 데 의사결정을 돕는 회계정보를 생산 및 제공한다.

〈표 14-2〉 재무회계와 관리회계의 비교

구분	재무회계	관리회계
회계정보의 내용	예산과 재정에 관한 정보, 재무정보, 과거의 재무 상태 정보	원가와 효율성에 관한 정보, 미래 지향적 정보
주요 이용자	외부 이용자(납세자, 주민, 투자자)	내부 의사결정자
회계정보의 기능	재정 통제와 행정 책임 확보	내부통제와 기획 기능
회계 기준	일반적으로 인정된 회계 원칙(GAAP)	내부 규정
산출물	재무제표	원가 등
보고 주기	1년 단위로 정기적으로 보고	수시 보고(보고주기 없음)

4) 대상 조직에 따른 분류

경제적 거래를 기록하는 것은 정보를 활용하기 위해서인데, 조직들은 각자 필요한 정보가 대상 조직의 활동과 기능의 특성에 따라 다르기 때문에 기록하는 방식에 차이가 존재할 수밖에 없다. 이런 점에서 대상 조직에 따라 회계 방식에 일정 정도 차이가 있고, 이를 정부회계, 비영리회계, 기업회계로 구분한다. 기본적으로 경제적 거래에 대한 이해와 회계 처리는 유사하나 정부와 기업의 특성의 차이로 구체적인 회계 기준은 상당한 차이가 있다.

정부회계의 경우 공적 자원에 대한 사용과 배분에 대한 관리와 회계 책임 확인이 주된 기능이다. 기업은 이익과 손익 측정이 중심이며 손익 계산에 의한 회계 책임에 대한 평가가 주된 기능이다.

5) 정부 내 적용 방식에 따른 분류

정부의 회계 작업은 크게 예산회계와 정부회계로 구분한다. 예산 집행에 따른 재정 활동의 결과를 현금주의·단식부기 기준에 따라 기록 보고하는 작업을 예산회계라 하고, 발생주의·복식부기 회계 기준에 따라 재무제표를 작성하여 보고하는 시스템을 정부회계라 한다. 회계가 어떤 활동에 대하여 일정한 기준을 갖고 체계적으로 기록하는 활동을 의미하는 일반명사이므로 예산을 집행하면서 내역을 기록하는 작업도 회계라고 부를 수 있다. 예산 집행 및 관리통제를 위하여 세출예산, 예산 배정, 지출원인행위, 지출 등 재정의 집행 내용을 기록하는 활동을 예산회계라고 할 수 있다.

이에 반하여 정부회계는 발생주의 회계 원리에 따라 개별 경제적 거래를 자산, 부채, 순자산, 수익, 비용의 개념을 바탕으로 분석하여 기록하는 활동을 말한다.

〈표 14-3〉 정부회계와 예산회계의 비교

구분	정부회계	예산회계
의미	재정 운영 성과 및 재정 상태 보고 수익과 비용, 자산과 부채 보고	예산의 집행 실적과 현금 유출입 통제
회계 방식	발생주의 복식부기	현금주의 단식부기
산출 정보	재무제표(재정상태표, 재정운영표, 순자산변동표)	세입세출결산보고서

제2절 정부회계의 원칙, 과정, 장단점

1 정부회계의 원칙

　회계의 경우도 예산과 비슷하게 전체 활동을 가이드하는 원칙이 있고, 이에 근거하여 법, 규칙, 지침이 성립한다. 우리나라 「국가회계법」 제4조 및 「국가회계기준」 제4조는 국가회계의 원칙으로 신뢰성, 이해가능성, 충분성, 계속성, 중요성, 유용성, 목적적합성, 불편성(不偏性, unbiasedness), 계량가능성을 제시하고 있다. 이 원칙들은 기업회계를 포함하여 모든 회계에서 중요시되는 것으로 정부회계준칙을 수립하고 회계활동을 하는 중 항상 고려하여야 하는 원칙이다.

　이를 구체적으로 살펴보면 회계 처리는 거래 사실과 경제적 실질을 반영할 수 있어야 한다는 타당성이라는 대원칙에 따라 신뢰성이 있어야 하며, 이는 회계 처리는 신뢰할 수 있도록 객관적인 자료와 증거에 따라 공정하게 이루어져야 한다는 것이다.

　이해가능성은 재무제표의 양식, 과목 및 회계 용어는 이해하기 쉽도록 간단명료하게 표시하여야 한다는 것이다.

　충분성은 중요한 회계 방침, 회계 처리 기준, 과목 및 금액에 관하여는 그 내용을 재무제표에 충분히 많이 표시하여야 한다는 것이다.

　계속성이란 회계 처리에 관한 기준 및 추정은 기간별 비교가 가능하도록 기간마다 계속하여 적용하고 정당한 사유 없이 변경해서는 안 된다는 것이다.

　중요성은 회계 처리와 재무제표 작성을 위한 계정 과목과 금액에 대한 보고의 내용을 그 중요성에 따라 실용적인 방법으로 결정하여야 하고, 중요한 정보 위주로 보고하여야 하며 지엽적인 내용은 보고하지 않으므로 중요한 정보에 집중하여야 한다는 것이다.

　유용성이란 회계정보가 정보 이용자에게 경제적 의사결정에 유용한 정보를 제공하여야 한다는 것이다. 회계정보가 유용성을 갖기 위해서는 목적적합성, 불편성, 계량가능성이 있어야 한다.

2 정부회계의 기본 원리 및 방법

1) 회계의 기본 원리 및 방법

회계는 기준에 따라 개별 거래에서 시작하여 전체 회계 실체의 연간 성과와 재무적 상황을 체계적으로 추계하는 작업이다. 간단히 말해서, 거래에 대한 체계적 기록에서 시작하여 전체 재무제표를 만들어 가는 작업이라고 할 수 있다. 거래가 발생한 경우 어떤 계정에 기록하는 것을 분개(分介)라고 하며, 이 과정에서 자산, 부채, 자본 등 회계 개념을 활용하게 된다.

2) 재정 상태에 대한 분개와 회계

재정 상태에 관한 기록을 위하여 자산, 부채, 순자산이라는 개념을 활용한다. 자산이란 과거 사건의 결과에 따라 회계 실체에 따라 통제되고 또한 그로부터 미래 경제적 효익이나 서비스의 잠재력이 회계 실체로의 유입이 기대되는 자원을 말한다. 일반적으로 자산 계정으로는 현금과 예금, 물품, 채권, 유가증권, 건물, 토지 등이 있다.

부채는 과거의 거래로부터 일어나는 회계 실체의 현재의 의무로서 이를 상환하기 위해서는 경제적 효익이나 용역잠재력을 가진 자원의 유출을 가져오는 것으로 정의된다. 부채 계정의 예로는 미지급금, 차입금, 퇴직충당금 등이 있다.

기업회계에서 자본은 부채와 함께 자금 조달 재원이 된다. 기업의 소유주나 주주가 자기의 자금을 자본 형태로 사업에 투자하는 것이다. 이에 비하여 정부회계에서는 자산과 부채의 차액을 순자산(net asset)으로 표현한다. 정부의 순자산은 조달재원과는 무관한 개념으로 계산 편의를 위하여 설정된 과목이다. 민간기업의 경우 자본은 자본금과 잉여금 계정으로 나누어 설정하며, 정부회계의 경우에는 보고 목적에 따라 고정순자산, 특정순자산 및 일반순자산으로 구분하여 사용한다.

> 자산 = 부채 + 순자산

회계 방정식은 자산, 부채, 그리고 자본으로 구성된다. 자산 = 부채 + 자본 또는 자산 - 부채 = 자본이라는 등식에서 출발한다.

3) 재정 변동에 대한 분개와 회계

재정 변동에 관한 기록을 위해서는 수익, 비용이라는 개념을 활용한다. 수익 계정은 회계 실체의 순자산이 증가하는 것을 나타내는 계정으로 조세수입이 중요한 수익 계정이다. 비용 계정은 회계 실체의 순자산이 감소하는 것을 나타내는 계정으로 인건비, 물품비 등 다양한 비용 계정을 설정할 수 있다.

> 이익 = 수익 - 비용

4) 정부회계 기준

이러한 작업을 위해서는 공통된 기준이 필요하며, 이를 회계 기준이라고 한다. 회계 기준이란 매우 다양한 재정활동에 따른 경제적 거래를 합리적으로 분개하고 회계하는 방법에 관한 기준의 총합을 의미한다. 정부회계 처리를 위하여 필요한 회계 기준으로 국가회계 기준과 이에 관한 규칙으로 회계처리준칙이 있고, 재무제표 계정과목별 회계처리지침 및 주요 사항별 회계처리지침 등을 규정하고 있다.[2] 우리나라 정부회계 기준의 수립 업무는 국가회계기준센터(NASC)에서 담당한다.[3]

---

[2] 기업회계에서 일반적으로 받아들여지는 회계 기준(Generally Accepted Accounting Principle: GAAP)은 새로운 경제적 거래의 등장에 따라서 회계 처리 기법을 축적한 기준의 총합을 말한다. 한국회계기준원 등 회계 기준의 제정, 개정 등 제반 업무를 수행하며 회계기준위원회(KASB)는 이를 의결한다.

[3] 새로운 회계제도 변경에 따라 발생되는 여러 관련 사항에 대한 연구와 회계제도에 대한 연구와 제도 개선안을 제안하고 있다. 국가회계기준센터는 국가회계시스템의 정착을 지원하기 위하여 국가회계 기준에 대한 실무 해석, 질의 회신 검토, 제도조사, 교육 등의 업무를 수행한다.

3 정부회계 과정

1) 거래

회계는 회계 실체의 재무 상태에 변동이 생기면 이를 분석하여 기록하는 것으로부터 시작해 재무제표를 작성하고 장부를 마감하는 일련의 회계의 순환 과정을 거쳐 진행된다. 회계의 순환 과정을 거래의 발생 순서별로 분개하고 이를 원장의 각 계정에 전기한 후 재무제표를 작성하는 것으로 이루어진다. 기업이 현금의 차입, 건물이나 비품의 구입, 상품의 매매 등과 같은 경영활동을 하게 되면 경제적 사건이 발생하고, 그에 따른 거래가 이루어지면 자산, 부채, 자본, 수익, 비용 증감의 변화가 일어난다.

2) 분개

경제적 거래가 발생하면 이를 회계의 기본 개념인 자산, 부채, 순자산, 수익, 비용을 활용하여 체계적으로 기록하는데 이를 분개라고 한다. 계정의 증가와 감소를 차변과 대변으로 나누어 기록한 후 남은 잔액을 표시하는 작업을 하며, 이때 회계 개념 중 구체적인 회계 계정(account : A/C)을 활용한다.[4] 자산의 증가와 감소, 부채의 증가와 감소, 자본의 증가와 감소 및 수익의 발생과 비용의 발생이라는 8개의 요소로 구성된다.

분개는 회계 원칙에 따라 하나의 경제적 거래 내역을 차변과 대변에 함께 기록하여 잔고를 일치시킴으로써 자기점검 기능을 지닌다.

3) 전기

회계 기록에 대하여 분개가 이루어지면 이에 의하여 각각의 계정에 변동 내용을 기록하는데 이를 원장에 전기(轉記)한다고 한다. 원장이란 자산, 부채, 순자산, 수익 및

---

4) 자산, 부채, 자본 및 수익, 비용에 대하여 구체적인 항목을 세워서 기록·계산할 때 각 항목별로 설정된 기록·계산의 단위를 말하고 회계의 개념별로 자산 계정, 부채 계정, 자본 계정, 수익 계정으로 분류한다.

비용의 각 계정을 모아 놓은 장부를 말한다. 원장은 총계정원장과 보조원장으로 구성된다. 총계정원장은 계정과목표에 있는 모든 계정을 포함한 원장을 말한다. 보조원장은 총계정원장의 특정 계정의 세부 내역을 정리하기 위한 원장이다.

4) 결산

1년 단위로 회계연도가 끝나면 일정 시점에서 장부를 마감하여 자산, 부채, 자본의 상태를 조사하고 발생한 수익과 비용을 비교하여 손익을 정확하게 파악하는 절차를 말한다. 수정이 필요할 경우 기말수정분개를 하고 총계정원장의 각 계정들을 마감하여 재무제표를 작성한다.

5) 재무제표 작성

계정들의 총합계치는 일정한 형식에 맞게 정리하여 재무제표를 작성한다. 이후 정부 전체의 재정을 파악하기 위하여 개별 회계 단위의 재무제표를 연결한 통합재무제표를 작성한다. 통합은 일반회계, 특별회계, 기금회계 실체 전체를 대상으로 한다. 통합재무제표에는 회계 실체별 재무제표를 첨부한다.

4 회계검사 및 감사

회계검사란 조직의 재정적 활동과 결과에 관한 사실을 확인하기 위하여 자금과 재고조사를 중심으로 장부, 기타의 기록을 체계적으로 검사하는 활동을 말한다. 전통적으로 정부 부문의 회계검사는 정부기관이 자금을 의회가 제정한 법률이나 예산에 충실히 의거하여 지출하였는가에 중점을 두어 지출의 합법성(legality of expenditure)에 치중하였다. 최근 효율성, 경제성, 효과성 등의 측면에서 사업의 성과, 경영 실적 등을 평가하여 시정 개선을 요구하는 적극적인 기능을 동시에 수행한다.

회계감사(auditing)는 회계활동이 회계 기준에 의하여 제대로 이루어졌는가에 대한 감사활동을 의미한다. 주로 조직의 재정활동 및 그 수입과 지출의 결말에 관한 사실을 확인 검증하고, 장부, 기타의 기록을 체계적으로 검사하는 행위를 말한다. 회계검사는 결산검사 또는 결산 심의를 위하여 정보와 자료를 제공하는 등 상호 유기적으로 작동하고 상호 보완적인 성격을 가진다.

회계검사와 감사는 감사원이 담당한다. 「감사원법」에는 결산의 확인, 회계검사, 그리고 직무감찰에 대하여 규정하고 있는데, 회계감사도 포함되고 있다고 보아야 하고 실무에서도 회계감사 작업을 수행하고 있다.

5 장단점

1) 장점

(1) 재정 성과에 대한 타당성 높은 정보 생산

발생주의는 경제적 거래가 발생하였을 때 합리적 추정을 통하여 수익과 비용 등을 추계하여 기록하는 방식이다. 회계연도를 넘어선 계약과 같이 현금 지출과 비용 발생이 차이가 있는 경우에도 경제적 실질을 바탕으로 한 비용을 추계하며 현금의 유출입과 상관없이 경제적 거래의 발생 시에 수익과 비용 등 회계 개념으로 기록된다. 이에 따라 일정 기간 동안의 정부의 재정적 성과를 정확하게 측정할 수 있다. 이를 통하여 수익과 비용과 관련된 재정정책의 성과에 대하여 타당성 있는 평가가 가능하다. 또한 성과주의 예산제도에 필요한 개별 조직의 비용에 대한 정확한 추계와 평가가 가능하고, 책임중심점인 조직들의 활동에 투입되는 비용을 정확히 측정하여 제공함으로써 이를 바탕으로 조직 간 성과를 바탕으로 한 비교, 평가, 경쟁이 가능해진다.

(2) 재정 상태에 대한 타당성 높은 정보 생산

발생주의는 자산과 부채의 명목가치뿐 아니라 자산에 대한 감가상각을 통하여 실제 경제적 가치를 반영한 평가가 이루어지기 때문에 자산이나 부채의 보유에 따른 비용이나 수익을 좀 더 정확하게 인식할 수 있다. 발생주의를 도입할 경우 현금주의에서 인식하지 못하는 미지급 비용과 미수 수익, 감가상각을 인식한다. 이러한 정보를 바탕으로 자산의 보유 규모, 매각 여부 결정, 부채의 보유 규모, 상환, 대환 등의 의사결정을 제대로 내릴 수 있게 해 준다.[5]

발생주의 회계에서는 미래에 분명하게 발생할 경제적 부담의 경우 아직 그 경제적 부담을 이행할 시점이 도달하지 않은 경우에도 현재 경제적 부담이 발생한 것이 분명하므로 이를 부채로 인식한다. 예를 들어 공무원연금에서 발생하는 충당부채가 대표적으로 법률적으로 확정적인 경제적 부담이라고 할 수 있다. 공무원연금에 대한 지급 부담에 대하여 현재가치로 환산하여 예측한 충당부채가 연금충당부채로 인식되고 있다. 2022년 공무원연금 충당부채는 약 1,181.3조 원으로 빠르게 증가하고 있다.[6]

(3) 신뢰성 높은 정보

복식부기를 도입할 경우, 대차 평균 원리를 통하여 자동검증이 가능하다. 하나의 경제적 거래는 회계 개념들에 의하여 양면적인 측면을 고려하면서 최소 두 가지 이상의 회계 계정에 기록하게 되며 이를 총합하면 일치하게 된다. 만약 이러한 총합이 일치하지 않을 경우 회계 작업에 오류가 있다는 것을 발견할 수 있다. 이런 방식으로 회계 작업의 오류를 찾아내고 검증할 수 있기 때문에 회계정보는 신뢰성이 높다.[7]

(4) 재정관리시스템의 유용성 제고

앞서 살펴보았듯이 발생주의 회계는 예산, 자산관리, 중기재정계획 등 재정관리시스템의 다양한 기능과 제도에 활용될 수 있는 정보를 제공하는 기능을 한다. 재무보고의 공시를 통하여 재정관리 행위자와 시민들에게 유용한 정보를 제공하여 재정관리시

---

5) 자본적 지출이 이루어질 경우 거래를 통하여 현금이 지출이 될 때 비용이 전부 인식되는 것이 아니라, 일단 자본적 지출에 따라 획득한 자산을 인식하고, 이후 자산의 수명 기간 또는 내용 연수 동안 점진적으로 비용으로 인식한다.

6) 시장에서 연금상품에서 계약상 미래에 발생할 것으로 생각되는 경제적 부담을 합리적으로 추계하여 이를 대비하여 일정 정도의 현금자산을 준비하여야 하는데 이를 충당금이라고 하고, 충당금을 현재 시점에서도 준비하여야 하는 의무를 충당부채라고 한다.

7) 단식부기 등 다른 방식의 기록은 기록 과정에서 오류가 있을 때 오류 존재 여부, 오류 발생 거래에 대하여 파악하는 것이 불가능에 가깝다.

스템의 성과를 제고하고 재정관리시스템에 대한 투명성을 제고함으로써 시민과 납세자의 신뢰성을 향상시키게 된다.

2) 단점

(1) 합리적 추정의 어려움

발생주의 회계는 회계 처리에서 복잡한 추정이 필요하다. 추정의 방식이 다양하고 가장 합리적으로 추정하기 위하여 토론과 합의가 필요하며, 이를 통하여 일반적으로 인정되는 회계준칙이나 정부회계준칙이 마련된다. 회계 담당자는 이러한 복잡한 추정 방식에 대하여 숙지할 필요가 있다. 회계가 생산하는 정보의 경우도 개념들의 의미와 해석, 분석과 평가를 위한 추가적인 작업이 필요하다.

(2) 회계준칙의 획일성

회계준칙이 다양한 방식의 회계 처리를 허용하는 경우 회계 처리를 회계 주체의 이익에 맞게 선별하여 적용하는 일이 벌어질 수 있다. 회계준칙이 허용하는 추정 방식이나 적용 변수 등을 임의적으로 적용하거나 시기별로 특별한 이유 없이 바꾸어 일관성을 훼손하는 방식으로 적용할 경우 회계정보가 왜곡될 수 있다. 이에 따라 회계준칙은 사전에 확정하여야 하고, 이렇게 회계준칙이 획일적이기 때문에 개별 사정에 맞지 않은 회계 처리가 이루어지는 경우가 있다.

(3) 비용 발생

발생주의 회계 원칙과 준칙을 숙지한 인력이 필요하고 이를 운용하는 데 상당한 비용이 소요된다. 회계정보를 지원해 주는 시스템을 개발하고 운용하는 데도 비용이 들며 외부감사나 검사를 할 때도 추가적인 비용이 든다.

(4) 예산제도와의 비정합성

발생주의 회계정보는 예산 편성 및 통제에 필요한 정보와 연관성이 적다는 문제가 있다. 현금주의 회계의 경우 단순한 방식으로 수입과 지출을 기록하고 수입과 지출을 통제하는 예산은 이 정보를 활용하면 된다. 발생주의 회계의 경우 통제에 목적이 있는 예산과 직접 관련성이 없으며 예산 통제에 필요한 정보가 적다는 점이다.

다만 발생주의 회계는 예산과 같은 현금 흐름인 유량(流量, flow)에 대한 통제보다는 자산과 부채와 같은 저량(貯量, stock)의 통제에 활용되는 정보를 생산하고 자산과 부채관리에 유용한 것이므로 이런 문제는 용도의 차이로 이해하여야 할 것이다.

제3절 정부회계정보관리

1 재무제표

1) 의의

재무제표(financial statement : F/S)는 거래를 측정·기록·분류·요약해 작성되는 회계보고서로, 정보 이용자들이 공통적으로 관심을 가질 만한 핵심적인 회계정보를 일정한 기준에 따라 요약하여 제시하는 보고서를 말한다. 재무제표는 재무보고의 중심적인 수단으로 이를 통하여 기업 실체에 관한 재무적 정보가 내외부의 이해관계자들에게 전달된다.

재무제표는 특정 시점에 경제적 실체가 보유하고 있는 재산 상태에 대한 정보인 재정 상태, 일정 기간 동안의 경제적 실체의 성과에 대한 정보인 재정 성과, 일정 기간 동안의 경제적 실체의 자본 변동에 대한 정보, 일정 기간 동안의 경제적 실체의 현금 변동에 대한 정보를 포함한다.

2) 기업회계 재무제표

(1) 작성 대상

정부회계는 기업회계를 벤치마킹한 측면이 강하므로 정부의 재무제표를 이해하기 위하여 기업회계의 재무제표의 구조와 내용을 살펴보면 다음과 같다. 기업회계 재무제표의 작성 대상은 실질적인 경제적 실체로서 지분 등으로 연결되어 있는 경우 개별 회사들의 재무제표뿐 아니라 이들을 연결한 하나의 경제적 실체로서 연결재무제표를 작성하여야 한다.

(2) 종류

① 대차대조표

특정 시점의 재무 상태를 나타내는 정태적 재무제표로서 기업이 소유하고 있는 경제적 자원(자산), 그 경제적 자원에 대한 의무(부채) 및 소유주 지분(자본)에 관한 정보를 제공한다. 기업의 자산, 부채, 자본의 상태를 말하며, 특정 시점에서의 저량 개념에 의하여 측정된다. 자산 = 부채 + 자본이라는 회계 등식으로 구성되며, 기업의 경제적 자원인 자산, 경제적 의무인 부채, 잔여 지분인 자본을 표시한다.

② 손익계산서

일정 기간 동안 기업의 경영 성과를 나타내는 동태적 재무제표로서 기업의 이익 창출 능력에 관한 정보와 경영자의 수탁 책임 및 경영 성과에 관한 정보를 제공한다. 손익계산서는 일정 기간의 기업의 경영 성과를 나타내는 표이다. 이는 수익과 비용이라는 경영활동의 흐름을 일정 기간 집계해 나타낸 유량 개념의 계산서이다. 손익계산서의 구조는 수익, 비용, 순이익의 세 기본 요소로 구성되며 수익－비용＝순이익의 등식이 성립한다.

③ 현금흐름표

일정 기간 동안 기업의 영업활동 및 투자와 재무활동으로 인한 현금의 변동 내용을 나타내는 동태적 보고서이다.

④ 자본변동표
자본변동표는 손익계산서에 표시되지 않은 미실현손익을 표시해 준다. 재무상태표와 손익계산서, 현금흐름표와 유기적으로 연결되어 기업 주체의 자기소유분의 변동을 보여 준다.

⑤ 이익잉여금처분계산서
이익잉여금의 총 변동 사항을 명확히 보고하기 위하여 작성된다.

⑥ 주석과 기타 부속명세서
이상의 재무제표에는 재무제표상의 해당 과목 또는 금액에 기호나 번호를 붙이고 난외 또는 별지에 동일한 기호나 번호를 표시하여 그 내용을 간결하게 설명하는 주석(註釋)이 달려 있다. 회계 기준의 변화가 있는 경우는 그 내용을 주석으로 충분히 공시하여야 한다.

부속명세서는 재무제표에 첨부되는 서류로 대차대조표나 손익계산서에 기재된 항목 중에서 항목에 대한 보조적인 자료를 내용으로 한다.

3) 국가재무제표

(1) 작성 대상
재무제표의 작성 범위는 「국가재정법」에 따른 회계와 기금 중 일부를 제외하는 것으로 하고 있다.[8] 국가재무제표 작성 단위와 보고 실체는 중앙관서와 기금관리 주체가 아니고 이를 통합하여 대한민국 정부가 된다. 실무에서는 중앙관서와 기금관리 주체의 재무제표를 작성한 후 이를 통합하는 방식을 취한다. 정부회계의 통합재무제표는

---
8) 한국은행과 통화 안정 목적으로 설치된 통화안정기금은 통합 범위에서 제외되고 있으며, 정부투자기관이나 공적 단체도 포함되지 않는다.

기업회계의 연결재무제표와 유사하다.[9]

통합재무제표를 작성할 때는 각 기금이나 회계 간 또는 회계 실체 간 자산 또는 부채의 과대 표시, 수익 또는 비용의 중복 계산을 방지하기 위하여, 통합하는 회계 단위 및 회계 실체 간 거래를 제거하여야 하고 회계 과목도 재분류하여야 한다.

(2) 종류

① 재정상태표

재정상태표는 국가의 총자산, 부채, 순자산에 대한 정보를 제공한다. 또한, 국가 자산이 세부적으로 어떤 자산으로 구성되어 있는지에 대한 정보를 제공하고, 부채 중 상환이 확정된 부채 외에 연금충당부채와 같이 지급 시기와 금액이 확정되지 않은 부채에 대한 정보도 제공하고 있다.

재정상태표는 유동성 배열법을 채택하여 현금으로의 전환 가능성을 기준으로 유동성이 큰 항목부터 배열하는 방식이다. 이것은 정부의 유동성에 대한 정보를 쉽게 이해하도록 한다. 국가의 총자산은 유동자산, 투자자산, 일반유형자산, 사회기반시설, 무형자산 및 기타 비유동자산으로 구성된다. 부채는 유동부채, 장기차입부채, 장기충당부채와 비유동부채로 구성된다.

② 재정운영표

재정운영표는 회계연도 동안 수행한 정책 또는 사업의 원가와 재정 운영 결과를 표시하는 재무제표이며, 발생주의 방식에 따른 감가상각비 등의 비용을 포함하고, 수익 등을 차감하여 산출됨에 따라 현금주의 방식의 세입세출결산보다 구체적인 원가정보를 제공한다.[10]

---

9) 기업회계에서 연결 재무제표는 특정 회사가 다른 회사를 지배할 때와 같이 비록 상호 독립적인 법인격을 가졌다 하더라도 경제적으로 하나의 기업과 같은 종합적 유기적 관계, 즉 연결 관계에 있을 때 이러한 회사들을 일괄하여 단일기업으로 보고 작성한 재무제표이다. 내부 거래를 상계 처리하고 내부 거래에서 발생한 미실현 손익을 제거한다.

10) 재정운영표상의 프로그램 순원가는 국가가 재원을 조달하여 제공한 서비스의 순원가 정보를 제공하고 있으

정부회계의 경우 이윤극대화를 목표로 하는 기업의 손익계산서와는 성격이 다르며, 회계연도 기간 동안 정부 운영에 대한 이익과 손실이 아닌 수익과 비용의 내역을 일정 기준에 따라 체계적으로 보여 주는 데 목적이 있다. 수익과 비용은 그 발생 원천에 따라 분류하며 해당 항목의 중요성에 따라 별도의 과목으로 표시한다.

③ 순자산변동표

순자산변동보고서는 회계연도 기간 중에 순자산의 증감 내역을 보여 주는 재무보고서로 재정 운영에 따른 운영 차액 및 기타 순자산의 변동을 포함한다. 순자산의 증가와 감소는 경상거래를 제외한 자본거래로 인한 순자산의 증감 내역을 의미한다. 정부의 경우 기업과 같은 자본금 또는 지분 개념이 존재하지 않으므로 자산에서 부채를 차감한 잔여액 개념을 순자산 개념으로 사용한다. 순자산 = 자산 – 부채의 형태로 표시한다.

④ 주석과 기타 보충정보와 부속 서류

이상의 재무제표에는 주석이 달려 있는데, 주석은 재무제표의 전반적인 이해를 돕기 위하여 필요한 양적·질적 정보를 제공하며, 중요한 회계 처리 방침, 장기차입부채 상환계획, 우발 사항 및 약정 사항(지급 보증 등) 등이 있다. 또한 국가가 부담하는 지급보증으로 인한 우발부채, 계류 중인 소송사건 등에 대한 정보도 재무제표에 대한 주석에서 제공되고 있다.

필수보충정보는 재무제표의 내용을 보완하기 위한 정보 등으로, 유산자산의 종류, 수량 및 관리 상태, 연금보고서, 국세 징수 활동표 등으로 구성된다. 부속명세서는 단기투자증권명세서, 장기투자증권명세서, 사회기반시설명세서, 차입금명세서 등이 있으며, 재무제표에 표시된 계정 과목의 세부적인 금액과 사항을 기록하고 있다.

며, 재정활동 결과에 대한 평가 등에 활용 가능하다.

❷ 재정지표

1) 의의

재정지표란 재무제표에서 회계 계정인 자산 계정, 부채 계정, 자본 계정, 수익 계정 중 적합한 계정을 선택하여 재정 상태와 운용에 대한 구체적인 항목을 구성하고, 이를 기준으로 정부의 재정활동에 대하여 평가하는 지표를 말한다. 기업회계에서 재무지표에 해당하는 개념이다.

계정들과 재정지표를 활용하는 방법은 변동액, 변동률 분석, 비율분석(ratio analysis), 추세분석(trends analysis), 구성 비율 분석(component ratio analysis) 방법이 있다. 변동액, 변동률 분석이란 재무제표 계정의 연도별 변동액 및 변동률 계산하는 것이며, 비율분석은 계정별로 대조하여 재무 비율을 산출하는 것을 말한다. 추세분석은 계정의 변화의 추세 파악, 기준 연도와의 비교, 재무 비율의 변동을 파악하는 방법을 말하며, 구성 비율 분석은 재무제표를 구성하고 있는 각 재무제표 계정의 상대적인 크기를 비율로 표시하는 작업을 말한다.

2) 기업의 재무지표

(1) 활동성 지표

활동성 지표란 회사의 자산이 수익 창출활동에 얼마나 잘 활용되고 있는지를 나타내는 지표로, 활동성이 높을수록 회사의 자본을 효율적으로 회전시켜 수익을 증대시킨다고 할 수 있다.

대표적인 지표로 회사의 총자산을 얼마나 빠르게 회수하고 회전되고 있는지를 나타내는 비율로 총자산 회전율(Asset Turnover Ratio), 재고자산을 얼마나 빠르게 판매하는지를 나타내는 비율인 재고자산 회전율(Inventory Turnover Ratio), 매출채권을 얼마나 빠르게 회수하는지를 나타내는 비율인 매출채권 회전율(Accounts Receivable Turnover Ratio) 등이 있다.

(2) 수익성 지표

수익성 지표란 회사가 얼마나 이익을 많이 창출하는지 재무 성과를 파악할 수 있는 지표로, 수익성이 높은 회사일수록 회사의 이익 창출 능력과 경영 성과가 우수하다고 할 수 있다.

대표적인 지표는 회사의 자기자본을 이용하여 얻은 이익이 얼마인지를 나타내는 지표로 자기자본이익률(Return on Equity: ROE)이다. 이 수치가 높을수록 회사가 효율적으로 자기자본을 활용하여 이익을 창출하고 있다는 것을 의미한다. 회사의 자산을 이용하여 얻은 이익이 얼마인지를 나타내는 지표, 이익/자산인 이익률(Return on Assets: ROA)은 회사가 자산을 효율적으로 활용하여 이익을 창출하고 있는지를 측정한다. 매출총이익을 매출액으로 나눈 매출총이익률(Gross Profit Margin: GPM)은 회사의 매출액 중에서 얼마만큼이 매출원가를 초과하여 이익이 되는지를 나타내는 지표이다. 이 수치가 높을수록 회사의 제품 가격 대비 이익이 크다는 것을 의미한다. 당기순이익을 영업 수익으로 나눈 값인 순이익률(Net Profit Margin: NPM)은 회사가 영업수익 중에서 얼마만큼이 순수한 이익인지를 나타내는 지표이다. 이러한 지표들은 모두 주식의 적정 가격을 추정할 때 사용된다.

(3) 안전성 지표

안전성 지표는 재무적으로 기업활동에 위험이 없는가에 대한 지표를 말한다. 회사의 지급 능력과 부채 상환 능력을 통하여 재무건전성을 검증할 수 있는 지표로, 회사가 재무 위기에 처하였을 때 존속할 수 있는가를 판단하는 지표이다.

대표적인 지표는 자기자본 비율(Equity Ratio)이며 자기자본 대비 총자산의 비율로 회사의 총자산 중 자기자본 비중을 파악하는 지표이다. 이 비율이 높을수록 회사는 자본력이 높아져 안정적인 재무 상태를 유지할 수 있다. 부채 비율(Debt to Equity Ratio)은 부채와 자기자본의 비율을 나타내며, 회사의 부채 상황을 표현한다. 유동 비율(Current Ratio)은 유동자산과 유동부채의 비율을 나타내며, 회사의 단기적인 지급 능력을 파악할 수 있다. 당좌 비율(Quick Ratio)은 쉽게 인출할 수 있는 당좌자산과 유동부채의 비율을 나타내며, 회사의 급여, 세금 등 단기적인 부채 상황을 파악할 수 있다. 이자보상 비율(Interest Coverage Ratio)은 이자비용 대비 이익을 나타내는 비율로,

〈표 14-4〉 정부회계의 재정지표 사례

분야	지표명	산식
재정 상태	총자산 대비 총부채 비율	총부채 / 총자산 × 100
	총부채 대비 차입부채 비율	차입부채 / 총부채 × 100
	총부채 대비 실질부채 비율	(총부채 − 기초단체 융자액) / 총부채 × 100
	재정자금 대비 금융상품 비율	장·단기 금융상품 / 재정자금 × 100
	총부채 대비 현금창출자산 비율	현금창출자산 / 총부채 × 100
	차입부채 대비 재정자금 비율	재정자금 / 차입부채 × 100
	유동부채 대비 유동자산 비율	유동자산 / 유동부채 × 100
재정 운영	예산 대비 세출 비율	세출액(일반회계+특별회계) / 예산현액(일반회계+특별회계) × 100
	경상비용 대비 이자비용 비율	이자비용 / 경상비용 × 100
	이자수익 대비 이자비용 비율	이자비용 / 이자수익 × 100
	총수익 대비 경상수익 비율	경상수익 / 총수익 × 100
	경상수익 대비 경상자체조달수익 비율	경상자체조달수익 / 경상수익 × 100
	자체조달수익 대비 채권 비율	미수자체조달수익(대손충당금 차감 후) / 자체조달수익 × 100
	세외수익 대비 채권 비율	미수세외수익(대손충당금 차감 후) / 세외수익 × 100
	총비용 대비 경상비용 비율	경상비용 / 총비용 × 100
	지출액 대비 자산취득 비율	자산 취득액 / 지출액 × 100
회계 책임	주민 1인당 총자산	총자산 / 인구 수(회계연도 말 인구 수)
	주민 1인당 총부채	총부채 / 인구 수(회계연도 말 인구 수)
	주민 1인당 실질부채	실질부채 / 인구 수(회계연도 말 인구 수)
	주민 1인당 총수익	총수익 / 인구 수(회계연도 말 인구 수)
	주민 1인당 자체조달수익	자체조달수익 / 인구 수(회계연도 말 인구 수)
	주민 1인당 지방세수익	지방세수익 / 인구 수(회계연도 말 인구 수)
	주민 1인당 총비용	총비용 / 인구 수(회계연도 말 인구 수)
	주민 1인당 민간등이전비용	민간등이전비용 / 인구 수(회계연도 말 인구 수)
	공무원 1인당 총수익	총수익 / 공무원(현원)
	공무원 1인당 총비용	총비용 / 공무원(현원)
	공무원 1인당 급여	총급여 / 공무원(현원)

회사가 이자를 상환할 수 있는 능력을 평가한다.

(4) 성장성 지표

성장성 지표는 회사의 매출액, 이익 등과 같은 재무 지표가 얼마나 빠르게 성장하고 있는지를 보여 주는 지표로 성장성 지표가 높을수록 회사의 미래 수익 창출 능력이 높다고 볼 수 있다.

매출액 성장률(Sales Growth Rate)은 이전 기간 대비 현재 기간의 매출액 증가율을 나타내는 지표이다. 이 수치가 높을수록 회사의 매출이 빠르게 증가하고 있다는 것을 의미한다. 이익 성장률(Profit Growth Rate)은 이전 기간 대비 현재 기간의 이익 증가율을 나타내는 지표이며, 이 수치가 높을수록 회사의 이익이 빠르게 증가하고 있다는 것을 의미한다. 자산 증가율(Asset Growth Rate)은 이전 기간 대비 현재 기간의 자산 증가율을 나타내는 지표로, 이 수치가 높을수록 회사의 자산 규모가 빠르게 증가하고 있음을 의미한다.

3) 국가의 재정지표

정부회계의 경우에도 재정지표를 만들 수 있는데 현재 합의된 재정지표 체계는 없다. 계정을 이용하여 측정의 목적에 부합하는 방식으로 설정하는 다양한 재정지표가 제안되고 있다. 그중 대표적인 지표를 정리하면 앞의 〈표 14-4〉와 같다.

재정지표는 지방자치단체 간의 비교나 지방채의 위험평가에 주로 활용되기 때문에 주민 1인당이라는 형식을 띠지만 중앙정부의 경우도 필요에 따라 국민 1인당 얼마라는 형식의 지표를 설정할 수 있다.

❸ 문제점과 개선 방안

우리나라의 정부회계가 생산하는 재무제표와 이를 활용한 재정지표의 문제는 방대한 정보를 제공하고 있음에도 불구하고 활용도가 낮다는 점이다. 재무제표를 바탕으로 예산 과정이나 정책 과정에서 생산적인 논의가 이루어지는 경우는 극히 드물다. 전문적인 회계 용어로 인한 접근과 해석의 어려움 등으로 인한 점이 있으나 이는 기업회계에도 있는 조건이므로 그 이상의 원인이 있다고 할 수 있다. 그것은 정부회계가 기업회계의 단순한 모방과 답습에 머물렀고 재정에 대한 이해관계자들이 필요로 하는 유용한 정보의 생산에 집중하지 않았기 때문이다. 기업회계를 그대로 정부에 적용하다시피 하여 정부재정의 모니터링이나 통제, 재정계획, 총량관리, 배분효율성의 개선에 필요한 정보는 생산하지 못하고 있다.

재무제표의 문제점을 살펴보면 자산의 경우도 국가의 행정재산은 사실상 국가의 근간 성격의 자산이라고 할 수 없다. 일반재산의 경우를 분리하여 상업적 목적으로 활용하고자 가치평가를 하여야 할 필요가 있는 것이다. 이러한 정부재정의 특성을 반영하지 못하고 정부의 자산관리를 위하여 필요한 정보를 생산하지 못하기 때문에 회계정보가 관심을 받지 못하고 있는 것이다.

정부회계시스템을 제도화하는 데 상당히 많은 노력이 필요하고 제도 운용에서도 지속적으로 비용이 든다. 따라서 이러한 비용을 상쇄하고도 충분히 사회적인 효익이 있는 정보를 생산하여 재정 의사결정에 도움이 될 수 있도록 정부회계시스템 자체를 원점에서 재설계하여야 한다.

발생주의 회계, 특히 원가회계를 통하여 사업의 원가를 생산할 수 있다면 발생주의 회계 결산 자료를 각종 재정사업이나 사업 수행자의 평가에 활용할 수 있을 것이다. 이런 면에서 정부회계는 재무회계보다 원가관리회계의 제도화가 더 중요하다고 할 수도 있다. 프로그램, 단위사업, 세부사업 등 예산사업의 순원가를 충분하게 파악하고 유사 사업과의 비교 평가를 용이하게 함으로써 재정 운용의 효율성을 제고할 필요가 있다. 일반재산에 대한 가치평가가 이루어져서 매각이나 사용료 설정의 합리적 설정이 가능하도록 할 수도 있다.

재정지표의 경우 현재 재정의 건전성이나 재정 상태와 재정 운용을 평가하기 위한 다양한 지표가 제기되고 논의되고 있는 상황이다. 객관적이고 합의된 지표는 없으며 활용 목적에 따라 임의로 고안되고 있다. 기업재무지표는 기업의 과거 자료를 이용하므로 기업의 미래 가치에 대한 평가에 도움을 주지 못할 수 있다는 지적이 있는데, 이에 비하여 재정의 경우 재정수입은 쉽게 변화되기 어렵다는 점에서 오히려 재정지표의 유용성이 클 수 있다. 이러한 점에서 다양한 재정의 상태와 성과를 적절한 재정지표를 통하여 평가하는 방식을 개발할 수 있을 것이다.

현재 재정지표 중에서 가장 활발하게 활용되는 지표는 재정건전성과 관련된 지표이다. 국내총생산(GDP) 대비 국가채무는 GDP 대비 국가부채로 대체하여야 한다. 더불어 GDP 대비로 볼 것이 아니라 정부의 수입, 수익 대비 국가부채로 평가하는 것이 정부의 재정건전성이라는 개념에 부합할 것이다.[11] 또 국민 1인당 연금부채, 국민 1인당 유동자산의 규모 등 국민 1인당 수익 등 유용성이 있는 지표를 적극적으로 발굴하고 정리하여 국민들에게 보고하는 방식을 개발하여야 한다.

제4절 재정정보관리

1 개관

재정정보란 재정활동의 전 과정에서 발생하는 각종 자료를 체계적으로 분류하여 의미 있는 수준으로 구현한 세입, 세출를 비롯한 모든 재정관리에 관계되는 정보를 의미한다. 회계정보가 회계 시스템이 생산하는 정보라고 한다면 재정정보는 회계 시스템 외에 행정자료, 재정 통계들을 활용하여 생산한 정형적 및 비정형적 정보를 의미한다. 재정 통계는 이러한 재정정보을 생산하기 위한 기초적인 통계치로, 예산, 집행, 결산, 회계, 국가채무, 재정수지, 보조금, 성과평가에 관한 체계적으로 수치화된 통계치를 말한다.

재정정보는 회계정보와 유사하게 과거와 현재의 재정 운영 상황을 파악 분석하는 자료가 되고 미래를 계획하기 위한 기초적인 자료가 된다. 정부가 재정정책을 기획, 수립, 집행하기 위해서는 과거와 현재의 재정 운영 상황에 대한 정확한 재정정보가 필

---

11) 어떤 지표가 재정건전성 측정에 부합한지는 제13장 국가채무의 지표에서 설명한다.

요하다.

　재정정보는 국민들이 정부가 어떠한 일을 하고 있는가를 쉽게 파악하여 정부의 책임성을 높이기도 하고 사업에 대한 평가를 가능하게 함으로써 효율성을 높이기도 한다.

　재정관리시스템의 통제, 관리, 기획이라는 기능을 수행하기 위하여 이를 뒷받침하는 정보를 충분히 제공할 필요가 있다. 예를 들어 예산의 통제 기능을 제대로 수행하기 위해서는 특정 과업을 수행하였는지를 따져 볼 수 있는 정보가 필요하다. 사업관리 기능을 수행하기 위해서는 투입-산출에 관련된 정보, 과업 수행의 결과에 대한 정부가 필요하다. 중기재정계획의 기획 기능을 위해서는 미래 예측에 관한 정보, 수단과 목표의 연관성에 관련된 정보가 필요하다. 장단기 재정 전망을 위해서는 이러한 전망의 기초가 되는 재정정보를 제공하여야 한다.

　재정관리시스템 전체의 성과는 재정정보의 질에 달렸다고 할 수 있다. 과거 그리스와 일부 개도국의 경우 경제 성과에 관한 정보와 국가채무 등 재정정보의 왜곡 등 신뢰할 수 없는 재정정보의 문제가 재정 위기의 원인이 되었다는 점을 기억할 필요가 있다.

　「국가재정법」 제9조는 "정부는 예산, 기금, 결산, 국채, 차입금, 국유재산의 현재액 및 통합재정수지 그 밖에 대통령령이 정하는 국가와 지방자치단체의 재정에 관한 중요한 사항을 매년 1회 이상 정보통신매체, 인쇄물 등 적당한 방법으로 알기 쉽고 투명하게 공표하여야 한다."고 규정하고 있다. 또 「국가재정법」 제16조는 "정부는 예산 과정의 투명성과 예산 과정에의 국민 참여를 제고하기 위하여 노력하여야 한다."고 규정하고 있다. 이는 재정정보에 대하여 이해가능성, 투명성, 참여 및 접근성의 원칙을 천명하고 있는 것으로 이해된다.

　이러한 원칙을 바탕으로 우리나라 정부는 국제통화기금(IMF)의 「정부재정 통계매뉴얼(Government Finance Statistics Manual: GFSM) 지침에 따라 정부의 범위를 설정하고, 이에 기반을 두어 주요 재정정보를 산출하고 있다. 재정정보를 체계적으로 생산하고 활용하기 위하여 통합재정관리시스템을 활용하고 있으며, 이러한 정보 중 일부를 공시하는 재정정보공시시스템도 운용하고 있다.

2 종류와 공개 방식

1) 종류

재정관리 활동에서 생산되는 다양한 행정 통계와 재정 통계가 재정정보의 원천이 된다. 재정관리시스템별 계획, 예산 편성 및 관리, 계약관리, 수입 및 지출관리, 결산 관리 기능을 비롯하여 자산관리, 부채관리, 자금관리 기능별로 재정정보의 세부 내용을 정리하면 〈표 14-5〉와 같다. 「국가재정법 시행령」 제5조에는 공표되는 중요한 재정정보를 열거하고 있다.[12]

〈표 14-5〉 재정관리제도와 재정정보

기능	제도	내용
계획 수립	성과계획	• 전략 목표/성과 목표, 사업관리, 예산사업 설명 자료
	국가재정운용계획	• 국가재정운용계획 지침, 검토/조정/확정 내역, 세입·세출 추계분석 결과 • 재정 전망 기초 자료 • 국가재정운용계획 심의 및 확정 결과
	예비타당성조사	• 예비타당성 자료, 타당성조사 자료 • 심사 관련 자료
예산 편성 및 관리	예산 편성	• 예산 요구 사항, 예산조정관리, 예산 확정 내역 • 예산편성지침, 예산 편성, 심의 및 확정
	예산관리	• 예산배정계획, 예산 배정/재배정예산 변경, 예비비 지출
계약 관리	입찰 및 조달	• 요청서 접수, 계약자 선정
	계약 이행 =실적	• 유형별/규모별 계약 실적 현황
	대금 지급	• 검수/검사 및 대금 지급 요청
	계약 변동	• 하자검사조서, 지체 사유
수입관리	국세	• 징수계획 • 부과, 고지/징수/체납, 수납/과오납/환급, 이의 신청, 결산
	세외수입	• 징수 결의, 고지, 이의 신청, 수납, 결산
	기금	• 기금운용계획, 수입/지출, 기금 운용, 결산
	특별회계	• 징수계획

---

12) 국가채권의 현황 및 그 변동 내역, 국가재정운용계획, 재정사업에 대한 성과평가 결과, 조세지출예산서, 국가채무관리계획이 제시되어 있다.

지출관리	지출원인행위	• 계약, 검사/검수, 세출예산 지출한도액 통지
	지출 결의	• 지출 결정, 금고 지급명령
	지급명령	• 채주에게 현금 지급
	현황관리	• 세입세출일계표 접수, 건수 및 금액 확인, 시정 조치
결산관리	예산결산	• 결산지침, 결산 설명, 결산검사 및 승인, 이월 및 불용 현황, 세계잉여금, 보조금 집행 잔액
	재무결산	• 결의서, 원장관리, 재무제표
	재정분석	• 재정분석 결과, 재정건전화계획, 재정진단
자산관리	고정자산	• 자산 유형별 현황, 기관별 자산 현황, 자산가액 변동 사항
	국유자산	• 국유재산관리계획, 취득/운용/처분에 따른 재산 관련 대장관리 • 국유재산 실태조사, 가격 개정, 국유재산 증감 및 현재액계산서
	물품관리	• 물품수급계획, 취득/운용/매각 대장관리, 재물조사, 물품 증감 및 현재액계산서
부채 (채무관리)	국채 발행	• 국채 발행계획, 국채 발행 한도액 • 회계별/연도별 발행계획
	국채 운용	• 연도별 국채 발행액 및 상환액, 채무 상환 재원
	세입세출 외 현금	• 종류별 세입세출 외 현금 및 거래 내역
	기타 채무	• 채무부담행위, 차입금 등 내역
	채무결산	• 국가채무 잔액, 회계별/연도별 채무 잔액 • 주요 사업별 채무 내역
자금관리	자금 배정	• 자금한도액 통지 및 예산 집행 품의
	자금 운용	• 자금운용계획, 자금 운용 • 자금 운용 실적분석

2) 공개 방식

최근에 새롭게 발간되기 시작한 기획재정부의 「월간 재정동향」이나 국회 예산정책처의 「NABO 재정동향&이슈」는 기존의 재정 통계에 비하여 범위를 확장해서 새로운 재정 통계를 국민들에게 공표하며, 가장 최신의 자료를 예산주기나 회계주기와 상관없이 확보할 수 있다는 점에서 적시성(適時性)이 개선되었고, 정확성이 높은 재정 통계를 통한 국민 소통 방안으로 볼 수 있다.

재정정보 공개를 위한 새로운 시도로서 기획재정부는 열린재정(http://www.openfiscaldata.go.kr)을 통하여 공식재정정보와 가공된 재정정보를 국민들에게 직접 제공하고 있다. 행정안전부에서는 지방재정365, 교육부에서는 지방재정교육알리미 등을 통하여 재정 통계를 공시하고 있다.

3 바람직한 재정정보의 속성

1) 의미 있는 정보가 되기 위한 재정정보의 속성

재정정보가 정보 이용자들에게 의미 있는 정보가 되기 위해서는 일반적으로 좋은 정보가 갖추어야 하는 완전성, 유용성, 정확성, 정합성, 일관성, 적시성 등의 속성을 가져야 한다.

완전성이란 대상이 되는 실체의 전체적인 모습을 파악할 수 있도록 포괄적으로 통계를 작성하여야 한다는 것을 의미한다. 정부의 재정활동을 충분히 넓게 포괄적으로 나타낼 수 있어야 한다. 전체 중 일부분만 집중하거나 중요한 부분을 누락하면 재정정보의 포괄성에 위배된다.

유용성은 재정정보가 수요자별 니즈(needs)를 반영하여야 하며 수요자에게 필요하고 유용하여야 한다는 점이다. 수요자 지향적으로 재정정보가 생산되어서 수요자가 필요하고 유용하여야 한다는 것이다. 의사결정자와 시민들에게 필요한 정보를 제시하여야 유용성이 있다고 할 수 있다. 이런 점에서 재정정보 생산에서 재정정보의 수요자를 특정하고 수요자들이 특정 상황에서 어떤 정보를 필요로 하는지 파악하는 것이 중요하다.[13] 재정정보는 과거부터 현재까지 시계열 자료가 충분히 확보되어 있어야 의미가 커진다.

정확성은 재정정보가 현상을 정확하게 표현하여야 한다는 원칙으로 현상을 반영하

---
13) 정부기관 내부의 정보 수요자는 정책결정자, 예산 편성 및 운용자, 기타 관련 기관 외부 수요자는 국회, 감사원, 이익집단, 연구기관 및 학계, 시민단체, 시민 등이다. 입법부, 유권자, 납세자, 서비스 수혜자, 감독기관, 국채 및 지방채 투자자, 조달계약 사업자, 보조금 수혜자 등.

여 데이터가 생성되고, 데이터의 측정 단계에서 체계적이고 비체계적인 오류가 없어야 하며, 정보의 입력, 관리에도 오류가 없어야 한다는 것을 의미한다.

정합성이란 동일한 대상에 대하여 통계가 여러 가지 형태로 제시될 때 이들이 상호 모순이 없어야 한다는 것이다. 예를 들어 재정 통계가 생산되어 다른 재정 통계를 생산하는 데 활용될 경우 다른 재정 통계를 생산하는 방식이 다르더라도 최종적인 산출물은 동일하여야 한다. 다른 예로 통합재정이 경제적 기준과 기능적 기준으로 분류되는데, 두 기준으로 분류된 통합재정의 합은 일치하여야 한다.

일관성은 대상의 속성이 동일하게 정의된 표준을 준수하여 측정의 기준이나 방식이 변화하지 않고 동일하게 유지된다는 것을 의미한다. 기록 방법이나 체계를 특별한 이유 없이는 바꾸지 말아야 하며, 불가피하게 바꾸었을 때에는 새로운 방법에 대한 상세한 설명이 있어야 한다.

적시성이란 통계가 그 유용성이 극대화되는 시점에 발표하여야 한다는 것을 의미한다. 대부분의 통계는 시간이 흐를수록 유용성이 감소하므로 가급적 빠른 시간 내에 재정정보를 생산하여 제공하는 것이 필요하다.

2) 투명한 정보가 되기 위한 재정정보의 속성과 조건

(1) OECD 예산투명성 평가지침서

국제기구들은 투명한 재정정보가 공개되어야 한다는 원칙과 함께 그렇게 평가하기 위하여 재정정보와 제도가 갖추어야 할 속성을 제시하고 있다.

경제협력개발기구(OECD)는 각 나라의 예산의 투명성을 평가하고 개선하는 데 활용할 수 있도록 「예산투명성 평가지침서(Best Practice for Budget Transparency)」를 발간하고 있다.

이 지침서는 예산보고서(budget reports), 특수정보보고서(specific disclosures), 성실 통제 책임성(integrity, control and accountability)이라는 세 항목을 제시하고 각각 예산의 투명성을 확보하기 위하여 어떤 조건을 갖추어야 하는가 상세하게 기술하고 있다. 세 항목에서 제시하고 있는 정보의 내용은 다음과 같다.

예산보고서: 예산(budget), 편성 전 예산안 보고서(pre-budget report), 월간보고서

(monthly report), 중간보고서(mid-year report), 연말보고서(year-end report), 선거전 보고서(pre-election report), 장기보고서(long-term report) 존재 여부

특수정보 보고서: 경제적 가정(economic assumptions), 조세지출예산(tax expenditures), 금융성 부채와 자산(financial liabilities and financial assets), 비금유성 자산, 공무원 연금채무, 우발채무(contingent liabilities)에 대한 공개 여부

성실 통제 책임성: 회계정책(accounting policies), 체제와 책임, 회계감사, 시민 및 의회 조사의 제도화 여부

(2) IBP의 열린예산지수

국제예산연합(International Budget Partnership: IBP)은 정부예산을 분석하고 예산 편성 과정과 제도를 개선하기 위하여 1997년에 조직된 시민단체로서 2006년부터 IMF와 OECD의 재정투명성 기준을 고려하여 각국의 열린예산지수(Open Budget Index: OBI)를 2년마다 발표하고 있다.

열린예산지수는 예산투명성, 참여, 감독 기능을 중심으로 예산 편성, 집행, 결산, 감사 등 과정의 적절성, 시의적절한 예산 서류의 공개 여부, 의회와 감사원의 통계 시스템 구축 여부 등을 중점적으로 평가한다. 예산공개지수는 설문을 통하여 평가하며, 3개 분야 145개의 설문으로 구성된다. IBP가 발표한 2019년 열린예산지수를 보면 한국은 117개 국가 중에서 29위에 위치해 있다.

(3) IMF의 재정투명성 규약

IMF의 「재정투명성 규약(Manual for Fiscal Transparency)」은 재정관리 체계의 투명성 제고를 위한 전제 조건과 재정정보의 역할에 대한 지침을 제안하고 있다. 「재정투명성 규약」은 정부의 역할과 책임의 명확화, 예산 과정의 공개, 정보에 관한 일반 국민의 이용가능성 보장, 재정정보의 완전성에 대한 보증의 구조로 이루어져 있으며, 관련된 10개의 원칙과 45개의 하위 항목으로 구성되어 있다.

이 규약의 내용 중 정보에 관한 일반 국민의 이용가능성 보장, 재정정보의 완전성에 대한 보증은 재정관리 체계의 투명성을 확보하고 제고하기 위한 재정정보의 역할에 대하여 논의하고 있다(〈표 14-6〉 참조).

〈표 14-6〉 IMF의 재정투명성 규약 중 투명한 재정정보의 조건과 속성 내용

	3. 정보에 관한 일반 국민의 이용가능성 보장
3.1	정부의 과거, 현재, 미래의 재정활동과 주요 재정 위기에 관한 종합적(comprehensive) 정보를 제공하여야 한다.
3.1.1	결산(final accounts)과 여타 발간되는 재정보고서를 포함되는 예산 문서(budget documentation)는 중앙정부의 예산 및 예산 외의 모든 활동을 포괄하여야 한다.
3.1.2	최소 2년 전의 회계 기간의 산출물과 최소 향후 2년간의 주요 예산 총액에 대한 전망과 민감성 분석을 연간 예산과 비교할 수 있는 정보 형태로 제공하여야 한다.
3.1.3	중앙정부의 조세지출, 우발채무, 준재정 활동의 현황과 재정적 중요도를 서술하는 별도의 문서에서 재정 위험에 대한 평가와 함께 예산 문서에 포함하여야 한다.
3.1.4	자원과 관련한 활동과 해외 원조를 포함하는 모든 주요 수입 항목이 연간 예산에 각각 구분 가능하게 규정되어야 한다.
3.1.5	중앙정부는 부채, 자산, 주요한 비채무 부담(연금수급권, 보증, 다른 계약상 의무)과 자연자원 자산(natural resource assets)의 수준 및 구성에 관한 정보를 제공하여야 한다.
3.1.6	예산 문서에서는 하위 국가 정부(subnational government)의 재정 상황과 공기업의 재정 상황에 대한 보고를 포함하여야 한다.
3.1.7	정부는 장기 재정에 관한 주기적 보고서를 발행하여야 한다.
3.2	재정정보는 정책분석이 가능하고, 책임성을 강화하는 방식으로 제공하여야 한다.
3.2.1	예산에 대한 명확하고 간단한 요약이 연간 예산 발표의 시기에 널리 공표하여야 한다.
3.2.2	재정 자료(fiscal data)는 주요 수입, 지출, 자금 조달(financing)과 경제적, 기능적·행정적 분류에 따른 지출로 구분되어 총계를 기반(gross basis)으로 보고하여야 한다.
3.2.3	일반정부(general government)의 총 수지와 총 부채 또는 발생주의적 동등치(their accrual equivalents)는 정부 재정 상황에 대한 표준적인 요약 지표가 되어야 한다. 또한 가능하다면 주요 수지(primary balance), 공공 부문 수지(public sector balance), 순채무(net debt) 등 다른 재정 지표에 따라 보완하여야 한다.
3.2.4	주요 예산사업(major budget program)의 목적과 관련한 결과는 의회에 매년 제출하여야 한다.
3.3	재정정보(fiscal information)의 시기적절한(timely) 대외 공표에 관한 약속(commitment)이 있어야 한다.
3.3.1	재정정보의 시의적절한 발간은 정부의 법적 의무여야 한다.
3.3.2	재정정보에 관한 사전 공표 일정을 발표되어야 하고, 준수하여야 한다.
	4. 재정정보의 완전성에 대한 보증
4.1	재정데이터(fiscal data)는 일반적으로 받아들여질 수 있는 데이터 질에 관한 기준을 충족하여야 한다.
4.1.1	예산 예측(budget forecasts)과 업데이트는 최근의 수입과 지출 경향, 기반 거시경제 동향, 잘 정의된 정책적 공약을 반영하여야 한다.
4.1.2	연간 예산과 결산보고서는 재정 데이터를 편찬하고 공표하는 데 이용된 회계 베이스를 제시하여야 한다. 일반적으로 받아들여지는 회계 기준을 첨부하여야 한다.

4.1.3	재정보고서에 담긴 데이터가 내적 일관성을 가지는지와 다른 출처로부터의 관련 데이터와 조화되는지 여부를 제시하여야 한다. 역사적인 재정 데이터의 개정과 데이터 분류의 주요 변화는 설명하여야 한다.
4.2	재정활동은 효과적인 내부 감시와 세이프가드에 의하여야 한다.
4.2.1	공무원을 위한 행동 윤리 기준은 명확하고 잘 공표되어야 한다.
4.2.2	공공 부문 고용 절차와 현황은 문서화하여야 하며 관심 그룹이 접근 가능하여야 한다.
4.2.3	국제 기준에 부합하는 조달 규제(procurement regulations)가 접근 가능하여야 하고, 실행 시 감독되어야 한다.
4.2.4	공공자산의 구매와 판매는 공개된 방식으로 이루어져야 하고, 주요 거래는 별도로 확인 가능하여야 한다.
4.2.5	정부의 활동과 재정은 내부적으로 감시되어야 하고, 감사 절차는 재검토할 수 있어야 한다 (audit procedures should be open to review).
4.2.6	국세 행정기관은 정치적 방향성에서 독립하여야 하며, 납세자의 권리를 보장하여야 한다. 또한 그들의 활동에 대하여 정기적으로 국민에게 보고하여야 한다.
4.3	재정정보는 독립적인 감사를 받아야 한다.
4.3.1	재정과 정책은 행정부로부터 독립적인 국가 감사기관 또는 그에 상응하는 기관이 철저히 검토하여야 한다.
4.3.2	국가 감사 기관 또는 그에 상응하는 기관은 연간 보고서를 포함하는 모든 보고서를 의회에 제출하고, 발간하여야 한다. 향후 조치를 감독하기 위한 메커니즘이 존재하여야 한다(Mechanisms should be in place to monitor follow-up actions).
4.3.3	재정 예측, 재정 예측의 기초가 된 거시경제 예측, 그리고 모든 기초적 전망치를 평가하기 위하여 독립적인 전문가를 초빙하여야 한다.
4.3.4	재정 데이터의 질을 검증하기 위해 독립기구로서 국가통계기관을 설립하여야 한다.

4 문제점과 개선 방안

1) 문제점

첫째, 우리나라 재정정보의 관리 원칙과 방향이 추상적이고 재정정보 공표의 목적이 분명하지 않은 문제가 있다. 재정정보의 1차적 목적이자 근본 가치인 재정민주주의와 책임성에 대한 원칙이 부재하여 행정부 내부 의사결정에 대한 공개가 거의 되지 않고 있다. 앞서 살펴보았듯이 재정정보 관리의 가장 중요한 원칙은 재정민주주의를 위한 투명성과 책임성에 기여하는 것이다. 우리나라의 재정 의사결정을 행정부가 독점하다시피 하고 있기 때문에 재정민주주의라는 관점에서 행정부의 내부적인 의사결정 과정에서의 재정정보의 공개 확대와 투명성 강화가 긴요하다.

둘째, 재정정보 공개의 2차적 목적인 재정 의사결정에 도움이 되는 재정정보 확보라는 면에서도 현재의 재정정보는 유용성이 전반적으로 부족한 한계가 있는 것으로 보인다. 재정정보 이용자들의 니즈(needs)와 긴밀히 연관된 정보보다는 답습적으로 과거 생산해 온 재정정보를 생산자 입장에서 계속 생산해 오고 있는 것으로 평가된다.

셋째, 재정정보의 양과 종류가 부족한 측면이 있다. 재정 의사결정이 행정부 내에서 이루어지기 때문에 예산안 편성을 위한 중앙관서의 중기사업계획서, 예산요구서, 부처별 지출 한도 등에 대한 공개가 필수적이다. 행정부 내 예산 절차에서 생산되는 재정정보에 대해서는 국회와 국민들에게 아예 공개가 되지 않고 있다. 세입 전망 등 재정 전망에 기여할 수 있는 재정정보가 부족하고 중장기재정계획을 위한 재정정보도 충분하지 않은 것으로 보인다. 사업에 대한 재정정보의 경우 단위사업 이하의 세부 사업 단위의 정보가 사전에 체계적으로 제시되지 않고 있다.

넷째, 재정정보 내용의 불충분성의 문제도 있다. 공개되는 재정정보의 경우 도출 근거가 되는 모델이나 가정에 대한 정보가 자세히 제시되지 않고 최종 결과물 외에 중간 결과에 해당하는 중간보고서가 작성되지 않는 경우가 많다.「국가재정법」상 행정부의 예산 현황에 대한 중간보고서 관련 규정도 없으며, 예산 집행 현황에 대하여 발표하고 있는 사항은 월간보고에 그치고 있는 실정이다.

다섯째, 재정정보의 타당성과 신뢰성이 부족한 문제로 일반정부에 관한 재정정보를 추계할 때 우리나라의 국가재정 범위가 IMF의 GFS 2001을 활용하나 이를 적용하는 단계에서 재정의 규모를 과소 추계하고 있다. 중앙정부에 대한 재정정보의 경우 채무에 관한 재정 통계가 대체로 정부의 부담과 재정 위험을 과소 추계하고 있는 모습을 보인다.

여섯째, 재정정보, 특히 일반정부에 관한 재정정보의 경우 접근성이 매우 부족하다. 통합재정에 관한 정보는 체계적으로 정리되어 일정한 시기에 공개되지 않고 행정부의 임의적인 공개에 머물고 있다.

2) 개선 방안

첫째, 「국가재정법」상 재정정보의 관리의 원칙과 방향에 대하여 국제기구가 제안하는 수준으로 구체적인 목적과 공개 대상을 제시할 필요가 있다. 반복하여 설명하지만 우리나라의 재정민주주의 구현이라는 관점에서 행정부의 내부적인 의사결정 과정에서의 재정정보의 공개 확대와 투명성 강화가 반드시 필요하다. 행정부의 재량이나 업무 추진의 효율성도 중요하지만 이를 이유로 지나치게 넓은 범위의 정보가 외부에 공개되지 않고 있다. 「국가재정법」에 재정민주주의의 근간인 투명성과 책임성 확보라는 구체적인 목표를 설정하고, 이를 달성하기 위한 구체적인 공개 대상과 범위, 방법과 수단을 이 원칙에서 도출할 때 중요한 재정 의사결정인 행정부 내부 의사결정에 대한 공개가 가능해질 것이다.

둘째, 재정정보의 유용성 제고를 위하여 전반적인 재정정보의 내용과 형식의 개편이 요구된다. 재정정보 이용자들의 니즈에 대한 객관적인 분석이 요구된다. 정부의 재정정보에 대한 주요 이해관계자들은 의회, 사법부 등 정치적 의사결정자들 외에 언론, 시민단체, 시민, 학계 등 다양하다. 집단들의 니즈를 분석하여 재정정보의 형태와 제공 방식 등에 대한 개선 노력이 필요하다.

셋째, 재정정보의 양과 종류의 확대와 재정정보의 내용의 보완, 이에 대한 접근성이 높은 형식과 방법으로의 개선이 필요하다. 행정부 내부의 의사결정인 예산안 편성을 위한 중기사업계획서, 예산요구서, 부처별 지출 한도 등에 대한 공개가 가능하다. 사업관리에서 단위사업 이하의 세부사업에 대한 정보에 대한 적극적인 공개도 필요하다. 이러한 구체적인 정보에 대하여 행정부의 효율적인 업무 수행에 지장을 줄 수 있다면 일정 기간의 간격을 두고 공개할 수 있을 것이다.

넷째, 수치화되고 정형화된 재정정보를 넘어서 행정자료로 생산된 비정형화된 각종 계획과 문서 중 중요성에 따라 선별하여 체계적으로 공개할 필요가 있다. 앞의 〈표 14-6〉에서 적시한 다양한 형태의 정보와 자료 중 이해관계자의 효용성이 큰 자료들을 선별하여 체계적이고 투명하며 접근 가능한 방식으로 공개하여 투명성과 책임성을 제고할 필요가 있다.

넷째, 재정정보의 실시간 또는 사후적인 공개가 접근성이 높고 사용자 경험(UX)이

좋은 정부 공식 웹사이트로 이루어져야 한다. 현재의 열린재정의 사이트맵이나 UX의 전반적인 개선이 요구된다. 아울러 국가재정법령의 개정을 통하여 재정정보가 체계적으로 정리되어 법규에서 정한 일정한 시기에 공개되도록 하여야 한다.

다섯째, 정부의 범위에서 기본적으로 빠져 있는 예산 외 기금 등에 대하여 재정정보 수준에서만이라도 통합한 정보를 제공할 필요가 있다. 대표적으로 건강보험기금이 일반정부의 범위에서 빠져 있는데 국가가 직접 운용하는 건강보험이라는 면에서 전체 거시경제에서 공공 부문의 규모를 파악하는 등의 목적에서는 이 부분이 포함되어야 할 것이다. 그런 점에서 제도적인 통합은 차후로 미루더라도 재정정보의 수준에서는 통합하여 국민들에게 제시할 수 있을 것이다. 국가채무(D2)를 계산하는 데에서도 정부의 범위에 빠져 있는 기금 등의 부채를 포함할 필요가 있다.

제5절 재정정보관리 및 공개시스템

1 재정정보관리시스템

1) 의의

재정정보관리시스템은 재정활동 전반에 관련된 정보를 생산, 관리, 가공하여 재정 의사결정에 도움이 되는 형태로 제공하는 정보 시스템을 말한다. 필요한 재정정보를 체계적으로 생산하고 축적하기 위해서는 정보의 통합관리를 위하여 필요한 자료들을 일정한 양식에 따라 저장해 놓은 데이터베이스가 필요하다. 재정정보시스템은 이러한 역할을 하는 정보 시스템을 말한다.

앞서 살펴보았듯이 주요한 재정 의사결정은 총량적 재정 규모, 예산 배분, 개별 사업의 개발과 평가라고 할 수 있다. 재정정보시스템은 재정정보 수요자에게 총량적 수준의 정보, 배분적 효율성과 형평성을 분석하고 평가할 수 있는 정보, 기술적 효율성을 달성하기 위한 분석과 평가를 위한 정보를 제공한다.

재정정보관리시스템은 이러한 주요한 재정 의사결정이 합리적이고 과학적으로 이루어질 수 있도록 돕는 정보 시스템이다. 예산 과정에서 정치적이며 비합리적인 요인을 제거하고 합리적인 예산행위가 가능하도록 하는 역할을 한다.

재정정보관리시스템은 총량적 및 배분적 의사결정에 주안점을 두는 시스템과 개별 사업 단위의 의사결정에 주안점을 두는 시스템으로 구분할 수 있다. 전자의 경우 재정 규모, 분야별 재정 배분 등의 정보를 생산하여 재정정책 전반의 방향성에 대한 근거자료를 제공한다. 후자의 경우 사업관리 지원 체제로서 정보관리-회계시스템이며, 정부의 사업의 개발과 집행 과정을 측정하고 관리하는 데 이를 모니터링하고 측정, 평가하는 정보를 생산한다. 두 시스템을 통합하는 것보다 개별 시스템을 연계하는 방식이 현실적이며 우리나라도 그러한 접근을 하고 있다.

2) 디지털예산회계시스템

(1) 의의

디지털예산회계시스템(dBrain)은 프로그램 예산 체계, 발생주의 복식부기 회계제도를 기반으로 중앙정부의 예산 편성, 집행, 회계 결산, 성과관리 등 재정활동 모든 과정의 온라인 처리를 지원하고 그 결과 생성된 정보를 통합 관리하는 국가통합재정정보시스템이다.

2007년 디지털예산회계시스템(약칭 dBrain)이 도입되어 한국재정정보원에서 운영 관리하고 있다. 현재 차세대 dBrain 구축사업이 진행 중이다.

(2) 구성

디지털예산회계시스템은 예산 편성, 집행, 회계 결산, 사업관리 등 재정 업무를 처리하는 중앙재정정보시스템, 기존 공공 부문의 재정 시스템을 포괄하여 연동한 재정정보의 통합을 위한 연계 시스템, 이들을 통하여 축적된 정보를 조회, 분석하여 정책결정에 활용하기 위한 통계분석시스템으로 구성되어 있다.

첫째, 중앙재정정보시스템은 예산 시스템, 회계 시스템, 사업관리 시스템으로 구성된다. 예산 시스템은 국가재정 운용계획, 예산 편성, 예산 배정, 총사업비관리, 예비타당성, BTL/BTO 등의 업무를 처리한다. 회계 시스템은 수입, 지출, 자금의 자금관리, 국유재산/물품, 채권/채무, 결산/원가 관리를 하며 전자고지납부(EBPP)/전자자금이체(EFT) 기능을 수행한다. 회계 시스템은 자동회계 처리 기능을 갖고 있어 지출, 국유재산, 채권관리 등 원천 업무 처리 과정에서 발생하는 모든 회계 거래를 자동으로 분개하고 원장, 보조장부 등 회계장부를 자동으로 작성한다. 사업관리 시스템은 사업 등록, 사업 집행, 사업 종료의 사업의 라이프사이클을 관리하며, 개별 사업과 집행 모니터링과 성과관리 기능을 수행한다. 세부 사업별로 사업계획, 예산, 진도, 이력, 원가 등 사업계획 수립부터 사업 완료, 평가까지의 모든 과정을 관리한다. 사업 내용, 사업비 규모, 예비타당성조사 및 총사업비 변동 내역, 예산 및 집행 현황, 사업 이력, 성과정보 등을 포괄적으로 관리한다. 사업 모니터링, 집행 모니터링, 성과 모니터링도 수행한다. 프로그램 예산제도하에서 프로그램, 단위사업, 세부사업의 현황도 조회할 수 있으며 사업 개요, 부가정보, 연차별 투자계획, 관리자 정보, 첨부 파일 정보 등을 확인할 수 있다.

둘째, 연계 시스템은 공공 부문의 다양한 재정 시스템을 연동하는 시스템을 말한다. 예를 들어 재정 통계를 행안부의 지방재정정보시스템, 조달청의 나라장터 조달시스템 등과 연계하여 통계치를 상호 전달하는 시스템을 말한다.

셋째, 통계분석시스템은 OLAP(On-Line Analytical Processing)을 통하여 분야별·부처별·기능별 등 여러 측면에서 통계분석을 수행하여 사용자 맞춤형 통계 분석정보를 산출하고 있다. EIS(Executive Information System)를 통하여 주요 재정지표, 재원 배분 및 조달 현황 등에 대한 정확한 통계분석정보를 제공하고 있다.

(3) 주요 기능

디지털예산회계시스템(dBrain)은 실시간 재정 업무 처리를 가능하게 하고 공공 부문의 재정 시스템과 연계하여 일반재정정보를 생산하며, 이를 바탕으로 전략적인 의사결정을 지원하는 기능을 한다.

먼저, 디지털예산회계시스템을 통하여 전산화된 환경 속에서 업무 처리가 가능하고 관리활동을 통하여 재정과 관련된 여러 가지 업무를 빠르게 진행함으로써 고객의 요구에 대응할 수 있다. 행정부처가 일반적인 업무 처리 시스템을 활용하는 것과 비슷한 모습인데 예산 편성, 집행, 결산 시스템이 통합되어 발생한 거래가 실시간으로 집계되고 집행된다는 면에서 업무 처리의 범위와 규모가 크다고 할 수 있다.

둘째, 디지털예산회계시스템은 공공 부문 재정 시스템들과 연계되어 있어 업무 처리에 따라 발생하는 공공 부문 전체의 재정 상태와 운용 성과에 대한 정보를 자동적으로 생산하게 되며, 이런 일반 재정정보에 대하여 통합적인 관리와 분석이 가능하다. 모든 업무 과정에서 생산된 재정통합정보는 계정 과목별 정보관리 항목별로 체계적으로 축적 관리된다.

셋째, 디지털예산회계시스템은 재정 당국과 의사결정자들이 전략적인 판단을 위하여 필요한 재정정보를 요구에 따라 생산하는 기능을 한다. 재정활동의 평가분석 예측을 위하여 일반재정정보를 가공하여 전략적 의사결정에 필요한 정보를 생산하고 제공함으로써 재정정책을 합리적으로 추진할 수 있도록 한다.

3) 문제점과 개선 방안

(1) 문제점

디지털예산회계시스템(dBrain)에 대하여 가장 중요한 문제점은 접근성의 한계와 이에 따른 투명성의 문제이다. 디지털예산회계시스템에 대한 접근 권한이 한정되어 국회의원 및 보좌진, 학계 등 외부 이해관계자의 접근성이 높지 않은 상태이다. 입법부의 경우 일부 메뉴에 대한 접근이 허용되고 있으나 접근 권한을 제한적으로 부여하고 있다. 이런 이유로 전반적으로 시스템 활용도가 높지 않은 것으로 알려져 있다.

디지털예산회계시스템에 접근할 수 있는 사용자들의 재정관리 업무 편리성에 대한 만족도도 높지 않은 것으로 알려져 있다. 그리고 사용의 편리성과 속도가 높지 않은 것으로 알려져 있다. 데이터베이스가 대규모이어서 데이터 처리 속도가 빠르지 않다는 평가이다.

또한 통계 생산 및 분석 시스템의 활용도도 높지 않은 것으로 알려져 있다. 현재 재정통계 생산, 공개에 대한 분명한 규칙이 없는 상황에서 디지털예산회계시스템을 활용하여 정기적으로 표준화된 재정 통계를 생산하는 활동이 이루어지지 않고 있는 것으로 보인다. 의사결정자들이 합리성에 기반하기보다는 정치적 이해관계에 따르는 수준에 머물고 있기 때문에 재정 통계분석 기능이 잘 활용되지 못하고 있는 것으로 보인다.

(2) 개선 방안

문제점에 대응하여 생각해 보면 먼저 접근성의 확대가 필요하다. 이때 디지털예산회계시스템이 근본적으로 조직의 내부 관리도구라는 측면에서 접근성의 허용 범위를 신중하게 결정하여야 한다. 우리나라는 헌법과 재정 거버넌스가 행정부의 재정 의사결정 재량권을 어느 정도 인정해 주고 있으므로 이런 의사결정 권한의 범위와 재정정보의 모니터링을 통한 통제 권한의 범위를 어느 정도 일치시키는 것이 필요하다. 이러한 점에서 국회와 정부 외부 인사에 전면적인 공개를 허용하여 내부 데이터베이스에 대한 실시간적 모니터링을 허용하는 것은 문제가 있다. 외부에 대한 공개는 투명한 재정정보 공개를 위한 법령에 근거하여 공식적인 절차를 통하여 정기적으로 하되, 디지털예산회계시스템에 대한 접근은 예결위원과 전문위원, 예산정책처 등 지원기관에 한정하는 것이 바람직하다.

둘째, 업무 편의성의 개선 문제는 디지털예산회계시스템이 데이터베이스로서 성격을 강화하고 일반 업무 처리는 다른 개별 시스템이나 행정 절차를 통하여 수행하도록 함으로써 시스템의 분업화와 전문화를 하는 것이 바람직할 것으로 본다. 현재 디지털예산회계시스템의 처리 속도나 반응 속도가 빠른 업무 수행에 도움이 되지 않고 있는 것으로 평가되는데 업무 처리 시스템을 분리하고 이에서 생산되는 정보는 주기적으로 데이터베이스에서 업데이트하는 방식으로 시스템을 분리하는 것이 업무의 효율성에 도움이 될 것으로 본다. 재정정보의 경우 실시간에서 일간, 주간 등의 정보로 바뀌게 되는 것인데 일반재정정보의 유용성에 차이가 없을 것이다.

셋째, 재정 통계와 생산 활성화와 활용 확대는 재정정보의 이용자들의 니즈에 맞는 재정정보에 대한 적극적인 생산을 하는 개선 방향을 제시할 수 있을 것이다. 니즈 분석을 바탕으로 전략적 재정정보를 주기적으로 생산하고 의사결정자들에게 제공하는 활동을 제도화함으로써 시스템 활용도를 제고하는 노력을 강화하여야 한다.

❷ 재정정보공개시스템

1) 의의

　재정정보공개시스템은 재정활동 전반에 관련된 정보를 정보통신기술을 활용하여 효과적으로 언론, 이해관계인, 시민 등에 공개하는 정보 시스템을 말한다. 최근 선진국들은 재정정보의 투명한 공개를 통하여 재정의 책임성을 높이려는 노력으로 열린정부운동(open government movement)에 입각한 열린재정정보운동이 확산되고 있다.
　재정정보공개시스템을 통한 열린재정정보운동은 정보통신기술이 발달하고 개인화된 모바일 기기가 확산되고 재정정보가 다양화되고 체계화되었기 때문에 가능해졌다. 이런 배경에서 전통적인 재정정보의 전달 방식에서 탈피하여 다양한 정보 전달 및 국민 소통 방식을 채택하고 있다. 기존의 정부회계와 예산, 중기재정계획 등이 갖고 있는 제도적 틀에서 벗어난 활용 방식으로서 정보통신기술(ICT) 기반 매개체들이 실험적인 방식으로 다양하게 제시되고 있다.
　선진국들의 재정정보공개시스템은 재정정보의 시각화(視覺化, visualization) 노력을 강화하고 있다. 정보의 시각화란 어떤 대상이나 현상, 정보를 가지고 있는 비언어적 도상(圖像, icon)이나 도상화, 이미지 또는 이미지를 구성하는 것으로 시각을 통하여 구체적으로 확인할 수 있는 이미지를 지칭한다. 정보 시각화는 정보의 내용 중 2, 3개의 요소에 집중하여 정보를 전달한다는 특성이 있다. 먼저 어떤 요소나 기준을 표현할 것인가라는 질문으로 2, 3개의 핵심 요소를 선정한 후 이를 최대한 반영하는 시각화 방법을 선택하는 것이 효과적이다. 재정정보의 시각화 및 활용에서도 재정정보의 주요 이용자들의 정보 수요에서 가장 중요한 2,3개의 요소를 추출한 후 이를 중심으로 가장 효율적으로 정보를 전달할 수 있는 시각화 방식을 채택한다.
　재정정보공개시스템을 잘 활용하면 재정 의사결정의 투명성을 개선할 수 있을 것으로 생각된다. 특히 스마트 기술의 확대로 시민들에게 개인화된 소통 도구가 구비된 상황에서 재정 의사결정의 투명성 및 책임성 제고에 큰 도움이 될 수 있을 것으로 기대된다.

2) 열린재정정보의 바람직한 속성

열린정부운동단체들은 열린정보의 바람직한 속성으로 완전성, 원형유지성, 적시성, 접근성, 전산처리 가능성, 비차별성, 보편성, 비독점성 등을 제시하고 있다.

완전성은 공공정보의 경우 관련된 모든 정보가 공개되어야 한다는 것이다. 정부가 보유한 모든 정보를 포괄적으로 공개하여야 한다.

원형유지성은 열린재정정보는 원래의 차이가 계속 유지되어서 1차 자료로서 원형을 유지하고 변형되지 않은 상태로 공개하여야 한다는 것이다.

적시성은 열린정보는 정보의 가치를 유지하는 한 가급적 빨리 공개하여야 한다는 속성이다.

접근성은 열린정보가 가급적 다양한 방식으로 다수의 관심자들에게 전달될 수 있어야 한다는 속성이다.

전산처리 가능성(machine processable)은 데이터의 포맷이나 내용이 컴퓨터의 자동화 처리에 맞는 형태여야 한다는 것이다.

비차별성은 이용자가 누구이건 사용 가능하며, 사용을 위하여 등록을 하여야 하는 절차가 없어야 한다는 의미이다.

보편성(non-proprietary)은 어떤 상용 소프트웨어에도 활용될 수 있는 범용 포맷이어야 한다는 것이다.

비독점성(license-free)은 정보는 지적재산권, 상표권 등 어떤 권리와 연계되어서는 안 되며, 누구나 사용 가능하여야 한다는 것이다.

이 밖에 열린재정정보는 투명성(transparency), 이해용이성(understandability), 수요자 중심성(user-friendliness) 등 일반적인 재정정보가 지니는 특성도 갖고 있어야 한다.

3) 열린재정정보 사례

(1) 포털형 재정공개 웹사이트

포털형 재정공개 웹사이트들은 데이터베이스를 범용 형태로 공개하고 시민들이 다운로드하여 쉽게 활용할 수 있도록 하는 포털을 말한다. 포털을 통하여 다수의 부서가 행정 자료 형태로 가지고 있는 재정정보데이터베이스를 공유할 수 있다. 타 부서나 시민들은 다양한 소스(source)를 가지고 있는 기존의 일반재정정보를 한번의 접속으로 접근할 수 있고, 데이터베이스를 활용하여 재정정보를 다양한 방식으로 가공할 수 있다.

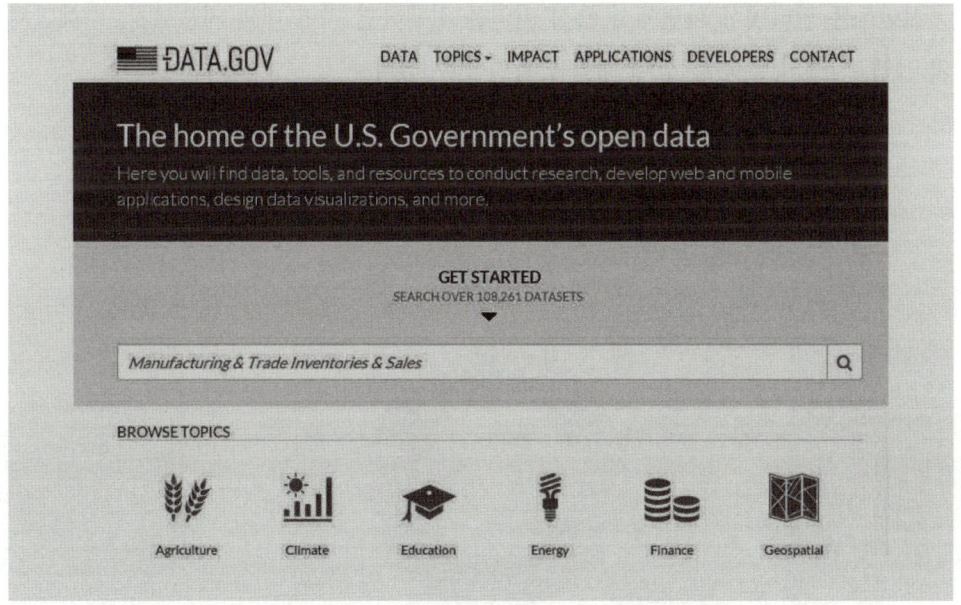

[그림 14-1] 미국 연방정부의 데이터 및 재정 통계 포털

(2) 재정 통계 공개 웹사이트

정부의 공식 웹사이트를 통하여 수요자 맞춤형 정보를 제공하는 형태를 말한다. 일반재정정보보다 심층적인 재정정보를 재정의 분야별·이해관계자별 요구에 따라 수요에 맞추어 다양한 형태의 정보 제공을 목표로 유저 인터페이스를 채택한 웹사이트들이 있다. 예를 들어 독일 재무부는 연방정부의 예산을 기능별로 분류한 다수의 시각화 자료를 웹사이트(https://www.bundeshaushaltinfo.de/#/2017/soll/)를 통하여 제공하고 있다. 이 웹사이트는 정부의 공식 웹사이트로서 기능별·성질별 예산의 내용을 시각화한 형태로 보여 주고 있으며, 수입과 지출의 다양한 측면을 시각화하고 있다. 이

웹사이트는 이러한 시각화 작업을 위하여 필요한 원천 자료를 공개함으로써 민간단체들이 좀 더 향상된 형태의 시각화 작업을 수행할 수 있도록 하고 있다.

미국 연방정부가 공개한 보조금 지원 재정정보 웹사이트를 보면 지역별 현황, 재정지원을 받은 단체의 명칭, 액수, 시, 주, 하원의원 선거구, 지원받은 단체의 위치와 집행 장소 등을 확인할 수 있다. 또한 일정 규모 이상의 지원을 받는 기관의 임원 중 보수를 제일 많이 받는 임원 5명의 이름과 보수 총액도 공개의 대상이 된다.

시민들은 인터넷상 화면에서 특정 지역을 선택하면 지역 내의 지출부처, 수혜단체와 금액, 지출의 유형 등 상세 내역을 확인할 수 있다.

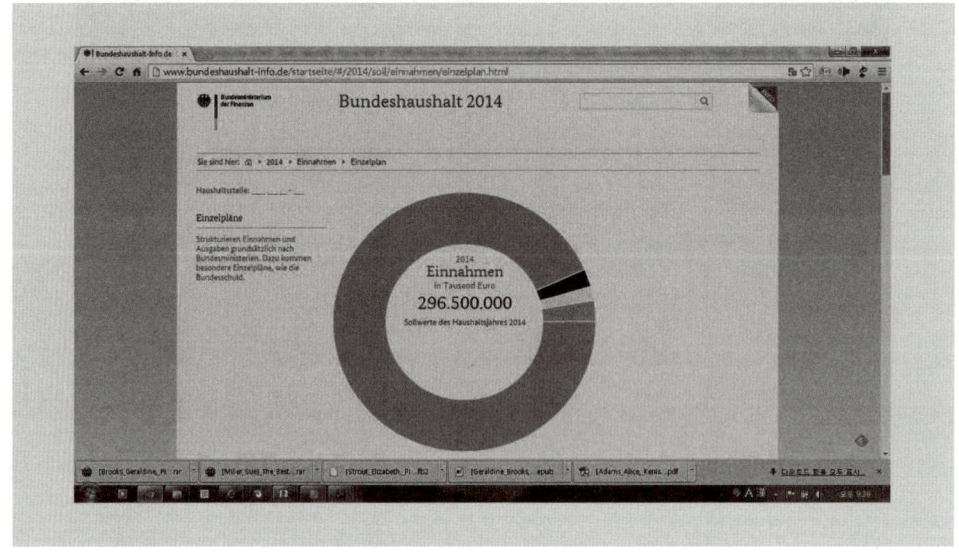

[그림 14-2] 독일 연방정부의 데이터 및 재정 통계 포털

(3) 재정정보 웹사이트와 공공앱

정부가 관리하는 웹사이트는 아니지만 시민들이 정부의 데이터베이스를 활용하여 재정정보를 가공하고 공개하는 웹사이트와 애플리케이션(civic app)이 있다. 주요 선진국에서 시민단체들은 정부재정정보를 활용해 적극적으로 시각화하는 서비스를 제공하고 있다. 이는 이들 시민단체가 공공서비스의 수혜자이자 납세자로서 시민에게 정부예산 투입 결과에 대한 재정정보에 대한 시민 모니터링을 목적으로 웹사이트나 모

바일 애플리케이션을 개발하는 운동의 일환이다.

예를 들어 전 세계적으로 정부의 정보 공개를 요구하는 대표적인 시민단체인 Open Knowledge Foundation은 OpenSpending이라는 웹사이트에서 제공하고 있는 공개된 재정정보를 활용하여 납세자의 소득을 반영한 간단한 시각화 툴(visualization tool)로써 wheredoesmymoneygo.gov를 제공하고 있다. 이 웹사이트에서는 개인의 근로소득을 특정하면 예산의 기능별 분류에 따라 본인의 담세분의 내역을 추정하여 시각화한 모습을 제공해 준다. 또한 예산을 바탕으로 지역별 배분, 기능별 배분 등을 지도와 다이어그램으로 시각화하여 전달하고 있다. 현재 이 툴을 이용하여 우리나라의 경우도 한국어 지원 사이트를 통하여 분석할 수 있다.

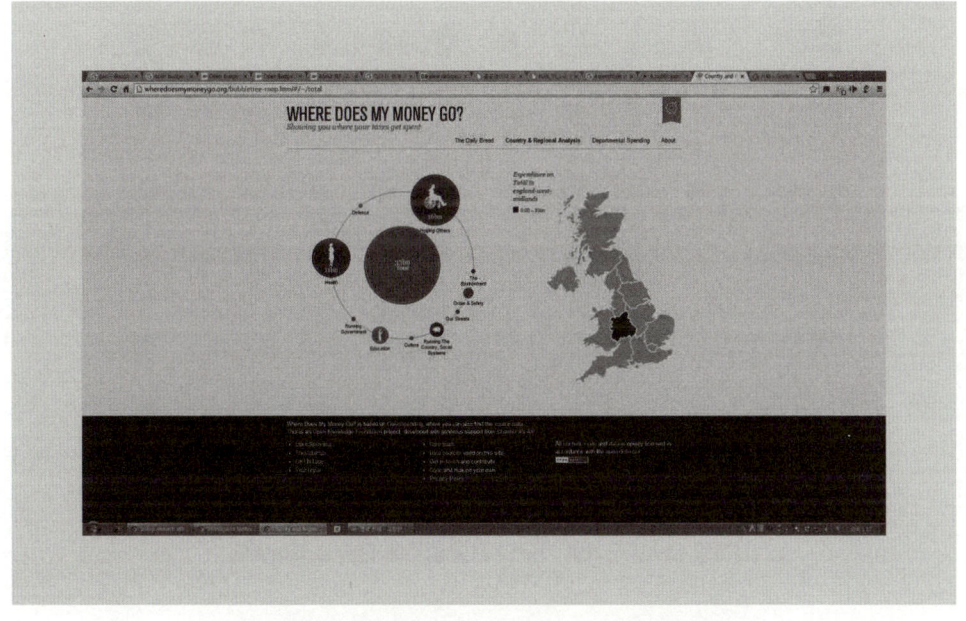

[그림 14-3] 지역별 재정의 기능별 분류 시각화 웹사이트

다른 예로 스코어보드 형태의 시각화로 특정 분야에 특이점이 있을 경우 신호등 형태의 경고를 보여 주는 방식의 시각화가 있다. 다음 [그림 14-4]는 가구의 지출 분류에 관한 스코어보드인데, 이를 재정정보에 적용할 경우 1인당 재정 기능별 분류에 대한 특이 사항에 대한 시각화가 가능하다.

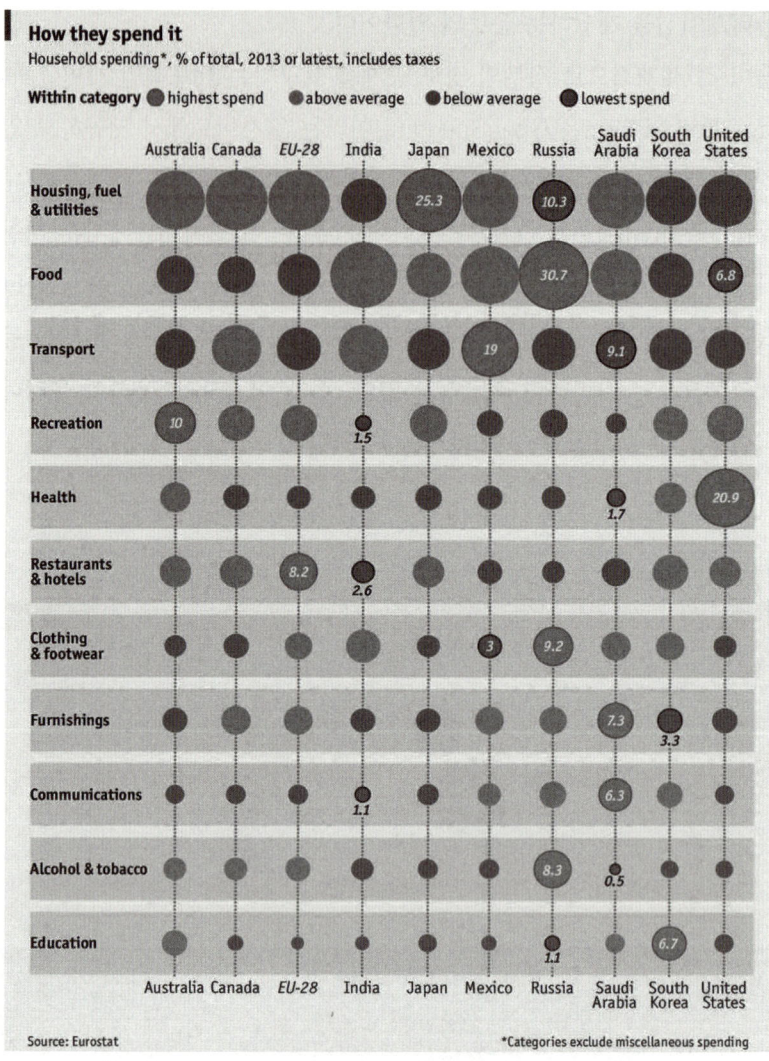

[그림 14-4] 국가별 가구의 지출 범주에 관한 스코어보드

4) 열린재정 웹사이트

우리나라의 공식 재정정보공개시스템 웹사이트는 열린재정이다. 열린재정 웹사이트(http://www.openfiscaldata.go.kr/portal/main.do)의 경우 재정정보 자료의 시각화나 단순화를 시도하여 재정 통계의 가시성을 높인 시도이다.

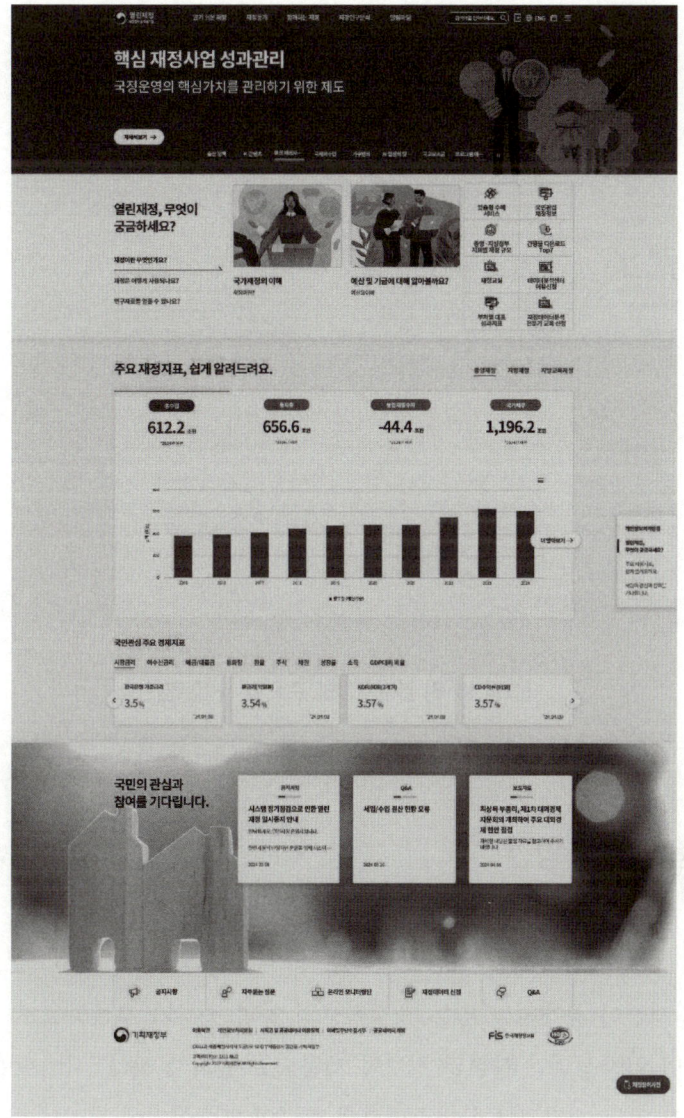

[그림 14-5] 열린재정 웹사이트 첫 페이지

열린정부의 구조는 개관, 재정 통계, 보조금 및 참여예산 등 참여, 재정연구 분석자료, 공지 사항으로 구성되어 있다. 새로운 재정 통계를 국민들에게 공표하며 가장 최신의 자료를 예산주기나 회계주기와 상관없이 확보할 수 있다는 점에서 적시성이 높고 정확성이 높은 재정 통계를 활용한 재정정보공개시스템으로 볼 수 있다.

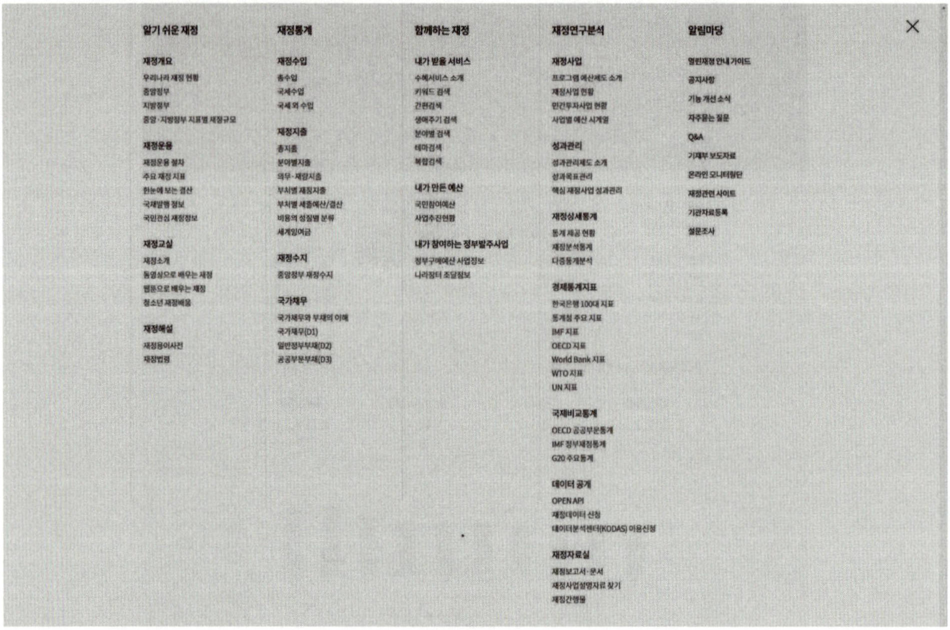

자료: 열린재정.

[그림 14-6] 열린재정의 구조 및 사이트맵

5) 문제점과 개선 방안

(1) 문제점

첫째, 열린재정이 공개하고 있는 재정정보의 양과 종류가 부족하고 재정정보 내용도 불충분하며 일반정부와 관련된 정보가 제공되고 있지 못하다. 사이트맵을 보면 기존에 공개되고 있는 재정정보를 범주화하여 하나의 웹페이지에 정리하여 요약한 정보를 제공하고 있는 수준에 머물고 있다. 행정부 내의 재정정보 등 재정관리 과정에서 생산되는 다양한 행정자료와 재정 통계는 다루지 않고 있으며, 국가재정 운용계획 등 예산 외에 중요한 재정정보도 제공하지 않고 있다.

둘째, 시각화 등 전달 방식은 주요 선진국들의 혁신적인 실험에 비하여 한계가 있는 것으로 보인다. 수량화된 재정정보를 의미화된 시각화 자료로 가공하는 작업이 성공적이라고 보기 어렵다. 전반적으로 단순한 그래프나 다이어그램 수준의 시각화에 머물고 있다. 3D라든지 의미에 기반한 별도의 시각화 노력이 부족하다.

셋째,「국가재정법」상 근거 규정이 있으나 구체적인 내용에 대하여 법제도가 구비되어 있지 않아 내용이나 구조가 쉽게 바뀌고 웹디자인이나 메뉴 등의 시계열적인 일관성이 확보되지 않고 있다.

(2) 개선 방안

첫째, 무엇보다도 열린재정정보에서 공개되는 재정정보의 범위, 양, 종류를 대폭 확대하여야 한다. 우리나라는 재정 당국이나 의회나 할 것 없이 재정정보의 공개에 대하여 매우 소극적인 태도를 취하고 있는 것으로 보인다. 재정민주주의에 대한 신념이 있는 행정개혁가, 정치지도자, 시민들이 연합하여 재정정보 공개에 대한 태도 변화를 유도하여야 한다. 그래야 열린재정웹사이트가 명실상부하게 재정정보의 포털로 제 기능을 수행할 수 있을 것이다.

둘째, 정보시각화를 위한 혁신적인 노력이 필요하다. 시민들의 정보에 대한 수요에 초점을 맞춘 재정통계 생산과 시각화(visualization)에 충실하여야 한다. 특정 요소에 대한 초점화(focalization)가 필요하며, 이에 대한 집중적인 소통이라는 원칙이 필요하다. 시각화한 결과물은 모든 요소를 담아 낼 수 없으며, 시각화 작업에서 선택과 배제는 필수적이다. 선택과 배제는 정보성과 관련이 있어 어떤 정보를 선택하고 배제할 것인가를 선택하는 것으로 디자이너로서의 고도의 판단이 필요하다. 재정정보의 시각화에서 목적과 의도에 따라 시각화의 시점과 주요 수용자가 달라질 수 있으므로 다양한 형태의 디자인을 시도하여야 할 것이다.

셋째, 열린정부와 같은 정부의 공식 웹사이트의 운영에 기반이 되는 법령과 제도들을 구비하여야 한다. 웹사이트의 구조와 사이트맵 등에 대한 법령의 구체적인 근거와 정부의 공식지침이 개발되어 웹 운영진에 의하여 내용과 구조가 쉽게 바뀌는 일을 막아야 할 것이다.

재정준칙

미래를 위한 재정관리
Public Financial Management for the Future

제1절 개관

1 의의

재정준칙이란 재정수입, 재정지출, 재정수지, 국가채무 등 총량적 재정지표에 대한 구체적이고 법적 구속력이 있는 재정 운용 목표로 재정규율을 확보하기 위한 재정정책 규범이다. 재정정책의 모수에 대한 공식화된 제한으로서 재정 관련 의사결정에 재정의 지속가능성을 적극적으로 고려하도록 하는 인센티브의 역할을 한다.

재정준칙의 개념 구성 요소로 국제통화기금(IMF, 1998)은 법적 토대, 총량적 재정 목표, 제재 조치를 제시하여 재정준칙을 총량적 재정지표에 대하여 구체적인 목표 수치를 동반한 재정 운용 목표를 법제화한 재정 운용 정책으로 정의한다. 재정준칙의 세 가지 구성 요소로 첫째, 헌법, 법률, 규제정책, 가이드라인, 국제협약 등 법적 토대, 둘째, 재정수지, 국가채무, 지출 총액 등의 총량적 재정 목표, 셋째, 재정준칙을 준수하지 못하였을 경우 가해지는 사법적·금전적·신용적 제재 등의 제재 조치를 제시한다.

재정준칙의 장점은 재정준칙을 통한 재정규율관리가 재정제도(fiscal institution)나 재정적 재량에 의한 관리에 비하여 단순하고 이해하기 쉬우며, 이에 따라 의회나 시민들에 의한 통제의 가능성이 훨씬 크다는 점이다. 또한 법적 규범력을 부여함으로써 행정부가 자기구속적 위치에 서게 함으로써 재정건전성에 대한 확약(committment)를 부여하여 재정 확대에 대한 요구를 하는 정치적 이해관계자의 영향을 차단할 수 있는 장점도 있다. 간단하면서도 확고한 보장을 통하여 재정의 지속가능성을 저해하는 정치세력의 요구를 막을 수 있다. 또한 정권이 바뀌더라도 재정건전성 정책의 기조를 유지할 수 있는 장점도 있다.

이에 더불어 재정준칙은 중장기 재정 운용에 국민적 합의에 따라 재정 운용의 명확한 원칙을 세우는 합의의 장을 제공하고, 재정의 투명성을 높이며, 경제 내에 주요 경제 주체들은 신뢰성이 있고 확고한 준칙에 따라 활발한 경제활동을 하도록 돕는다. 이런 점에서 재정준칙은 거시경제 내에 불확실성을 줄이고 왜곡을 막아 소비, 투자, 저축 등 주요 거시경제 활동이 원활히 이루어지는 데 기여할 수 있다.

2 배경과 연혁

재정준칙은 1970년대 이후 서구에서 재정 상황의 악화를 극복하기 위한 해법으로 등장하였다. 선진국들은 1970년대 오일 위기로 인한 국가채무의 급증, 재정수지 적자 누적으로 인하여 거시경제의 불안정성이 증가하였다. 저성장 국면에 들어서면서 만성적 재정적자에 조세에 대한 정치적 저항도 커졌다. 여러 국가가 1970년대와 80년대 금융 위기에 대한 대응으로 인한 재정적자 확대 등 재정 위기와 경제 위기를 경험하였다. 국가들이 고령화 및 저성장 단계에 들어서면서 미래의 재정 부담과 재정의 지속가능성의 문제가 발생하였고, 이에 대한 대응으로 재정규율 확립을 위한 제도가 요구되었다.

이때 이제까지의 예산제도 등 기존의 재정관리제도가 제대로 작동하지 않고 재정이 인기 영합적 포퓰리즘에 좌우되는 경우가 많아지면서 재정의 투명성과 사후 통제를 좀 더 직접적이고 효율적으로 할 수 있는 제도에 대한 관심이 커졌다. 이런 배경에서 재정 의사결정의 책임자가 재정 운용의 준칙을 국민들에게 직접 공표하고 이를 법적으로 규정하여 반드시 지키게 하는 재정준칙이라는 제도를 고안하게 되었다.

1990년대에 유럽통화연맹(EMU)은 안정 및 성장협약(Stability and Growth Pact: SGP), 영국은 황금률 및 지속 가능한 투자준칙, 미국 연방정부는 페이고(paygo)제도를 제도화하였다. 이러한 재정준칙들은 단기적 관점의 재정 운용, 선거를 위한 지출 증가, 세금 인하 등을 제어하고 재정건전성을 확보하도록 하는 효과를 낳을 수 있을 것으로 기대되었다. 각 나라들은 정치적·경제적·역사적 상황에 따라 국가별 특성을 살린 재정준칙을 채택하여 현재 대부분의 국가에서 재정준칙을 운용하고 있다.

❸ 우리나라의 현황

1) 양입제출의 원칙

양입제출의 원칙은 「예산회계법」에 근거를 둔 거시경제 안정화를 위한 재정수지 균형을 목표로 하는 일종의 재정준칙이라 볼 수 있다. 우리나라는 1980년대 초 경제안정화에 필요한 재정건전화를 추진하기 위하여 양입제출의 원칙을 도입한다. 제도 자체로는 법적 구속력이 없었지만 정치권 및 재정 당국의 의지가 강하여 실제 예산 편성 원칙이 되었다. 이러한 재정 개혁의 노력으로 재정구조의 건전성을 확보하였고, 이러한 구조가 1998년까지 이르렀으며, IMF 위기를 극복하는 데 크게 기여하였다.

2) 대통령 공약과 중기재정운용계획

보수정권이 들어섰을 경우 우리나라의 중기재정계획은 빈번하게 재정적자와 국가채무의 축소를 표명하였다. 중기재정계획은 특정 부문에 수치를 적시하는 정도로 강제성을 지니지 못하여 규범적 지침에 불과하지만 행정수반에 의한 대국민 재정정책의 표명이라는 점에서 재정준칙의 성격을 띤다고 볼 수 있다. 다만 실질적으로는 중기재정계획상의 재정수지 균형 시점이 자주 연기되는 등 재정준칙으로 기능하지는 않았다.

3) 재정준칙을 위한 기반 제도

페이고와 같은 재정준칙이 작동하기 위해서는 재정 부담을 유발하는 정부 입법안에 대하여 재정 규모를 추계하는 제도가 필요하다. 「국가재정법」은 이러한 재정준칙의 기반을 제도화하여 왔다. 「국가재정법」에 따르면, 재정지출이나 조세 감면을 초래하는 법률안을 국회에 제출하는 경우에는 법률 시행 연도부터 5년간의 재정수입, 지출 증감액에 관한 비용 추계 자료와 필요한 재원 조달 방안을 첨부하여야 한다.

4) 재정준칙 도입 법률안

과거 국회에 제출된 재정준칙을 도입하는 법안은 국가채무준칙, 국가채무와 재정수지준칙의 결합형, 페이고준칙이 있다. 대부분의 법안은 회기 만료로 폐기되었지만 문재인 정부와 윤석열 정부의 재정준칙 법률안은 상당한 사회적 관심을 받았다.

문재인 정부의 한국형 재정준칙은 재정수지적자 GDP 대비 3%, 국가채무 GDP의 60%를 기준으로 제시하고, 이 두 개 지표를 이용하여 '국가채무 비율/60% × 통합재정수지 비율/3%' 공식을 만들어 값이 1을 넘지 않으면 준칙을 충족한 것으로 보는 내용이다. 통합재정수지를 사용하여 현재 흑자가 발생하고 있는 연기금을 반영하여 재정 운용을 통제하는 데 부적절하다. 또 재정적자 허용폭이 크고, 국가채무 비율은 산식에 따라 이론적으로 GDP 대비 100%도 허용하도록 설계되어 채무 한도도 매우 느슨하다. 정부안은 재정준칙의 한도, 산식 등을 시행령에 위임하며 예외 범위가 모호해 정부가 재량껏 규정을 바꿔 준칙을 무력화 또는 우회할 위험이 있다.

윤석열 정부의 재정준칙에는 GDP 대비 관리재정수지 적자 비율을 3% 이내로 관리하되, GDP 대비 국가채무 비율이 60%를 초과할 때는 관리재정수지 적자 비율을 2% 이내로 관리하는 내용이 담겨 있다. 관리재정수지는 정부의 총수입에서 총지출을 뺀 통합재정수지에서 국민연금 등 사회보장성 기금을 제외하여 정부의 실질적인 재정 상황을 보여 주는 지표로 이를 재정준칙의 대상으로 설정한 것은 바람직한 것으로 본다. 재정준칙은 「국가재정법」에 관리 기준을 직접 규정해 법적 구속력을 확보하고 「국가재정법」 개정 후 국회에서 편성하는 예산안부터 적용하기로 함으로써 정부에 시간적인 유예를 주었다. 아울러 경제의 위기 상황에서는 준칙 적용을 한시적으로 면제하도록 함으로써 재정이 필요한 역할을 하도록 보완하였다.

제2절 재정준칙의 유형

1 규범성에 따른 분류

경성준칙(hard rule)은 정부가 재정 목표를 달성할 수 있도록 법적 의무와 권한을 부여하는 강한 준칙을 말한다. 반대로 연성준칙(soft rule)은 권고 등 준칙의 규범성과 구속력이 약한 준칙을 말한다.

경성준칙은 매년 수정 없이 영구적으로 적용되며 단일정당 정부나 특수 목적의 연합체에서 선호한다. 강한 경성준칙은 중장기 재정계획의 구속력, 예산 결정 과정에서 이를 준수하여야 하는 책임이 있는 중앙예산기관이 강한 권한을 갖는 특징이 있다. 연성준칙은 정치적 상황에 따라 재정 목표가 쉽게 변경되며, 현재 한국의 국가재정운용계획은 매년 예산안과 함께 재정 목표가 수정되는 매우 약한 연성준칙의 일종으로 이해할 수 있다.

2 집행 주체에 따른 분류

재정준칙의 제정 및 집행 주체에 따른 유형론으로서 주로 행정부가 재정준칙의 목표를 제정하고 집행하는가 아니면 독립적인 기구 또는 의회에서 재정준칙의 구체적인 목표를 제정하는가로 구분해 볼 수 있다. 행정부의 자기규율로서 행정부준칙과 독립적인 제3의 기관, 독립재정위원회에서 강제하는 국가준칙으로 구분해 볼 수 있다. 객관적인 재정 목표를 달성하기 위하여 독립된 기구나 의회, 또는 의회의 부속기구가 재정 추계와 재정 목표를 제시하는 것이 바람직할 것이다.

3 목표재정 변수에 따른 분류

1) 채무제한제도

채무준칙은 국가채무의 총량이나 국내총생산 대비 채무 비율의 상한선을 정하여 국가채무에 대한 안정적인 관리를 꾀하는 제도이다. 미국 연방정부의 경우 연방정부 채무 한도를 법으로 규정하여 이를 상향 조정하기 위해서는 의회의 법개정 절차를 거쳐야 한다. 유럽연합(EU)에서 마스트리히트 조약은 경제통화동맹(EMU)에 참여하기 위한 조건으로 GDP 대비 60%의 일반정부 채무 비율을 상한으로 제한하였다.

채무제한제도는 이해하기 쉽고 준수 여부를 판정하기 쉬운 장점이 있으나 다양한 한계가 있다.

첫째, 국가채무 수준의 이론적 및 경험적 타당성이 없다는 문제가 있다. 한 국가의 국가채무가 GDP 대비 60%라는 수치 이하여야 한다는 조건이 과연 어떤 의미를 지니며 경제학 이론과 경험분석 결과에 따라 타당성이 지지되는가의 문제이다.

둘째, 국가채무 수준을 제한한다는 것은 국가채무를 감소시키려는 노력이 아닌 결과만을 통제하는 것인데 이것이 적절하지 못할 수 있다는 점이다. 어떤 국가가 현재 국가채무 수준이 낮더라도 국가채무에 대한 관리를 적절하게 하지 않고 있다고 한다면 오히려 더 큰 문제라고 할 수도 있다.

셋째, 국가채무를 정의할 때 실질적인 국가의 경제적 부담인 국가부채를 제외할 경우 재정건전성과 상관 관계가 낮을 수 있다는 문제가 있다. 예컨대 마스트리히트 조약의 경우 국가채무를 줄이려고 민영화를 통하여 나온 수입을 사용하는 것을 허용하고, 공공 부문이나 민간 부문에 대한 정부의 보증채무를 제외하며 연금 및 건강보험과 관련된 부채의 경우 준수 대상에서 제외하고 있다. 이러한 부채의 경우 한 국가의 재정에 부담이 될 것이 명확한 상황임에도 이를 제외한 채무준칙의 준수가 실질적인 재정건전성을 유지할 수 없다.

2) 지출제한제도

지출제한(expenditure ceiling)제도는 정부 재정지출의 일부 또는 전부에 대한 제한으로서 예산 편성 이전에 행정부에 제시된 구체적인 기준을 의미한다. 정부나 독립된 제3의 주체가 예산 편성 초기에 지출 수준의 상한선을 발표하고, 이 수준을 초과하지 않도록 하는 명시적 규정(explicit commitment)을 만들고 행정부가 이를 준수하도록 하는 제도를 말한다.

지출제한은 예산 전체를 대상으로 한다는 점에서 하향식 예산 편성에서 부처에 제시되고 예산 총액을 구성할 때 사용되는 부처 단위의 지출제한과 구별되며 재정지출의 실제액에 대한 사후적(ex post) 제한이라는 점에서 예산 편성을 규율하는 규칙보다 포괄적이다. 형식적으로 예산뿐 아니라 정부의 통합재정 전체를 규율한다는 점에서 예산법제와 다르며, 대부분의 경우 중기재정계획과 연동되어 운용되는 특징이 있다.

지출제한제도가 다른 재정준칙 유형에 비하여 우수하다고 주장하는 이유는 다음과 같다.

첫째, 재정 확대의 주요 원인은 세금 감면에 대한 요구보다 과도한 지출 증가에 대한 요구에 따른 것이다. 이럴 경우 재정 확대를 통제하기 위하여 세입보다 재정지출에 대한 구속을 하는 것이 좀 더 직접적인 통제가 가능하고 효과적일 것이다.

둘째, 재정수지의 균형이나 감축을 위하여 세입을 통제할 경우 세금 수준이 이미 높기 때문에, 세금을 높여 세입을 증가시키고, 이에 따라 재정수지준칙을 지키도록 하는 것은 거시경제에 좋지 않은 영향을 미칠 가능성이 크다. 이에 반하여 지출제한은 좀 더 근본적인 재정 규모의 제한이라고 할 수 있고 가시적인 부작용이 적다고 할 수 있다.

지출제한제도의 한계로 지적되는 단점으로 첫째, 채무제한제도나 재정적자 제한제도에 비하여 행정부의 재정의 신축적 운용이 제한된다. 대부분의 나라의 경우 지출 한도 준칙은 일년이 아니라 다년간에 대하여 적용하고 있는데, 지출 한도 준칙은 일부 지출 항목을 다음 연도로 이전함으로써 지출 한도를 회피할 수 있다는 단점이 있다.

둘째, 지출제한제도는 공기업을 통한 지출 증가, 예산 외 공공기관, 채무보증, 조세지출, 창조적 회계 조작 등의 상황에 대하여 통제할 수 없다. 이러한 점에서 재정준칙으로서의 지출통제제도는 완결된 제도라기보다는 재정책임성 확보를 위한 종합적인 제도적 장치를 마련하면 성공할 수 있다고 할 수 있다.

3) 재정수지 제한제도 및 균형재정제도

재정수지 제한제도나 균형재정제도는 재정수입과 지출의 차이의 범위를 제한하거나 균형을 달성하도록 하는 재정준칙을 말한다. EU에서 마스트리히트 조약은 EMU에 참여하기 위한 조건으로 재정수지적자의 폭이 3% 이하여야 한다고 규정한 바 있다.

재정수지 제한제도는 지출제한과 비슷하게 정부의 재정활동에 직접적인 제한을 가하는 것이어서 효과적임과 동시에 지출제한에 비하여 재정수입 증대 시 지출도 증가시킬 수 있으므로 재정정책의 유연성과 신축성은 크다는 장점이 있다.

반면 경제가 활황이어서 재정수입이 늘었을 때 재정수입을 사용하여 지출을 늘리게 되면 총수요가 과대해져서 거시경제의 불안전성을 키울 수 있다. 이러한 경기 역행적인 재정정책에 대하여 지출제한제도가 제약을 가하는 데 비하여 재정수지 제한제도는 그대로 허용한다는 문제점이 있다.

〈표 15-1〉 목표재정 변수에 따른 재정준칙 유형론

	내용
국가채무	총부채, 순부채 등 국가채무 수준에 상한선 설정, 과도한 적자 누적 방지
지출제한	재정지출 규모를 직접 통제, 경기 상승으로 세수입 증가 시 지출도 동시에 확대되는 상황을 방지
재정수지제한	적자재정 집행 수단을 제약하는 방식, 중앙은행으로부터의 차입 제한
균형재정 원칙	재정지출이 재정수입의 한계 내에서 이루어지도록 제한

4 특수준칙

1) 페이고제도

네 가지 목표재정 변수는 개념적으로 분명하게 구분되고 특성도 구분이 되는 좋은 유형론이지만 현실에서는 하나의 범주에 속하지 않는 복합적인 재정준칙도 존재한다. 미국의 페이고(paygo) 원칙은 재정지출에 제한을 가하기 때문에 지출제한제도의 범주에 속하지만 다른 지출제한제도와 운영 방식이 매우 상이하고 재정지출의 총량에 대한 직접적인 제한도 되지 않기 때문에 하나의 범주로 분석하기 어렵다. 따라서 이런 경우는 제도의 특수성을 고려하고 복합적인 성격을 띤 기타의 제도로 파악하고 분석하여야 할 것이다.

페이고제도란 미국 연방정부에서 1990년 도입한 제도로, 의무 지출의 증가 또는 세입 감소를 내용으로 하는 새로운 입법을 할 때는 반드시 이에 대응되는 세입 증가나 다른 법정 지출 감소 등 재원 조달 방안이 동시에 입법되도록 의무화함으로써 재정수지에 미치는 영향이 상쇄되도록 하는 제도이다. 미국 연방정부의 재정준칙의 사례로 새로운 의무지출 필요가 생길 경우 법안 입안 시 다른 의무지출의 감소를 회기 내에 대안으로 제시하도록 하고 있으며, 과거 미국의 의무 지출의 통제의 유용성이 인정되어 온 제도이다.[1] 여기서 페이고제도의 기반으로서 법률안의 비용 추계가 필요하다는 점이 중요하다.

2) 황금률 준칙

영국 잉글랜드 정부는 과거 채무에 대한 통제는 거의 없지만 내부 재정 운영 규칙으로 황금률(golden rule)을 사용한 바 있다. 영국 노동당은 1997년 집권 이후에 재정 안정을 위하여 황금률과 지속 가능한 투자 원칙의 두 가지 예산 원칙을 확립하였다. 황금률은 정부의 차입은 자본 지출에 한해서만 허용하겠다는 것이며, 지속 가능한 투자 원칙은 투자수익률이 지속적으로 높을 경우에만 자본 투자를 한다는 것이다. 이에 따르면, 정부는 높은 수준의 수익률이 있는 공공사업의 경우에만 국채를 발행하여 자금 조달을 할 수 있다.

---

1) 우리나라는 최근 재정수반 법률에 대한 페이고 원칙 등 재정준칙을 도입할 수 있도록 「국가재정법」을 개정하자는 논의가 활발하게 진행되고 있다. 페이고제도를 조세지출에 적용하여 2014년 조세지출 기본계획에 부처가 비과세 감면 신설을 건의하려면 이에 상응하는 기존 비과세 감면을 축소하도록 한 바도 있다.

제3절 국가별 재정준칙 시스템

1 스웨덴

1990년대 초반 과도한 복지비 부담과 경제 역성장에 따른 세수 감소, 금융 위기에 따른 공적자금 투입이 더해져 재정이 악화되자 1990년대 중반 스웨덴 정부는 재정건전화 개혁을 단행하며 강력한 재정준칙을 도입하였다.

스웨덴은 법률을 통하여 구조적 재정수지 흑자 비율을 설정하는 재정수지준칙과 명목지출한도를 설정하는 지출준칙을 운용하고 있다. 중앙정부의 향후 3년간 총지출 및 연금 지출에 상한을 두어 정부 지출이 이를 초과하지 않도록 하는 지출제한준칙을 도입하였다. 예산법안 심의 시에는 3년 동안의 중앙정부 명목 총지출 한도와 27개 분야별 지출 상한을 설정하는 제도도 있다.

일반정부는 준칙 도입 시 GDP의 2%의 재정흑자를, 2011년 예산법부터는 GDP 대비 1%의 흑자를, 2019년부터 1/3%의 흑자를 달성하도록 하였다. 지출제한준칙과 재

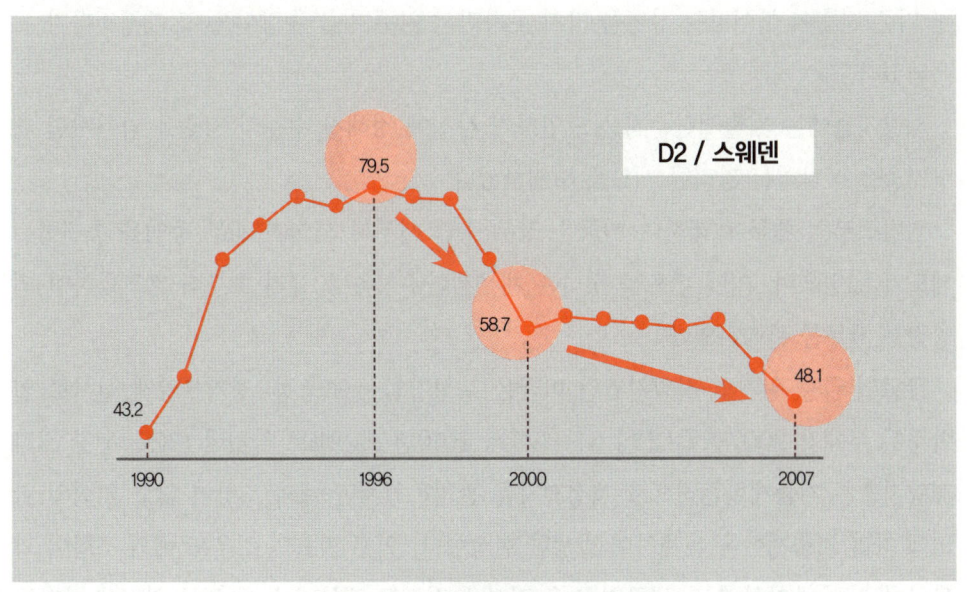

[그림 15-1] 스웨덴의 일반정부 채무 추이

정수지준칙을 혼합한 형태라고 할 수 있다.

이러한 준칙들이 무분별한 정부 지출 확대 및 재정적자를 효과적으로 통제하면서 중앙정부 채무는 자동적으로 감소하였고, 일반정부 채무도 1996년 GDP의 79.5%에서 2000년 58.7%까지 하락하였다.

2 미국

미국의 경우 1990년대부터 재정준칙이 서서히 형성되었다. 재정적자와 국가채무 급증을 통제하기 위하여 「예산집행법(Budget Enforcement Act of 1990)」 등의 재정 법률에서 페이고제도, 지출제한제도, 채무한도제도를 두고 있다.

페이고제도는 의무 지출 증가 등을 내용으로 하는 신규 입법을 할 경우 해당 입법이 재정수지에 영향을 주지 않도록 의무 지출 감소 또는 세입 증가를 내용으로 하는 법안을 동시에 입법하도록 의무화하는 것이다. 의회의 의사규칙으로 출발하여 현재는 법제화되어 행정부 제출의 예산에도 적용된다. 페이고 준칙은 기존 복지 프로그램 지출은 존속시키고 신규로 도입하려는 복지 프로그램 지출에만 제한함으로써 고령화에 따른 기존 지출이 불어나는 상황을 막지 못하면서 의무 지출 총량이 늘고 재정적자가 지속되었다.

재량지출에는 지출제한준칙을 도입하여 사전에 정해진 수준의 지출을 넘어서면 재량지출을 삭감하는 강력한 제도를 도입하였다.

연방정부의 채무에 대하여 미국은 정부 수립 시부터 의회가 채무 총액을 승인하는 제도가 있었으며, 이에 한도를 정하는 채무제한준칙을 20세기 초부터 제도화하여 연방정부 채무를 관리하였다.

글로벌 금융 위기의 진원지였던 미국은 부실기업 구조조정, 경기부양책 실시로 일반정부 부채가 2007년 GDP의 64.4%에서 2010년 95.2%로 늘었다. 제도 운영 결과 재량지출은 지출제한준칙으로 재정적자를 관리하였지만 예외 조항이 많고 의회의 합의에 따라 지출제한을 유예하여 발생한 현상이다. 의무 지출의 경우도 예외 조항이 과도하여 지속 증가하였고, 채무의 경우 적자 누적으로 채무가 늘어 채무 한도에 다다르면 재정건전화 정책을 펼칠 시간은 없고 재정절벽 등 혼란이 발생하여 의회는 채무 한도를 올릴 수밖에 없었고 채무제한준칙은 무력화되었다. 미국 연방정부 채무는 2010년 GDP의 95.2%에서 2024년 125% 정도로 늘어 재정준칙 효과가 미약하였던 것으로 나타난다.

미국 연방정부는 다수당과 소수당이 합의하는 경우 새로운 사업에 대하여 재정준칙의 예외로 지정하여 쉽게 위배할 수 있는 반면 합의가 되지 않는 경우는 한 명의 상원의원도 페이고나 지출제한을 이유로 사실상 법안을 무력화시킬 수 있다. 의회의 권한이 커지면서 예외 조항이 지나치게 많은 상황에서 재정준칙의 효과가 강하지 않은 것으로 이해된다.

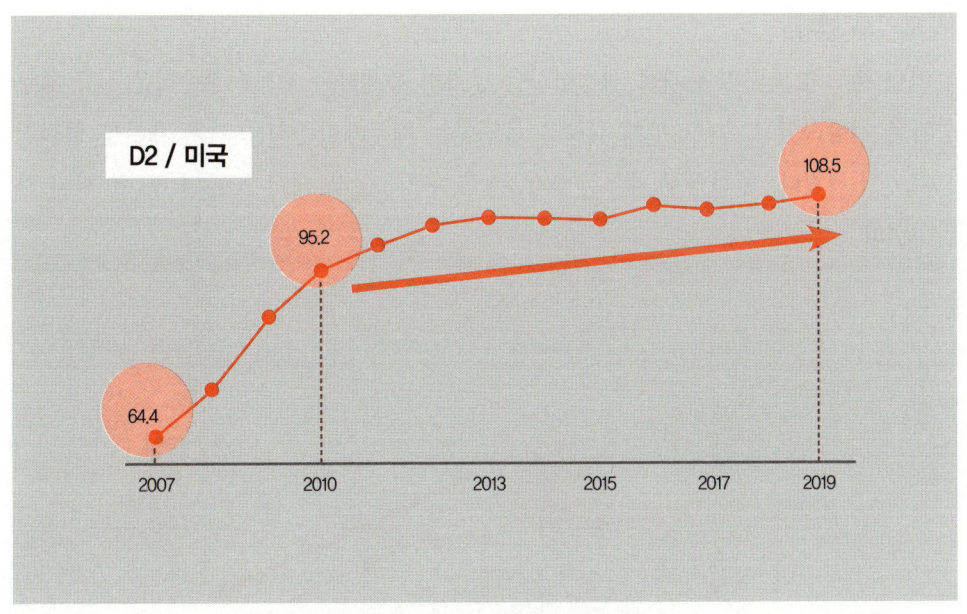

[그림 15-2] 미국의 연방정부 채무 추이

3 독일

독일도 글로벌 금융 위기 극복 과정에서 사회안전망 강화, 공공투자 등 경기부양책 시행으로 재정건전성이 악화되었다. 이에 독일 연방정부는 2009년 헌법 개정을 통하여 균형재정 목표 연도를 설정하는 동시에 신규 채무 규모를 명시적으로 규정하는 채무준칙을 헌법상 준칙으로 도입하였다.

채무준칙과 재정수지준칙(균형예산준칙)의 주요 내용은 수입과 지출이 원칙적으로 균형을 이루어야 하며 신규 채무 규모가 명목 GDP의 0.35%를 넘지 않아야 한다는 것이다. 다만 연방정부의 거시경제 조절 역할을 고려하여 경기 변동, 자연재해 등 비상 상황 발생 시에 부채를 신규 발행할 수 있다는 예외 조항을 두었다. 균형재정의 목표 연도는 이행 능력을 고려하여 연방정부는 2016년부터, 주정부는 2020년이며, 2011년부터 연방정부는 재정적자를 단계적으로 감축해 나가야 한다.

2011년 개정된 EU 안정성장협약상의 재정준칙에 따라 정부부채가 GDP의 60% 기준 초과 시, 과거 3년 평균 초과분의 1/20을 감축하면 채무제한준칙(60%)을 지킨 것으로 보기로 했다.

이런 제도적 노력의 결과로 재정적자를 엄격히 통제하는 재정수지준칙은 신규 채무 증가를 예방하였고, 과다 부채 감축을 독려하는 채무제한준칙은 기존 채무를 실질적으로 감소시켰다. 일반정부 채무는 2012년 GDP의 90.4%에서 2019년 69.3%까지 하락하였다.

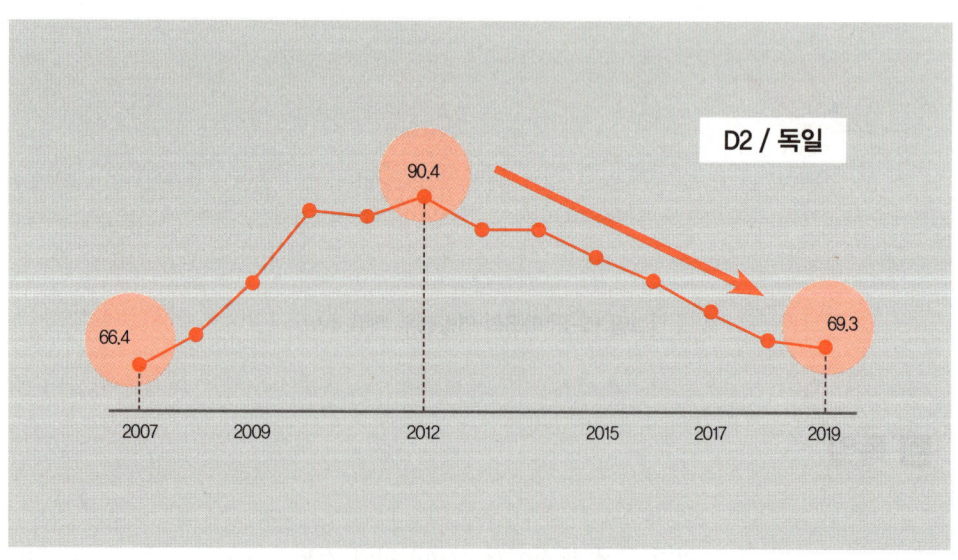

[그림 15-3] 독일의 연방정부 채무 추이

4 비교 및 시사점

첫째, 선진국들은 재정수지준칙과 채무준칙 또는 지출제한준칙과 채무준칙 등 재정준칙을 결합하여 운용하는 모습을 보인다. 하나의 준칙으로 재정활동을 제대로 관리하기 어렵기 때문으로 이해된다.

둘째, 재정준칙이 재정건전성을 바로 담보하는 것은 아님을 알 수 있다. 총지출 억제와 재정적자를 체계적으로 방지할 때 재정건전성이 확보될 수 있었다. 미국은 의무지출에 '페이고'를 적용하고 채무 총량에 상한을 두었으나 의무지출 증가를 막지 못하여 재정적자가 쌓이고 채무가 늘어 채무 한도를 올리는 상황이 반복되었다. 반면, 스웨덴과 독일은 총지출 증가를 억제하는 준칙 또는 재정적자를 엄격히 통제하는 준칙을 도입하여 실질적으로 채무를 감축하고 재정건전화에 성공한 것으로 나타났다.

셋째, 재정준칙을 헌법과 법률에 규정할 경우 효과가 큰 것으로 나타난다. 독일은 재정수지 목표 등을 헌법에 명시하고 구체적인 예외 규정은 연방 법률로 정하며, 스웨덴은 예산법에 규정하며 재정수지 흑자 목표를 국회에서 양당이 최종 결정하도록 하고 있다. 재정준칙을 의회 통과가 필수인 법률에 규정하고 적용 예외는 최소화하면서이도 명문화하는 것이 재정준칙의 효과를 위하여 필요하다.

제4절 찬반론과 도입 방안

1 찬반론

1) 찬성 의견

첫째, 재정준칙이 법적인 준칙으로 제도화되면 재정 확대를 요구하는 이익집단이나 정치적인 압력으로부터 자유로울 수 있다. 이로써 재정준칙은 거시적으로 한 나라의 거시경제적 안정성을 확보하는 데 기여한다. 재정준칙을 통한 강력한 재정규율은 재정적자를 해소하고 재정수지 균형을 달성할 수 있으며, 이로써 거시경제의 안정성을 확보할 수 있다.

둘째, 재정준칙의 제정은 재정정책과 밀접하게 관련된 통화정책과 환율정책의 집행에 도움이 된다. 재정준칙을 통하여 재정 위험을 관리하고 국가 신인도를 개선할 수 있으며, 이를 통하여 해외자본이 안정적으로 투자할 수 있는 환경이 조성됨으로써 통화량이나 환율 변동이 줄어들 가능성이 높아진다.

셋째, 재정준칙을 통하여 재정 총량이 통제됨으로써 재정사업들의 효율성이 높아질 수 있다. 세입이 감소하거나 정체되는 시대에는 증가하는 재정 총량을 유지하고 적자를 축소하기 위해서는 정부는 지출의 효율성을 높여야 한다. 이렇게 재정준칙이 행정부의 재정효율화를 간접적으로 강제하는 효과를 낳을 수 있다.

넷째, 재정준칙은 재정 총량에 대하여 간단한 수치로 보여 주므로 일반 국민이 이해하기 쉽고 투명하다. 이를 통하여 재정정책의 투명성과 신뢰를 높일 수 있고 국민들이 재정정책에 대하여 모니터링하는 데 기여한다.

이러한 효과에 대하여 실증 검토가 이루어진 바 있다. 전반적으로 보아 재정준칙을 도입함으로써 경기안정화 기능과 재정건전성 개선에 도움이 된 것으로 보고되었다. 재정준칙의 도입으로 인하여 재정의 경기안정화 기능이 강화되었고, 강한 재정준칙을 택한 국가에서 재정건전성이 개선되는 효과가 크게 나타났다는 연구 결과가 있다(von Hagen, 2005).

2) 반대 의견

첫째, 재정준칙은 적극적인 재정의 역할을 못하게 하여 사회적으로 바람직한 재정의 활동을 제약한다는 주장이 있다. 공공서비스 수준을 저하시키는 긴축정책을 채택하도록 정부를 유도할 우려가 있다고 본다. 재정준칙은 경제 상황에 따라 유연하게 재정을 운용하는 것을 방해하며, 재정건전성이 훼손되더라도 확장적 재정정책을 통하여 국민들의 경제적 생존과 삶의 질을 보장함으로써 GDP의 감소를 막고, 장기적으로 성장하여 국가채무 비율을 줄일 수 있다는 주장이 있다.

이러한 주장은 이론적으로 가능하며 정부가 거시경제를 주도하고 재정적자를 일으키긴 하지만 적절한 자원 배분을 통하여 미래 성장 동력이나 사회적 약자 보호에 지출하여 사회후생을 높일 수 있다고 가정하고 있는 것이다. 정부가 자율적인 존재이자 공익을 추구하는 조직이며 민주적인 통제를 통하여 그런 정책과 자원 배분을 한다고 전제하는 것이다.

이러한 가정은 상당히 순진하거나 의도적으로 국민을 속이는 주장일 것이다. 그동안 우리나라 정부의 재정적자가 확대되어 온 이유는 현재세대가 미래세대에 채무를 전가하고 확보한 재원으로 소비활동을 하여 자신들의 이익만을 극대화하는 양상을 보인다. 또한 기득권집단과 이익집단이 공유재산인 재정을 빼돌리는 모습, 눈먼 돈을 지역정치인, 이해관계자 집단이 대규모로 유용하는 모습을 쉽게 확인할 수 있다. 이런 상황에서 이러한 주장은 잘못된 가정에 의한 잘못된 결론이라고 보아야 할 것이다.

둘째, 재정준칙은 경제 위기, 코로나19 위기와 같은 상황에서 정부의 역할을 제약하여 긴급한 대응이 필요한 위기 시에 제대로 대응하지 못하게 한다는 주장이 있다. 그리스, 이탈리아 등의 유로존 재정 위기 이후 재정준칙 강제에 따라 긴축을 선택하였던 국가들에서 실업률이 급상승하고, 빈곤층이 증가한 사례를 든다.

이는 재정준칙 자체보다는 재정준칙을 제도화할 경우 특별한 예외 사항을 어떻게 규정하느냐의 문제로 판단된다. 하나의 제도가 모든 상황에 부합하지는 당연히 않을 것이며, 적절한 방식으로 경제 위기나 사회 위기를 정의하고 재정준칙의 예외를 규정함으로써 이러한 문제는 쉽게 보완할 수 있을 것이다.

셋째, 지출 증가, 특히 복지지출 증가를 억제하는 수단으로 활용되어 복지국가로 나아가는 데 방해가 될 가능성이 크다는 주장이 있다. 중부담·중복지의 복지국가로 가기 위하여 적극적 재정 운용, 재정 여력 사용이 필요하다는 주장이다.

현실적으로 복지지출뿐 아니라 모든 분야의 지출의 무분별한 확대가 어려워진다는 것은 사실일 것이다. 그러나 재정준칙은 재정 총량과 재정건전성을 유지하도록 강제하는 것이며 그 범위 안에서 어떤 방식의 재원의 배분에 대하여 제약하지는 않는다. 우리나라가 향후 복지 지출 확대와 복지국가로 전환되어야 한다는 사회적 합의가 있을 경우 재원을 그런 방향으로 배분하면 된다. 재정준칙이 복지국가로의 전환에 방해가 되는 것이 아닐 뿐 아니라 오히려 현재세대와 미래세대가 모두 혜택을 볼 수 있는 좀 더 보편적이고 합리적인 복지 프로그램이 채택되도록 유도하는 제도로 작동하게 될 것이다.

넷째, 우리나라의 국가채무 비율이 낮고 규모도 작으며 재정 여력이 크므로 이에 대하여 사용을 제약하는 것은 불필요하다는 주장도 있다.

우리나라의 채무 수준과 재정 여력의 규모에 대해서는 부채관리를 다루는 제13장에서 자세히 검토하였으며, 간단히 설명하면 이러한 주장은 오해이며 우리나라의 재정 여력은 현재 거의 한계에 다다라 있다고 보는 것이 합리적이다. 따라서 현재 수준에서 더 재정적자와 채무 수준이 확대되는 것은 제도적으로 막아야 한다고 본다.

다섯째, 재정준칙이 제도의 문제로 재정건전성 확보에 항상 효과적인 것은 아니라는 주장이 있다. 선진국의 경험을 볼 때 재정준칙이 법적으로 제정되어야 효과를 거둘 수 있다고 한다. 재정준칙의 목표를 달성하기 위하여 인위적인 회계 조작을 하는 경우, 재정준칙 적용 범위 외의 기금에 재원이 배분되는 왜곡을 유발할 수 있으며, 이로 인하여 재정지출의 질이 저하될 수 있다.

이러한 현상이 강력한 재정준칙을 도입한 독일과 같은 나라에서도 심심찮게 발생하고 있다. 이는 제도 자체의 문제라기보다는 제도의 미세 설계에 관련된 문제로 신중하고 주의 깊은 재정준칙의 제도화가 필요하다고 하겠다. 재정준칙 설정을 위하여 공공부문과 일반정부의 범위를 명확하게 규정하여 재정 범위를 확립한 후 재정지출, 재정수지, 재정부채 등 재정 운용의 준거가 되는 재정지표를 객관적으로 설정하고 평가하여야 할 것이다.

여섯째, 재정준칙의 실증적인 효과가 재정준칙을 통해서인지 아니면 전반적인 경제 상황의 호조에 의해서인지를 구분할 수 있어야 하는데, 이것이 매우 어려우며 재정건전성에 항상 기여하는 것으로 볼 수 없다는 주장이 있다.

이런 주장에 대해서는 실증연구 전체를 재검토하는 메타 연구를 할 때 대체로 재정준칙의 효과가 있으며, 하나의 제도가 만병통치약은 아니라는 점, 제도의 장점을 활용하되 재정 의사결정자들이 재정 운용을 할 때 책임감을 갖는 것이 중요하며 제도의 품질도 중요하다는 점을 유의하면서 재정준칙을 잘 운용하기 위하여 노력하여야 한다는 지적으로 볼 수 있다.

더불어 이러한 반론들은 대체로 재정준칙의 필요성과 효과에 대하여 제기하는 문제인데 재정준칙의 가치가 재정건전성 확보 외에 재정 운용의 투명성, 책임성, 자의적 운용의 제약이라는 점도 고려하여야 한다. 혹 재정준칙이 단기적으로 재정건전성 개선을 가져오지 못하더라도 재정준칙은 국가와 국민의 직접적인 약속으로서 재정정책의 투명성과 민주성을 획기적으로 개선하는 제도로서의 가치도 크다는 점을 기억하여야 한다.

2 도입 방안

중장기 재정건전성을 확보하려면 총지출을 적절히 통제하거나 재정적자를 엄격히 관리하는 재정준칙이 필요하다. 많은 국가에서 재정준칙의 결합 시스템을 갖고 있으며 재정수지준칙과 채무준칙을 함께 사용하는 국가, 지출준칙과 재정수지준칙을 함께 사용하는 국가, 지출준칙과 채무준칙을 함께 사용하는 국가의 사례가 있다. 이런 예를 따라서 우리나라의 입법·예산 의사결정 특성을 고려하면 의무지출에 대한 페이고 원칙, 총지출 제한, 국가채무 비율 제한의 세 가지 재정준칙을 결합하는 것이 가장 효과적이라고 본다.

우리나라는 국회 내의 예산 총괄 조정 기능이 약하고 각 상임위가 소관 분야 예산 확대 지향적이며, 국회가 의무지출 법률을 통하여 현재 세대 이익에 충실하게 예산을 편성하고 재정 부담을 미래세대에 전가할 우려가 높다. 이를 방지하기 위하여 의무지출에 페이고 준칙을 도입하여 재정지출을 늘리는 신규 입법 시 기존 제도 축소나 세입 확충 같은 비용이 명시적으로 고려되도록 하는 페이고제도가 필요하다.

동시에 의무지출에 페이고 적용만으로는 예산 총액 증가 및 재정적자를 통제할 수 없기 때문에, 의무지출과 재량지출을 합한 총지출을 제한하는 준칙을 병행하는 것이 효과적이다. 스웨덴이 3년 단위로 중기재정운용계획을 만들어 정부 지출을 통제하는 것처럼, 한국의 국가재정운용계획의 대상 기간을 현행 5년에서 3년으로 단축하고 이를 재정준칙으로 준수하도록 제도화하는 방안이 가능하다.

채무제한제도를 두고 선진국 채무 비율 기준(독일, 스웨덴 GDP의 60%) 및 한국의 경제 수준을 반영하여 기준선을 선진국보다 낮추고 기준 변경 시 국회의 동의를 받도록 할 필요가 있다.

재정준칙을 포함한 중기재정계획을 수립하고 준수하도록 하며, 이를 법률안에 준하는 방식으로 국회에서 의결하고 미준수 시 책임을 지도록 하는 제도화가 필요하다. 외부적 경제 충격에 신속하게 대응할 수 있도록 예외적 상황에 대하여 정의하고 적용을 유예하도록 하는 유연성 있는 준칙을 채택할 필요가 있다.

페이고제도 도입을 위해서는 의무 지출과 재량 지출의 범위와 기준의 명확화, 의무지출법안 입법 과정의 재설계 등이 필요하며, 법안 비용 추계와 재정 소요 점검의 정확성 제고 노력이 필요하다.

지출제한 제도화를 위해서는 총지출의 범위를 어떻게 설정할 것인지, 일반정부로 규정할 경우 중앙정부, 지방정부, 공공기관 간의 재정 비중을 어떻게 사전에 결정할 것인지, 위배 시 조치 등을 고려하여야 한다.

채무 및 수지 제한의 경우 관리의 대상인 국가채무와 재정수지의 정확한 정의, 공시와 관리 방식, 위배 시 처리 방안 등을 고려하여야 한다.

공식적인 예외 조항이 필요한데, 추가경정예산의 예를 준용하면 될 것이며 「국가재정법」에 요건과 처벌 내용을 규정하여야 이의 위배 시 법적 책임을 지도록 할 수 있을 것이다.

재정 개혁의 방향

미래를 위한 재정관리
Public Financial Management for the Future

1 미래 한국의 모습 구상

　현재 우리나라에서는 지출, 조세, 채무 등 재정정책으로 분류되는 정책과 관련된 다양한 논의가 이루어지고 있다. 본예산, 추가경정예산과 같은 큰 규모의 예산정책뿐 아니라 보조금 삭감, 출연금 축소, 부담금 폐지 등 다양한 재정정책이 펼쳐지고 그때마다 관련된 사람들이 난리 법석을 편다. 자신들의 이익, 결국 돈문제와 관련된 일이기 때문일 것이다.

　이런 상황에서 어떤 변화와 정책적 개입에 대하여 지엽적인 찬반 논의가 이루어질 때가 많은 것 같다. 사실 정부의 모든 활동은 사회와 경제 내에 자원 배분의 변화를 일으키기 때문에 미시적인 관점에서 하나의 작은 정책에 대하여 찬반 논의를 하면 얼마든지 찬성 논거와 반대 논거를 늘어놓을 수 있다. 모든 재정제도와 정책에는 장단점이 있고 혜택을 보는 집단과 손해를 보는 집단이 있기 때문에 그 정책에 대해서만 논의하면 이해관계자들이 어떤 식으로든 논리를 개발하여 옹호하거나 비난할 수 있다.

　제대로 된 재정정책의 판단과 설계는 작은 단위의 개별 정책에 대한 이해관계자들 중심의 논란에서 벗어나 큰 틀에서 국가의 발전 방향에 대한 구상에서부터 시작되어야 할 것이다. 향후 오십 년, 백 년 후의 바람직한 미래의 한국의 모습을 설정한 후 그러한 국가로 변화하기 위하여 전반적인 재정제도와 정책을 어떤 방향으로 설정하여야 하는가라는 관점에서 개별 조치를 평가하는 방식이 되어야 할 것이다.

이 책에서는 이런 관점에서 한국의 변화의 상(像)을 제시하고자 하며, 그것은 크게 공공 부문 역할 재정의 및 축소, 민주적인 정치와 합리적인 정부, 성숙한 시민사회, 혁신적인 시장, 국제사회 규범 준수 및 기여와 책임이라는 다섯 가지 방향이다.

첫째, 공공 부문의 역할 재정의와 축소는 국가 전반의 질서에서 국가의존도와 무분별한 시장 개입이 줄어들어야 한다는 것이다. 대부분의 시장이 형성되어 있는 상황에서 공공관료제에 의한 시장 질서와 규율의 훼손이 지나치게 빈번하게 이루어지고 있다. 정부와 시장과 사회가 분화하고 전문화된 선진국형 주권국가의 모습으로 진전해 나가야 한다. 정부와 시장의 역할 배분과 전문화를 이루고 정부가 하여야 할 일과 시장의 일을 구분하여 각자의 역할에 좀 더 충실한 정부-시장 관계의 재정립이 필요하다.

둘째, 정책의사 결정체이자 국가의 발전 방향을 결정하는 공적인 의사결정 체제를 성숙한 시민들의 집단지성이 발현되는 좀 더 민주적인 정치와 합리적인 정부로 전환하여야 할 것이다. 이성과 지혜, 도덕과 가치를 내면화한 성숙한 시민들에 의한 정책의사결정에 대한 참여와 감시를 통하여 바람직한 정치적 및 정책적 의사결정이 이루어지도록 하여야 할 것이다. 아울러 실질적인 의사결정을 내리는 정부에 대하여 투명하고 합리적인 의사결정과 집행이 이루어지도록 언론, 시민단체, 시민들의 감시와 통제가 필요하다.

셋째, 주권국가를 지탱하는 성숙한 시민사회 질서와 사회제도가 발전되어야 한다. 각종 직역집단, 시민단체, 협동조합, 언론, 대학, 종교집단 등 시민사회 내에 존재하는 행위자들의 윤리의식과 공적 마인드가 강화되고 시민사회의 자율성과 독립성이 높아져야 한다. 정부에 의존하고 기생하는 풍토에서 벗어나 자율적인 규제와 윤리의식을 고양하여야 하고, 시민사회 내의 고유한 가치를 구현하는 본연의 사회적 기능에 충실하도록 제도 개선이 요구된다.

넷째, 시장의 확대와 혁신의 지속을 통하여 높은 수준의 생산력을 확보하고 지속 가능한 성장을 이루어 내야 한다. 3만 달러에서 피크 코리아(Peak Korea: 성장의 정점)에 머물게 하는 여러 가지 구조적 장벽을 적극적으로 제거하고 기술 혁신, 제도 개선, 사회적 신뢰 제고 등의 방법으로 생산성의 획기적인 개선을 통하여 잠재성장률의 지속적인 증가를 위하여 노력하여야 한다.

다섯째, 미래의 한국은 그동안 소홀히해 왔던 국제사회의 규범과 기여에 적극적으로 나서야 하고 기후 변화, 인권, 지속가능발전목표(Sustainable Development Goals: SDGs), 저개발국가의 발전 등에 대한 국제사회의 지원 요구에 적극적으로 대응하고 국제사회에 모범이 되는 국가가 되어야 한다. 새로운 형태의 국제 질서를 선도하면서 국제사회의 공동체적인 가치를 구현해 나가는 모범적인 국가가 되어야 한다.

2 재정전략의 방향

1) 복지지출과 투자지출의 조화

이러한 한국의 미래상을 구현하는 수단 중의 중요한 하나가 재정제도와 정책이 될 것이다. 이러한 방향성을 기준으로 삼아서 현재 국가적 수준에서 논의하고 합의하여야 하는 몇 가지 중요한 재정전략의 방향에 대하여 논의하면 크게 복지지출과 투자의 균형 문제, 복지 수준과 조세 부담의 조화 문제, 현재세대와 미래세대의 분담 문제로 정리할 수 있다.

먼저 복지지출과 투자지출의 균형 문제이다. 다음 [그림 16-1]처럼 복지지출과 경제의 생산력은 밀접하게 연결되어 있으며 상호 의존적이기 때문이다. 이를 위해서는 복지제도에 대한 냉정한 평가가 선행되어야 한다. 복지지출의 경우 자격 요건에 따라 수급이 결정되어 복지지출을 연간 결정하는 것이 아니고 제도를 설계함으로써 향후 장기간의 지출이 결정되는 것이기 때문이다. 이런 점에서 현재의 한국의 복지지출의 규모, 구성, 증가율은 의사결정에 주요 고려 사항이 되어서는 안 된다. 복지지출 현황을 갖고 국제 비교를 하는 것은 대단히 부적절하다. 의도적인 눈속임이 아닐까 하는 생각이 들기도 한다. 한국은 새로운 사회복지제도의 도입이 없더라도 시행 초기에 있는 사회보장제도의 운영이 본격화되면 정부지출이 확대되고 이에 따른 소득재분배 효과가 커질 것이다. 사회복지제도의 성장 경로가 다른 선진국들과 우리나라의 지출 구조를 비교하여 복지제도의 수준이나 재정의 역할을 평가하는 것은 맞지 않다.

사회적 약자들을 대상으로 한 복지제도가 어느 정도 구비되어 있으며 적절한 수준까지 수급 조건이 마련되어 있는가에 대한 평가를 하는 것이 중요한 의사결정이 되겠다. 복지제도를 설계할 때 국민의 삶에서 정부가 책임져야 할 부분이 어디까지인가에 대한 진지한 고민도 필요하다. 복지 수준의 문제와 연결되는 문제인데 공동체로 살아가는 사회에서 어떤 사람들까지 정부의 도움이 필요한 사람으로 볼 것인가, 피해야 하는 극단적인 삶의 조건이 어디까지인가에 대한 판단이다. 시민이 자신의 삶에 대하여 자율적이고 적극적인 책임을 지고 그럼에도 불구하고 최소한의 생활의 수준을 얻지 못하였을 때 공동체가 부조의 방식으로 이를 채워 주는 형태의 국가의 개입이 원칙이 되어야 할 것이다.

동시에 투자지출에 대한 평가도 필요하다. SOC 투자, R&D 투자, 산업정책에 관련된 다양한 투자의 효율성에 대한 엄격한 평가가 필요하며, 미래 지향적인 산업구조를 위한 대규모 구조조정이 필요하다.

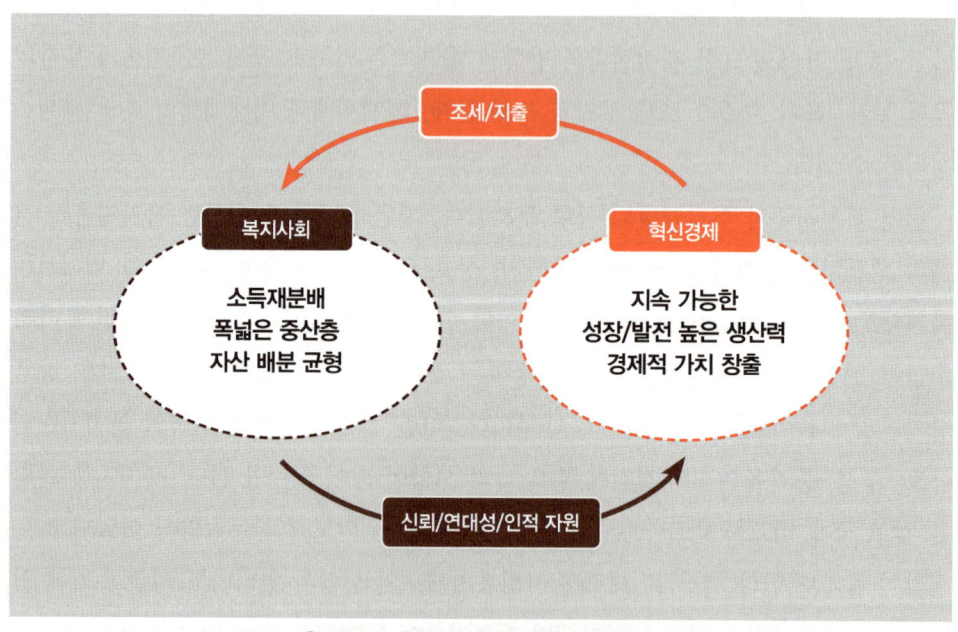

[그림 16-1] 복지제도와 생산력의 연계

이런 관점에서 현재 우리나라는 총지출에서 복지지출의 수준 자체는 낮은 편이나 복지제도나 조건은 선진국 못지않게 제도가 구비되어 있으며, 경제의 생산력이 감당할 수준을 다분히 넘어선 것으로 본다. 현재 경쟁력이 유지되고 있는 분야는 반도체 등 일부 부문에 지나지 않으며 대부분의 제조업 분야는 이미 중국에 뒤처진 상황이다. 비교 우위가 있는 분야의 기술 격차도 사실 거의 없다고 보아도 과언이 아닌 상황이다. 미래를 준비하는 투자에 조금이라도 더 배분되도록 하기 위하여 복지제도에 대한 대규모의 구조조정이 필요한 시점이라고 보아야 한다.

2) 복지 수준과 조세 부담의 조화

두 번째로 복지 수준과 이를 지탱할 조세 부담에 대한 결정이 필요하다. 복지지출에 대하여 과연 누가 부담하여야 하는가의 문제이다. 한 세대 내에서 소득계층별 차이를 논할 수 있겠지만 현실은 현재세대의 모든 계층이 단결하여 미래세대에 부담을 전가하고 있으므로 두 세대의 부담에 초점을 맞추어 보면 [그림 16-2]와 같다.

한국의 저복지 상황에서 필요적 복지로 지출을 대폭 확대하여 왔으나 이에 걸맞은 현재세대에 대한 부담 부과를 하지 않고 국가채무를 통하여 미래세대를 착취하는 제

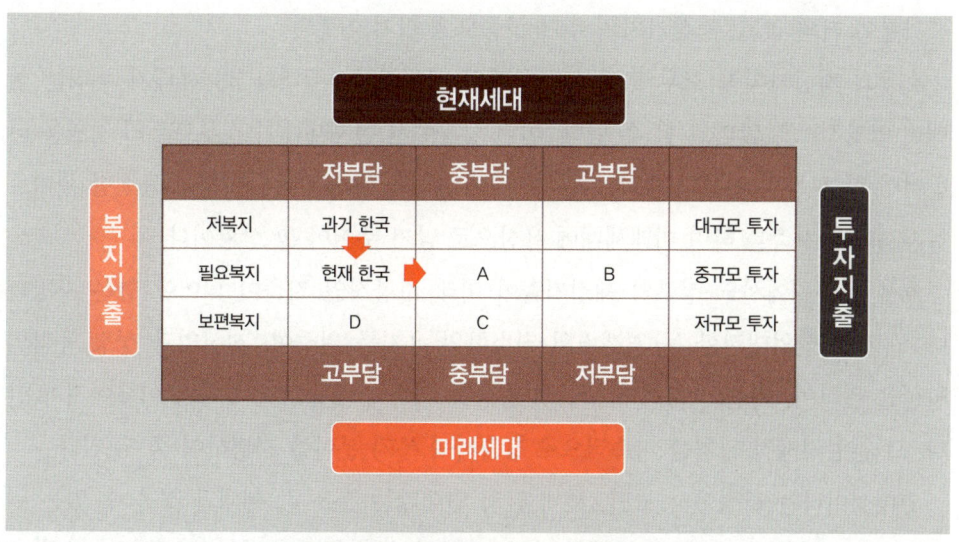

[그림 16-2] 복지 수준과 세대 간 부담의 배분

도를 구축하였다. 여기서 더 나아가 D상태로 가게 된다면 한국의 미래는 되돌릴 수 없는 고착 상태에 빠지게 될 것이다. 현실적인 개선은 A상태에 이어서 B상태로 전환되는 것이다. 한 세대 내에서 벌어지는 사회적 약자의 보호에 관한 문제는 자신의 세대가 최대한의 노력을 기울여 해결하고 그 이후 불가피하게 부족한 부분에 대하여 미래세대에 도움을 요청하는 방식이 되어야 할 것이다.

담세력에 대하여 조세이론 부분에서 살펴보았듯이 현재 우리나라는 중산층의 담세 여력이 있으므로 이들에 대한 과세를 통하여 현재세대의 중부담 체제로 전환할 수 있도록 하여야 한다.

3) 미래세대를 위한 재정정책 강화

정부는 공평성의 차원에서 경제 성장의 과실을 누린 세대에서 그렇지 못한 세대로 부(富)의 이전을 하는 역할을 하여야 한다. 미래세대는 과거에 가정하였듯이 고도 성장과 인구 증가를 누리는 세대가 아니기 때문에 현재세대가 미래세대에 비하여 약자라고 볼 수 없다. 자산의 가격, 특히 부동산가격은 당시의 경제성장률이 아니라 미래의 가치가 반영되기 때문에 현재세대가 보유한 자산의 가격에 이미 미래에 발생할 소득이 대부분 반영되어 있다. 미래세대는 잠재성장률이 0%에 가까워졌기 때문에 소득 증가분이 거의 없고, 자산가치의 추가 상승도 누리기 어렵다.

소득과 자산가치를 모두 고려하면 현재의 베이비부머세대와 386세대가 누리는 혜택이 압도적으로 많다고 할 수 있다. 이런 상황에서 현재세대가 정부로부터 지원을 더 받아야 할 하등의 이유가 없다. 오히려 미래세대가 현재세대에 비하여 불행한 세대로 현재세대가 저축을 하여 미래세대에 유산으로 남겨 주어야 할 상황이다.

효율성 차원에서도 정부의 재정지출이 미래 지향적인 지출이 되어야 함은 자명하다. 국가의 산업대전환 등 경쟁력의 최소한의 유지를 위하여, 신산업과 성장 동력의 발굴을 위하여, 기술의 축적과 생산성 향상을 위하여 대규모의 투자가 이루어져야 한다. 그래야 경제적 가치를 지속적으로 창출하여 복지 분야를 지탱하여 줄 수 있다.

연대성이라는 관점에서 보면, 세대 간의 연대라는 것은 각 세대가 겪을 수 있는 위험, 약자에 대한 보호, 이에 대한 부담이 균형 있게 설계될 때 가능한 것이다. 마치 보험이 보험자들이 각자 확률적으로는 비슷한 위험과 부담이 있지만 상부상조를 위하여 함께 운용하는 것과 마찬가지이다. 현재 우리나라에서 세대 간 연대라는 이름으로 만들어진 제도는 현재세대들, 특히 매우 짧은 특정 시기의 사람들에게 절대적으로 유리하고 그 이후 미래세대들이 절대적으로 불리한 내용으로 설계되었다. 세대 간 연대라는 허울에 실제로는 현재세대에 의한 미래세대에 대한 착취의 계약인 것이다. 그리고 이 계약은 현재세대에 의하여 일방적으로 강요되었다.

현재 현재세대에 집중된 혜택을 주는 정부 재정정책의 결과로 미래세대들은 더 이상 이 사회에 대하여 희망을 갖지 못하고 있다. 결혼 포기, 출산 포기는 당연한 결과이다. 베이비부머와 386세대의 편향적인 재정지출과 복지제도의 전반적인 대개혁의 미래세대의 이익을 지켜 주고 옹호해 주는 정치 세력과 정부가 나타나지 않으면 이러한 추세를 뒤집기 어려울 것이다.

3 재정 거버넌스 개선 방안

이런 큰 방향에서 현재의 재정관리 시스템과 재정 거버넌스의 중단기적인 개선 과제를 제시하면 재정관리 프레임워크의 개선, 대통령실의 재정정책 권한과 책임 강화(하향식 예산제도), 의회의 재정정책 권한과 책임 강화(사전예산제도), 법의 지배의 재정정책 규율 강화, 전문가 및 시민의 재정정책 통제 강화, 이익집단의 활동 투명성 제고 및 통제를 들 수 있다.

첫째, 재정관리 프레임워크의 개별 제도에 대한 개선 사항은 본문에서 지적한 바와 같다. 여기서 다시 지적하여야 할 사항은 이러한 제도와 기능이 독립적으로 이루어져 고유의 기능을 하고 있지 않다는 것이다. 현재 예산, 지출 및 사업관리, 회계, 재정 전망 정도가 의미 있게 작동하고 있고, 나머지 제도는 이에 대한 정당화를 하는 부속 자료에 머물고 있다는 것이다. 예산, 관리, 회계, 재정 전망에 대하여 이러한 활동이 제대로 이루어지고 있는가에 대한 제3의 기관에 의한 독립적인 활동에 의한 검증이자 보완제도가 되어야 하는데 사실상 중앙예산기관이 모든 활동을 독점적으로 수행하고 있어서 제도의 독자성이 없고 의미도 없는 것이다. 냉소적으로 말할 때 대통령실과 기획재정부에서 먼저 합의한 내용으로 예산을 짜고 나머지는 이를 정당화하는 방식으로 짜맞추는 식이라는 것이다.

　재정관리 프레임워크가 제대로 작동하여 중장기적 국가 발전 경로를 고려하고 미래지향적인 재정정책과 예산정책이 만들어지기 위해서는 재정관리 프레임워크를 고도화하고 정상화할 필요가 있으며, 기획재정부에 집중화되어 있는 기능과 권한을 체계적으로 분산하고 제도 간 상호 연계와 검증, 견제 등이 이루어질 수 있도록 조정하는 개선이 필요하다.

　아울러 국제기구에서 지적하는 바와 같이 우리나라의 재정관리 프레임워크는 책임성, 투명성 측면의 적극적인 제도 개선도 필요하다.

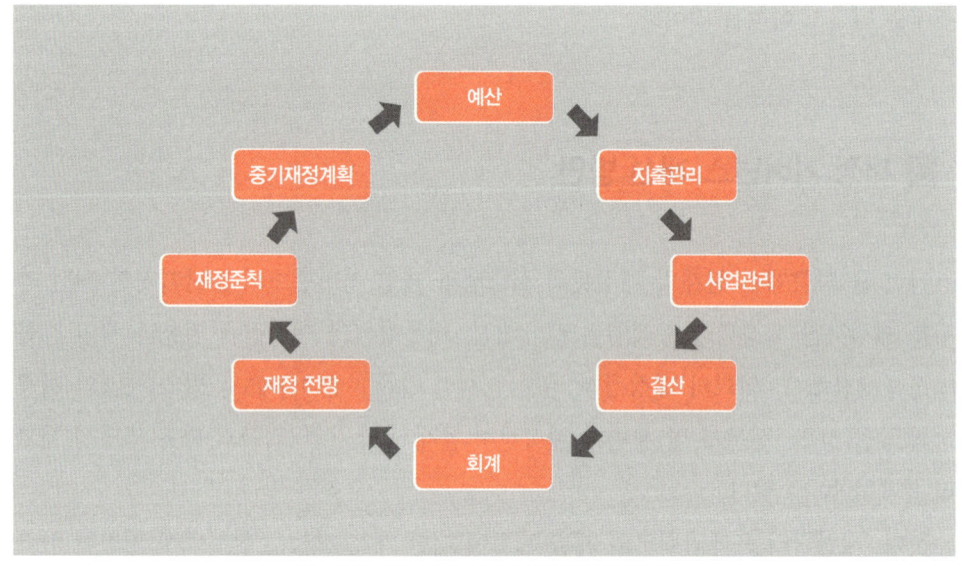

[그림 16-3] 재정관리 프레임워크의 연계

　둘째, 현재 우리나라의 대통령실의 재정정책 권한과 책임의 강화가 요구된다. 대통령실, 관료기구, 의회는 각기 다른 정향을 갖고 있지만 예산 권한을 적절하게 배분함으로써 세 조직의 적절한 상호 작용을 통하여 집단지성을 기반으로 사회적으로 바람직한 예산 의사결정이 이루어질 수 있을 것이다. 이런 점에서 대통령실과 관료제 관계의 재정립이 필요하다.

현재 대통령실과 기획재정부 간에 보이지 않는 공생 관계가 있고 대통령실이 지휘하되 책임은 기획재정부가 지는 패턴을 보이고 있다. 하향식 예산제도를 좀 더 분명하게 체계화하여 대통령실의 예산 편성에 대한 지휘와 조정의 범위를 확정하고 투명성, 대통령실의 책임성을 확보할 수 있는 제도를 도입하여야 한다. 미국 연방정부의 관리예산처와 같이 대통령실의 예산정책 역량을 강화하고 대통령실과 보좌기구, 중앙예산기구인 기재부, 국회라는 세 축에서 예산 의사결정이 이루어지도록 할 필요가 있다.

셋째, 의회의 재정정책의 권한과 책임을 강화할 필요가 있다. 앞서 살펴보았듯이 사전예산제도를 통하여 예산의 총량적 의사결정 시 의회의 의사를 반영하도록 할 필요가 있다. 예산정책의 기본 방향은 총예산 규모, 각 기본 기능별 배분 및 비중, 적자 한도, 채무 수준 등 예산에 대한 총량에 대한 의사결정을 의회에 제시하고 의회는 이를 심사한 후 수정 의결하여 예산의 큰 틀을 결정하는 것이다. 정치 권력, 중앙예산기구, 의회의 상호적인 권한 존중 및 견제가 가능할 것으로 생각된다. 이 과정에서 미래세대의 이익을 보장하도록 할 필요가 있다.

넷째, 전문가 및 시민의 재정정책 통제를 강화하여 의사결정자들의 책임성을 높여야 한다. 세입 전망, 재정준칙감시 등의 기능을 미래세대의 이익까지 고려하는 전문가들로 구성된 재정위원회(Fiscal Council) 등에 위임하는 방안을 고려하여야 한다. 예산의 총량적 의사결정과 배분적 의사결정에 전문가와 국민들의 의사를 조사하는 등 참여적 메커니즘을 확대함으로써 집단지성이 발현되는 장(場)이 되도록 제도설계를 하여야 한다.

다섯째, 이익집단의 활동 투명성 제고 및 부패 통제가 필요하다. 국가의 보편적인 공공선(公共善)으로서의 이익, 미래세대를 옹호하는 이익으로부터 개별 집단의 이익을 구별할 필요가 있다. 재정 의사결정 과정에서 개별 집단의 이익이 대표되면서 전체 공동체의 이익, 미래세대의 이익을 훼손하지 않도록 하는 제도를 마련하여야 한다. 이익집단이 주로 활동하는 부문의 예산과 사업에 대한 좀 더 적극적인 공개와 모니터링, 성과평가와 관리를 하고 이에 대한 자료를 투명하게 공개하여야 한다.

여섯째, 법의 지배인 재정정책 규율을 강화하여야 한다. 우리나라는 지속적으로 추경 요건을 위배하거나 예산안 심사 과정에서 불법적인 요소들이 있어 왔다. 이러한 행위에 대하여 법적 및 행정적 책임을 물음으로써 재정 통제가 제대로 이루어고 국민이 재정 의사결정을 신뢰할 수 있도록 하여야 한다.

　일곱째, 미래세대의 이익에 특별한 관심을 갖고 옹호하는 제도 도입이 요구된다. 세대 간 회계(generational accounting)를 통하여 미래세대가 져야 하는 경제적 부담에 대하여 합리적으로 추계하고 투명하게 사회적으로 공유하도록 할 필요가 있다. 일단 미래세대의 이익을 훼손하는 여러 복지제도에 대하여 대대적인 개혁 작업이 필요하다. 나아가 미래세대에 대한 부담에 대한 투명한 공시로서 세대 간 회계 도입, 미래세대 이익을 옹호하는 미래세대 이익 인지예산의 도입 및 제도화도 가능할 것이다.

참고 문헌

국회예산정책처. (2022). 「대한민국재정」. 국회예산정책처.
기획재정부. (2022). 「한국통합재정수지」. 기획재정부.
이정희. (2020). 「예산이론」. 윤성사.

Borcherding, Thomas. (1977). *Budgets and Bureaucrats: the Sources of Government Growth*. Duke Univ. Press, Durham, NC.
Diamond, Jack. (2002). "The Strategy of Budget System Reform in Emerging Countries." *Public Finance and Management*, Vol.2 No.2 pp.358-386.
Diamond, Jack. (2003). "Budget System Reform in Transitional Economies: The Experience of Russia." *Emerging Markets Finance and Trade*. Vol.39. No.1 pp.8-23.
EU. (1995). European System of Account. EU.
Hallerberg, Mark and Jürgen von Hagen. (1999). "Electoral Institutions, Cabinet Negotiations, and Budget Deficits in the European Union." In: Poterba, J. and von Hagen ,J. (eds.) *Fiscal Institutions and Fiscal Performance*. Univ. of Chicago Press, Chicago.
Hemming, Richard and Murray Petrie. (2000). "A Framework for Assessng Fiscal Vulnerability" *IMF Working Paper*. IMF.
Herndon, Thomas, Michael Ash, and Robert Pollin. (2014). "Does High Public Debt Consistently Stifle Economic Growth? A Critique of Reinhart and Rogoff." *Cambridge Journal of Economics*. Vol.38. pp.257-279.
IMF. (1986). Government Financial Statistics Manual. IMF.
_____. (1998). Fiscal Policy Rules. Occasional Paper No.1998/011. IMF.
_____. (2001). Government Financial Statistics Manual. IMF.
_____. (2014). Government Financial Statistics Manual. IMF.
Kopits, George and Steven Symansky. (1998). *Fiscal Policy Rules*. Occasional Paper 162. International

Monetary Fund, Washington D.C.

Musgrave, Richard. (1959). *The Theory of Public Finance: A Study in Public Economy*. McGraw-Hill Book, New York.

OECD. (2021). Economic Outlook. No.110. OECD.

Reinhart, Carmen and Kenneth Rogoff. (2010). "Growth in a Time of Debt." *American Economic Review: Papers and Proceedings*. Vol.100. pp.573-578.

UN. (2008). System of National Account. UN.

Velasco, Andres. (1999). "A Model of Endogenous Fiscal Deficits and Delayed Fiscal Reforms." In: Poterba, J. and von Hagen, J. (eds.) *Fiscal Institutions and Fiscal Performance*. Univ. of Chicago Press, Chicago.

Velasco, Andres (2000). "Debts and Deficits with Fragmented Fiscal Policymaking". *Journal of Public Economics*. Vol.76. No.1. pp.105-25.

von Hagen, Jürgen. (2005). "Fiscal Rules and Fiscal Performance in Europe and Japan." Available at SSRN: https://ssrn.com/abstract=844288.

von Hagen, Jürgen and Harden, Ian. (1995). "Budget Processes and Commitment to Fiscal Discipline." *European Economic Review* Vol.39 No.3. pp.771-79.

Weingast, Barry R., Kenneth A. Shepsle and Christopher Johnsen. (1981). "Political Economy of Benefits and Costs: a Neoclassical Approach to Distributive Politics." *Journal of Political Economy*. Vol. 89, No. 4 (Aug., 1981). pp. 642-664.

Wildavsky, Aron. B. (1964). *The Politics of Budgetary Process*. Little, Brown and Company. Boston.

국회의안시스템 https://likms.assembly.go.kr/bill/main.do
열린재정 https://www.openfiscaldata.go.kr/op/ko/index

찾아보기

(ㄱ)

가예산	168
간접관리기금	154
간접보조	343
간접세	361, 365
감사 요구	290
감사원	268, 286
감세정책	44
강제이행	430
개인소득세	369
거래	494
거버넌스	102, 110, 125, 139, 306, 418, 429
거부권	195
건전성	28, 47, 165, 381
결산	280, 495
결산 개요	282
결산검사	286
결산보고서	281, 285
결산 출납정리	291
경상보조	343
경성준칙	538
경제성 분석	304
경제 성질별 분류	172, 179
경제 전망	99, 101, 103
경직성	383
경직성 경비	173, 180
계량경제모형	97, 102
계량경제모형 분석	97
계량모형 분석	109
계속비	197, 274, 315
계정성 기금	155
계층화분석(AHP)	306
고객정치	91
공공 부문	451
공공예산	145, 147
공공투자	303, 308
공기업부채	475
공기업부채 총량관리	477
공유지의 비극	70, 89, 250
공평성	365
과잉집권성	243
과태료	360, 361
관리예산처(OMB)	85, 102, 105, 210, 231
관리재정수지	46, 57
관리회계	489
관세	361
교부금	326, 347
교부세	347
교환	420
구분회계제도	478

구유통정치	92	균형재정제도	541
구조결정론	89	그림자 지출	382
국가결산보고서	281	금융성 기금	155
국가보증채무	440, 480	금융성 채무	438
국가부채	435, 438, 454	금융투자세	371, 473
국가 위험	460	기금	153
국가재무제표	394, 501	기금수입	363
국가재정법	29, 74, 296	기금운용계획안	200
국가재정운용계획	136, 139, 142	기금운용심의회	156
국가채권	426, 429, 431, 511	기금운용평가	156
국가채권관리평가	428	기금정책심의회	156
국가채무	28, 51, 58, 434, 436, 443, 445, 464	기금존치평가	157
		기능별 분류	171, 176
국가채무 관리계획	469	기술적 효율성	27
국고금	398	기업회계	489, 492, 500
국고금관리	396	기준선 전망	108, 117
국고금관리계획	403	기타 비유동부채	439
국고금통합관리제도	399	기후 변화 대응 원칙	188
국고채무부담행위	197, 274, 315, 437	기후인지 예산제도	221
국고통일주의	274	긴급배정	269
국민부담률	40		
국민 부담 최소화 원칙	187	**(ㄴ)**	
국세	361	납세협력비용	392
국세감면율 한도제도	379	내국세	361
국세 감면 페이고제도	379	내부거래지출	38
국유재산	393, 411, 413	내부통제	267
국유재산관리기금	417	논리모형	300, 319
국유재산관리운용총보고서	416		
국유재산 실태조사	413	**(ㄷ)**	
국유재산 종합계획	415	다수공급자계약	330
국유재산특례제한제도	417	다원적 절차의 원칙	185
국유재산특례지출	416	다이어먼트(Jack Diamond)	227
국유재산특례지출예산	417	단기 예측	95
국정감사	158, 254	단속 효과	87
국채	436, 462	단식부기	488
국채시장	471	대차대조표	500
국회법	77	대체 효과	88
국회보고제도	316	대통령실	240
국회선진화법	77, 162, 256, 260	대통령중심제	68, 81

델파이 기법	96, 109
도덕적 가치	150, 366
디지털예산회계시스템(D-brain)	521, 522

(ㄹ)

리바이어던이론	88

(ㅁ)

메니페스트	113, 115
머스그레이브(Richard Musgrave)	29, 30, 148
명세예산	161
명시이월	272
명시이월비	197
명시적 우발채무	441
명시적 직접채무	441
목적세	361, 365
물세	365
민간위탁	325, 341
민간투자기본계획	336
민간투자사업	324, 334, 338
민자적격성조사제도	336
민주성	26

(ㅂ)

바그너(Adolf H. G. Wagner)	87
바그너의 법칙	87
반복적 예산	186
발생주의	488, 496
발생주의 예산	222
배분적 효율성	27, 29
벌금채권	427
범칙금	360
법안비용	106, 110
법인세	372
법치주의의 원칙	27
보고의 원칙	184
보몰 효과	88
보상법안	107
보장법안	107

보전금	326
보전수입	37
보전지출	38
보조금	325, 343
보조금 교부	337
보조금통합관리망	345
보조사업운용평가	344
보증채무	440
보통세	361
보편 증세	376
복식부기	488
복지지출	555
본예산	161
부가가치세	374
부담금	359, 386
부담금운용평가제도	388
부대 의견	258, 290
부채	435, 440, 492
분개	492, 494
분석 전망	120
브릭시(Hana P. Brixi)	441
비경직성 경비	173, 180
비영리회계	489
비현실적인 예산	185
비확정부채	439, 457

(ㅅ)

사고이월	272
사업관리	295
사업법안	107
사업부처	83, 241
사업분석	295
사업성과 관리제도	61, 62
사업성 기금	155
사업집행보고서	267
사용료	360
사전예산제도	120, 217, 561
사회보장기여금	40, 56
사회보장성기금	46

사회보험기금	155
사회보험료	360
사회적 연대성	30
상임위원회	84
선거공약비용	112, 114
성과계획서	302
성과관리제도	296
성과목표관리	298, 302
성과보고서	284
성과주의 예산	209
성실 통제 책임성	515
성인지사업	219
성인지 예산	217
성장성 지표	507
세계잉여금	292
세금	291, 366, 376
세무행정	390
세수입	361
세외수입	363
세입	359
세입세출 결산	282
세입세출 예산	196
세입예산 과목	202
세입 전망	99, 101, 103
세출예산 과목	205
소관별 분류	171
소득과세	365
소비과세	365
손익계산서	500
수수료	360
수시배정	269
수요예측 재조사	312
수익성 지표	505
수익형 민자사업(BTO)	334
수입대체경비	159, 274
수입지출 결산	283
수입지출총괄기관	83
수정대통령제	68, 72
수정예산	161
수정예산안	256
수직적 형평성	29
수평적 형평성	29
순자산변동표	503
숨겨진 예산	186
숨은 보조금	382
쉬크(Allen Schick)	150, 185
승수 표과	94
시계열분석	97, 109
시기 신축성의 원칙	185
시뮬레이션	97
시스템이론	93
시장 위험	464
시정연설	253
시정 요구	289
신용보증	354
신축성	269, 366

(ㅇ)

안전성 지표	505
암묵적 우발부채	442
암묵적 직접부채	441
양성 평등 원칙	188
양여	421
양입제출	57, 536
연금부채	482
연기금	404, 408
연기금 투자풀제도	406
연성준칙	538
연체채권	428, 431
열린예산지수(OBI)	515
열린재정 웹사이트	136, 318, 321, 513, 530
열린재정정보	526
열린재정정보운동	525
열린정부운동	525
예비금	206
예비비	206, 272
예비타당성조사	303, 305, 307
예산	25, 145, 151

예산결산특별위원회	255	우발부채	440, 479
예산 과목	202	우발부채보고서제도	481
예산 과정	225	운용 총칙	200
예산구조	226	윌다브스키(Aron B. Wildavsky)	148, 229, 243
예산기구 상호성의 원칙	185	유동부채	438
예산 단일의 원칙	183	융자금	327, 354
예산 배정	275	의무지출	173, 180
예산 배정의 유보	270	의원내각제	68, 81
예산법률주의	190	의회예산처(CBO, PBO)	85, 102, 113
예산보고서	514	이스턴(David Eston)	93
예산비법률주의	189	이용(移用)	270
예산 사전 의결의 원칙	182	이익잉여금처분계산서	501
예산 수단 구비의 원칙	185	이익집단이론	91
예산수정안	162	이전지출	325
예산 심의	248, 259	이체(移替)	272
예산안 부대 의견	258	일반기금	406
예산안편성지침	235	일반재산	412, 420
예산완전성의 원칙	183	일반정부 국가채무	446
예산위원회	84	일반지출	38
예산의 분류	169	일반회계	152
예산의 원칙	181	임대형 민자사업(BLT)	334

(ㅈ)

예산정치	240, 259	자금운용계획	200
예산주기	226	자동부의	252, 257
예산 집행	266	자본변동표	501
예산 집행의 보류	270	자본보조	343
예산집행지침	275	자산관리	25, 393
예산책임청	105	잠재부채	481
예산총계주의	158, 183, 418	잠정예산	167
예산총량심사	264	장기계속계약	330
예산 총칙	196	장기계속계약제도	315
예산 통일의 원칙	183	장기대부	337
예산투명성, 명료성, 정확성의 원칙	182	장기재정 전망	120, 121, 122, 124, 126
예산 편성	231	장기차입부채	439
예산한정성의 원칙	182	장기충당부채	439
예산활동	145	재량권에 따른 분류	173, 180
예산회계	490	재량지출	173, 180
예탁금	327	재무감사	286
와이즈만(Jack Wiseman)	87		
외부통제	268		

재무지원	25, 42, 393	재정 통계 공개 웹사이트	527
재무제표	283, 480, 495, 499	재정통제제도	267
재무회계	489	재정환상론	88
재산과세	365	저금통예산	186
재산세	375	적립성 기금	154
재정	25, 30, 33, 37	적자성 채무	438
재정개혁	553	전기(轉記)	494
재정 거버넌스	65, 72, 559	전문가 의견조사	108
재정건전성 확보 원칙	187	전용(轉用)	271
재정관리	25, 27, 76, 86	전출금	327
재정관리시스템	497	정률보조금	343
재정관리 프레임워크	59, 62, 560	정부실패	45
재정규율	79	정부지원제도	337
재정민주주의	28, 73, 159, 193, 249, 266, 487, 517, 533	정부회계	76, 394, 454, 486, 490, 491
		정액보조금	343
재정보수주의	55	정책성 분석	305
재정사업 심층평가	319	정치적 책임성	366
재정사업 자율평가	297, 316	제도주의이론	92, 228
재정사회주의	377	조기배정	269
재정상태표	502	조달	324
재정 소요 점검	106, 118	조달 및 구매행정	324, 328
재정 소요 점검제도	115	조달특별회계 회전자금	331
재정수지 제한제도	541	조세	359, 364
재정수지준칙	543	조세 개혁	376
재정 여력	33, 42, 458, 463, 550	조세법률주의	44, 73, 359, 388
재정운영표	502	조세부담률	40
재정 위험	440, 459	조세이론	377
재정적자	28, 44, 47, 90, 278	조세지출	378
재정전략회의	140, 237	조세지출예산제도	380
재정 전망	95, 98	조세채권	427
재정정보	509, 513	조세특례평가제도	380
재정정보공개시스템	525	조세행정비용	366
재정정보관리시스템	520	조정	271
재정정책	26, 41	조직법안	107
재정준칙	61, 91, 127, 471, 534, 538, 549	조직별 분류	171, 175
재정증권	400	종가세	365
재정지출	323	종량세	365
재정지표	504	종합부동산세	375
재정집행관리	267	죄악세	376

주제별 분류	172, 178
준예산	71, 168, 250
준조세	360, 386
중기예산계획	133
중기재정계획	129, 131, 132
중기재정계획제도	61
중기재정관리계획	133
중기재정운용계획	142, 536
중기지출계획	134
중립성	365
중앙예산기관	241
중앙예산기구	79
중앙은행	83
중앙은행 일시차입제도	400
중앙은행 현금관리위탁제도	400
중앙재정정보시스템	521
중장기 재무관리계획	477
중장기 예측	95
지대 추구	91
지방교부세	348
지방교육재정교부금	348
지방세	361, 365
지방정부 순채무	438
지속가능성	28
지역 균형발전 분석	305
지출	402
지출성과 제고 원칙	188
지출승인법	194
지출원인행위	276
지출제한제도	111, 116, 540
지출제한준칙	543
직접관리기금	154
직접보조	343
직접세	361, 364
집중구매제도	330
쪽지예산	255, 265

(ㅊ)

차등보조금	343
차입금	437
차환 위험	464
채권관리	426
채권 보전	429
채권채무 상계 프로그램	391
채권현재액보고서	428
채권현재액총계산서	428
채무	461
채무제한제도	539
채무제한준칙	544
책임성	27
책임준비금	482
처분	421
철의 삼각	229
총괄예산	161
총량관리	468
총사업비관리제도	313
총액계상사업	207, 273
총량적 재정규율	28, 63, 129
총액백분자율편성 예산제도	61
최소운영수입보장제도(MRG)	335, 337
추가경정예산	153, 163
추가경정예산안	165
추세분석	96
출납정리	284
출연금	326, 351
출자금	327, 355
충당부채	439, 479, 482, 497

(ㅋ)

케인스(John M. Keynes)	42
케인시언이론	62, 94

(ㅌ)

타당성 재조사	313
타당성조사	311
통계분석시스템	522
통합재정수지	46, 57
통합지출승인법	194

통합투자세액공제	385	현금관리	396
통화정책	42,	현금 없는 사회	384
투명성	28, 160, 188, 193, 262, 391, 523	현금주의	488
투명성과 국민 참여 제고 원칙	188	현금흐름표	500
투자지출	555	현물출자	356, 418
특별회계	152	현실 회피적 예산	186
특수정보 보고서	515	형평성	29
		확장재정	463

(ㅍ)

페이고(paygo)제도	91, 111, 117, 263, 380, 541, 544, 536, 551	확정부채	439, 479
		활동성 지표	504
		황금률	542
포괄보조금	343	회계	486, 492
포크배럴이론	91	회계감사	495
포털형 재정공개 웹사이트	526	회계 계정	494
품목별 분류	170, 173	회계연도	226
품목별 예산	207	회계준칙	498
프로그램별 분류	172, 178	회귀분석	97
프로그램 예산	206, 210	회전기금	154
피콕(Alan T. Peacock)	87	효과성	366
핀셋 증세	376	효율성	27, 29, 365

(ㅎ)

하향적 예산제도	213	EIS	522
합리성	27	ESA 1995	35
합리적 기대이론	94	GFS 0986	35, 36
합법성	27	GFS 2001	35, 36, 395, 436, 446, 450, 487
핵심 재정사업 성과관리제도	321		
행정부 계획의 원칙	184	IMF의 재정투명성 규약	515
행정부 재량의 원칙	185	MECE 원칙	208
행정부 책임의 원칙	184	OLAP	522
행정재산	412, 420	SNA 2008	35

저자 소개

이정희(luckhee@uos.ac.kr)

서울대학교 경제학과를 졸업하고 미국 아메리칸대학(American University)에서 행정학 박사학위를 받았다. 서울시립대학교 행정학과 교수로 재직 중이며, 서울시립대학교 기획부처장을 역임하였다. 주요 관심 분야는 재정규율 및 재정건전성을 위한 예산관리, 재정통계 및 정부회계, 산업생태계 및 중소기업정책 등 산업정책이다. 『한국행정론』(2019), 『알기 쉬운 재무행정』(2019), 『한국행정학 60년: 1956-2016』, 『국제행정론』(공저, 2013), 『재정규율과 재정책임의 이론과 실제』(공저, 2011), 『예산이론』(2020), "우리나라 재무행정학의 연구경향 및 구조에 관한 연구," 『한국행정학보』 50권. 5호(2016) 등을 발표하였다.